Isère, Alpes du Sud 2024-2025

Cofondateurs : Philippe GLOAGUEN et Michel DUVAL

Directeur de collection et auteur
Philippe GLOAGUEN

Secrétaire général
Gavin's CLEMENTE-RUIZ

Rédacteurs en chef
Amanda KERAVEL (France)
Benoît LUCCHINI (Étranger)

Directrice administrative
Bénédicte GLOAGUEN

Conseiller à la rédaction
Pierre JOSSE

Responsable voyages
Carole BORDES

Direction éditoriale
Élise ERNEST

Rédaction
Isabelle AL SUBAIHI
Emmanuelle BAUQUIS
Mathilde de BOISGROLLIER
Marie BURIN des ROZIERS
Camille CAMPET
Véronique de CHARDON
Laura CHARLIER
Florence CHARMETANT
Fiona DEBRABANDER
Anaëlle HASCOËT
Géraldine LEMAUF-BEAUVOIS
Anne POINSOT
Alexia POULAIN

hachette

TABLE DES MATIÈRES

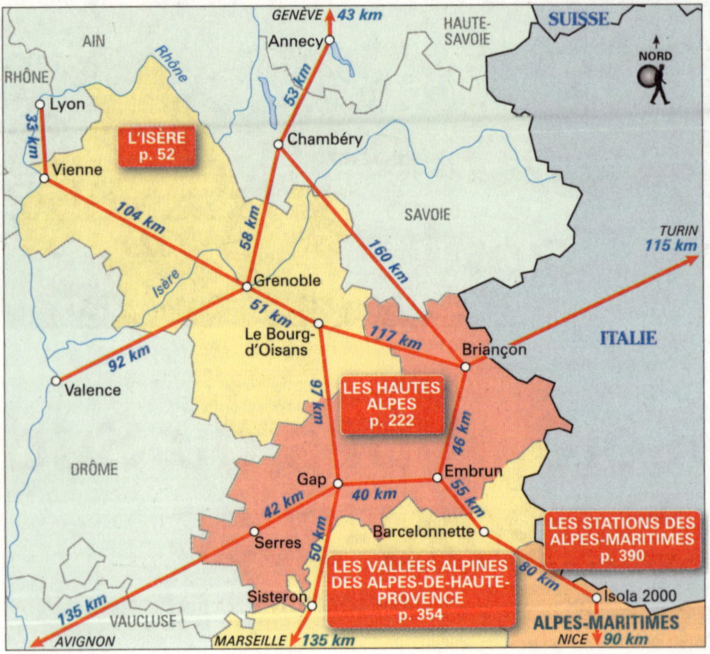

PRÉAMBULE

COMMENT Y ALLER ? 34

BON À SAVOIR AVANT LE DÉPART 39

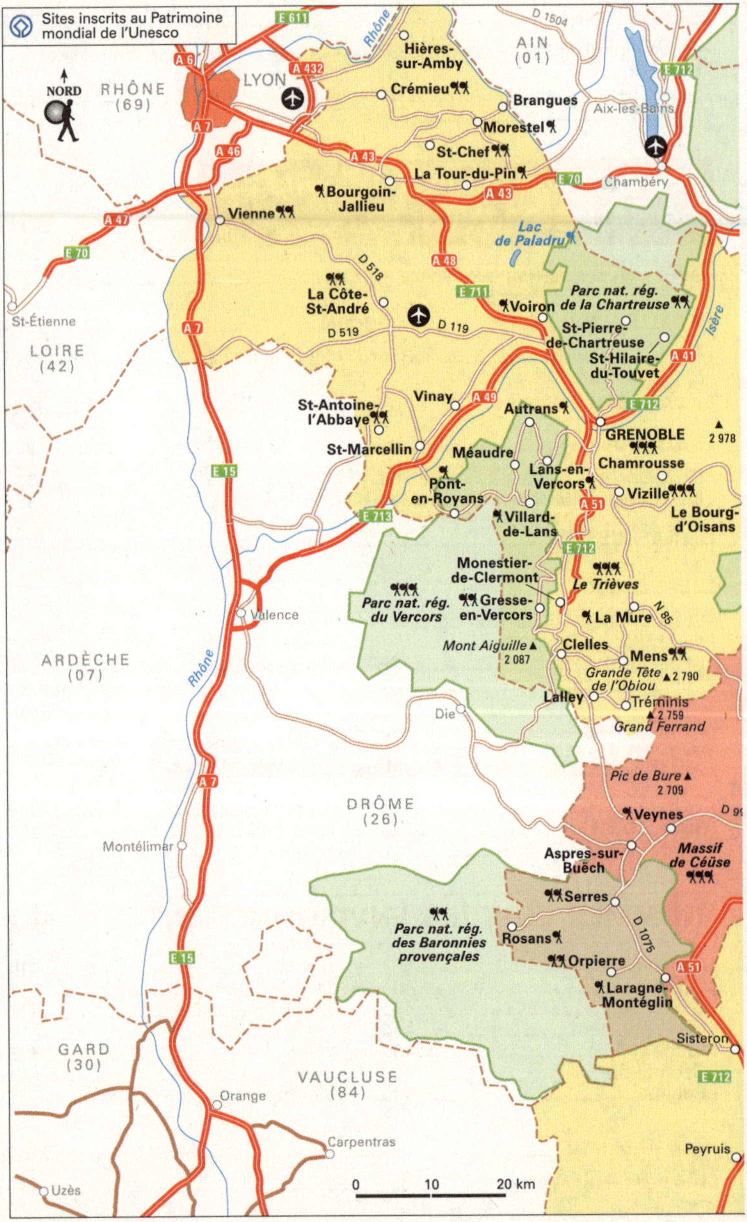
Sites inscrits au Patrimoine mondial de l'Unesco
NORD
RHÔNE (69)
LYON
AIN (01)
Hières-sur-Amby
Crémieu
Brangues
Morestel
St-Chef
La Tour-du-Pin
Bourgoin-Jallieu
Vienne
Aix-les-Bains
Chambéry
Lac de Paladru
La Côte-St-André
Voiron
Parc nat. rég. de la Chartreuse
St-Pierre-de-Chartreuse
St-Hilaire-du-Touvet
St-Étienne
LOIRE (42)
St-Antoine-l'Abbaye
Vinay
St-Marcellin
Autrans
Méaudre
Lans-en-Vercors
GRENOBLE
Chamrousse
Vizille
2 978
Pont-en-Royans
Villard-de-Lans
Le Bourg-d'Oisans
Monestier-de-Clermont
Le Trièves
Parc nat. rég. du Vercors
Gresse-en-Vercors
La Mure
Valence
Mont Aiguille 2 087
Clelles
Mens
Grande Tête de l'Obiou 2 790
ARDÈCHE (07)
Lalley
Die
Tréminis
2 759 Grand Ferrand
Pic de Bure 2 709
DRÔME (26)
Veynes
Aspres-sur-Buëch
Massif de Céüse
Montélimar
Serres
Parc nat. rég. des Baronnies provençales
Rosans
Orpierre
Laragne-Montéglin
Sisteron
GARD (30)
VAUCLUSE (84)
Orange
Carpentras
Peyruis
Uzès
Rhône
Isère
A 6
A 7
A 46
A 47
A 43
A 48
A 49
A 41
A 51
A 432
E 611
E 712
E 70
E 711
E 15
E 713
D 1504
D 518
D 519
D 119
D 1075
N 85
0 10 20 km

L'ISÈRE ET LES ALPES DU SUD

LA RÉDACTION DU ROUTARD

La saga du *Routard* : en 1971, 2 étudiants, Philippe et Michel, avaient une furieuse envie de découvrir le monde. De retour du Népal germe l'idée d'un guide différent qui regrouperait tuyaux malins et itinéraires sympas, destiné aux jeunes fauchés en quête de liberté. 1973. Après 19 refus d'éditeurs et la faillite de leur 1re maison d'édition, l'aventure commence vraiment avec Hachette. Aujourd'hui, le *Routard*, c'est plus d'une cinquantaine d'enquêteurs impliqués et sincères. Ils parcourent le monde toute l'année dans l'anonymat et s'acharnent à restituer leurs coups de cœur en toute indépendance.

Merci à tous les Routards qui sont solidaires de nos convictions : liberté et indépendance d'esprit ; découverte et partage ; sincérité, tolérance et respect des autres.

NOS SPÉCIALISTES ISÈRE ET ALPES DU SUD

Thierry Bessou : ses origines agricoles auraient pu l'amener à cultiver la terre, finalement il la sillonne. Pourtant, il a peur de prendre l'avion ! En équilibre précaire sur un éléphant, les doigts gelés au pied d'un glacier, de marchés en musées, ses antennes restent déployées. C'est dans la Ville rose qu'il écrit, inspiré par mille lieux foulés, mille regards croisés.

Loup-Maëlle Besançon : cette Normande qui a succombé au charme des Hautes-Alpes se méfie des GPS et des autoroutes, leur préférant cartes et chemins de traverse. Entre 2 traductions de livres norvégiens, elle explore avec gourmandise des contrées plus ou moins exotiques. Son constat : si les voyages ouvrent l'esprit, nul n'est besoin de partir loin pour faire des rencontres et des découvertes extraordinaires.

UN GRAND MERCI À NOS AMI(E)S SUR PLACE

Pour cette nouvelle édition, nous remercions particulièrement :

- **Sophie Battaglia,** d'Isère Attractivité ;
- **Marie-Claude Prévitali,** de Média Conseil Presse ;
- **Raphaëlle Leclerc,** de l'office de tourisme de Grenoble-Alpes Métropole ;
- **Laura Locatelli,** de Vercors Tourisme ;
- **Stéphanie Carlizza,** du pays de Saint-Marcellin Vercors Isère ;
- **Albane Villecourt,** de Chartreuse Tourisme ;
- **Sabrina Pevet et Carole Dechambre,** d'Oisans Tourisme ;
- **Laura Locatelli,** de Vercors Tourisme ;
- **Jean-Yves Curtaud et Olivier Sanejouand,** de l'office de tourisme de Vienne Condrieu ;
- **Mehdi Kerbati,** directeur de Matheysine Tourisme ;
- **Françoise Guinot,** de Trièves Tourisme ;

- **Sophie Rey,** et toute l'équipe de l'agence de développement des Hautes-Alpes ;
- **Alexia Grossian,** de l'office de tourisme du Guillestrois et du Queyras ;
- **Christine Rambaud,** de l'office de tourisme de Serre-Ponçon ;
- **Aurélia Payelle,** de l'office de tourisme de Serre-Ponçon Vallées ;
- **Lisa Gibello,** de l'office de tourisme de Serre Chevalier Vallée Briançon ;
- **Caroline Ros Montiel,** de l'office de tourisme de Gap Tallard Vallées ;
- **Magda Molinari,** de l'office de tourisme des Hautes Vallées ;
- **Gaetan Theveniaud,** de l'office de tourisme du Champsaur-Valgaudemar ;
- **Cynthia Rezgui,** de l'office de tourisme du Pays des Écrins ;
- **Caroline Pigeaud,** de l'office de tourisme Sisteron-Buëch ;
- **Lisa Simtob,** de l'office de tourisme Sources du Buëch ;
- **Julie Rogissard,** de l'office de tourisme du Dévoluy.
- … et toutes les équipes des offices de tourisme rencontrées durant notre périple, pour leur aide précieuse et leur collaboration active.
- … et encore : **Lucile Girard** et **Olivier Jérôme**, parce que sans des gens comme eux, les Hautes-Alpes ne seraient pas aussi belles et accueillantes ; **Christian Roquebrun**, plus efficace (et de bien meilleure compagnie) qu'un GPS, pour sa curiosité, sa patience et son aide.

NOS ENQUÊTEURS-FURETEURS

Nous tenons à remercier tout particulièrement Fabrice Argelas, Gabriel Bertrand, Loup-Maëlle Besançon, Thierry Bessou, Grégory Dalex, Fabrice Doumergue, Cédric Fischer, Carole Fouque, Guillaume Garnier, Nicolas George, Michelle Georget, Claude Hervé-Bazin, Emmanuel Juste, Fabrice de Lestang, Éric Milet, Pierre Mitrano, Alain Pallier, Jean-Sébastien Petitdemange, André Poncelet, Thomas Rivallain et Jean Tiffon pour leur collaboration régulière.

Aurélia Andriamampianina, Pauline Bezzina, Jean-Jacques Bordier-Chêne, Philippe Coupy, Zoé Danner, Agnès Debiage, Jérôme Denoix, Tovi et Ahmet Diler, Clélie Dudon, Alain Fisch, Adrien et Clément Gloaguen, Émilie Lambert, Marie Maurel, Chantal N'Guyen, Martine Partrat, Odile Paugam et Didier Jehanno, Lucie Royer, Prakit Saiporn, Antoine Sibelle et Maureen Sorgnard.

L'ÉDITEUR HACHETTE LIVRE

Direction : Sidonie Chollet

Direction éditoriale : Élise Ernest

Édition : Pauline Huet

Cartographie : Frédéric Clémençon et **Aurélie Huot**

Fabrication : Nathalie Lautout, Liza Sacco et **Aude Cauchet**

Relations presse : COM'PROD, **Fred Papet** et **Laëtitia de Cerval.** ☎ 01-70-69-04-69. • info@comprod.fr • **Martine Levens** (Belgique) ☎ +32-47-568-35-76.

Contact Partenariats : Jérôme Denoix • jeromedenoix@gmail.com •

Contact Partenariats et régie pub : Florence Brunel-Jars • fbrunel@hachette-livre.fr •

Silhouette du Routard : Clément Gloaguen (d'après Solé) ; **couverture : Atelier Choque Le Goff** ; **maquette intérieure : le-bureau-des-affaires-graphiques.com, Thibault Reumaux** et **npeg.fr**

Parc naturel régional du Queyras, Hautes-Alpes

« À quoi bon soulever des montagnes quand il est si simple de passer par-dessus ? »
Boris Vian

Les Alpes ! Colossale chaîne, hérissée de sommets dont plus de 80 dépassent les 4 000 m d'altitude, s'étirant sur 1 200 km comme un poisson géant dont la queue fouetterait la Méditerranée et la gueule s'ouvrirait sur le Danube. En France, 3 grosses régions se distinguent : la Savoie historique (départements de la Savoie et de la Haute-Savoie) ; le Dauphiné, qui correspond peu ou prou aux départements de la Drôme, de l'Isère et des Hautes-Alpes ; la Haute-Provence enfin, avec le sud des Hautes-Alpes, les vallées alpines des Alpes-de-Haute-Provence et le nord des Alpes-Maritimes.

Dans les massifs de l'Oisans, des Écrins ou du Mercantour, ce sont des Alpes comme on se les imagine, une montagne verticale en gris et blanc. **Des pics et des glaciers,** le royaume de l'alpinisme, des hivers sous la neige et des sports qui vont avec, de **fougueux torrents** au printemps et des vaches à l'alpage pendant les courts étés, des **cols vertigineux** où s'enrichit chaque année la saga du Tour de France.

Partout se cachent **vallées jardinées** et **villages de charme,** hameaux oubliés du monde, blanches étendues hivernales qui font le **bonheur des skieurs** de fond avant de céder la place à des prairies piquetées de gentianes bleues ou de lis martagon en été, et solitudes forestières.

Le Sud, dès le Trièves chanté par Giono, est un **vrai Sud** avec **plus de moutons que de vaches,** une **montagne plus blonde que verte,** des roches qui semblent d'une immaculée blancheur sous un soleil plus que présent.

Alphonse Allais rêvait de villes à la campagne, **le Dauphiné offre des villes à la montagne :** Grenoble, la tête chercheuse ; Gap, préfecture la plus en altitude de France, ou Briançon qui cède de peu à Davos le titre de ville la plus haute d'Europe ; Barcelonnette, la Mexicaine. Avec le lac de Serre-Ponçon, **les Hautes-Alpes ont inventé la mer à la montagne.**

Avec des stations de sports d'hiver à moins de 1h de Nice, **les Alpes-Maritimes ont placé la montagne à la mer !**

© Hughes Hervé/hemis.fr

Vue du Rhône à Vienne

NOS COUPS DE CŒUR

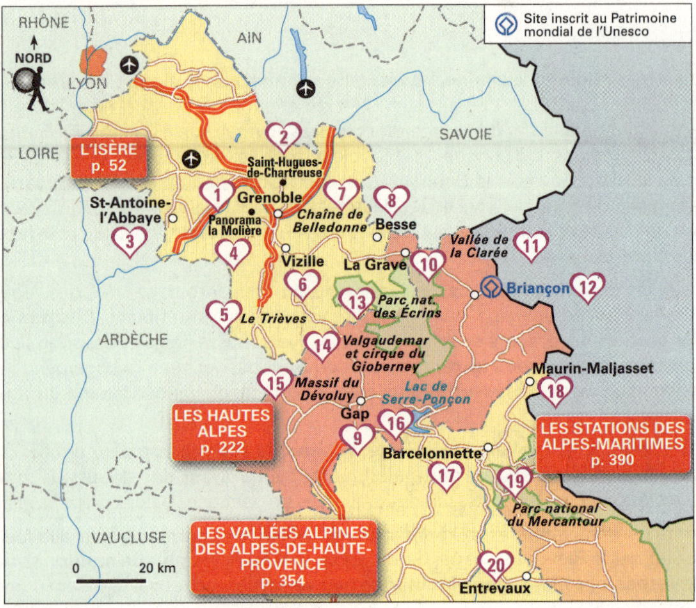

1 Partir à la découverte des très beaux musées de Grenoble, notamment celui des Beaux-Arts et le Musée archéologique.

Le musée des Beaux-Arts (musée de Grenoble) offre un parcours remarquable dans l'histoire de la peinture occidentale du XIIIe s à nos jours. Ce fut l'un des 1ers musées du genre créés en France ! Le Musée archéologique Saint-Laurent est, quant à lui, un espace assez fabuleux. En déambulant sur le site archéologique de l'église Saint-Laurent, ce sont 2 000 ans d'histoire qui s'ouvrent à vous ! Quant au récent musée Champollion au sud de la ville, il rend un bel hommage à ce natif de Grenoble qui a percé le secret des hiéroglyphes. *p. 72, 75, 80*

***Bon à savoir :** les 2 premiers musées sont fermés le mar, le musée Champollion le lun.*

© J-F Tripelon-Jarry/OnlyFrance.fr

© Witt Pierre/hemis.fr

2 **Décrypter la symbolique des toiles d'Arcabas dans l'église de Saint-Hugues-de-Chartreuse.**

Une église hors du commun au décor réalisé par le peintre **Jean-Marie Pirot dit Arcabas.** L'artiste y consacra près de 40 ans ! Aujourd'hui, elle est devenue un véritable musée d'art sacré contemporain, le chef-d'œuvre d'une vie d'artiste ! Il faut du temps pour admirer la centaine de tableaux dans lesquels se glissent symboles et métaphores, s'expriment force, violence et harmonie tout à la fois. Un lieu fascinant ! *p. 88*

***Bon à savoir :** fermé le mar ; accès gratuit.*

© Lansard Gilles/hemis.fr

3 **Visiter l'abbaye de Saint-Antoine-l'Abbaye et flâner dans le village pour en apprécier le charme.**

Un adorable village qui doit beaucoup à son abbaye et à sa magnifique église édifiée du XIIIe au XVe s. Monumentale, d'une incroyable richesse intérieure et dotée d'un trésor exceptionnel, l'église est l'une des plus fascinantes de l'Isère. Et comme un bonheur n'arrive jamais seul, le bourg recèle de belles demeures le long de rues aux noms pittoresques, et une charmante place du Marché. *p. 183*

***Bon à savoir :** l'abbaye et le musée de Saint-Antoine-l'Abbaye sont gratuits ; le musée est fermé le mar.*

4 **Dans le Vercors, se rendre à la Molière pour admirer le panorama.**
Depuis la table d'orientation, à 1 632 m d'altitude, on jouit d'un panorama époustouflant à 160°. On embrasse une partie du Vercors, l'Oisans, les Écrins (à 4 086 m), le Soreiller, le massif de Belledonne, le Beaufortain, la Chartreuse et le... mont Blanc par beau temps. En contrebas, Grenoble et la vallée de l'Isère. *p. 169*
Bon à savoir : *à 15 km d'Autrans par la D 218 ; de mi-avr à mi-nov env, une route forestière mène à la Molière.*

5 **Entre Mens et le mont Aiguille, se perdre (volontairement !) sur les petites routes du Trièves.**
Une campagne sillonnée par un treillis de petites routes, de paysages généreux, ouverts et intimes, qui changent sans cesse. La montagne, puissante, s'approche tout en retenue, mais préfère finalement garder ses distances. Le mont Aiguille, une étrave de navire que l'on a cru habitée d'anges et de créatures étranges, s'amarre dans cette nature paisible. Superbe et fascinant Trièves qui a séduit et inspiré Giono ! *p. 144, 152*
Bon à savoir : *l'espace Giono à Lalley-en-Trièves et Terre Vivante, centre écologique à Mens, méritent la visite.*

(6) Visiter le musée de la Révolution française à Vizille.
Vizille et son imposant château du XVIIe s sont en quelque sorte le berceau de la Révolution française. Dans ce lieu chargé d'histoire, le musée en retrace les prémices, tout le processus et les événements qui s'ensuivirent. Il aborde le thème des libertés, des Droits de l'homme, de la citoyenneté et des valeurs républicaines. Des préoccupations plus que jamais d'actualité… *p. 109*
Bon à savoir : *• musees.isere.fr • Fermé le mar ; accès gratuit.*

(7) Parcourir la magnifique petite route de la chaîne de Belledonne, dans le massif du même nom, qui relie Allevard à Uriage-les-Bains.
En surplomb de la vallée du Grésivaudan, elle sinue à travers de pittoresques paysages de carte postale et traverse des villages à la fois coquets et agricoles. Au détour des nombreux virages, de superbes aperçus sur le massif de la Chartreuse et la vallée de l'Isère. *p. 102*
Bon à savoir : *la route suit la D 280 sur 63 km.*

8 Grimper jusqu'au petit village de Besse, dans l'Oisans, et s'offrir une randonnée jusqu'au plateau d'Emparis.

Avec ses anciennes habitations en schiste et granit, ses ruelles pavées de grosses pierres et ses étroits passages, Besse a conservé une ambiance et une âme montagnardes authentiques, un charme réjouissant. C'est aussi l'une des portes d'entrée du plateau d'Emparis, véritable paradis pour les moutons, les randonneurs, ou tout simplement les amoureux des alpages et des grands espaces. *p. 125*

***Bon à savoir :** les GR 54 et GR 50 traversent le plateau d'Emparis. À Besse, la Maison des alpages propose de superbes journées en alpage à la rencontre des bergers.*

© Guiziou Franck/hemis.fr

9 À Gap, découvrir le patrimoine exceptionnel de la Cinémathèque de montagne.

Depuis plus de 25 ans, l'équipe à la tête de ce lieu collecte et sauvegarde tous les films (amateurs et professionnels) tournés en montagne depuis l'invention du cinéma. On découvre ceux-ci à travers 2 très beaux espaces d'exposition dans lesquels nul besoin d'être un fana de montagne pour prendre son pied, car les films sont aussi à caractère ethnographique et traitent de la montagne dans son ensemble. Installée dans une ancienne usine, cette cinémathèque est aussi un lieu de vie et de convivialité qui propose des rencontres et animations tout au long de l'année, avec un bar très sympathique. *p. 235*

***Bon à savoir :** également une salle de cinéma avec programmation à l'année pour découvrir des films ou documentaires que l'on a rarement l'occasion de voir.*

© Patrick Domeyne

10 **Se hisser en téléphérique sur le glacier de la Meije pour contempler un panorama inoubliable.**

Au nord du département, face au village de La Grave, se dresse la « Reine Meije » cernée de glaciers. Une ascension en téléphérique de 40 mn, et on se laisse happer dans un bonheur total par l'un des panoramas les plus époustouflants et grandioses qui soient. Un must ! La Meije, toute proche, culmine à près de 4 000 m, et le Rateau à 3 800 m. Au loin, le mont Blanc pointe le bout de son pic. *p. 345*

Bon à savoir : *le téléphérique fonctionne de mi-juin à mi-sept et de Noël à fin avr.*

11 **Parcourir les sentiers pédestres de la vallée de la Clarée, en longeant les lacs d'altitude.**

Entre Briançon et Montgenèvre se dissimule la vallée de la Clarée, un étonnant couloir de verdure fleuri de chardons bleus et de digitales en été. La route serpente et s'élève, en prenant son temps, traverse des villages pittoresques, toise des chalets en bois de mélèze. Tout au bout, la nature est tapissée de pâturages aux fleurs multicolores et chahutée par de gros rocs de granit. Voilà l'une des vallées les plus harmonieuses de ce coin des Alpes. *p. 347*

Bon à savoir : *de mi-juil à fin août et de 10h à 18h, l'accès en voiture est interdit sur une partie de la vallée ; il se fait alors à pied ou en navette payante.*

12 **Partir à l'assaut de Briançon et de sa cité Vauban, dont les fortifications sont inscrites au Patrimoine mondial de l'Unesco.**
En raison de la proximité de l'Italie, Briançon fut fortifiée par Vauban et ceinturée de forts. Elle resta longtemps une place forte et une ville de garnison de 1re importance. Dominant la ville basse, la cité Vauban a fière allure avec sa collégiale, sa Petite et sa Grande-Gargouille, sa place d'Armes à la belle maison du Roi… Pousser l'excursion jusqu'à la ceinture de forts d'où l'on domine le Briançonnais. *p. 337*
Bon à savoir : *le service du patrimoine de la ville propose d'intéressantes visites guidées thématiques.* • *ville-briancon.fr* •

13 **Randonner dans le parc national des Écrins, entre Hautes-Alpes et Isère, et s'en prendre plein les yeux.**

Avec près de 98 000 ha, le parc national des Écrins est le plus grand parc national français. Un parc de haute montagne par excellence. La faune et la flore y sont particulièrement riches (2 500 espèces végétales y ont été recensées, 260 espèces d'oiseaux dont l'aigle royal, le tétras lyre, le lagopède, etc.). Les paysages sont de toute beauté, souvent grandioses. Respirez à pleins poumons et ne boudez pas votre plaisir en vous baladant sur l'un des 3 GR qui le traversent. *p. 129, 226*

Bon à savoir : *• ecrins-parcnational.fr •*

© René Mattes

14 **Randonner dans le Valgaudemar jusqu'au cirque grandiose du Gioberney.**

Au nord de Gap, il faut quitter la route Napoléon pour pénétrer dans l'univers retiré du Valgaudemar, une vallée enchanteresse et rieuse à la flore colorée en été et aux cascades majestueuses. La route, devenue étroite, chemine dans un paysage encaissé qui prend des airs himalayens. Nature géante et indomptée. Tout au bout, le chemin s'achève en apothéose, avec le cirque glaciaire du Gioberney et la majestueuse cascade du Voile de la mariée. On est aux portes du Parc national des Écrins. *p. 273, 276*

15 **Se sentir tout petit à l'ombre des monts acérés du massif du Dévoluy.**
Le Dévoluy a des allures de forteresse crénelée de pics élevés : le Bure, le Grand Ferrand et l'Obiou. C'est une vaste cuvette dont les flancs montent en pente douce vers les crêtes qui le ceinturent. Cette géographie particulière lui a valu un relatif isolement pendant plusieurs siècles. Au-delà des gorges sévères et des crêtes dénudées s'ouvre un paysage inattendu : prairies bordées de hameaux, bois de hêtres, alpages… Les paysages calcaires hérissés de montagnes majestueuses et la nature intacte raviront les randonneurs. p. 257
Bon à savoir : *le Dévoluy est un important spot de spéléologie et d'escalade.*

16 **Virevolter le long des routes sinueuses pour admirer le bleu du lac de Serre-Ponçon et le vert de son écrin de montagnes.**

C'est « la mer à la montagne » ! Aménagé de 1955 à 1961, le lac de Serre-Ponçon étire ses eaux bleues sur une vingtaine de kilomètres. On y trouve le plus grand barrage en terre d'Europe. La superbe route des Puys longe le lac en corniche sur sa rive nord, offrant un panorama fantastique. *p. 277*

Bon à savoir : *possibilité de balades en bateau depuis Savines-le-Lac. Le muséoscope du Lac à Rousset retrace l'histoire de la construction du barrage.*

© Chris Hellier/Alamy/Hemis

17 **À Barcelonnette, partir à la recherche des villas… mexicaines.**

C'est ici que l'on peut admirer de surprenantes et somptueuses villas, appelées les « barcelonnettes » ou « mexicaines ». Ces étonnantes maisons témoignent de la réussite des habitants de la vallée de l'Ubaye émigrés au Mexique à la fin du XIXe s. De retour au pays sur leurs vieux jours, ils firent ainsi étalage de leur richesse. Ces édifices éclectiques donnent une couleur et un éclat particuliers à la ville dont les avenues sont tracées en damier, comme en Amérique. *p. 363, 368*

© Zoonar GmbH/Alamy/Hemis

18 **Oublier la civilisation en traversant les paysages surréalistes qui mènent à Maurin-Maljasset.**

Une route étroite conduit au bout du monde ! Dans cette solitude alpine, quelques marmottes et chamois auront peut-être la curiosité de vous regarder passer. L'endroit se fait sauvage. La route finit sa course au hameau de Maljasset où une poignée d'habitations aux toits de lauzes font corps pour affronter les rigueurs de l'hiver. Après Maljasset, l'église de Maurin, flanquée d'un bout de cimetière, est l'une des dernières traces de civilisation de la vallée. Émouvant. *p. 375*

***Bon à savoir :** au col de Mary se trouve la boîte aux lettres la plus haute d'Europe !*

19 **Explorer le parc national du Mercantour, une région italienne dans l'âme.**

Entre les Alpes-de-Haute-Provence et les Alpes-Maritimes, le Mercantour est un paradis préservé, fait de haute montagne, de cirques, de lacs, de vallées glaciaires, d'éboulis et de prairies alpines. Comme souvent dans ce genre de lieux où les conditions de vie sont particulièrement rudes, la flore est extrêmement riche, et même unique en Europe (près de 1 500 espèces dont 200 rares). Chamois, bouquetins, marmottes et mouflons y cohabitent avec bonheur. Le paradis des randonneurs… et des loups ! *p. 378*

Bon à savoir : • *mercantour-parcnational.fr* •

20 Arpenter les vieilles ruelles au charme médiéval du village fortifié d'Entrevaux, là où commençait jadis l'Italie.

Sous le règne de Louis XIV, Vauban, qui équipa le secteur de plusieurs forts à vocation défensive, fit construire la citadelle d'Entrevaux ; 50 années de travaux furent nécessaires ! On y grimpe par des rampes en zigzag. La citadelle, à laquelle on pourra trouver des airs de mini-Muraille de Chine (quand on la regarde de loin), ne fut jamais conquise ! *p. 387*

Lac de Monteynard

ITINÉRAIRES CONSEILLÉS

Les essentiels

Le périple débute au nord de l'Isère avec les vestiges gallo-romains de **Vienne (1),** la cité médiévale de **Crémieu (2)** et la superbe abbaye de **Saint-Antoine-l'Abbaye (3).** Ensuite, halte obligée à **Grenoble (4),** connue pour sa qualité de vie et son riche patrimoine. À quelques encablures de la ville, ceux qui s'impatientent de fouler les espaces sauvages et contempler la beauté de Dame Nature rejoindront le **Vercors (5)** et le **massif de la Chartreuse (6),** tout en gardant des forces pour le **parc national des Écrins (7),** l'un des musts de la région (sans oublier le **parc national du Mercantour** ; **8**). Plus à l'est, il ne faut pas manquer **Briançon (9),** ni le village fortifié de **Mont-Dauphin (10),** 2 joyaux classés au Patrimoine mondial de l'Unesco. De là, filer vers le village de **Saint-Véran (11),** au cœur du Queyras, pour admirer l'architecture traditionnelle des fustes. Au passage, débrouillez-vous pour grimper au **col de l'Izoard (12).** Ensuite, cap au sud, direction **Barcelonnette (13)** pour ses curieuses maisons mexicaines, et le village fortifié d'**Entrevaux (14).** Sur le chemin, une balade sur les rives du **lac de Serre-Ponçon (15)** s'impose.

Avec des enfants

Dans une région où la nature est aussi riche et exceptionnelle, on ne manquera pas d'amener ses bambins dans l'un des nombreux **petits musées, centres d'information et sites consacrés à la découverte de la faune et de la flore (1)** : centres du parc national des Écrins (Maison du parc du Briançonnais, tour Brune à Embrun, etc.), Maison du parc du Mercantour à Barcelonnette, Maison du bouquetin au Rivier-d'Allemond, Maison de la faune à Vaujany, Terre Vivante à Mens, Maison du berger à Champoléon, Apiland à Rousset, Maison du mulet à Seyne-les-Alpes, etc. On y trouve des expos interactives ; animations et ateliers y sont proposés. On pensera aux **parcs animaliers et fermes pédagogiques (2)** : la ferme du Col à Jarjayes, le parc animalier de Serre-Ponçon à Sauze-du-Lac. Succès garanti en visitant l'**une des grottes de la région (3) : grottes de Saint-Christophe, de Choranche, de La Balme.** Les enfants s'émerveilleront devant les p'tits trains miniatures du **Jardin ferroviaire à Chatte (4)** et la **Magie des Automates à Lans-en-Vercors (5).** Ils chercheront le trésor à Miripili, l'île aux pirates à **Saint-Antoine-l'Abbaye (6).** Ils piafferont d'impatience d'embarquer sur un **bateau à roue à Saint-Nazaire-en-Royans (7),** de faire une minicroisière sur le **lac de Serre-Ponçon** suivie de la visite du **Muséoscope du lac (8)** ou de poser leurs fesses sur les **téléphériques de la Meije à La Grave (9).** Enfin, prévoir une petite virée à dos d'âne !

Plateau d'Emparis face à la Meije

Pas de vacances sans Histoire

Pour un voyage dans l'histoire de la région, direction le **site archéologique de Larina (1)** près de Hières-sur-Amby, occupé dès la préhistoire. Quant au nouveau musée archéologique du **lac de Paladru (2),** il dévoile ses richesses archéologiques. Avec la proximité de l'ancienne capitale des Gaules, le nord-est de l'Isère est riche en vestiges gallo-romains : on pense à **Vienne (3)** et au **Musée gallo-romain d'Aoste (4).** À Grenoble, on ne manquera pas le **Musée archéologique Saint-Laurent** ni le **musée de l'Ancien Évêché (5),** à compléter par le musée Champollion à Vif. Le Moyen Âge a légué de remarquables **cloîtres, monastères et abbatiales (6) :** Saint-Chef, Saint-Antoine-l'Abbaye, prieurés de Chirens et de Saint-André-de-Rosans, monastères de la Grande-Chartreuse, abbaye de Boscodon, etc. On terminera cette époque par un tour à **Beauvoir-en-Royans (7)** où se trouve l'ancienne résidence des dauphins. **Briançon, Mont-Dauphin** et **Entrevaux (8)** rappellent les turpitudes de l'histoire de France aux XVIIe et XVIIIe s. Pour plonger dans l'histoire industrielle de la région, on visitera le **musée Matheysin et La Mine Image** à La Mure **(9),** celui **de la Houille blanche** à Villard-Bonnot **(10),** de **Bourgoin-Jallieu (11),** du **Tisserand dauphinois** à La Bâtie-Montgascon **(12).** Ne pas manquer le **musée de la Révolution française** à Vizille **(13),** ni le **musée Hector-Berlioz** à la Côte-Saint-André **(14).** Enfin, le **musée de la Résistance et de la Déportation** à Grenoble **(15)** rend hommage à la Résistance dans le Vercors.

Envie de vert, de grand air et de sensations fortes ?

Entre les randonnées à pied, à cheval, les virées à VTT, les ascensions de cols mythiques, l'escalade, le saut à l'élastique, les *via ferrata,* le ski… c'est carton plein, en toute saison ! **Les parcs naturels régionaux du Vercors (1), de la Chartreuse (2), du Queyras (3), des Baronnies provençales (4), les parcs nationaux des Écrins (5) et du Mercantour (6)** sont des lieux de prédilection pour profiter de cette belle nature. Mais on n'oubliera pas des coins restés à l'écart du feu des projecteurs comme le **plateau d'Emparis (7), le Trièves (8), le Dévoluy (9),** ou encore **le Valgaudemar et le Champsaur (10).** Pour les activités nautiques, rendez-vous sur l'un **des lacs de la région (11)** : à Laffrey, Paladru, Serre-Ponçon, Vernay ou du Chambon. Les adeptes du parapente s'élanceront depuis **les corniches de Saint-Hilaire-du-Touvet (12),** la petite capitale des sports aériens. Sans oublier le seul simulateur de chute libre en extérieur d'Europe à **Tallard (13).** La montagne est idéale pour s'en mettre plein la vue : le panorama que l'on a depuis **les téléphériques de la Meije (14)** à La Grave est un must ! Mais, là encore, on n'oubliera pas tous ces petits bouts du monde qui livrent une nature de toute beauté. Parmi nos coups de cœur **(15)** : **la vallée de Valjouffrey, la Bérarde, la vallée de la Clarée, le cirque du Gioberney, le col du Noyer,** sans oublier, en guise de point d'orgue, la vue vertigineuse depuis **le col de Restefond-la-Bonette (16).**

Bouquetin dans le parc national du Mercantour

Pictogrammes du Routard

Établissements
- Hôtel, auberge, chambre d'hôtes
- Refuge
- Camping
- Restaurant
- Terrasse
- Pizzeria
- Tapas
- Boulangerie, sandwicherie
- Pâtisserie
- Glacier
- Café, salon de thé
- Café, bar
- Bar musical
- Club, boîte de nuit
- Salle de spectacle
- Boutique, magasin, marché

Infos pratiques
- Office de tourisme
- Poste
- Accès Internet
- Hôpital, urgences
- Adapté aux personnes handicapées

Sites
- Présente un intérêt touristique
- Point de vue
- Plage
- Spot de surf
- Site de plongée
- Recommandé pour les enfants
- Inscrit au Patrimoine mondial de l'Unesco
- Pas de côté

Transports
- Aéroport
- Gare ferroviaire
- Gare routière, arrêt de bus
- Station de métro
- Station de tramway
- Parking
- Taxi
- Taxi collectif
- Bateau
- Bateau fluvial
- Piste cyclable, parcours à vélo

« OSEZ LE PAS DE CÔTÉ »

Le surtourisme ? Tous concernés. Pour éviter les queues interminables à l'entrée de site et les musées saturés, voyagez si possible en dehors des ponts et vacances scolaires. C'est aussi mieux pour le budget ! Et sinon, visitez les sites les plus touristiques aux heures creuses : à l'ouverture, pendant la pause déjeuner ou avant la fermeture.

Et puis, à l'écart des grands flux touristiques, il existe des pépites méconnues, souvent oubliées des circuits classiques, trop encombrés. Ici un site ignoré ; là un quartier secret ; plus loin un village caché au charme discret avec un troquet d'une autre époque. Autrement dit, une infinité de lieux tranquilles que l'on met en avant avec ce pictogramme. Un vagabondage au calme, loin de la foule. Vive le *slow trip* !

#osonslepasdecote

☎ **112 :** c'est le numéro d'urgence commun à la France et à tous les pays de l'UE, à composer en cas d'accident, agression ou détresse. Il permet de se faire localiser et aider en français, tout en améliorant les délais d'intervention des services de secours.

Interview #experienceroutard

Par la rédaction du *Routard*

En quoi cette destination est-elle unique ?

L'amour des habitants pour leur terre, leurs traditions et leurs montagnes... Un amour dont ils nous ont parlé avec passion et bienveillance. On peut passer des heures à les écouter conter leurs histoires familiales, les anecdotes sur leurs villages, les lieux secrets, les coins nature loin de tout. Chaque maison, chaque refuge, chaque gîte possède une histoire singulière. La propriétaire d'un hôtel nous racontait, avec ses yeux rieurs et pétillants, comment elle avait transformé l'ancienne étable de la ferme de ses parents en restaurant, sans modifier l'architecture et l'âme du lieu. Une jolie façon de poursuivre et de transmettre l'histoire familiale !

Une rencontre mémorable ?

Sans doute ce couple originaire de la région parisienne, tombé amoureux de la région du lac de Serre-Ponçon. Ils ont quitté une partie de leur vie d'avant, pour construire un chalet en bois et proposer des chambres d'hôtes. Lui continue à prendre, chaque semaine, le train de nuit Paris-Briançon pour poursuivre son activité salariée en Île-de-France. Mais il me confiait que 4 jours loin de « son lac » étaient, à chaque fois, un déchirement...

Une spécialité culinaire à goûter absolument ?

Les oreilles d'âne ! On ne connaissait pas avant de venir ici. On a longtemps hésité à commander ce plat pourtant typique de la région, pensant devoir avaler... de véritables oreilles d'âne ! Mais les conseils enjoués d'une serveuse ont eu raison de nos réticences. Inutile de préciser notre soulagement en voyant arriver une assiette remplie d'un « gratin » d'épinards sauvages et de lasagnes accompagnés de tomme de montagne et de béchamel. Des oreilles d'âne, c'était donc ça ! Un plat délicieux, gourmand et revigorant !

Un livre à lire sur la région ?

Une soupe aux herbes sauvages, d'Émilie Carles. Cette institutrice née à Val-des-Prés, près de Briançon, a sorti ce récit autobiographique en 1977, 2 ans avant sa mort. Elle y parle avec humanité et sensibilité de la vie des montagnards, des paysans et des difficultés du quotidien dans les villages isolés de la région, durant l'entre-deux-guerres.
Mais aussi des valeurs de solidarité et d'entraide de ses habitants. Un livre émouvant que l'on a adoré et qui nous a permis de mieux appréhender et comprendre le passé, les traditions de cette région et l'attachement des hommes à cette terre !

COMMENT Y ALLER ?

EN TRAIN

Nous recommandons le TGV, moyen de transport plus simple et moins polluant. Une manière de voyager et d'agir pour l'environnement.

Au départ de Paris (gare de Lyon, ou gare d'Austerlitz pour les trains de nuit)

➢ ***Vers Grenoble :*** TGV directs. Temps de trajet : 3h.
➢ ***Vers Oulx*** (en Italie, sur la ligne qui va à Milan) ***:*** TGV directs. Temps de trajet moyen : 4h45, puis navettes.
➢ ***Vers Nice :*** TGV directs. Temps de trajet min : 5h40, puis navettes jusqu'en station.
➢ ***TGV avec correspondance :*** pour ***Briançon*** et ***Gap,*** changement à Valence ou Grenoble. Meilleur temps de parcours : env 5h30 pour Gap ; 6h30 pour Briançon.
➢ ***Trains de nuit directs :*** trains pour ***Briançon, Montdauphin-Guillestre*** et ***Gap*** depuis la gare d'Austerlitz.

Au départ de la province

➢ ***Marseille-Grenoble :*** TGV avec changement à Valence ou à Lyon. Meilleur temps de trajet : 3h.
➢ ***Lyon-Gap :*** correspondance à Grenoble ou Valence. Env 4h-4h30 de trajet.

Pour voyager au meilleur prix

La SNCF propose des tarifs et des cartes adaptés à chacun de vos voyages.
– ***Les cartes de réduction :*** pour ceux qui voyagent régulièrement, 30 % de réduction avec les **cartes « *Avantage* » *Jeune, Adulte* ou *Senior*** (49 €, valables 1 an). Bon plan, la carte Avantage Adulte permet aussi à un accompagnant de bénéficier de la réduction.

Renseignements et réservations

– ***Internet :*** ● *sncf-connect.com* ●
– ***Téléphone :*** ☎ *36-35 (appel gratuit).*
– Également dans les gares, les boutiques SNCF et les agences de voyages agréées.

Comment circuler dans les Alpes ?

En TER

La région Auvergne-Rhône-Alpes et SNCF vous proposent des trains en direction des principaux sites touristiques. Des tarifs régionaux permettent de sillonner la région à prix intéressants :
– en voyageant à plusieurs, 40 % de réduction sur le tarif normal et gratuité pour les enfants de moins de 12 ans avec les billets ***TER illico PROMO.*** Tarifs valables tous les samedis et tous les jours pendant les vacances scolaires Auvergne-Rhône-Alpes ;
– avec la ***carte TER Illico LIBERTÉ,*** 25 % de réduction en sem pour le titulaire et 50 % les w-e et j. fériés pour le titulaire et jusqu'à 3 accompagnants. Tarif : 30 € ;
– avec la ***carte TER Illico LIBERTÉ JEUNES*** (moins de 26 ans), 50 % de réduction toute l'année pour le titulaire, et jusqu'à 3 accompagnants les w-e et j. fériés. Tarif : 15 €.

La région Sud Provence-Alpes-Côte-d'Azur et SNCF TER SUD vous proposent de visiter ***les principaux sites touristiques de la région en TER*** (ports, plages, calanques...) et en toute liberté, avec la ***carte ZOU ! Malin.*** Pour 30 €, vous pouvez bénéficier de 30 % de réduction pour 1 ou 2 personnes sur tous vos déplacements en TER. Vous pouvez également voyager

à plusieurs avec le tarif ***Mini Groupe*** et bénéficier jusqu'à 50 € de réduction sur votre trajet.
Tout au long de l'année, SNCF TER SUD vous propose également des idées de sorties et des bons plans (réductions sur présentation du titre de transport TER) sur le site *● ter.sncf.com/sud-provence-alpes-cote-d-azur ●*

PAR LA ROUTE

Le covoiturage

Le principe est simple, économique, écologique et convivial. Il consiste à mettre en relation un chauffeur et des passagers afin de partager le trajet et les frais, que ce soit de manière régulière ou de manière exceptionnelle *● blablacar.fr ● (disponible sur le Web et sur mobile).* L'inscription est gratuite.

Tarifs autoroutiers

● autoroutes.fr ● Le portail des autoroutes, bien utile pour préparer son voyage en France et en Europe. Renseignements sur le temps de trajet, les conditions de circulation et le prix sur tous les tronçons autoroutiers de l'Hexagone.

Locations de voitures

■ ***BSP Auto :*** *BSP Auto* est un courtier qui propose, sur son moteur de réservation en ligne, les locations de véhicules des grandes compagnies de location, assurant un très bon niveau de service. Les prix comparés sont attractifs et comprennent les assurances et, le plus souvent, le kilométrage illimité. Le plus : vous ne payez votre location que 5 jours avant le départ. *☎ 01-43-46-20-74 (tlj 9h-21h30, w-e 9h-20h). ● bsp-auto.com ● Réduc de 5 % aux lecteurs de ce guide avec le code « routard24 ».*

EN BUS

Le réseau de bus longue distance s'étant intensifié ces dernières années, le plus pratique est de consulter le comparateur de billets d'autocars *● comparabus.com ●* qui regroupe et compare les prix des différentes compagnies présentes en France. À vous de voir en temps réel les liaisons existantes. Un lien vers les compagnies permet d'acheter ses billets en direct.

EN AVION

Les aéroports desservant cette région sont :
– ***Lyon-Saint-Exupéry :*** *☎ 0826-800-826 (0,15 €/mn). ● lyonaeroports.com ●*
– ***Grenoble Alpes Isère Aéroport :*** *● grenoble-airport.com ●* Ne dessert aucune ville française. Vols pour l'Angleterre (Londres, Bristol, Birmingham, Édimbourg, Liverpool, Manchester et Newcastle), Dublin, Oslo, et Varsovie.
– ***Nice-Côte d'Azur :*** *☎ 0820-423-333 (0,12 €/mn + prix d'un appel local). ● nice.aeroport.fr ●*

Les compagnies *low-cost*

▲ **EASYJET**
Rens et résas sur ● easyjet.com ● ou au ☎ 09-77-40-77-70.
➢ ***Liaisons pour Lyon :*** au départ d'Ajaccio (avr-oct), de Bastia (avr-oct), Biarritz (juin-sept), Bordeaux, Brest, Figari (avr-oct), La Rochelle, Nantes, et Toulouse.
➢ ***Pour Nice :*** des vols de/vers ***Paris-Orly*** et ***Roissy-Charles-de-Gaulle.*** Dessert également ***Bâle-Mulhouse, Biarritz, Bordeaux, Brest, Bruxelles, Genève, Lille, Nantes,***

Rennes, Toulouse et plusieurs villes européennes.

▲ VOLOTEA

• volotea.com •

➢ ***Depuis Nice :*** quelques vols pour Nantes, Bordeaux, Brest, Caen, Lille, Strasbourg.

– Autres compagnies :

➢ ***Pour Lyon et Nice :*** avec ***Brussels Airlines*** (*• brusselsairlines.com •*) depuis ***Bruxelles-Charleroi.***

Compagnies régulières

▲ AIR FRANCE

Rens et résas au ☎ 09-69-39-36-54 (appel non surtaxé), sur • airfrance.fr •, et en agences de voyages.

➢ Air France dessert ***Lyon*** au départ de Roissy, Ajaccio et Bastia (en été), Biarritz, Bordeaux, Brest, Caen, Lille, Limoges, Marseille, Nantes, Nice, Rennes, Strasbourg et Toulouse.

➢ ***De/vers Nice :*** vols directs vers Bordeaux, Lyon, Nantes, Paris (Orly et Roissy-Charles-de-Gaulle), Rennes, Strasbourg. Des vols saisonniers en été vers Biarritz, Brest, La Rochelle et Pau.

➢ ***Paris (Roissy-Charles-de-Gaulle)-Turin :*** vols directs.

▲ AIR CORSICA

Rens et résas sur • aircorsica.com • ou au ☎ 0825-353-535 (0,20 €/mn ; tlj 8h-20h).

➢ ***Pour Nice et Lyon :*** vols réguliers ou saisonniers avec ***Ajaccio, Bastia, Calvi*** et ***Figari.***

– Autres compagnies :

➢ ***Pour Nice :*** avec ***Luxair*** (*• luxair.lu •*) depuis ***Luxembourg,*** avec ***Swiss*** (*• swiss.com •*) depuis ***Zürich.***

➢ ***Pour Lyon :*** avec ***Twin Jet*** (*• twinjet.fr •*) depuis ***Pau.***

BON À SAVOIR AVANT LE DÉPART

ABC de l'Isère et des Alpes du Sud

- ***À cheval sur 2 régions... :*** Auvergne-Rhône-Alpes et Provence-Alpes-Côte-d'Azur.
- ***... et sur 4 départements :*** Alpes-de-Haute-Provence, Hautes-Alpes, Alpes-Maritimes et Isère.
- ***Superficie :*** un peu plus de 15 000 km² (soit un peu moins de 3 % de la France métropolitaine).
- ***Population :*** 1 427 000 hab.
- ***Préfectures régionales :*** Lyon et Marseille.
- ***Préfectures départementales :*** Digne-les-Bains (Alpes-de-Haute-Provence), Gap (Hautes-Alpes), Grenoble (Isère) et Nice (Alpes-Maritimes).

AVANT LE DÉPART

Adresses et infos utiles

Auvergne-Rhône-Alpes Tourisme : *11 bis, quai Perrache, 69002 Lyon.* ☎ *04-73-29-49-49.* • *auvergnerhonealpes-tourisme.com* • *Chaîne thématique :* • *rendez-vous.tv* • *Pas d'accueil du public.*

Comité régional de tourisme Côte d'Azur : *455, promenade des Anglais, bâtiment Horizon, CS 53126, 06203* ***Nice*** *Cedex 3.* ☎ *04-93-37-78-78.* • *cotedazur-tourisme.com* • *Fermé au public.* Envoi de documentation sur demande.

Comités départementaux du tourisme : se reporter aux départements concernés.

Gîtes de France : • *gites-de-france.com* • Les réservations sont à effectuer auprès des relais départementaux des *Gîtes de France* (indiqués dans ce guide en introduction de chaque département).

– ***Météo France :*** • *meteofrance.com* •

Carte internationale d'étudiant (carte ISIC)

Elle prouve votre statut d'étudiant dans le monde entier et offre de nombreuses réductions (billets d'avion, hôtels et auberges de jeunesse, assurances, location de voiture...).

Renseignements et inscriptions

– ***En France :*** • *isic.fr* • *Tarif : 13 € pour 1 année scolaire.*
– ***En Belgique :*** • *isic.be* •
– ***En Suisse :*** • *isic.ch* •
– ***Au Canada :*** • *isiccanada.com* •

Carte d'adhésion internationale aux auberges de jeunesse (carte FUAJ)

La carte HI France du réseau de la Fédération Unie des Auberges de Jeunesse vous ouvre les portes de 80 auberges de jeunesse en France et 3 000 dans le monde grâce à *Hostelling International.* Elle permet aussi de bénéficier de tarifs préférentiels avec les partenaires locaux (locations de voitures, excursions et activités variées). L'adhésion est ouverte à tous, ***sans limite d'âge*** car les auberges de jeunesse c'est avant tout la jeunesse d'esprit ! Carte valable 1 an à compter de la date d'achat (sur internet ou dans les AJ).

Renseignements et inscriptions

– ***En France :*** ● *hifrance.org* ● *À partir de 2 €.*
– ***En Belgique :*** ● *lesaubergesdejeunesse.be* ●
– ***En Suisse :*** ● *youthhostel.ch* ●
– ***Au Canada :*** ● *hihostels.ca* ●

Sites internet

● ***routard.com*** ● Le site de voyage n° 1, avec près de 250 000 membres et plusieurs millions d'internautes chaque mois, ainsi que 600 000 abonnés sur Instagram et Facebook. Pour s'inspirer et s'organiser, près de 300 guides destinations actualisés, avec les infos pratiques, les incontournables et les dernières actus, ainsi que les reportages terrain et idées week-end de la rédaction. Partagez vos expériences avec la communauté des voyageurs : forums avec avis et bons plans, carnets de route et photos de voyage. Et retrouvez les meilleurs prix pour réserver vos voyages, vols, hébergements, voitures et activités.
● ***visiorando.com*** ● À la recherche d'une idée de rando ? Hop, on tape le numéro du département (voire plus précisément le nom d'un bourg ou d'une ville), éventuellement la durée et le niveau de difficulté souhaités, et, magique, les suggestions apparaissent ! D'emblée sont alors précisées clairement d'autres infos (dénivelées, coordonnées GPS du point de départ, en boucle ou pas). Un site collaboratif qui permet de consulter/imprimer le descriptif de la balade bien sûr, mais aussi l'extrait de carte IGN au 1/25 000 concerné. Le tout complété par les avis des randonneurs.
● ***regionfrance.com*** ● Liste des villes et bourgs classés « Plus Beaux Villages de France » et des « Jardins remarquables ».

Bon à savoir : entre deux parutions, des événements fortuits (conditions d'accès aux sites, fermetures inopinées, etc.) peuvent intervenir et modifier vos projets de voyage ou de visite. Pour éviter les déconvenues, nous vous recommandons de consulter la rubrique « Inspirations » par région et cliquer sur l'onglet « Actus ».

ACTIVITÉS D'ÉTÉ

● *isereoutdoor.fr* ● Activités nature en Isère : à pied, dans l'eau, à cheval, à vélo ou dans les airs ! Le département a développé un site et une appli avec itinéraires, parcours d'orientation et de trail, avec des infos utiles pour préparer ses sorties.
● *alpesrando.net* ● Le portail départemental des sports nature dans les Hautes-Alpes. Par discipline, itinéraires détaillés, infos pratiques et conseils.

À pied

Des rives du Rhône aux sommets des Alpes, l'Isère dispose de ***9 000 km de sentiers balisés,*** dans des paysages variés, qui font rapidement prendre de l'altitude. Il faut distinguer les sentiers de promenade à la journée des itinéraires de grande randonnée à réaliser sur plusieurs jours qui demandent une bonne condition physique et un minimum de préparation. Il est évidemment possible de découper ces itinéraires et de n'en faire qu'un tronçon.

- ***GR 54, tour de l'Oisans et des Écrins*** *(12 000 m D+, 176 km, 14 cols)* contourne les 2 massifs en une douzaine de jours, en traversant le Parc national des Écrins. Une magnifique rando, difficile et engagée. Mollets avachis s'abstenir !
- ***GR 422, sur les pas de Charles IX et sa mère Catherine de Médicis.*** Sur les 16 étapes (270 km) de Lyon à Valence, 8 parcourent l'Isère en passant par les plaines et des hameaux au patrimoine préservé.
- ***GR738, la Haute Traversée de Belledonne*** *(10 000 m D+, 130 km).* Un itinéraire dans un massif sauvage entre alpages, lacs, forêts et sommets. 11 étapes réservées aux sportifs.
- ***GR 541,*** 40 km de rando pour relier les Écrins au Queyras à travers les paysages sauvages de la vallée du Fournel, le val de Freissinières ou la vallée de la Durance.
- ***GR 58, tour du Queyras*** *(130 km, 7 725 m D+).* Une magnifique itinérance en moyenne montagne à travers le parc naturel régional du Queyras. Accessible à VTT ou en randonnée accompagnée d'un âne.

Avant de partir, n'oubliez pas de vous équiper d'une carte IGN au 1/25 000 (le téléphone peut tomber en rade) et du topoguide. Côté hébergement, gîtes et refuges permettent de découvrir la montagne sans se trimballer forcément la tente et le réchaud. Pensez à réserver à l'avance votre nuit en refuge. Le poids du sac à dos est l'ennemi principal du randonneur ! Oubliez le superflu, mais équipez-vous de bonnes chaussures (et de pansements double peau en cas d'ampoules), d'un vêtement thermique sur votre 1re couche (type polaire ou doudoune) et d'une veste imperméable mais légère (type Gore-Tex®), d'une gourde et de barres énergétiques. Pensez à consulter la météo avant de partir. Évaluez surtout, pour les périples en altitude, le temps nécessaire au retour. Il vaut mieux partir avec le lever du jour, car les nuages montent souvent à partir de 12h.

Au-dessus du vide

- ***Les via ferrata :*** originaires des Dolomites, ce sont les militaires italiens qui développèrent ces voies de vertige, des itinéraires à travers des falaises équipées d'échelons, d'échelles, parfois même de plates-formes solidement scellées dans la roche. Sans difficulté technique majeure (pour la plupart), les *via ferrata* permettent à tout un chacun de gravir des parois vouées à l'escalade. L'assistance d'un professionnel est cependant vivement recommandée et un équipement minimal (harnais d'escalade, sangles et mousquetons, casque) est indispensable. En effet, il est nécessaire de bien se renseigner sur le niveau de la *via ferrata,* la durée du parcours et son côté vertigineux qui peut impressionner !
- ***Les via cordata*** *(ou via corda) :* une pratique qui se rapproche de la *via ferrata,* avec des prises moins nombreuses, qui permettent de ressentir les sensations de l'alpinisme.
- ***L'escalade,*** bien sûr. De nombreux sites, plus ou moins équipés, accrochent les amateurs, de la paroi de roche à la cascade de glace.

À vélo

Le *VTT,* vélo tout-terrain, est un sport vedette ici. Il n'est plus une station qui ne propose sentiers et pistes de descente. Pour résoudre le problème des montées épuisantes, les stations ont converti les télésièges en *télébikes,* qui vous mènent sans effort au sommet des pistes de ski ; puis redescente par herbe et chemins forestiers,

jusqu'à la station. Par ailleurs, plus besoin d'être un cycliste chevronné pour s'attaquer aux montées les plus costaudes. La location de VTT à assistance électrique s'est largement généralisée, convertissant toujours plus d'adeptes au vélo.
– Entre Genève et Sète, La ***ViaRhôna,*** véloroute de plus de 800 km emprunte le spectaculaire sillon alpin. Elle traverse la Savoie et le Dauphiné jusqu'à Lyon, puis s'engage dans les hautes côtes du Rhône entre vergers et coteaux viticoles, jusqu'à glisser de la Provence aux plages de la Méditerranée. En complément : ● *viarhona.com* ● et le *Routard* spécial ViaRhôna. Une variante pour ceux qui en auraient encore sous la pédale : la ***Belle Via,*** qui déroule 364 km entre Haute-Savoie, Savoie, Isère et Drôme. En Isère, la véloroute longe la rivière Isère.

Dans les airs

Parapente et ***deltaplane*** très prisés en montagne, requièrent de l'encadrement. Les écoles de vol libre proposent baptêmes et stages. Attention, cette activité est réglementée dans les parcs et les réserves. En station, le ***speed riding,*** mélange de kitesurf, de parapente et de ski (ou *snow*), se pratique fréquemment. À réserver aux accros de sensations fortes et aux bons skieurs.

Dans l'eau

Un séjour dans les Alpes est l'occasion d'essayer certaines activités sportives qui font fureur !
– ***L'hydrospeed :*** ou nage en eaux vives. Une espèce de luge des eaux à laquelle on s'accroche avant de se laisser emporter dans les eaux tourbillonnantes des torrents.
– ***Le rafting :*** un gros radeau pneumatique, où l'on tente de pagayer sans pagaille à plusieurs. Plus les eaux sont fantasques, plus les sensations sont fortes.
– Quant au ***canyoning,*** il consiste à descendre le cours d'un torrent en virevoltant de falaise en cascade et en canyon. Descente en rappel, sauts, nage, escalade : c'est un sport complet et grisant.
– Le ***kayak*** est un sport technique qui se pratique en eaux vives avec une pagaie double.
Ces 4 disciplines demandent un matériel spécial, de la technique, et se pratiquent uniquement sous forme de stages organisés et encadrés par des professionnels.
– Dans un esprit plus balnéaire, n'oublions pas la ***voile*** pratiquée sur les lacs et le ***ski nautique.*** Plus récent, le ***wingfoil*** fait son apparition, notamment sur les lacs du Verney et du Chambon en Oisans, ou à Serre-Ponçon. Cette nouvelle discipline nautique, cousine du ***kitesurf,*** consiste à se faire tracter par une aile de type cerf-volant grâce à la force du vent, en filant sur l'eau les 2 pieds arrimés sur une planche de surf surélevée au-dessus d'un foil (aileron qui soulève la planche). Accessible à tous, paraît-il !

À cheval

Le réseau des clubs équestres est bien développé dans les Alpes. Il y a les « pros » qui, en vrais baroudeurs, réalisent de grandes traversées, comme la mythique ***route Napoléon*** à cheval de Golfe-Juan à Grenoble, un itinéraire de 350 km, et... ceux qui montent sur des canassons « dressés » aux petits périples autour des stations.
● *isere-cheval-vert.com* ● Circuits équestres avec nuit en gîtes équestres labellisés (gîtes, campings, chambres d'hôtes, centres équestres), boucles à la journée et baptêmes équestres. Il est possible de télécharger les itinéraires sur le site de l'association, adhérente à la Fédération française d'équitation.

Sous terre

Plus qu'une simple balade sous terre, la *spéléologie* est une activité à pratiquer avec beaucoup de prudence. Elle exige un sacré sens de l'orientation, une connaissance aiguë des roches et de données spécifiques, telles les prévisions de montée des eaux. Les non-initiés pourront tenter l'aventure à condition qu'elle soit encadrée par des professionnels ou proposée en initiation dans les stations.

Été comme hiver, à quels professionnels s'adresser ?

– ***Les moniteurs nationaux :*** ils donnent les cours de ski sur les pistes et peuvent également accompagner leurs élèves en hors-piste ou en randonnée. En revanche, l'accès au domaine glaciaire et aux lieux nécessitant du matériel d'alpinisme leur est interdit, ainsi que les raids avec nuit en refuge. Leur travail est d'enseigner le ski.
– ***Les guides de haute montagne :*** leur rôle est de nous accompagner en montagne, quelle que soit la difficulté. Ils peuvent aller partout à skis ou à pied. La plupart des guides sont également moniteurs de ski et, a fortiori, accompagnateurs de moyenne montagne. Ils sont de plus en plus souvent appelés « guides de montagne ».
– ***Les accompagnateurs en moyenne montagne :*** ils vous feront une véritable visite guidée de la montagne (faune, flore, habitat). Ils n'ont le droit ni de fouler le terrain glaciaire ni d'utiliser du matériel d'alpinisme.
– ***Les pisteurs :*** les saint-bernards des pistes. Ils surveillent, mine de rien, tout ce qu'il se passe. Ils ferment les pistes, assurent la sécurité, préviennent des risques d'avalanche, conseillent les skieurs.

BUDGET

Nous vous indiquons plus loin l'échelle des tarifs auxquels nous nous référons pour le classement de nos adresses en France.

Recommandation à ceux qui souhaitent profiter des réductions et avantages proposés dans le *Routard* par les hôteliers et les restaurateurs.

À l'hôtel, pensez à les demander au moment de la **réservation** ou bien lors de votre **arrivée.** Ils ne sont valables que pour les réservations en direct et non cumulables avec d'autres offres promotionnelles (notamment sur Internet). Au restaurant, parlez-en **au moment** de la commande et surtout **avant** que l'addition ne soit établie. Poser votre *Routard* sur la table ne suffit pas : le personnel de salle n'est pas toujours au courant et une fois le ticket de caisse imprimé, il est souvent difficile de modifier le total. En cas de doute, montrez la notice relative à l'établissement dans le ***Routard* de l'année** et ne manquez pas de nous faire part de toute difficulté rencontrée.

Hébergement

D'une manière générale, nous indiquons des ***fourchettes de prix*** allant de la chambre double ***la moins chère en basse saison à celle la plus chère en haute saison.*** Ce qui implique parfois d'importantes fourchettes de prix, pas toujours en adéquation avec la rubrique dans laquelle l'établissement est cité. Le classement retenu est donc celui du prix de la majorité des chambres et de leur rapport qualité-prix.
– Les tarifs des ***campings*** sont calculés sur la base d'un emplacement pour 2 avec voiture et tente, sans l'électricité. Ils sont classés en tête de rubrique « Où dormir ? ».
– Les ***auberges de jeunesse*** et ***gîtes d'étape*** pratiquent en règle générale des tarifs « bon marché » pour une nuitée en dortoir (avec ou sans les draps). Le tarif indiqué est celui du lit en dortoir et/ou parfois de la chambre double, quand il y en a.

– En ***chambres d'hôtes,*** les prix sont donnés sur la base d'une chambre double. Ils incluent presque toujours le petit déjeuner. Les cartes de paiement sont rarement acceptées. Dans les cas contraires, nous indiquons « petit déj en sus » et « CB acceptées ».
– Concernant les ***hôtels,*** le prix indiqué est celui d'une nuit en chambre double (sans petit déjeuner).
– En montagne, de nombreux ***refuges*** gardés ou autonomes sont à la disposition des randonneurs. Prévoir un sac de couchage ou un sac à viande.
– ***Bon marché :*** jusqu'à 70 €.
– ***Prix moyens :*** de 80 à 110 €.
– ***Chic :*** de 110 à 140 €.
– ***Plus chic :*** de 140 à 170 €.
– ***Beaucoup plus chic :*** plus de 170 €.

– **Logis Hôtels** est la 1re chaîne de restaurateurs-hôteliers indépendants en Europe avec 2 200 établissements répartis dans 8 pays. Fort de ses 70 années d'expérience, le réseau offre l'assurance d'un accueil personnalisé et chaleureux, d'un hébergement de qualité ainsi que d'une restauration faite maison mettant à l'honneur produits locaux et de saison. Engagés sur les territoires, tous les établissements du groupe sont impliqués dans une démarche d'économie locale, privilégiant les circuits courts et les produits régionaux. Plus d'infos : ● *logishotels.com* ●

Restos

Au restaurant, ***notre critère de classement est le prix du 1er menu servi le soir*** (hors boissons). Les notions de « prix moyens » ou « plus chic » n'engagent donc que les prix, pas le cadre, même si, souvent, ils vont de pair. Ainsi, certains restos gastronomiques (et chic) qui proposent parfois des formules avantageuses au déjeuner seront malgré tout classés dans la rubrique « Plus chic » en raison des tarifs pratiqués le soir. Ne boudez donc pas cette rubrique qui recèle parfois d'intéressantes pépites. Enfin, la rubrique « **Sur le pouce** » référence des adresses que l'on recommande pour les sandwichs et plats à emporter. Les tarifs correspondent généralement à la rubrique « Très bon marché ».
– ***Très bon marché :*** moins de 15 €.
– ***Bon marché :*** de 15 à 25 €.
– ***Prix moyens :*** de 25 à 35 €.
– ***Chic :*** de 35 à 50 €.
– ***Plus chic :*** plus de 50 €.

CHEMINS DE SAINT-JACQUES-DE-COMPOSTELLE

Les différents chemins de Compostelle convergent vers la côte galicienne espagnole et la cathédrale Saint-Jacques, où sont conservées les reliques d'un des plus importants apôtres de Jésus, Jacques, mort en martyr vers l'an 35.
C'est en 800 qu'un ermite, guidé en songe par une étoile, retrouve le tombeau du saint. Le nom de Compostelle proviendrait d'ailleurs de *campus stellae* : champ d'étoiles... Dès le Xe s, des pèlerins en provenance de toute l'Europe viennent se recueillir sur ses reliques. Aujourd'hui encore, on assiste parfois à une certaine affluence sur les chemins en période de pèlerinage et pendant les vacances...
Au fil des ans, aux pèlerins se joignent amateurs d'art roman et férus de randonnées. Il faut dire que les chemins de Compostelle, cadre de ressourcement spirituel extraordinaire, sont aussi d'une beauté et d'un intérêt historique qui valent le détour : les échanges culturels et religieux et la nécessité d'héberger un grand nombre de pèlerins ont favorisé, dès le Moyen Âge, le développement des villes et des monuments étapes sur le chemin.

Les 4 sentiers historiques français commencent respectivement à Vézelay, au Puy-en-Velay, à Tours (aujourd'hui à Paris) et à Arles. C'est à Arles que convergent les voies provenant d'Italie. L'une d'elles passe à Gap.

Pour plus de renseignements

■ ***Fédération française des chemins de Saint-Jacques-de-Compostelle :*** • *compostelle-france.fr* •

FAITES SKI VOUS PLAÎT

Pour préparer son séjour

• ***france-montagnes.com*** • Trouvez la station de vos rêves, selon vos attentes : remise en forme, activités pour enfants, nouvelles glisses...

• ***skipass.com*** • Échangez plein de bons plans à travers des petites annonces et un forum très actif.

LE SKI ALPIN

Il procède d'une technique fondée sur le virage. « Fléchir les genoux vers l'avant » et « se jeter dans la pente » sont des prières que formulera bien souvent votre moniteur lors des 1ers cours. Vous n'y parviendrez pas du 1er coup. Bien souvent, désabusé, vous vous laisserez choir sur le côté, en voyant défiler, à l'allure d'un *Exocet,* une bande de marmots hauts comme 3 pommes. Vous avez tout compris ! Pour être à l'aise, il faut commencer tôt. Mais tout n'est pas perdu, car la plupart des blocages que connaît l'adulte débutant sont psychologiques. Sa capacité à progresser rapidement sera en fait proportionnelle à sa volonté de se sentir à l'aise et à celle du moniteur de lui démontrer que le ski, c'est avant tout du plaisir, la technique n'étant qu'un moyen de l'atteindre. De plus, vous avez de la chance : la réelle évolution du matériel, avec de nouvelles formes de skis et de nouveaux matériaux (lire ci-après), permet aujourd'hui un apprentissage nettement plus facile !

TOUT SCHUSS !

Schuss, *en allemand, signifie « coup de feu ». Il s'agit donc de descendre à skis à toute vitesse, et si possible tout droit.*

Les pistes et les couleurs

La difficulté est déterminée par 4 couleurs : on distingue les pistes vertes (les plus faciles), les bleues (larges boulevards possédant quelques difficultés infimes), les rouges (plus difficiles, au dessin plus varié) et les noires (les plus coriaces : champs de bosses, couloirs délicats, murs, grand schuss).

Le niveau des pistes est en fait assez relatif : une rouge vous paraîtra plutôt rose quand la neige sera bonne et qu'une légère couche de poudreuse amortira vos chutes. Cette même rouge vous fera une peur bleue et vous donnera l'humeur noire pour peu qu'elle soit gelée.

LE SKI NORDIQUE

Le ski nordique désigne essentiellement le ski de fond. Depuis les J.O. de 1968, celui-ci ne cesse de faire des adeptes, au point que toute station, même célèbre pour son domaine de ski alpin, se fait un devoir de mettre en place son parcours nordique. Les semelles des skis sont aujourd'hui à écailles ou à fart. Dans tous les centres de fond, on vous expliquera la façon de farter, en fonction de la température de la neige et de sa transformation.

Le ski de fond se pratique à tout âge, à tout rythme, et au moins vous êtes sûr de ne pas prendre froid !

Il est aujourd'hui quasiment partout obligatoire d'acheter un forfait pour la pratique du ski de fond : on peut choisir entre un forfait à la demi-journée, à la journée, à la semaine, à la saison par département ou à la saison pour la France entière (carte nationale).

LE SKI DE RANDONNÉE

Le ski de randonnée allie la frénésie des descentes sur pentes vierges du ski alpin et les sensations héroïques de l'effort à accomplir du ski de fond. En montée, le talon est libéré et permet une poussée alternative sur les skis qui accrochent la neige. En descente, on refixe le talon au ski, qui devient alpin. Pour grimper les pentes quelle que soit l'inclinaison, on place sous les skis des « peaux de phoque », qui depuis longtemps ne sont plus en phoque (merci B. B.) mais en matière synthétique antidérapante.

LE HORS-PISTE

Ski pratiqué hors des pistes balisées et surveillées mais dans un domaine skiable accessible depuis le sommet des remontées mécaniques. L'expression « hors-piste » est désormais *out* : on dit *freeride* ! Il se pratique sous l'entière responsabilité du skieur, seul juge de ses capacités et des dangers auxquels il est confronté. Certaines stations ont aménagé un domaine « hors-piste » balisé, surveillé mais non damé : les dangers y sont minimes. De manière générale, il est préférable de skier hors-piste avec un guide ou un moniteur. Il connaît les meilleurs « spots » et il peut évaluer les risques avec une plus grande justesse. De toute façon, il est nécessaire d'aller consulter le service des pistes pour connaître conditions de descente et risques d'avalanche. Ils effectuent des relevés de niveaux météo et sont sur le terrain, ce qui leur permet d'avoir une connaissance la plus actualisée des problèmes.

LES NOUVELLES GLISSES

Depuis les années 1970, c'est presque un nouveau sport de glisse par an qui a été inventé sur l'eau, le bitume, et bien sûr la neige ! Petite revue de détail de ces drôles de sports que vous rencontrerez inévitablement sur les pentes des Alpes.

Le *snowboard*

Né dans le Vermont, aux États-Unis. De la mer à la montagne, le snowboard n'a pas perdu sa capacité à créer des émotions fortes. Au lieu d'attendre la vague, le surfeur va lui-même à la recherche des creux et des bosses, dans les pentes supérieures à 40°.
Le snowboard rompt complètement avec la technique du ski. Quel que soit votre niveau de ski, en tant que nouveau surfeur, vous serez un débutant. On distingue 2 différences principales : les pieds sont l'un derrière l'autre, en position oblique sur une même planche, et on n'utilise pas les bâtons. La recherche d'équilibre s'en trouve totalement transformée. Les neiges souples tolèrent mieux les erreurs. Plus vous irez vite, plus votre stabilité sera grande... et la chute sévère. Outre la griserie due à la vitesse, le snowboard permet de découvrir des domaines hors-piste où la technique traditionnelle connaît ses limites. Quasiment toutes les stations louent du matériel et enseignent cette technique de glisse. Un petit truc au passage pour savoir si vous êtes *regular* (le pied gauche en avant de la planche) ou *goofy* (le pied droit, donc !) : demandez à quelqu'un de vous pousser (gentiment, hein) dans le dos, le pied que vous poserez d'instinct le premier en avant sera celui que vous poserez à l'avant de la planche. 2e point : du *freestyle* au *freeride,* les disciplines sont multiples en snowboard et les constructeurs développent des « gammes à tiroirs » très importantes qui, parfois, ne permettent pas aux magasins de sport d'avoir toutes les références, tellement il existe de produits !

À l'origine, le *snowboard* se pratiquait surtout sur les pistes non damées. Aujourd'hui, ce n'est plus vrai ; le *snow* se pratique beaucoup, et de plus en plus, sur les pistes de ski traditionnelles. La cohabitation skieurs-*snowboarders* ayant d'ailleurs fait naître quelques tensions, toutes ont créé, au sein de leur domaine skiable, des espaces réservés aux surfeurs : les *snowparks*.
Le *snowboard* est, tout autant qu'un sport, un mode de vie. Avec son parler, subtil mélange de mots piqués à d'autres cultures jeunes comme le hip-hop, d'anglicismes en pagaille et de tout un tas d'expressions comprises seulement des initiés, du genre « envoyer du gros » ou « peuf ». Le *rider* soigne aussi son look : vêtements tout de sobriété (mais qui cachent une foule de détails techniques), couleurs neutres (marron, beige, bleu-gris, kaki...), et la bonne paire de lunettes de soleil ! Mais parents et adultes s'y mettent de plus en plus, et le *snowboard* tend à perdre son caractère « tribal ». Ce qui conduit les fans de la première heure, les puristes, refusant l'institutionnalisation de ce sport et sa gigantesque récupération commerciale, à ne plus jurer que par le *freeride*.

Quelques disciplines de snowboard

– ***Le slalom parallèle (dual) alpin :*** sur une piste de 80 m environ où sont plantés des piquets à intervalles réguliers, 2 coureurs s'élancent dans des tracés identiques, afin d'arriver premier en bas. Demandant une grande faculté d'anticipation et de la précision dans le choix des trajectoires, ces courses se déroulent en 2 manches et sont très rapides : environ 20 à 25 s de descente à un rythme très soutenu ! Les sorties sont courantes et reflètent l'engagement des participants. De plus, tout peut arriver, et jusqu'au dernier moment, personne ne peut dire qui sera le vainqueur. Suspense garanti !
– ***Le half-pipe :*** c'était la discipline *freestyle* retenue pour les J.O. de Nagano au Japon, en février 1998. Inspiré des rampes de skateboard, le *half-pipe* est un demi-tube de neige d'environ 100 m de long, 13 m de large et 3 m de haut dans lequel les *riders* exécutent des figures. Résultat, un enchaînement de 360°, de 720°, de 900°, et de figures aux noms anglais tous plus compliqués les uns que les autres, parfois la tête en bas, mais toujours dans les airs et pour le plus grand plaisir des spectateurs. Les skieurs *freestyle* s'aventurent aussi dans les *half-pipes*.
– ***Le big air :*** en apparence, les sauts, qui font partie intégrante du snowboard *freestyle*, sont simples à réaliser. En apparence seulement. Car, lorsque la bosse sur laquelle vous allez sauter est 2 fois plus haute que vous, qu'elle vous cache la zone de réception, vous n'avez pas d'autre choix que d'y aller franchement. Voilà, en quelques mots, en quoi consiste le *big air* : prendre de l'élan, décoller, réaliser une figure et se poser.
– ***Le boardercross :*** ça ressemble à un circuit de motocross qui aurait été recouvert par d'énormes quantités de neige. Ainsi, lors des compétitions, les *snowboarders* partent par 4, tous équipés de leur casque, avec les objectifs suivants : se faufiler entre leurs adversaires pour prendre la tête de la course, ne pas tomber lors des réceptions de saut, arriver dans les 2 premiers afin d'accéder au tour suivant. Le *boardercross* est une discipline spectaculaire qui nécessite des qualités de surfeur alpin et *freestyle*. Il faut également adapter sa technique de course au terrain et aux adversaires. Bref, il faut être polyvalent et malin !
Merci à l'Association française de *snowboard* pour tous ses bons tuyaux !

Le ski nouvelle manière

– ***Le snowblade :*** ces miniskis (de 60 à 90 cm de long) sont, pour schématiser, au ski ce que le roller est au patin à roulettes d'antan. Facile d'apprentissage (on se débrouille après 1h de cours), le *snowblade* se pratique sans bâtons comme le *snowboard*, sur piste (amples courbes) ou dans un *snowpark* (figures sur les modules ou dans un *half-pipe*).

– ***Le télémark :*** l'ancêtre s'offre un (discret) come-back. Style d'une vraie élégance, mais pratique d'une grande technicité : on négocie les virages en pliant fortement les genoux (l'arrière de la chaussure n'est pas fixé) pour placer le ski aval très en avant du ski amont. Comptez quand même de longues heures d'entraînement avant de réussir un *loop* (cercle parfait). Le télémark se pratique sur piste comme en *freeride*.
– ***Le kilomètre lancé :*** sur une piste toute droite et bien raide. Pour les amateurs de sensations fortes (même si l'amateur ne passera pas plus de 250 km/h souvent franchis par les cadors de la discipline). À essayer une fois, sur une piste spécialement aménagée comme celle de Vars.
– ***Le ski joëring :*** ou ski attelé. Très populaire dans les pays nordiques, cette discipline (un cheval tire sur le plat un skieur qui le dirige à l'aide d'une longue rêne), apparue dans les Alpes dès le début du XXe s (les 1res courses ont eu lieu à Saint-Moritz en 1906), avait quasiment disparu. On peut désormais de nouveau s'y essayer dans plusieurs stations.
– ***Le kitesurf :*** ou *kite-ski.* On glisse tracté par un gigantesque cerf-volant.

LES AUTRES SPORTS D'HIVER

– ***Les raquettes :*** ce moyen de locomotion existerait au moins depuis l'an 4000 av. J.-C. Dans leur lente migration vers le Grand Nord canadien, les peuples d'Asie centrale étaient chaussés de ces grands cadres de bois sur lesquels étaient tendues des lanières de peau. Longtemps méconnue dans les Alpes, la raquette est l'activité qui connaît le plus fort développement depuis les années 1990. Le matériel a d'abord considérablement évolué : les raquettes sont désormais en plastique, donc hyper légères, équipées de fixations articulées comme les skis de fond. Ensuite, ça ne coûte rien ou presque. Une paire de bonnes godasses de randonnée, des raquettes (on en trouve désormais partout à la location), et à vous la sereine beauté des grands espaces : on vous conseille de faire vos 1ers pas sur le plat et sur un chemin damé. Parce que, même si une balade à raquettes est accessible à tous, trouver la bonne position en descente n'est pas toujours aisé. Enfin, la montagne, même sans grimper en altitude, ne s'improvise pas. Si vous ne savez pas lire une carte et si vous n'êtes pas équipé (pelle, sonde, appareil de recherche avalanche), mieux vaut faire appel à un professionnel.
– ***Le patin à glace :*** un grand classique, pas nécessairement alpin d'ailleurs. Toutes les grandes villes occidentales possèdent, depuis la fin du XIXe s, des patinoires (la 1re patinoire artificielle d'Europe a été ouverte à Londres en 1876). Pour l'anecdote, le patinage artistique a longtemps été le seul sport venu du froid à figurer au programme des J.O. d'été.
– ***La luge :*** le plus démocratique des sports d'hiver. Une pente, un peu de neige, une vieille luge ressortie du grenier mais encore toute fringante avec ses 2 patins de bois que le menuisier du coin avait courbés à la vapeur, et le tour est joué ! Un petit détail pour ceux qui ont la mémoire qui flanche : la luge se dirige avec les pieds. Pas de grenier ? Un simple sac en plastique peut faire l'affaire (et occasionner quelques bleus...).
– ***Le curling :*** une vraie curiosité inventée (enfin, ils s'en vantent) par les Écossais au XVIe s sur les lacs gelés de Calédonie. Une sorte de pétanque sur glace (même si les pratiquants préfèrent rapprocher cette discipline du billard). 2 équipes de 4 joueurs s'appliquent à envoyer des « stones », petits blocs de granit très denses et très lourds (20 kg), dans la « maison », une cible de 3,70 m tracée sur la glace d'une patinoire. Spectacle assez étonnant : la pierre lancée, 2 balayeurs la précèdent en frottant énergiquement la surface de la glace pour créer un effet d'aquaplaning. On peut s'y essayer à l'Alpe-d'Huez ou à Vaujany en Isère.
– ***Les traîneaux à chiens :*** ramenés des solitudes nordiques au haut Jura par Paul-Émile Victor, les traîneaux à chiens ont aujourd'hui colonisé tous les massifs.

Toutes les stations ou presque proposent initiation à la conduite d'attelage comme balades de plusieurs jours. Pour se prendre pour un héros de Jack London, dans le bruit acide du crissement des traîneaux, les cris d'encouragement des mushers (conducteurs de l'attelage) et les halètements des chiens, huskies, malamutes ou samoyèdes. Autre discipline : le *ski-pulka,* qui se pratique avec un seul chien et un petit traîneau manœuvré par un fondeur.

LIVRES DE ROUTE

Résistance, alpinisme et grand frisson... voilà les mots qui viennent à l'esprit quand on cherche à caractériser l'imaginaire littéraire des Alpes.

– ***La Neige en deuil,*** d'Henri Troyat (Librio, 2021). Magnifique ouvrage qui met en scène 2 frères partis récupérer une somme d'argent perdue dans la montagne, suite à un crash d'avion. Arrivés sur le lieu de l'accident, ils découvrent une rescapée...

– ***Les Rivières pourpres,*** de Jean-Christophe Grangé (Le Livre de Poche, 2001). Suspense garanti dans cette enquête policière autour de cadavres atrocement mutilés et retrouvés dans la région grenobloise. Univers macabre, révélations terrifiantes... L'ouvrage a été rendu célèbre par le film avec Vincent Cassel et Jean Reno.

– ***Une soupe aux herbes sauvages,*** d'Émilie Carles (Pocket, 2004). Institutrice née près de Briançon, Émilie Carles se lance dans un récit autobiographique en 1977, 2 ans avant sa mort. Avec humanité et sensibilité, elle parle de la vie des montagnards, des paysans et des difficultés du quotidien dans les villages isolés de la région, durant l'entre-deux-guerres. Mais aussi des valeurs de solidarité et d'entraide de ses habitants. Un livre émouvant qui permet de mieux comprendre l'attachement des paysans à leur terre.

– ***Faust au village,*** de Jean Giono (Gallimard, coll. L'imaginaire, 2008). Ce recueil de 7 nouvelles, écrites par l'auteur du *Hussard sur le toit,* a pour toile de fond les montagnes du Trièves, au sud de l'Isère. Réalisme et fantastique se côtoient dans l'évocation de la vie âpre des paysans dans les années 1950.

– ***Laure du bout du monde,*** de Pierre Magnan (Folio, 2007). Ami et admirateur de Giono, l'auteur a lui aussi écrit des romans qui s'inscrivent dans sa terre natale. C'est à Éourres, dans les Hautes-Alpes, que Laure, née prématurément, s'accroche à la vie. Son parcours exceptionnel malgré un entourage fruste emmène le lecteur d'une traite du début à la fin de ce roman de terroir.

– ***La Vie de Henry Brulard,*** de Stendhal (Folio, 2013). L'auteur décrit Grenoble de façon piquante. De sa ville natale, il en est aussi question dans ***Mémoires d'un touriste*** (Folio, 2014).

– ***La Petite Chartreuse,*** de Pierre Péju (Belin, 2012). Une peinture poignante du massif de la Chartreuse, à travers l'histoire d'une petite fille plongée dans le coma et soignée par le libraire fou de littérature qui l'a renversée. A obtenu le prix du livre Inter 2003.

– ***Le Médecin de campagne,*** d'Honoré de Balzac (Folio, 1999). Le médecin Benassis se retire dans un canton du Dauphiné pour se consacrer à ses malades... La visite de son ami, le commandant Genestas, sera l'occasion d'un grand tour du pays.

– Et puis, pour finir sur une note plus légère, on ne sait pas toujours qu'Alphonse Daudet a écrit une suite à *Tartarin de Tarascon,* qui se nomme... ***Tartarin sur les Alpes*** (Folio, 1997) !

– ***Ailefroide, altitude 3954,*** de Jean-Marc Rochette et Olivier Bocquet (Casterman, 2018). Au fil de la BD, l'auteur, grenoblois d'origine, raconte sa découverte, à l'adolescence, de la montagne et de l'alpinisme grâce à un ami. Découverte qui devient une passion. Le but ultime : conquérir la face nord d'Ailefroide. De Jean-Marc Rochette également, citons aussi ***Le Loup*** (Casterman, 2019), autre beau roman graphique narrant un duel sur le long cours entre un loup et un berger dans

le massif des Écrins, et le magnifique ***La Dernière Reine*** (Casterman, 2022). Dans ce dernier, 3 destins se croisent avec, en toile de fond, la France au lendemain de la guerre de 14-18 et une belle histoire d'amour et de reconstruction entre le dernier ours du Vercors, Édouard Roux, gueule cassée de 14 et Jeanne Sauvage, sculptrice animalière.
– ***Chaudun, la montagne blessée,*** de Luc Bronner (Points, 2020). Une enquête passionnante sous la plume de l'ancien directeur des rédactions du *Monde,* originaire des Hautes-Alpes. Ce pays qu'il décrit, il le connaît jusqu'au bout des orteils. En 1895, les habitants de Chaudun vendent leur village enclavé dans la montagne à l'administration des Eaux et Forêts, la vie y étant devenue trop rude. Nombre d'entre eux émigrent alors aux États-Unis. Grâce aux archives, le journaliste documente l'histoire de ce village et de sa vente (qui n'est pas un phénomène isolé dans le département), et fait revivre le quotidien de ses habitants.

PERSONNES HANDICAPÉES

Tourisme et Handicap

Tourisme & Handicap est la seule marque d'État qui labellise des sites touristiques accessibles aux personnes en situation de handicap (campings, restaurants, musées, monuments...). Elle permet aux touristes en situation de handicap de vivre leurs vacances comme tout un chacun. Les sites sont identifiés grâce à un logo qui symbolise chacune des quatre familles de handicap (auditif/mental/moteur/visuel) et garantit un maximum d'autonomie :

Les informations et sites labellisés sont disponibles sur : • *tourisme-handicap.gouv.fr* •

En complément, **Acceslibre** est une **plateforme collaborative** portée par le ministère de la Transition écologique. Des informations d'accessibilité essentielles aux personnes en situation de handicap y sont collectées et affichées sur des cartes pour savoir si un lieu leur est accessible ou non. Sur mobile ou ordinateur, ce service permet de préparer au mieux sa sortie ou de collaborer en partageant de nouvelles informations.

Pour contribuer et/ou profiter d'Acceslibre : • *acceslibre.beta.gouv.fr* •

Par ailleurs, dans notre guide, nous indiquons par le logo les établissements qui possèdent un accès ou des chambres pouvant accueillir des personnes handicapées. Certaines adresses sont équipées selon les critères les plus modernes. D'autres, plus simples, plus anciennes aussi, sans répondre aux normes les plus récentes, favorisent l'accueil des personnes handicapées en facilitant l'accès à leur établissement, tant sur le plan matériel que sur le plan humain. Appelez donc auparavant pour savoir si l'équipement de l'hôtel ou du resto est compatible avec votre niveau de mobilité.

LES REFUGES

Voilà un type d'hébergements propre à la montagne, où vous devez arriver sac au dos et à la force de vos mollets. À l'arrivée, le grand luxe est de passer une nuit dans un cadre naturel extraordinaire, sans autres bruits que ceux de la nature (ou, éventuellement les ronflements de votre voisin...pensez aux bouchons d'oreille !) !
Les ***refuges*** ne sont souvent ***gardés*** que pendant l'été, période pendant laquelle ils servent à manger ; en hiver, une partie reste ouverte mais uniquement pour pouvoir se mettre au sec (il vous faudra alors apporter sac de couchage chaud, réchaud et popote). Pour le dodo, c'est en dortoir. Seuls le matelas, les couvertures et les oreillers sont fournis : il faut donc apporter son propre « drap de sac » (sac à viande) ou sac de couchage. Une lampe frontale se révélera aussi très utile (notamment pour pouvoir se déplacer sans déranger tout le monde). Pour la toilette, elle sera souvent de chat. En effet, si tous les refuges disposent de toilettes (parfois sèches), d'un point d'eau et généralement de lavabos, la douche n'est pas la règle et quand elle existe, elle est souvent payante, et pas toujours très chaude. Quant à l'électricité, elle est produite par des panneaux photovoltaïques et un groupe électrogène. Veillez donc à l'économiser (en éteignant les lumières, notamment) et à charger téléphone et appareil photo avant de partir, car sur place, ce n'est souvent pas possible.
Au dîner, servi à heure fixe, on partage sa table et ses expériences avec les randonneurs de passage dans une ambiance franchement conviviale. Vers 21h30, tout le monde dort ! Si vous souhaitez un pique-nique pour le lendemain, il est en général possible de le commander la veille. Pensez à ramasser vos déchets : comme vous l'aurez constaté, ces lieux ne sont accessibles qu'à pied, ce qui demande une sacrée organisation ! (Même si, quelques fois dans la saison, il arrive qu'un hélicoptère assure le ravitaillement ou l'évacuation des déchets).
Enfin, il convient de réserver au moins 48h à l'avance et de respecter les règles de la vie en communauté : à l'entrée, on troque ses chaussures de rando contre des pantoufles (souvent des crocs à disposition).
Précisons enfin qu'il existe aussi des ***refuges non gardés*** (même en été). Ils sont beaucoup plus petits, peu onéreux, mais leur aménagement est extrêmement sommaire (matelas, bois pour chauffer, éventuellement un point d'eau, mais pas de toilettes). La règle en vigueur : « Premier arrivé, premier servi » (et éventuellement, on se tasse !). Et là encore, on laisse les lieux propres et on descend ses déchets !
– La plupart des refuges appartiennent à la Fédération française des clubs alpins et de montagne (FFCAM), qui confie leur gestion à des gardiens. Pour plus d'infos : • *ffcam.fr* •

SITES INSCRITS AU PATRIMOINE MONDIAL DE L'UNESCO

UNESCO – Organisation des Nations Unies pour l'éducation, la science et la culture
En coopération avec le Centre du patrimoine mondial

Pour figurer sur la liste du Patrimoine mondial, les sites doivent avoir une valeur universelle exceptionnelle et satisfaire à au moins un des 10 critères de sélection. La protection, la gestion, l'authenticité et l'intégrité des biens sont également des considérations importantes. Le patrimoine est l'héritage du passé dont nous profitons aujourd'hui et que nous transmettons aux générations à venir. Nos patrimoines culturel et naturel sont 2 sources irremplaçables de vie et d'inspiration. Ces sites appartiennent à tous les peuples du monde, sans tenir compte du territoire sur lequel ils sont situés. Pour plus d'informations : • *whc.unesco.org* •
– Dans ce guide sont inscrites les ***fortifications de Vauban de Briançon et Mont-Dauphin*** (2008).

L'ISÈRE

• Carte p. 54-55

ABC de l'Isère

- ❑ ***Superficie :*** 7 431 km².
- ❑ ***Population :*** 1 285 000 hab. (2022).
- ❑ ***Point culminant :*** le pic de Lory (4 088 m).
- ❑ ***Préfecture :*** Grenoble (158 000 hab., Grenoble-Alpes Métropole 450 000 hab.).
- ❑ ***Sous-préfectures :*** La Tour-du-Pin et Vienne.
- ❑ ***L'Isère, c'est :*** 1 métropole, 21 stations de sports d'hiver, 1 Parc national, 2 parcs naturels régionaux, 11 musées gratuits, 2 stations thermales, 145 espaces naturels sensibles, 25 000 emplois dans la recherche et environ 65 000 étudiants.

C'est la rivière Ysara, « le serpent » en ancien français, qui a donné son nom au département. De part et d'autre, un relief et des paysages singuliers, d'une variété saisissante : villages de pierre accrochés sur des pentes raides, gorges aux falaises abruptes façonnées par des torrents sauvages, hauts plateaux, vallées secrètes, paysages de bocages, alpages et déserts, vallées alluviales et cirques. On est subjugué par les hauts versants dominés par des échardes de pierre, les larges rives bordées de vignes, de poiriers ou de noyers des vallées du Rhône ou de l'Isère, et par les glaciers qui se reflètent dans des lacs d'altitude. Un profil géographique contrasté, avec la barre des Écrins qui, du haut de ses 4 102 m, semble toiser la vallée de l'Isère et les rives du Rhône.

Si l'Isère est devenue une « destination neige » d'envergure, c'est également un espace où la nature est préservée grâce à 3 parcs : le Parc national des Écrins, les parcs naturels régionaux du Vercors et de Chartreuse. C'est aussi une terre marquée par l'histoire depuis la période gallo-romaine, précédant l'émergence de l'ancienne province du Dauphiné avec Bayard et Lesdiguières, vers la période contemporaine, inscrite en toile de fond dans la littérature des plus illustres écrivains locaux tels que Stendhal, Claudel, Giono ou Frédéric Dard, immortalisée par les palettes de Turner, Jongkind ou Bonnard, mise en musique par Berlioz, l'enfant de La Côte-Saint-André...

LES SEPT MERVEILLES DU DAUPHINÉ

Au Moyen Âge, les curiosités naturelles étaient appelées « merveilles ». Et, dans la province du Dauphiné, un document de 1450 en listait 7. Naturelles donc comme le mont Aiguille, la Fontaine ardente, les cuves de Sassenage, les grottes de la Balme et la Pierre percée. Ou, pour faire exception, créées par la main de l'homme comme la tour Sans-Venin ou le pont de Claix. Ces 7 merveilles, qui existent toujours, sont toutes dans l'Isère (et vous les retrouverez évidemment dans les pages qui suivent...).

L'Isère a de tout temps conjugué dynamisme économique et vitalité culturelle. Héritier d'un riche patrimoine, le département dispose de plus de

100 musées, de sites archéologiques majeurs aux 1ers rangs desquels ceux de Vienne et de Grenoble, et de sites religieux incontournables comme le monastère de la Grande Chartreuse, l'ancienne abbatiale de Saint-Antoine-l'Abbaye ou Notre-Dame de La Salette.

Adresses et infos utiles

Isère Attractivité – comité départemental de tourisme : • alpes-isere.com •

■ **Gîtes de France :** ☎ 04-76-40-79-40. • gites-de-france-isere.com • Le *SIRT (Service information et résas touristiques)* permet de trouver et de réserver un hébergement dans l'un des *Gîtes de France* du département.

■ **Autres organismes s'occupant de l'hébergement :** *au 14, rue de la République, à la Maison du tourisme à* ***Grenoble. Hôtellerie de plein air :*** • campingisere.com • ***Clévacances Isère :*** ☎ 04-76 54-06-08 ; • isere.clevacances.com •

– Bon à savoir : ***les musées départementaux sont tous GRATUITS !*** Info précieuse quand on sait qu'il s'agit des plus beaux musées d'Isère... • musees.isere.fr •

L'Isère à pied, à vélo...

■ ***Comité départemental de la randonnée pédestre en Isère :*** *Maison départementale des sports, 7, rue de l'Industrie, 38320* ***Eybens.*** ☎ 04-38-70-06-69. • isere.ffrandonnee.fr •

■ ***Maison de la montagne :*** *14, rue de la République, Maison du tourisme, 38000* ***Grenoble.*** ☎ 04-57-04-27-00. • grenoble-montagne.com • cyclo-alpes.com • De nombreux itinéraires à vélo à parcourir en famille ou des circuits VTT à travers l'Isère. Également des idées de séjours.

• ***itinisere.fr*** • Un site et une appli pour faciliter ses déplacements dans le département, tous modes de transport confondus : TER, cars régionaux, déplacements à vélo, infos route, itinéraires, horaires de train, covoiturage, état du trafic, conseils.

– Voir aussi les adresses de la rubrique « Activités d'été » dans « Bon à savoir avant le départ ».

GRENOBLE

(38000) 159 850 hab. *Carte Isère, C3*

• Plan *p. 58-59*

La capitale des Alpes françaises, symbole de la montagne, est paradoxalement adorée des cyclistes. Eh oui, c'est une ville de plaine, toute plate, nichée dans une cuvette, à tout juste 200 m d'altitude. Elle bénéficie d'une situation exceptionnelle, au confluent du Drac et de l'Isère, chaperonnée par 3 magnifiques massifs : le Vercors, Belledonne et la Chartreuse, qui entre presque dans la ville. Enfin, Grenoble truste les titres : capitale de la Résistance des Alpes (une des très rares villes à être « Compagnon de la Libération »), ville olympique, ville jeune et universitaire (avec près de 65 000 étudiants), 2e pôle scientifique et de recherche en France (après Paris).

Mais plus simplement, Grenoble, c'est aussi un vieux centre-ville adorable et rénové intelligemment, particulièrement vivant, et une riche vie culturelle avec l'un des 1ers musées des Beaux-Arts du pays... sans oublier de magnifiques pistes de ski, et une nature sauvage à moins de 30 mn. Beau palmarès, non ?

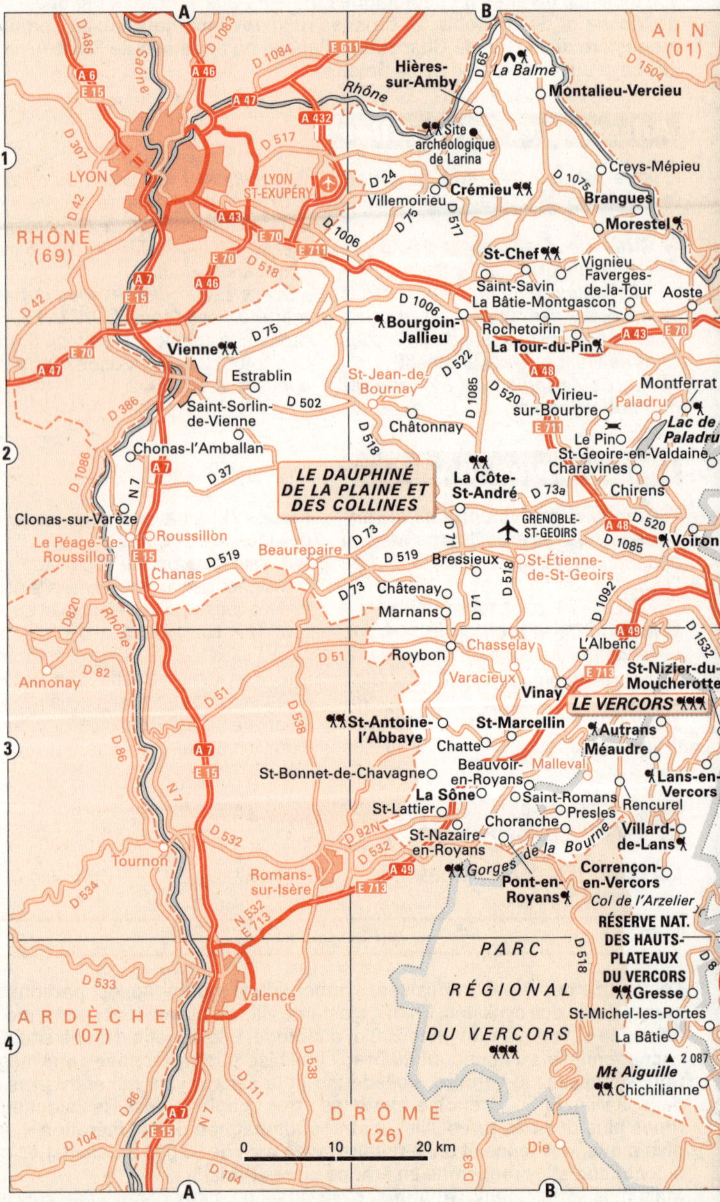

LE DAUPHINÉ DE LA PLAINE ET DES COLLINES
LE VERCORS
PARC RÉGIONAL DU VERCORS
RÉSERVE NAT. DES HAUTS-PLATEAUX DU VERCORS
AIN (01)
RHÔNE (69)
ARDÈCHE (07)
DRÔME (26)
LYON
LYON ST-EXUPÉRY
Hières-sur-Amby
La Balme
Montalieu-Vercieu
Site archéologique de Larina
Creys-Mépieu
Crémieu
Villemoirieu
Brangues
Morestel
St-Chef
Vignieu
Saint-Savin
Faverges-de-la-Tour
La Bâtie-Montgascon
Aoste
Bourgoin-Jallieu
Rochetoirin
La Tour-du-Pin
Vienne
Estrablin
St-Jean-de-Bournay
Montferrat
Virieu-sur-Bourbre
Paladru
Lac de Paladru
Saint-Sorlin-de-Vienne
Châtonnay
Le Pin
Chonas-l'Amballan
St-Geoire-en-Valdaine
Charavines
La Côte-St-André
Chirens
Clonas-sur-Varèze
GRENOBLE-ST-GEOIRS
Voiron
Le Péage-de-Roussillon
Roussillon
Beaurepaire
Bressieux
St-Étienne-de-St-Geoirs
Chanas
Châtenay
Marnans
Roybon
Chasselay
L'Albenc
St-Nizier-du-Moucherotte
Annonay
Varacieux
Vinay
St-Antoine-l'Abbaye
St-Marcellin
Autrans
Chatte
Méaudre
Beauvoir-en-Royans
Malleval
St-Bonnet-de-Chavagne
Lans-en-Vercors
La Sône
Saint-Romans
Rencurel
St-Lattier
Presles
Choranche
Villard-de-Lans
St-Nazaire-en-Royans
Gorges de la Bourne
Tournon
Romans-sur-Isère
Pont-en-Royans
Corrençon-en-Vercors
Col de l'Arzelier
Valence
Gresse
St-Michel-les-Portes
La Bâtie
2 087
Mt Aiguille
Chichilianne
Die
Saône
Rhône
0 10 20 km
A 6
A 7
A 43
A 46
A 47
A 48
A 49
A 432
E 15
E 70
E 611
E 711
E 713
N 7
N 532
D 1006
D 1085
D 1086
D 518
D 519
D 538

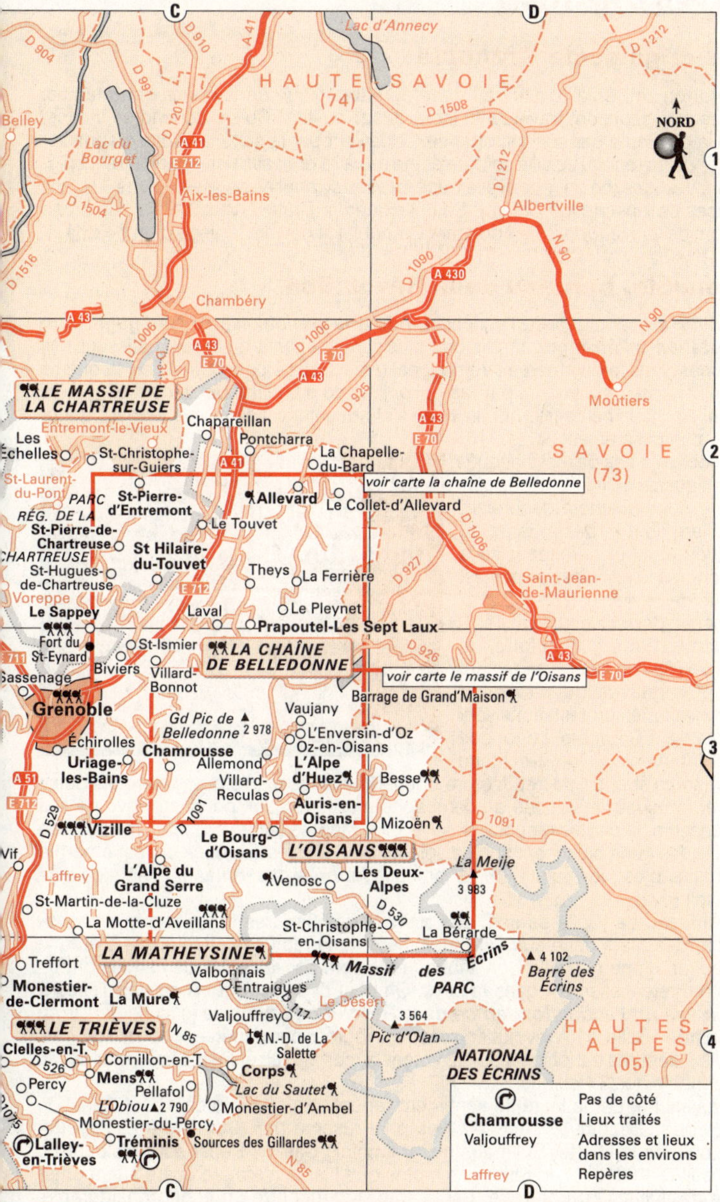
NORD
HAUTE SAVOIE
(74)
Lac d'Annecy
Lac du Bourget
Belley
Aix-les-Bains
Albertville
Chambéry
Moûtiers
SAVOIE
(73)
LE MASSIF DE LA CHARTREUSE
Entremont-le-Vieux
Chapareillan
Pontcharra
La Chapelle-du-Bard
Les Échelles
St-Christophe-sur-Guiers
St-Laurent-du-Pont
PARC RÉG. DE LA CHARTREUSE
St-Pierre-d'Entremont
Allevard
Le Collet-d'Allevard
voir carte la chaîne de Belledonne
St-Pierre-de-Chartreuse
Le Touvet
St Hilaire-du-Touvet
St-Hugues-de-Chartreuse
Voreppe
Theys
La Ferrière
Saint-Jean-de-Maurienne
Le Sappey
Laval
Le Pleynet
Prapoutel-Les Sept Laux
Fort du St-Eynard
St-Ismier
LA CHAÎNE DE BELLEDONNE
voir carte le massif de l'Oisans
Sassenage
Biviers
Villard-Bonnot
Barrage de Grand'Maison
Grenoble
Gd Pic de Belledonne 2 978
Vaujany
L'Enversin-d'Oz
Oz-en-Oisans
Échirolles
Chamrousse
Allemond
L'Alpe d'Huez
Besse
Uriage-les-Bains
Villard-Reculas
Auris-en-Oisans
Vizille
Mizoën
Le Bourg-d'Oisans
L'OISANS
Vif
La Meije
3 983
Laffrey
L'Alpe du Grand Serre
Venosc
Les Deux-Alpes
St-Martin-de-la-Cluze
La Motte-d'Aveillans
St-Christophe-en-Oisans
La Bérarde
LA MATHEYSINE
Écrins
4 102
Barre des Écrins
Treffort
Valbonnais
Massif des PARC
Monestier-de-Clermont
La Mure
Entraigues
Le Désert
Valjouffrey
3 564
Pic d'Olan
LE TRIÈVES
N.-D. de La Salette
HAUTES-ALPES
(05)
Clelles-en-T.
Cornillon-en-T.
Corps
NATIONAL DES ÉCRINS
Percy
Mens
Pellafol
Lac du Sautet
L'Obiou 2 790
Monestier-d'Ambel
Monestier-du-Percy
Lalley-en-Trièves
Tréminis
Sources des Gillardes
Pas de côté
Chamrousse Lieux traités
Valjouffrey Adresses et lieux dans les environs
Laffrey Repères

L'ISÈRE

UN PEU D'HISTOIRE

Aux origines de Grenoble

Bourg romain, Cularo, situé au carrefour stratégique de 3 vallées importantes, possède le seul pont traversant l'Isère. Jusqu'au IIIe s, Cularo dépend de Vienne, 2e ville de Gaule par son importance, et devient par la suite la capitale administrative de sa région. La ville se dote d'une muraille dont subsistent aujourd'hui plusieurs vestiges (on en retrouve le tracé en ville, symbolisé par des « clous » au sol, frappés de l'inscription *Cularo*). Sous l'empereur Gratien, vers 379, la ville prend le nom de *Gratianopolis* (qui donnera Grenoble) et devient le siège d'un évêché.

Grenoble, berceau de la Révolution

Au XVIIIe s, la bourgeoisie s'enrichit. ***L'industrie grenobloise du gant gagne une réputation à l'étranger,*** tandis que plusieurs habitants de la ville bâtissent des fortunes dans le commerce international (Asie, Saint-Domingue). C'est là que se situe l'histoire de Mandrin, paysan qui prit la tête d'une troupe de contrebandiers et qui devint un héros très populaire en s'attaquant aux agents des fermiers généraux, particulièrement haïs.

Grenoble n'a pas de mal à acquérir l'étiquette de ***« ville d'opposition »***, son parlement dénonçant régulièrement le despotisme du pouvoir royal et défendant sans relâche les libertés dauphinoises. Il faut, de ce siècle, retenir 2 événements, décisifs pour la suite.

Lorsque Paris promulgue, le 8 mai 1788, un décret réduisant les prérogatives du parlement dauphinois, les protestations sont très vives à Grenoble. Le roi doit faire intervenir la force militaire pour enregistrer ce décret. L'ordre donné à tous les magistrats grenoblois de se retirer dans leur résidence de campagne met le feu aux poudres. Privé de ses défenseurs, le peuple grenoblois se révolte. Massés sur les toits des maisons de la ville, les gens balancent sur les soldats de Sa Majesté tout ce qui est à portée de main : c'est, le 7 juin 1788, la fameuse ***journée des Tuiles*** qui fait reculer le pouvoir royal.

GRENOBLE ? LES RÉVOLUTIONNAIRES DIRENT NON !

Rien à voir avec les nobles puisque le nom de la ville vient de Gratien. Mais pendant la Révolution française, on changea quand même les noms des villes qui évoquaient l'aristocratie. La ville s'appela alors... Grelibre, puis reprit son nom.

Au château de Vizille se tient une réunion des 3 ordres qui réclame la convocation des états généraux, le doublement de la représentation du tiers état, la rédaction d'une nouvelle Constitution et le vote par tête. Ces demandes ont un énorme retentissement dans le pays. On peut dire que ***la journée des Tuiles à Grenoble fut l'action fondatrice de la Révolution française*** (plus de détails au chapitre « Vizille ») ! À révolution précoce, répression modérée, pourrait-on dire. Seuls 9 députés dauphinois sur 22 votent la mort du roi, et même la Terreur ne fait à Grenoble que 3 victimes.

En revanche, par la suite, le sentiment républicain se renforce. C'est l'élection de l'abbé Grégoire et l'accueil triomphal réservé par Grenoble à La Fayette, symbole de la liberté. Si l'industriel grenoblois Casimir Perier est président du Conseil en 1831, il n'en reste pas moins que l'Isère n'adhère guère à la monarchie de Juillet. Au contraire, février 1848 y rencontre un écho considérable. Le ***rattachement de la Savoie à la France, en 1860***, supprime par ailleurs toute menace aux frontières de l'Isère. La Commune de Paris connaît également un fort courant de sympathie. En 1898, Grenoble envoie à la Chambre son 1er député socialiste.

La période contemporaine

Sur le plan économique, l'Isère profite fortement des énergies nouvelles, surtout de la ***houille blanche*** (la force hydraulique), utilisée pour la 1re fois en 1869, à Lancey, près de Grenoble. ***Ville parlementaire jusqu'alors, elle devient industrielle*** et se développe considérablement grâce à la chimie, aux papeteries, aux cimenteries, à la construction des centrales hydroélectriques. En 1925, l'Exposition de la houille blanche consacre ce dynamisme économique.

En 1939-1940, beaucoup de Dauphinois, enrôlés, cela va de soi, dans les chasseurs alpins, s'illustrent dans les combats, et notamment contribuent au succès de la fameuse bataille de Narvik, en Norvège. ***Grenoble, capitale de la Résistance dans les Alpes*** : nul ne sera étonné. Elle reçoit la médaille de la Résistance (avec Nantes, Paris, Vassieu-en-Vercors et l'île de Sein) et devient bien sûr « Compagnon de la Libération ». Des 7 maquis de l'Isère, le Vercors est le premier et, de loin, le plus actif : en faisant exploser les réserves allemandes d'artillerie, il permet, entre autres, d'éviter le bombardement de Grenoble par les Alliés, limitant le nombre de morts à 50, contre 700 à Lyon. Mais il ne faut pas oublier les non moins

LA « PETITE PALESTINE »

À partir de 1942, Grenoble, le Dauphiné et la Savoie, tout comme le reste de la zone libre, sont envahis. L'occupation est menée par les Italiens, alliés des Allemands. Elle est assez bien vécue, car les hommes du Duce sont plutôt tolérants, notamment envers les juifs. Grenoble est d'ailleurs considérée par la communauté juive comme une « Petite Palestine », c'est-à-dire un endroit où il fait presque « bon vivre » malgré la guerre. Mais le débarquement en Sicile du 8 septembre 1943 entraîne la destitution de Mussolini. Et les nazis arrivent en Italie, puis dans le Sud de la France.

Adresse utile

- Maison du tourisme (C2)

Où dormir ?

- **10** Camping des Trois Pucelles (hors plan par A4)
- **11** Auberge de jeunesse (hors plan par A4)
- **12** Le Hüb (A1-2)
- **13** Hôtel 1924 (B2)
- **15** Hôtel de l'Europe (C2)
- **16** Hôtel Maison Barbillon (A2)
- **18** Hôtel d'Angleterre (C2)
- **19** Okko Hotels (C3)
- **20** Park Hotel (D4)

Où manger ?

- **30** Agustomio et Du Pain sur la Planche (B3)
- **31** Kai-Iwi (C2)
- **33** Le Point Bar (D2)
- **34** Café Lumière (B4)
- **35** Ciao a Te (C2)
- **36** Café de la Table Ronde (C2)
- **37** Le Café Curieux (B3)
- **38** Le Goût des Autres (D2)
- **39** La Passoire (A3)
- **41** Chez Marius (C2)
- **42** Gustavo (B3)
- **44** Le Fantin Latour (D2)
- **45** Chez le Pèr'Gras (hors plan par B1)
- **46** Pulled Me (A2)
- **47** Locafé (hors plan par A3)
- **48** Jeanette (B3)
- **49** Et si (C3)
- **50** Le Bistrot Parisien (B2)
- **51** La Chapelle (B3)
- **70** La Bobine (D4)

Où manger une bonne glace, une bonne pâtisserie ?

- **60** L'Arche aux Fruits (C2)
- **62** Jardin du Thé (C2-3)
- **63** Pâtisserie Le Chardon Doré (C2)

Où boire un verre ? Où sortir ?

- **70** La Bobine (D4)
- **71** Le Zinc (C2)
- **73** Le P'tit Labo (hors plan par A3)
- **74** La Belle Électrique (hors plan par A3)
- **75** K Fée des Jeux (C1)
- **76** Le Café des Arts (C1)
- **77** Le 102 (hors plan par A4)

Où acheter de bons produits ?

- **80** Laiterie Bayard (D2)
- **81** La Bulle Grenobloise (C3)

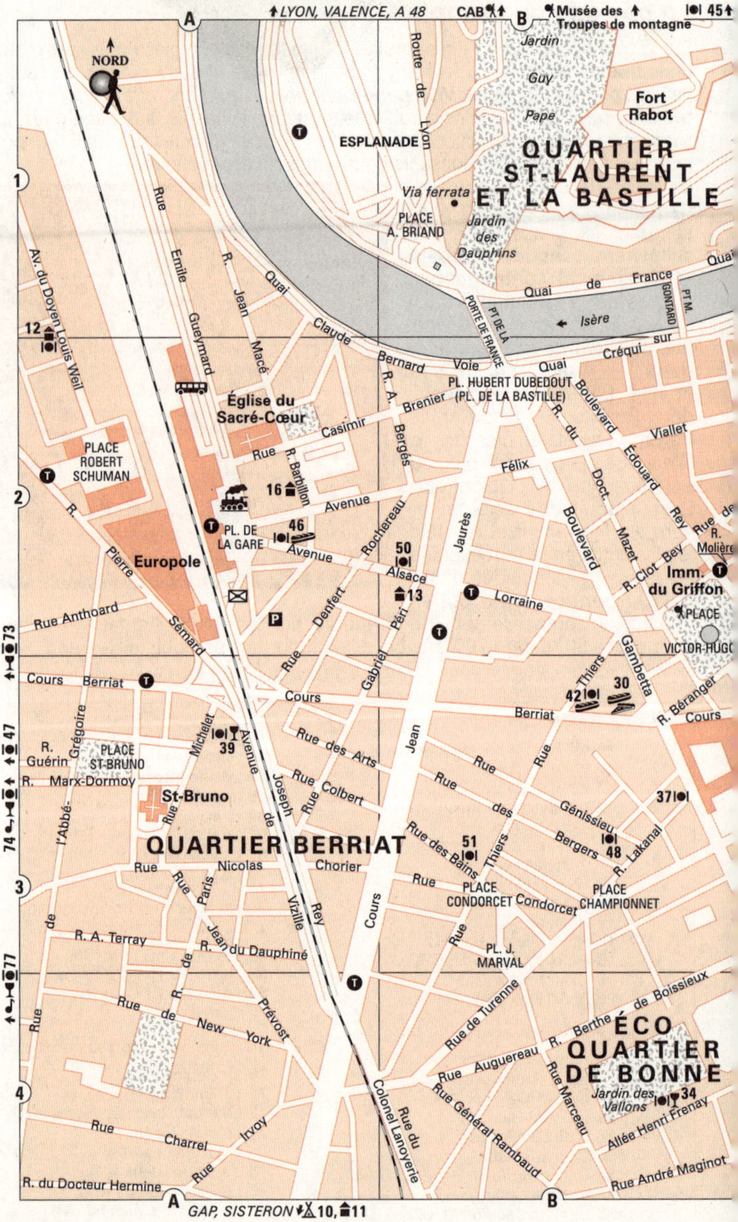
LYON, VALENCE, A 48
CAB
Musée des Troupes de montagne
45
NORD
A
B
1
2
3
4
Jardin Guy Pape
Fort Rabot
QUARTIER ST-LAURENT ET LA BASTILLE
ESPLANADE
Route de Lyon
Via ferrata
PLACE A. BRIAND
Jardin des Dauphins
Quai de France
Isère
PT DE LA PORTE DE FRANCE
GONTARD
PT M.
Quai
Quai Créqui
sur
Voie
PL. HUBERT DUBEDOUT (PL. DE LA BASTILLE)
Rue Emile Gueymard
R. Jean Macé
Quai Claude Bernard
R. A. Bergés
Brenier
Rue Casimir
R. Barbillon
Église du Sacré-Cœur
Av. du Doyen Louis Weil
12
PLACE ROBERT SCHUMAN
16
Avenue Félix Viallet
PL. DE LA GARE
46
Avenue Alsace Lorraine
Rochereau
50
13
Jaurès
Boulevard Édouard Rey
R. du Doct. Mazet
Boulevard
Rue de R. Molière
R. Clot Bey
Imm. du Griffon
PLACE VICTOR-HUGO
R. Pierre Sémard
Europole
Rue Anthoard
Rue Denfert
Rue Gabriel Péri
Cours Berriat
Cours Berriat
Thiers
42
30
Gambetta
R. Béranger
Cours
73
47
74
77
R. Guérin
Grégoire
PLACE ST-BRUNO
R. Marx-Dormoy
Micheletet
39
Avenue Joseph Vizille
Rue des Arts
Rue Colbert
Rue
Jean
Rue Génissieu
Rue des Bergers
37
St-Bruno
Rue
l'Abbé-
QUARTIER BERRIAT
Rue Nicolas Chorier
Rue Paris
Rue des Bains
51
Thiers
48
R. Lakanal
Rue
PLACE CONDORCET
Condorcet
PLACE CHAMPIONNET
R. A. Terray
Jean du Dauphiné
R. de
Rey
Cours
Rue
de
PL. J. MARVAL
Rue de New York
Prévost
Rue de Turenne
R. Berthe de Boissieux
ÉCO QUARTIER DE BONNE
Rue Augereau
Rue Marceau
Jardin des Vallons
34
Allée Henri Frenay
Rue du Colonel Lanoyerie
Rue Général Rambaud
Rue Charrel
Irvoy
Rue
R. du Docteur Hermine
Rue André Maginot
GAP, SISTERON
10, 11

La Bastille
MAG
Parc régional de la Chartreuse
C
D
Téléphérique
Institut de géographie
Institut de géologie
Musée dauphinois
Ste-Marie-d'en-Haut
Montée de Chalemont
Perrière
PL. CYMAISE
Rue St Laurent
76
PL. X JOUVIN
Quai Xavier Jouvin
Rue Mounier
PT DE LA CITADELLE
PT ST-LAURENT
Tour de l'Île
Quai Jongkind
Parc Dr. A. Michalon
Musée de Grenoble
Avenue Maréchal Randon
PL. DE LAVALETTE
Q. Cl. Brosse
R. A. Servien
75
PL. DE BÉRULLE
Berge
Ancien Parlement
R. Chenoise
R. F. Taulier
Musée de l'Ancien Évêché
Notre-Dame
Boul. Maréchal Leclerc
Parc de l'Île Verte
l'Herminier
St-Roch
Hôtel de police
R. Comt.
Quai St Jay
Théâtre
H. Berlioz
R. du Palais
PL. ST-ANDRÉ
PL. AUX HERBES
R. Brocherie
PL. N.-DAME
R. Très Cloîtres
Collégiale St-André
36
PL. CLAVEYSON
R. Barnave
41
R. St Hugues
Théâtre Ste-Marie-d'en-Bas
PL. DE PHILIPPE-VILLE
Jardin de Ville
60
Grand-Rue
R. des Clercs
31
R. P. Duclot
R. Pdt Carnot
PL. DES TILLEULS
R. Servan
Musée Stendhal
VIEILLE VILLE
63
Rue Montorge
Cité admin.
R. Bayard
80
Rue de l'Alma
R. J.-J. Rousseau
35
Musée de la Résistance et de la Déportation
33
R. de la Paix
R. St François
PL. GRENETTE
R. Ph. de la Charce
Rue de la
Lafayette
PL. STE-CLAIRE
71
Halle
R. Voltaire
R. J. Gémond
R. F. Poulat
15
République
R. Blanchard
R. Abb. de la Salle
38
Rue D. Villars
Rue Cornélie
Rue Hébert
St-Louis
R. Bonne
Rue de la Poste
Rue St Jacques
R. Vicat
Lycée Stendhal
44
Rue des Dauphins
R. Fourier
Chanrion
PLACE JEAN MOULIN
18
R. de
PL. J. ACHARD
Condillac
Pal. de l'Université
PLACE DE VERDUN
Ancien musée Bibliothèque
PL. DE BIR-HAKEIM
Faure
Bd Agutte
62
R. Millet
Sault
Liberté
PLACE VAUCANSON
R. E.
VILLE DU XIXE S.
Muséum d'histoire naturelle
Lafontaine
Sq. Martin
Rue de
81
Lesdiguières
R. C. Périer
Préfecture
Rue Fantin-Latour
Rue Champollion
Jardin des plantes
Lycée Champollion
PL. DE L'ÉTOILE
R. St Joseph
Rue
PL. DE METZ
Stendhal
R. Haxo
Hôtel du département
Pain
École des Beaux-Arts
Sembat
St-Joseph
49
de Strasbourg
Rue
R. Fr. Rahoult
PL. D'APVRIL
R. Beyle
R. Berccaria
PL. P. VALLIER
Boulevard Jean
Hôtel de ville
Parc Paul-Mistral
Bd Mar. Lyautey
Tour Perret
Rue Hoche
Ch. de commerce
Bibliothèque
PLACE PAUL MISTRAL
Anneau de vitesse
19
Jardin Hoche
20
Bd Gambetta
ESPLANADE LAIN LE RAY
Av. Jean Perrot
Bd Colonel Driant
70
Bd Clemenceau
Bd Maréchal Joffre
Rue Jules Ferry
Av. Albert 1er de Belgique
0
100
200 m
1
2
3
4
CHAMBÉRY, A 41
ALBERTVILLE, PONTCHARRA
URIAGE, CHAMROUSSE
VALENCE, VIZILLE
VIZILLE

GRENOBLE

héroïques combats des maquis de l'Oisans, de Belledonne ou de Chartreuse (voir, plus loin, les chapitres consacrés à ces massifs).
Dans les années 1950-1960, Grenoble connut un développement économique et urbain impressionnant, conforté par l'attribution des ***J.O. d'hiver de 1968*** (les premiers retransmis en couleur à la télé !). Sur le plan touristique, la région manifeste un dynamisme réjouissant. Rien de surprenant à cela, quand on sait que le 1er office de tourisme de France fut créé en 1889 à... Grenoble précisément !
Grenoble est surtout un ***important centre de recherche,*** le deuxième en fait après la capitale, avec pas moins de 25 000 emplois dans la recherche, principalement dans le domaine des sciences exactes (physique, chimie...). Grenoble héberge également le pôle de compétitivité mondial *Minalogic,* consacré aux nanotechnologies, qui rassemble des entreprises privées et des laboratoires publics afin de développer la recherche et les applications de ce nouveau domaine de recherche.
Grenoble est la première grande ville de France a avoir, en 2014, élu un maire écologiste, Éric Piolle, réélu en 2020.

Arriver – Quitter

Gare SNCF *(plan A2)* **:** *1, pl. de la Gare.* ☎ *36-35 (prix d'un appel local).* • *sncf-connect.com* • Pour les liaisons TGV, se reporter au chapitre « Comment y aller ? » en début de guide.

Gare routière *(plan A2)* **:** *à côté de la gare SNCF.* ***Transisère*** *(réseau départemental qui chapeaute les compagnies d'autocar) :* ☎ *04-26-16-38-38, appel gratuit.* Ttes directions. Nombreuses liaisons avec les stations de ski.

Aéroport de Grenoble-Isère : *38590* ***Saint-Étienne-de-Saint-Geoirs.*** ☎ *04-76-65-48-48.* • *grenoble-airport.com* • *À 41 km au nord-ouest.* Les horaires des navettes dépendent de ceux des avions.

Adresses et infos utiles

Infos touristiques

Maison du tourisme *(plan C2)* **:** *14, rue de la République.* ☎ *04-76-42-41-41.* • *grenoble-tourisme.com* • ♿ *Juil-août, lun-sam 10h-18h30, dim et j. fériés 10h-13h. Sept-juin, lun 13h-18h, mar-ven 10h-18h, sam 10h-13h, fermé dim. Bureau d'infos touristiques à la Bastille.* L'office de tourisme propose des visites guidées de la ville, sur différents thèmes (histoire, patrimoine, architecture, etc.), des chasses au trésor, des visites *street art,* ainsi que des balades théâtralisées, des balades en canoë ou à vélo durant l'été. Plan des balades en ville, gratuit et très bien fait. Plan des pistes cyclables. L'office de tourisme abrite également la Maison de la Montagne (voir rubrique « L'Isère à pied, à vélo... » plus haut).

– ***Grenoble Alpes Pass :*** à acheter à l'office de tourisme ou sur • *grenoblepass.com* • *Prix : 1 j. 19 € ; 33 € pour 2 j. ; 48 € pour 3 j.* Donne droit à l'entrée gratuite dans les musées et sites de la métropole et au-delà, ainsi que la gratuité pour les transports.

– ***Le Petit Bulletin :*** • *petit-bulletin.fr/grenoble* • L'hebdo gratuit de la vie culturelle grenobloise : ciné, théâtre, expos... Disponible à l'office de tourisme et dans les commerces de proximité.

– ***Le Postillon :*** un bimestriel payant de Grenoble où pertinence et impertinence sont mises au service de l'information. Un excellent moyen de prendre la température de la « cuvette ». Pour connaître la liste des lieux où le trouver : • *lepostillon.org* •

Transports

Le centre de Grenoble se visite facilement à pied et se prête peu à la circulation automobile, d'autant plus que le centre ancien est en grande partie piéton et que la métropole grenobloise est dotée d'un bon réseau de transports en commun (tram et bus). Des parkings relais situés à proximité d'une ligne de bus ou de tram permettent de laisser sa voiture à l'extérieur de la ville et d'utiliser les transports en commun (la meilleure solution, vu les tarifs pratiqués par les parkings du centre). Parkings gratuits pour les voyageurs munis d'un titre de transport TAG. Il est possible d'en acheter aux agents de surveillance des parkings.

Transports urbains

5 lignes de tramway desservent Grenoble-Alpes Métropole. La ligne A relie Échirolles (sud) à La Poya (nord-ouest). La ligne B relie le domaine universitaire de Grenoble de Gières (est) à la gare de Grenoble en passant par le nord (La Tronche). La ligne C relie elle aussi les facs (Gières) à Seyssins (sud-ouest). La ligne D relie le nord de Saint-Martin-d'Hères (campus) au sud. La ligne E relie le nord de Grenoble au sud, en longeant le cours Jean-Jaurès. Une quarantaine de lignes de bus viennent se greffer sur ce réseau.
Les billets se prennent dans les bus ou aux distributeurs automatiques des stations de tram. Ils s'achètent encore pour l'instant à l'unité (1,60 € aux arrêts de tramway ; 2 € dans les bus), par carnets de 10 ou de 30. Possibilité de forfaits *Visitag* 1 ou 3 jours et *Famille* (forfait famille de 1 journée).

■ ***Agence de Mobilité Centre-Ville :*** *49-51, av. Alsace-Lorraine ;* Ⓣ *Grand-Place ; ou 15, bd Joseph-Vallier.* ☎ *04-38-70-38-70.* • *tag.fr* • Vous y trouverez notamment la carte de toutes les lignes.
🚗 ***Taxis Grenoblois :*** ☎ *04-76-54-42-54.*

Location de vélos

Ville la plus plate de France, Grenoble est faite pour le vélo ! Pour preuve, le nombre de pistes cyclables (plus de 450 km pour la métropole) et de loueurs de bicyclettes !

■ ***Métrovélo :*** ☎ *04-76-85-08-94.* • *metrovelo.fr* • ***Métrovélo Gare :*** *11, pl. de la Gare, sur le parvis (plan A2). Lun-ven 7h30-19h30, w-e et j. fériés 9h-19h (10h-17h nov-mars).* ***Métrovélo Campus :*** Ⓣ *Bibliothèques-Universitaires (lignes B et C). Tlj sauf w-e, vac universitaires et j. fériés 11h30-18h30. Tarifs : 3 €/j. ; 25 €/mois ; réduc. Caution de 200 €.* Possibilité de location automatique depuis les MétrovéloBox (système de box dans les rues).

Où dormir ?

Camping

⛺ ***Camping des Trois Pucelles*** *(hors plan par A4,* ***10****) :* *58, rue des Allobroges, 38180* ***Seyssins.*** ☎ *04-76-96-45-73.* • *amico.francoise@gmail.com* • *camping3pucelles-grenoble.fr* • ♿ *À 6,5 km au sud-ouest de Grenoble, à peine 10 mn en voiture. De la gare :* Ⓣ *Chavant (ligne A), direction Denis-Papin, puis* Ⓣ *Mas-des-Îles (ligne C) direction Seyssins-Le-Prisme. Ouv tte l'année. Forfait pour 2, env 19-23 €. 48 empl.* Entre une zone artisanale et un quartier plus résidentiel, mais au calme, un petit 2-étoiles aux espaces verdoyants et bien ombragé. Chaque site est séparé par de hautes haies. Pas mal de mobile homes donc peu de places pour les tentes, mais elles ont le mérite d'exister. En revanche, en saison, on est un peu entassé. L'avantage : on est à seulement un petit quart d'heure de Grenoble en tram. Agréable piscine avec transats.

De bon marché à prix moyens

🏠 ***Auberge de jeunesse*** *(hors plan par A4,* ***11****) :* *10, av. du Grésivaudan,*

*38130 **Échirolles.** ☎ 04-76-09-33-52. • grenoble@hifrance.org • hifrance.org • ♿ En « banlieue », à 5 km au sud. Ⓣ Louise-Michel (ligne E) et bus C2 (direction Pont-Rouge), arrêt La Quinzaine. Réception 7h30-23h. Résa conseillée en été. Nuitée env 20-45 €, petit déj inclus, draps et couvertures fournis. Carte HI obligatoire (en vente sur place). Plat du jour 9 € servi midi et soir ; menu env 15 €. Parking privé gratuit.* Dans un quartier de petits immeubles tranquilles, un bâtiment à l'intérieur accueillant, aux normes de qualité environnementale. Chambres de 2 à 4 personnes avec salle de bains, à prix très compétitifs. Également des dortoirs de 6 à 8 lits (sanitaires communs). À disposition : cuisine, laverie automatique et bagagerie. Pour la convivialité : une cour intérieure-terrasse, un jardin et un bar, avec billard et table de ping-pong.

Le Hüb *(plan A1-2, **12**) : 25, av. doyen-Louis-Weil. ☎ 04-86-80-19-86. • grenoble@lehub-privilodges.com • lehub-privilodges.com • À 5 mn à pied de la gare. Parking privé. Bar-resto ouv lun-ven. Nuitée : 35 €/pers. Doubles 80-220 €. Au resto, carte env 21 €. Parking payant. Café offert sur présentation de ce guide.* Quelque part entre l'AJ, la résidence étudiante et l'hôtel traditionnel, une adresse à concept, plutôt design, donc à sa place dans le quartier Europole un brin futuriste. Pour dormir, une bonne centaine de places : co-pöds, de 4 à 6 lits superposés pour les voyageurs sac au dos et studios, apparts avec cuisines équipées... Pour petit déjeuner, goûter, boire l'apéro et grignoter : le Spöt. Et, pour faire des rencontres, une immense terrasse intérieure (le Patiö) avec terrains de pétanque, de mölky... Salle de fitness. Bibliothèque d'échange et espace de *coworking* au Läb.

De prix moyens à chic

Hôtel 1924 *(plan B2, **13**) : 2, rue Gabriel-Péri. ☎ 04-76-46-18-92. • info@1924hotel.com • 1924hotel.com • Doubles 99-200 €, petit déj inclus.* Des chambres franchement confortables, sobrement contemporaines mais qui ont conservé quelques éléments du passé de cet immeuble bourgeois du XIXe, revu en 1924 (évidemment) dans un style Art déco. Même ambiance dans le salon (avec cheminée de marbre) qui mixe meubles et bibelots vintage et design d'aujourd'hui. Bar (à vins, cocktails...) et petit jardin d'hiver. Un certain charme donc et un accueil qui donne encore plus envie de prolonger le séjour.

Hôtel de l'Europe *(plan C2, **15**) : 22, pl. Grenette. ☎ 04-76-46-16-94. • contact@hoteleurope.fr • hoteleurope.fr • Doubles 79-95 € (moins cher le w-e).* Un des plus vieux hôtels de la ville (début XIXe s), comme en témoigne sa belle cage d'escalier avec parquets cirés. L'ensemble est de très bonne qualité, dans un esprit actuel, et offre un confort de bon ton. Chambres contemporaines et lumineuses, très agréables. Essayer d'en avoir une qui donne sur l'arrière, et dans les étages élevés parce qu'on est en plein centre et côté place (des plus fréquentées), le tram passe sous les fenêtres tard le soir et tôt le matin. Salle de remise en forme et sauna. Accueil professionnel.

Hôtel d'Angleterre *(plan C2, **18**) : 5, pl. Victor-Hugo. ☎ 04-38-88-40-40. • reservations@hotel-angleterre-grenoble.com • hotel-angleterre-grenoble.com • Doubles 80-140 €.* Sur cette place haussmannienne, cet immeuble... haussmannien propose des chambres d'un bon confort, même si la déco de certaines commence à dater (crépi aux murs et mobilier à l'ancienne). Les supérieures sont plus élégantes. Vue sur la place et le Vercors au loin, pour certaines. Bon accueil.

De chic à beaucoup plus chic

Okko Hotels *(plan C3, **19**) : 23, rue Hoche. ☎ 04-85-19-00-10. • grenoble3801@okkohotels.com • okkohotels.com • ♿ Doubles 96-235 €, petit déj, snack, apéro et espace forme et bien-être inclus. 1 verre de vin offert sur présentation de ce guide.* Un bâtiment contemporain relativement discret malgré sa forme originale en lame de couteau. On pourrait le croire froid de prime abord. Eh bien non ! À l'intérieur, tout semble étudié pour que vous vous sentiez dans un joli nid : l'écrin est volontiers gris (le béton) et blanc, mais douillet (draps en lin, couette et oreillers en plumes), le mobilier choisi. Dans les chambres, plutôt petites, les courbes dominent, pour plus de douceur, et les salles de bains sont intelligemment conçues. Magnifique salle commune, lumineuse et reposante.

Hôtel Maison Barbillon (plan A2, **16**) : *10, rue Barbillon.* ☎ *04-58-00-52-43.* • *reservation@maisonbarbillon.com* • *maisonbarbillon.com* • ♿ *Doubles 70-170 € ; familiales. Parking payant.* Dans une tranquille petite rue, à 2 pas de la gare, on avait quitté hier un petit hôtel familial sans chichis, on découvre aujourd'hui cette élégante adresse où une architecte d'intérieur a fait du beau boulot : bibelots chinés ici, fauteuils clubs là, meubles de métier dans la salle des petits déj', tissus imprimés aux murs des chambres. Du charme, du confort aussi et un accueil impeccable.

Park Hotel (plan D4, **20**) : *10, pl. Paul-Mistral.* ☎ *04-76-85-81-23.* • *resa@park-hotel-grenoble.fr* • *park-hotel-grenoble.fr* • ♿ *Doubles 99-179 €.* Un établissement classe, luxe et chic tout à la fois, en lisière du parc Paul-Mistral, où le classicisme de l'architecture est compensé par le côté contemporain de la déco. Le gris-blanc et le gris-rouge dominent, avec une belle élégance. Excellent confort douillet, belle tête de lit, ancienne carte du Dauphiné sur les murs, salles de bains vraiment jolies. Au rez-de-chaussée, bar à l'anglaise, dans les tons noirs, avec plein de beaux objets un peu partout. Salle de gym et hammam à disposition.

Où manger ?

Sur le pouce

Gustavo (plan B3, **42**) : *11, rue Thiers.* ☎ *04-38-86-67-16.* • *gustavovegan38@gmail.com* • *Tlj sauf dim-lun. Formules 10-16 €.* Un kebab mais... vegan. On y mange donc avec les doigts, au comptoir ou à table en mezzanine, des... « vebabs ». Sauces maison, frites itou (à base de patates bio). Tout ça est bien bon (jusqu'aux desserts) et servi dans une souriante décontraction (tutoiement de rigueur dès l'accueil).

Pulled Me (plan A2, **46**) : *48, av. Alsace-Lorraine.* ☎ *09-81-62-09-79.* • *contact@pulledme.com* • *Tlj sauf sam soir et dim. Formules 10,50-15,50 €.* Déco indus et ambiance rock'n'roll (les formules portent les noms de chansons de Queen, Bowie ou des Rita Mitsouko) pour ce bel espace qui mixe en une seule recette quelques classiques de la *street food* mondiale : le pain ciabatta de l'Italie, les viandes marinées aux herbes et épices de la Méditerranée mais effilochées façon sud des États-Unis. Falafels pour les végétariens. Un poil cher, peut-être, mais c'est vraiment un *fast good* (comme ils disent).

Agustomio (plan B3, **30**) : *2, cours Berriat.* ☎ *09-51-41-44-92.* • *info@agustomio.fr* • *Tlj sauf dim-lun. Fermé en août et à Noël. Carte 6-15 €. Café offert sur présentation de ce guide.* Les produits viennent d'Italie, les stars en photo sur les murs aussi comme les chansons que passe la radio. Excellentes pizzas à la romaine, volontiers vendues à la part (*al taglio*, comme en Italie, toujours !). 2-3 tables à l'intérieur sur la cuisine ouverte et petite terrasse. Accueil un peu speed, toutefois, mais toujours avec le sourire.

Du Pain sur la Planche (plan B3, **30**) : *2, cours Berriat.* ☎ *04-76-47-94-71.* • *saskamp.dupainsurlaplanche@gmail.com* • *Tlj sauf dim et j. fériés 7h-19h30. Sandwichs autour de 5 € ; formules env 8-9,50 €. Réduc de 10 % sur la facture globale sur présentation de ce guide.* Petite boulangerie proposant des pains maison variant au gré des jours, ainsi que des sandwichs garnis de bons produits (bio), qui sortent un peu du sempiternel jambon-beurre. Petites salades également, dans le même esprit.

L'ISÈRE

De bon marché à prix moyens

🍴 ⛱ ***La Bobine*** *(plan D4, **70**) : 42, bd Georges-Clemenceau (entrée par le parc Paul-Mistral). ☎ 04-76-70-37-58. • resto@labobine.net • Tlj au déj sauf dim-lun. Plat du jour 13-16 € ; formule déj env 23 €. Voir également « Où boire un verre ? Où sortir ? ».* Cuisine de marché bien réalisée, à savourer sur une très agréable terrasse aux beaux jours, donnant sur le parc. Le choix est vite fait entre les 2 plats (végétarien et viande) et la grosse salade. On ne s'en plaint pas, les produits sont choisis et le cuistot s'attache à cuisiner essentiellement du bio et du local. À fréquenter également le soir pour un grignotage, sans modération.

🍴 ⛱ ***Locafé*** *(hors plan par A3, **47**) : 31, rue d'Alembert. ☎ 04-56-45-22-22. • contact@locafegrenoble.com • Tlj sauf w-e. Menus 24-32 €.* Une petite adresse vegan avec beaucoup de valeurs. 100 % bio, 100 % végétarien et à base de produits majoritairement locaux (comme on aurait pu s'en douter à l'enseigne). Salle de bistrot d'aujourd'hui (fresque *street art* sur un des murs), 2-3 tables sur rue (dans un quartier hors circuits touristiques) et cuisine avec de l'idée : les assiettes éclatent autant de saveurs que de couleurs.

🍴 ☕ ***Kai-Iwi*** *(plan C2, **31**) : 5, rue des Clercs. ☎ 04-76-24-01-55. • hello@kai-iwi-cafe.com • ♿ Tlj 9h-18h30 (15h dim). Carte env 25 €.* Le « Kai » (nourriture) et « Iwi » (gens) en langue maori, fait voyager en Nouvelle-Zélande ! On vient y prendre son petit déjeuner, bruncher le midi (tous les jours) ou s'offrir un *teatime* à toute heure. Ambiance cosy dans cette salle de poche où l'on découvrira de bons petits plats faits maison (*gluten free,* vegétaliens et végétariens) qui changent régulièrement mais dans la tradition néo-zélandaise. Une Grenobloise, passionnée de pâtisserie et un Néo-Zélandais, cuisinier de métier, se chargent de régaler les gourmands, qui deviennent rapidement des habitués.

🍴 🍸 ⛱ ***Café Lumière*** *(plan B4, **34**) : 28, allée Henri-Frenay. 📱 07-81-35-86-71. Tlj sauf dim soir 12h-22h, à partir de 14h w-e. Carte 20-25 €. Café offert sur présentation de ce guide.* Situé juste derrière le cinéma *Méliès* dont il fait partie, face à l'adorable jardin de Bonne, ce joli petit lieu propose une restauration simple et de qualité. Un plat végétarien équilibré, un autre protéiné et basta. Assiettes vraiment copieuses et atmosphère sympathique comme tout. Salon de thé l'après-midi durant le week-end. Aux beaux jours, un bout de terrasse prend ses aises devant le parc.

🍴 🍸 ⛱ ***La Passoire*** *(plan A3, **39**) : 47, av. de Vizille. ☎ 04-85-02-98-92. • lapassoire.grenoble@gmail.com • Tlj sauf midi sam et dim. Carte 25-30 €. Café offert sur présentation de ce guide.* Bonne ambiance dans ce bar-resto à la déco de bric et de broc bien sympathique, où la jeunesse se retrouve le soir pour un apéro à rallonge dans l'arrière-cour, autour d'assiettes à partager (charcuterie, fromages, houmous...). Le midi, malins petits plats maison, volontiers exotiques.

☕ 🍴 ⛱ ***Le Point Bar*** *(plan D2, **33**) : 31, rue Servan. ☎ 04-76-14-91-28. • laura.barthe84@gmail.com • ♿ Tlj sauf lun-mar 8h (10h w-e)-15h. Carte env 30 € ; brunch w-e 17-27 € sur résa.* Des allures de demi-sous-sol, tellement c'est bas de plafond mais l'endroit est accueillant (avec des expos, des jeux et BD à disposition...). Parfait pour le petit déj ou un plat du jour. Fraîche cuisine maison (le menu, à l'ardoise, change quotidiennement), préparée sous vos yeux, dans la minicuisine derrière le bar.

🍴 Plusieurs adresses citées dans « Où boire un verre ? Où sortir ? » servent aussi à manger, comme le ***K Fée des Jeux*** ou ***La Belle Électrique.***

De prix moyens à chic

🍴 ⛱ ***Et si*** *(plan C3, **49**) : 16, rue de Strasbourg. ☎ 09-83-91-55-95. • etsi.mvlc@gmail.com • ♿ Tlj sauf w-e. Fermé 3 sem en août. Carte env 35 €.* Déjà, il nous faudrait 3 pages pour vous décrire la déco (jusqu'à celle des toilettes...) : ce resto a autant de personnalité que son patron. Ensuite, on ne peut que vous conseiller de réserver (le *Routard* n'est pas le seul à connaître l'adresse) pour goûter à cette cuisine, fraîche et inventive juste ce qu'il faut. Impossible de se lasser, la carte change toutes les semaines !

Jeanette *(plan B3, **48**) : 3, rue Génissieu. ☎ 09-54-61-61-54. • contact@jeanette-restaurant.fr • Tlj sauf dim midi et lun, plus soir mer-jeu. Formule et menu déj sem 23-28 € ; menu sam 33 € ; le soir, menu en 7 temps 40 €.* « Bistrot moderne » annoncent les 2 filles (dont aucune ne s'appelle Jeanette...) qui ont investi ce tout petit endroit et on n'a pas trouvé mieux... Jolie déco sobrement contemporaine (tables avec vue sur la cuisine ou en mezzanine), bout de terrasse sur rue, cuisine au goût du jour (beaux et bio produits, simplicité qui rime avec créativité), courte mais intéressante carte de vins nature.

Le Goût des Autres *(plan D2, **38**) : 6, rue Dominique-Villars. ☎ 04-76-25-40-33. • gda@orange.fr • ♿ Tlj sauf lun, mer midi, sam midi, dim et j. fériés. Fermé 3 sem en août. Formules déj 20-25 € ; le soir, carte 35-40 €.* Un « restaurant à vins » qui réunit saveurs, accueil et rencontre (d'où son nom évidemment !). Dans cette grande salle à la déco genre atelier avec cuisine semi-ouverte, on œuvre à donner du plaisir aux hôtes tant dans l'assiette que dans le verre. Courte carte, pour une cuisine avec juste ce qu'il faut d'inventivité, à base de produits du marché. Pertinente sélection de vins.

Le Bistrot Parisien *(plan B2, **50**) : 34, av. Alsace-Lorraine. ☎ 04-76-46-10-16. • grillparisien@gmail.com • Tlj sauf w-e. Formule et menu déj sem 23-27 € ; le soir, 31-37 €.* Une institution locale dont le décor rustico-design n'a pas bougé depuis 1968. L'accueillante (il y a même une table d'hôtes posée dans la cuisine) jeune équipe qui s'y est installée reste dans la droite ligne d'une cuisine dans la grande tradition française mais avec un petit twist contemporain. Jolis plats (vous nous direz des nouvelles des pâtés en croûte du chef) à accompagner de vins de producteurs fort opportunément choisis. Grande terrasse sur l'avenue.

Chez Marius *(plan C2, **41**) : 1, pl. Notre-Dame. ☎ 04-38-37-23-56. • contact@chezmarius.fr • ♿ Tlj midi et soir. Plat du jour déj sem 11 € ; formules déj 13,50-15 € ; le soir, menu 20,50 € ; carte env 30-35 €.* Avec son atmosphère bistrotière revisitée, et une déco proposant tous les accessoires qui vont avec (chaises bistrot, tables de bois, plancher, serveurs à bretelles et casquette), on pense à un gentil traquenard. Que nenni ! Les plats de ménage (gratin de ravioles, tête de veau, fondant de bœuf et même des *beurgueurs*...) sont fort bien réalisés, copieux et goûteux. Service gentil comme tout.

Ciao a Te *(plan C2, **35**) : 2, rue de la Paix. ☎ 04-76-42-54-41. Tlj sauf dim-lun. Congés : 1 sem en janv et de fin juil à mi-août. Formule et menu déj sem 17-21 € ; carte 35-40 €.* Un vrai Italien à Grenoble : ça se sait, alors ne pas espérer une place sans réserver... même plusieurs jours à l'avance ! Cadre rustique traditionnel, murs chaulés de blanc, poutres. Cuisine familiale d'excellente qualité, avec quelques spécialités des Pouilles comme les beignets de courgette gratinés au four, mais pas de pizzas. Accueil chaleureux.

Le Café Curieux *(plan B3, **37**) : 2, rue Lakanal. ☎ 04-38-02-93-32. • cafecurieux@gmail.com • Tlj sauf dim et j. fériés. Formule déj en sem 20 € ; carte env 35 €.* Une adresse de quartier pas si curieuse que ça au final, mais en tout cas, bien sympathique. Les générations s'y mélangent pour l'apéro en terrasse ou autour de plats bien tournés, type bistrot, mais à la sauce « monde ». Si la carte change au fil des saisons, tartare, burger, et cheese-cake, 2 poissons du jour et un plat végétalien restent des indéboulonnables.

Café de La Table Ronde *(plan C2, **36**) : 7, pl. Saint-André. ☎ 04-76-44-51-41. • jeromeboccard@cafetableronde.com • ♿ Service tlj jusqu'à 22h30 (fermé lun mat l'hiver). Formule et menu déj en sem 15 € ; autres menus 20, 25 ou 33 €. Apéritif offert sur présentation de ce guide.*

Institution grenobloise depuis 1739. C'est aujourd'hui le 2e plus vieux café de France, après le *Procope*, à Paris. Forcément chargé d'histoire : alors soldat à la garnison de Grenoble, Bernadotte (futur roi de Norvège et de Suède) tomba amoureux de la serveuse, Stendhal enfant venait y boire des limonades... En terrasse, on profite de la jolie place, et de la superbe façade de l'ancien parlement. À l'intérieur, des 2 salles, on préfère évidemment l'ancienne, avec son zinc et ses amples miroirs. Plats de brasserie et de terroir gentiment ficelés, que l'on mange sans trop se poser de questions : tartare comme ravioles, moules comme diots, et plateaux de fruits de mer, etc. Bien pratique quand les autres restos de la ville sont fermés les dimanche et lundi.

La Chapelle *(plan B3, **51**) : 5, rue des Bains. ☎ 04-76-86-30-20. • contactlachapelle@grenoble.com • Tlj sauf dim-lun. Formule déj sem 17 € ; carte 30 €.* Pas tous les jours qu'on se pose pour déjeuner ou dîner dans une chapelle du XIXe s, au cœur de la nef ou en mezzanine, au plus près des vitraux. Jolie déco récup et, dans l'assiette, des recettes qui font le tour du monde : *foccacia, empanadas, bo-bun,* burgers... Étonnant endroit, à la chaleureuse ambiance et, de surcroît, à la démarche militante : le patron est connu pour son soutien aux réfugiés et migrants.

De chic à plus chic

Le Fantin Latour *(plan D2, **44**) : 1, rue du Général-de-Beylié. ☎ 04-76-24-38-18. • reservation@fantin-latour.fr • Resto gastro ouv le soir mar-sam ; brasserie ouv le midi tlj sauf dim-lun. À la brasserie, formule et menu déj 32-38 € (45 € sam) et carte env 65 €. Au gastro (le soir seulement), menus 125-165 €.* Dans cet hôtel particulier qui abritait autrefois le musée Fantin-Latour, le chef Stéphane Froidevaux a trouvé son lieu. Un cadre qui se prête au jeu, avec son superbe jardin à l'arrière où vivent poules, lapins et cochons d'Inde. Le décor est planté pour déguster la superbe cuisine d'un des meilleurs chefs de la ville. Comme son mentor, Marc Veyrat, il trouve son inspiration dans les montagnes, parmi les fleurs, fruits et champignons sauvages qui viennent sublimer ses créations culinaires. Une cuisine décomplexée, qui ose, tout en restant sincère, généreuse et ludique. Au déjeuner, un peu plus de sobriété mais tout autant de talent (et avec une addition plus que raisonnable) à la brasserie du *Fantin*.

Chez le Pèr'Gras *(hors plan par B1, **45**) : 90, chemin de la Bastille, 38700* **La Tronche.** *☎ 04-76-42-09-47. • restaurant@pergras.com • Accès avec les « bulles » puis à pied (c'est à 200 m de la gare d'arrivée), ou en voiture. En été, tlj sauf dim soir ; le reste de l'année, fermé aussi lun. Fermé de mi-nov à début mars. Menus 33 € (déj) puis 69 €.* Cette institution gastronomique grenobloise, tenue de père en fils depuis 1896, offre l'une des plus belles vues panoramiques qui soient à travers sa grande baie vitrée. Les jours de beau temps, le regard embrasse le mont Blanc et le Vercors ! Le représentant de la nouvelle génération y propose une cuisine d'aujourd'hui, qui n'oublie pas les recettes de ses aïeux.

Où manger une bonne glace, une bonne pâtisserie ?

L'Arche aux Fruits *(plan C2, **60**) : 6, rue Diodore-Rahoult. ☎ 04-76-51-11-02. Aux beaux jours, quand il ne pleut pas (et ne fait pas trop froid) 12h-minuit.* L'échoppe à la façade verte est minuscule (et donne directement sur la rue), mais le choix, lui, est large. Des glaces artisanales pas données, mais point trop sucrées, volontiers fruitées et aux nombreuses saveurs originales (châtaigne, noix, verveine, etc.).

Jardin du Thé *(plan C2-3, **62**) : 2, rue Millet. ☎ 07-63-51-46-38. Tlj sauf dim 9h30 (13h j. fériés)-20h.*

Formule déj 11,50 €. Thé offert sur présentation de ce guide. D'un côté de la rue, la boutique, de l'autre, le salon de thé à l'ambiance jeune et printanière. Terrasse dans la rue. Excellente sélection de thés de toutes sortes (volontiers servis glacés en été), à accompagner d'une douceur maison. Celles-là mêmes qui vous font de l'œil sur le comptoir.

***Pâtisserie Le Chardon Doré** (plan C2, **63**) : 2, rue Montorge. ☎ 04-76-54-08-94. • contact@lechardondore.com • ♿ Fermé dim, et lun mat 8h30-19h30.* Réputée pour ses spécialités grenobloises à base de noix (vin, gâteaux...), ainsi que pour ses nougats et ses chardons. Petit salon de thé et agréable terrasse côté jardin de ville.

Où boire un verre ? Où sortir ?

Grenoble, ville étudiante, ne manque pas d'endroits sympa pour boire un verre, échanger des idées, refaire le monde... Attention toutefois, lorsque l'année scolaire est terminée et que les étudiants rentrent chez eux, la ville perd de son animation et certains établissements ferment en attendant la rentrée. Ceux qui restent ouverts modifient leurs horaires. En juillet-août, les bars ouvrent plutôt vers 19h.

***La Bobine** (plan D4, **70**) : 42, bd Georges-Clemenceau (entrée par le parc Paul-Mistral). ☎ 04-76-70-37-58. • labobine.net • Tlj sauf dim 18h-1h. Fermé fêtes de fin d'année.* Dans un cadre un peu métallo et assez brut, avec toujours de chouettes expos aux murs, un lieu associatif et culturel, un poil décalé et alternatif. Il s'y passe toujours quelque chose : apéros mix le mardi et apéros-concerts vendredi ou samedi... Concerts réguliers (vers 21h) où s'expriment toutes les musiques, avec une préférence pour l'exploration de nouveaux sons. Programmation jeune public « la Bobinette ». Terrasse au bord du parc Paul-Mistral. Très sympa à l'heure de l'apéro autour de quelques assiettes pour grignoter.

***Le Zinc** (plan C2, **71**) : 5, rue Auguste-Gaché. ☎ 04-76-03-07-44. • contact@lezincbar.com • ♿ Tlj sauf dim et j. fériés 18h-22h (minuit mar-mer, 1h ven-sam).* Beaucoup de tables dans ce bar à vins, à tel point qu'on peut à peine circuler. C'est souvent bondé, il s'avère parfois même difficile de trouver un endroit où poser une fesse. Aux beaux jours, l'affluence déborde sur la terrasse, au pied des halles. Il faut dire que la cave est belle : vins de terroir, naturels, bio ou en biodynamie s'y taillent la part du lion. Difficile d'y résister, tout comme aux belles assiettes de cochonnaille ou fromage susceptibles de les accompagner. Ambiance forcément conviviale.

***Le P'tit Labo** (hors plan par A3, **73**) : 46, rue d'Alembert. ☎ 07-49-15-81-60. • contact@ptitlabo.coop • ♿ Tlj sauf dim-lun 17h-minuit.* Dans le désormais (discrètement) branché quartier Berriat, une p'tite brasserie artisanale et coopérative. Bonnes bières bio à goûter dans un cadre de... labo ou sur la terrasse qui s'est fait une p'tite place sur le trottoir.

***La Belle Électrique** (hors plan par A3, **74**) : 12, esplanade André-Farcy. ☎ 04-69-98-00-38. • contact@la-belle-electrique.com • la-belle-electrique.com • Resto, lun-ven au déj. Bar, mer-sam 15h-1h. Fermé dim, j. fériés et août. Plats 12-18 €.* Non seulement cette SMAC (Scène de musiques actuelles) s'offre un bien bel écrin contemporain, tout de bois et de verre, avec sa remarquable façade qui ondule, mais en plus, elle a une vie en dehors des concerts, grâce à son bar et son resto. Cuisine bien d'aujourd'hui avec un menu qui varie au fil des saisons. Soirées régulières, gratuites ou payantes, entre les apéros gourmands, les *after work* dégustations et les soirées réservées aux artistes et DJs grenoblois.

***K Fée des Jeux** (plan C1, **75**) : 1, quai Stéphane-Jay. ☎ 04-76-42-43-68. • contact@kfeedesjeux.com • ♿ Tlj sauf dim 12h-1h du mat (jusqu'à 17h30 dim). Formule et menu déj sem 17-21 € ; carte le soir 20 €.* Il fait un temps à ne pas mettre un humain dehors ? Vous vous sentez d'humeur joueuse ? Ce petit café peut constituer un bon refuge entre elfes et licornes, avec une salle au rez-de-chaussée, une autre en sous-sol, et plusieurs centaines de jeux de société pour tout âge. Et si, dans le feu de l'action, vous n'avez pas envie de sortir pour le déjeuner, vous pouvez même profiter des plats maison, bons, bio et souvent exotiques.

Le Café des Arts *(plan C1, **76**) : 36, rue Saint-Laurent. ☎ 04-76-54-65-31. • info@lecafedesarts38.fr • lecafedesarts38.fr • ♿ Jeu-sam à partir de 19h. Fermé 1 sem au printemps, juil-août et pour les fêtes de fin d'année. Possibilité d'y dîner lors de spectacles. Entrée et spectacle : 10-15 €. Menus 17 € jeu, 23 € ven-sam.* La luciole culturelle du quartier Saint-Laurent. Autour d'un verre ou d'un repas, on peut découvrir, selon le programme, chansons françaises, musiques du monde, jazz, théâtre ou contes.

Le 102 *(hors plan par A4, **77**) : 102, rue d'Alembert. • le102.net • Dans le quartier Berriat. Ouv selon événements.* Un vieux squat quasiment officialisé dans un ancien entrepôt industriel investi par diverses associations il y a quelques années déjà, et qui occupe désormais une place établie dans le paysage culturel grenoblois. Programmation et activités très variées : musique et cinéma expérimentaux, expos, salle de répétition, bar associatif, etc. On peut aussi manger à prix libre dans la cour intérieure.

Où acheter de bons produits ?

Marchés

Marché de la place aux Herbes *(plan C1-2) : ts les mat sauf lun.* Sympathique petit marché de fruits, légumes et fleurs.

Halles Sainte-Claire *(plan C2) : ts les mat sauf lun.* Plus chic et plus cher. C'est là que viennent s'approvisionner les restos grenoblois.

Place Saint-André *(plan C1) : ts les mat sauf lun.* Tout petit marché de producteurs. Également des produits bio.

Marché Saint-Bruno *(plan A3) : sur la place du même nom, ts les mat sauf lun.* Très coloré et très populaire, on y trouve aussi de la fripe, des bouquins...

Marché de l'Estacade *(plan A2-3) : ts les mat sauf lun. À proximité de la gare et de Saint-Bruno.* Un des plus grands marchés de la ville, très fréquenté.

Boutiques

Laiterie Bayard *(plan D2, **80**) : 17, rue Bayard. ☎ 04-76-44-36-25. Tlj sauf dim-lun 8h-12h30, 15h-19h.* Dans un authentique décor carrelé des années 1930, l'adresse incontournable pour s'approvisionner en fromages de la région et d'ailleurs. Également une très belle cave pour les accompagner.

La Bulle Grenobloise *(plan C3, **81**) : 8, rue Lesdiguières. 📱 06-63-80-02-67. • labullegrenobloise.fr • Mar-mer 15h-19h ; jeu-sam 10h-12h, 15h-19h.* La région Auvergne-Rhône-Alpes est particulièrement dynamique en matière de microbrasseries et cette petite cave à bières vous en propose une belle sélection. On se fera un plaisir de vous renseigner, de vous initier et de partager avec vous le bonheur des bulles houblonnées.

À voir

La vieille ville

Pas très étendue, la ville médiévale conserve de nombreuses anciennes demeures de toutes les époques, de pittoresques ruelles, des bâtiments civils intéressants et autres curiosités insolites. Bien sûr, les codes digitaux ont fleuri comme partout et, souvent, pour admirer de magnifiques cours intérieures, il faut passer par les (intéressantes) ***visites guidées de l'office de tourisme.*** Au long des rues, on notera une large utilisation de la brique, principalement aux XIIIe et XIVe s – due à la présence massive de maçons toscans et lombards. Ainsi, si l'on grattait toutes les patines et rajouts architecturaux postérieurs, la ville ancienne de Grenoble serait presque une ville rose. Toutefois, après la grande crue de 1733, obligation fut faite de construire tous les rez-de-chaussée en pierre, ce qui eut pour conséquence de limiter l'usage de la brique aux étages supérieurs. Mais aussi de chasser du centre-ville les populations les plus modestes, logées dans des maisons de bois ou de torchis, entraînant du même coup la destruction de la ville médiévale, dont il subsiste avant tout le tracé étroit et sinueux.

La place Saint-André *(plan C1)* **:** notre préférée ! Point fort de la ville au XIIIe s. Entourée de bâtiments prestigieux comme la collégiale Saint-André et l'ancien palais du Parlement. Au milieu, la statue du chevalier Bayard. Sur la place, s'étend la terrasse de *La Table Ronde* (voir plus haut « Où manger ? »), l'un des plus anciens cafés de France, ouvert depuis 1739.

L'ancien palais du Parlement du Dauphiné *(plan C1)* **:** *4, pl. Saint-André. Visites guidées possibles, se renseigner à l'office de tourisme.* L'ancien parlement du Dauphiné était la plus haute cour de justice de la province, c'est donc tout naturellement qu'il fut transformé en palais de justice après la Révolution française, ce qu'il demeura jusqu'en 2002. Ses origines remontent à 1453, quand le futur Louis XI décida d'élever au rang de Parlement le Conseil delphinal, créé, lui, en 1337 par Humbert II, le dernier dauphin. La partie la plus ancienne date de la fin du XVe s : essentiellement, le portail et l'abside d'une chapelle (en partie sur encorbellement) émergeant de la belle façade. Gargouilles et un bestiaire de pierres assez fabuleux : au-dessus du gable, 2 escargots mystérieux (symbolisant les lenteurs de la justice ?) ; sous l'oratoire, 2 chiens se disputent un os (avocats s'étripant ?). À droite, la façade du XVIe s en pierre bleutée du Fontanil de style Renaissance. À gauche, toute la partie construite au XIXe s en calcaire blanc dans un style néo-Renaissance.

La collégiale Saint-André *(plan C1-2)* **:** construite par les dauphins à partir de 1228, dans un style gothique assez sobre. Base du clocher en brique et flèche en tuf (datant du XIVe s) qui a servi jusqu'au XIXe s de modèle à de nombreuses églises de la région. C'est de la place d'Agier (derrière la collégiale), que l'on a la plus belle vue sur cette flèche. À l'intérieur, tombeau du chevalier Bayard, stalles en noyer du XVIIe s et maître-autel du XVIIIe s.

L'Hôtel Lesdiguières et la tour de la Trésorerie *(plan C1-2)* **:** *rue Hector-Berlioz. Ouv lun-jeu 14h-18h, ven 13h-17h. ☎ 04-76-00-76-89.* Ancienne résidence grenobloise du duc de Lesdiguières, construite à partir de 1602 sur des bases romaines, c'est un des plus vieux bâtiments civils de la ville. Lieu de tous les pouvoirs en Dauphiné, l'hôtel devient résidence des Intendants du Dauphiné en 1683, avant que la mairie de Grenoble s'y installe en 1719. Il sera successivement annexe du palais de justice et de la préfecture. En 2006, la *Maison de l'International*, qui participe au rayonnement culturel de la ville, s'y installe et y organise depuis des expositions dans les salons de réception, aux parquets dessinés par Jean-François Hache.

Le jardin de Ville *(plan C2)* **:** créé par Lesdiguières lorsqu'il se fit construire son hôtel particulier (qui borde – logiquement – un des côtés du jardin) en 1602, devenu jardin public au XVIIIe s, et toujours particulièrement apprécié des Grenoblois. Une plaque sur le mur localise un pan de l'enceinte romaine. Au centre de la roseraie, la statue représente Hercule en possession de la peau du lion de Némée, 1re épreuve de ses 12 travaux. La gare du téléphérique pour le fort de la Bastille est juste à côté.

L'église Saint-Louis *(plan C2)* **:** *rue Félix-Poulat.* Elle date de 1699. Façade sobre et classique tout à la fois. À l'intérieur, sur la gauche, *Vierge à l'Enfant* du XIVe s et intéressants tableaux dans le chœur de la fin du XVIIe s. Imposant maître-autel. Stalles du chœur, table de communion et confessionnaux datent de la construction de l'église.

C'EST PAS QUE DU CINÉMA

On se souvient du magnifique film Léon Morin, prêtre, *de Melville (1961), avec Emmanuelle Riva et Jean-Paul Belmondo. Il retrace la rencontre poignante, pendant la Seconde Guerre mondiale, d'un abbé et d'une jeune veuve juive. Ce film est tiré du roman du même nom (prix Goncourt en 1952), signé Béatrix Beck et autobiographique : la rencontre a eu lieu en l'église Saint-Louis.*

La place Grenette *(plan C2)* **:** considérée comme le vrai centre de la ville, la place doit son nom à l'ancienne foire aux grains qui s'y tenait. C'est là que se déroulaient les exécutions capitales. Au n° 4, une des mairies de jadis (1883). La *fontaine des Dauphins* date, elle, de 1826. Au n° 6 de la rue Bressieux, un curieux et original garage de forme hélicoïdale (1928-1929), à la très belle façade Art déco. Les fans d'architecture moderne auront aussi remarqué, de l'autre côté de la place Grenette, les superbes immeubles du *Monoprix.* S'ils datent tous 2 de 1913, l'un est un parfait exemple de l'architecture moderniste, assurant la transition de l'Art nouveau à l'Art déco, l'autre perpétue le triomphe du classicisme bourgeois du XIXe s.

Le musée Stendhal, appartement du Docteur Gagnon *(plan C2)* **:** *20, Grand-Rue. ☎ 04-76-86-52-08. Tte l'année, mer, ven, sam et 1er dim du mois, 14h-18h. Fermé j. fériés. GRATUIT.* L'appartement Gagnon, qui appartint au grand-père maternel de Stendhal (et où l'auteur a habité à partir de l'âge de 7 ans), constitue le cœur du musée dédié à l'auteur du roman *Le Rouge et le Noir.* Il se compose d'un grand salon à l'italienne, d'un cabinet d'étude et d'un cabinet d'été, ainsi que d'une chambre dite « d'hôtes ». L'originalité de ce musée réside dans le fait qu'il mobilise plusieurs lieux en dehors de l'appartement Gagnon. L'appartement natal de Stendhal, situé au 14, rue Jean-Jacques-Rousseau, est dédié aux ateliers pédagogiques. Pour compléter le tout, le parcours stendhalien en centre-ville permet de partir sur les traces de l'écrivain et de découvrir les différents lieux qui se rattachent à son enfance grenobloise. Enfin, la Bibliothèque d'étude et d'information boulevard Lyautey possède le fonds Stendhal (ensemble de manuscrits numérisés).

LA RUE DES CÉLÉBRITÉS

Dans la Grand'Rue, axe principal de la vieille ville, on ne compte plus les maisons natales de célébrités : les politiques Jean-Joseph Mounier (un des précurseurs de la Révolution) et Casimir Périer, les peintres Ernest Hébert et Henri Fantin-Latour, le philosophe Étienne Bonnot de Condillac... Et Stendhal y a passé une partie de son enfance, dans l'appartement de son grand-père.

La rue Jean-Jacques-Rousseau *(plan C2)* **:** architecturalement, une des plus riches de la ville, elle porte le nom du philosophe qui, venu herboriser dans le coin, y a habité (au n° 2) en 1768. Au n° 15, l'*hôtel Rabot* du XVIe. Grande entrée en anse de panier, belle tourelle en encorbellement (ou oriel). Entrer dans la librairie pour en admirer aussi le superbe escalier à l'italienne (on peut le grimper : espace d'expositions tout en haut). Au n° 20, une porte de bois joliment rénovée arbore un carré sator (formule latine qui se lit dans tous les sens).
Au n° 16, l'*hôtel Coupier de Maille* du XVIIe s. Noter le superbe portail d'époque et ses heurtoirs très hauts (à hauteur de cavalier). Décor en « étoile » avec belle

tête de lion. Un truc curieux : si l'on suit du doigt les contours de l'étoile, on n'est jamais sur le même triangle ! Casanova fut amoureux d'Anne Coupier, la fille de la maison. Il lui prédit qu'elle serait la maîtresse de Louis XV... Et ce fut le cas.
Au nº 14, l'appartement où est né Stendhal le 23 janvier 1783 (il fait partie du musée Stendhal, voir plus haut). Au nº 7, lever la tête pour apercevoir la pittoresque façade de la fabrique de bijouterie *Colin Frères.* Vieille enseigne gravée et une curieuse figure : « L'homme sauvage tout poilu. »

Les Halles Sainte-Claire *(plan C2)* **:** pl. Sainte-Claire. Construites en 1874 dans le style Baltard, elles accueillent toujours un marché (voir la rubrique « Où acheter de bons produits ? »). En empruntant le passage Sainte-Claire, au coin de la rue La Fayette et de la galerie Sainte-Claire, vestiges de l'enceinte romaine.

Le lycée Stendhal *(plan C2)* **:** 1, rue Raoul-Blanchard. Visite avec l'office de tourisme (payant). Ancien collège des jésuites (XVIIe), devenue école centrale sous la Révolution et où Stendhal a évidemment été élève. Dans l'escalier principal, horloge solaire réalisée en 1673 par un prof de maths et ses élèves. Un cadran solaire à réflexion qui couvre environ 100 m² et fonctionne encore parfaitement. Grâce à des miroirs disposés sur les fenêtres, le soleil se reflète dans la cage d'escalier, indiquant sur des lignes peintes, l'heure solaire, le mois, le signe du zodiaque... Le style baroque de ses fresques et ses dimensions en font un site assez unique.
– À 2 pas du lycée, s'étend le quartier piéton de la rue de Bonne, où l'on trouve encore de nombreuses maisons du XVIIe s, reconnaissables à leurs portes en bois sculpté.

La place aux Herbes *(plan C1-2)* **:** le cœur historique de la ville puisque c'est ici que s'installèrent les 1ers habitants, à l'endroit le plus haut pour se protéger des crues de l'Isère. Entourée des belles arches des boutiques en pierre et de nombreux troquets. Marché sous la petite halle (voir « Où acheter de bons produits ? »).
– À côté, au 22, rue Barnave, l'*hôtel de François-Marc,* qui fut jurisconsulte en 1495. Entrée gothique avec symbole du lion de saint Marc. Traduction de la devise sur le phylactère : « La paix seul véritable bonheur du monde. » Belles ferronneries.

La rue Brocherie *(plan C1)* **:** ce fut, aux XVIe et XVIIIe s, le lieu de résidence de la noblesse de robe. Au nº 6, sur rue, portail monumental de l'*hôtel de Croÿ Chanel,* du XVIIIe s.

La place Notre-Dame *(plan C1-2)* **:** sur la place Saint-André régnaient les dauphins, ici c'était le domaine de l'évêque ! Au centre, la *fontaine des Trois-Ordres,* inaugurée à l'occasion du centenaire de la journée des Tuiles (7 juin 1788), rappelle que Grenoble est souvent considérée comme le berceau de la Révolution française. Y sont gravés tous les actes de résistance au pouvoir monarchique, précurseurs de l'ébullition révolutionnaire. On y trouve aussi la devise de la République *(Liberté, Égalité, Fraternité),* plus, comme il fallait combler le 4e côté, la Justice ! Décor mythologique (griffons, tritons) sur la partie basse. L'immeuble haussmannien du Progrès (au n° 16), construit en 1897, est un bel exemple d'utilisation de « l'or gris ». Les balcons et le rez-de-chaussée sont bien en pierre, mais les éléments décoratifs sont en ciment moulé. Devant le parvis de la cathédrale, une forme géométrique représente l'emplacement précis du baptistère gallo-romain visible en sous-sol du musée de l'Ancien évêché.

La cathédrale Notre-Dame *(plan C-D1-2)* **:** un des rares ensembles évêché-cathédrale-église paroissiale qui nous soient parvenus intacts. Clocher-porche massif en pierre et brique du début du XIIIe s. Accolée sur sa gauche, l'*église Saint-Hugues,* légèrement postérieure. Jolies petites chapelles voûtées d'ogives. Mais le chef-d'œuvre de la cathédrale, à droite du chœur, c'est le *ciborium,* de 14 m de haut protégeant le tabernacle. Festival de niches, dais, pinacles, arcatures finement sculptées comme une façade d'église, admirable dentelle ciselée dans la pierre tendre. Magnifique, même si les statues ont disparu pendant les guerres de Religion.

Le musée de l'Ancien Évêché (plan C-D1) **:** *2, rue Très-Cloîtres. ☎ 04-76-03-15-25. • musees.isere.fr • ♿ À côté de la cathédrale. Tlj 9h (13h mer, 11h w-e)-18h. Fermé certains j. fériés. GRATUIT. Tablettes tactiles gratuites. Livret-jeux destiné aux enfants. Possibilité de visite guidée gratuite le 1er dim du mois à 15h. Expos temporaires.*

Ce splendide musée, installé dans l'ancien palais épiscopal, est consacré à l'histoire, au patrimoine de Grenoble et, plus largement, de l'Isère. Le site est mis en valeur par des aménagements contemporains qui côtoient les pierres chargées d'histoire. Tout au long de la visite, on admire l'architecture du palais dont les parties les plus anciennes remontent au XIIIe s. En sous-sol, subsistent des vestiges archéologiques du rempart de la cité du IIIe s et le superbe baptistère des IVe-Xe s. C'est là qu'étaient célébrés les baptêmes des 1ers chrétiens.

Dans les étages, l'exposition « L'Isère en histoire » retrace l'histoire des femmes et des hommes qui ont cultivé, exploité, aménagé et organisé le département. Le parcours se déroule chronologiquement, de la préhistoire (avec notamment le crâne d'Alexandre, plus vieux fossile humain trouvé en Isère, et l'un des joyaux du musée, le « croissant de jade », d'un poli parfait et datant de 2200 av. J.-C.) jusqu'au XXe s. De superbes collections, bien mises en valeur, illustrent les grandes périodes : objets archéologiques et historiques, mobilier, écrits, peintures, maquettes, cartes, plans, etc. Un superbe musée.

Le quartier des Antiquaires (plan C-D2) **:** *derrière la cathédrale et en marge de la pl. Notre-Dame.* C'est là que se concentrent antiquaires et galeries d'art. Essentiellement dans les rues Bayard, de la Paix, Auguste-Gaché (immeubles élégants édifiés au début du XIXe s), Voltaire, Servan (quelques beaux hôtels particuliers des XVIIe et XVIIIe s), etc. Rue de la Paix, nos lecteurs cinéphiles et nostalgiques ne manqueront pas les bureaux des caméras Aaton utilisées par les cinéastes de la Nouvelle Vague. Adorable place des Tilleuls, la nuit surtout. On trouve également dans le quartier quelques sympathiques cafés nocturnes.

Le musée de Grenoble (musée des Beaux-Arts ; plan D1) **:** *5, pl. de Lavalette. ☎ 04-76-63-44-44. • museedegrenoble.fr • ♿ Tlj sauf mar 10h-18h30. Fermé certains j. fériés. Entrée : 8 € (expos permanentes et temporaires ; possibilité d'acheter le billet en ligne) ; réduc ; gratuit moins de 26 ans et pour ts le 1er dim du mois. Audioguide (2 €) qui permet d'aborder les œuvres majeures du musée.*

L'un des plus fascinants musées de France. Fondé en 1796, il bénéficia d'emblée d'importants dons (en plus des saisies de la Révolution française) et d'une politique dynamique d'achats et d'acquisitions. En 1994, il fallut lui construire de nouveaux bâtiments tant les collections s'enrichissaient.

En plus des magnifiques collections d'art ancien qu'il abrite, il est aussi considéré comme le tout 1er musée d'art moderne créé en France, car, dès 1920, Andry-Farcy, son conservateur, s'intéressa à toutes les nouvelles tendances de l'époque. Aujourd'hui, la collection d'art moderne de Grenoble est, après celles de Paris, la plus importante du pays (une des plus accessibles aussi).

DUR D'ÊTRE EN AVANCE

En 1919, Andry-Farcy, le nouveau conservateur du musée de Grenoble, repéra très vite les nouveaux talents en peinture. Il fut le premier à faire entrer le fauvisme et le cubisme dans son musée. Juste retour des choses, Picasso et Monet lui offrirent des œuvres majeures. À l'époque, ce musée fut vite considéré comme une honte nationale. On le surnomma même « le rigolarium ».

À l'intérieur, superbes volumes, merveilleuse lumière zénithale avec de beaux aperçus sur les montagnes et le quartier Saint-Laurent depuis les salles d'art moderne. Parcours chronologique et articulations entre les espaces bien équilibrés, s'organisant autour d'une galerie centrale. Nous n'allons pas, bien entendu, vous énumérer en détail les richesses de la ***cinquantaine de salles*** du musée. En voici cependant les fleurons.

Antiquités égyptiennes

L'une des plus riches collections de France (Champollion a vécu à Grenoble). Fragments de bas-reliefs, stèles, mobilier funéraire, etc. Superbes sarcophages comme celui de Psamétik (VIIe s av. J.-C.) et étonnante momie de la prophétesse d'Antinoë.

La salle art médiéval et Renaissance

Les origines de la peinture occidentale. On y retrouve les plus grands représentants de la peinture italienne ou flamande, du XIIIe au XVIe s. *Sainte Lucie* de Torriti, le Tintoret, *Sainte Famille* de Giorgio Vasari où la lumière estompe les couleurs, Véronèse, *Saint Sébastien et sainte Apolline* du Pérugin, splendide *Vierge à l'Enfant*, triptyque de Taddeo Di Bartolo, etc.

Le XVIIe s

Très belle section consacrée à ***l'école flamande,*** avec notamment une magnifique *Adoration des bergers* de Jacob Jordaens (peinte à 24 ans). On remarquera la curieuse prééminence de la tête du bœuf. Dans *La Partie de cartes* de David Teniers, personnages un peu figés, mais quelle belle distribution de la lumière ! Surtout, plusieurs toiles somptueuses de Philippe de Champaigne : le *Portrait de Jean Duvergier* et son monumental *Louis XIV reçoit son frère chevalier de l'ordre du Saint-Esprit, Le Christ mort sur la Croix* ou encore *L'Assomption de la Vierge* révélant une persistante influence de l'opulence flamande. Concernant les ***peintres espagnols,*** on retiendra surtout Zurbarán, dont le musée possède 4 extraordinaires toiles provenant de l'imposant retable peint pour la chartreuse de Jerez de la Frontera, en Andalousie (la partie centrale est au *Metropolitan Museum* à New York – on imagine la taille de l'ensemble !).

Le XVIIIe s

Le ***XVIIIe s français*** est brillamment représenté par Nicolas de Largillière (*Portrait de Jean Pupil de Craponne*), Jouvenet, Rigaud, Coypel... Sinon, belle vue de Venise de Canaletto et un Guardi plein de mouvement : *Le Doge de Venise porté par les gondoliers.* S'attarder sur l'admirable *Martyre de saint André* de Restout. Énorme force de la composition d'un baroque achevé, festival de jaunes et d'ocres éclipsant quasiment la couleur...

Le XIXe s

Très français et assez complet. Une petite dizaine de salles pour découvrir classiques, néoclassiques, romantiques, préimpressionnistes, etc. *Étude pour la tête de la Grande Odalisque* d'Ingres, Millet, Couture, Corot, Courbet... Quelques grands pompiers et hyper académiques, comme le *Homère* de Lecomte du Noüy. Statues de Pradier et de Rodin ou encore une monumentale statue de Bartholdi représentant Champollion (le pied gauche négligemment posé sur la tête du pharaon !). Peintres du Dauphiné bien mis en valeur avec quelques vues intéressantes de Grenoble de Jean Achard, le remarquable -et déjà hyperréaliste- *Lac de l'Eychauda* de Laurent Guétal, et une impressionnante *Vallée du Vénéon* de Charles Bertier. Citons encore les portraits de Fantin-Latour, puis Boudin, Sisley, Pissarro, Renoir, Monet, Bazille, Vallotton, Georgette Agutte, sans oublier le *Portrait de Madeleine Bernard* de Paul Gauguin. Beaucoup de ces peintres annoncent la période suivante.

L'art moderne du XXe s

L'une des plus brillantes collections en Europe, avec une impressionnante diversité, tant de courants, d'écoles, de tendances représentés...

Néo-impressionnisme, fauvisme, expressionnisme, cubisme, néoplasticisme, surréalisme, art naïf, abstraction lyrique, art concret, support surface, pop art, art cinétique, art minimal... ***ils sont tous là !*** Émerveillons-nous sur *L'Intérieur aux aubergines,* le tableau le plus important de Matisse conservé en France, *Femme lisant* de Picasso (cadeau de l'artiste en 1921 et première de ses œuvres à entrer dans une collection publique), *La Danse* et *Le Remorqueur* de Fernand Léger, *Intérieur blanc* de Bonnard (avez-vous remarqué Marthe, penchée derrière la table ?), le *Bœuf écorché* de Soutine, *Femme au col blanc* de Modigliani, *Composition* de Théo Van Doesburg, etc. Les admirateurs de Signac, Marquet, Van Dongen, Derain, Delaunay, Braque, Kupka, Arp, Kandinsky, Klee, Chagall, Magritte, Max Ernst, Picabia et Miró seront aussi comblés. Beaux Nicolas de Staël, Vasarely, Soulages, Calder, et puis encore Dubuffet, Messagier, Asger Jorn, Germaine Richier et tant d'autres !

L'art contemporain des XXe et XXIe s

Enfin, ***grosse part accordée à l'art contemporain*** avec Martial Raysse, Annette Messager, Christian Boltanski, Kenneth Noland, Sol LeWitt, Ellsworth Kelly, Morris Louis, Carl Andre... tous travaillant le « champ coloré » ou les objets manufacturés (Tony Cragg), explorant l'image photographique (comme Andy Warhol ou Tom Wesselmann), prenant en compte les lieux (Richard Long). L'art du XXIe s est aussi représenté avec des œuvres de Cristina Iglesias, Wolfgang Laïb, Sigmar Polke, Juan Muñoz.
Sur l'esplanade et dans le parc, œuvres de Calder, Chillida, Zadkine, Anthony Caro, Honegger...

La tour de l'Isle

Aujourd'hui annexée par le musée de Grenoble et reliée par une passerelle, on y présente parfois des expositions temporaires. Un véritable donjon de 30 m de haut, avec archères et mâchicoulis, vestige du système de défense de la ville côté Isère, construit à la fin du XIVe s. La tour servit durant 2 siècles d'hôtel de ville. Autre vestige, la belle échauguette au coin du quai et du pont de la Citadelle.

Le quartier Saint-Laurent

Vieux quartier populaire, qui s'immisce entre montagne et rive droite de l'Isère, entre porte de France à l'ouest et porte Saint-Laurent à l'est. D'abord utilisé comme lieu des 1res nécropoles antiques, le quartier s'est construit hors de l'enceinte médiévale, de part et d'autre de la rue Saint-Laurent, alignant nombre de maisons anciennes construites entre la fin du XVe s et le XIXe s (beaucoup sont du XVIIe s). Aujourd'hui réhabilité, Saint-Laurent n'en conserve pas moins une certaine atmosphère. Le quartier fut longtemps le refuge de l'immigration italienne. Témoignage ultime de cette présence encore très forte aujourd'hui : la vingtaine de pizzerias qui s'alignent sur le quai, entre le pont Saint-Laurent et le pont de la porte de France !

La rue Saint-Laurent *(plan C1)* ***:*** à parcourir le nez au vent, pour en saisir les détails pittoresques. Elle s'est dessinée au XIe s, au moment de l'implantation des bénédictins et a longtemps été dominée par les activités du petit commerce, de l'artisanat, et surtout de la ganterie. De nombreux peaussiers, peigneurs de chanvre, cardeurs s'étaient installés en bord d'Isère. Comme au XXe s, beaucoup d'Italiens, originaires de Corato (région des Pouilles), pour, notamment, travailler dans les manufactures de gants.
– *Place de la Cymaise,* fontaine du Lion, œuvre assez grandiloquente du sculpteur grenoblois Sappey. Elle symboliserait le combat du Drac (le lion) et de l'Isère (le serpent), mais on peut tout aussi bien y voir Grenoble luttant contre les rivières. Explication bien plus plausible quand on sait combien la ville a pu souffrir des

inondations tout au long de son histoire. Point de départ de la balade vers le Musée dauphinois, par la montée Chalemont.

Le Musée dauphinois (plan C1) **:** *30, rue Maurice-Gignoux. ☎ 04-57-58-89-01. • musees.isere.fr • (en partie seulement). Accès par l'escalier qui grimpe au début de la rue Saint-Laurent (ou en voiture). Tlj sauf mar 10h-18h (19h w-e). Fermé certains j. fériés. GRATUIT. Visite guidée gratuite le 1er dim du mois.*
Abrité dans l'ancien couvent de Sainte-Marie-d'en-Haut édifié au XVIIe s par saint-François de Sales et Jeanne de Chantal – qui ont tous les deux fondé l'ordre de la Visitation –, ce musée a été inauguré par André Malraux en 1968, à l'occasion des Jeux olympiques d'hiver. Cadre quelque peu prestigieux pour les salles d'exposition qui s'ordonnent autour d'un cloître et de terrasses surplombant la ville. Très belle chapelle baroque aux voûtes recouvertes de scènes religieuses peintes, retable baroque en bois sculpté doré dont les peintures en camaïeu de gris et de blanc sont rehaussées d'or. Autel de marbre de 1747.
Expos permanentes aux derniers niveaux : « Alpins, 7 000 ans d'histoires » retrace la vie des communautés alpines qui ont lutté pour vivre ou pour survivre dans cet environnement singulier. Scénographie moderne, outils numériques et pédagogiques. Nombreux objets traditionnels et agraires, reconstitution d'habitat, maquettes de maison, etc., le tout plongé dans différentes ambiances sonores. Autre bel espace d'exposition permanente « Le rêve blanc », racontant l'épopée des sports d'hiver dans les Alpes. Intéressantes expos temporaires.

Le musée archéologique Saint-Laurent *(MAG ; hors plan par C-D1)* **:** *pl. Saint-Laurent. ☎ 04-76-44-78-68. • musees.isere.fr • (partiel). T Île-Verte ou Notre-Dame-Musée (ligne B). Tlj sauf mar 10h-18h. Fermé certains j. fériés. GRATUIT. Audioguide (gratuit) indispensable pour la visite. Visites guidées 1er dim du mois à 14h30 (sur résa par tel).* Malgré son nom, ce n'est pas un musée tel qu'on peut se l'imaginer, mais plutôt un espace, assez fabuleux, superbement aménagé dans des vestiges archéologiques, où l'on voyage à travers ***2 000 ans d'histoire !*** D'escaliers en passerelles, on déambule parmi les pierres, pans de mur, squelettes, sarcophages et autres vestiges du passé qui se juxtaposent ou s'imbriquent les uns dans les autres, en essayant de dérouler le fil de l'histoire.
L'histoire (justement !) du site commence au IVe s, avec une vaste nécropole qui se développe dans le quartier, le long des voies de communication vers Chambéry et Lyon. Au VIe s est édifiée une grande église cruciforme dont on peut admirer, en sous-sol, la ***crypte Saint-Oyand,*** miraculeusement préservée. C'est d'ailleurs l'un des rares vestiges du haut Moyen Âge en France, et l'un des 1ers monuments classés en France (1850) à l'initiative de Prosper Mérimée. Au XIIe s, elle prend l'allure qu'on lui connaît aujourd'hui avec un cloître et un clocher par lequel on entre lors de la visite. Au-dessus du portail d'entrée de l'église, découverte lors des restaurations, une peinture du XIIIe s présente saint Pierre et, lui faisant face, l'archange saint Michel dont on voit le bout de l'aile ; au centre, la main de Dieu bénissant les fidèles. Les quelques objets funéraires retrouvés dans les tombes, la richesse de l'architecture et la scénographie lumineuse font de ce site un lieu de visite à ne pas rater. Même les enfants apprécient (malgré – ou peut-être à cause de – tous ces squelettes) !

La Bastille

La Bastille (hors plan par B-C1) **:** *départ du téléphérique sur le quai Stéphane-Jay (plan C1), à l'entrée du jardin de Ville. ☎ 04-76-44-33-65. Rens (horaires) sur • bastille-grenoble.fr • 2-4 sem de fermeture en janv pour révision annuelle. Tarif : 9,50 € A/R ; 6,30 € l'aller simple ; réduc ; gratuit moins de 5 ans. On peut redescendre à pied (voir « Balades au départ des fortifications » plus loin).* Ne pas quitter Grenoble sans profiter du panorama du fort de la Bastille ! Pour cela,

L'ISÈRE

prendre le téléphérique bien sûr, bien mieux que la voiture. Construit en 1934, il fut l'un des 1ers téléphériques urbains après Rio de Janeiro et Cape Town. Les « bulles » vous emmènent en quelques minutes au sommet. Au-dessus du restaurant, tables d'orientation pour appréhender tout le paysage. On comprend mieux comment s'est construite Grenoble : la vieille ville et sa forêt de toits aux tuiles rouges, le contour ovale bien lisible de l'enceinte romaine du IIIe s. Apparaissent dans le même champ les symboles des pouvoirs sur la ville au Moyen Âge, les clochers de Saint-André et de Notre-Dame, la tour de l'Isle. Puis les quartiers du XVIIe s, ceux du XIXe s, la ville moderne, les villes périphériques (Pont-de-Claix, Échirolles, Saint-Martin-d'Hères, etc.). Dans la trouée du Grésivaudan, par temps dégagé, on peut voir le mont Blanc. Également sur le site, des parcours acrobatiques pour découvrir le fort autrement : galerie des Sorcières à partir de 6 ans, le grand fossé avec tyrolienne, spéléobox à partir de 4 ans qui permet de parcourir 100 m de galerie à la lueur de lampes frontales, etc. *(Rens : 06-84-34-53-78 ; • acrobastille.fr •).* Également un *escape game* « Le cachot de la Bastille ».

Le musée des Troupes de montagne *(hors plan par B1)* **:** *au fort de la Bastille. ☎ 04-76-00-92-25. • bastille-grenoble.fr • Tlj sauf lun 9h-19h (22h sam en été). Fermé en janv. Entrée : 3 € ; réduc ; gratuit moins de 18 ans. Audioguide compris.* Dans une ancienne casemate, une muséographie très contemporaine pour retracer l'histoire de ces soldats habitués à la rudesse de la montagne : du front des Vosges en 1915 à la prise du port de Narvik en Norvège en 1940, sans oublier, évidemment à Grenoble, l'implication de ces militaires dans la formation des maquis. À l'accueil de ce musée géré par l'armée, des chasseurs alpins se feront un plaisir de répondre à vos questions.

Le CAB, Centre d'Art Bastille *(hors plan par B1)* **:** *site sommital de la Bastille. ☎ 04-76-54-40-67. • cab-grenoble.net • Ouv mer 13h-16h. Participation libre (min 1 €) ; gratuit moins de 18 ans.* Au cœur de la Bastille, les 4 salles exposent des œuvres d'artistes français et internationaux.

Balades au départ des fortifications, édifiées par Haxo au XIXe s : 2 ***chemins balisés*** vous permettent de parcourir les pentes de la Bastille et de rejoindre la ville.
– Celui côté Saint-Laurent offre une balade en large lacet, dans les ouvrages fortifiés, à travers escaliers, terrasses étagées, casemates, etc., jusqu'à un escalier droit de 380 marches bordé d'ifs. On rejoint la ville par le Musée dauphinois. Arrivée place Cymaise, au bout de la rue Saint-Laurent *(plan C1).* Compter environ 45 mn de descente.
– Balade sympa aussi par le parc Guy-Pape et le jardin des Dauphins, en suivant le sentier côté porte de France. Juste une précision : vérifier les horaires d'ouverture du jardin. Compter 1h de descente le long de chemins en lacet, succédant à des terrasses panoramiques, entrecoupés de tunnels et d'escaliers. Au passage, la citadelle Rabot, qui date du XVe s. Le jardin des Dauphins fut créé au XVIIIe s par J.-B. Dolle, un riche marchand (et planteur à Saint-Domingue) qui fit fortune dans le sucre, bien sûr. Arrivée à la porte de France.
– La promenade de la Poudrière forme une boucle qui permet de redescendre jusqu'au mur à redents horizontal et de découvrir l'une des 2 poudrières du fort.

La ville du XIXe s

Louis Vicat invente le ciment hydraulique en 1817. En 1853, son fils installe une première cimenterie vers Grenoble (l'entreprise – toujours familiale – est aujourd'hui un groupe international). Ce ciment naturel prompt permet de réaliser des décors en série à bien moindre coût que la pierre, tout en autorisant aux architectes les audaces les plus folles. Vous en trouverez plusieurs exemples au centre-ville. Le ciment moulé fut également utilisé pour les trottoirs (plusieurs à Grenoble,

sont toujours de ce matériau, baissez les yeux !), des fontaines ou des églises comme Saint-Bruno et des... vespasiennes dont vous rencontrerez encore plusieurs exemplaires.
La ville du XIXe s s'étend à l'ouest de la place Grenette, autour de la place Victor-Hugo, et, au sud, entre la rue Voltaire et le boulevard Jean-Pain, autour des places Vaucanson et de Verdun, au long de la rue Lesdiguières. On découvre là ***le style haussmannien*** grenoblois du Second Empire et des 1res années de la IIIe République. Rues au cordeau, façades austères. Et pourtant, à mieux y regarder, on observe sur certaines façades des décorations particulièrement exubérantes, comme des cariatides, des éléphants, des dragons.

La place Victor-Hugo *(plan B-C2 3)* **:** typiquement haussmannienne, elle annonce tout le développement de la ville vers l'ouest, dans la 2de partie du XIXe s. Les amoureux de cette époque apprécieront le travail décoratif sur les façades. En particulier, sur l'immeuble dit « du Griffon », à l'angle des rues Molière et Édouard-Rey, bel exemple de façade exubérante en ciment moulé.

La place de Verdun *(plan B-C2 3)* **:** autour de cette vaste place, typique du Second Empire, s'ordonnent d'imposants bâtiments publics caractéristiques des années 1860-1870. D'abord, au sud de la place, la *préfecture* et sa longue façade néoclassique puis, côté rue Hébert, le *cercle militaire* (ex-école d'artillerie), et, au no 9, l'ancien *musée-bibliothèque* de style néo-Renaissance. Ce dernier abrite *La Plateforme,* un centre d'info et d'expo sur les projets urbains *(mer-sam 13h-19h ; fermé en août ; GRATUIT).* Enfin, au nord de la place, l'*hôtel des Troupes de montagne* et l'ancien *palais de l'Université.*

Le musée de la Résistance et de la Déportation de l'Isère *(plan D2)* **:** *14, rue Hébert. ☎ 04-76-42-38-53. • resistance-en-isere.fr • Ⓣ Verdun-Préfecture (ligne A) ou Hôtel-de-Ville (ligne C). Tlj sauf mar mat 9h (13h30 mer et 10h w-e)-18h. Fermé certains j. fériés. GRATUIT. Visite guidée gratuite le 1er dim du mois à 14h30. Également des expos temporaires.*
Ce musée propose une visite vivante et didactique. Les enfants n'ont pas été oubliés : des explications leur sont spécifiquement destinées.
Entre évocation et restitutions, il retrace l'histoire de Grenoble et du département durant la Seconde Guerre mondiale, et s'attache à en faire comprendre ses spécificités depuis l'entrée en guerre jusqu'à la Libération.
– Le ***1er niveau*** replace l'histoire locale dans le contexte mondial, et déjà Grenoble se distingue puisque 3 députés de l'Isère (dont l'ancien maire de Grenoble, Léon Martin) refusèrent de voter les pleins pouvoirs à Pétain, tandis qu'un quatrième s'abstint. Dans le même temps, *Le Petit Dauphinois* (rebaptisé *Le Dauphiné libéré* à la Libération) est l'un des 2 journaux régionaux à publier le texte de l'appel du général de Gaulle du 18 juin 1940 (le second étant *La Petite Gironde*). Témoignages et documents permettent de revivre et de mieux comprendre cette époque troublée.
– Le ***2e niveau,*** plus scénarisé, présente les différentes formes de résistance dans la région. C'est l'occasion de rendre hommage à quelques grands résistants comme René Gosse, doyen de la faculté des sciences de Grenoble, l'abbé Pierre, vicaire de la cathédrale de Grenoble, ou encore Alain Le Ray, qui fut un temps le chef militaire du ***maquis du Vercors.*** Les nombreux anonymes ne sont pas

L'AFFAIRE FINALY

Pendant la Seconde Guerre mondiale, une famille juive de Grenoble, les Finaly, confia ses 2 enfants à une institution religieuse catholique. Les parents disparurent dans les camps. Les catholiques ne voulurent pas rendre les enfants à leur oncle, car, entre-temps, ils avaient été baptisés ! La procédure qui envenima les relations entre les 2 communautés dura 8 ans.

oubliés. Remarquer l'ingéniosité de la cache de Pierre Flaureau dans un coffre à charbon. Une partie de ce niveau est également consacrée au statut des juifs en Isère (nombreux Polonais) et à leur résistance. C'est ainsi qu'en 1943 Isaac Schneersohn crée clandestinement le Centre de documentation juive contemporaine pour constituer la mémoire des persécutions dont sont victimes les juifs d'Europe, centre qui donnera naissance plus tard au mémorial de la Shoah à Paris.
– Le ***dernier niveau*** est consacré à la ***résistance armée*** qui se met en action en 1943. Le 11 novembre 1943 se déroule une manifestation patriotique pour commémorer l'armistice de la Première Guerre mondiale. Près de 300 personnes sont alors arrêtées et déportées. La ville connaît sa Saint-Barthélemy en novembre 1943, 1 semaine durant laquelle l'ensemble des responsables de la résistance locale sont éliminés par la milice et la police nazie. Beaucoup de témoignages poignants, comme ces authentiques portes de cellule, couvertes de graffitis, ou la terrible salle de la Déportation avec son mur de photos de déportés. Enfin, la Libération où, là encore, la région affiche son originalité avec une résistance qui nomme clandestinement un préfet qui prendra ses fonctions au lendemain de la libération de Grenoble. Cette histoire de résistance vaudra à Grenoble le titre de ville « Compagnon de la Libération » attribué par le général De Gaulle.
Un musée tout en intelligence et en émotion, à la hauteur de l'immense engagement du département dans la Résista ce !

Le Muséum d'histoire naturelle *(plan D3) : 1, rue Dolomieu (dans le Jardin des plantes, face à la mairie). ☎ 04-76-44-05-35. • museum-grenoble.fr • Place-de-Verdun (ligne A) ou Hôtel-de-Ville (ligne C). Mar-ven 9h15-12h15, 13h15-18h ; w-e et certains j. fériés 14h-18h. GRATUIT. Visites guidées 3 €/pers. Nombreuses animations, surtout pdt les vac scol.*
Situé dans le superbe Jardin des plantes et créé en 1851. On aime beaucoup son élégant cadre tout en somptueuses boiseries de noyer. Très riches collections mises en valeur de façon remarquable, et expositions temporaires traitant de sujets scientifiques d'actualité.

Rez-de-chaussée
– *Paroles de terres :* expo de ***fossiles*** retraçant 4 milliards d'années. Ammonites et autres splendides lys de mer...

1er étage
– *Cristal symphonie :* petite salle à droite de l'escalier dans laquelle un subtil éclairage à la lumière noire vous fera voir autrement ***pierres, roches et minéraux.*** On a l'impression de pénétrer dans une salle aux multiples joyaux. Plutôt réussi !
– *Montagne vivante :* dans la salle principale, dioramas évoquant la faune régionale.

2e étage
– *Genèse des Alpes et sites minéralogiques alpins :* tout autour de la mezzanine. D'un côté, une section sur la formation des Alpes : glaciers, fossiles, ammonites, minéraux, etc. De l'autre, un amoncellement de calcites diverses, malachites, stibines, aigues-marines, axinites et autres quartz hérisson.
– *Carnaval des insectes :* section fascinante sur les insectes.
– *Salle Atlas :* destinée aux enfants (moins de 10 ans) avec plein de gros animaux. Interactif et ludique.

Le Jardin des plantes *(plan D3) : 1, rue Dolomieu. ☎ 04-76-44-67-68. Parc tlj 8h-17h30 (20h d'avr à mi-sept). Serres tlj 8h-11h30, 13h-16h. GRATUIT.* Une p'tite bouffée d'exotisme à bon compte ! Une serre aride, une serre tropicale et une serre subtropicale où vous retrouverez plantes carnivores (les droséras, *utricularia* et autres), orchidées botaniques et horticoles, dont la... vanille, bananiers, plantes à fourmis, népenthès (plantes carnivores passives), passiflores, etc. Jardin d'hiver avec strelitzias aux feuilles géantes. Ne manquent plus que crocos et oiseaux tropicaux pour s'y croîre !

Le parc Paul-Mistral *(plan D3)* : *bd Jean-Pain.* Il a cédé pas mal de gazon à de nombreuses constructions modernes. Entre autres, la ***tour d'orientation,*** œuvre d'Auguste Perret pour l'Exposition universelle de 1925. Haute de plus de 90 m, elle fut, à l'époque, un petit exploit technique en termes de construction en béton armé (ne se visite pas). L'hôtel de ville est installé, lui, à l'orée du parc depuis 1967. Patio avec belle mosaïque de marbre. Tapisserie de Manessier dans la salle des mariages. D'autres œuvres significatives ornent halls et salons. Enfin, le parc fut massivement investi en 1968 pour accueillir les installations des J.O. (palais des sports, anneau de vitesse, etc.). Quelques sculptures contemporaines intéressantes y sont disséminées. Jeux pour enfants.

RETOUR DE FLAMME

La vasque olympique des J.O. de 1968, dessinée par César et qui protégeait la flamme, disparut après les Jeux. Elle fut retrouvée plusieurs années plus tard... dans le jardin d'un particulier. Installée désormais à l'entrée du parc Paul-Mistral, elle est allumée à chaque événement important et alimentée au gaz naturel.

Les quartiers Berriat, de Bonne, Bouchayet-Viallet

Ce sont les anciens faubourgs ouvriers de Grenoble. Beaucoup de petites usines métallurgiques, mégisseries (industrie du cuir) et ateliers ont fermé, mais ces quartiers qui tendent à devenir un brin branché ont su conserver un caractère populaire, notamment avec leurs marchés : Saint-Bruno bien animé comme celui de l'Estacade, avec ses étals sous les voûtes des voies ferrées, riches en fresques de street art.

Le cours Berriat, desservi par le tramway, aligne nombre de commerces populaires et autres fast-foods exotiques. Au bout du cours, autour de la friche industrielle Bouchayer-Viallet, qui accueillait déjà le centre d'art contemporain le Magasin des Horizons et la scène de musique actuelle *La Belle Électrique,* (voir « Où boire un verre ? Où sortir ? »), un écoquartier est en train de voir le jour.

Le secteur de la place Championnet *(plan B3)* concentre quant à lui pas mal des nouvelles tables de la ville. À proximité, en face du jardin Hoche, l'ancienne caserne militaire de Bonne a été transformée en un écoquartier plaisant et verdoyant : joli jardin des Vallons où faire une pause (les locaux y installent même leurs hamacs entre deux arbres !) avec jeux pour enfants et petite rivière.

MIEUX QUE LES CHAMPS-ÉLYSÉES !

Grenoble possède l'avenue rectiligne la plus longue d'Europe : 7,8 km en ligne droite depuis le cours Jean-Jaurès (à partir de l'Isère) en passant par le cours de la Libération, puis à nouveau le cours Jean-Jaurès et, pour finir, le cours Saint-André. À l'origine, toute la longueur se nommait « cours Saint-André », mais les différentes communes ont choisi de donner des noms différents à leur portion. Non mais !

Fêtes et manifestations

– ***Les Détours de Babel :*** *15 j. fin mars-début avr.* ● *musiques-nomades.fr* ● Festival de musique nomade et contemporaine.

- ***Grenoble Street Art Fest :*** *• streetartfest.org* • Le street art dans tous ses états avec expos, concours, démonstrations, activités pour enfants... Et des fresques, monumentales pour certaines, qui restent : plus de 2 000 m² à découvrir en se baladant dans la ville.
- ***Festival du film court en plein air :*** *4-5 j. début juil. • cinemathequedegrenoble.fr* • Organisé par la cinémathèque de Grenoble. Colloques, hommages et projections de réalisateurs internationaux. Compétition de courts-métrages sur 5 soirées.
- ***Cabaret frappé :*** *• cabaret-frappe.com* • Festival de musique qui se déroule au jardin de Ville : rock, électro, musiques du monde...
- ***Le Millésime :*** *10 j. en oct. • lemillesime.fr* • estival musical et œnologique. Ça va bien ensemble.
- ***Rencontres Ciné-Montagne :*** *5 j. mi-nov. • grenoble-montagne.com* • Festival gratuit.

Culture à Grenoble et dans les environs

Maison de la culture, MC2 *(hors plan par D3) : 4, rue Paul-Claudel. ☎ 04-76-00-79-00. • mc2grenoble.fr* • La 1re Maison de la culture en France fut créée en 1968 à l'initiative d'André Malraux. Programmation de qualité et mission ambitieuse avec 3 centres de créat on : le Centre chorégraphique national de Grenoble, le Centre dramatique national des Alpes, et les Musiciens du Louvre-Grenoble (fondé par Marc Minkowski).

♩ ***Théâtre Sainte-Marie-d'en-Bas*** *(plan D2) : 38, rue Très-Cloîtres. ☎ 09-67-49-51-37. • musique-nomades.fr* • Installé dans une ancienne chapelle, un théâtre offrant une programmation musicale et théâtrale originale.

Théâtre municipal de Grenoble *(plan C1) : 4, rue Hector-Berlioz. ☎ 04-76-44-03-44. • theatre-grenoble.fr* •

La Basse-Cour *(plan A3) : 18, rue Colbert. ☎ 09-80-57-07-62. • labassecour.net* • Petit café-théâtre associatif et dédié à l'humour sous toutes ses formes (chanson, danse, cirque, théâtre d'impro, etc.).

♩ ***La Source*** *(hors plan par A3) : 38, av. Lénine, 38600* ***Fontaine.*** *☎ 04-76-28-76-76. • lasource-fontaine.fr* • École de musique, studios de répétition, théâtre, *La Source* est tout cela à la fois. Si la musique (tous genres confondus) est au centre de sa programmation, celle-ci peut prendre des formes variées et originales, telles que le théâtre ou la B.D. musicale.

L'Hexagone – Scène nationale Arts Sciences *(hors plan par D2) : 24, rue des Aiguinards, 38240* ***Meylan.*** *☎ 04-76-90-00-45. • theatre-hexagone.eu* • Un espace faisant la part belle à la création, la recherche et l'expérimentation pour promouvoir une scène artistique du XXIe s où art, sciences et nouvelles technologies sont étroitement liés.

DANS LES ENVIRONS DE GRENOBLE

Le musée Champollion : *1, rue du Portail-Rouge, 38700* ***Vif.*** *☎ 04-57-58-88-50. • musees.isere.fr • ♿ À env 18 km au sud-ouest de Grenoble. Bus ligne nos 25 et 26, arrêt mairie de Vif. Musée et jardin, tlj sauf lun et certains j. fériés 10h-12h30, 13h30-18h (jusqu'à 17h nov-mars). GRATUIT. Visite guidée gratuite, le 1er dim du mois.* Tout le monde a entendu à l'école le nom de Champollion, premier à avoir percé le secret des hiéroglyphes (notamment avec la fameuse pierre de Rosette). Ce récent musée propose de faire plus ample connaissance avec Jean-François Champollion et avec son frère aîné, Jacques-Joseph, puisqu'il a été aménagé dans la résidence secondaire de ce dernier, vrai érudit grenoblois. Dans cette ancienne ferme transformée en domaine champêtre et bourgeois à la fin du XVIIe s, le futur égyptologue a souvent séjourné de 1807 à 1826.

Au rez-de-chaussée, grâce aux meubles, décors d'époque et objets personnels, on a l'impression que les frères Champollion (et Zoé, l'épouse de Jacques-Joseph) sont partis la veille. La muséographie, contemporaine, évoque la vie quotidienne de la famille, le bouillonnement artistique, scientifique et culturel de Grenoble au XIXe. Au 1er étage, on assiste à la redécouverte de l'Égypte avec la campagne de Bonaparte et au déchiffrement des hiéroglyphes avec les documents de travail. Le 2e étage est consacré à la naissance de l'égyptologie et aux expéditions de 1828-29. Ici, tout témoigne de la passion pour l'Égypte du jeune Champollion jusqu'à ces hiéroglyphes qu'il avait maladroitement dessinés sur la poutre de sa chambre. Joli ***jardin d'agrément*** (où l'on peut pique-niquer) et verger reconstitué comme à l'époque.

Le pont de Claix : *à... **Pont-de-Claix** (38800). À 8 km au sud-ouest de Grenoble. Ⓣ Denis-Papin (ligne A).* La seule – avec la tour Sans Venin – des 7 Merveilles de l'Isère à ne pas être d'origine naturelle. Et, avouons-le, même aujourd'hui noyé dans la ville moderne, ce pont long de 49 m qui, depuis le XVIe s, franchit le torrent du Drac d'une seule arche, impressionne toujours.

Le château Servien : *78, chemin du Bœuf, 38330 **Biviers.** ☎ 04-76-52-27-65 ou 📱 06-72-83-35-16. • chateauservien.fr • À 10 km au nord-est de Grenoble. Ouv août-10 sept. Visite extérieure lun-ven 10h-12h, 14h-18h. Visite intérieure aux mêmes horaires, sur rdv seulement. GRATUIT.* Maison forte transformée en résidence d'agrément durant la Renaissance. Sont ouverts à la visite le vestibule, l'escalier à vis Renaissance et les pièces de façade du rez-de-chaussée et du 1er étage. Partie la plus ancienne, une tour carrée datant du XIVe s. Abel Servien, qui fut ministre de Louis XIII et de Louis XIV et négociateur du traité de Westphalie en 1648, y est né et une petite expo invite à le découvrir.

Le musée Hébert : *chemin Hébert, 38700 **La Tronche.** ☎ 04-76-42-97-35. • musees.isere.fr • ♿ À 2 km au nord-est de Grenoble. Ⓣ La Tronche-Hôpital (ligne B), puis bus n° 13 (direction Meylan-Lycée du Grésivaudan), arrêt Musée-Hébert ou Centre-Théologique. Tlj sauf mar 10h-18h. Fermé certains j. fériés. GRATUIT.* C'était la propriété d'Ernest Hébert, peintre très célèbre dans la 2de moitié du XIXe s quand il résidait à Grenoble. Cousin de Stendhal, il tomba comme lui amoureux de l'Italie où il passa plus de 30 ans (2 fois lauréat du Grand Prix de Rome et directeur de la villa Médicis). Il sut capter la lumière et, surtout, les couleurs. On plonge dans l'atmosphère d'une demeure bourgeoise du XIXe s. Paysages, portraits, objets familiers, etc. Joli parc associant jardin à l'anglaise et à l'italienne.

À Échirolles

À env 7 km au sud de Grenoble. Tram (ligne A), arrêt Marie-Curie ou bus C3.

Le musée Géo-Charles : *1, rue Géo-Charles. ☎ 04-76-22-58-63. • echirolles.fr • ♿ Tlj sauf lun 14h-17h30 (18h w-e). GRATUIT. **Actuellement fermé** pour travail sur les collections, se renseigner sur la **réouverture prévue courant 2024.*** Un lieu consacré à l'art et au sport, qui rend hommage à Géo Charles, journaliste sportif, poète, écrivain épris d'art, médaillé d'or de littérature sportive aux J.O. de Paris en 1924, qui collectionna les œuvres de Fernand Léger, Derain, Robert Delaunay... présentées aujourd'hui dans une demeure du XIXe s. Outre les peintures, on y trouve des dessins, lithos, livres, manuscrits, articles sur l'histoire du sport et l'art. Bref, le 1er musée « sport-culture » de France. Expositions d'art contemporain également.

Le musée de la Viscose : *27, rue du Tremblay. ☎ 04-76-33-08-28. • echirolles.fr • Ouv le 1er et 3e dim du mois 14h-18h. GRATUIT.* Ce musée, créé sur le site de la dernière usine à en fabriquer jusqu'en 1989, retrace l'histoire de la viscose (ou rayonne), cette soie artificielle inventée au XIXe s et fabriquée à partir de pâte végétale.

À Sassenage

Les cuves de Sassenage : *☎ 04-76-27-55-37. À env 14 km au nord-ouest de Grenoble. Compter 20 mn de montée depuis le parking. Visites guidées régulières : juil-août, tlj, ttes les 30 mn, 14h-17h30 ; juin et sept, tlj sauf lun-mar à 15h et 16h30 ; mai et oct, w-e à 15h et 16h30. Tarif : 8 € ; réduc ; gratuit moins de 6 ans. L'Accrogrotte permet de découvrir la grotte de façon ludique (mélange via ferrata, spéléologie et accrobranche) ; tte l'année sur rdv.* Très belle grotte, résurgence du gouffre Berger. Pour les amateurs de curiosités souterraines et d'érosions étranges.

Le parc et le château de Sassenage : *allée du Château. ☎ 04-38-02-12-04. • chateau-de-sassenage.com • À env 8 km au nord-ouest de Grenoble. Ⓣ Fontaine-La Poya (ligne A), puis bus nos 20, 50, 53 ou 54, arrêt Château. Parc lun-ven 9h-17h30. GRATUIT. Possibilité de visites guidées du château de mi-juil à mi-août, dim-jeu à 15h, 16h et 17h (8 € ; réduc ; gratuit moins de 6 ans ; durée 1h15) ; le reste de l'année, le 1er dim de chaque mois à 10h30 (même tarif). Également quelques visites thématiques et des visites ludiques pour les enfants.* Récemment restauré, le parc présente toutes les modes de l'histoire du paysage qu'il a traversé depuis sa création au XVIe s : jardin à la française du XVIIe, jardin anglo-chinois de la fin du XVIIIe et parc paysager du XIXe s. 8 ha et près de 500 arbres dont certains – platanes et micocouliers, cèdres du Liban et noyers noirs d'Amérique – sont franchement remarquables. Le château, d'époque Louis XIV, n'a pas changé depuis sa construction, entre 1662 et 1669. La visite permet de pénétrer dans l'intimité d'une grande famille du Dauphiné des XVIIe et XVIIIe s : la cuisine aux cuivres (d'époque) étincelants, l'élégant escalier à arcades, les chambres et salons, leurs meubles estampillés des Haches et autres grands ébénistes parisiens... Le château et son parc de 8 ha sont classés aux Monuments historiques depuis 1942.

Où se baigner dans les environs ?

– **La base de loisirs de Bois-Français :** *à* **Saint-Ismier.** *À 15 mn de Grenoble ; accès par l'A 41, sortie no 24a. Entrée payante en saison.* Chapelet d'étangs aménagés pour la baignade, la barque, le ski nautique et la pêche. À proximité, un espace naturel protégé d'une trentaine d'hectares. Martins-pêcheurs, hérons cendrés, libellules... Radeaux flottants propices à l'accueil des oiseaux migrateurs et à leur nidification. Enfin, une prairie de 3 ha accueillant de nouvelles espèces tels la nielle des blés ou encore l'orchis brûlé. Sentier aménagé de 1,5 km le long de la mare.

LE MASSIF DE LA CHARTREUSE

Entre Grenoble et Chambéry, Voiron et la vallée du Grésivaudan, le plus petit des massifs préalpins est surtout connu pour sa célèbre liqueur, et le non moins célèbre monastère qui en détient la recette. Il faut d'ailleurs venir en Chartreuse pour les mêmes bonnes raisons que les moines chartreux, qui s'y connaissaient en choix de sites sauvages propices au recueillement et à la méditation... Heureux Grenoblois qui, à 2 pas, bénéficient d'une réserve

de chlorophylle exceptionnelle et d'une nature quasiment intacte. Un parc naturel régional a d'ailleurs été créé en 1995 pour préserver encore plus ce riche patrimoine naturel et culturel.

Adresses et infos utiles

Chartreuse Tourisme : *☎ 04-76-88-62-08. • chartreuse-tourisme.com •*
Parc naturel régional de Chartreuse : *Maison du parc, 38380* ***Saint-Pierre-de-Chartreuse.*** *☎ 04-76-88-75-20. • parc-chartreuse.net •*
– ***La route des Savoir-Faire et des sites culturels :*** un itinéraire jalonné d'une bonne vingtaine d'étapes pour découvrir artisans, agriculteurs et sites culturels du massif de la Chartreuse. Visites de fermes, d'ateliers, démonstrations, dégustation de produits, etc. Rens à l'office de tourisme.
– En plus des cartes IGN (série Top 25, n°s 3333 et 3334 OT, respectivement nord et sud), une carte du massif de la Chartreuse avec des suggestions de randonnées est disponible dans les offices de tourisme du massif (éditée au 1/35 000 par le parc de la Chartreuse).

L'ISÈRE

Dans le massif de la Chartreuse

– ***La Passe Montagne :*** *dernier w-e de janv.* Rando conviviale à raquettes autour des Entremonts, avec découverte des saveurs locales et du patrimoine à la clé.

LE SAPPEY-EN-CHARTREUSE

(38700) 1 190 hab. *Carte Isère, C2-3*

Au pied du Chamechaude (point culminant de la Chartreuse, à 2 082 m), ce gentil village (avec son église de montagne) est également une petite station de ski familiale à 20 mn de la grande ville.

Adresse utile

Bureau d'information touristique : *☎ 04-76-88-84-05. • grenoble-tourisme.com • Juil-août et vac scol, mer-dim 10h-13h ainsi que sam 13h30-16h30.*

Où dormir ? Où manger ?

Camping

La Virette : *Les Charmettes. 📱 06-33-41-41-56. • camping@sappey-mairie.fr • camping-gite-chartreuse.fr • ♿ Ouv tte l'année. Forfait pour 2, env 16 €. CB refusées. 25 empl.* Camping municipal au bord du bourg mais déjà presque en pleine nature, tout simple et pas trop bondé. C'est en fait une vaste pelouse plantée de quelques arbres, équipée d'un bloc sanitaire assez basique. Quelques *pods* (petites cabanes de bois) à louer.

De prix moyens à chic

Chambres d'hôtes le Chant de l'Eau : *Mollard-Giroud. 📱 06-81-36-86-07. • gitechantdeleau@free.fr • gitechantdeleau.com • Ouv tte l'année. Double 80 € ; familiales. Dîner*

26 €, boissons comprises. Le proprio a accompli un travail colossal pour reconstruire l'ancienne grange et l'écurie de cette vieille ferme familiale. Il est allé couper ses arbres lui-même, et l'atmosphère rendue par le bois est chaude et agréable. Les chambres, plaisantes, sont toutes dans des tons différents. Vaste salle à manger-salon à l'étage avec cheminée. À table, la plupart des produits sont issus de l'agriculture biologique et proviennent de la ferme ou des environs. Le pain est fait maison. Fontaine en pierre et jardin fleuri en été. Accueil convivial.

Chambres d'hôtes La Souris Verte : *Le Gouillat. ☎ 04-76-88-84-91. 06-30-08-72-49. • roger.caracache@wanadoo.fr • gitesdefrance-lasourisverte.com • Ouv tte l'année. Double 85 €. Apéritif offert sur présentation de ce guide.* Maison de pays avec un grand jardin bordé d'une mare et planté d'arbres fruitiers (« Refuge LPO »). Chambres claires et nettes, dont une, très grande au dernier étage, mansardée avec une superbe vue. Quant à celle en rez-de-jardin, elle se rapproche plus du studio avec sa kitchenette et son petit espace salon. La déco en fait aussi une maison d'artistes : collection de masques vénitiens, vieilles photos noir et blanc sur le cirque. Également une piscine hors-sol. Bon accueil.

Les Skieurs : *route du Sappey. ☎ 04-76-88-82-76. • reservation@lesskieurs.com • lesskieurs.com • À la sortie du Sappey, en direction de Saint-Pierre-de-Chartreuse. Resto tlj sauf dim soir-mar. Double 140 €. Menu 43 € ; carte env 60 €.* Un intérieur de gros chalet de montagne cossu, salon avec cheminée et meubles anciens à la belle patine. Très jolie terrasse sur le balcon aux beaux jours, avec vue sur l'agréable jardin. Propositions de qualité et bien exécutées. Les becs sucrés saliveront à la vue du chariot de desserts qui fait la réputation du lieu. 2 appartements récemment rénovés et à la jolie déco dans l'esprit montagne d'aujourd'hui : l'un dans la maison, l'autre dans un petit chalet dans le jardin. Piscine.

Où manger ? Où boire un verre dans les environs ?

Relais du fort Saint-Eynard : *mont Saint-Eynard, 38700* ***Le Sappey-en-Chartreuse.*** *☎ 04-76-85-25-24. • fortsteynard@yahoo.fr • Dans la cour du fort du Saint-Eynard ; à env 5 km au sud du Sappey. Tlj sauf lun 11h-18h. Fermé nov-début mai. Menus 23-29 €. Café offert sur présentation de ce guide.* 2 salles voûtées avec murs bruts en moellons de pierre calcaire, qu'égayent de petites toiles naïves et de vieilles plaques émaillées. Sur les tables, façon bistrot avec leurs nappes Vichy : salades, terrines, charcuteries régionales, gratin dauphinois, glace à la Chartreuse... Pour grignoter à toute heure : assiette du marcheur, crêpes, gâteaux, etc. Pour boire un coup, une terrasse à l'ancienne en été, avec une vue à couper le souffle sur la chaîne de Belledonne juste en face.

Ski et neige

Ski alpin : domaine (1 000-1 372 m) au Sappey avec 7 pistes, tous niveaux. Un autre domaine (1 200-1 650 m) au col de Porte : 5 pistes et un snow park.

Ski nordique : 40 km de pistes en liaison avec les domaines de Sarcenas et du col de Porte où il est aussi possible de découvrir le biathlon (avec des carabines laser ou des vraies comme dans les compétitions internationales) sur le stade consacré à cette discipline.

– ***Raquettes :*** une vingtaine de km damés et balisés en liaison avec le col de Porte.

DANS LES ENVIRONS DU SAPPEY-EN-CHARTREUSE

UN SAINT CENTENAIRE

Saint Eynard, qui a laissé son nom à une montagne (où il vivait en ermite) et au fort qui la coiffe désormais, a été l'un des premiers moines de la Grande Chartreuse. Grand voyageur, il est mort en 1190 en Angleterre, à l'âge de... 126 ans. De quoi convaincre des bienfaits de l'air de la montagne...

Le fort du Saint-Eynard : *à env 5 km au sud-ouest du Sappey-en-Chartreuse (fléché). ☎ 04-76-85-25-24. Ouvert 11h-17h30, tlj sauf lun juin-août, jeu-dim en mai et sept-oct. GRATUIT mais espace historique payant : 4-5 € en visite guidée (juin-août, dim 14h30 et 15h30) ; gratuit moins de 10 ans.* Édifié au XIXe s, ce fort faisait partie de la ligne de défense nord de Grenoble. Il contrôlait les incursions éventuelles par la Chartreuse et servait également de relais aux autres forts autour de Grenoble (fort de la Bastille, fort du Murier, etc.). Impressionnant belvédère faisant corps avec la falaise du haut de ses 1 338 m. On franchit le seuil du fort par un grand portail à l'allure massive. Amusant : des ânes entretiennent les pelouses et il n'est pas rare de les voir perchés sur l'une ou l'autre des fortifications. Autour de la cour, une petite chapelle (installée dans une ancienne poudrière), puis une ***exposition permanente*** sur l'histoire du Dauphiné et les travaux de réhabilitation du fort dans les années 1990, le resto (voir plus haut la rubrique « Où manger ? Où boire un verre dans les environs ? »), la reconstitution de la guérite du gardien, d'un poste de police (avec mannequins en costume) et une table d'orientation. D'est en ouest, on embrasse au loin le massif du Mont-Blanc (par temps clair), la chaîne de Belledonne et, à ses pieds, la vallée du Grésivaudan (que l'on domine de plus de 1 000 m), une partie de l'Oisans puis, au 1er plan, Grenoble et le rocher de la Bastille et, enfin, la falaise du Vercors sur la droite.

Randonnées : du col de Porte partent plusieurs randonnées qui gagnent quelques-uns des sommets emblématiques de la Chartreuse. Dont le point culminant du massif avec ***Chamechaude*** *(env 5h A/R)*. Randonnée très sportive, avec un bon dénivelé et un passage délicat (échelles métalliques et câble) pour atteindre les 2 037 m du sommet. Mais on est récompensé par un panorama exceptionnel. Autre grand classique, le ***Charmant Som*** *(compter 1h30 A/R)*. Balade très facile (vous serez donc loin d'être seuls sur le sentier aux beaux jours) et vue somptueuse de là-haut. En chemin, on peut faire le plein de fromages au chalet d'alpage du Charmant Som, le dernier du genre en Isère à fabriquer et vendre sur place. Autre balade familiale (et panorama époustouflant au sommet) : la ***Pinéa*** *(2h30 A/R)*.

SAINT-PIERRE-DE-CHARTREUSE

(38380) 1 030 hab. *Carte Isère, C2*

La « petite capitale » du massif (où quelques immeubles seventies se sont greffés au vieux village) se révèle un bon camp de base pour sillonner le coin. À 900 m, agréable en toute saison, avec beaucoup d'activités proposées. Et puis un village qu'aimait tant Jacques Brel (il s'y était fait construire un modeste chalet en 1965) nous est forcément très sympathique.

Adresses utiles

Office de tourisme Cœur de Chartreuse : *pl. de la Mairie. ☎ 04-76-88-62-08. • chartreuse-tourisme.com • Ouv tte l'année, mais j. d'ouverture variables selon saison.*

Cartusiana (bureau montagne de Chartreuse) : *9, rue Jacques-Brel. ☎ 04-38-86-91-31. • cartusiana.com •* Une association qui propose randonnées accompagnées (à raquettes l'hiver), VTT, etc.

École du ski français : *au village. ☎ 04-76-88-62-87. • esf-chartreuse.fr •*

L'Art et la Manière : *dans le village. 06-85-52-76-20. Vac d'hiver et juil-août, tlj 10h-12h30, 15h-19h.* Un groupement d'artisans et de producteurs du massif et même de la région (savons, confitures, tisanes, miels, poteries, etc.).

Où dormir ? Où manger dans le coin ?

Camping

Camping de Martinière : *route du col de Porte. ☎ 04-76-88-60-36. • camping-de-martiniere@orange.fr • camping-de-martiniere.com • À env 4 km au sud-ouest de Saint-Pierre. Ouv de début mai à mi-sept. Compter 22,50-27,50 € pour 2. 100 empl.* C'était une ferme cartusienne (des moines chartreux, quoi !). Le domaine accueille aujourd'hui un beau camping fort bien tenu, vaste, verdoyant, paysagé et ombragé. Équipement au top avec piscine chauffée et pataugeoire (jusqu'à début septembre), tout en restant très familial. Location de mobile homes.

Bon marché

Gîte d'étape des 4 Chemins : *La Diat. ☎ 06-12-75-56-05. • gite4chemins@gmail.com • gite-des-4-chemins.com • À 1,5 km du centre-bourg. Nuitée 26 €. ½ pens 51 €/pers. Dîner : 25 €. CB refusées.* Dans une vieille maison montagnarde, un peu en bord de route mais bon... Au rez-de-chaussée, salle à manger avec cuisine parfaitement équipée (il y a même un congélateur). Au 1er étage, un dortoir de 8 places et quelques chambres de 2 ou 3 lits. Sauna. Très bon accueil.

De prix moyens à chic

Hôtel Ô Caprice du Guiers : *La Diat. ☎ 04-76-88-65-79. • capriceduguiers@gmail.com • À env 1,5 km au sud-ouest du centre-bourg. Resto tlj en saison, w-e seulement hors saison. Fermé 1 sem en avr et en déc. Double 65 €. Formule et menu 27 €. Apéritif offert sur présentation de ce guide.* Colorée maison de bord de route (mais elle est, la nuit, moins bruyante que le torrent qui coule de l'autre côté). Mignonnes petites chambres dans l'esprit montagne (du bois, des cœurs...). Au resto, agréable salle vitrée et bons produits locaux pour une cuisine soignée. Excellent accueil, discret mais prévenant.

Chambres d'hôtes Le ValOmbré : *736, chemin du Grand-Logis. 06-19-76-15-12. • veronica@levalombre.fr • le-valombre.fr • À env 2,5 km au sud-ouest du centre-bourg. Fermé de mi-nov à mi-déc. Doubles 83-110 €. Dîner 34 €, boissons comprises. Digestif maison offert sur présentation de ce guide.* Dans un minuscule hameau isolé à flanc de montagne, cette ravissante petite maison de pierre servait autrefois d'étable aux moines chartreux. Elle a été superbement restaurée avec de beaux matériaux. Les 5 chambres sont contemporaines mais douillettes et chaleureuses. Jacuzzi et sauna *(payants).*

Le 16'Art : *20, rue Léon-Auscher. ☎ 04-76-88-65-42. Au centre. Tlj sauf dim, à midi, plus le soir ven-sam. Fermé en nov. Carte env 28 €.* Superbes produits du coin (la liste est affichée à l'entrée, avec des portraits photos des agriculteurs, bouchers...) pour une fraîche et inventive cuisine, à prix d'amis. De jolis plats que le jeune chef prend la peine de raconter à chaque table, avec une carte renouvelée tous les jours. Du grand... art.

Où manger dans les environs ?

Ferme de Brévardière : *à* **Brévardière.** *☎ 04-76-88-60-49. • celine.brevardiere@gmail.com • À 5 km au sud de Saint-Pierre-de-Chartreuse. Tlj midi et soir, sauf lun-mer et j. fériés en saison, sur résa seulement. Fermé fin avr et fin sept. Menu 28 €. CB refusées. Café offert sur présentation de ce guide.* Jolie petite maison en contrebas de la route, dans un environnement très bucolique. Jolie également, la salle tout en bois (jusqu'à la cheminée !). On y sert de bons petits plats (dont un sauté de porc au safran). Terrasse aux beaux jours.

Ski et neige. Sports et loisirs d'été

Ski alpin : *☎ 04-56-62-98-02. • ski-alpin-chartreuse.com •* Domaine Cœur de Chartreuse Saint-Pierre-de-Chartreuse/Le Planolet (900-1 800 m). 35 km de pistes. Un ski familial (mais des sacrées dénivelées comme depuis le sommet de la Scia), des pistes en forêt ou dans de profondes combes. On peut aussi y pratiquer l'*airboard* et le *fatbike.* Le tout petit domaine de Saint-Hugues-les-Égaux (900-1 100 m), avec ses 4 pistes, est idéal pour des 1ers pas.
Ski nordique : 33 km à ***Saint-Hugues.*** 2 itinéraires de liaison avec Le Sappey (25 km) et le col de Porte (9 km).
■ ***Foyer de fond :*** *☎ 04-76-88-62-37. • ski-st-hugues.com •*

➢ ***Raquettes :*** plusieurs kilomètres de circuits balisés. Plusieurs parcours balisés pour l'initiation au ski de rando.

– Nombreuses ***activités d'été*** : randonnée, escalade (rocher-école), spéléo glaciaire, cheval, parapente depuis le bec de la Scia, *mountain board,* tennis, piscine, terrain multisport, VTT, pumptrack, etc. Saint-Pierre-de-Chartreuse dispose aussi d'une station de trail (accès gratuit), qui compte une dizaine de parcours tous niveaux *(• stationdetrail.com •).*

Manifestations

– ***Fête des Métiers de l'artisanat et des Produits du terroir :*** *14-15 août.* La fête familiale traditionnelle avec animations de rue, feux d'artifice, etc.
– ***Les Endimanchés :*** *un w-e mi-juil.* Spectacles de rues, marché de créateurs, stages pour enfants et adultes, ateliers participatifs...

DANS LES ENVIRONS DE SAINT-PIERRE-DE-CHARTREUSE

Le musée de la Grande Chartreuse : *La Correrie ; à 4 km de Saint-Pierre-de-Chartreuse, vers Saint-Laurent-du-Pont. ☎ 04-76-88-60-45. • musee-grande-chartreuse.fr • Juil-août, tlj sauf dim ap-m 10h-12h30, 14h-18h30 ; juin, tlj sauf jeu et dim ap-m 10h-12h30, 14h-18h30 ; avr-mai et sept-nov, tlj sauf jeu 14h-18h. Fermé de la Toussaint à fin avril. Entrée : 10 €, audioguide inclus ; réduc ; gratuit moins de 7 ans ; forfait famille.*

Installé dans une dépendance du *monastère de la Grande Chartreuse,* habitée jusqu'au XVIIe s par les frères, qui a servi ensuite d'infirmerie puis d'hôpital pour les moines.

Visite vraiment intéressante à travers une muséographie volontairement dépouillée, dans une approche à la fois historique, spirituelle et architecturale.

Dans la première partie du musée, de nombreux documents, objets de la vie courante, gravures, photos anciennes, vidéos... et la reconstitution d'une cellule permettent de découvrir la vie des Chartreux d'hier et d'aujourd'hui. On suit d'ailleurs le déroulement de la journée d'un moine. Dans la seconde partie sont évoquées toutes les ressources du monastère, de l'agriculture d'autrefois à la liqueur. Un ancien oratoire permet d'expérimenter un instant ce qu'est une vie de silence et de recueillement.

AU SECRET

En 1605, la formule d'un élixir de longue vie, à l'origine inconnue, est remise aux moines de la chartreuse de Vauvert à Paris ; formule affinée en 1737 par l'apothicaire de la Grande Chartreuse. Si les alambics sont aujourd'hui dirigés par ordinateur, il est toujours impossible de connaître le nom des 130 plantes qui participent à la composition des liqueurs fabriquées par les chartreux. Seuls 2 moines, qui voyagent toujours séparément, connaissent le secret...

Boutique où trouver, évidemment, les liqueurs des moines de la Grande Chartreuse entre autres produits monastiques.

Le monastère de la Grande Chartreuse : fondé en 1084 par saint Bruno. Détruit par un éboulement en 1132, puis endommagé par pas moins de 8 incendies, le vaste ensemble de bâtiments actuels a été construit entre les XVIIe et XIXe s. ***Le monastère ne se visite pas***, car les quelques 25 moines qui y vivent aujourd'hui sont totalement voués à la prière, dans la solitude et le silence, selon la règle de saint Bruno. Mais, du parking de la Correrie, on peut s'y rendre à pied *(compter une bonne ½h aller).* L'accès se fait par un agréable chemin au cœur d'une forêt classée d'exception (et « zone de silence »...). Une belle échappée permet de découvrir d'en haut le grand monastère et son festival de toits noirs (40 000 m² de superficie de toitures en comptant La Correrie !).

On peut poursuivre la balade jusqu'au ***col de Ruchère*** *(boucle d'environ 4h30 au total).* Indescriptible beauté des paysages, qui n'a d'égal que l'intérêt de l'architecture rurale (notamment les traditionnels *haberts* – vastes chalets d'alpage). Chemin faisant on découvre également la chapelle Saint-Bruno, ultime vestige du tout premier monastère, Carte indispensable (en vente dans les offices de tourisme du coin).

Le musée Arcabas en Chartreuse : *dans l'église de* ***Saint-Hugues-de-Chartreuse.*** *☎ 04-76-88-65-01. • musees.isere.fr • À 3 km au sud de Saint-Pierre. Tlj sauf mar 10h-13h, 14h-18h. Fermé certains j. fériés. GRATUIT. Classeur avec descriptif des œuvres à disposition. Visites commentées sur résa (env 4 € ; gratuit moins de 12 ans). Un commentaire audio à la demande est diffusé dans l'église pdt 20 mn (gratuit).*

L'église est devenue musée départemental en 1984 suite à la donation d'Arcabas. À l'intérieur, vous allez découvrir ***le chef-d'œuvre d'une vie d'artiste !*** Arcabas a commencé en 1952 à y travailler et a consacré 40 ans de son existence à la ***réalisation du décor de cette église,*** une fantastique explosion de symboles et métaphores à dominante rouge et or. Il s'est éteint en 2018 à Saint-Pierre-de-Chartreuse.

On ne va pas décrire les tableaux un par un (il y en a 111). On est d'abord saisi globalement par l'émotion, par ce résumé de force et d'harmonie tout à la fois.

Arcabas a développé son œuvre sur 3 registres superposés. Il commença par le bandeau central (1952), travaillant sur toile de jute dans des dominantes rouge et noire, puis le bandeau supérieur, le *Couronnement* (années 1972-1973), enfin le niveau inférieur, la « prédelle », composé de 53 toiles (années 1985-1986). C'est à ce niveau qu'Arcabas peignit avec le plus de liberté, de fantaisie. Beaucoup de poésie également, avec, de-ci, de-là, une pointe d'humour. Ainsi, de gauche à droite dans la nef, il réalisa le cycle de la vie (de la naissance à la mort). Au-dessus du portail intérieur, remarquable *Christ ressuscité* (1972). Dans le chœur, la grande *Cène* lui fait face (1952). Sur le côté gauche de la nef, s'attarder sur le triptyque : *Les Anges chantant* (n° 41), *Adoramus te* (n° 40), et *L'Ange espiègle* (n° 39), annonçant la nouvelle de la naissance. Dans la chapelle de droite, belle pietà (Christ soutenu par une mère en noir à l'apparence presque abstraite). Vitraux, sculptures et incrustations de laiton dans le sol viennent enrichir ces merveilleuses compositions.

Les gorges du Guiers-Mort : en opposition au *Guiers-Vif* (voir « Saint-Pierre-d'Entremont » ci-après), le *Guiers-Mort* s'étant autrefois asséché pendant une longue période. La D 520b (c'est l'ancienne *route du Désert* qui marquait les limites du monastère) suit, après le musée de la Grande Chartreuse, cette belle vallée encaissée entre de hautes falaises. La forêt part à l'assaut du roc. La route aussi, avec de nombreux tunnels creusés dans la roche ; au lieu-dit Fourvoirie, presque romantiques ruines de l'ancienne distillerie des chartreux détruite par un éboulement de terrain en 1935...

Les tourbières de l'Herretang : *de Saint-Laurent-du-Pont, prendre la D 520 vers Grenoble puis suivre le fléchage, sur la droite. Accès libre, tte l'année. De mi-juin à mi-sept, visites guidées gratuites ; rens et inscriptions auprès de l'office de tourisme, bureau de Saint-Laurent (☎ 04-76-06-22-55).* Parcours de 3,2 km bien aménagé avec nombreux panneaux d'information thématiques et des caillebotis aux passages les plus humides (prévoir tout de même une bonne paire de chaussures). Apparues entre 10 000 et 8 000 ans avant notre ère, les tourbières occupent aujourd'hui plus de 60 ha protégés pour leur faune (martins-pêcheurs, musaraignes aquatiques, papillons) et leur flore (plantes carnivores notamment).

SAINT-PIERRE-D'ENTREMONT

(73670) 560 hab. *Carte Isère, C2*

Petit village tranquille situé au cœur d'une riante vallée dominée par l'imposante silhouette du mont Granier. De belles randonnées à faire tout autour.

ENTRE-DEUX

Héritage du tracé de l'ancienne frontière entre Dauphiné et Savoie : il existe 2 Saint-Pierre-d'Entremont ; 2 villages, 2 mairies, 2 églises, mais un seul code postal puisqu'il n'y a qu'un seul bureau de poste situé en... Savoie, de l'autre côté du pont.

Adresses utiles

Office de tourisme : *☎ 04-79-65-81-90. • chartreuse-tourisme.com • Mai-sept, lun-sam 9h-12h, 14h-18h (14h30-18h30 juil-août), dim 9h-12h30 ; tlj vac scol de Noël et de fév ; fermé dim-lun en intersaison.* Expo sur le parc naturel régional. Abrite également un relais du parc et une boutique du groupement des paysans, artisans et créateurs de Chartreuse.

Où dormir ? Où manger ?

Gîte-auberge L'Herbe Tendre : *8, chemin de l'Herbetan. ☎ 04-79-65-14-76. • contact@herbetendre.fr • herbetendre.fr • Resto tlj sauf mar (plus lun oct-juin). Fermé de mi-nov à mi-déc. Nuitée 68 €/pers draps compris. Formule et menu déj sem 16,50-18,50 € ; carte env 20 €. Café offert sur présentation du guide.* Il fait bon faire étape dans cette maison joliment restaurée, en plein village, au bord de la rivière. Les chambres sobres mais avenantes peuvent accueillir de 2 à 5 personnes ; certaines sont dotées de grands lits. Petit salon et cuisine équipée à disposition des hôtes, mais les fainéants de la tambouille pourront descendre au rez-de-chaussée, à l'auberge, pour s'y sustenter d'une cuisine maison, de saison et de région. Le cadre et l'accueil sont vraiment agréables, sans parler de la terrasse au bord de l'eau.

Le Moulin des Chartreux : *4, rue de Bazinière. ☎ 04-79-65-94-77. • latabledumoulin@gmail.com • moulin-des-chartreux.com • Resto tlj sauf mer et soir dim, et lun midi hors saison. Doubles 72-80 €. Formule et menu déj sem 22-26 € ; menu dégustation 56 € ; carte env 50 €.* L'ancien moulin de 1733 surplombe le Guiers, qu'on entend couler depuis 3 chambres simples et mignonnes. Mais c'est surtout pour la table, de haute volée, qu'on traverse le torrent depuis le centre du village. Le chef, qui a fourbi ses casseroles chez Anne-Sophie Pic, fait preuve d'une belle créativité et maîtrise parfaitement de beaux produits. Choix succinct pour proposer le meilleur, peaufiner chaque assiette et soigner les accompagnements. Passez par la case desserts, ils sont superbes. Aux beaux jours, jolie terrasse au-dessus de la rivière. Accueil charmant.

Où dormir ? Où manger dans les environs ?

Gîte-auberge La Ruche à Gîter : *2743, route de la Ruchère, 38380* ***Saint-Christophe-sur-Guiers.*** *☎ 04-76-06-38-21. • contact@la-ruche-a-giter.fr • la-ruche-a-giter.fr • À env 15 km au nord-ouest de Saint-Pierre-d'Entremont. Ouv comme gîte d'étape tte l'année. Resto : de mi-déc à mi-mars tlj le midi ; le reste de l'année, sur résa seulement à partir de 6 pers. Résa conseillée (pas mal de groupes). Nuitée 22 €, draps non compris. ½ pens 45 €/pers, demandée déc-mars. Repas sur résa 20-35 €.* À l'étage d'une grande bâtisse, une vaste salle de resto très sympa, avec des baies vitrées partout. Au-dessus, 2 petites entités distinctes, avec une douzaine de lits d'un côté, une quinzaine de l'autre, répartis en chambres de 2 à 6 personnes. Lit simple pour tout le monde et cuisine à disposition (en été). Soirées à thème régulières et un certain nombre d'animations destinées aux enfants qui trouveront ici un bel espace extérieur où gambader. Bon accueil.

Où acheter de bons produits ?

Boucherie Guerre : *Le Bourg. ☎ 04-79-65-80-52. Tlj sauf lun et ap-m des dim et mer 8h-12h30, 15h-19h.* Un boucher-charcutier-éleveur installé ici depuis 1830 ; une institution locale, donc. « Du pré à l'assiette » (pour reprendre le slogan maison) : bœuf, veau, volailles... et des diots maison (saucisses des Alpes).

À voir. À faire dans le coin

Le cirque de Saint-Même : *à env 3,5 km à l'est de Saint-Pierre-d'Entremont.* – **À pied :** départ de l'office de tourisme de Saint-Pierre-d'Entremont. Prendre, à la tour d'Infernet le sentier en direction des Bandets/Saint-Même-d'en-Bas puis

Saint-Même-d'en-Haut. Retour à Saint-Pierre-d'Entremont par le tour de Chartreuse. Compter 3h aller-retour. Un conseil : oubliez le (bien nommé) sentier du pas de la Mort, très (très) dangereux.
– ***En voiture :*** accès fléché depuis le village. Parking (à 200 m du cirque) payant w-e et j. fériés de mai à sept, tlj de mi-juil à fin août. Du parking partent 2 itinéraires pédestres balisés (prévoir de bonnes chaussures) : le fond du Cirque (30 mn) ou le sentier des Cascades (1h).
Un cirque, donc, de falaises de calcaire hautes de 400 m entrecoupées de petites plates-formes verdoyantes, appelées ici « sangles ». C'est là que naît le Guiers-Vif, qui tombe en 4 belles cascades. Superbe site naturel mais, autant vous prévenir, aujourd'hui quelque peu victime de sa surfréquentation...

Sans vouloir vous pousser à la consommation (ni trop charger votre sac à dos), la Chartreuse, côté Savoie, compte quelques sites des plus intéressants comme : le ***musée de l'Ours des cavernes en Chartreuse*** à Entremont-le-Vieux ou les ***grottes de Saint-Christophe.*** Et de petites stations de sports d'hiver dont on vous parle en long en large (et en travers) dans le *Routard Savoie Mont-Blanc.*

Les gorges du Guiers-Vif : *à une dizaine de km au nord-ouest de Saint-Pierre-d'Entremont.* Très spectaculaires en certains endroits, en particulier au ***pas du Frou*** (*frou* signifie d'ailleurs « effrayant » en patois...), où la route est taillée en encorbellement dans la paroi rocheuse et surplombe de 150 m le Guiers-Vif. Ce torrent a longtemps fait frontière entre le royaume de Piémont-Sardaigne et la France (aujourd'hui, entre Savoie et Isère).
Juste après le pas du Frou, une route à droite conduit au foyer de ski de fond de *La Ruchère* (lire plus bas « Ski et neige. Sports et loisirs d'été »). Au débouché du très étroit et sauvage défilé de l'Échaillon, une arche de pierre est jetée sur le Guiers : c'est le *pont Saint-Martin,* appelé « pont romain » et qui, malgré son nom, daterait plutôt du Moyen Âge.

Rivièr'Alp : *11, pl. de la Corderie, 73360* ***Les Échelles.*** *☎ 04-79-36-56-24.* *• rivieralp.com • À 18 km au nord-ouest de Saint-Pierre-d'Entremont. Début juin-début juil, w-e et mer 10h30-19h ; début juil-début sept, tlj 10h30-19h. Tarifs : 5 € ; 3-16 ans : 4 €. Réduc 2h avt fermeture.* Pour faire trempette (et même nager !) dans 3 bassins biologiques (pas de chlore, l'eau est filtrée par des plantes aquatiques). Parcours ludique jalonné d'hydromachines, jeux et aire de pique-nique.

Ski et neige. Sports et loisirs d'été

La Ruchère : *• laruchere.stchristophesurguiers.fr •* L'hiver, 35 km de pistes de ski nordique et des itinéraires raquettes. L'été, une grande variété de randonnées : la *pointe du Frou* (pour se roder, 1h30), le *tour des Riondettes* (3h), le *col de la Ruchère* (2h), le *tour du Petit Som* (5h30, avec quelques passages délicats), le *tour des Trois Cols* (4h), le *Grand Som* à 2 026 m (7h30), la « Rolls » des randonnées en Chartreuse (et c'est l'itinéraire le plus facile), etc.

SAINT-HILAIRE-DU-TOUVET

(38660) 1 350 hab. *Carte Isère, C2*

Sur le plateau des Petites-Roches, à 970 m d'altitude, en surplomb de la vallée du Grésivaudan, ce gentil village a longtemps été connu pour ses sanatoriums et autres centres de rééducation. Il se revendique aujourd'hui capitale du vol libre et des sports aériens. Si l'aérologie est bonne, il faut

assister au départ des parapentistes sur l'aire d'envol jouxtant la gare haute du funiculaire. Gracieux et spectaculaire, de quoi susciter des vocations ! Sinon, ne manquez surtout pas de vous rendre à la table d'orientation du bec Margain (1 054 m), pour un panorama remarquable face à la chaîne de Belledonne.

Accès par le funiculaire

➢ ***Le funiculaire :*** *• funiculaire.fr • Gare basse à* ***Montfort,*** *entre Crolles et Lumbin, sur la D 1090 (de Grenoble, prendre l'A 41 en direction de Chambéry, sortie n° 24a).* ***Suite à des intempéries exceptionnelles qui ont détruit la gare basse, le funiculaire est fermé jusqu'à nouvel ordre.***
Le pittoresque funiculaire (en place depuis 1924) ne fêtera pas son centenaire indemne. Une fois les travaux terminés, il vous fera à nouveau grimper les 700 m de dénivelée qui séparent la vallée du plateau des Petites-Roches en 20 mn (pente maximale 83 % au passage du tunnel). À mi-chemin, un arrêt intermédiaire permet l'accès à la *via ferrata* de la cascade de l'Oule. Visite de la machinerie à la gare haute *(GRATUIT).* À la station de Saint-Hilaire-du-Touvet, le *laboratoire d'Icare (♿ ; GRATUIT)* est un petit espace muséographique sur l'histoire du funiculaire, les secrets de l'air, de la gravité et du vol. Bornes interactives, simulateurs de vol avec 2 sellettes et films sur la célèbre Coupe Icare.
➢ Vous pouvez redescendre à pied par le *sentier du Pal de Fer,* accessible à tous mais un peu glissant par endroits, en un peu moins de 1h30. Pas de réelle difficulté, mais une grosse dénivelée de 700 m.

Adresse utile

ℹ ***Bureau d'information touristique des Petites Roches :*** *4962, route des Trois-Villages. ☎ 04-76-08-33-99. • chartreuse-tourisme.com • plateaudespetitesroches.com • En été, lun-ven 14h-18h ; w-e 9h30-12h30, 13h30-16h30. Hors saison, ouv en principe lun, mer et ven.*

Vol libre : où et comment ?

Si vous souhaitez d'abord être un simple spectateur, rendez-vous les jours de beau temps (d'avril à octobre) sur l'une des 3 aires d'envol de Saint-Hilaire. Celle juste à côté de la gare haute du funiculaire est la plus fréquentée et sans doute la plus spectaculaire. Si vous souhaitez vous aussi vous y mettre, rien de plus simple.

■ ***Prévol Parapente :*** *Le Chalet, 14, chemin du Funiculaire. ☎ 04-76-08-38-71. • prevol.com • Juste à côté de la gare haute du funiculaire. Vol biplace à partir de 80 €.* Baptêmes de l'air en compagnie d'un moniteur breveté. Également des stages de découverte, d'initiation, de formation individuelle, de perfectionnement, etc.

■ ***Air Alpin :*** *19B, chemin du Pal-de-Fer. 📱 06-84-55-23-34. • air-alpin.com •* Baptêmes de parapente *(à partir de 75 €),* stages classiques ou personnalisés.

■ ***Biplace Parapente :*** *📱 06-85-22-39-78. • biplace-parapente.com •* Baptême en vol biplace *(à partir de 75 €).*

■ 2 autres agences de parapente en bas dans la vallée, à proximité de l'aire d'atterrissage de Lumbin (le long de la D 1090), où ont été tournées les scènes de parapente du film *Intouchables* : ***Air et Aventure*** *(☎ 04-76-92-43-46 ; • airetaventure.com •)* et ***Airbulle*** *(☎ 06-87-86-35-58 ; • parapente.fr •).*

À voir. À faire

Le funiculaire et le laboratoire d'Icare : *voir « Accès par le funiculaire » plus haut.* ***Fermé jusqu'à nouvel ordre suite aux glissements de terrain de 2022.***

Le sentier de découvertes sonores des Dioux : *rens en gare du funiculaire ou au bureau d'info touristique des Petites Roches.* Un itinéraire jalonné de 10 bornes qui racontent l'histoire, le paysage et l'épopée des hommes volants. À parcourir muni de batteries disponibles à la boutique du Plateau, à côté de la gare haute du funiculaire et au bureau d'Information touristique.

Ski et neige. Sports et loisirs d'été

Ski alpin : 2 domaines familiaux (1 000-1 400 m) où skier tranquillement, panorama inclus (la chaîne de Belledonne, le mont Blanc par beau temps). Saint-Hilaire-du-Touvet : 10 pistes. Et le col de Marcieu : 6 pistes, un tapis remonte-pente (luge et ski) et un espace ludique qui fonctionne également l'été ; bref, un bel endroit pour les familles.

Ski nordique : au col de Marcieu, 12 km. 21 km avec les domaines de Saint-Bernard/Saint-Hilaire. Également ski de rando et itinéraires raquettes.

– ***Autres activités :*** nombreux itinéraires de randonnée proposés au bureau d'information touristique, *via ferrata,* 2 sites d'escalade, un parc aventure dans les arbres, balades à dos d'âne, VTT, parcours d'orientation...

Manifestation

– ***La Coupe Icare :*** *3e w-e de sept. ● coupe-icare.org ●* Rien de moins que le 1er rassemblement mondial de vol libre. Concours de déguisement en plein vol, festival international du film de vol libre, salon des sports aériens sur 5 000 m² et des tas d'autres animations dans les rues. 4 jours de fête, 10 000 pilotes et quelque 80 000 visiteurs certaines années.

DANS LES ENVIRONS DE SAINT-HILAIRE-DU-TOUVET

Le col du Coq : à 1 434 m d'altitude c'est le plus haut col routier de Chartreuse (belle montée par la D 30e). Son nom vient du celte Kukka qui désigne un sommet arrondi, rien à voir donc avec un coq (même si plusieurs couples de petits coqs de bruyère – tétras lyre – nichent dans le coin, classé Espace Naturel Sensible). Départ l'été, de plusieurs randonnées notamment jusqu'au sommet de la dent de Crolles (2 062 m ; compter environ 2h30 aller). Également un site d'escalade.

LE GRÉSIVAUDAN

Entre massif de la Chartreuse et chaîne de Belledonne, une vallée longue d'une quarantaine de kilomètres et large de 8. Presque une plaine en fait, étonnamment basse (280 m à Chapareillan). À la « frontière » avec les voisins savoyards débute, sur les éboulis du Granier, le vignoble de Savoie.

Adresses et infos utiles

Bureau d'information touristique de Pontcharra : *21, rue Laurent-Gayet, 38530* ***Pontcharra.*** *☎ 04-76-97-68-08. • gresivaudan-tourisme.com • Tte l'année, mer-ven 14h-17h30. Fermé j. fériés*

Gare SNCF : *à* ***Pontcharra.*** *☎ 36-35 (prix d'un appel local). • sncf-connect.com •* Trains quotidiens pour Grenoble et Chambéry.

Bus : avec *Transisère (☎ 04-26-16-38-38, appel gratuit ; • transisere.fr •),* 3-7 bus/j. pour Grenoble. Liaisons également pour Chambéry *(• cars-region-savoie.fr •).* Le réseau *Tougo* dessert le Grésivaudan et ses alentours *(☎ 0800-941-103, appel gratuit ; • tougo.fr •).*

Où dormir dans le coin ?

Au pas de l'Alpette : *Bellecombe, 38530* ***Chapareillan.*** *☎ 04-76-45-22-65. • contact@alpette.com • alpette.com • Fermé fin oct-fin nov. Résa conseillée en été. Double 99 € ; quelques chalets. Garage à motos et vélos.* La typique petite auberge de montagne, sur un flanc de la Chartreuse. Les chambres et la salle de resto bénéficient d'une déco simple mais fraîche, dans un esprit montagne. Accueil et service gentils comme tout. Piscine. Et petit espace détente avec sauna *(payant).* Été comme hiver, organisent des randonnées itinérantes à pied, à vélo ou à raquettes.

À voir

La tour d'Avalon : *à* ***Saint-Maximin*** *(38530). Pour les horaires d'ouverture, s'adresser à la mairie (☎ 04-76-97-60-19) ; accès au sommet : 2,50 € ; réduc ; gratuit moins de 10 ans.* Du haut de ses 33 m, cette tour néogothique offre une jolie vue sur la Chartreuse et les Bauges. Cela vaut le coup d'y monter même en dehors des périodes d'ouverture, car le panorama au pied de la tour est déjà bien joli.

Les jardins et le château du Touvet : *allée du Château, 38660* ***Le Touvet.*** *☎ 04-76-08-42-27. • chateaudutouvet.com • (partiel). Juil-août, visites guidées tlj sauf ven-sam 14h-18h ; avr-juin et sept-oct, dim et j. fériés seulement 14h-18h. Entrée : 10 € pour les jardins et le château ; 6 € pour les jardins ; réduc. Il est aussi possible de visiter les jardins en solitaire. Livret-jeux et visites enchantées pour les 4-10 ans.* Ce fut d'abord, au XIIIe s, un des châteaux qui avaient l'œil sur les Savoyards. En 1528, il fut acheté par Guigues Guiffrey, compagnon du chevalier Bayard. Depuis le XVIe s, il appartient à la famille Quinsonas et fut, au XVIIIe s, transformé en château de plaisance. On créa alors une grande allée et le grand hall d'entrée. Splendides jardins à la française classés, hérités du XVIIIe s, avec cascades et escalier d'eau à l'italienne dominant le parc.

Le fort Barraux : *à...* ***Barraux*** *(38530). 06-37-63-02-95. • fort-barraux.fr • Visite commentée à 15h (durée : 1h30-2h) : de mi-juil à fin août, tlj ; mai-juin et sept, dim et j. fériés seulement. Entrée : 7,50 € ; réduc ; gratuit moins de 12 ans.* Édifié à partir de 1597 par le duc de Savoie, en territoire français, il fut repris sitôt achevé par Lesdiguières, pour le compte d'Henri IV. Louis XIV dépêcha Vauban en 1692, qui proposa des améliorations. Le fort servit de prison à des soldats allemands durant la Première Guerre mondiale, puis à des juifs et des résistants en 1940-1945. Classé Monument historique, il fait l'objet d'une restauration. Aujourd'hui, la visite comprend enceintes, casernes, arsenal, chapelle, et même un puits avec un mécanisme « à cage d'écureuil » ! Accueille régulièrement des expos temporaires.

Les ruines du château de Bellecombe : *sur la route du col de Granier, au-dessus du hameau de **Bellecombe,** à env 1,5 km au nord-est de Chapareillan.* Ancienne place forte dotée aujourd'hui d'une table d'orientation, on découvre de gauche à droite le massif des Bauges, la ville de Montmélian, avec au 2d plan la vallée d'Albertville, le mont Blanc et au loin le dôme du Goûter, puis la chaîne de Belledonne dominant la vallée du Grésivaudan. À vos pieds, le fort Barraux.

LA CHAÎNE DE BELLEDONNE

• Carte *p. 97*

À cheval sur l'Isère et la Savoie, la chaîne de Belledonne est très appréciée pour sa capacité à offrir, si près de la ville, des sommets à plus de 2 500 m (on y trouve quelques névés et petits glaciers) et de merveilleux embrasements au coucher du soleil. Cette longue échine a pour points culminants le *pic de Belledonne* (2 978 m) et *le rocher Blanc* (2 928 m). On y trouve 2 stations de sports d'hiver, Chamrousse et Les Sept-Laux, et 2 stations thermales, avec Allevard et Uriage-les-Bains. Mais ce que l'on aime par-dessus tout avec ce massif, c'est aussi qu'il vit à l'année, grâce à de belles initiatives et à l'implication d'habitants attachés à leur territoire.

Adresse et info utiles

Espace Belledonne : *parc de la Mairie, 38190 **Les Adrets.** ☎ 04-76-13-57-78 ou 04-76-13-59-37. • espacebelledonne.fr •* Leur site internet est une mine d'informations.

• revel-belledonne.com • Présentation de l'association « Au fil de Belledonne », œuvrant pour la promotion des acteurs du massif.

À faire

Randonnées : les *sentiers des Bergers* sont une petite dizaine de boucles à la journée pour découvrir les alpages dans toute la chaîne de Belledonne. Les plus courageux se lanceront carrément dans *La Haute Traversée de Belledonne.* Constituée de 11 étapes, elle part des environs d'Aiguebelle au nord, et se termine à Vizille au sud *(ttes les infos sur • hautetraverseedebelledonne.com •).* Et si en cours de route vous souffrez un peu, dites-vous que certains font cette traversée en courant lors de ***L'Échappée Belle,*** l'ultra-trail se déroulant en août, non pas en une dizaine de jours mais en 3 (!), avec un parcours intégral de 144 km et 10 900 m de dénivelée positive *(• lechappeebelledonne.com •).*

Manifestations

– ***La Saison des alpages :*** *juin-sept.* Nombreuses rencontres, soirées, dîners et fêtes proposées à travers tout Belledonne afin de faire découvrir le monde des alpages au grand public.
– ***Belledonne et veillées :*** *mai-nov.* Une dizaine de veillées organisées dans différents villages à travers le massif au cours desquelles on vous dévoile les histoires et secrets de Belledonne.

ALLEVARD (38580) 4 170 hab. *Carte Isère, C2*

Au pied de la chaîne de Belledonne, Allevard commande l'entrée nord de la vallée du Grésivaudan. Longtemps renommée pour ses forges et établissements thermaux, la ville a aujourd'hui décidé de s'ancrer dans le tourisme.

UN PEU D'HISTOIRE

C'est la découverte de ***minerai de fer*** dans la vallée du Haut-Bréda qui provoque, dès le XIIe s, l'implantation des 1res industries métallurgiques. Au XVIe s, les hauts-fourneaux tournent à fond, et au XVIIe s, la région d'Allevard fournit la fonte pour couler les canons de la flotte méditerranéenne. 2 siècles plus tard, Allevard fabrique plaques de blindage pour cuirassés et poutres métalliques pour la tour Eiffel. De nombreux paysans trouvent dans l'extraction du minerai un complément de ressources à une terre qui ne produit pas assez. Le *sentier du Fer de Pinsot* rappelle cette épopée industrielle (voir plus loin « la vallée du Haut-Bréda »).

À la fin du XVIIIe s, on découvre les vertus des ***eaux sulfureuses*** de la région, et en 1836 démarre l'activité thermale de la station. Au début, ce sont surtout des blessés de la Grande Armée et des campagnes napoléoniennes qui viennent s'y faire soigner. Puis on vient y traiter les maladies respiratoires et les problèmes de gorge.

Adresse et infos utiles

Office de tourisme : *11, pl. de la Résistance. ☎ 04-76-45-10-11. • allevard-les-bains.com • Juil-août, lun-sam 9h-12h (10h lun), 14h-18h et dim 9h-12h ; le reste de l'année, lun-ven 9h (10h lun)-12h, 14h-18h, fermé w-e sauf sam pdt vac scol d'hiver.*

Bus : avec *Transisère (☎ 0820-08-38-38, 0,12 €/mn ; • transisere.fr •),* 4-7 liaisons/j. avec Grenoble. Départ pl. de Verdun. L'été, bus pour la vallée du Haut-Bréda depuis Allevard. *• tougo.fr •*

– ***Marchés :*** *pl. de Verdun, jeu mat. Un autre, plus petit, dim mat.*

Où dormir ? Où manger ?

Campings

Idéal Camping : *67, av. de Savoie. ☎ 04-76-97-50-23. 06-76-84-49-14. • accueil@ideal-camping.fr • ideal-camping.fr • À env 1 km au nord-est du centre d'Allevard (15 mn à pied). Ouv de fin avr à mi-oct. Forfait pour 2, env 21-24 €. Chalets 4 pers 240-621 €/sem. 80 empl.* Petit site plutôt bien ombragé et bien équipé, avec la piscine municipale à 100 m, gratuite pour les clients du camping. Resto, pizzas au feu de bois. Chalets et mobile homes.

Clair Matin : *20, rue des Pommiers. ☎ 04-76-97-55-19. • contact@camping-clair-matin.com • camping-clair-matin.com • Ouv de fin avr à mi-oct. Forfait pour 2, env 18,30-24,60 €. Résa quasi indispensable en juil-août. 194 empl.* À 700 m des thermes, un camping spacieux, fleuri, ombragé et confortable (laverie, épicerie, jeux pour les enfants, piscine...). Bon accueil.

Prix moyens

Hôtel les Alpes : *1, pl. du Temple. ☎ 04-76-45-94-10. • contact@lesalpesallevard.fr • lesalpesallevard.fr • Tlj sauf mar-mer et dim soir. Double*

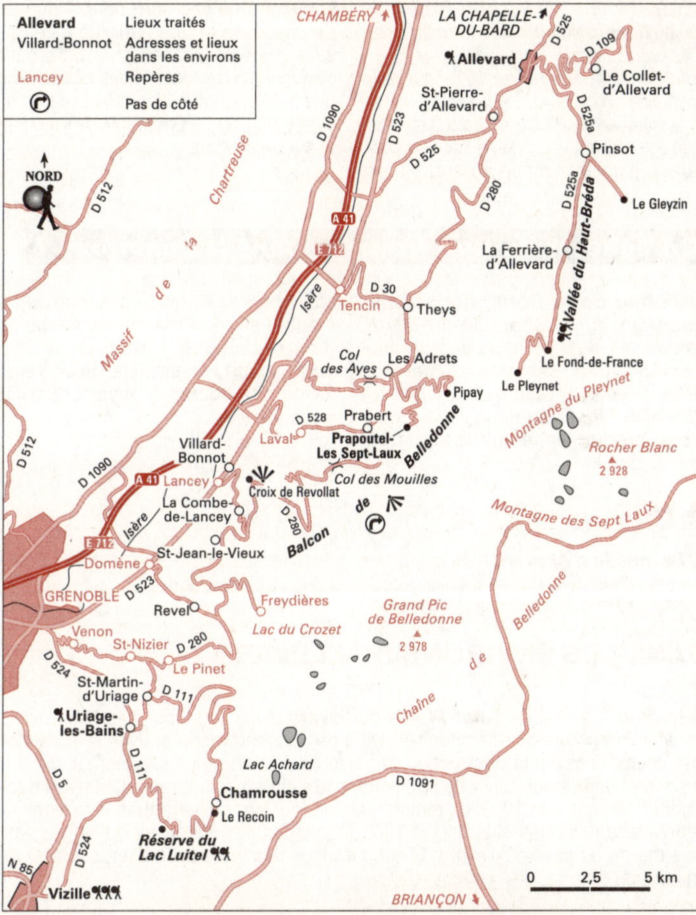

LA CHAÎNE DE BELLEDONNE

85 €. Menu carte 38 €. Dans un coin tranquille du centre de la petite cité thermale, cet immeuble d'angle n'incite pas à pousser des cris d'extase. Mais on en pousse... la porte parce qu'on nous a dit le plus grand bien de la cuisine du chef. À juste titre : assiettes joliment dressées et pleines de saveurs servies dans une salle contemporaine ou sur la petite terrasse, cachée à l'arrière. Chambres contemporaines aussi et confortables, pour prolonger l'étape.

Où dormir dans les environs ?

Chambres d'hôtes Au Vieux Four à Pain : *698, rue de la Pierre-Tombante, 38580 La Chapelle-du-Bard. ☎ 04-76-45-09-90. 06-77-72-55-08.*

• info@auvieuxfourapain.com • auvieuxfourapain.com • À 4 km au nord d'Allevard. Fermé en mai. Double 75 €; petit déj 10 €. Réduc de 10 % sur présentation de ce guide. Adresse discrète et accueillante. Pierre et bois font bon ménage dans cette vieille bâtisse restaurée, joliment nichée au creux d'un hameau. Une chambre double au rez-de-chaussée et une familiale à l'étage se partagent l'espace et la belle salle commune à disposition des hôtes, ainsi que la kitchenette. Une adresse très au calme où l'on sait recevoir simplement et avec le sourire.

Où acheter du bon fromage dans les environs ?

Ferme de la Grangette : *Montgaren, 38580* ***La Chapelle-du-Bard.*** *Pas de tél. • fermedelagrangette.fr • À env 5 km au sud-ouest d'Allevard. Vente directe, tlj sauf dim et lun 11h-12h, 17h-19h.* C'est dans cette ferme qu'est produit (entre autres fromages bio, yaourts et fromages blancs) le montgaren, une tomme de vache au goût discrètement fruité. Tout Allevard y court ! Possibilité de visiter la ferme aux heures d'ouverture de la boutique.

À voir

Le musée d'Allevard : *ancien casino, parc thermal. ☎ 04-76-45-16-40.* Entièrement refait, il est consacré à la présentation du Grésivaudan.

DANS LES ENVIRONS D'ALLEVARD

Le four à griller : *à* ***Saint-Pierre-d'Allevard****, à 4 km au sud-ouest d'Allevard.* La décision prise par Schneider en 1895 de suspendre son activité d'extraction du minerai entraîna la destruction des 5 fours existants (qui servaient à griller le minerai et à le débarrasser de son acide carbonique). Les forges d'Allevard décidèrent pourtant, dès 1902, de reconstruire un four afin de perpétuer le souvenir de cette aventure industrielle. Depuis 1905, le four de Saint-Pierre est devenu le symbole même du pays d'Allevard. C'est aussi l'un des rares exemplaires conservés en France.

Ski et neige. Sports et loisirs d'été

Le Collet d'Allevard : à 11 km d'Allevard. Domaine (1 450-2 100 m). La station de ski familiale par excellence. Une dizaine de remontées mécaniques, 35 km de pistes, et pour tous les niveaux. Une grande spécialité : c'est l'un des plus grands domaines skiables nocturnes d'Europe avec une dizaine de pistes éclairées le mardi (pendant les vacances scolaires) et le vendredi de 20h à 22h. Panorama (de jour !) privilégié sur le mont Blanc, les massifs de la Chartreuse et des Bauges.

– Nombreuses ***activités d'été*** également. La randonnée, évidemment, comme la belle balade du pas de Bœuf, à travers la forêt. Le parapente, avec 3 aires de décollage dont une se situe au cœur même de la station. Possibilité de grimper au sommet de Claran (2 000 m) avec le télésiège de Claran *(fonctionne tlj sauf jeu en juil-août depuis la station du Super Collet)* pour pratiquer le VTT et la rando.

LA VALLÉE DU HAUT-BRÉDA

Carte Isère, C2

Belle excursion dans une vallée encore (presque...) secrète. Les hameaux traversés ont conservé leur âme (Pinsot, La Ferrière, La Martinette, etc.). On aime beaucoup celui du Gleyzin, dans la petite vallée du même nom. Tout au bout de la vallée, Le Fond-de-France, car c'était là, à 1 100 m d'altitude, que passait la frontière avec la Savoie. Jusqu'à la construction de la station du Pleynet, la route s'y arrêtait. De là, beaucoup de belles randonnées. À commencer par celle de la *cascade du Pissou,* à partir du hameau de *La Martinette.*

Où dormir ? Où manger dans la vallée ?

Bon marché

Gîte de la Martinette : *205, route de La Martinette, 38580* ***La Ferrière-d'Allevard.*** *☎ 04-76-45-08-17. • lamartinette.gite@gmail.com • lamartinette.com • Fermé en intersaison. Nuitée 19 €/pers, petit déj et draps en sus. Double 60 €. ½ pens 45-60 €/pers.* Grande maison de pierre à l'orée d'un tout petit village. Derrière la terrasse plantée d'arbres, un salon et une salle à manger pleins de charme avec mobilier ancien et bibliothèque. Chambres claires et nettes pour 2, 4 ou 6 personnes avec douche. Sinon, dortoirs de 6 et 12 lits. Bonne cuisine familiale et accueil qui fait se sentir comme chez soi.

Gîte d'alpage de Combe Madame : *La Martinette, 38580* ***La Ferrière-d'Allevard.*** *06-15-89-17-17. • combemadame@gmail.com • combemadame.com • Accès à pied uniquement au départ du Fond-de-France (La Martinette) ; prévoir 2h de grimpette. Ouv de mi-juin à mi-sept ; le w-e sur résa juin et sept. Nuitée env 15 €. ½ pens 39 €/pers. Au déj, carte env 15-20 € ; le soir, menu 18 €. CB refusées.* Gîte d'une vingtaine de places dans un chalet d'alpage planté à près de 1 800 m, le long du sentier du col de la Croix et du rocher Blanc. Un dortoir de 18 lits et une chambre de 4 personnes. Pas de douche mais de simples lavabos. Petits plats maison.

De prix moyens à plus chic

L'Aubergerie : *Cray de la Maison-Blanche, 38580* ***La Ferrière-d'Allevard.*** *☎ 04-76-97-59-02. • contact@aubergerie.com • aubergerie.com • En été, resto tlj sauf lun midi et mar midi ; en hiver, ouv le soir tlj (le midi sur résa) ; le reste de l'année, ouv jeu soir-dim soir (sinon sur résa). Fermé avr. Doubles 82-125 €, petit déj inclus. Menus 20-40 € ; carte env 30-35 €.* Vieille ferme du XVIIe où l'accueillant patron a d'abord créé une bergerie, puis une auberge (d'où l'aubergerie, si vous avez tout suivi...). Jolie déco, avec meubles vintage, bibelots, bouquins... entre poutres et vieux murs. Les chambres, plutôt spacieuses et agréables, sont dans le même esprit. À table, généreuse cuisine à base de produits du terroir, donc au gré des saisons et les traditionnelles spécialités de montagne : fondue, tartiflette et croziflette.

Auberge Némoz : *La Martinette, 38580* ***La Ferrière-d'Allevard.*** *☎ 04-76-45-03-10. • aubergenemoz@gmail.com • auberge-nemoz.com • Resto tlj sauf lun tte l'année, plus mar et mer midi hors saison. Fermé en avr-mai et oct-nov. Résa indispensable. Doubles 115-130 €. Menus 33-40 € ; carte 40 €. Apéritif maison offert sur présentation de ce guide.* Un beau chalet en bois au cœur d'une jolie nature. Quelques photos à l'entrée racontent comment il a su renaître 2 fois de ses cendres. Vieilles pierres, mobilier tout aussi ancien, chandelles sur les tables de bois, piano : la salle à manger est pleine de charme ; et les vastes chambres en ont peut-être encore plus. Côté resto, la raclette est cuite, comme il se doit, au feu de bois, les truites sortent juste du vivier et les petits plats de terroir (à base de viandes de la ferme) sont très adroitement tournés. Terrasse plus qu'agréable aux beaux jours. Bain norvégien en surplomb du torrent.

À voir. À faire dans la vallée

Les forges et moulins : *rue Louise-Barnier, 38580* ***Pinsot.*** *☎ 04-76-13-53-59. • musees.le-gresivaudan.fr • Ouv de mi-mai à fin sept. Visites guidées tlj sauf lun-mar à 10h30 et 15h. Durée de la visite : 1h15. Entrée : 5 € ; réduc ; gratuit moins de 18 ans.* Cet écomusée dédié aux forges et aux moulins est installé dans un ancien moulin à farine et huile de noix. Aujourd'hui, on y fabrique encore de l'huile de noix. Plusieurs moulins, agricoles ou à fer, des XVIIIe et XIXe s, tous en fonctionnement (et actionnés pendant les visites guidées), ont été installés à Pinsot, haut lieu de l'extraction du minerai de fer et de la taillanderie (fabrication d'outils tranchants). La forge fonctionne elle aussi. Un espace est consacré au bois : différents outils et même une ancienne scierie communale restaurée et en bon état de marche. Également un four à pain. Une visite passionnante complétée par une petite salle d'expo temporaire ainsi qu'une vidéo.

Le sentier du Fer de Pinsot : *38580* ***Pinsot.*** *Avt de partir, se procurer la brochure Le Sentier du Fer aux forges et moulins de Pinsot ou à l'office de tourisme d'Allevard.* Un remarquable parcours d'initiation à l'histoire industrielle de la région. À effectuer en famille (attention, les poussettes ne passent pas !), au choix, à partir de 3 points de départ : les Ayettes-Perchetan, le Jeu de Paume sur Pinsot, et Montouvrard à Allevard. Durée de la balade : 2-3h environ. Parcours en pleine forêt des Ayettes. Chaussures adaptées à la randonnée conseillées, emporter de l'eau et rester sur les sentiers. Les différents vestiges dégagés permettent de bien comprendre l'importance de ce site minier à l'époque pour l'économie locale. À lui tout seul, il assurait l'approvisionnement de la fonderie royale de Saint-Gervais-sur-Isère. Divisé en 8 étapes (depuis l'écurie à mules à Marameilles) que nous conseillons de suivre dans l'ordre. À chacune d'elles, une splendide plaque en fonte raconte un morceau de cette riche histoire minière (de nouvelles bornes d'interprétation, moins belles mais plus lisibles, améliorent encore la signalétique).

Randonnées : ce ne sont pas les sentiers qui manquent dans cette vallée. Quelques grands classiques : *la cascade du Pissou,* au départ de l'*Auberge Némoz,* balade familiale au travers d'agréables sous-bois *(env 1h).* Au départ de l'*Auberge Némoz* toujours, le *rocher Blanc* (2 928 m ; 5h de montée), est un peu le must du coin ; rando longue et un peu technique mais panorama superbe. Les *lacs* et le *col des Sept-Laux* (2 184 m ; 4h30 de montée depuis le Fond-de-France) rallient également les suffrages pour la beauté de leurs paysages et points de vue. Depuis le Pleynet, on peut également grimper de forêt en alpage jusqu'à la *combe du Pra (1 870 m ; 1h30 de montée)* où voir quelques marmottes ; ou jusqu'au *Grand Rocher (1 926 m ; 2h15 de montée)* : balade facile et très beau point de vue sur la partie nord du massif de Belledonne.

LES SEPT-LAUX (38190) *Carte Isère, C2-3*

Au centre du massif de Belledonne, la station des Sept-Laux domine la vallée du Grésivaudan et fait face aux falaises de la Chartreuse. À cheval sur

3 versants, elle comporte 3 domaines : orienté à l'est pour profiter du soleil levant, *Le Pleynet* (1 450 m), accessible par la vallée du Haut-Bréda (et par remontée mécanique depuis Prapoutel) ; à l'ouest, *Prapoutel* (1 350 m) et *Pipay* (à 1 550 m ; site nature surtout fréquenté par les skieurs à la journée). À l'image de Chamrousse, Prapoutel, la station principale avec tous ses commerces, est typique de l'architecture du début des années 1970 : béton, béton et béton. Mais, la station est petit à petit rénovée et le domaine skiable ne laisse pas insensible.

Adresses et infos utiles

Office de tourisme de Prapoutel : *centre des Cortillets. ☎ 04-76-08-17-86. • les7laux.com •*

Location de VTT : École MCF - Easy Riders, *06-62-83-96-19. • easyriders-7laux.fr • Avr-oct.* Infos et accompagnement sur le sentier VTT pour personnes handicapées, avec un FTT (fauteuil tout-terrain).

Où dormir ? Où manger dans le coin ?

Pas d'hôtels dans les stations de Prapoutel et du Pleynet. Les possibilités d'hébergement se font exclusivement en village-vacances, en résidence hôtelière ou en appartements. À ***Prapoutel,*** plusieurs snacks-brasseries-restos ouverts en été et en hiver, avec terrasse orientée plein sud. Mais il est plus agréable de déjeuner à ***Pipay*** (ou de séjourner au ***Pleynet*** ; voir aussi nos adresses dans la vallée du Haut-Bréda).

Le Farinaud : *Pipay, 38570* ***Theys.*** *☎ 04-76-08-75-75. • restaurantfarinaud@wanadoo.fr • Ouv tlj 9h-18h en saisons d'hiver et d'été ; le reste de l'année, téléphoner avt. Fermé avr-mai et oct. En été, menus 22€ ; carte env 30 €. Digestif maison offert sur présentation de ce guide.* Salle de bois et grande terrasse panoramique. Été comme hiver, de bons plats du terroir, servis dans une formule self-service le midi en hiver.

Refuge du Crêt du Poulet : *le crêt du Poulet, 38830* ***Saint-Pierre-d'Allevard.*** *☎ 04-76-71-04-93. 06-83-46-98-05. • refugeducretdupoulet@gmail.com • refugeducretdupoulet.fr • Accès le plus rapide à partir du foyer de ski de fond du col du Barioz ; compter 1h de marche sur une large piste forestière. De mi à fin mai, ouv w-e seulement ; juin-sept, tlj. Nuitée : 12,50 €/pers. ½ pens 39,50 €/pers. Forfait camping 12 € pour 2. Pas de douche. Menu du soir 19 € ; pique-nique 10 €. CB refusées.* Refuge communal planté à 1 700 m d'altitude au cœur d'une belle nature, entre Grésivaudan et Haut-Bréda. Un lieu idéal pour les familles, où il fait bon s'installer dans un dortoir d'une vingtaine de lits, de bon confort. Outre son duvet ou le sac à viande, prévoir la lampe de poche et de l'eau potable. Petite restauration à base de produits du coin : omelettes, crozets, tartes maison... Possibilité de planter sa tente. Animations en été. En hiver, le refuge est ouvert le week-end et tenu par l'association de l'Espace nordique du Barioz *(• espacenordiquedubarioz.fr •).*

Ski et neige. Sports et loisirs d'été

Ski alpin : 120 km de pistes (1 350-2 400 m), sur près de 1 500 ha. Un domaine qui étend sur 2 versants (Grésivaudan et Bréda) ses remontées mécaniques (dont le télécombi du Grand Cerf, la fierté de la station, qui vous mènera de Pipay au Dôme en moins de 5 mn). On vient aux Sept-Laux faire du ski en famille ou entre copains. On y trouve des modules ludiques sur les zones accessibles à tous. Question technique, chacun y trouve son compte : un versant cool sur Prapoutel et un plus grandiose sur Pipay et Le Pleynet. Un must pour les skieurs chevronnés : le *vallon de la Jasse* (une piste noire), qui part du col de Pouta à 2 400 m. Mais le vrai pied ici, c'est le hors-piste, et en particulier les vallons du Pra, devenus un espace sécurisé et balisé tout en restant un magnifique territoire de haute montagne, avec de la poudreuse la plupart du temps. C'est LA pépite blanche du domaine skiable !

– ***Snowboard :*** un des gros points forts de la station, le *snowpark* est en permanente évolution. Espace débutants. *Boardercross.*

Ski nordique : 15,50 km de pistes à Prapoutel. Départ à l'extrémité ouest du domaine alpin (près des Ramayes). Petit domaine, mais un des rares dans les Alpes avec panorama. Vue superbe sur les massifs du Vercors, de la Chartreuse et de Belledonne. Alternance d'alpages d'été et de forêts alpines. Pour un plus large éventail de pistes, pousser, via Theys, jusqu'au col du Barioz (50 km de pistes damées pour le pas alternatif et le *skating,* ainsi que 5 pistes de raquettes). Renseignements et vente de vignettes au foyer de ski de fond *(Espace nordique du Barioz ; ☎ 04-76-71-06-47 ; • espacenordiquedubarioz.fr •).*

Ski de rando : plusieurs itinéraires (avec des horaires précis pour ne pas rencontrer les engins d'entretien des pistes) dédiés à cette pratique.

– ***Autres activités :*** *wiz luge* (luge 4 saisons sur rails), *snake gliss, airboard, fatbike, espace game,* chiens de traîneau, raquettes, écoles de ski, espace bien-être (spa, sauna, hammam, jacuzzi, bassin à jets, soins), centre de loisirs, parapente, etc. En été, VTT, randos, parcours aventure, mountainboard, tir à l'arc, dévalkart, rollerbe, luge tout-terrain, parcours orientation, *disc golf,* escalade, parapente... Renseignements à l'office de tourisme.

LE BALCON DE BELLEDONNE (D'ALLEVARD À URIAGE-LES-BAINS)

Reliant les 2 stations thermales d'Allevard et d'Uriage, distantes de 63 km, la D 280 sinue en surplomb du Grésivaudan à travers de pittoresques paysages et des villages à la fois coquets et agricoles. Splendide itinéraire curieusement délaissé, mais tant mieux pour vous !

Où dormir ? Où manger ? Où boire un verre ? Où écouter de la musique ? Où acheter de bons produits dans le coin ?

De bon marché à prix moyens

La Gélinotte : *route de Freydières, 38420* ***Revel.*** *☎ 04-76-89-81-39. • restolagelinotte@gmail.com • restolagelinotte.com • À env 6 km de Revel ; au départ de la rando pour le lac de Crozet. Juin-août, tlj midi et soir ; le reste de l'année, w-e seulement. Repas env 22 €.* Dans une bonne vieille maison, à 2 pas d'un petit lac. Ambiance entre le refuge de montagne (les propriétaires des lieux ont longtemps été des gardiens de refuge) et le bistrot alternatif avec une programmation culturelle riche et variée : concerts, théâtre, expos... Il y a même un mini-espace librairie. Dans les assiettes, c'est simple, à base de produits des environs, volontiers bio : gratins savoyards, salades, plat du jour, planche de charcuterie et une option végétarienne. On peut aussi venir simplement pour boire un verre (bonnes bières locales), goûter (pâtisseries maison, glaces artisanales) et profiter de la belle ambiance un peu foutraque qui y règne.

La Marmite des Adrets : *pl. de l'Église, 38190* ***Les Adrets.*** *☎ 04-76-71-14-78. • lamarmitedesadrets@gmail.com • lamarmitedesadrets.fr • Tlj sauf lun. Épicerie-bar mar-ven 8h30-12h30, 17h-19h (21h30 ven) ; sam 8h-12h, 15h-19h ; dim 9h-12h. Resto mar-dim midi 12h-14h et lors des « Rendez-vous de la Marmite ». Repas 18-21 €.* Une initiative née de la volonté des habitants d'avoir un petit endroit où manger, un lieu de vie où se retrouver et une petite épicerie locavore où s'approvisionner. Le lieu est organisé en coopérative avec des bénévoles qui viennent prêter main forte. Au resto, gentille cuisine de saison privilégiant les produits locaux. Cadre frais et convivial. En fin de semaine, de nombreuses rencontres, soirées, concerts et animations.

La Bel' Excuse : *Le clos des Gentons, 38570* ***Theys.*** *☎ 04-76-71-02-59. Dans le village. Ouv ts les soirs sauf dim-lun, plus le midi ven-dim. Fermé en janv et fin sept. Résa conseillée. Carte 30-40 €.* Dans ce resto tenu en famille par une mère et sa fille, on fait dans le local (gratins, le gâteau d'Autre « Foie »), et dans une cuisine d'inspiration italienne à travers des viandes (piccata de veau, brasciole) et des pizzas (le soir). L'adresse est connue et, aux beaux jours, l'agréable et appréciable terrasse se remplit vite, alors qu'en hiver, c'est autour de la cheminée que ça se passe, dans la grande salle plutôt rustique.

L'ISÈRE

À voir. À faire au long de la route

Quelques haltes s'imposent dans l'un ou l'autre des villages de montagne qu'on traverse comme ***Theys*** avec de belles demeures anciennes (en pierre violette) et quelques maisons fortes (dont la poste) ou ***Saint-Jean-le-Vieux*** doté d'une belle église romane. Arrêt quasiment obligatoire à ***la croix de Revollat,*** belvédère qui offre un sublime panorama sur le Vercors et la Chartreuse avec Belledonne en arrière-plan. Le lieu idéal pour pique-niquer. On reprend la D 280 en faisant éventuellement un petit crochet par ***Laval,*** qui possède une architecture de montagne typique et un certain cachet.

Le musée La Combà Autrafé : *annexe du château de la Combe, 38190* ***La Combe-de-Lancey.*** *☎ 04-76-13-53-59. 06-17-21-92-67. Ouv de mi-juin à mi-sept, mar-jeu seulement ; téléphoner avt pour vérifier les horaires. Entrée : 3,50 € ; réduc ; gratuit moins de 12 ans.* La *Combà, autrafé* c'est « la Combe, autrefois » qu'évoque ce petit musée rural des arts et traditions populaires. Vieux métiers, outils agricoles, objets domestiques, faune, géologie... Une bonne introduction à l'histoire de Belledonne. Vous pourrez aussi profiter du jardin et des terrasses du château de la Combe. Beau panorama.

Le musée de la Houille blanche : *maison Bergès, 40, av. des Papeteries, à Lancey, 38190* ***Villard-Bonnot.*** *☎ 04-38-92-19-60. • musees.isere.fr • Avr-oct, mer-ven 13h-18h, w-e 10h-18h ; nov-mars, mer-ven 13h30-17h30, w-e 10h-17h30. Fermé lun-mar. GRATUIT.* C'est dans les hauteurs, au lac du Crozet (voir la rubrique « Randonnées »), qu'a été mise en place, en 1869, la plus haute conduite forcée des Alpes, pour faire fonctionner une fabrique de pâte à papier dans la vallée. Plus tard, on installa une dynamo pour transformer cette force hydraulique en énergie électrique. C'est le début de la « houille blanche », l'hydroélectricité. Ce musée retrace les étapes de cette aventure technique et industrielle, dans la demeure marquée par l'Art nouveau de l'ingénieur innovateur Aristide Bergès.

Randonnées : quelques classiques parmi beaucoup de possibilités. Du parking du Pré Marcel (sur la commune de Sainte-Agnès), un sentier monte (en 2h30) vers le ***refuge Jean-Collet*** *(☎ 04-76-08-39-23)*, à 1 950 m d'altitude, d'où l'on pourra poursuivre jusqu'au ***lac Blanc*** au pied des plus hauts sommets du massif (les Pics et la Croix de Belledonne) ou grimper vers le ***col de la Mine-de-Fer*** (mine exploitée jusque dans les années 1800 dans les conditions que vous imaginez).
Au départ de Freydière, une des randos les plus populaires du coin emmène jusqu'au ***lac du Crozet*** (3h30 A/R) où a été construit le premier barrage hydroélectrique au monde. Étonnant panorama sur la Chartreuse. De là-haut, possibilité de prolonger (compter 1h) via le col de la Pra vers le ***refuge de la Pra*** *(☎ 09-88-28-16-69 ; ● refugedelapra.com ●)*, niché à 2 105 m, entouré d'alpages et de lacs de montagne, et gardé en été par Stéphanie et Quentin.

Manifestation

– ***Festival de l'Arpenteur :*** *1 sem début juil, camp de base aux **Adrets**. ● scenes-obliques.eu ●* « Théâtre pentu et parole avalancheuse » : avec un tel programme, comment ne pas être tenté ? Autour du spectacle vivant, des arts visuels et de la littérature, ce festival invite le public à découvrir d'autres horizons à travers des rendez-vous pas banals qui favorisent les échanges autour des thématiques art, montagne et écologie : scènes en plein air, randonnées, causeries au bivouac... Une programmation pas comme les autres, tout public, aussi poétique que pentue.

URIAGE-LES-BAINS

(38410) 5 600 hab. *Carte Isère, C3*

Au creux d'un vallon, Uriage-les-Bains n'est pas une commune (elle dépend de celles de Saint-Martin-d'Uriage et Vaulnavey-le-Haut), mais une petite station thermale fraîche et animée. Un golf, des maisons Belle Époque entourent un beau parc bordé d'un grand hôtel et d'un casino... un vrai décor de film. Truffaut y a d'ailleurs tourné la plupart des scènes de *La Femme d'à côté*.
Déjà fréquentée à l'époque romaine, la station prit son essor à la fin du XIXe s avec la création de l'établissement thermal (soins à base de sel et de soufre). En 1946, la gare voyait passer jusqu'à 24 trains chaque jour. Chanel, Daudet, Gide, Colette ou encore Mistinguett séjournèrent ici. Uriage, ce sont aussi des produits dermo-cosmétiques du même nom fabriqués à partir de l'eau thermale. Et comme beaucoup de stations thermales, Uriage s'est diversifié et propose un bel espace détente-remise en forme avec le spa thermal.

MAL CADRÉ

C'est au château d'Uriage que s'installa l'École nationale des cadres créée après la défaite de 1940 par Pierre Dunoyer de Segonzac, un fidèle du maréchal Pétain. Il s'agissait de former l'élite qui relèverait le pays. Emmanuel Mounier, Hubert Beuve-Méry (fondateur du Monde*), des anciens de l'Action française, des juifs, des militants CGT et de la SFIO animèrent les stages. Uriage, financée par Vichy, évolua finalement vers la Résistance. L'école fut dissoute en 1942 et devint un centre de formation pour miliciens.*

Adresse et info utiles

Office de tourisme : *5, av. des Thermes.* ☎ *04-76-89-10-27. • uriage-les-bains.com • Dans les locaux restaurés de l'ancienne gare. Juin-sept, lun-ven 9h-12h30, 14h-17h30 (plus sam mat juil-août) ; oct-mai, lun-ven 9h-12h, 14h-17h.*

Bus : *• tag.fr •* Une vingtaine de bus/j. (ligne n° 23) jusqu'au domaine universitaire de Saint-Martin-d'Hères (terminus) ; de là, tram jusqu'au centre de Grenoble (ligne B). Liaison l'été avec Chamrousse *• tougo.fr •*

Où dormir ? Où manger ?

Prix moyens

Pavillon d'Armenonville : *179, allée du Jeune-Bayard.* ☎ *04-76-89-07-24. Avr-oct, tlj sauf dim soir-lun. Formule et menu déj sem 18-21 € ; menu soir et w-e 38 € ; carte env 35 €.* Pittoresque pavillon d'autrefois (verrières, petits toits de tuiles noires), fort joliment posé, au milieu du parc, avec une délicieuse terrasse sous les arbres. Bonne cuisine dans la tradition avec quelques plats de région. Mention spéciale pour les desserts. Crêpes et gaufres l'après-midi. Concerts de temps en temps.

De chic à beaucoup plus chic

Le Grand Hôtel : *pl. Déesse-Hygie.* ☎ *04-76-89-10-80. • contact@grand-hotel-uriage.com • grand-hotel-uriage.com • Resto tlj sauf lun-mar et dim soir. Fermé fêtes de fin d'année. Doubles 160-265 €. Formules déj 26-34 € ; le soir et w-e, menus 45-82 €.* Le hall monumental, très rétro, avec un superbe escalier en noyer et en spirale, pose le décor. Côté chambres, du confort et du charme, mais sans ostentation. Les moins chères, au 4e étage, mansardées, sont déjà fort belles et douillettes. Dans chacune d'elles, une petite touche rappelle un des hôtes illustres de la station thermale. Salle de lecture face au parc, piscine intérieure (eau à 32 °C), piscine extérieure, spa, sauna, hammam, etc. Le resto n'est pas en reste. Une très belle adresse.

Où dormir ? Où manger dans les environs ?

Camping Le Buisson : *252, chemin des Buissons, Le Pinet, 38410* ***Saint-Martin-d'Uriage.*** ☎ *04-76-89-51-92. 06-30-68-17-93. • camping-buisson@orange.fr • camping-grenoble-alpes.fr • À 6 km au nord-est d'Uriage-les-Bains. Ouv avr-oct (yourtes et dômes à l'année). Forfait pour 2, env 19-22 €. Loc de mobile homes, Coco Sweet, yourtes. 44 empl.* Un camping magnifiquement situé, sur un versant qui fait face au soleil couchant, au pied d'une forêt de résineux, avec une splendide vue sur le Vercors. Très simple et nature, l'endroit a une vraie démarche écolo : utilisation de matériaux naturels, de toilettes sèches, etc. Propose aussi des hébergements insolites avec jacuzzi en terrasse : *Coco Sweet,* dômes et yourtes. Accueil vraiment très sympa.

Hôtel les Mésanges : *94, route des Mésanges, 38410* ***Saint-Martin-d'Uriage.*** ☎ *04-38-24-10-80. • contact@hotel-les-mesanges.com • hotel-les-mesanges.com • À 1,5 km au sud d'Uriage-les-Bains. Fermé de fin oct à fin janv. Doubles 81-130 €. Carte env 43 €. Café offert sur présentation de ce guide.* Un hôtel des années 1940 joliment posé en surplomb au-dessus de la vallée. Un certain charme et une vue superbe donc, sur le Vercors et la Chartreuse : de la plupart des chambres (à la déco sobrement contemporaine), de la jolie piscine posée dans le vaste parc comme de la grande terrasse ombragée où boire un verre ou goûter à une cuisine dans l'air du temps. Accueil à la fois pro et chaleureux.

Festivals et manifestation

– ***Animations :*** concerts gratuits *(jeu ap-m en été)* dans le parc. Également cinéma en plein air.
– ***Uriage en danse :*** *1 w-e fin juin-début juil.* Festival de danses contemporaine et urbaines, à l'initiative du chorégraphe grenoblois Jean-Claude Gallotta. Spectacles gratuits dans le parc d'Uriage-les-Bains.
– ***Uriage en voix :*** *1er w-e de sept. • uriageenvoix.com • Rens à l'office de tourisme.* Festival de chanson où les belles voix sont à l'honneur. Concerts gratuits dans le parc.

CHAMROUSSE

(38410) 460 hab. *Carte Isère, C3*

Cette station connut la célébrité grâce aux J.O. de 1968 (Killy, 3 médailles d'or, cocorico !). Aujourd'hui, il y a foule pour monter à la croix de Chamrousse, qui domine les Alpes. C'est vrai que si la station manque singulièrement d'âme (surtout en été), le panorama est superbe. À perte de vue, toute l'agglomération grenobloise, la Chartreuse, le Taillefer, le Vercors, le Dévoluy, les lacs qui scintillent... et le mont Aiguille qui s'élève dans le paysage tel un vaisseau bleuté sur des vagues minérales (quand le *Routard* se met à être lyrique !). L'arrivée de la télécabine est le point de départ pour randonner à skis à l'intérieur du massif et pour faire de belles courses en montagne l'été.

UN RECOIN POUR LES PLANCHES

Si les Alpes offrent aujourd'hui le plus grand domaine skiable du monde, c'est sûrement un peu (sinon beaucoup) grâce à Henri Duhamel. Ce cartographe fut en effet, en 1878, le premier en France à chausser ces curieuses planches de bois d'origine scandinave, rapportées de l'Exposition universelle de Paris. C'était au Recoin, où dévalent aujourd'hui quelques-unes des pistes de Chamrousse.

Adresses et infos utiles

Office de tourisme : *42, pl. de Belledonne, Chamrousse 1650. ☎ 04-76-89-92-65. • chamrousse.com • En été, tlj 9h-12h, 13h-18h (w-e en continu) ; en hiver, tlj 9h-18h (18h30 sam et 19h vac scol) ; en intersaison, tlj sauf w-e 9h-12h, 14h-17h. Également un point d'info à Chamrousse 1750 (ouv en été et en hiver seulement).*
– ***Central de réservation :*** *☎ 04-76-59-01-01. • reservation@chamrousse.com • Tlj sauf dim (plus sam en intersaison) 9h-12h, 14h-17h.*

Bureau des guides et des accompagnateurs : *480, av. du Père-Tasse, Chamrousse 1750. ☎ 04-76-59-04-96. • guides-chamrousse.fr •* Randonnées pédestres, marche nordique, raquettes, escalade, ski de rando, etc.

Cars : liaisons avec le reste du massif et Grenoble avec *TouGo* (*☎ 0800-941-103, appel gratuit ; • tougo.fr •*).

Ski et neige

Ski alpin : domaine (1 600-2 250 m) avec 90 km de pistes. Plusieurs accès entre 1 600 et 1 750 m, les 2 principaux étant *Le Recoin,* à 1 650 m, et

Roche-Béranger, à 1 750 m, distants de 2 km mais reliés par une navette gratuite (et par les remontées mécaniques, l'hiver, bien sûr). Chamrousse, c'est vraiment la neige d'accueil des fous de glisse de l'agglomération grenobloise. On vous a déjà vendu, quelques lignes plus haut, le panorama, glissons donc maintenant quelques lignes sur ce domaine skiable, sportif et tonique. Les bons skieurs, nostalgiques de 1968 (on parle des Jeux olympiques, bien sûr), emprunteront le *couloir de Casserousse,* historique parcours de l'épreuve de descente, ou les pistes *olympiques,* une noire, une rouge. Quelques autres rouges sympas à se mettre sous les planches : les *Gaboureaux* ou encore les *lacs Robert* dans un site de très haute montagne. Pour les débutants, un espace protégé à 1 750 m et quelques vertes sans mauvaises surprises.

– ***Snowboard :*** *snowpark, cross line,* un *boardercross, kicks, rails* et tout plein de modules.

Ski nordique : 40 km de pistes. Le domaine de ski nordique parcourt largement le plateau de l'Arselle, joliment enserré par les sapins et les cimes qui lui donnent un petit air canadien.

Pour les non-skieurs : quelques randos splendides à faire à pied, accessibles aux marcheurs moyens, une patinoire (en extérieur), des balades à raquettes balisées, notamment vers le ***lac Achard.*** Notre coup de cœur ! Vous ne le regretterez pas : fini les bruits de remontées mécaniques, envolée la grande foule ! En échange, un site enchanteur, et pas au prix d'un effort intense.
– ***Luge :*** plusieurs espaces dont le Luge Park (avec virages relevés et bosses et ouvert en nocturne) à la croix de Chamrousse.
– ***Plongée sous-glace :*** la seule station de l'Isère à proposer cette activité. • *divextreme.fr* •

Sports et loisirs d'été

Randonnées : le *lac Achard* (toujours !), facile d'accès et agréable pour les pique-niques, à partir de *Roche-Béranger* (Chamrousse 1750). Accessible à tous : compter 1h30 de montée à pied. On peut aussi prendre le télésiège à Bachat Bouloud (Chamrousse 1750) jusqu'au schuss des Dames *(fonctionne début juil-fin-août, tlj 9h30-12h45, 13h15-16h30)* ; de là, le lac Achard est à 30 mn de marche. Très fréquenté le week-end. Poursuite sans difficulté vers les *lacs Robert* (1h) via le col de l'Infernet et le col de la Botte. *Juil-août, les 2 derniers w-e de juin et les 2 1ers w-e de sept, l'accès à la croix de Chamrousse est possible en télécabine, tlj 9h15-17h (si la météo le permet) ; départ depuis Chamrousse 1650.* Resto d'altitude. Quant aux amateurs de grandes randonnées et de courses, ils seront comblés. Mais, attention, Belledonne n'est pas un massif pour amateurs non initiés. N'hésitez pas à prendre un guide. Le pic de Belledonne et le Grand Colon sont les itinéraires les plus fréquentés.
VTT : 6 boucles de sentiers balisés, 6 descentes et un *bike park*.
– ***Via ferrata :*** *rens à la Maison de la montagne et à l'office de tourisme.* Au départ de la croix de Chamrousse. Celle des 3 Fontaines longue de 350 m (niveau de peu à assez difficile) et la via ferrata des lacs Robert (300 m, assez difficile). Il est recommandé d'être accompagné par un professionnel.
– ***Parapente :*** ***Chamrousse Parapente,*** ☎ *04-76-89-93-66.* *06-08-01-43-06.* • *chamrousseparapente.fr* • Les accros de parapente vont être gâtés, car Chamrousse possède une véritable école sur l'un des meilleurs sites de France. Montée en télécabine en été.
– ***Espaces glisse*** : pour skateboards, rollers, trottinettes, 3 espaces à Chamrousse 1650 avec notamment un joli *bowl.*

La réserve naturelle de Luitel : à env 8 km au sud-ouest de la station, par la D 111. En chemin, arrêtez-vous au *site de Prémol*, belle clairière en forêt où subsistent quelques vestiges d'une ancienne chartreuse. On accède ensuite aux 17 ha de cette réserve naturelle nationale (créée en 1961, c'est la première du genre en France) : sentier sur caillebottis pour découvrir ce petit lac et des tourbières riches en mousses et plantes... carnivores.

Fête et manifestations

– ***Festival Chamrousse en piste :*** *1er w-e d'août.* Spectacles de cirque et théâtre de rue gratuits, partout dans la station.
– ***Fête du Bois :*** *2e w-e d'août.* Animations et concours de bûcherons gratuits.
– ***Course de côte :*** *dernier w-e d'août.* Course de voitures de collection.

VIZILLE (38220) 7 665 hab. *Carte Isère, C3*

Petite ville ouvrière de la métropole grenobloise, Vizille est au carrefour de la chaîne de Belledonne, du massif du Taillefer et de l'Oisans. Ne vous fiez pas à son air modeste, car elle peut s'enorgueillir d'une riche histoire : c'est en effet là que débuta vraiment la Révolution française, ce qui explique la présence, dans son beau château, d'un superbe musée consacré à ce sujet. Rien que pour cela, Vizille mérite vraiment que l'on s'y arrête.

UN PEU D'HISTOIRE

De tout temps, sa situation géographique a fait de Vizille un lieu stratégique, avec une forteresse pour bien tout verrouiller, avant qu'elle ne devienne, du XIe au XIVe s, une des résidences favorites des dauphins (nombre de lois, actes et édits y sont signés). Pendant les guerres de Religion, Lesdiguières, à la tête des protestants, tente vainement de s'en emparer. La paix rétablie, le roi lui cède forteresse et terres de Vizille. Pour marquer son pouvoir, Lesdiguières fait construire un nouveau château d'agrément et développe l'industrie locale (moulins, papeterie, martinets, etc.). En 1777, un riche bourgeois de Grenoble, Claude Perier, rachète le château et y installe une fabrique de cotonnades imprimées.
Le 21 juillet 1788, il s'y tient une réunion historique : l'***« assemblée de Vizille »***, ultime étape de la mobilisation contre les édits de mai (supprimant les prérogatives du parlement de la province), après la journée des Tuiles du 7 juin et l'assemblée des 3 ordres, à Grenoble, du 14. Cette dernière appelle à une nouvelle réunion impliquant cette fois-ci toute la province. Le 21 juillet, 491 députés se réunissent donc au château (ecclésiastiques, nobles et bourgeois). Ils dénoncent le despotisme central, réclament la suppression des édits, le rétablissement des droits du parlement et l'organisation d'états généraux. Important pour l'histoire, ils précisent qu'« en soutenant des droits particuliers, ils n'abandonnent pas ceux de la nation ». Ce programme politique extrêmement avancé et mobilisateur trouve un extraordinaire écho dans tout le pays. Résultat : par les arrêts d'août 1788, le roi autorise la réunion des états de la province et proclame pour le 1er mai 1789 la réunion des états généraux. La Révolution est en marche !
Au XIXe s et ***au début du XXe s, Vizille devient une grande ville industrielle*** : en 1930, la papeterie emploie 400 ouvriers, l'usine-pensionnat du Péage (ateliers

de filature, tissage, dortoirs, chapelle, etc.), fondée en 1850, fait travailler 600 jeunes filles. Le textile est d'ailleurs l'activité dominante ; il y a également de petites unités métallurgiques et de construction mécanique.
Après la 2de Guerre mondiale, c'est le déclin industriel. Les grandes usines de tissage de la soie disparaissent. Restent aujourd'hui quelques unités papetières et PME de l'habillement, et ce magnifique musée, ultime témoin de l'importance de la ville dans l'histoire !

Adresse et info utiles

Office de tourisme : *pl. du Château. ☎ 04-76-68-15-16. • grenoble-tourisme.com • En face du domaine de Vizille. Juin-janv, mar-sam 10h-13h, 14h30-17h30 (oct-janv, fermeture à 16h).*

Cars : avec *Transisère (☎ 0820-08-38-38, 0,12 €/mn ; • transisere.fr •)*, nombreuses liaisons avec Grenoble et une dizaine de bus/j. avec Le Bourg-d'Oisans.

Où manger ?

Le Floréal : *dans l'enceinte du château, à droite en entrant. 06-15-90-52-84. • leflorealddv@yahoo.com • Au déj seulement (assiettes de charcuterie-fromages l'ap-m jusqu'à 17h hors saison, 20h l'été). Juin-août, tlj ; avr-mai et oct-nov, tlj sauf mar (plus lun déc-mars). Formule et menu 18-23 €.* Fort joliment installé à l'orée du parc (chouette terrasse sous les arbres) et dans un ancien moulin dont on découvre le mécanisme depuis la petite salle contemporaine sous une superbe charpente d'antan. Cuisine toute simple, toute fraîche, toute bonne pour le menu du jour. Et tartines, salades, assiette-repas... Service d'une vraie efficacité.

Au P'tit Plaisir : *75, rue Jean-Jaurès. ☎ 09-87-53-73-87. Tlj sauf dim-lun et soir mar-mer. Plat du jour 12 € ; formules midi sem 16-19 € ; carte env 40 €.* Jolis plats du jour, entre ici et ailleurs, dans un cadre de bistrot d'aujourd'hui, mignon comme tout. Petite terrasse. Menu grenouille à réserver 48h à l'avance. Accueil chaleureux et service impeccable. Une adresse qui porte bien son nom.

À voir

Le domaine de Vizille : *au centre-ville. • musees.isere.fr •* Il comprend le musée de la Révolution française et le parc.

– ***Le musée de la Révolution française :*** *dans le château Lesdiguières. ☎ 04-76-68-07-35. Tlj sauf mar 10h-12h30, 13h30-18h (17h nov-mars). Fermé certains j. fériés et 1 sem pour les fêtes de fin d'année. GRATUIT. Possibilité de visite guidée gratuite le 1er dim du mois à 15h. Audioguide gratuit.*

L'imposant château aménagé par le connétable de Lesdiguières entre 1600 et 1620, intégrant quelques éléments de la vieille forteresse du XIVe s, est situé dans un parc de 100 ha, dont la partie paysagère est labellisée « Jardin remarquable ». Classé au titre des Monuments historiques, il fut, jusque dans les années 1970, l'une des ***résidences d'été des présidents de la République française.***
Le musée présente, à travers une remarquable collection d'œuvres d'art du XVIIIe au XIXe s, ce qui préluda à la ***Révolution française, son déroulement, ses conséquences...*** Il favorise aujourd'hui une réflexion, toujours renouvelée, toujours enrichie sur le thème des libertés, des Droits de l'homme, de la citoyenneté et des valeurs républicaines. Visite quasiment obligatoire !

Niveau parc

Salle des faïences. Assiettes décorées de symboles et slogans royaux et de la Révolution. Évocation de la prise de la Bastille dans la salle suivante avec une authentique pierre d'un des cachots. Dans l'escalier, émouvant drapeau des volontaires du canton de La Ferrière.

Demi-niveau

Salle de la République. Peintures grandiloquentes, notamment *La Convention nationale décrète l'abolition de la monarchie,* de Clément-Louis Belle, et l'extraordinaire *Appel des dernières victimes de la Terreur* (1850). Noter la superbe lumière et la remarquable mise en scène des personnages dans *Le Dernier Banquet des Girondins* de Félix Philippoteaux.

Niveau 1

Maquettes de bâtiments révolutionnaires construits (ou non...) à l'époque à Paris. Dans la salle des arts, bustes de Robespierre, épée de Sieyès et esquisse de la 1re représentation de la République française par Jean-Baptiste Wicar. Cabinet d'art décoratif. Le tout dans un cadre remarquable où les éléments du passé se télescopent admirablement avec l'architecture moderne.

FAUSSE NOTE

Au 1er niveau du musée se trouve un pianoforte signé d'un certain Tobias Schmidt. Si l'histoire a retenu le nom du docteur Guillotin, qui connaît le « vrai » fabricant des 1res guillotines ? Il s'appelait donc Tobias Schmidt, arrivait d'Allemagne et s'était installé comme restaurateur de clavecins à Paris. À raison d'une guillotine par département (soit 83), chacune valant la coquette somme de 824 livres (2 500 €), sa reconversion dans les machines à décapiter fit sa fortune ; une fortune vite dilapidée pour les beaux yeux d'une demi-mondaine...

Niveau 2

Étage dévolu aux ***expos temporaires*** ainsi qu'à la galerie de l'Académie. Présentation des problèmes de narration rencontrés à l'époque révolutionnaire par des artistes dont les références historiques étaient issues essentiellement de l'Antiquité et de la Bible. Beaux décors Art déco de la salle Halley dans laquelle on découvre la vision de la Révolution dans l'entre-deux-guerres, notamment pendant le Front Populaire. La salle du temps aborde les étapes de la Révolution française à travers une présentation animée des œuvres du musée.

Niveau 3

Ce niveau est celui du ***XIXe s***, avec notamment une galerie présentant des peintures de la monarchie de Juillet ou de la IIIe République. La Révolution y est présentée à travers sculptures et tableaux. Magnifique bibliothèque au décor de bois, avec cheminée sculptée. Salle de Psyché : décor en papier peint grisaille, miniatures (dont de curieuses figurines de cire qui évoquent la rencontre de Benjamin Franklin, Rousseau et Voltaire), petits objets, etc. Ancienne chambre à coucher de Gaston Doumergue avec murs tendus de tissus décorés. Les salles Perier évoquent les familles Perier et Casimir-Perier ainsi que la manufacture d'impression sur étoffes : portraits divers, planches à impression. Enfin, riche mobilier de la salle Lesdiguières. 2 dispositifs permettent de visualiser en 3D la création du domaine et d'approfondir ses connaissances sur l'histoire des Lesdiguières de façon ludique.

Niveau 4

Centre de ressources Albert Soboul (accessible sur rendez-vous). Quelque 27 000 publications et 4 000 estampes sur le thème de la Révolution et des arts, principalement.

– ***Le parc du domaine :*** *Juin-août, tlj 9h-20h ; le reste de l'année, tlj sauf mar 9h-19h (10h-17h nov-fév). Fermé 1er mai. GRATUIT. Animaux de compagnie et cyclistes non autorisés.* Il faut prendre le temps de se promener sur ces 100 ha de parc, à travers pelouses verdoyantes et allées tranquilles bordées de belles essences, le long des canaux et plans d'eau. Parc animalier où s'ébattent daims, cerfs, colverts, oies du Canada, cygnes de Sibérie... Voir aussi la belle roseraie et les parterres à la française symbolisant le drapeau tricolore.

Le château du Roi : *accès Pâques-sept, tlj 9h-17h30.* On y grimpe via le pittoresque quartier du Château-de-Paille, cœur historique de Vizille. De ce château, le premier de la cité, connu depuis le IVe s, ne reste plus grand chose : une poterne, quelques pans de murs gagnés par la végétation... Mais le belvédère de l'ancienne *tour du Guet* offre une belle vue sur la ville et les environs.

Par le chemin du Prieuré, petite balade de 10 mn vers le cimetière pour découvrir les vestiges de la ***chapelle de l'ancien prieuré*** du Xe s. Superbe portail d'inspiration byzantine avec polychromie de marbre et schiste bleu. Élégantes colonnettes et, surtout, grande finesse des sculptures du linteau et du tympan *(Cène du Christ).*

L'ALPE DU GRAND SERRE (38350) *Carte Isère, C3*

Dans le massif du Taillefer, posée sur un vaste plateau de pâturages, une station familiale avec un beau petit domaine skiable. L'occasion de skier sans trop faire la queue et à des tarifs plus accessibles qu'à L'Alpe d'Huez ou aux Deux-Alpes.

Adresse utile

Office de tourisme : *☎ 04-76-56-24-72. • alpedugrandserre.info • En saison de ski et en été, tlj (sauf dim ap-m en été) ; le reste de l'année, mar-sam le mat seulement.*

Ski et neige

Ski alpin : domaine (1 400-2 200 m) avec 55 km de pistes. Un domaine spécial famille avec son plan des pistes tout en bleu et rouge. On skie tranquillou donc, autour du Pérollier, par exemple, en suivant le soleil quand il contourne la montagne. Quelques belles descentes dans des combes pour le retour vers la station.

Ski nordique : 20 km de pistes balisées sur 6 boucles.

L'OISANS

• Carte *p. 113*

L'Oisans n'est pas un massif mais une petite région qui regroupe quelques-uns des massifs alpins les plus grandioses. Des neiges éternelles, des glaciers, des arêtes acérées : un paradis pour les alpinistes. C'est la patrie du célèbre Pierre Gaspard, vainqueur du grand pic de la Meije en 1877 et de tant d'autres hauts sommets. Et c'est en Oisans que les Cassini, géographes renommés, vinrent créer les 1res cartes topographiques. L'Oisans

est également un joli terrain de jeux pour les randonneurs, les skieurs et les cyclistes. Situées de façon privilégiée au creux d'un vallon (appelé aussi « plateau d'altitude »), L'Alpe d'Huez et Les Deux Alpes offrent, outre de beaux domaines skiables, des panoramas inoubliables. L'Oisans fut aussi une des patries des fameux colporteurs qui parcouraient la France, l'Europe, voire le monde, du plus humble, gravissant les cols enneigés à pied, chargé comme un portefaix, au plus riche commis voyageur qui, en diligence ou en train, allait vendre draps, mercerie, lunettes ou fleurs... Terre de grande émigration aussi, puisque la population tomba de 19 000 habitants en 1846 à quelque 10 700 de nos jours !

Infos utiles

– ***La route des Savoir-Faire de l'Oisans :*** un itinéraire pour découvrir les savoir-faire locaux grâce à une animation ou une visite : artisans, artistes, producteurs et musées de l'Oisans. Renseignement aux offices de tourisme de l'Oisans et sur le site • *oisans.com/decouvrir/route-savoir-faire* •

– ***Navette Oisans :*** entre Vaujany et Venosc (liaison avec les 2 Alpes par la télécabine) via Allemond, le Bourg d'Oisans, et Auris-en-Oisans. *Juin-août, ainsi qu'en saison d'hiver 6 à 7 bus/j. GRATUIT.*

LA VALLÉE DE L'EAU-D'OLLE

Carte Isère, C3

La vallée s'ouvre d'abord largement en aval du bassin du Bourg-d'Oisans, entre la chaîne de Belledonne et les Grandes Rousses. Puis elle se rétrécit peu à peu, avec des pentes beaucoup plus boisées que les autres vallées de l'Oisans. La fée électricité y règne en maître avec le barrage de Grand'Maison. Ce barrage, le plus puissant de France, a permis la création d'une petite base nautique à Allemond. Après le lac artificiel du Verney, la D 526 s'élève dans une vallée de plus en plus encaissée vers les célèbres cols du Glandon et de la Croix-de-Fer, qui permettent de basculer vers la Savoie (voir le *Routard Savoie Mont Blanc*). Peu d'habitations, des paysages sauvages, voire austères, des éboulements... À proximité, un village (Villard-Reculas) et de jeunes stations comme Oz et Vaujany, font partie du domaine « Alpe d'Huez Grand Domaine Ski ».

VILLARD-RECULAS *(38114)*

Authentique village de montagne qui fut l'un des rares à avoir refusé d'être bétonné (par référendum en 1969). Quasiment déserté dans les années 1980, le village retrouve aujourd'hui une seconde jeunesse, dans le genre petite station familiale, sans frime ni esbroufe... Exposé plein sud, à 1 500 m, avec un panorama privilégié. Pour les skieurs débutants, forfait local (donnant accès à 7 remontées

LES CONFESSIONS D'UNE ROUTE DE MONTAGNE

Taillée à flanc de falaise, la route qui relie Villard-Reculas au village d'Huez offre des panoramas d'exception mais peut s'avérer, ici ou là, un brin angoissante. Cette D 111B est d'ailleurs surnommée la route de la Confession. Parce qu'autrefois personne ne frôlait ces à-pics sans être passé à confesse. Histoire (sait-on jamais...) d'arriver l'âme pure devant saint Pierre.

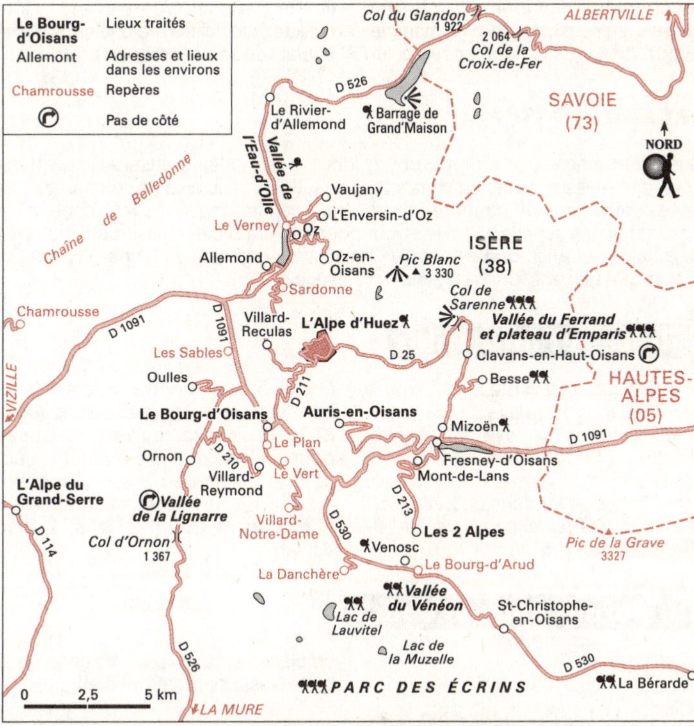

LE MASSIF DE L'OISANS

mécaniques) pas cher du tout. Pour les skieurs confirmés, Villars-Reculas est au cœur de l'« Alpe d'Huez Grand Domaine Ski ».

Adresse et info utiles

Office de tourisme : *1, route des Pistes. ☎ 04-76-80-45-69. • villard-reculas.com • En saison d'hiver et été, lun-sam 9h-18h, dim 9h-13h ; hors saison, lun-ven 9h-13h.*

– Le central de réservation *Villard-Reculas Tourisme* propose à la location un choix d'une quarantaine de chalets et d'appartements. *Mêmes site et coordonnées que l'office de tourisme.*

Où manger ?

La Bergerie : *1, chemin de la Bergerie. ☎ 04-76-80-36-83. • francis.barlerin@orange.fr • Bien fléché depuis le centre du village. De mi-déc à mi-avr, tlj 9h-17h ; juil-août, tlj sauf lun soir. Fermé en intersaison. Carte env 30-35 €.* À 1 600 m d'altitude (sur les pistes l'hiver), ancien chalet d'alpage, à l'intérieur chaleureux (avec sa cheminée) et coquet, avec notamment une pittoresque collection de clochettes. Aux beaux jours, super terrasse panoramique équipée de chaises longues, en surplomb de la Romanche, autour de laquelle des chevaux en liberté paissent. Vue sublime ! Côté cuisine, spécialités régionales, salades et plats de snack à midi en hiver.

ALLEMOND (38114)

Plusieurs hameaux et un gros bourg (dont le nom s'écrit aussi Allemont) qui s'étend au-dessus du lac du Verney (base nautique) et au pied de son barrage. La fièvre minière (argent, plomb et cuivre) étant depuis longtemps retombée, c'est aujourd'hui une gentille base de séjour pour qui veut profiter des atouts multiples de la vallée. Et Allemond est relié à Oz (donc au domaine de l'Alpe-d'Huez) par *l'Eau d'Olle Express*, un ascenseur valléen (sic !).

Adresse et info utiles

Office de tourisme : *400, route des Fonderies-Royales. ☎ 04-76-80-71-60. • allemont.com • Tte l'année, 9h-12h, 14h-17h ; en intersaison, horaires variables, fermé le w-e.* Installé dans l'ancienne fonderie du XVIIIᵉ s.

Cars Transisère : *☎ 04-26-16-38-38 (appel gratuit). • transisere.fr •* 3-5 bus/j. entre Allemond et Rochetaillée à Bourg-d'Oisans (ligne nº 3010) ; de là, correspondances pour Grenoble (ligne nº 3000). Juil-août et de mi-déc à avr, une petite dizaine de navettes gratuites entre Allemond et Oz-en-Oisans, 2 avec Vaujany.

Où dormir dans le coin ?

Campings

Camping Les Bouleaux : *300, route de Farnier. ☎ 04-76-11-03-11. • info.campinglesbouleaux@gmail.com • camping-lesbouleaux.fr • ♿ À 3 km au sud-ouest d'Allemond (fléché). Ouv de mi-mai à fin sept. Forfait pour 2 pers 10-12 €. 50 empl.* À l'orée d'un tranquille quartier résidentiel, dans une ample prairie ombragée par... devinez quoi, un camping nature face au massif des Grandes-Rousses. Quelques petits chalets de bois à louer. Resto en été et dépôt de pain.

Camping Le Grand Calme : *95, route des Fonderies-Royales. ☎ 04-76-80-70-03. • info@campinglegrandcalme.com • campinglegrandcalme.com • ♿ Dans Allemond, le long de la D 526. Ouv mai-sept. Forfait pour 2, env 14 € ; mobile homes et chalets. 50 empl.* Bien qu'il soit dans le bourg, ce vaste terrain plat et herbeux, partiellement ombragé, offre un beau cadre de verdure et une ambiance champêtre. Sanitaires bien tenus, comme l'ensemble de la structure. Préférer les emplacements les plus éloignés de la route (assez passante en été).

De bon marché à prix moyens

Gîte Le Sardonnier : *6, rue du Sardonnier 38114* ***Oz-en-Oisans.*** *06-11-95-90-31. • lesardonnier@gmail.com • le-sardonnier.com • ♿ À env 5 km au sud d'Allemond, par une petite route qui grimpe, qui grimpe. Tte l'année. Résa conseillée en hte saison. Nuitée 26 €/pers, petit déj en sus ; repas 20 €. Digestif maison offert sur présentation de ce guide.* Adorable hameau où se niche ce chaleureux gîte d'étape, une maison montagnarde traditionnelle au charme rustique, face au massif des Grandes-Rousses. Chambres pour 2 à 6 personnes, avec sanitaires communs. En cuisine, le proprio concocte de bons p'tits plats servis dans la superbe salle voûtée du bas, dotée d'une cheminée. Sauna. Une belle adresse où professionnalisme, décontraction et convivialité font bon ménage.

À voir. À faire dans les environs

UN CRASH MYSTÉRIEUX

Durant l'été 1945, un berger découvre dans les alpages les débris de l'épave d'un avion porté disparu en novembre 1944. Il transportait, depuis Londres, sir Trafford Leigh-Mallory, commandant des forces aériennes alliées du Débarquement, attendu à Ceylan où se tenait une réunion d'importance. Que faisait cet avion à plusieurs centaines de kilomètres de son plan de vol initial ? Volait-il vers l'Allemagne ? Avait-il été détourné ? Tous les membres d'équipage ayant péri dans le crash, nous ne connaîtrons jamais la réponse...

La Maison du bouquetin – espace York-Mallory : *Le Rivier-d'Allemond. ☎ 04-76-79-83-06. À 10 km au nord d'Allemond. Juil-août, tlj 11h15-13h, 14h-17h30 ; juin et sept-oct, w-e seulement, mêmes horaires. GRATUIT.* Dans l'ancien presbytère du village, tout ou presque, en quelques panneaux et autres dioramas, sur un des animaux emblématiques des Alpes, le bouquetin, réintroduit depuis 1987 dans le massif de Belledonne. Au sous-sol, un autre petit espace raconte, au travers de débris de son avion et de documents d'époque, la disparition mystérieuse de sir Trafford Leigh-Mallory en novembre 1944.

Le barrage de Grand'Maison : *15 km plus haut dans la vallée, à quelque 1 700 m d'altitude (route fermée l'hiver).* Assez impressionnant. Accès libre à la crête du barrage, longue de 550 m et culminant à 160 m au-dessus du pied de l'ouvrage. Les installations hydroélectriques se trouvent 900 m plus bas, au niveau du barrage du Verney, qui sert de réservoir de pompage à l'installation. L'ensemble représente la centrale hydroélectrique la plus puissante de France.

OZ-EN-OISANS (38114)

Oz-station s'est construite au-dessus du vieux village. Concentration de gros chalets et d'immeubles sans véritable charme à flanc de montagne, la station fait figure de village fantôme en intersaison, comme beaucoup de ses consœurs d'ailleurs. En été, il est plus agréable de séjourner dans le vieux village surplombant le lac du Verney.

Adresse utile

Office de tourisme d'Oz : *Oz-station. ☎ 04-76-80-78-01. • oz-en-oisans.com • En saison, tlj ; en intersaison, lun-ven sauf j. fériés.*

Où dormir ? Où manger ?

Auberge La Cure : *11, pl. de l'église à Oz-village, ☎ 04-76-79-55-62. • info@chalet-oz.com • aubergelacure.com • (resto). À côté de l'église (évidemment). Tlj sauf dim. Fermé en nov. Double 63 €. Menus 16 € (déj en sem), le soir 32 € ; carte env 35 €.* Dans une petite maison précédée d'un jardin tranquille, une poignée de chambres, propres et nettes, idéales en famille (de 2 à 4 couchages, avec lits simples, doubles et lits gigognes). Au resto, cuisine de saison à base de produits frais locaux, servie sur la jolie terrasse ombragée aux beaux jours. Le genre d'adresse simple et bien agréable qui fait son petit bonhomme de chemin.

À voir dans les environs

Le musée EDF Hydrélec : route du Lac, 38114 Vaujany. ☎ 04-76-80-78-00. • musee-edf-hydrelec.com • De fin juin à début sept, mar-sam plus le 1er dim du mois, 10h-12h30, 13h30-18h. Visite sur résa seulement ; se munir d'une pièce d'identité. GRATUIT. À travers quelque 450 objets de collection, c'est l'histoire de l'hydroélectricité en France qui est ici présentée, sous l'angle technique et scientifique mais aussi historique et humain.

VAUJANY (38114)

Un vieux village de montagne sur lequel s'est greffée (grâce à l'argent d'un barrage EDF) une station résolument moderne (mais les deux font plutôt bon ménage...). Liaison par téléphérique et télécabine au domaine skiable « Alpe d'Huez Grand Domaine Ski ».

Adresse utile

Office de tourisme : *5, pl. du Téléphérique. ☎ 04-76-80-72-37. • vaujany.com • Tlj en saison ; fermé le w-e hors saison.* Organise des géo-randos guidées.

Où dormir ? Où manger dans le coin ?

Auberge Passoud : ***38114 L'Enversin-d'Oz.*** *☎ 04-76-80-73-18. • contact@gite-passoud.com • gite-passoud.com • Resto tlj sauf dim soir hors saison. Fermé mi-nov à mi-mai. Double 70 €, petit déj inclus. Menu déj sem 17 € ; menu 27 € ; spécialités env 17 €.* La petite auberge de campagne, sans fioritures, dans un joli village. Cuisine familiale qui fait le bonheur de ceux qui bossent dans le coin et quelques spécialités très locales (farcis et ganèfles de l'Oisans, ravioles...). Accueil naturellement sympathique. Isolées du resto, quelques chambres toutes simples mais agréables, certaines avec vue imprenable sur la vallée ! 2 petits gîtes, plutôt mignons et intéressants pour un séjour un peu prolongé.

À voir. À faire

L'espace-musée de Vaujany : *dans le centre-station (bien fléché). ☎ 04-76-11-11-91. Ouv en saison 9h-12h, 14h-18h. GRATUIT.* Tout nouvel espace à la muséographie résolument contemporaine qui fait rimer didactique et ludique pour convoquer les 5 sens. Plan-relief animé, écrans tactiles, simulateurs de vol, de ski ou de rando... Pour tout savoir sur la nature des sols sur lesquels on randonne, les fleurs, les champignons, la faune, la vie des gens d'ici avant l'or blanc...

Randonnées : parmi beaucoup d'autres, un grand classique, la *cascade de la Fare (2h15 A/R).*

– ***Autres activités :*** toute l'année, piscine couverte, sauna, hammam, spa, patinoire couverte et bowling ; en hiver, espace neige avec piste de luge et jeux ; en été, tennis, *disc golf, via ferrata,* tir à l'arc, poney et *ride park.* Et c'est une des rares stations françaises où s'initier au curling.

LE BOURG-D'OISANS (38520) 3 240 hab. *Carte Isère, C3*

Au carrefour des 6 grandes vallées de l'Oisans, au milieu d'une plaine autrefois occupée par un lac (qui n'a disparu complètement qu'au XVIe), Le Bourg-d'Oisans est avant tout une petite ville commerçante et administrative. Sans grand intérêt architectural, elle reste néanmoins un passage obligé : très animée l'été, avec ses nombreux hébergements, ses magasins et prestataires en tout genre. C'est un peu le camp de base de l'Oisans, pour les cyclistes l'été, les skieurs l'hiver.

Adresses et infos utiles

Office de tourisme : *31, quai Girard. ☎ 04-76-80-03-25. • bourgdoisans.com • Juil-août, tlj 9h-18h ; sept-avr, mar-ven 9h-12h, 14h-16h et sam mat ; mai-juin et sept, lun-sam 9h-12h (13h sam), 14h-16h.*

Maison du parc de l'Oisans : *120, rue Gambetta. ☎ 04-76-80-00-51. • ecrins-parcnational.fr • Juil-août, tlj 10h-12h, 15h-18h ; le reste de l'année, tlj sauf w-e, j. fériés et mer ap-m 9h-11h, 13h30-16h. GRATUIT.* Présentation des richesses naturelles de l'Oisans et des métiers de montagne. Infos, documentation sur le Parc national des Écrins et projections. Coin lecture pour les enfants.

Gare routière : *95, av. de la Gare.* Avec *Transisère (☎ 04-26-16-38-38. • carisere.auvergnerhonealpes.fr •)* une dizaine de liaisons/j. tte l'année avec Grenoble (via Vizille) et Les 2 Alpes, L'Alpe d'Huez. Pour rejoindre Allemond, changement à Rochetaillée. Bus également pour Briançon avec la ligne ***ZOU 55*** *(☎ 04-76-77-71-66, 0,12 €/mn ; • dauphine.transdev.com •).* Navettes gratuites en saison pour Allemond et Venosc.

– **Marché :** *sam mat tte l'année.*

Où dormir ? Où manger ?

Camping

Le Colporteur : *rue des Colporteurs, Le Mas-du-Plan. ☎ 04-76-79-11-44. colporteur@koawa.com • campinglecolporteur.com • À env 1,5 km à l'est du centre (fléché). Ouv fin avr-sept. Nuit 22-37 € pour 2. 120 empl.* Un très beau site, agréable, confortable, arboré et proposant des emplacements spacieux et délimités par des haies. Resto. Piscine extérieure chauffée et animations familiales. Mobile homes, chalets et roulottes.

De bon marché à prix moyens

Gîte de séjour La Marmotte de la Meije : *408, route du Vert. ☎ 04-76-80-03-62. 06-62-52-40-58. • valdelameije@orange.fr • marmottedelameije.fr • À env 2 km au sud-est du centre. Double 56 € et nuitée env 22 €/pers, petit déj et loc de draps en sus ; dîner 22 €.* Une cinquantaine de lits répartis en chambres et dortoirs de 2 à 10 personnes, avec sanitaires communs. Quelques tables et transats éparpillés au sein du grand jardin arboré dans lequel les enfants peuvent se chamailler en toute liberté. Nombreuses activités sur place : volley, pétanque, ping-pong, etc. Également des infos sur les randonnées. Accueil charmant. Idéal pour les voyageurs à la recherche d'un tourisme fait de simplicité et de chaleur humaine.

Hôtel des Alpes : *21, rue Général-de-Gaulle. ☎ 04-76-80-00-16. • hoteldesalpes38@orange.fr • hoteldesalpesoisans.com • En plein centre-ville. Doubles 61-90 € ;*

possibilité de ½ pens, tlj sauf dim. Un hôtel qui connaît une nouvelle jeunesse. La restauration réussie de la salle du petit déj met joliment en valeur les éléments naturels (bois et schiste). Et les chambres ont suivi le même chemin, sobrement (mais avec un certain charme) rénovées. Spa avec sauna et jacuzzi. Accueil agréable. Et si le resto n'est ouvert qu'aux clients de l'hôtel, tout le monde peut se poser en terrasse pour une bonne glace fabriquée sur place.

Hôtel Oberland : *155, av. de la Gare. ☎ 04-76-80-24-24. • hoteloberland@pm.me • hoteloberland.com • À env 850 m du centre, face à la gare routière. Fermé en nov et avr. Doubles 88-120 €. Dîner 20-27 €. Parking et garage à vélos.* Un grand hôtel largement centenaire qui vient de connaître une complète métamorphose. Jolie déco contemporaine qui a su respecter le caractère de la maison. Vastes volumes, du salon (avec sa bibliothèque autour des Alpes et du voyage) à la salle du (bon) petit déj en passant par le bar à l'ancienne, grand jardin et plein de détails plaisants (comme les étapes du sentier du Tour de l'Oisans peintes sur les portes d'un ascenseur). Chambres agréables à vivre. Petite cuisine, simple, fraîche et maligne au dîner. Accueil familial, plein de bons conseils pour découvrir l'Oisans, à pied comme à vélo.

Chambre d'hôtes La Clé des Bois : *172, chemin des Effonds, Les Sables. ☎ 04-76-11-08-00. 06-08-71-61-02. • info@lacledesbois.com • lacledesbois.com • À 6 km au nord du centre. Fermé des vac scol de la Toussaint à Noël. Doubles 96-126 €.* Au calme, à l'écart de la grand-route, dans une grande maison de pierre, surmontée de bois clair, de belles chambres à l'ambiance montagnarde chic et élégante. Sauna *(payant)* et jacuzzi.

À voir. À faire

Le musée des Minéraux et de la Faune des Alpes : *pl. de l'Église. ☎ 04-76-80-27-54.* ***Fermé pour travaux.*** L'Oisans fut longtemps terre bénie pour les chasseurs de cristaux. Dès que le musée aura rouvert, il sera à nouveau possible d'admirer ici l'une des plus belles collections de minéraux de France, des plus communs aux plus précieux.

Randonnées : en plaine, le coin a l'avantage de proposer quelques balades sans dénivelée, notamment vers la cascade de la Pisse *(1h30-2h)* à partir du hameau *du Vert*.

LA VALLÉE DE LA LIGNARRE

Carte Isère, C3

Vallée quelque peu ignorée du tourisme, creusée par le torrent de la Lignarre, au pied du massif du Taillefer (et de sa myriade de lacs, prétextes à de belles randonnées). Au départ du Bourg-d'Oisans, la route surplombe d'abord de profondes gorges avant que le paysage s'ouvre pour accueillir hameaux et villages 100 % authentiques comme Ornon. De petites routes (de montagne...) s'échappent de la vallée pour gagner d'autres jolis villages : Oulles, le plus petit de l'Isère avec ses 14 habitants, ou Villard-Reymond qui, avec sa mairie à 1 650 m d'altitude, est un des plus hauts de France. Avant de basculer sur la Matheysine, on peut faire une halte au col d'Ornon (1 367 m) qui accueille l'hiver une toute petite station de ski familiale.

Où dormir ? Où manger dans le coin ?

Gîte-Auberge L'Eau Blanche : _Le Village, 38520 **Villard-Reymond.** 07-77-89-03-14. • aubergedeleaublanche@gmail.com • Nuitée 20 €/pers. Double 70 €. Possibilité de ½ pens 25 €/pers._ Perché dans ce joli village à l'écart de tout (et accessible par une petite route un rien crispante), ce gîte propose des chambres simples de 4 et 8 lits, avec sanitaires communs pour le dortoir. Magnifique panorama que l'on savoure depuis la sympathique terrasse, où l'on peut grignoter (spécialités de montagne) et boire un verre. Accueil franchement décontracté.

L'ALPE D'HUEZ

(38750) 1 340 hab. _Carte Isère, C3_

Pour être dans le coup, dites « L'Alpe », en toute simplicité. C'est l'une des plus anciennes stations de sports d'hiver de France : des moniteurs y proposent leurs services dès 1933, en 1936, est installé le 1er téléski et dans la foulée sont construits 17 hôtels fréquentés à l'époque par une clientèle quelque peu aisée. En 1962, le 1er téléphérique rallie le pic Blanc. Et la renommée de la station s'ancre définitivement avec les J.O. de 1968.
Une fois grimpées les 21 boucles numérotées de la route en lacet (étape mythique du Tour de France que tous les cyclistes connaissent), on parvient à un plateau exposé plein sud, sur lequel la station s'est développée. Son domaine « Alpe d'Huez Grand Domaine Ski » englobe 5 villages : _Alpe d'Huez, Vaujany_ et _Oz-en-Oisans,_ vers le nord, ainsi qu'_Auris-en-Oisans_ et _Villard-Reculas,_ de part et d'autre de la D 211. Cela a peut-être participé à la démocratisation de la clientèle. En tout cas, l'ambiance chic et frime, chic et sport d'autrefois tend à se diluer, et c'est tant mieux, dans une atmosphère plus jeune et familiale. Comme toutes les stations de ski, L'Alpe offre un visage plus avenant en hiver, lorsqu'elle se recouvre de son beau manteau neigeux, d'autant que de gros efforts ont été réalisés pour relooker la façade des immeubles et l'avenue principale. Pierre et bois donnent désormais un peu de chaleur, d'âme et de caractère à un centre-station qui, jusque-là, en manquait singulièrement.

Adresse et info utiles

Office de tourisme : _51, route de la Poste. ☎ 04-76-11-44-44. • alpedhuez.com • Tlj sauf w-e hors saison._

Cars Transisère : _☎ 04-26-16-38-38 (appel gratuit). • carisere.auvergnerhonealpes.fr •_ Les lignes 73, 75 et 76 relient L'Alpe d'Huez, Le Bourg-d'Oisans, Grenoble 5 fois/j. En hiver, également avec **_Transaltitude_** _(• transaltitude.fr •),_ au moins 5 bus/j. pour Grenoble. Sinon, davantage de départs depuis Le Bourg-d'Oisans.

Où dormir ? Où manger ?

26 000 lits ! Beaucoup d'hôtels dans le bon goût des années 1970-1980, dont de nombreux gérés par des tour-opérateurs. Un paquet de loueurs professionnels et de résidences de tourisme. Finalement, le mieux est de s'adresser directement au central de réservation de l'office de tourisme, très compétent dans ce domaine, et d'aviser en fonction de vos goûts, de votre budget et des disponibilités. Pour ceux qui ne viennent pas skier et ne tiennent pas

particulièrement à loger au pied des pistes, mieux vaut résider dans les environs, solution nettement moins chère, évidemment.

Hôtel Odalys Prestige L'Éclose : *quartier Éclose. ☎ 04-42-25-99-91. • odalys-vacances.com • Double partir de 169 €. Fermé de mi-avr à mi-juin et de sept à mi-déc.* À proximité immédiate des télésièges, des commerces et des restaurants, ce nouvel hôtel propose un séjour grand confort dans une chambre ou une suite cosy. Décoré avec goût, alliant modernité et authenticité, l'hôtel permet de profiter d'une pause détente à l'espace bien-être (piscine couverte chauffée, sauna, hammam et cabines de massages). Restaurant et service boulangerie.

Au Puits des Saveurs : *70, route Romaine. ☎ 04-76-80-65-65. • tmcat tant@gmail.com • En plein centre de la station, à 2 pas de l'office de tourisme. Tte l'année, en principe tlj sauf dim hors saison. Formule et menu déj sem 18-26 € ; autre menu 45 €.* Petite salle contemporaine mais chaleureuse et terrasse tranquille. Fondues et raclettes (avec un joli plateau de charcuterie de montagne et des pommes de terre bio) pour les amateurs. Mais il serait dommage de ne pas s'intéresser à la cuisine de ce chef qui, sans en faire des tonnes, sait tirer toutes les saveurs de beaux produits du coin.

Où boire un verre ? Où sortir ?

L'Indiana : *pl. Paganon, Vieil-Alpe. • barindiana@orange.fr • Tlj. Fermé oct-nov. Café offert sur présentation du guide.* Un pub (où l'on vous accueille avec l'accent anglais). L'été, c'est une des terrasses fétiches des cyclistes qui y descendent un verre après avoir grimpé les 21 virages. L'hiver, autre ambiance (parfois beaucoup plus débridée) à l'intérieur. Quelques petites choses à grignoter.

La « rue de la soif » locale s'appelle route du Coulet : vous devriez y trouver rythme à votre pied entre les bars musicaux ***Smithy's*** ou le ***Zoo*** et la discothèque ***les Caves de l'Alpe.*** Autres spots prisés des locaux : le ***Old*** dans la galerie de l'Ours-Blanc avec ses DJs électro et le ***Freeride,*** avenue des Jeux (où les prix des consos varient comme à la bourse...).

La Folie Douce : *en haut du télésiège Marmotte (accès piétons possible). ☎ 04-76-80-32-36. Tlj en saison d'hiver.* L'adresse emblématique de la station, entre canapés Chesterfield, peaux de vaches et décoration typiquement montagnarde... Branché et légèrement déjanté, voilà le rendez-vous incontournable des fêtards qui veulent danser sur les tables. Service sans prise de tête quand on évite les heures des repas des skieurs.

À voir

L'église Notre-Dame-des-Neiges : *77, chemin de la Chapelle. Tlj 8h30-19h.* Belle église contemporaine (1969) dont la forme évoque celle de la tente du prophète Abraham. Superbe série de vitraux signés Arcabas. Étonnant (il est même, paraît-il, unique en son genre) orgue en forme de main.

Le musée d'Huez et de l'Oisans : *au 1er étage du palais des sports et des congrès, 70, av. de Brandes. ☎ 04-76-11-21-74. Juil-août et déc-avr, lun-sam (et le 1er dim du mois) 10h-12h, 14h-19h. GRATUIT.* Intéressantes collections archéologiques (XIIe-XIVe s), produit des fouilles du site de Brandes, évocation du colportage. Expos très didactiques sur le vélo, le sport et le maquis de l'Oisans.

Le site archéologique de Brandes : *☎ 04-76-11-21-74. À env 800 m du centre ; prendre la direction du col de Sarenne, puis fléché. Accès libre en été* *seulement. Juil-août, 1 ou 2 visites guidées/sem payantes (sur résa et vivement conseillées).* Vestiges du plus haut village médiéval d'habitat permanent connu en Europe. Du XIIe au XIVe s, sur le plateau de L'Alpe d'Huez, fonctionna une importante mine d'argent. Le minerai extrait était concassé et lavé sur place, puis la poudre d'argent envoyée à Grenoble. Le village compta jusqu'à 80 bâtiments (habitations, ateliers et forges), autour du château et de l'église.

Ski et neige

Ski alpin : « Alpe d'Huez Grand Domaine Ski » (1 120-3 330 m) avec 250 km de pistes. *Forfait journée adulte : env 56 € ; réduc. Forfaits famille, mais aussi ski de fond, promeneurs... Le Pass Loisirs + (à partir de 25 €/pers pour 6 j. ; réduc enfants) donne accès libre au palais des sports et des congrès de L'Alpe d'Huez : piscine de plein air chauffée, piscine couverte du palais des sports, patinoire à ciel ouvert (patins inclus), salle de musculation du palais des sports et des congrès (à partir de 16 ans), mur d'escalade, tennis de table (raquettes incluses) et minigolf (clubs inclus). Sinon, le forfait Premium donne accès à de multiples autres loisirs et avantages : nombreuses activités du palais des sports (fitness, squash, muscu...), musée, etc.*

Bon, là, les chiffres parlent presque d'eux-mêmes. On peut même en ajouter quelques-uns : avec ses 16 km, la piste noire de *Sarenne* se classe dans le top 5 des plus longues descentes du monde. Depuis le pic Blanc (un must, on vous l'explique plus loin) partent 5 autres descentes mythiques qui totalisent environ 2 000 m de dénivelée chacune. Du pic Blanc, les skieurs confirmés s'offriront aussi la noire du Tunnel : quelques courbes sur le glacier de Sarenne, dans un tunnel éclairé qui traverse la montagne pour déboucher sur l'un des murs les plus raides du ski français (inclinaison de 35°). Impressionnant ! Pour skieurs confirmés toujours, plus de 70 itinéraires hors pistes, tous aussi grandioses les uns que les autres. Pour skieurs moyens, descente du *glacier du Grand-Sablat* sans trop de frayeur (2 000 m de dénivelée). Les skieurs débutants trouveront des espaces qui leur sont réservés, au pied des pistes. Plusieurs pistes ludiques avec modules pour petits et grands et même des pistes thématiques comme *Jacques le Bûcheron,* avec exposition de sculptures sur bois. Ceux qui se sentent un peu plus à l'aise sur leurs planches se dirigeront vers les secteurs du lac Blanc ou des stations reliées. Et tout le monde pourra soigner son bronzage avec 300 jours d'ensoleillement moyen par an !

– ***Snowboard :*** 2 *snowparks* (dont un débutant) et 1 *boardercross.*

Ski de randonnée : pour le *pic de l'Étendard,* compter la journée *(6-7h aller-retour).* On grimpe jusqu'à 3 465 m et on dévale en traversant les glaciers sur lesquels la neige poudreuse est le plus souvent au rendez-vous.

Sinon, la station propose 2 itinéraires de ski de randonnée au départ du rond-point des pistes. *Le Poutran – combe des Sarrazins,* damé et au calme, est idéal pour l'apprentissage du ski de randonnée. La descente s'effectue sur une piste verte très facile, accessible à tous. Possibilité de redescendre par le télémixte du Signal (gratuit pour ceux qui appréhenderaient la descente à skis !). Temps : 1h30 ; dénivelée de 300 m.

Également *La crête du Signal par le Radar,* un espace dédié à la pratique non damée, tracé par des moniteurs et des pisteurs. Le départ se fait au pied du stade de slalom, direction ouest, avec une 1re traversée en forêt facile conduisant au sommet du Bras, au Radar, aux côtes Souveraines, jusqu'au sommet du Signal à 2 115 m. Temps estimé : 2h15 ; dénivelée de 355 m. Exposition plein sud et vue panoramique extraordinaire (la Meije, les Écrins, le massif de Belledonne, la Muzelle, etc.).

Ski nordique : 50 km de pistes damées et fléchées dans un cadre agréable. 2 boucles faciles et 2 difficiles vous sont proposées. L'altitude (1 800 et 2 100 m) et l'orientation des pistes de ski nordique permettent de commencer tôt et de finir tard dans la saison. On vous conseille une merveilleuse balade à skis de fond, sans grosse difficulté, depuis la 2de gare de la télécabine des Grandes Rousses. Dans les environs immédiats, une série de 3 petits lacs étincelants et comme figés dans le cristal, sur un plateau immaculé. Paysage inoubliable !

– ***Patinoire :*** *av. des Jeux. ☎ 04-76-11-21-16. Tlj 10h-13h, 16h-22h30, sauf j. d'entraînement et match de hockey. Entrée : 7 € ; accès gratuit avec le forfait Premium. Loc de patins : 4 €.* Artificielle et à ciel ouvert. Curling.

– ***La luge des Bergers :*** *vac scol de Noël-fin avr. Tarif : 7 € (15 € avec la réalité virtuelle).* Une luge de 2 places montée sur 1 km de rails avec virages, jumps, vagues, flip-flap, vrilles, tunnels, sommets enneigés, doux moutons... Moult sensations à vivre grâce à un ***masque de réalité virtuelle !***

Promenades à pied : possibilité de randonnées pédestres ou à raquettes avec accompagnateur en montagne diplômé. Pour les piétons, plus de 35 km d'itinéraires balisés, bien entretenus et jalonnés de bancs. « Forfait piétons » pour une bonne vingtaine de remontées mécaniques *(compter 7 € A/R ; 23 € la journée, 23,50 € avec la grotte de glace – voir ci-après –, env 95 € pour 6 j.).* Télécabines et téléphériques vous mènent au pic Blanc, à Oz, Vaujany, Auris-en-Oisans et Villard-Reculas, avec toujours de superbes points de vue et des restos d'altitude.

La grotte de glace : *à 2 700 m d'altitude, au départ du téléphérique du pic Blanc. Début déc-fin avr, mêmes horaires que les remontées mécaniques. Tarif : 6 € ; réduc.* L'occasion, dans un silence cristallin, de contempler de belles sculptures de glace ou de neige. D'une année à l'autre, elles évoluent suivant l'état de la glace et l'inspiration des artistes.

Sports et loisirs d'été

Sports et stages tous azimuts

Alpinisme, escalade, équitation, golf, hockey, parapente, patinage, VTT, tennis, etc. Demander le *guide de bienvenue* à l'office de tourisme.

VTT : Les amateurs seront à la fête, avec des balades tranquilles comme des descentes qui suscitent quelques poussées d'adrénaline. 265 km de pistes dans tous les styles : cross-country, enduro, *all mountain* et descente (*downhill* pour emprunter le jargon des *riders*). La station accueille d'ailleurs la *Mégavalanche,* chaque été, une des plus célèbres courses de descente au monde avec 2 600 m de dénivelée... *Bike park* évidemment.

– ***Via ferrata :*** 2 parcours (initiation et sportif) accessibles en été et en hiver selon les conditions météo. Matériel nécessaire.

Randonnées

Avec plus de 250 km de sentiers balisés, un pied illimité. Quelques suggestions :

La ronde des Lacs : compter environ 4h. Une balade familiale devenue le grand classique de la station. Départ du parking du lac Besson, à 2 100 m. Beaucoup de rocaille au début, puis on sinue au milieu de lacs de toutes tailles en prenant le temps d'admirer une flore de haute montagne assez rare et le panorama sur le massif du Taillefer et la chaîne de Belledonne. Plusieurs refuges pour la pause. On circule au pied des glaciers, avant de redescendre à travers les alpages vallonnés.

🚶🚶🚶 ⇐ ***Le col de Sarenne :*** au départ du village d'Huez, compter 5h (aller-retour). On alterne verts pâturages, route, paysages lunaires et neiges éternelles... au milieu des moutons en estivage et des épilobes en fleur. Tout simplement fabuleux ! Vue somptueuse sur la Meije et les sommets des Écrins. Praticable l'été en voiture, c'est la route (étroite, très étroite même par endroits !) que l'on vous conseille pour regagner l'autre versant, la vallée du Ferrand (Clavans, Besse, Mizoën).

🚶🚶 ***Balade à la croix de Cassini :*** à partir du col de Sarenne, accessible en voiture. Circuit de 4h qui permet d'étudier la richesse minérale de l'Oisans : quartz, or, argent, plomb argentifère...

🚶🚶🚶 ⇐ ***La montée au pic Blanc*** *(3 330 m) : en téléphérique. Début déc-fin avr et juil-fin août, en 3 tronçons : 1 860-2 100 m, 2 100-2 700 m et 2 700-3 330 m. Pass piétons journée : 18,50 € ; réduc ; gratuit moins de 5 ans. Visite commentée 2 fois/sem en saison (rens : ☎ 04-76-11-21-74).* Le must ! De là-haut, belvédère exceptionnel. On admire, dit-on, un cinquième de la France. Par temps clair, le mont Blanc et les Grandes Jorasses, le Grand Combin en Suisse, le Cervin entre Suisse et Italie, et enfin le Grand Paradis et le mont Viso en Italie. À 2 pas, la Meije et les aiguilles d'Arves, et jusqu'au... mont Ventoux. Table d'orientation évidemment.

LA 1re CARTE DE FRANCE

La croix, posée à 2 373 m d'altitude, rend hommage aux Cassini, une longue lignée d'astronomes et de géographes. Le grand-père s'intéressait aux anneaux de Saturne et dressa, en 1679, la 1re carte de la Lune. César-François Cassini de Thury resta, lui, les pieds sur terre et dessina la 1re carte complète et « moderne » de la France, dite d'ailleurs « carte de Cassini ».

Animations

– ***Spectacles à La Folie Douce :*** *tlj en saison d'hiver.* DJs, performeurs, artistes... se produisent en plein air. Une ambiance de folie pour les amateurs de clubbing en chaussures de ski.

AURIS-EN-OISANS

(38142) 190 hab. *Carte Isère, C3*

Les fans de sports d'hiver grimperont tout en haut de la route (qui ne permet de rejoindre cette vallée que depuis 1902) jusqu'à la petite station d'Auris créée dans les années 1970 et reliée au domaine de L'Alpe d'Huez. Mais l'été, on peut préférer prendre son temps dans les ruelles des hameaux de la commune, bourrés d'authenticité comme Les Cours avec son petit écomusée Alice, aux intéressantes expos temporaires (entrée gratuite) et en contrebas, une église qui a conservé abside et clocher roman ainsi qu'un émouvant cimetière ancien.

Adresse utile

ℹ ***Office de tourisme :*** *16, pl. des Orgières. ☎ 04-76-80-13-52. • auris-en-oisans.fr • ♿ Dans la station. Été et vac scol d'hiver, tlj 9h-12h30, 14h30-18h30 ; hors saison, horaires restreints.*

Où dormir ? Où manger ?

■ |●| ***Gîte de montagne-restaurant L'Aurienchon :*** *Les Cours. ☎ 04-76-80-88-36. 📱 06-73-45-97-02. • gitelaurienchon@gmail.com • gite-auris.com • Double 69-98 €, petit déj en sus ; familiales ; dîner complet env 40 €.* En haut du hameau (chouette vue), une ancienne bergerie qui accueille de jolies chambres à la déco d'aujourd'hui entre murs de pierres et poutres d'autrefois. Grande salle commune largement vitrée avec billard, bar... Cuisine familiale et de terroir.

LA VALLÉE DU FERRAND ET LE PLATEAU D'EMPARIS

Carte Isère, D3

Ferrand vient du latin *ferus,* sauvage. Et sauvage, cette vallée l'est restée, comme le torrent qui l'a creusée. Même si elle est, de longue date, habitée. Ne manquez d'ailleurs pas le pittoresque village de pierre de Besse, et les hameaux de Clavans-le-Bas et Clavans-le-Haut.
Bordant la vallée à l'est, à cheval sur les territoires de Mizoën, Besse et La Grave, le plateau d'Emparis fait face au pic du Mas-de-la-Grave (3 021 m). Véritable paradis pour les moutons (près de 20 000 bêtes séjournent ici de juin à début octobre), ces alpages rassemblent aussi randonneurs et géologues en herbe qui viennent faire leurs classes dans ce paysage aux traits marqués (couches sédimentaires laissant apparaître des affleurements cristallins à l'approche des fortes pentes de la Romanche, synclinaux, failles, tourbières, petits lacs permanents, etc.) et riche d'une flore alpine préservée. Traversée du plateau au départ de Besse et Mizoën (GR 54 et GR 50). En hiver, superbes randonnées à raquettes.

MIZOËN *(38142)*

Tranquille village, un peu perché au-dessus du lac du Chambon, qui possède toujours son four à pain. Belle rando (3h30) à faire jusqu'aux Clots, un ancien hameau de paysans et de pâtres qui renaît aujourd'hui grâce au parcours initiatique « Histoires et légendes » (le long du GR 54). En chemin, découverte de la légende des nains, des anciennes ardoisières, des pentes abandonnées de lavande sauvage jadis cueillie et distillée, du lac Lovitel et enfin des cultures en terrasses et du petit musée du Terroir. Pause casse-croûte toute trouvée en été au *refuge des Clots (☎ 06-41-66-40-80),* à 1h de Mizoën.

Où dormir ? Où manger dans le coin ?

⛺ ■ ⚟ ***Gîte d'étape L'Emparis :*** *à côté de l'église, à Mizoën. 📱 06-32-78-65-23. • aubergemizoen@orange.fr • emparis.com • Congés : vac scol de Pâques et de la Toussaint. Nuitée 25 € ; loc de draps 5 €. ½ pens 50 €/pers. Possibilité de bivouac 5 €/pers (douche comprise).* Dans une grosse maison, une trentaine de lits répartis en chambres de 2 à 6 personnes. Certaines avec simple lavabo, les autres disposant de sanitaires privés. Un gîte bien tenu, avec salle commune dotée d'une cheminée. Tables de pique-nique et aire de bivouac sur des terrasses avec vue plongeante sur le lac du Chambon.

■ |●| ***Hôtel Le Cassini :*** *Le Village, 38142* ***Le Fresney-d'Oisans.***

☎ 04-76-80-04-10. ● info@hotel-cassini.com ● hotel-cassini.com ● À 4 km à l'est de Mizoën. Resto ouv midi et soir en été, seulement le soir en hiver. Fermé de mi-oct jusqu'à Noël et de fin mars à mi-mai. Doubles 120-150 € ; petit déj inclus. ½ pens possible. Le midi à la carte env 20-25 € ; le soir menu env 35 €. Petite auberge de campagne, tenue par une toute jeune équipe venue d'un pays beaucoup plus plat que l'Oisans. Si les chambres sont impeccables, on est en droit de tiquer sur le prix demandé... Mais la table mérite l'arrêt. Le jeune chef propose une cuisine très personnelle, volontiers voyageuse, à base de bons produits, de saison et régionaux. Loue également des appartements tout neufs dans l'ancienne boulangerie du village *(à partir de 120 € pour 2).*

La Cabane au bord du lac : *Le Parizet, 38142* ***Mizoën.*** *☎ 04-76-80-63-48. ● dode.yannick@gmail.com ● À env 4,5 km de Mizoën, sur la route de la Grave ; discrètement fléché sur la droite à la sortie du 1er tunnel. Avr-sept, tlj. Carte env 25-30 €.* Avec ses tables posées en surplomb du lac de Chambon, un genre de guinguette (fréquents concerts) nouvelle génération avec une bonne petite cuisine maison, dans l'air du temps : woks, burgers, ceviche... et pizzas et viandes au feu de bois, salades... Ambiance à la cool. Location d'embarcations à pédales, canoës-kayaks et paddle.

BESSE *(38142)*

À 1 550 m d'altitude, l'un de nos villages préférés en Oisans. Tout en pierre – le bois était rare à l'époque –, il a su conserver son authenticité montagnarde et son âme. Ruelles en pente pavées de grosses pierres mal équarries ou en terre, vénérables demeures en schiste noir mélangé à de gros morceaux de granit, étroits passages coupe-feu, fontaines fleuries qui glougloutent... une homogénéité et un charme réjouissants !

Adresse utile

Office de tourisme : *à l'entrée du village. ☎ 04-76-80-00-85. ● valleeduferrand.com ● De mi-juin à mi-sept, tlj 9h30-12h30, 14h-17h30 ; hors saison, accueil téléphonique seulement.*

Où dormir ? Où manger ?
Où acheter de bons produits ?

Aire de bivouac municipale du Gay : *à 700 m du parking à la sortie du village. ☎ 04-76-80-25-80 (mairie). ● mairie.besse38@orange.fr ● Ouv de mi-juin à mi-sept. Prix : 5,50 €/pers. Eau potable et douches (avec jetons disponibles sur place ou à l'épicerie du village : 2 €).* Quelques emplacements de camping munis d'une table de pique-nique, un bloc sanitaire et un point d'eau (froide). Le tout d'une extrême simplicité, donc, mais planté dans un superbe décor, en pleine nature. De plus, c'est le point de départ idéal pour les alpages d'Emparis.

Chambres d'hôtes Escale en Oisans : *50, impasse des Sureaux. ☎ 09-67-57-09-37. 07-82-92-82-67. ● contact@escale-en-oisans.com ● escale-en-oisans.com ● Dans le bas du village. Double 65-70 €. Dîner 24 €, boissons comprises.* Dans une jolie maison de pierre et de bois (comme elles le sont toutes ou presque dans ce village...), 2 grandes chambres à la plaisante déco d'aujourd'hui, prolongées de balcons qui s'ouvrent sur un paysage dont on ne se lasse pas. Superbe accueil de la proprio qui, outre ses talents de trompettiste, s'avère une excellente cuisinière (et pâtissière).

La Tourte de Besse : *le viol du Mai. ☎ 04-76-80-04-46. ● yves.saint-pierre0507@orange.fr ● Juil-août, tlj* *sauf lun 9h30-12h30, 15h-19h30 ; hors saison, mar et ven 10h30-12h30, 15h-19h.* Dans une petite maison tout en pierre à la sortie du village. Savoureux pains au levain pétris à la main et cuits au feu de bois. Fromages et charcuteries pour se faire un pique-nique. Accueil naturellement sympathique.

À voir. À faire

La Maison des alpages : *☎ 04-76-80-19-09. • maisondesalpages-besse.com • Juil-août, mer-dim 10h-12h, 14h-19h ; le reste de l'année, mer-dim 10h-12h30, 13h30-18h. GRATUIT.* Un musée relativement modeste mais qui mérite le détour si l'on veut toucher d'un peu plus près ce qu'est depuis toujours ou presque la vie dans ces villages reculés de l'Oisans, loin des grandes stations de ski. Exposition sur le pastoralisme : la vie à l'alpage, la transhumance, le démontagnage (quand les bêtes redescendent de la montagne), la vie pendant l'hiver et l'été. Évocation de la mine de charbon de l'Herpie. Petite boutique proposant les produits des artisans de la route des savoir-faire. Mention spéciale aussi pour les excellentes activités ou sorties proposées *(payantes)* qui permettent, notamment, de rencontrer les bergers du plateau d'Emparis, un des plus grands alpages d'Europe.

Les sentiers de découverte : *« À la rencontre des Bessats »,* une promenade balisée d'environ 3h tout autour de Besse. Nombreux panneaux relatant la vie de la montagne, de la faune à la flore en passant par les activités de montagne telles que l'agriculture étagée ou l'extraction des ardoises. Rendez-vous au 1er panneau situé à la sortie du village et laissez-vous guider. Sinon, petite brochure gratuite disponible à l'office de tourisme ou à la Maison des alpages. Et le *« sentier des oratoires »* qui fait le tour des 17 lieux de dévotion (oratoires, chapelles ou croix) construits au XIXe s autour de Besse par ses habitants.

GUEULES NOIRES AU PAYS DE L'OR BLANC

On a longtemps ici exploité le charbon, dans la mine la plus haute d'Europe, à 2 600 m d'altitude. Les paysans y travaillaient l'hiver quand les alpages étaient sous la neige, rejoints par des immigrés italiens, polonais, espagnols... Jusqu'à la fermeture de la mine en 1951, après une avalanche meurtrière.

Manifestation

– **Festival des randonnées musicales du Ferrand :** *fin juil- début août. 📱 06-30-93-53-19.* Des artistes issus de la scène locale et d'ailleurs (programmation éclectique) se produisent dans les villages de la vallée du Ferrand, des lieux inattendus (plateau d'Emparis, col de Sarenne, etc.). Concerts en itinérance, randonnées musicales qui favorisent de super rencontres.

CLAVANS-EN-HAUT-OISANS *(38142)*

Clavans, soit « la clef » en patois puisque ce village (2 hameaux en fait : Clavans-le-Bas et Clavans-le-Haut) gardait les cols des environs, donc la frontière entre Dauphiné et Savoie. De jolis hameaux : placettes fleuries, anciens fours à pain, solides maisons de pierre aux balcons de bois qui témoignent des modestes fortunes faites par les colporteurs. Le *sentier des Protestants* rappelle également que cette vallée a, au XVIe s, largement adhéré aux idées de la Réforme.

LES DEUX-ALPES

(38860) 2 100 hab. *Carte Isère, C3*

Grande station née dans les années 1940 de la volonté des habitants des 2 villages de Venosc et de Mont-de-Lans. Du glacier, culminant à 3 600 m, aux alpages, en passant par les sentiers boisés à 1 300 m, le spectacle de la montagne est partout. Le plus haut domaine skiable de France ravira les routards sportifs peu sensibles au manque d'unité architecturale. Avec le label « Famille Plus », la station démontre aussi qu'elle ne néglige pas non plus les enfants.

Adresses et infos utiles

Pas moins de 4 bureaux d'information, au choix suivant votre situation dans la station.

Office de tourisme : *au centre de la station, pl. des 2-Alpes. ☎ 04-76-79-22-00. • les2alpes.com •*

Point info de l'Alpe de Mont-de-Lans : *à l'entrée de la station. ☎ 04-76-79-25-00. Ouv seulement en saison, tlj.*

Point info de l'Alpe de Venosc : *dans la station. ☎ 04-76-79-26-41.*

– **2 Alpes réservation :** *• reservation.les2alpes.com •*

■ **Bureau des guides :** *Maison des 2-Alpes. ☎ 04-76-11-36-29. • guides2alpes.com • Tlj 15h30-18h30.* Stages et initiations en tout genre.

Liaisons directes avec les cars **Transaltitude** *(• transaltitude.fr •)* : navette avec la gare routière de Grenoble en correspondance avec les trains. Formule transport + *ski pass* à la journée. Également une liaison avec correspondance à Bourg d'Oisans avec les **Cars Itinisere** *(☎ 04-26-16-38-38. • carsisere.auvergnerhonealpes.fr •)* : ligne T73 au départ de Grenoble.

– **Taxis Trans'Oisans :** *06-14-43-43-43.*

Où dormir ? Où manger ?

Beaucoup d'hôtels, de meublés et de locations diverses, dans le style chalet ou parallélépipède pompidolien. Bien tenus dans l'ensemble, mais, succès oblige, sans (heureuse) surprise...

The People Les 2 Alpes : *1, route de Champame. ☎ 04-58-17-42-96. • les2alpes@thepeoplehostel.com • thepeoplehostel.com • Ouv de mi-juin à fin août et de mi-oct à mi-avr. Double 75-240 € ; familiales ; min 4 nuits pdt w-e, 7 nuits pdt vac sol d'hiver.* Un hôtel récent et confortable qui compte près de 90 chambres et plus de 340 lits, au pied des pistes de ski, dans un esprit trappeur. Parties communes sympa, bar, restaurant, animations.

Crêpes à Gogo : *118, av. de la Muzelle. ☎ 04-76-79-29-61. • ugomouniermba@gmail.com • Tlj 11h-23h (service continu). Fermé mai-juin et sept-nov. Crêpes et galettes 5-16 € ; plats 20-30 €.* Façon « Ma cabane au Canada » avec grosses poutres et chaleureux décor hétéroclite. Dans un coin, un orgue de Barbarie et une cheminée. Ça sent bon le feu qui crépite (même en été). Grande terrasse aux beaux jours. Fondues, raclette, salades, crêpes de sarrasin et de froment... Une petite institution dans le coin, pour de la restauration rapide à toute heure. Bon choix de bières.

La Porte d'à Côté : *70, av. de la Muzelle. ☎ 04-76-80-50-02. • laportedacoteles2alpes@gmail.com • Tlj sauf mer hors saison. Formule déj sem 21-27 € ; carte env 40 €.* Drôle de nom dont on vous expliquera volontiers l'histoire dans ce « bistrot montagnard gourmand » comme ils disent. Chaleureuse salle toute de bois vêtue et terrasse sur l'avenue pour une bonne cuisine, de tradition qui varie au gré des saisons, avec un tour de main plutôt contemporain. Inévitables spécialités fromagères également.

Où boire un verre ? Où sortir ?

Pub Windsor : *70, av. de la Muzelle. Quand la station est ouverte, tlj 8h30-2h.* Une institution locale, 1er bar à avoir ouvert dans la station. Décor de pub (évidemment, avec canapés Chesterfield) qui, au fil des décennies, s'est chargé de tout et n'importe quoi, à commencer par les billets de banque du monde entier qui s'accrochent au plafond. Bonne musique bien rock'n'roll, bonne ambiance du café du matin aux heures quelque peu plus sauvages du début de la nuit.

D'autres bars pour prolonger la soirée comme le ***Melt'in Art*** *(8, rue des Vikings)* avec expos et DJs, le ***Motown Café*** *(61, av. de la Muzelle),* apéros animés et concerts ; même genre d'ambiance au ***Polar Bear*** *(104, av. de la Muzelle).*

À voir dans les environs

Le Café-musée Chasal-Lento : *à Mont-de-Lans. ☎ 04-76-80-23-97 ou 04-76-80-04-24 (hors saison). • mairie2alpes.fr • Tlj sauf sam 11h-19h (mer 9h-19h) en saison d'été ; 14h-17h (mer 9h-13h) en saison d'hiver. GRATUIT.* Modeste mais intéressant musée des Arts et Traditions populaires, notamment la section consacrée aux colporteurs qui, de ces vallées perdues, voyageaient jusqu'à Cuba, au Japon... Évocation de la construction du barrage du Chambon, de la vie quotidienne des aïeux. Et sympathique ***bistrot*** avec terrasse où boire un thé à la menthe du jardin ou une bière locale et grignoter tapas ou tarte aux fruits. Concerts de temps à autre.

Ski et neige

Ski alpin : domaine (1 300-3 600 m) avec 200 km de pistes. Un grand des Alpes : le domaine skiable, souvent ensoleillé, est vraiment exceptionnel. Il fonctionne de surcroît grâce à son glacier près de 8 mois par an (jusqu'à début juillet). Plus on monte en altitude, plus le ski est facile ! Le *Jandri Express* vous propulse à 3 600 m en 30 mn environ. De quoi éprouver la folie des hauteurs, pour ne pas dire des grandeurs, puisqu'on embrasse d'un seul coup d'œil l'Oisans, la Vanoise, le mont Blanc, les Alpes italiennes et le Pelvoux. Unique !

À noter : le domaine est accessible aux personnes handicapées et équipées de fauteuils handisport (dual ski et *skikart*).

Snowboard : les nouvelles glisses sont un peu l'ADN des 2-Alpes. À 2 600 m d'altitude, l'espace *freestyle* est doté d'un *snowpark* pour les pros (*slopestyle, big air,* rails, etc.) et de zones ludiques pour tous (*easy park, kids park, family park,* etc.).

Le belvédère des Écrins : accès l'hiver à ski depuis l'arrivée du téléski de Puy-Saly, l'été via le funiculaire Dôme Express. À 3 400 m d'altitude au sommet du glacier du Soreiller, ce belvédère offre une vue unique à 360 ° et un panorama face au massif des Écrins. Une passerelle de 7 m s'avance au-dessus de la vallée de la Selle (1 400 m de vide sous les pieds quand même ; ceux qui sont sujets au vertige n'y penseront même pas !). Tout à côté, on peut visiter la grotte de glace creusée à

30 m sous la surface du glacier, à 3 400 m, par des guides de haute montagne. Elle contient des œuvres sculptées dans la glace.

– ***Nombreuses activités :*** randonnées à raquettes, cascade de glace, chiens de traîneaux, *fatbike* et VTT électriques, bouée luge sur airbag, patinoire, etc.

Sports et loisirs d'été

Bon à savoir : en été, la liaison en remontée mécanique reste assurée entre Les 2-Alpes et les villages de Venosc et de Mont-de-Lans.

VTT : la station des 2-Alpes propose 90 km de piste, notamment pour le VTT de descente avec plusieurs superbes pistes pour débutants comme pour *riders* aguerris. *Bike park* également. Doc très complète à l'office de tourisme. *Pass journée pour les remontées mécaniques : env 25 €.* L'événement incontournable : *Mountain of Hell* 3-4 jours, fin juin-début juillet.

– ***Sports divers d'été :*** pour l'alpinisme, initiation et découverte de la haute montagne, via ferrata. Sports en eaux vives : rafting, canoë. Mais aussi luge d'été, golf, skatepark, piscine chauffée, tennis, etc.

Balades et randonnées : se procurer, pour 6 €, le guide *L'Oisans au bout des pieds* à l'un des offices de tourisme. Vous y découvrirez plus de 20 balades, de 30 mn à 4h.

Randonnées « contemplatives » : accès aux superbes points de vue, entre 3 200 et 3 425 m, grâce à la télécabine et au funiculaire. Possibilité d'acheter un *pass* piéton.

Manifestation

– ***Les Lumières de la Muzelle :*** *3e w-e de janv.* Trail blanc (10, 21 et 42 km) en nocturne.

LA VALLÉE DU VÉNÉON ET LE PARC NATIONAL DES ÉCRINS

Carte Isère, D4

Des 6 vallées de l'Oisans, c'est celle qui permet de tutoyer les plus hauts sommets. Avec de rares villages et hameaux en cours de route et un potentiel incroyable de randonnées de tous niveaux. Longue de 25 km environ, la route, particulièrement étroite en certains endroits, est en partie fermée l'hiver. Tout au fond, *La Bérarde,* une des portes d'entrée du *Parc national des Écrins.*

LE PARC NATIONAL DES ÉCRINS

C'est en Oisans qu'a été créé le tout premier Parc national français, en 1913, autour de la Bérarde, devenu en 1973, le plus grand parc de France, le plus élevé aussi, avec la barre des Écrins (4 102 m), la Meije (3 983 m), Ailefroide (3 953 m) et le Coolidge (3 775 m). C'est également le plus bel ensemble glaciaire de France, avec 12 000 ha de glaciers. Avec 2 500 espèces végétales, il regroupe la moitié

de la flore française, parmi laquelle on trouve quelques plantes rares comme les androsaces, woodsia du Nord (fougère boréale) et myosotis nain.
Si l'ours et le grand tétras n'ont pas survécu à la déforestation massive, le Parc national est en revanche peuplé de chamois, aigles royaux, perdrix bartavelles, lagopèdes, marmottes, hermines, grenouilles rousses, tritons alpestres... Le loup y a fait son retour et le bouquetin, réintroduit, semble se plaire dans le Champsaur (voir le chapitre sur le Parc national des Écrins dans la partie « Les Hautes-Alpes »).

Adresse et info utiles

Direction du Parc national des Écrins : *domaine de Charance, 05000 Gap. ☎ 04-92-40-20-10. • ecrins-parcnational.fr* • Pour tout renseignement concernant le parc. Calendrier des « sorties de découverte », régulièrement organisées, été comme hiver. Et toutes les infos nécessaires pour partir à l'assaut des sommets...

Cars Transisère : *☎ 04-26-16-38-38 (appel gratuit). • transisere.fr* • La ligne nº 3030 relie Grenoble, Le Bourg-d'Oisans, Les 2-Alpes et Venosc. Pour La Bérarde, ligne 3040.

VENOSC *(38520)*

Tout à fait charmant : à côté de chalets tout neufs et bien léchés, de vénérables demeures anciennes aux balcons usés, aux façades de pierre lézardées avec leurs tas de bois accrochés aux murs. Ruelles étroites caillouteuses ou durement empierrées abritent des boutiques d'artisanat (d'où un côté un peu touristique, inévitablement). L'église présente un beau clocher gothique du XIVe s, avec baies géminées et flèche en pierre. À l'intérieur, remarquable retable baroque du XVIIe s en bois doré, avec statues polychromes. Aux murs, chasubles anciennes. De Venosc, on peut gagner Les 2-Alpes en télécabine, qui fonctionne été comme hiver.

Adresse utile

Office de tourisme : *La Condamine. ☎ 04-76-80-06-82 ou 04-76-79-22-00. • venosc.com • En bas du village, à côté de la télécabine. Tlj sauf intersaison.* Organise des visites guidées (2h environ) du village et de ses environs.

Où dormir ? Où manger ?

Campings

La Cascade : *L'Alleau. ☎ 04-76-11-09-75. • info@camping-cascade.com • camping-cascade.com • À env 2 km au sud-est du village (fléché). Ouv de Pâques à mi-oct (tte l'année pour les loc). Forfait pour 2 pers 15,10 €, 10 % de réduc sur présentation de ce guide. Loc de chalets, tipis et Tentabois (entre le chalet et la tente). Douches chaudes payantes. 39 empl.* Petit camping familial, dans un joli coin très nature, entre montagne et torrent. Bien tranquille, et ce ne sont pas les biquettes qui broutent dans le champ mitoyen qui font beaucoup de bruit.

Camping-caravaneige Le Champ du Moulin : *122, rue du Grand-Pré, Le Bourg-d'Arud. ☎ 04-76-80-07-38. • campingchampdumoulin@orange.fr • champ-du-moulin.com • À 1,5 km au sud-est du village (fléché). Ouv de mi-déc à fin avr et de fin mai à début-sept. Forfait pour 2, env 22-27,50 €. Loc de mobile homes, chalets et bungalows toilés. 84 empl.* Camping familial ensoleillé, mais aussi ombragé, et bien équipé, au bord du Vénéon, un vrai torrent de montagne. Multiples activités à proximité (piscine municipale découverte avec toboggan aquatique et tennis à 50 m, rafting, parapente, etc.).

Le restaurant propose une cuisine avec des produits bio locaux. Épicerie.

De prix moyens à chic

Hôtel Château de la Muzelle : *946, route du Bourg, Le Bourg-d'Arud. ☎ 04-76-80-06-71. • contact@chateaudelamuzelle.com • chateaudelamuzelle.com • (resto). En contrebas du village, sur la D 530. Resto tlj sauf mer midi hors saison. Fermé de mi-sept à fin mai. Doubles 95-122 €. Carte env 39 €.* Il règne une atmosphère surannée, très pension de famille, dans cette ancienne gentilhommière du XVIIe s, où l'aigle royal empaillé dans l'escalier en bois veille sur les hôtes. Chambres classiques, avec leurs murs enduits de crépi blanc et leurs rideaux à grosses fleurs (mais en cours de rénovation...). Petit déj et repas pris dans une salle au décor *british*, agrémentée d'illustrations de fleurs des montagnes. Parc agréable à l'arrière. Fait aussi resto, mais on vous indique l'adresse plutôt pour l'hébergement.

Le Cours de la Vie : *30, rue de la Montagne, Le Courtil. ☎ 04-76-80-62-65. • lecoursdelavie@gmail.com • Dans la rue principale du village. Tlj sauf lun midi. Congés : de mi-sept à mi-déc et de fin avr à mi-juin. Plat du jour env 15 € ; menus 28 € et 35 € ; carte 35-40 €.* Ce bistrot-caviste a emprunté son nom à un chemin verdoyant, autrefois utilisé pour gagner l'église sans salir ses « habits du dimanche ». Sous de bonnes vieilles voûtes de pierre ou sur une terrasse tout bois, jolie cuisine d'ici ou d'ailleurs. Belle sélection de vins (nature surtout) au verre. Accueil chaleureusement décontracté.

Douces Gourmandises : *30, rue de la Montagne, Le Courtil. 06-41-83-78-27. • chaperonbrn1@gmail.com • Dans le village, juste en contrebas de l'église. Tlj en saison 11h-17h, sauf w-e jusqu'à 21h. Carte env 30 €. Café offert sur présentation de ce guide.* La salle, toute de bois clair, n'est pas bien grande, la terrasse et sa jolie vue non plus, ce qui n'empêche pas l'ensemble d'être agréable. Au menu, du simple, du frais, du local, du bio, pour caler les petites et grosses faims ou simplement pour faire une pause sucrée (jolies pâtisseries pour ne pas faire mentir l'enseigne).

Où dormir dans les environs ?

Refuge de la Muzelle : *☎ 04-76-79-02-01. • muzelle.a-venosc.com • À 4h de marche depuis le parking de l'Alleau (et ça grimpe : 1 200 m de dénivelée !). Tlj début juin-fin sept. Nuitée env 25 € ; loc de draps 4 €. ½ pens env 52 €/pers.* Possibilité de dormir tout là-haut (2 130 m) dans une maison de bois posée dans un site majestueux, au bord d'un petit lac qu'on partage avec d'impressionnants troupeaux de moutons.

À faire

L'Ardoisière : courte balade sur un sentier jalonné de panneaux explicatifs pour découvrir l'or noir de l'Oisans : l'ardoise, exploitée ici jusqu'au début des années 1970 et autrefois exportée un peu partout (certaines ardoises du massif coiffent les toits du château de Versailles). Vestiges de l'ancienne mine, passerelle himalayenne pour rejoindre la gare d'arrivée de la télébenne qui transportait autrefois les ardoises vers la vallée...

À voir. À faire dans les environs

Le lac de Lauvitel : l'une des randonnées incontournables du coin. Compter 3h depuis Venosc : 1h30 jusqu'au hameau de La Danchère (où vous pouvez également vous rendre en voiture) et 1h30 de montée jusqu'au lac avec 530 m de dénivelée. Là-haut, se dévoile, dans un cadre grandiose, le plus grand lac glaciaire des Écrins dont une partie est classée en réserve naturelle intégrale. Pour les randonneurs courageux (et expérimentés !), possibilité de rejoindre ensuite le lac de la Muzelle par le col du Vallon. Compter 4h pour arriver au refuge de la Muzelle (où l'on peut bien sûr dormir et manger, lire plus haut).

Fêtes

– ***Festivals d'arts de la rue :*** *en été.* Fêtes traditionnelles qui jalonnent l'été (marché des potiers, la fête du Bois, etc.). Des artisans exposent leurs créations : sculpture traditionnelle et monumentale, métiers du bois (scieurs de long, ébéniste, vannier...).

SAINT-CHRISTOPHE-EN-OISANS *(38520)*

À peine plus de 100 habitants, ce qui ne l'empêche pas d'être, en superficie, la plus grande commune du département de l'Isère ! Dans l'émouvant petit cimetière où il y a, sur les pierres tombales, presque autant de piolets que de croix, reposent plusieurs générations d'alpinistes célèbres, parmi lesquels les Rodier, les Turc, les Gaspard... Devant l'église, un petit monument est d'ailleurs dédié au Père Gaspard, vainqueur de la Meije en 1877.

Adresse utile

Office de tourisme : *au centre du village. ☎ 04-76-80-50-01. • berarde.com • Tlj, juin et sept 10h (9h30 juil-août)-12h30, 14h30-18h ; le reste de l'année, accueil téléphonique seulement.*

Où dormir ? Où manger ?

De bon marché à prix moyens

La Cordée : *la Ville. ☎ 04-76-79-52-37. 06-88-31-88-70. • marie-claude.turc@orange.fr • la-cordee.com • Au cœur du village. Ouv tte l'année. Doubles env 45-57 €. Nuitée en dortoir env 17 €/pers ; ½ pens 44-57 €/pers.* Une institution, dans la famille Turc (et dans le même décor...) depuis 1907. On s'y arrête pour le cadre resté hors du temps, l'atmosphère chaleureuse et les nombreuses animations culturelles : café littéraire avec beaucoup de bouquins sur la montagne à disposition, rencontres avec des auteurs, lectures, soirée contes et concerts gratuits (les jeudi d'été). À l'étage, quelques chambres d'hôtel fort simples. Et à côté, une vingtaine de places dans des dortoirs sommaires aménagés dans une ancienne grange qui abrite également un hammam *(payant).* Pour la ½ pension, produits du coin et cuisine familiale.

Gîte Les Arias : *Pré-Clôt. ☎ 04-76-79-27-41. 06-79-93-12-21. • infos@gitelesarias.fr • gitelesarias.fr • À env 3,5 km au nord-ouest de Saint-Christophe. Ouv juin-sept. Nuitée en dortoir 4-6 lits 25 € ; double 70 €, petit déj inclus. ½ pens env 48-55 €/pers.* Gîte d'étape dans une solide maison montagnarde bien tenue. Dortoirs avec salle de bains commune et chambres pour 2-3 personnes dotées de sanitaires privés. Terrasse. Départ des randonnées du Plat de la Selle et du Champhorent. Bon accueil.

Refuge de l'Alpe du Pin : *06-07-97-54-67. Hors saison : ☎ 04-76-79-52-37 (hôtel* La Cordée*). Accessible depuis le lieu-dit*

Les Granges (1h30) ou encore de Saint-Christophe (2h). Refuge gardé début juin-fin sept ; sur résa le w-e hors saison. Nuitée 17 €, draps non compris. ½ pens 46 €/pers. Dîner 20 €. CB refusées. Dominant, à 1 805 m d'altitude, la vallée du Haut-Vénéon, une petite maison en pierre construite dans les années 1940. Une vingtaine de couchages en dortoir. Sur place, restauration, boissons, pâtisseries et crêpes. Point de départ de courses d'alpinisme et du Tour gourmand (tour en rando liberté sur 5 jours ; infos à l'office de tourisme).

À voir

Le musée Mémoires d'alpinismes : *dans le même bâtiment que l'office de tourisme. ☎ 04-76-79-52-25. • musee-alpinisme.com • ♿ Juil-août, tlj 9h30-12h30, 14h30-18h ; juin et sept, tlj 10h-12h, 14h-18h ; autres vac scol (ttes zones), mar et jeu 14h-17h. Entrée : 3,50 € ; réduc ; gratuit moins de 13 ans.* Au rez-de-chaussée, une grande maquette fait les présentations avec les Écrins, les sommets de plus de 3 500 m, les refuges, le Parc national. Petite expo sur l'habitat et l'adaptation de l'homme au milieu ; et film d'une dizaine de minutes sur le coin. Ensuite, sur des voûtes de pierre, belle collection de photos anciennes des guides du Vénéon dont le fameux Gaspard de la Meije. Section qui évoque également les pionniers de l'alpinisme avec l'Anglais Whymper, l'Américain Coolidge... qui ont accumulé les premières dans les Écrins. Au 1er étage, la 1re salle présente les montagnes prestigieuses que sont la Meije et les Écrins, les grandes voies qui y ont été tracées (et leurs petites et grandes histoires dont celle du « piolet de Mummery »), la 2de dresse le portrait de plusieurs femmes alpinistes (d'Henriette d'Angeville, la « fiancée du Mont-Blanc » à Catherine Destivelle), raconte, matériel à l'appui, l'évolution des techniques d'escalade. Au 2e étage, expositions temporaires aux thèmes variés.

À faire

Nombreuses randonnées : 4 au départ du Plan-du-Lac et 8 au départ de Saint-Christophe (dont 4 à faire en famille). Se procurer l'indispensable *Guide des randonnées dans la vallée du Vénéon* (éditions du Parc national des Écrins-l'Oisans aux 6 vallées ; payant), ainsi que le topoguide (payant) des sentiers nº 5 Vénéon *(L'Oisans au bout des pieds).* Une carte avec le détail des randos possibles est également en vente dans les offices de tourisme et les commerces du Vénéon. Sinon, plein d'infos utiles sur les randos du coin sur le site *• rando.ecrins-parcnational.fr •*

– **Rafting, hydro, hot dog :** *avec* ***Vénéon Eaux Vives, Le Plan du Lac,*** *☎ 04-76-80-23-99. • rafting-veneon.com •*

– **Via ferrata :** 2 tronçons accessibles librement. Le premier au départ de *Vénéon Eaux Vives,* au pied de la montée vers Saint-Christophe (200 m environ de dénivelée, niveau moyen ; 2h30) ; le second un peu avant le *pont du Diable,* plus court et destiné à l'apprentissage pour petits et grands.

Balades avec un âne : *avec Provenc'ânes. 📱 06-66-19-04-47. • provencanes83.com • En été, balades initiations et formules à la ½ journée ou sur plusieurs j.* L'animal porte bagages et nourriture la journée. À vous de le bichonner le soir venu.

LA BÉRARDE (38520)

Terminus de la D 530, superbe route de montagne, dans un environnement minéral, en surplomb d'un torrent fougueux. Attention : la route est fermée 3 km après

Saint-Christophe de décembre à mars, selon l'enneigement. La « Mecque » de l'alpinisme en Oisans ! Quelques maisons disséminées dans ce fascinant cul-de-sac, un bout du monde entièrement déserté par ses habitants en hiver. Minuscule café-épicerie ouvert depuis bientôt 1 siècle (de juin à septembre). Départ de fort belles randonnées et courses dans le Parc national des Écrins. En revanche, ici plus encore que dans la vallée de la Vallouise (entrée sud des Écrins, voir le chapitre « les Hautes Alpes »), les plus hauts sommets sont cachés derrière les falaises. Marche d'approche de 40 mn pour apercevoir la barre des Écrins (les non-marcheurs redescendront jusqu'au hameau des *Étages* pour bénéficier du point de vue).

Adresses utiles

Office de tourisme : *à la maison de la montagne. ☎ 04-76-80-50-01. • berarde.com • Juin-sept, tlj 10h-12h30 (9h30 juil-août), 14h30-18h ; le reste de l'année, accueil téléphonique seulement.*

Bureau des guides du Vénéon : *partage le même bureau que l'office de tourisme. ☎ 04-76-79-54-83. • guidesberarde.com •* Stages et initiations en tout genre (escalade, alpinisme, randonnée glaciaire, etc.).

Où camper ?

Camping municipal de La Bérarde : *☎ 04-76-79-20-45. 06-08-70-59-70. • contact@camping-berarde.com • camping-berarde.com • 800 m avt le village ; accès par un pont de bois. Ouv juin-sept. Forfait pour 2 avec voiture, 20 € ; loc de tentes et de chalets 40-65 € selon saison ; 115 empl.* Vraiment tranquille, aux portes du village. Les emplacements s'étirent plaisamment le long de la rive gauche du torrent où poussent quelques bouleaux. Excellent accueil. Sanitaires impeccables dans de petits chalets de pierre très couleur locale.

Où dormir en refuge ?

S'il est un lieu où dormir en refuge prend tout son sens, c'est bien à La Bérarde. On a retenu ces refuges gardés de mi-juin à mi-septembre ainsi que certains week-ends et jours fériés en intersaison. Bien penser à réserver (y compris en juillet-août, car ils affichent souvent complet). Chiens interdits dans le parc. Dans tous les refuges cités ci-après, la nuitée (hors repas) est gratuite pour les moins de 8 ans et les prix réduits pour les moins de 18 ans et les membres du CAF. Tous conservent aussi une partie accessible hors saison, mais ils sont alors non gardés ; prévoir eau et réchaud pour préparer sa popote *(nuitée 8 €).*

Le Chatelleret *(altitude : 2 225 m) :* *☎ 04-76-79-08-27. • refugechatelleret.ffcam.fr • Env 2h de grimpe pas trop difficile par le vallon des Étançons. Ouv de mi-mars à début sept (seulement le w-e début juin et fin sept). Nuitée env 21 € ; 50 € en ½ pens. Possibilité de bivouac. CB refusées.* Une grande maison en pierre au pied de la face sud de la Meije. C'est ici même, dans cette belle vallée glaciaire au fascinant décor minéral, qu'a bivouaqué Pierre Gaspard avant de s'attaquer à ce sommet. Terrasse où profiter du paysage, du soleil et des... desserts maison. Du refuge, nombreuses possibilités de balades, notamment au printemps, à skis de randonnée.

Le Temple Écrins *(altitude : 2 410 m) :* *☎ 04-76-79-08-28 ou 06-86-01-52-49 (hors période de gardiennage). • refuge.temple.ecrins@orange.fr • temple-ecrins.com • Env 3h de montée (difficulté moyenne). Ouv de début-juin à mi-sept (le w-e début juin et 2de quinzaine de sept sur résa).*

Nuitée 25,30 €. Compter 55,30 €/pers en ½ pens. 2 grands dortoirs et un beau panorama au pied de la barre des Écrins. Randonnées au-dessus du refuge, avec chamois « à portée de main ». Cuisine préparée avec un maximum de produits locaux.

Le Promontoire *(altitude : 3 092 m) : ☎ 04-76-80-51-67 ou 06-19-70-13-35 (hors saison). ● refugedupromontoire.com ● delorme.sandrine@gmail.com ● Au départ du refuge du Chatelleret, compter 3h de montée supplémentaires (soit 5h depuis La Bérarde). Dénivelée totale env 1 400 m. Pour randonneurs confirmés, car l'accès nécessite soit le passage d'une arête rocheuse équipée d'un câble, soit la traversée du glacier des Étançons (équipement obligatoire dans les 2 cas !). Ouv de mi-mars à début mai et juin-début sept (mai et juin, le w-e sur résa). Nuitée 30 €. Dîner 26 €. Chauffage en sus.* Le vrai refuge de haute montagne, littéralement accroché aux rochers avec une trentaine de couchages répartis en 2 dortoirs. Point de départ pour les courses et autres grandes voies de la Meije. Ski de randonnée au printemps. Possibilité de restauration sur place en période de gardiennage.

Le Soreiller *(altitude : 2 730 m) : ☎ 04-76-79-08-32. ● soreiller.com ● Au départ du hameau des Étages ; compter 3-4h selon sentier. Ouv de juin à mi-oct. Nuitée env 21 € ; env 54 €/pers en ½ pens. CB refusées.* Situé au pied de la Dibona, domaine de prédilection des grimpeurs. Près de 80 places en dortoirs de 4 à 20 lits.

Quelques randonnées...

La haute vallée du Vénéon : *compter 6-7h pour effectuer la boucle. Pour bons randonneurs (quelques passages aériens...).* Belle balade en fond de vallée, le long de plusieurs torrents. Au retour, depuis le ***vallon du Chardon,*** superbe vue sur le magnifique glacier du même nom, la Meije et la face sud des Écrins.

La tête de la Maye : à 2 516 m. Difficile. Dénivelée de 800 m. Pour très bons randonneurs. Compter 2h30 de montée. Grimpette ici ou là un peu vertigineuse avec quelques câbles et autres marches métalliques. Le must en matière de panorama ! De là-haut, vue à 360° sur les Écrins, ***la Grande Aiguille de la Bérarde,*** Ailefroide et l'Oisans. Table d'orientation.

LA MATHEYSINE

À 950 m d'altitude, cerné par les montagnes et parsemé de lacs (naturels ou artificiels), le plateau matheysin est bordé par les gorges du Drac à l'ouest et au sud, par la vallée de la Romanche au nord et celle de la Roizonne à l'est. En son milieu, la fameuse route Napoléon (la D 1085, ancienne N 85) qui le traverse de part en part.

Pendant plus de 3 siècles, la Matheysine fut une terre minière. On y exploita le charbon jusqu'en 1997. De cette industrie, il ne reste plus aujourd'hui que 2 vestiges, mais quels vestiges : ***La Mine Image,*** **un très beau musée sur la mémoire de la mine et des mineurs, et le Petit Train de la Mure au superbe parcours, construit au XIXe s pour transporter le charbon.**

LES LACS DE LAFFREY (38220) *Cartes Isère (C3) et Trièves*

Chapelet de 4 lacs naturels, puisque issus du retrait du glacier de la Romanche. Du nord au sud, vous trouverez le lac Mort, le lac de Laffrey, le lac de

Petichet et enfin le lac de Pierre-Châtel. À la fois le plus grand et le mieux aménagé (plage de galets, activités nautiques, aires de jeux et de pique-nique, etc.), le grand lac de Laffrey offre en été une belle échappée à quelque 900 m d'altitude. Les lacs de Petichet et de Pierre-Châtel ont également leurs petites zones aménagées.

LA PRAIRIE DE LA RENCONTRE

Vous êtes là sur la route rendue célèbre par Napoléon Ier après son évasion de l'île d'Elbe en 1815. Débarqué à Golfe-Juan le 1er mars, ce dernier composa une petite armée afin de reconquérir Paris et la France entière. Sachant la vallée du Rhône fidèle au roi Louis XVIII, il décida de jouer l'effet de surprise en rejoignant Lyon par les mauvaises pistes enneigées des Alpes. Après 1 semaine de progression difficile dans le froid, il fut arrêté par les troupes du roi à hauteur du grand lac de Laffrey. S'avançant seul en direction des troupes adverses, il tenta alors son ultime chance en déclarant : « Soldats, je suis votre Empereur. Ne me reconnaissez-vous pas ? » Offrant sa poitrine nue, il poursuivit : « S'il en est un parmi vous qui veuille tuer son général, me voilà ! » En réponse, les soldats s'écrièrent en cœur : « Vive l'Empereur ! » La remontée sur Paris fut triomphale et l'Empereur retrouva le pouvoir pour les Cent-Jours. C'est à l'endroit précis de cette rencontre (le long de la D 1085, à l'entrée de Laffrey, sur le côté droit, en venant de La Mure) que trône encore en souvenir une ***statue équestre de Napoléon***.

Arriver – Quitter

Cars Transisère : *• carsisere.auvergnerhonealpes.fr •* 4-10 bus/j. relient Grenoble à La Mure, avec un arrêt à 5 mn à pied du lac de Laffrey.

Info utile

Plein d'infos sur les activités, les hébergements autour des lacs sur le site *• matheysine-tourisme.com •*

Où camper autour du lac ?

Campings

Camping Ser-Sirant : *Petichet, 38119* ***Saint-Théoffrey.*** *☎ 04-76-83-91-97. • info@campingsersirant.com • campingsersirant.fr • Ouv mai-sept. Empl 2 pers 20,50-48 € ; loc Coco Sweet, chalets ou mobile homes 4-7 pers. 85 empl.* Idéalement situé en bordure du lac, avec des emplacements calmes et ombragés qui descendent en pente douce vers les flots. Resto *(juin-août)* avec terrasse au bord d'une roselière dans laquelle se cachent foulques et poules d'eau. Base nautique à proximité et location de vélos électriques.

Camping Les Mouettes : *Les Théneaux, 38119* ***Saint-Théoffrey.*** *☎ 04-76-83-02-49. • campmouettes@yahoo.fr • camping-les-mouettes.fr • Entre les lacs de Petichet et de Pierre-Châtel. Ouv fin juin-août. Empl 2 pers 20-22 €. 50 empl.* Au bord du lac, un camping de taille modeste, confortable, calme et bien tenu.

À faire

Baignade et nautisme : plage de galets à l'extrémité nord du grand lac de Laffrey *(baignade autorisée, non surveillée).* Par ailleurs, d'autres plages herbues un peu moins fréquentées au sud du lac de Laffrey et au nord du lac de Petichet *(baignade autorisée, non surveillée).* Possibilité de baignade également en sous-bois, le long du sentier longeant la rive est du grand lac. Prévoir des chaussures de randonnée (terrain parfois boueux selon saison). Baignade interdite autour du lac de Pierre-Châtel.

– ***Club nautique :*** *38220* ***Cholonge.*** *☎ 04-76-83-08-35. • cncholonge.fr •* Optimist, catamaran, planches à voile, paddles et bateaux collectifs.

LA MURE

(38350) 4 990 hab. *Carte Isère, C4*

Importante ville carrefour régionale (depuis l'époque gallo-romaine) qui, historiquement, joua un rôle essentiel, surtout lors des guerres de Religion. D'abord place forte protestante, puis camp de base catholique, c'est avec le connétable de Lesdiguières que la population se rallia, en même temps que Grenoble, à Henri IV. En 1640, commença l'exploitation des gisements d'anthracite. Au XIXe s, les mines de charbon situées au nord de la ville contribuèrent beaucoup à l'industrialisation et à l'essor de la cité. Elles produisirent annuellement jusqu'à 300 000 t. Fermées en 1997, la nostalgie de l'ère minière aujourd'hui s'estompe, comme la grisaille des murs qui a longtemps caractérisé la ville.

LE MURÇON MATHEYSIN

Cette spécialité de La Mure est un saucisson à cuire à l'origine indéterminée : fut-elle introduite en Matheysine par les nombreux Polonais qui travaillaient dans les mines ? Ou vient-elle de la tradition locale, lorsqu'on tuait le cochon dans les fermes ? Ce qui lui donne son petit goût bien spécifique ? Le carvi cueilli en montagne dans lequel les morceaux de poitrine de porc et d'échine sont mis à mariner avec du sel, du poivre et du vin rouge.

Adresse et infos utiles

Bureau d'information touristique : *gare du Petit Train de La Mure (mai-oct) ; 43, rue du Breuil (reste de l'année). ☎ 04-76-81-05-71. • matheysine-tourisme.com • En saison, ouv tlj ; le reste de l'année, lun-ven.*

Cars Transisère : *• carsisere.auvergnerhonealpes.fr •* 4-10 liaisons/j. avec Grenoble. Également 1-2 bus/j. pour Gap.

– ***Grand marché :*** *lun mat.*

Où dormir dans le coin ?

Camping Le Savel : *lac de Monteynard, 38350* ***Mayres-Savel.*** *☎ 04-76-81-14-79. • contact@camping-savel.com • camping-savel.com • À 12 km au sud-ouest de La Mure. Ouv avr-oct. Empl 2 pers à partir de 16 € ; loc tentes safari, chalets et mobile homes 4-6 pers.* Ce grand camping très bien équipé et familial s'étire longuement sur la rive est du lac de Monteynard. Les locatifs s'étagent sur un terrain en terrasse, tandis que les emplacements de camping, plus ou moins spacieux, occupent soit le bord du lac, soit un joli espace plus aéré, plus boisé. Sur place, également, de mai à septembre, un bon resto : ***La Pergola*** *(repas env 25 €).*

Où manger ?

Le Melezein : *4, pl. Auguste-Perret. ☎ 04-76-30-88-14. • zaegel16@hotmail.com • Fermé lun tte l'année, plus mar hors saison. Résa conseillée. Formules et menus déj en sem 17-20 €, puis 32-39 € ; carte env 35 €.* Le classique de La Mure : les années passent et il demeure, le sourire du service aussi. Bonne cuisine, plutôt traditionnelle, avec notamment, au menu, deux indéboulonnables : la tourte muroise et le murçon. Terrasse au bord de la place (et du parking). Une affaire qui roule.

L'atelier des saveurs : *7, pl. de la Liberté. ☎ 04-56-56-26-12. • atelier@yahoo.com • Fermé dim soir-lun et le midi mar-sam. Résa conseillée. Menu déj env 20 € ; carte env 40 €.* Que du frais et du saisonnier pour une cuisine inspirée avec, comme son nom l'indique, une vraie recherche sur les saveurs et leurs associations. Cadre agréable, frais et apaisé.

Où dormir ? Où manger dans les environs ?

Domaine des Genevreys : *1225, rue Revoirette, Pellenfrey, 38350* ***Saint-Arey.*** *☎ 04-76-81-26-27. 06-30-81-87-30. • domainedesgenevreys@hotmail.fr • domainedesgenevreys.fr • À 7 km au sud-ouest de La Mure. Ouv mai-sept. Résa conseillée. Chalets 2-4 pers 400-550 €/sem. Petit déj 7 € ; dîner 21 €. CB refusées.* Perchés en pleine nature, dans un superbe site face au mont Aiguille, de petits chalets pour 2 à 6 personnes, tous avec kitchenette et terrasse. Piscine. Une adresse idéale pour les amoureux de sport et de nature. Accueil décontracté et chaleureux. Cuisine familiale à base de produits fermiers.

À voir

La vieille ville : sous la patine des ans, malgré le replâtrage de la ville après maints incendies, guerres et l'adjonction de demeures sans grâce, on devine, au long des ruelles, des vestiges d'architecture des siècles passés. Le bourg a en effet gardé sa structure fortifiée avec, au centre, un maillage de rues étroites. Dans l'axe principal de la vieille ville, on aime bien la Grand-Rue, son beffroi (bâtiment assez rare en Isère), et sa halle sur 30 colonnes constituées chacune d'un seul bloc de pierre, édifiée en 1843 à l'emplacement de celle accordée par le dauphin Jean II en 1309. Au 15, Grand-Rue, le pape Pie VI, en route pour Valence, séjourna en juillet 1799. Plus loin, au nº 43, Louis XIII et Richelieu, partis faire campagne en Italie, passèrent la nuit (en face de la halle).

Le Musée matheysin : *maison Caral, rue Colonel-Escallon. ☎ 04-76-30-98-15. • musee-matheysin.fr • Avr-sept, tlj sauf mar 14h-18h. Entrée : 1,50-2,30 € ; gratuit moins de 10 ans.*
Musée ethnographique installé dans la maison Caral : un hôtel particulier du XVIIIe s greffé sur une tour du XIIe s (il subsiste toujours une fenêtre de cette époque) joliment restaurée.
Une 1re partie est consacrée à l'archéologie du Néolithique, aux guerres de Religion et à l'épisode du siège de La Mure. Souvenirs de Napoléon revenant de l'île d'Elbe. Le musée évoque ensuite ***l'activité minière*** (sculpture de chevalement, lampes et outils de mineur, minerais, photos) et d'autres ***métiers régionaux*** : la ganterie, importante activité jusqu'à la fin des années 1950 ; les colporteurs, commerce hivernal des paysans pauvres qui quittaient les hautes vallées pendant plusieurs mois ; la clouterie, qui employa jusqu'à 400 personnes dans le coin. Liée à l'extraction du charbon, elle disparut à la fin du XIXe s.

Une 2e partie expose les artistes régionaux des XIXe et XXe s parmi lesquels Claude Garanjoud (1926-2005), peintre abstrait né à La Tronche. La visite s'achève par un hommage au compositeur Olivier Messiaen (1908-1992) qui avait une résidence d'été à Petichet, au bord du lac de Laffrey, où il venait se ressourcer et travailler en s'inspirant du chant des oiseaux.

Le Petit Train de La Mure : *36, bd Fréjus-Michon. ☎ 04-11-62-62-62. • lepetittraindelamure.com • Juil-août, tlj ; avr-juin et sept-oct, mer, ven-dim, vac scol zone A, j. fériés et ponts ; 4-6 départs/j. en hte saison. Possibilité de combiner avec un arrêt au musée de La Mine Image (départ vers 9h) ; compter env 3h A/R, et la journée si vous combinez avec la visite de la mine. Prix : env 25 € ; réduc, gratuit moins de 4 ans ; billet duo (avec musée de La Mine Image) : 29,50 € ; billets famille.* Ligne longue d'une quinzaine de km (elle en faisait 30 à l'origine et allait jusqu'à Saint-Georges-de-Commiers), inaugurée en 1888 pour transporter le charbon de La Mure. Sa construction fut un véritable exploit technique et nécessita l'édification de 12 viaducs (dont certains vertigineux et se superposant par endroits) ainsi que 18 tunnels. Elle fut, en 1903, la 1re ligne électrifiée en courant continu à haute tension au monde. Quelques années après la fermeture de la mine en 1988, le petit train entama une seconde vie en devenant un petit train à vocation touristique. En 2010, suite à un éboulement, son exploitation cessa, jusqu'en 2021, année de sa résurrection ! Certains passages sont particulièrement spectaculaires. En 50 mn, il vous emmène jusqu'au lac de Monteynard. Là, pause de 1h10 mn pour se promener jusqu'au belvédère et savourer la vue (ou 2h10 le midi, pour déjeuner), puis retour à la gare de La Mure.

DANS LES ENVIRONS DE LA MURE

Le musée souterrain La Mine Image : *route des Quatre-Galeries, 38770* ***La Motte-d'Aveillans.*** *☎ 04-76-30-68-74. • mine-image.com • À env 9 km au nord de La Mure. De juin à mi-sept, départs des visites guidées tlj à 11h, 14h, 15h et 16h, visites supplémentaires à 10h, 13h et 17h en juil-août ; mai et 2de quinzaine de sept ainsi que vac scol d'hiver, de printemps et de la Toussaint, tlj à 14h, 15h et 16h ; le reste de l'année, w-e seulement à 14h, 15h et 16h. Fermé en janv. Durée : 1h30. Entrée : 8,50 € ; réduc. Prévoir une petite laine (température des galeries : 13 °C).* Créée à l'époque de Napoléon Ier, la mine d'anthracite de La Motte-d'Aveillans ferma définitivement en 1956. Évocation du travail des enfants et des chevaux, techniques des boiseurs, passage du bois à la charpente métallique, reconstitution d'un éboulement, mise en marche des machines, casse-croûte du mineur, etc., le tout reconstitué dans d'authentiques galeries. Puis visite de la salle aux « trésors », de la lampisterie et de la « salle des pendus ». On découvre aussi les engins de l'exploitation moderne, dont le CT2005. L'ancien bâtiment des bains-douches présente la vie sociale des mineurs ainsi que des expositions temporaires. Visite vraiment instructive pour petits et grands. Devant les sorties de galeries, wagonnets rescapés de toutes sortes, qui semblent encore parler...

L'excursion classique du coin, c'est la ***pierre Percée,*** grande arche taillée dans le calcaire, une des « Sept Merveilles » du Dauphiné. Accès par la D 113 entre La Motte-d'Aveillans et Notre-Dame-de-Vaulx (fléché), puis sentier (piéton ou vélo) sur près de 2 km. De là-haut, intéressant panorama sur le plateau Matheysin, le mont Aiguille, le Dévoluy et les Écrins.

La route de la corniche du Drac : un itinéraire vraiment pittoresque. De La Motte-d'Aveillans, pour repartir vers La Mure, il est conseillé de suivre la D 116. Magnifiques points de vue sur le Trièves et les blanches falaises du Vercors. En raison de différents barrages, le Drac prend ici l'apparence d'un vrai lac. Quelques aires de pique-nique où se poser. À ***Mayres-Savel,*** beau clocher roman de l'église et ***base nautique de Savel Monteynard*** *(plage de Savel, 38350* ***Mayres-Savel.*** *• nautic-monteynard.com • Mai-sept, tlj ; loc paddles, catamarans et voiliers, etc.).*

– ***Saut à l'élastique au pont de Ponsonnas :*** *avec* ***Vertige Aventures,*** *☎ 04-76-47-42-80. • vertige38.com • À 4 km au sud de La Mure. Ouv d'avr à mi-nov ; résa indispensable au moins 15 j. au préalable. Compter env 100 € le saut.* Il s'agit là d'un des plus hauts sites de saut à l'élastique d'Europe (103 m de vide). Grand parking et snack-bar sur place.

LE VALBONNAIS

Carte Isère, C4

Accessible soit au départ de La Mure soit du Bourg-d'Oisans par le col d'Ornon (un détour particulièrement séduisant, sauvage et charmant avec tous ses champs cultivés et ses pommiers), le « val de Bonne » apparaît comme une vallée secrète, à l'écart des itinéraires touristiques classiques. Pourtant, la vallée constitue l'une des portes d'entrée du Parc national des Écrins.
De La Mure, on traverse d'abord Valbonnais et le joli village d'Entraigues (« entre les eaux »). Puis, à partir de La Chapelle-en-Valjouffrey, la route se scinde en 2 hautes vallées : tout droit, le Valjouffrey ; et sur la gauche, la vallée du Béranger qui débouche sur le Valsenestre. 2 vallées, mais également 2 hameaux du bout du monde nichés à quelque 1 300 m d'altitude. Bout du monde peut-être, dans un cadre enchanteur, c'est sûr...

DE VALBONNAIS À ENTRAIGUES *(38740)*

Ici, on est encore bien loin du tourisme de masse, et c'est tant mieux ! À la sortie de Valbonnais, noter l'élégant pont des Fayettes avec structure et chapiteau en bois, passage piéton sur le côté... c'est si rare ! Plan d'eau en contrebas du village avec baignade autorisée, pêche et base nautique (mai-oct, paddle, canoë-kayak, planche à voile). Un peu plus loin, Entraigues, avec sa fontaine.

Adresse et info utiles

– ***Infos touristiques sur le site :*** *• matheysine-tourisme.com •*

Maison du Parc national des Écrins et point d'information touristique : *12, pl. du Docteur-Eyraud, à* ***Entraigues.*** *☎ 04-76-30-20-61. • ecrins-parcnational.fr • Juil-août, tlj 10h-12h, 15h-18h.* Accueil, information, salle d'expositions temporaires, salle de lecture et vidéo-projection à la demande. Boutique avec les produits et ouvrages du Parc.

Où dormir à Valbonnais ?

Camping

Camping Au Valbonheur : *129, impasse du Lac. ☎ 04-76-30-21-28. • valbo-camp@orange.fr • auvalbonheur.fr • ♿ À 1 km du village, au bord du plan d'eau. Ouv mai-sept. Empl 2 pers 18-22,50 € ; loc tentes et cabanes 2 pers ; chalets et mobile homes 4-7 pers. 180 empl.* Un nom bien choisi, surtout en dehors de la très haute saison (la plage devient alors noire de monde). Site vraiment vaste, en grande partie ombragé par de beaux arbres et au bord du lac. Les mobile homes et les petits chalets bénéficient d'un cadre de choix. Resto-snack sur place.

LA VALLÉE DE VALJOUFFREY (38740)

La vie est rude dans cette haute vallée de tradition d'élevage. À *La Chalp,* au bord de la route, prenez le temps de vous arrêter à la ***scierie des Ségoins*** *(accès libre).* Aménagée en 1904 et joliment restaurée, elle a la particularité d'avoir une scie circulaire et une scie battante actionnées par une roue hydraulique.

En bout de vallée, *Le Désert,* hameau qui porte bien son nom. Seule une poignée de maisons sont habitées en permanence. Que cela ne vous empêche pas de mettre le cap à destination de la cascade de la Pisse (1h30), du refuge de Font-Turbat (3h) ainsi que des cols de Côte-Belle (3h) et de la Vaurze (4h) par le GR 54. Enfin, possibilité de rejoindre Valsenestre, petit village de pierre, par ce même sentier.

Où dormir ? Où manger dans le coin ?

Camping des Faures : *Les Faures, 38740* ***Valjouffrey.*** *☎ 04-56-56-21-84. • ladorefaures@gmail.com • campingdesfaures.fr • Sur la D 117, en direction du Désert. Ouv mai-sept. Empl 2 pers env 17 €.* Les mobile homes, chalet et autres hébergements locatifs vous donnent des boutons ? Votre truc, c'est le site de base en pleine nature ? Eh bien voilà, vous l'avez trouvé ! Magnifiquement situé, cerné par les montagnes, sur un vaste terrain tout en pelouse un peu folle et quelques arbres. Bloc sanitaire rustique. Bar et petit resto sous yourte proposant pizza et plat du jour, ainsi qu'une programmation culturelle en juillet-août.

Gîte d'étape Les Arias : *Le Désert, 38740* ***Valjouffrey.*** *☎ 04-76-83-38-83. • gitedesarias@gmail.com • Ouv de juin à mi-sept ; sur résa le reste de l'année. Nuitée env 20 € en dortoir 4 lits ou en chambre familiale (4 pers) ou double ; couette et draps fournis. ½ pens possible. Possibilité de bivouac (5 €/pers). Le midi, assiette env 15 € ; le soir, menu unique 22 €.* Dans ce bout du monde, on ne s'attend guère à trouver un gîte d'une telle qualité. Chapeau à la municipalité qui a misé sur une architecture bien actuelle, privilégiant le bois, notamment en façade. Intérieur lumineux et accueillant. Cuisine de tradition, mais on peut aussi y grignoter une pâtisserie faite maison à toute heure de la journée ou, si on loge sur place, profiter de la cuisine à disposition. Bel accueil.

Refuge de Font Turbat *(2 178 m) :* *☎ 09-88-77-33-01. • fontturbat.com • Accessible en 3h de marche (montée progressive) depuis Le Désert. Gardé de mi-juin à mi-sept. Nuitée en dortoir (6 à 15 lits) 19,50 €/pers, petit déj 10 € ; dîner : 22 €.* Perché à 2 178 m, dans le Parc national des Écrins, ce refuge se situe au pied de la face nord de l'Olan, paroi verticale de 1 100 m bien connue des alpinistes. Outre sa belle situation, ce refuge se distingue par sa table : du simple, du frais, du gourmand. Et puis aussi par ses nombreuses animations : concerts, soirées contes, gastronomiques, ses rencontres littéraires, projections de cinéma documentaire. Résultat : c'est aussi un lieu de rendez-vous pour les gens de la vallée !

CORPS

(38970) 480 hab. *Carte Isère, C4*

Cette petite ville-étape est la porte d'entrée ou de sortie de l'Isère. Quelques kilomètres de plus sur la route Napoléon et vous voilà dans les Hautes-Alpes. C'est aussi le camp de base du pèlerinage de La Salette.

En vous promenant dans son tout petit centre médiéval, vous croiserez ça et là des représentations d'aigles ou d'ours au sol ainsi que de belles balustrades en fer forgé ornées du symbole napoléonien, une manière pour la municipalité de marquer le passage du fugitif de l'île d'Elbe sur ses terres.

Adresse et infos utiles

Maison du tourisme : *Grand-Rue. ☎ 04-76-30-03-85. • villedecorps.fr • En contrebas de l'église. Tte l'année, lun-ven et sam mat.*

Bus : 3-4 bus/j. pour Grenoble et 1-2 pour Gap avec *Transisère (• https://carsisere.auvergnerhonealpes.fr/ •).* De juil à mi-sept, bus pour La Salette (1 A/R par j.).

– **Petit marché :** *jeu mat.*

Où dormir ? Où manger ?

Hôtel de la Poste : *route Napoléon. ☎ 04-76-30-00-03. • contact@hotel-poste-corps.com • hotel-poste-corps.com • (resto). Tlj en été. Congés : en janv et en nov. Doubles 83-147 €. Possibilité de ½ pens. Menus déj en sem 20,50 €, puis 24-54 €. Parking privé 8 €.* Le temps semble suspendu dans les chambres confortables de cet ancien relais de poste avec les tapisseries fleuries, les meubles anciens. Ce qui pourrait presque sembler un peu kitsch dégage en réalité une atmosphère particulière. Fait aussi resto. Terrasse fleurie (mais bruyante) au bord de la route, prise d'assaut aux beaux jours.

Où dormir ? Où manger dans les environs ?

Camping

Camping du Lac : *lac du Sautet, Sous les Chenêts, 38970 Corps. ☎ 04-76-30-00-97. • nath.zantanaro@orange.fr • campingdusautet.fr • À 4 km à l'ouest de Corps, direction Mens. Ouv mai-sept. Empl 2 pers 22,50 € ; loc tentes trappeur et chalets 5 pers. 40 empl.* Hormis en plein été où le site est bien rempli, ce petit camping a tout pour séduire avec ses emplacements tente en grande partie sous les arbres, au bord du lac. Les chalets et tentes trappeur sont plutôt joliment disposés sur le versant, en terrasses. Bassin pour enfants et accès direct au lac. Base nautique à proximité (location de bateaux électriques, canoës et plage surveillée de mi-juillet à mi-août).

De bon marché à prix moyens

Boustigue Hôtel : *route de La Salette. ☎ 04-76-30-07-07. • boustigue@orange.fr • hotelboustigue.com • À 4 km de Corps, par la route menant à Notre-Dame de La Salette. Ouv de mi-avr à mi-oct. Doubles 70-72 €. Menus 23-35 €.* Complètement isolée sur un plateau, à 1 200 m d'altitude, une grande maison dont le calme et le panorama constituent incontestablement les 2 atouts majeurs. Si la déco vous renvoie quelques décennies en arrière, les lieux sont propres et l'accueil charmant. Essayer d'avoir une chambre dotée d'un balcon. Piscine et sauna. Table d'orientation en surplomb de Corps, face au lac du Sautet et à l'Obiou. Pour la petite histoire, sachez que, jusqu'en 1962, on accédait à l'hôtel à l'aide d'un treuil (toujours en place d'ailleurs).

La Guinguette du Lac : *camping du lac du Sautet, Sous les Chenêts, 38970 Corps. 06-51-07-89-07. • info.laguinguettedulac@gmail.com • En saison, tlj sauf lun soir et mar (en continu le w-e). Repas 20-25 €.* Rien de renversant à première vue, le menu tient sur un set de table en papier : belles pizzas, burgers retravaillés, salades, viandes et grillades. Mais du bon, que l'on mange dans une ambiance de vacances, sur la terrasse en surplomb du lac, avec, en bruit de fond, les cris des enfants qui jouent dans la piscine et son toboggan. Très bien aussi en journée pour soigner une petite faim, s'offrir une gourmandise (gaufres, crêpes) ou pour boire un bon café ou un verre quand sonne l'heure de l'apéro.

À voir

Le vieux village : faire une balade dans les ruelles anciennes où subsistent quelques vénérables demeures. Plan et départ de plusieurs itinéraires découvertes en face de la Maison du tourisme. *Rue de l'Hôpital,* des fenêtres à meneaux. *Rue Marchande,* maison à tourelle et fenêtre à accolade. *Place Grenette,* un grand passage voûté, sûrement une ancienne écurie. À noter, la *rue Passe-Vite,* à cause du vent glacial qui s'y engouffre l'hiver. Et la *rue du Four* en face, pour s'y réchauffer peut-être ! Les maisons les plus anciennes sont *rue de la Voirie,* à l'appareillage de pierre très rudimentaire. Passage avec arches.

La distillerie La Salettina : *rue du Four. ☎ 04-76-30-05-02. • salettina.com • Visite avr-oct, tlj 10h-12h30, 15h-18h30 (18h oct) ; nov-mars, jeu 10h-12h30 et sam 10h-12h30, 15h-18h. GRATUIT.* C'est la maison natale de Maximin Giraud, l'un des 2 enfants à qui la Vierge apparut en 1846. Caveau voûté et rustique, comme la belle maison médiévale qui l'abrite. Alcools régionaux à base de plantes.

La maison natale de Mélanie Calvat : *rue de la Côte. • melaniecalvat.org • En principe, tlj 9h-18h. GRATUIT.* La maison de la petite bergère qui vit la Vierge ce 19 septembre 1846 se visite, elle aussi.

L'ISÈRE

Fête et manifestations

– ***Fête de la Transhumance :*** *1 j. début juin.* Rencontre avec les bergers et leurs troupeaux. Différentes animations de 18h à 22h.
– ***Les Nuits musicales :*** *août.* Concerts classiques (payants).
– ***Fête du lac :*** *15 août, animations nautiques au bord du lac.*

DANS LES ENVIRONS DE CORPS

Le sanctuaire Notre-Dame de La Salette : *☎ 04-76-30-00-11. • lasalette.cef.fr • À env 15 km de Corps, perché à 1 800 m d'altitude. La route pour y grimper est splendide et le panorama somptueux ! Mais en hiver, en cas de forte neige, elle peut devenir impraticable. Plate-forme pour caravanes et camping-cars 1 km avt le terminus des voitures. Fermé nov-mars. Point info à l'entrée du site. Possibilité de visite guidée et gratuite.*
2e pèlerinage marial de France après Lourdes (près de 200 000 visiteurs par an, dit-on) depuis que Mélanie Calvat et Maximin Giraud, qui gardaient leurs troupeaux de vaches sur un alpage de La Salette, virent la Vierge, un certain 19 septembre 1846. Selon Mélanie Calvat, la Vierge leur aurait annoncé que « la société (était) à la veille des fléaux les plus terribles et des grands événements ; on (devait) s'attendre à être gouverné par une verge de fer et à boire le calice de la colère de Dieu ».
5 ans après cette apparition, l'Église jugea que le témoignage portait « tous les caractères de la vérité et que les fidèles sont fondés à la croire indubitable et certaine »... Rapidement, les pèlerins affluèrent de toute l'Europe. Huysmans, Claudel, Mauriac furent de ceux-là. Les pratiquants d'aujourd'hui pourront prendre part à l'une des messes quotidiennes dans la basilique de style néoroman ainsi qu'à la procession du soir (retraite aux flambeaux tous les soirs de début juin à mi-septembre). Ils trouveront également un petit musée *(GRATUIT)* dans la basilique à droite en entrant (demander à ce qu'on l'ouvre s'il est fermé). Enfin, à l'intention des pèlerins, hôtellerie de 680 lits et resto.

Du *mont Planeau,* vaste panorama. D'autres ***balades*** sont aussi possibles là-haut : le *mont Gargas* (2 207 m), qu'on atteint en 1h environ. Table d'orientation.

Très belle vue sur Belledonne, les Rousses, le massif des Écrins-Pelvoux. Le *col d'Hurtières* est à une quarantaine de minutes (1 825 m). Possibilité de regagner Entraigues depuis le col.

Le lac du Sautet : *à env 3 km de Corps en direction de Mens.* Lac de barrage qui fut construit de 1927 à 1933. Au niveau du barrage situé à 4 km environ de Corps (126 m de hauteur !), parcours pédestre de découverte (adapté aux personnes à mobilité réduite), et *via ferrata (loc kit complet à la base nautique, env 16 €).*
– ***La base nautique :*** *à env 4 km du village (en direction de Mens) et à 1,5 km du barrage. ☎ 07-88-55-05-54. Ouv de mi-juin à mi-sept.* Baignade surveillée gratuite de mi-juil à mi-août tous les après-midis ; location de kayak, toboggan, pataugeoire, bateaux à voile, paddles et vélo électrique.

La maison du Patrimoine : *Les Payas, 38970* ***Pellafol.*** *☎ 06-08-30-10-39. À env 6 km au sud-ouest de Corps. Juil-août, mer, w-e et j. fériés 15h-19h ; avr-juin et sept-oct, sur résa. Fermé nov-mars. Entrée : 3 € ; réduc.* Un intéressant petit musée ethnographique. Présentation des outils, instruments agraires, objets domestiques du temps passé, reportage sur le DC 4 qui s'écrasa en 1950 sur l'Obiou. Photos anciennes, etc. Émouvante, la reconstitution de la salle de classe de campagne. Exposition à thème et vidéo.
– En sortant du village, ne pas manquer d'aller jeter un œil, à moins de 1 km, sur le pittoresque « vieux Pellafol ».

Les sources des Gillardes : *à env 12 km au sud de Corps ; départ du parking des Gillardes, à* ***Monestier-d'Ambel.*** La balade est belle, facile (boucle 1h30) sur un terrain plat. Elle longe la Souloise pour vous amener jusqu'aux mystérieuses sources des Gillardes, une résurgence (soit un endroit où réapparaissent des sources souterraines), dont le débit peut monter à 50 m³/s, ce qui en fait la 2e résurgence de France (après la fontaine de Vaucluse). Pour le retour, on peut agrandir la boucle (2h30 à la place de 1h30) en optant pour la variante qui permet de découvrir ***le canyon de l'Infernet.***

LE TRIÈVES

• Carte *p. 145*

La neige là-haut, les alpages plus bas. Comme des émeraudes qui surgissent des pointes de diamant du Dévoluy et du Grand Ferrand au sud. À l'ouest, la silhouette si caractéristique du plateau du Vercors et du mont Aiguille. Et, au pied de cet écrin en forme de demi-cercle, le tapis à damiers, si vert et si blond, des blés et des regains. Et, posés sur le tapis, tous les roux, tous les ocres, tous les lilas, tous les lie-de-vin des toits en arêtes, chefs-d'œuvre cubistes des villages... L'arrogante D 1075 qui balafre cette terre paisible ne traverse aucun de ces bourgs. Cornillon-en-Trièves, Le Percy, Lalley-en-Trièves, les hameaux de Tréminis, Saint-Baudille-et-Pipet... Malins, ils se cachent, les bougres, derrière la moindre colline ou au sommet de certaines d'entre elles.
Le Trièves. Le commencement et la fin de 2 mondes. Le bout du Nord et le début du Midi. Ici, le chant des verdiers et là-bas, le chant des cigales. Avec déjà le fantôme de Giono. Superbe Trièves.

Infos utiles

– ***La route des Savoir-Faire du Trièves :*** un itinéraire pour découvrir les artisans, producteurs et sites culturels du Trièves. Visites de fermes,

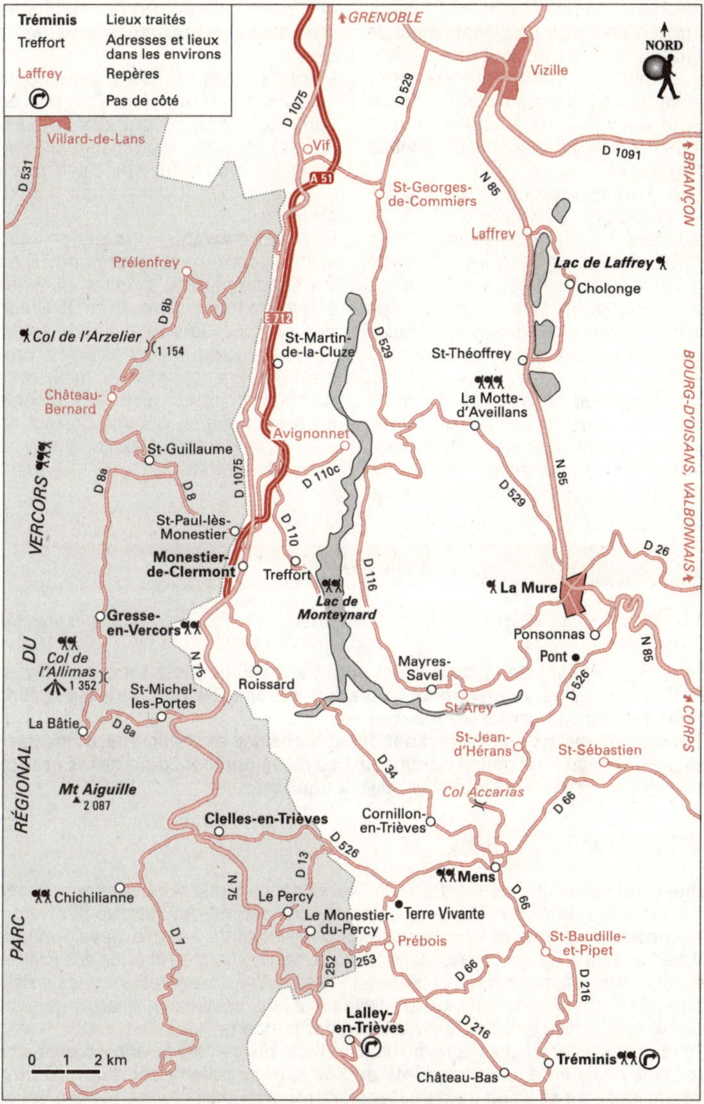

LE TRIÈVES

d'ateliers, démonstration de travail, dégustation de produits, découverte de l'histoire du territoire, de ses artistes, etc. *Rens dans les offices de tourisme et sur : • savoirfairetrieves.fr •*

– ***Le Trièves à vélo :*** carte gratuite disponible dans les offices de tourisme proposant 12 itinéraires pour explorer ce beau territoire à la force du mollet et s'en imprégner pleinement.

On a beau ne pas être en haute montagne, on ne vous cachera pas que le terrain n'est pas de tout repos. Heureusement, la fée électricité veille désormais sur les mollets moins endurants et l'office de tourisme pourra vous indiquer où louer les bicyclettes magiques !

– ***Le Trièves sans voiture :*** envie de vacances « décarbonées » ? La brochure *Écotourisme, séjours sans voiture* distribuée dans les offices de tourisme vous donnent plein de bonnes idées et conseils pour un séjour dans le Trièves sans votre petite (ou grosse) automobile. *Rens : • trieves-vercors.fr/ecotourisme/ •*

– ***Le Trièves à cheval :*** comment ne pas vous conseiller la visite du Trièves au rythme lent d'un canasson ? Point de guide ni de brochure cette fois-ci, mais toujours les offices de tourisme qui vous indiqueront les différents prestataires proposant des sorties à cheval.

– Bon, si vous ne l'avez pas encore compris, **l'écotourisme n'est pas un vain mot dans ce fameux Trièves.** Pas un effet de mode mais plutôt un mode de vie qui existait bien avant que le concept marketing ne se répande.

Et pour compléter votre panoplie du visiteur curieux et gourmand, il ne vous reste plus qu'à retirer, dans les offices de tourisme toujours, le ***Guide des produits locaux*** qui recense les nombreux producteurs (viandes, produits laitiers, confitures, miel, etc.) de ce territoire qui reste très agricole (et bio) même si, comme partout en France, le nombre d'exploitations ne cesse de diminuer.

MENS (38710) 1 390 hab. *Carte Isère, C4*

Sous l'œil vigilant de l'Obiou, c'est la petite capitale historique du Trièves. Toutes les routes y convergent. À pied, quel régal de parcourir les ruelles piétonnes de son centre plein de cachet.

Symbole de ce Trièves, espace naturel et humanisé exceptionnel, Mens (prononcer « Mince ») se définit comme un lieu de séjour idéal pour celles et ceux qui savent percevoir et jouir des milieux équilibrés.

UN PEU D'HISTOIRE

Située sur l'ancienne voie romaine de Die à Briançon, son nom viendrait du latin *mansio* (« lieu de séjour, étape »), et son marché est, dit-on, autorisé par Néron. Au Moyen Âge, le sens communautaire des habitants est très développé. Ils obtiennent du seigneur et des dauphins un certain nombre de chartes des libertés et franchises. Plus tard, Mens adhère à la Réforme et, durant les guerres de Religion (1562-1598), le connétable de Lesdiguières y installe son quartier général. En 1628, Richelieu ordonne la destruction des remparts.

Pendant 2 siècles, malgré la révocation de l'édit de Nantes, ***la ville connaît une certaine prospérité jusqu'au milieu du XIXe s, principalement grâce à l'industrie du chanvre et du lin*** (toile de Mens très réputée). Aujourd'hui, Mens a trouvé dans la mise en valeur de son unité, de son charme, de ses activités associatives, artisanales et culturelles, un dynamisme réjouissant.

Adresses et infos utiles

i *Point information touristique de Mens :* *rue du Breuil. ☎ 04-82-62-63-50. • trieves-vercors.fr • Juil-août, tlj ; avr-mai et juin-sept, fermé dim-lun. Bureau fermé hors saison, mais accueil téléphonique assuré tte l'année.*

Bus Transisère : *• carsisere.auvergnerhonealpes.fr • itinisere.fr •* Env 2 bus/j. sauf dim pour La Mure (lignes T94) et Grenoble (lignes T95 ou T90 depuis La Mure).

Gare SNCF de Clelles-Mens : *à* ***Clelles-en-Trièves,*** *à 15 km de Mens. • sncf-connect.com •* 5-8 trains/j. pour Grenoble et Gap.

Taxis : ***Taxi Bouzac*** *(06-85-69-10-20),* ***Taxi Dubourdeau*** *(☎ 04-76-34-68-76),* ***Taxi Johann Pige*** *(06-44-29-85-55).*

– ***Marchés :*** *pl. de la Halle, sam mat. En été, mer mat, pl. de la Mairie, marché de producteurs et d'artisans locaux.*

L'ISÈRE

Où dormir ? Où manger ? Où boire un verre ?

Camping

Camping du Pré Rolland : *pl. Richard-Wilm. ☎ 04-76-34-65-80. 06-47-00-68-93. • contact@prerolland.fr • camping-prerolland.fr • À 500 m du centre. Ouv de mi-avr à début nov. Empl 2 pers 16,10-25 € ; loc tente mi-bois, mi-toile, mobile homes et chalets 2-6 pers. 90 empl.* Camping convivial, ombragé par de beaux arbres. Les haies qui bordent les emplacements procurent une certaine intimité. Piscine municipale juste à côté *(accès gratuit pour les clients du camping)* et location de vélos électriques.

Bon marché

Max'So : *11, pl. Paul-Brachet. ☎ 04-76-34-48-40. Tlj 6h45-18h30. Repas 13-18 €* « Oh qu'ils sont beaux ces gâteaux ! » s'exclame-t-on en entrant dans ce joli salon de thé à la vue des pâtisseries aguicheuses derrière le comptoir vitré. « Et qu'ils sont bons ! » pense-t-on en les savourant ! Et il en va de même des viennoiseries, des sandwichs, des petits plats du jour, des glaces et du café. Alors que ce soit pour le petit déj, le déjeuner, un café ou le goûter, on vient et on revient au *Max'So,* dans la petite salle apprêtée aux lustres imposants (même les toilettes méritent le coup d'œil) ou en terrasse, sur la place.

Café des Sports : *49, rue du Breuil. ☎ 04-76-34-20-27. De mi-juil à mi-août, tlj ; le reste de l'année, fermé dim-lun. Resto le midi en sem seulement. Formules déj 16-19,50 €.* Dans une déco où les grands miroirs alternent avec des murs rougeoyants et illustrés, un vrai lieu de convivialité dans la ville. Outre la bonne ambiance, on y mange très bien le midi, avec de belles assiettes composées. Que du frais, à base de produits de saison et locaux, mais préparés de façon à vous emmener ailleurs.

Le Café des Arts : *41, bd Édouard-Arnaud. ☎ 04-76-34-68-16. Juil-août, tlj midi et soir ; le reste de l'année, fermé mar et le soir sauf ven-sam. Congés : 2 sem en janv. Menus déj en sem 15,50 € ; carte 20-25 €.* Café classé à l'inventaire des Monuments historiques. Jean Giono en parle sous le nom de « Café des Amis » dans *Le Triomphe des amis.* En 1896, un peintre picard, Gustave Riquet, orna le plafond de belles fresques allégoriques. Sur les murs, il décrivit des scènes de la vie agricole et des paysages. Ensemble délicat et charmant. Plats réalisés à partir du panier du marché, au fil des saisons.

ACHATS

La fabrique du Trièves : *67, rue du Breuil. ☎ 04-56-55-20-59. Ouv mer-sam.* Les produits d'une quarantaine d'artisans et producteurs du Trièves sont réunis dans cette belle boutique : tisanes, sirop, pulls, céramiques, cosmétiques et on en passe !

Au Petit Marché : *pl. de la Mairie. ☎ 04-76-34-67-61. Tlj sauf lun.* Un mini primeur-magasin d'alimentation qui propose un bon choix de produits locaux... reste plus qu'à se faufiler entre les 2 étroites allées !

La Bouffette (pâtisserie Perrier) : *pl. de la Mairie. ☎ 04-76-34-63-24. Tlj sauf lun.* Le seul endroit où trouver des « bouffettes », genre de petites génoises très sucrées, entre crème fouettée et guimauve, dont la recette fut inventée en 1870 (c'est un modèle déposé !).

Le Domaine des Hautes Glaces : *Le Prieuré, 38710* ***Cornillon-en-Trièves.*** *☎ 09-50-29-92-77. • hautesglaces.com • À 7 km au nord-ouest de Mens. Tlj sauf dim-lun 9h-12h, 14h-17h. Juin-sept, visite guidée avec dégustation (15 €) à 11h, 14h et 16h.* Voilà qui n'est pas banal : un producteur de whisky dans le Trièves ! D'autant que celui-ci cultive et transforme ses propres céréales bio. À l'arrivée, 2 types de boisson : le whisky à base d'orge, comme en Écosse, et les rye whiskies à base de seigle, comme en Amérique du Nord. Outre l'intérêt des nectars qui, avec les années, gagnent en rondeur, l'endroit mérite la visite, rien que pour le cadre, magnifique.

À voir

Le village : *visites guidées du village, proposées par les Amis du musée du Trièves, juil-août, mar et jeu. 1 € ; gratuit moins de 12 ans. Rdv au Point Information Touristique.* Balade le nez en l'air pour saisir quelques détails architecturaux typiques du coin. Beaucoup de maisons furent construites après 1692 (date du dernier grand incendie). Les toits comportent plusieurs rangs de « génoises » en tuiles retournées et des greniers de grandes dimensions. Le fourrage y était monté à l'aide d'une poulie, appelée « tillore », fixée aux poutres de l'« engrangeou ». Le long des rues et des ruelles, vous découvrirez de belles *portes* en noyer décorées de clous forgés. En particulier, celle de l'une des plus vieilles demeures du village, dite « maison de l'ancien hospice ».
Le *temple* fut construit sur l'ancien quartier général du connétable de Lesdiguières. Façade d'origine. Son clocher servait de tour de guet. Porte d'entrée provenant de l'ancienne forteresse, ainsi que les fenêtres du 1er étage. Chaire du XVIIe s. La *halle* fut reconstruite en 1841. Sur la place, l'une des 3 *fontaines* de la ville, qui datent toutes du début du XIXe s et comportent de 8 à 12 côtés. L'*église* date du XIe s (clocher roman), mais fut largement remaniée au cours des siècles, notamment au XIXe s. Sur le mur sud, cadran solaire avec cette devise : *Pereunt Sed Imputantur* (« Elles passent, mais elles comptent »).

Le musée du Trièves : *59, pl. de la Halle. ☎ 04-76-34-88-28. • museedutrieves.fr • ♿ Mai-sept, tlj sauf lun 15h-18h ; avr et oct-nov, w-e 14h-17h et tlj sauf lun 14h-17h pdt les vac scol de l'académie de Grenoble. Fermé déc-mars. Entrée : 2,30 € ; réduc ; gratuit moins de 18 ans. Visite guidée jeu à 16h en juil-août.* Musée de terroir qui retrace l'histoire des hommes et donne toute la place au fait religieux, au patrimoine, à la vie villageoise et aux artistes du pays. Muséographie volontairement dépouillée. Au rez-de-chaussée, quelques panneaux très synthétiques pour cerner la réalité de cette microrégion. Au 1er étage, histoire du Trièves des 1ers campements préhistoriques à la Résistance à travers quelques objets. Au 2e étage, expos temporaires. Belle échappée sur les toits de Mens et les environs.

Fête et festivals

– ***Mens Alors ! :*** *1 sem d'août. • mensalors.fr •* Concerts, danse, films, cirque, spectacles (payants ou gratuits), balades, etc. Programmation éclectique et plutôt réussie. On aime !
– ***Festi'Street :*** *2e quinzaine d'août. • desacorpsde.com •* Festival d'arts urbains avec concerts, ateliers de skate, hip-hop, cirque et spectacles de danse.

– ***Quelle Foire !*** **:** *3e w-e de sept.* Tables rondes, conférences, vente de produits essentiellement issus de l'agriculture biologique ou de producteurs locaux.

DANS LES ENVIRONS DE MENS

Terre Vivante, centre écologique **:** *domaine de Raud, 38710* ***Mens.*** *☎ 04-76-34-80-80. • terrevivante.org • À 5 km au sud-ouest de Mens. Entrée à 400 m du parking. Juil-sept, tlj 11h-18h. Tarifs : 9 € ; 6 € pour les 5-18 ans ; réduc si ticket acheté sur le site internet ; gratuit moins de 5 ans ou à partir du 3e enfant.*
Dans un domaine de 50 ha au milieu de la forêt et au pied du Vercors, ce centre écologique propose des solutions aux problèmes d'environnement. Démarche pédagogique pour expliquer, informer, démontrer ce qu'il convient de faire pour respecter la nature et sauvegarder la santé de l'homme.
Impossible de tout décrire, voici les principaux thèmes. Le jardinage biologique, à travers un ensemble de jardins potagers et ornementaux illustrant les diverses techniques respectueuses de l'environnement : potager ornemental, aquaponique, jardin familial, jardin de cultures associées, de plantes aromatiques et médicinales, de petits fruits, prairie, vergers, etc. Présentation de la biodiversité avec la mare'quarium, le sentier du 6e sens, mais aussi les expositions (habitat écologique, vie de la ruche, biomimétisme, photos, etc). Jeux et aménagements pédagogiques pour les enfants.

Au nord de Mens, par la D 526 et la D 34 **:** belle route de Mens à La Mure (la D 526) par le col des Accarias et le pont de Ponsonnas (site de saut à l'élastique). Peu après le pont, ça grimpe sec. Sur la gauche, spectaculaires échappées sur les gorges du Drac. D'impressionnantes falaises en biseau tombent à pic dans une végétation dense. Autre itinéraire vers Monestier-de-Clermont par le col de Cornillon (la D 34). Paysage grandiose. Lac de Monteynard-Avignonet (site européen de planche à voile) ; au fond, la montagne qui tombe en falaise, la forêt qui tente de l'escalader. Au-dessus, les champs de blé partent aussi à l'assaut des sommets, symbolisant l'opiniâtreté des paysans à cultiver la moindre parcelle de terre. Paysage ouvert, totalement harmonieux, puis rupture complète avec la descente sur le pont de Brion surplombant une profonde gorge. À droite, au niveau de la gorge de l'Ébron, accrochée à la falaise, la trace d'un ancien sentier de colporteur.

TRÉMINIS

(38710) 180 hab. *Carte Isère, C4*

Depuis Mens, la route traverse de beaux paysages, avec la barrière du Grand Ferrand en fond (2 759 m) – l'Ébron y prend sa source – et le passage du col de Mens (1 117 m). Tréminis se divise en plusieurs hameaux, répartis dans une espèce de bout du bout du monde, de cul-de-sac hors du temps qui séduisit tout particulièrement Jean Giono (et nous aussi !). Il y fit plusieurs séjours à partir de 1931 et une partie de son œuvre d'avant-guerre en est fortement imprégnée. Notamment *Un roi sans divertissement, Batailles dans la montagne, Faust au village* et *Le Bout de la route.*
***Château-Bas* en est le principal hameau, on y trouve notamment un café-restaurant et une petite épicerie. Pour les marcheurs et les fondeurs, 60 km de sentiers de randonnée et 40 km de pistes de ski de fond. L'*église Saint-Pierre* présente un beau clocher roman et une élégante croix de pierre dans le cimetière.**

Où dormir ? Où manger ?

Gîte d'étape et table paysanne ferme de Ratier : *L'Église.* ☎ *04-76-34-71-96. Nuit en ½ pension 43 €/pers avec sac de couchage ou 51 € avec draps fournis.* Les hôtes, producteurs de fromage de chèvre et de vache, vous accueillent avec simplicité et gentillesse dans leur petite maison de village, au cœur d'un adorable hameau. On se situe entre le gîte d'étape et la chambre d'hôtes : les petites chambres sous les toits pouvant accueillir 2 ou 3 personnes, tandis qu'une autre, plus grande, est un dortoir. Quant aux toilettes et à la salle de bains, elles sont à partager. Ambiance conviviale dans la grande salle commune. Et à la table, les produits du jardin.

LALLEY-EN-TRIÈVES

(38930) 200 hab. *Carte Isère, C4*

Il faut naturellement se perdre dans le treillis des petites routes entre Mens et Clelles, vers *Lalley, Le Monestier-du-Percy,* etc. Paysages changeant sans cesse, routes en moraine livrant 2 points de vue. Et toujours cette impression de paysages ouverts, amples. Paradoxalement, la montagne est toujours proche et loin tout à la fois, jamais agressive. La sensation de liberté et d'épanouissement se révèle totale.
Giono séjourna à Lalley en compagnie de son amie Édith Berger. Elle-même peintre du Trièves, elle s'était installée ici en 1934 et y resta jusqu'à son décès en 1994. L'œuvre de celle que Giono appelait « le peintre du pain quotidien » reste méconnue encore aujourd'hui.

Où dormir ? Où manger ?

Camping Belle Roche : *à la sortie du village, sur la D 66 en direction de Mens.* ☎ *04-76-34-75-33.* *06-88-58-21-43. • contact@campingbelleroche.com • campingbelleroche.com • Ouv avr-fin oct. Empl 2 pers env 16-33 € ; loc mobile homes et tente lodges. 57 empl.* Certes, la départementale passe (loin) au-dessus de ce camping. Ce qui ne l'empêche pas d'être situé dans un magnifique écrin, bucolique à souhait, et d'être très joliment paysagé. C'est à la fois simple, très nature et très soigné. Pour un séjour original, pourquoi ne pas loger dans un *pod,* un genre de cabane-tente pour 2 personnes, en bois et laine de mouton, ou une *tente lodge,* soit une grande tente tout confort ? Ajoutez à cela des sanitaires impeccables, une belle piscine, un resto convivial, un accueil dynamique et adorable... ben quoi, vous n'avez pas encore planté vos sardines ?

Auberge du Grand Champ : *113, route du Col.* ☎ *04-76-34-68-93. • auberge.lalley@gmail.com • Resto sur résa. Doubles 80 €. Repas env 25 €. Apéritif maison offert sur présentation de ce guide* D'un côté, une poignée de chambres restaurées, d'une grande simplicité et plaisantes (couettes et murs blancs, parquet de bois clair, literie confortable, salles de bains impeccables). De l'autre, le café-restaurant, avec la volonté de travailler avec les producteurs locaux et de mettre en valeur leurs produits.

À voir

Espace Giono : *58, rue Hannibal.* ☎ *04-76-34-78-23. Juil-août, mer-sam 15h-18h ; le reste de l'année, ven-sam seulement 16h-18h et sur résa pour les groupes.*

Entrée : 1,50 € ; réduc ; gratuit moins de 12 ans. Giono a situé plusieurs de ses romans dans ce Trièves qu'il aimait beaucoup *(Les Vraies Richesses, Rondeurs des jours, Un roi sans divertissement),* lui donnant des visages contrastés, tantôt celui d'une campagne riante où il fait bon vivre, tantôt celui d'une terre âpre où règne l'ennui. Succession de panneaux et vitrines présentant photos, lettres, ouvrages et extraits de l'œuvre de l'écrivain, exposés dans l'ancien hôtel-resto Terrat. Également des expositions temporaires d'artistes locaux et de tableaux d'Edith Burger.

CLELLES-EN-TRIÈVES

(38930) *Carte Isère, C4 570 hab.*

Un joli petit bourg, au creux d'un vallon, surplombé à l'ouest par le mont Aiguille.

Adresse et info utiles

Gare SNCF de Clelles-Mens : *à Clelles-en-Trièves, à 2 km du centre du village. • ter.sncf.com •* 5-8 trains/j. pour Grenoble et Gap. Si vous logez à Chichilianne, Lalley, Le Monestier-du-Percy, Le Percy, Saint-Martin-de-Clelles, Saint-Maurice-en-Trièves.

– **Marché :** *dim mat.*

Où manger à Clelles et dans les environs ?

Le Bistrot de la place : *pl. de la Mairie. ☎ 04-76-34-52-41. Ouv tlj. Formule déj 19 € en sem et 22 € le w-e ; le soir, carte 20-25 €.* Chapeau bas à l'équipe de ce bar-restaurant ouvert tous les jours, toute l'année et qui a à cœur d'être un lieu de vie et de convivialité : soirée tapas tous les jeudis, concerts, expos. Et au menu ? Du fait maison, on ne peut plus local : outre les producteurs du cru, le resto produit lui-même ses légumes (en collaboration avec une ferme) et a son propre jardin aromatique. Les petits plats de la formule du midi changent quotidiennement. C'est frais, simple et goûteux.

Le Café de la Page : *10, rue de la Grange, 38930* ***Le Percy.*** *☎ 04-56-55-22-69. • lecafedelapage@gmail.com • Fermé dim soir et lun-mar midi. Menu du jour env 20 € ; carte env 23 €.* Une ardoise qui ne se la joue pas, mais les petits plats de saison se révèlent pleins de fraîcheur et de saveurs. Ambiance décontractée, que ce soit dans la salle voûtée ou la paisible terrasse.

Où acheter de bons produits ?

La Laiterie du Mont-Aiguille : *la Croizette. ☎ 04-76-34-09-47. À 2 km de Clelles, pratiquement au bord de la D 1075. Tlj 10h-12h30, 14h30-18h.* Production et vente d'une large gamme de fromages au lait de vache, de brebis, de chèvre, à pâte molle ou pressée, ainsi que de yaourts et faisselles. Et pour compléter le pique-nique, une petite sélection d'autres produits régionaux.

Le Haricot Bleu : *rue du Mont-Aiguille. ☎ 04-76-34-40-24. Tlj sauf lun, mer ap-m et dim ap-m 8h30-12h30, 15h30-19h.* Une petite épicerie bio vendant de nombreux produits locaux et du vrac.

À faire dans les environs de Clelles-en-Trièves

– **Théâtre Le Poulailler :** *Le Serre des Bayles, 38930* ***Le Monestier-du-Percy.*** *06-32-49-52-88. • theatrelepoulailler.com • À 8 km au sud-est de Clelles. Ouv* *tte l'année. Spectacles enfants et adultes ts les jeu, ven et sam.* « Un théâtre de proximité internationale », on adore le concept, tellement à l'image de ce territoire engagé, où la culture ne se cantonne pas aux champs !

LE MONT AIGUILLE

Carte Isère, B4

Une des images de marque du Trièves, et un des paysages les plus caractéristiques de l'Isère. Ce mont fascine depuis la nuit des temps et encore aujourd'hui. Ce fantastique bloc de calcaire de 2 087 m de haut s'aperçoit quasiment de partout dans le Trièves et prend des formes différentes selon l'angle de vue : étrave de navire, soc de charrue, colossal donjon... mais aiguille, plus rarement ! Très tôt, il inspira géographes et écrivains : Gervais de Tilbury l'évoque en 1211, dans son ouvrage *Otia imperialia,* puis il est décrit comme l'une des merveilles de la province en 1450, dans le *Registre delphinal*. Rabelais en parle aussi dans le *Quart Livre.* Toute une série de légendes court également autour de lui. Pour information, il est désormais interdit de bivouaquer au sommet de ce fameux mont, magnifique mais aussi très fragile.

L'ACTE DE NAISSANCE DE L'ALPINISME

En 1492, le roi Charles VIII, en route pour un pèlerinage, tombe amoureux du mont. Il charge ***Antoine de Ville,*** capitaine de Montélimar, d'en effectuer l'ascension et de vérifier s'il y a bien un nid d'anges ou une cachette de blondes et lascives déesses en haut. Équipe de 8 hommes déjà très pros : un « échelleur » du roi, un tailleur de pierre, un maître charpentier, des hommes d'armes... et un prêtre, bien sûr. Sommet atteint le 26 juin, parlement de Grenoble prévenu et huissier dépêché à Clelles pour homologuer l'ascension. L'alpinisme vient de naître... Bien entendu, d'anges et de créatures lascives, nos hardis grimpeurs ne trouvèrent point, à part quelques chamois probablement étonnés ! Il faudra attendre 342 ans pour que l'exploit se renouvelle. En 1834, ***Jean Liotard,*** berger de Trézanne, réussit la 2e ascension. Le retentissement dans la province et la presse est énorme. En 1877, ***Édouard Rochat*** et ses compagnons inaugurent ***les 1res courses touristiques.***

Adresse et info utiles

Point d'information : *à* ***Chichilianne,*** *à côté de l'église. ☎ 04-76-34-44-95 ou 40-13 (mairie). Horaires variables.*

■ ***Bureau des guides du mont Aiguille :*** *06-22-44-30-62. • guidesmontaiguille.com* • La voie normale est accessible à tous, à condition d'être bien encadré. Propose plusieurs formules pour partir à l'assaut du « mont Inaccessible »... Autres activités : *via ferrata,* canyoning, randonnées, etc.

Où dormir ? Où manger dans le coin ?

Camping à la Ferme du Pas de l'Aiguille : *382 route du Berger-Donnière, 38930* ***Chichilianne.*** *06-85-23-04-91. • fermedupasdelaiguille@orange.fr • fermedupasdelaiguille.fr • Ouv tte l'année. Empl 8-9 €/pers. Roulottes 2 pers 50-70 €, draps non compris. Taxe de séjour et visite de la ferme offertes sur présentation de ce guide.* On s'installe où l'on souhaite dans ce camping au cadre à la fois très simple et grandiose, car ce n'est pas la place qui manque : 2 ha de prairie s'offrent à vous, face au mont Aiguille. Sur place également, 4 roulottes (pour 2 adultes et éventuellement 1 ou 2 enfants) toutes simples, toutes mignonnes. De l'autre côté de la route, le bloc sanitaire pour campeurs et « roulotteurs », ainsi qu'un espace commun pour cuisiner, manger ou se poser à l'abri quand le temps se fait vilain. Et juste à côté, l'espace vente où vous pourrez acheter la viande de la ferme (élevage de porcs et moutons bio).

Gîte d'étape : *pl. de l'Église, 38930* ***Chichilianne.*** *☎ 04-76-34-37-02. • diniguillaume@hotmail.com • gitedumontaiguille.fr • Ouv tte l'année. Nuitée 25 € ; ½ pens possible ; draps en sus.* Dans le village, un gîte tout simple d'une capacité totale d'une quarantaine de couchages en chambres de 3 à 7 lits. Toutes sont dotées d'une salle de bains et de toilettes. Adjacent au gîte, pratique, le bar-restaurant *Le Randonneur (fermé lun en saison et lun-mar hors saison ; repas env 20 €).*

Au Gai Soleil du Mont Aiguille : *La Richardière, 38930* ***Chichilianne.*** *☎ 04-76-34-41-71. • hotelgaisoleil@orange.fr • hotelgaisoleil.com • (nouveau bâtiment). Resto ouv tlj. Congés : nov-janv. Doubles 72-103 €. Menus déj (sauf dim) 18 €. Kir offert sur présentation de ce guide.* Vieille maison de 1720 superbement insérée dans un cirque de montagnes, au pied du mont Aiguille. Derrière ce nom chantant se cache un établissement familial dans la tradition de l'hôtellerie de campagne. Dans le bâtiment principal, chambres à la déco un peu datée mais très bien tenues. Ceux qui veulent plus de confort et de modernité poseront leurs valises dans la petite annexe aux chambres dans l'air du temps. Bonne cuisine classique au resto qui, aux beaux jours, se dote d'une agréable terrasse. Pour la détente, un espace *(payant)* avec bassin aqualudique, jacuzzi et hammam (possibilité de massages). Tout autour, nombreuses possibilités de randonnée, été comme hiver, et parc de détente avec jeux pour enfants.

Château de Passières : *38930* ***Chichilianne.*** *☎ 04-76-34-45-48. • contact.passieres@orange.fr • chateaudepassieres.fr • À l'entrée du village, sur la gauche. Resto fermé lun-mar hors saison. Congés : mi-nov à mi-fév. Doubles 102-129 €, petit déj inclus. Formule déj en sem 20 € ; autres menus 27, 29 et 38 € ; carte 35-40 €. Café offert sur présentation de ce guide.* Un fort beau château du XIVe s proposant des chambres de différents conforts, adaptées à différents budgets : cela va des chambres assez modestes à celles possédant de superbes boiseries et lambris du XVIIIe s. Le salon et le bar ne font certes pas dans l'épure, mais cela leur donne un vrai cachet. Au resto, cuisine à base de produits du terroir servie dans une grande salle à manger, ou en terrasse dans le jardin, dotée d'une belle piscine. Si l'ensemble peut sembler un peu daté, il ne manque pas de charme, notamment grâce à l'accueil, tout en simplicité et gentillesse.

L'ISÈRE

DANS LES ENVIRONS DU MONT AIGUILLE

Chichilianne : le village a su garder une certaine homogénéité autour de son église, ses fours et ses fontaines. Le matin, vue extra sur le village, l'église et le mont Aiguille en fond. Faire le tour de ses hameaux (Les Oches, La Richardière, Donnière, Château-Vieux, Ruthière, Bernardière) pour en apprécier la diversité architecturale. Points communs : les « montoirs » (rampes d'accès aux granges), les nombreuses génoises, les tuiles écailles, les fours et les fontaines.

Randonnées et balades

Pour explorer le territoire, topoguides en vente dans les offices de tourisme et commerces du Trièves.

Au départ du hameau de La Richardière (parking), balade au ***pas de la Selle*** (1 890 m), en passant par le col de l'Aupet. On suit la route de la transhumance pour parvenir aux hauts plateaux du Vercors. Niveau moyen et 870 m de dénivelée. Environ 6h aller-retour depuis le parking.

Au ***pas de l'Aiguille*** eut lieu l'un des plus héroïques combats de la Résistance, lors de l'offensive allemande du Vercors. 8 maquisards y laissèrent la vie. Monument commémoratif. Compter 3h aller-retour (difficulté moyenne) depuis le parking.

Au départ de Chichilianne-L'Église, rando vers le ***pas de l'Essaure.*** Environ 2h pour arriver aux hauts plateaux du Vercors et bénéficier de la vue panoramique. Niveau moyen, dénivelée de 680 m.

GRESSE-EN-VERCORS

(38650) 395 hab. *Carte Isère, B4*

Au cœur de ces Dolomites françaises, un village-station 4 saisons qui s'est fait une petite réputation auprès des sportifs et des contemplatifs, hiver comme été. Les falaises du balcon est du massif du Vercors et le Grand Veymont (point culminant du Vercors avec ses 2 341 m d'altitude) dominent le village. Versant ouest, c'est la réserve naturelle des Hauts-Plateaux, domaine des vautours fauves, bouquetins et marmottes, fleurs rares, troupeaux.

Adresses et info utiles

Office de tourisme : *L'Église. ☎ 04-82-62-63-50. • trieves-vercors.fr • Juil-août, pdt les vac de Noël et d'hiver, tlj ; janv, avr-juin et sept, ouv mer et sam mat. Fermé le reste de l'année.*

Grillet Sport : *La Station. ☎ 04-76-34-30-12. • grillet-sports.com •* Location de skis, mais aussi de vélos (à assistance électrique ou non).

– ***Marché :*** *lun mat pdt vac scol de fév et juil-août.*

Où dormir ? Où manger ?

Camping

Camping-caravaneige Les Quatre Saisons : *222, chemin de la Rivoire. 06-48-51-55-48. • contact@camping-les4saisons.com • camping-les4saisons.com • Ouv de mi-déc à fin mars et de mai à mi-oct. Empl 2 pers 20-22 € ; loc mobile homes, chalets et pods 2-5 pers. 81 empl.* Au bord du village, ce camping familial bien équipé offre un panorama qui vous en met plein la vue au réveil, en dézippant la tente ! Ensemble agréable, nature, très bien tenu, avec emplacements de bonne taille, légèrement en terrasses pour une partie d'entre eux. Quelques hébergements locatifs dans une partie bien à part du site. Beaucoup de monde toutefois en été. Snack-bar, épicerie de dépannage, jeux pour les enfants. Piscine en juillet-août.

De prix moyens à chic

Hôtel-Restaurant Le Chalet : *2406, route de Monestier. ☎ 04-76-34-32-08. • hotel.lechalet@gmail.com • hotellechalet.fr • Resto tlj sauf mer-jeu. Congés : avr et nov. Doubles 91-101 €. Formule déj sauf w-e 18 € ; menus 28-44 €.* Dans le bâtiment principal, chambres douillettes et très plaisantes. Celles situées dans l'annexe (bâtiment de l'autre côté de la route) sont plus spacieuses mais plus classiques (les plus chères disposent d'un balcon). Le resto, lui, joue dans un registre traditionnel. Piscine d'été au bas des pentes herbeuses, tennis, etc. Spa. Accueil charmant.

Chambres d'hôtes Aiguillette lodge : *70, chemin de la Rivoire, La Ville. 06-20-18-54-49. • aiguillettelodge@hotmail.fr • aiguillettelodge.com • Nuitée 90-95 €/pers ; table d'hôtes 25 €. Un petit déj offert sur présentation de ce guide.* Une petite maison aux volets bleus bien cachée au cœur de Gresse-en-Vercors. Au rez-de-chaussée, une chambre avec salle de bains privative et 2 autres faisant salle de bains commune, comme les 3 autres à l'étage. Ensemble chaleureux et confortable (les lits ne donnent qu'une envie : se vautrer dessus !). À la table, légumes du jardin et produits locaux. Propose aussi des stages de poterie et des randonnées yoga ou raquettes. Accueil charmant.

L'ISÈRE

Où dormir ? Où manger dans les environs ?

La Grange aux Loups : ***La Bâtie,*** *38650 Gresse-en-Vercors. ☎ 04-76-34-11-08. • la-grangeauxloups@wanadoo.fr • la-grangeauxloups-chambresdhotes.com • À 6 km au sud de Gresse-en-Vercors. Resto fermé mar. Congés : de la Toussaint à fév. Doubles 78 €. Table d'hôtes le soir 26 € (dégressif). Apéritif offert sur présentation de ce guide.* Petite halte pour dormir, mais aussi casse-croûter sympa ou prendre le thé tous les jours de 12h à 19h. 2 anciennes granges superbement restaurées au milieu d'un jardin à l'anglaise. Bénéficie du label « Gîte Panda ». Chambres d'hôtes personnalisées : « Gentiane », avec lit en fer doublé de bois, lit d'appoint et mobilier rustique ; « Provençale », dotée d'une grande terrasse face au mont Aiguille ; et enfin « Montagne », avec mezzanine, à laquelle on accède par un vestibule jouxtant l'ancien four à pain. Cuisine familiale à base de produits bio du pays et du jardin, sans oublier tartes, crumbles, gâteau à la cannelle, fromages fermiers, etc. Service dans le jardin aux beaux jours.

À faire

L'Odyssée Verte : *route d'Allimas. ☎ 04-76-34-34-34 (mairie). 06-78-43-86-27. • odysseeverte@gresse-en-vercors.fr • Juil-août, tlj 13h-18h ; mai-juin et sept-oct, horaires variables, se renseigner ; le reste de l'année, sur résa. Tarif : 6 € ; 4 € pour les 4-14 ans.* Une balade arboricole, le long d'un sentier suspendu de 300 m, sous la cime des arbres. Panneaux d'interprétation, sculptures sonores, etc. Une façon originale de découvrir les arbres de la forêt de Gresse-en-Vercors.

Ski et neige. Sports et loisirs d'été

Près de 30 km de pistes de ski alpin tous niveaux, *snowpark,* 50 km de ski de fond, ski de randonnée, raquettes, *boardercross,* ski joëring (soit du ski attelé), cani rando, etc.

Nombreuses randonnées (brochures gratuites ou en vente dans les offices de tourisme du Trièves).

Parcours Aventure Trièves : *route forestière de Fond-Rousse, 38650* ***Saint-Michel-les-Portes.*** *☎ 04-76-34-16-64. • aventuretrieves.fr • À 7 km au sud de Gresse-en-Vercors et 4,5 km de Saint-Michel-les-Portes (direction Gresse-en-Vercors). Depuis le parking, 900 m à parcourir jusqu'au site. Juil-août, tlj 10h30-19h ; mai-juin et sept, w-e et j. fériés 13h30-19h, sur résa en sem ; avr et oct, sur résa, 13h30-18h30. Parcours aventure : 23 € à partir de 14 ans, 16 € enfants moins de 14 ans ; pass journée parcours aventure + forêt labyrinthe + cabanes perchées 29 €, 21 € pour les moins de 14 ans. Nuit en bivouac dans les cabanes perchées 12 €/pers.*

Un bel endroit proposant 17 parcours qui raviront autant les petits (à partir de 3 ans) que les plus sportifs (2 d'entre eux étant même particulièrement techniques). Et pour ceux qui préfèrent garder les pieds sur terre, il y a aussi la forêt labyrinthe. Avis aux Tarzan dans l'âme (Jane et Cheeta non fournis !) : 17 cabanes perchées dans les arbres entre lesquelles on chemine via un parcours constitué de filets, de toboggans, de trampolines. Le top avec des jeunes : une nuit en bivouac dans ces mêmes cabanes (résa obligatoire). C'est rustique (tapis de sol, sac de couchage, toilettes sèches), les constructions sont ouvertes, mais une nuit presque à la belle étoile, en forêt, quoi de plus magique ?

– ***L'Âme Nordique Aventure :*** *06-66-07-31-87.* • *ame-nordique-aventures.com* • Initiation à la conduite d'attelage, ski joëring, cani-raquettes nocturnes en hiver, cani-rando, traîneau à roues en été, visite du chenil en toute saison : il y en a pour tout le monde et toutes les saisons chez ces amoureux de la glisse et des chiens de traîneaux. Et ici, l'attelage a quand même une histoire particulière puisqu'il est principalement composé de chiens nordiques venant de la SPA, abandonnés ou au passé compliqué.

Fête

– ***Fête de l'Alpage :*** *w-e après le 15 août.* Cor des Alpes, danses traditionnelles, différentes démonstrations, stands d'artisans, spectacles pour enfants.

DANS LES ENVIRONS DE GRESSE-EN-VERCORS

***Le col de l'Allimas** (1 352 m)* **:** vue remarquable sur le mont Aiguille, les Deux sœurs (Agathe et Sophie pour les intimes !) et paysages d'une totale harmonie. Redescendre sur *La Bâtie,* tout petit et charmant village.

Le col de l'Arzelier : balcon est du Vercors, au pied des Deux-Sœurs, à 1 155 m. Vue imprenable sur le mont Aiguille d'un côté et la chaîne de Belledonne de l'autre, au cœur de la forêt, dans le parc naturel régional du Vercors.

MONESTIER-DE-CLERMONT

(38650) 1 425 hab. *Carte Isère, C4*

Desservie par l'A 51, Monestier-de-Clermont est la porte d'entrée ou de sortie du Trièves. On la parcourt à pied pour découvrir quelques pittoresques villas Belle Époque, souvenirs du passé de ville thermale de Monestier.

Adresse et info utiles

Gare de Monestier-de-Clermont : • *www.sncf-connect.com* • 5-8 trains/j. pour Grenoble et Gap.

– Marché : dim mat.

Où dormir ?

Où manger à Monestier et dans les environs ?

– À ceux qui voudraient se préparer un pique-nique : le *Proxy (136, Grand-Rue)* du village propose de très bons fromages et peut vous constituer des plateaux de fromages et/ou de charcuterie.

Au Sans Souci : *38650* ***Saint-Paul-lès-Monestier.*** *☎ 04-76-34-03-60. • contact@au-sans-souci.com • au-sans-souci.com • À 2 km de Monestier-de-Clermont, sur la route de Gresse-en-Vercors. Resto fermé dim soir et lun. Congés : de mi-déc à fin janv. Résa conseillée. Doubles env 80-83 €. Formule déj en sem 23 € ; menus 27-37 €. Café offert sur présentation de ce guide.* Aucun souci effectivement... Voilà des années que tout tourne rond dans cette maison de famille (4e génération !). À l'intérieur, décoration chaleureuse faite de bois et d'objets familiers. Hall d'entrée et bar cosy dans un style rustico-*british*. Chambres boisées, confortables (préférer celles qui donnent à l'arrière). Cuisine d'inspiration régionale et appliquée. Terrasse ombragée au bord d'un parc. Piscine d'été.

Les Insolites du Vercors : *Ferme des Guilloux, 38650* ***Saint-Paul-lès-Monestier.*** *06-70-57-83-46. • baurensmf@hotmail.fr • insolites-vercors.com • Roulotte ou cabane pour 2 pers 92-132 €, draps, linge de maison et bois de chauffage compris, mais pas le ménage ; séjour de 2 nuits min.* Au milieu de 12 ha de prairies plantés de bosquets se nichent une roulotte (2 adultes et 2 enfants), une grande cabane en rondins (5 personnes) et une autre perchée dans les arbres (4 adultes et 2 enfants). Toilettes sèches, douche, kitchenette : c'est petit, mais impeccable, bien pensé et ça fleure bon le bois, omniprésent. Rien de préfabriqué ici, tout est sur mesure et les multiples fenêtres vous invitent à contempler sans modération un paysage enchanteur. Pour chaque hébergement, une terrasse et de beaux espaces extérieurs privés.

Le Central : *78, Grand-Rue, à Monestier-de-Clermont. 06-82-85-45 48. Ouv le midi seulement ; fermé lun hors saison. Repas env 20 €. Café offert sur présentation de ce guide.* Une petite dizaine de tables seulement dans ce café de village à l'atmosphère tranquille et conviviale diffusée par le sympathique patron qui s'active aux fourneaux. Le choix est très restreint ; chaque jour, il vous mitonne un petit plat différent (volontiers traditionnel, comme la tête de veau ou la langue de bœuf). C'est bon et à prix doux.

Le Relais de Touchane : *pl. de l'Église, 38650* ***Saint-Guillaume.*** *☎ 04-76-34-21-71. • jm.bourgne@gmail.com • À 7 km au nord de Monestier-de-Clermont. En été, tlj sauf dim soir et lun ; le reste de l'année, ouv midi mar-dim et le soir ven-sam. Menus déj en sem 20 €, puis 35 € ; carte 40 €.* Au cœur du village, en partie dissimulé par l'Abribus, c'est le bar-restaurant où se retrouvent les habitués pour manger une cuisine du Sud-Ouest, région d'origine des propriétaires ! En cuisine, la mère s'active aux fourneaux tandis que le fils assure le service et l'accueil, le tout dans une ambiance chaleureuse et bon enfant.

LE LAC DE MONTEYNARD

Carte Isère, C4

Avec les monts du Dévoluy et du Sénépy en arrière-plan, une campagne tranquille sert d'écrin à cette vaste retenue d'eau. Cultures, bois et prairies se succèdent suavement jusqu'au lac, l'un des plus ventés de France pour le plus grand plaisir des véliplanchistes, kitesurfeurs et adeptes du foil ou, plus tranquille, du paddle (voire du paddle yoga !). Le lac s'est équipé des 2 passerelles himalayennes les plus longues d'Europe : 180 et 220 m. Ces « ponts de singe » permettent de passer gratuitement d'une rive à l'autre en se baladant dans les airs au-dessus des flots. Impressionnant ! Impressionnant aussi, le site du barrage audacieusement planté depuis 1962 en travers des gorges du Drac.

Adresses utiles

Espace accueil Le Môle : *Sous-Jullières, 38650* **Treffort.** *☎ 04-76-34-14-48. • lac-monteynard.com • À proximité de l'embarcadère. Mai-sept, tlj 10h30-18h30. Fermé le reste de l'année.* Toutes les infos nécessaires sur les activités autour du lac.

– **Base nautique de Savel Monteynard :** *à* **Mayres-Savel,** *sur l'autre rive du lac, côté Matheysine (voir plus haut « Dans les environs de La Mure »).*

Où dormir ? Où manger autour du lac ?

Camping

Camping de la Plage : *Sous-Jullières, 38650* **Treffort.** *☎ 04-76-34-06-31. • contact@camping2laplage.com • camping2laplage.com • Ouv début avr-début oct. Empl 2 pers 26-42 € ; loc mobile homes, chalets, tentes bivouac et trappeur pour 2-5 pers. 72 empl.* Au bord du lac le plus venté de France, où les véliplanchistes et les kitesurfeurs s'en donnent à cœur joie, un petit camping en terrasses, bien tenu et presque les pieds dans l'eau. Bar-resto à côté. Piscine à 200 m. Accueil sympathique.

Chic

Chambres d'hôtes du château de Pâquier : *616, chemin du château, lieu-dit Pâquier, 38650* **Saint-Martin-de-la-Cluze.** *☎ 04-76-72-77-33. • chateau.de.paquier@free.fr • chateaudepaquier.fr • Sur les hauteurs du Drac (1 km après Saint-Martin, fléché). Tte l'année, sur résa. Doubles 100-115 € ; familiales. Table d'hôte 35 €. Apéritif offert sur présentation de ce guide.* Dans une campagne ravissante, où alternent bois, pâtures et cultures, superbe maison forte du XVIe s avec fenêtres à meneaux. L'escalier à vis mène à des chambres vastes, claires et joliment décorées, ainsi qu'à une suite. Elles sont toutes craquantes, mais avouons un léger faible pour celle avec cheminée (fonctionnelle !) et celle aménagée dans l'ancienne chapelle. Un vrai coup de cœur !

À voir. À faire

L'atelier Gilioli : *à* **Saint-Martin-de-la-Cluze.** *☎ 04-76-72-52-91 (mairie). En principe, ouv tte l'année, mer 15h-17h, sam 10h-12h. Entrée : 2 € ; gratuit moins de 18 ans.* Installé dans un grenier, le modeste atelier du sculpteur Émile Gilioli (1911-1977), resté en l'état. L'artiste, un des chefs de file de l'abstraction lyrique, revenait tous les étés dans ce petit village où il avait trouvé refuge pendant la Seconde Guerre mondiale. Il repose à quelques kilomètres de là, au pied de la chapelle romane du hameau du Pâquier.

Randonnée autour du lac : à pied ou à VTT en combinant sentier balisé (12,5 km ; tout public) et traversée en bateau entre les embarcadères de Treffort et Mayres-Savel *(10 € ; réduc ; résa indispensable au ☎ 04-76-34-14-56 ; • la-mira.com •).* Le sentier emprunte 2 passerelles himalayennes de 180 et 220 m de longueur. Impressionnant ! Cartoguide gratuit disponible à l'espace accueil Le Môle.

Balade en bateau : *mai-sept, avec le bateau* La Mira. *Embarcadère à* **Mayres-Savel** *et à* **Treffort.** *Infos et résas : ☎ 04-76-34-14-56. • la-mira.com • Croisières de 1h15 ou 2h30 : compter 15 €/adulte ; gratuit moins de 2 ans. Possibilité de déjeuner ou de dîner à bord en supplément.* Une croisière commentée à travers les âges dans les gorges et les canyons du Drac, le long des cascades, dans de merveilleux paysages.

LE VERCORS

• Carte *p. 161*

À cheval sur l'Isère et la Drôme, un vaste plateau calcaire profondément entaillé de gorges, divisé par des vallées orientées nord-sud, créant plusieurs entités parfois assez précises. Côté département de l'Isère, le Vercors apparaît comme une forteresse imprenable, se caractérisant par des pentes abruptes où une forêt dense part à l'assaut de blanches et vertigineuses falaises se parant de lumineuses tonalités roses au soleil couchant.
Jusqu'au XIXe s, on y accédait uniquement par les « drailles à moutons » ou les sentiers de muletiers qui franchissaient les « pas ». Souvent, les seules routes qui y accèdent aujourd'hui durent être creusées en encorbellement ou percées dans la roche, dans la 2de moitié du XIXe s. Côté est (Trièves et vallée du Drac), la barrière, avec des à-pics de parfois 500 m, est même infranchissable sur plus de 35 km et nulle route n'y parvient !
Terre d'histoire, elle offrit aux hommes, au fil des siècles, le refuge des abris-sous-roche et, aujourd'hui, avec ses immenses galeries souterraines que l'eau y a creusées, de la spéléo grand spectacle.
Climat rude et humide, hivers longs et étés ensoleillés. L'hiver y est magnifique : la bise souffle, la neige s'accumule et les hauts plateaux prennent des allures de désert nordique. La forêt constitue environ 60 % du territoire. De 850 à 1 600 m, on trouve le hêtre, le sapin, l'épicéa. Au-delà règne le pin à crochets souvent tordu par le vent. Flore riche et variée, mais la faune n'est pas en reste.
Et avant de partir à l'assaut de ce vaste plateau, savez-vous comment s'appellent les habitants du Vercors ? Les Vertacomicoriens, ou Vertacos pour les intimes (hum... difficile à placer au Scrabble tout de même !).

RECORD BATTU

Véritable must pour les amateurs de voyages au centre de la Terre, le gouffre Berger a été découvert en 1953 par une équipe de spéléologues emmenée par Joseph... Berger. Avec ses 1 122 m de profondeur, ce gouffre a, pendant 10 ans, été considéré comme le plus profond du monde avant que celui de la Pierre-Saint-Martin, dans les Pyrénées-Atlantiques, ne le détrône en 1964.

LE PARC NATUREL RÉGIONAL

Depuis 1970, le Vercors est classé parc naturel régional (un des plus anciens de France), avec ses 206 000 ha, regroupant 83 communes, partagé entre Isère et Drôme. Fort de sa longue expérience, il est particulièrement actif et entreprenant. Sous l'appellation *Inspiration Vercors*, le territoire entend promouvoir une certaine économie, un certain tourisme où chaque professionnel prend conscience de ses responsabilités et de son environnement. En plus des 4 AOP propres au Vercors (le bleu de Sassenage-Vercors, le picodon, la clairette de Die et, enfin, l'incontournable noix de Grenoble), truites, viande bovine, escargots, miel, plantes aromatiques... portent l'identité du Vercors.
Sur l'Isère, on distingue 3 secteurs : ***les Quatre Montagnes*** regroupant les principales stations de ski (Villard-de-Lans, Corrençon-en-Vercors, Lans-en-Vercors, Autrans-Méaudre, Saint-Nizier-du-Moucherotte, etc.), le ***plateau sauvage des Coulmes*** (notre préféré !), ***le Royans*** et ***la réserve naturelle des Hauts-Plateaux*** (qui court entre Isère et Drôme).
– Infos : • *parc-du-vercors.fr* •

L'ISÈRE

UNE TERRE DE RÉSISTANCE

De tout temps, le Vercors fut terre de refuge pour les proscrits et fuyards de toutes sortes (invasions, guerres de Religion, etc.). Il est donc naturel qu'il voie se constituer, fin 1942, ***un des 1ers maquis de France,*** rejoint, lors de l'instauration du STO, par les 1ers réfractaires. Au printemps 1944, les maquisards sont environ 400. Raids des troupes allemandes et des miliciens, maisons brûlées, tortures, représailles sanglantes, exécutions, notamment dans la région de Vassieux-en-Vercors, mais pas d'offensive globale, et la forteresse peut sembler inexpugnable.
Le débarquement du 6 juin donne un élan considérable au maquis, qui atteint près de 4 000 hommes, l'objectif étant de constituer une zone libérée, poste avancé de l'offensive antiallemande. Pourtant, le 13 juin, une importante attaque de l'armée allemande est déclenchée aux environs de Saint-Nizier-du-Moucherotte. Repoussée une 1re fois par ***la Résistance, pourtant inférieure en nombre.*** Mais, quelques jours plus tard, le village est incendié, les maquisards contraints de décrocher. En juillet, la république du Vercors est symboliquement proclamée. Les Alliés parachutent armes et matériels divers. La Résistance travaille activement à la construction d'une piste d'atterrissage à Vassieux-en-Vercors. Pourtant, le 21 juillet, des planeurs transportant plusieurs centaines d'hommes des forces régulières allemandes sont largués sur Vassieux-en-Vercors et surprennent tout le monde (on attendait les avions alliés), tandis que des troupes de montagne particulièrement aguerries attaquent en d'autres points. Le général Karl Pflaum lance ***15 000 hommes à l'assaut du Vercors.*** Répression très sauvage. ***Les maquisards sont contraints de se replier ou de se faire massacrer*** jusqu'au bout. Les Allemands, décidés à en finir et à nettoyer le Vercors, achèvent les blessés et incendient les villages. Peu de maquisards réussissent à se réfugier dans les forêts profondes. Le « nettoyage » se poursuivra jusqu'à fin août : plus de 600 résistants et une centaine d'Allemands tués, 201 victimes civiles, souvent dans des conditions atroces, 41 personnes déportées, 573 maisons détruites...
Pour rendre hommage à la Résistance du Vercors, outre les mémoriaux situés dans l'Isère, ne pas oublier ceux de la Drôme (voir le Routard Ardèche-Drôme) : le ***village martyr de Vassieux-en-Vercors,*** son ***mémorial*** (« Site national historique de la Résistance en Vercors », le village a reçu la médaille de la Résistance) et son musée de la Résistance, la cour des Fusillés de La Chapelle-en-Vercors, la grotte de la Luire (hôpital des Maquisards). Un parcours du souvenir, « ***Les chemins de la liberté*** », vous mène aussi de site en site *(brochure avec carte disponible au mémorial de Vassieux-en-Vercors).*
– Renseignements : ☎ *04-75-48-26-00.* • *memorial-vercors.fr* •

PRENDRE LA GTV !

L'antithèse du TGV... Là, il ne s'agit plus de gagner du temps, mais au contraire de le savourer en douceur dans l'un des paysages les mieux préservés de France. Les ***Grandes Traversées du Vercors,*** ce sont de fantastiques parcours balisés pour des randonnées originales adaptées au niveau et aux pratiques de chacun, réalisables à pied, à skis, à raquettes, à vélo, à cheval, avec un âne, une mule ou des chiens de traîneau... Ceux-ci permettent d'explorer les zones les plus sauvages le long des crêtes et dans les forêts. Plusieurs variantes :
➢ *la GTV à pied :* de 3 à 21 jours de randonnée autour du massif ;
➢ *la GTV à VTT et à cheval :* de 2 à 7 jours de sentiers variés ;
➢ *la GTV nordique :* randonnées nordiques en traversée ou itinérance en boucle.
Des hébergements de tous types jalonnent les itinéraires (gîtes d'étape, hôtels, refuges, hébergements insolites). Surtout, réserver lors des périodes les plus chargées (en été), tous n'ont pas une grosse capacité d'accueil. Par ailleurs, certains hébergements ne sont pas ouverts l'hiver. *Rens auprès de l'**association GTV** :* • *vercors-gtv.com* •

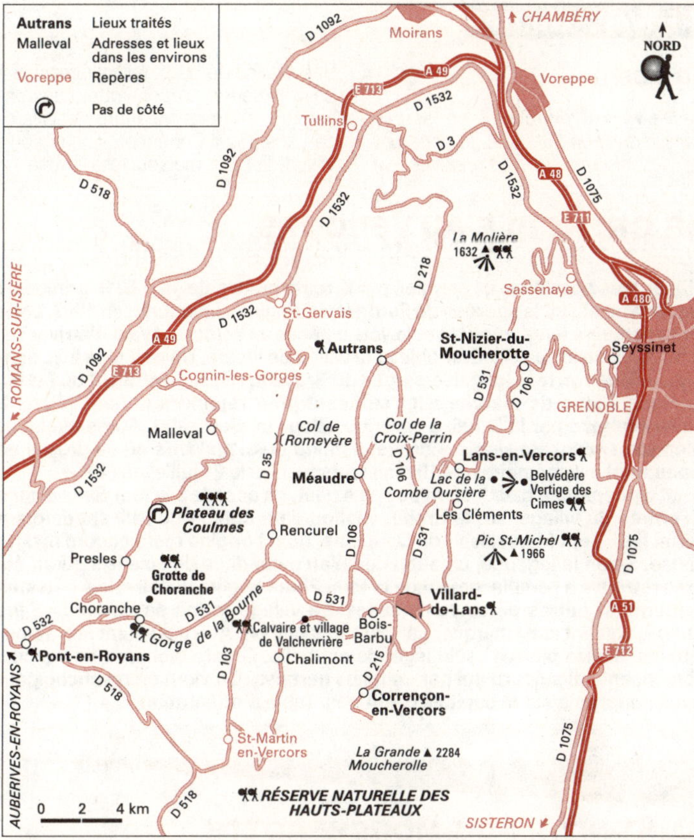

LE VERCORS

Elle regroupe hébergements, loueurs de matériel, transporteurs de bagages et agences de voyages. Tout pour organiser votre séjour.

LA VIAVERCORS

La ViaVercors est un ***itinéraire de près de 55 km réservé aux mobilités douces : vélos, cavaliers*** (sauf entre Villard-de-Lans et Méaudre) ***et randonneurs.*** Elle se compose de 6 tronçons reliant Engins, Saint-Nizier-du-Moucherotte, Lans-en-Vercors, Villard-de-Lans, Corrençon-en-Vercors ainsi qu'Autrans-Méaudre. Le long des parcours, nichoirs à oiseaux, jeux et aires de pique-nique rendent la promenade ludique et agréable, y compris pour les plus jeunes. Même la traditionnelle table d'orientation a été troquée pour des viseurs en bois avec vues sur les sommets. Une signalétique indique les artisans d'art et les fermes où faire une halte. Une belle façon d'explorer le plateau des Quatre Montagnes en famille.
– Renseignements : ● *via.vercors.fr* ● Sinon, carte gratuite dans les offices de tourisme. Et application gratuite pour smartphone, *Vercors Tourisme*.

Arriver – Quitter

En bus

➢ ***De/vers Grenoble :*** avec les cars *Transisère (☎ 04-26-16-38-38, appel gratuit ; ● carsisere.auvergnerhonealpes.fr ●).* Une dizaine de bus/j. relient Grenoble à Saint-Nizier-du-Moucherotte, Lans-en-Vercors, Autrans-Méaudre et Villard-de-Lans. Pour Corrençon, ligne depuis Villard-de-Lans, mais sur résa la veille.

DE GRENOBLE AU VERCORS

2 itinéraires possibles. Le premier, par la route principale (la D 531), grimpe de Sassenage et suit les gorges du Furon (ou d'Engins). Inaugurée en 1827, cette route demeura longtemps la seule voie d'accès au Vercors. Avant d'arriver sur le plateau, belle vue sur Grenoble et la vallée de l'Isère. Un peu plus loin, sentier de découverte le long des gorges du Bruyant, ruisseau affluent du Furon. Quelque 35 mn de marche aller suffisent pour rejoindre le *haut Bruyant.*
Autre itinéraire par la D 106, à partir du village de Seyssinet. Après quelques kilomètres, dans un virage à droite, *parking des Vouillants* où se dresse un monument à la mémoire des 10 résistants fusillés le 21 juillet 1944.
Point de départ de balades. Un peu plus haut, on accède à la *tour Sans-Venin.* À l'entrée du village, sur la droite, vestige d'un donjon du XIIIe s, comptant parmi les « Sept Merveilles » du Dauphiné, dont l'origine reste encore mystérieuse. Selon la légende, un autel dédié au culte de la déesse Isis aurait été jadis retrouvé à l'emplacement de la tour. Pour la petite histoire, Isis détestait serpents et autres bêtes venimeuses. Le village forma sa devise : « *Sans venin* », voulant ainsi marquer sa volonté pacifique. Avertissement aux amoureux de vieilles pierres : si la légende est belle, il reste bien peu de l'ancien donjon, enlaidi aujourd'hui par un relais hertzien. On vient en revanche pour le joli panorama sur la capitale des Alpes. Table d'orientation.

SAINT-NIZIER-DU-MOUCHEROTTE

(38250) 1 120 hab. *Carte Isère, B3*

Surmonté par une église au clocher du XIe s, un village martyr de la Seconde Guerre mondiale. *Mémorial du Vercors et de la Résistance* 2 km avant le village, sur la droite. À cet endroit, 250 maquisards résistèrent aux attaques allemandes, le 13 juin 1944. De nombreux héros y sont enterrés, dont l'écrivain Jean Prévost et Eugène Chavant, chef civil du maquis.

UN TRÈS CHIC *ERMITAGE*

Au début des années 1950, un notaire provençal décide d'implanter un hôtel de luxe au sommet du Moucherotte (altitude : 1 901 m). Projet grandiose qui nécessite la construction d'une télécabine reliant Saint-Nizier au sommet afin d'acheminer les matériaux de construction, puis les clients : plus de 700 m de dénivelé, 5 km de câbles, 20 pylônes... En 1959, l'hôtel ouvre ses portes et le succès ne se fait guère attendre. ***La bourgeoisie et les stars (Dalida, Luis Mariano, etc.) s'y côtoient dans un cadre particulièrement raffiné*** ; Brigitte Bardot y tourne même certaines scènes de *La Bride sur le cou* (1961) sous la direction de Roger Vadim. Malheureusement, la fameuse télécabine pose problème : on a établi son tracé pour que ses occupants profitent au maximum du panorama, mais son accès est difficile. Du coup, le fonctionnement de l'établissement se trouve souvent entravé par les aléas de la météo – des clients ne pouvant s'y rendre ou, au contraire, redescendre du sommet –, ce qui finit par lui être fatal. En 1975, le propriétaire, qui garde encore l'espoir de pouvoir rouvrir son hôtel, laisse tout le mobilier sur place. Les pilleurs en font leur affaire... Le squelette décharné de l'établissement est finalement détruit au printemps 2001.

Adresse utile

Point infos : *☎ 04-76-53-40-60. • lansenvercors.com • Lun-mer et ven 8h30-12h (plus 14h-18h30 ven), sam 9h-12h.*

Ski et neige

Ski alpin : 2 pistes pour débutants ainsi qu'une piste de luge.

Ski nordique : domaine relié à celui de Lans-en-Vercors.

LANS-EN-VERCORS

(38250) 2 780 hab. *Carte Isère, B3*

Porte d'entrée du parc naturel régional du Vercors, les 25 hameaux qui constituent Lans-en-Vercors sont dispersés au cœur d'une large « vallée-plateau », héritage d'un ancien lac glaciaire datant de quelque 300 000 ans, dont l'altitude varie entre 1 020 et 1 983 m d'altitude. Paysages tout bonnement superbes, bordés à l'est par la Grande Roche Saint-Michel et à l'ouest par un plateau dégagé sur fond de sapins de la forêt de Jay. Lans est aussi une station de ski familiale agréable et tranquille, proposant des pistes pour tous niveaux.

Adresses utiles

Office de tourisme : *246, av. Léopold-Fabre. ☎ 04-76-95-42-62. • lansenvercors.com • En saison, tlj 9h-12h, 14h-17h45 (17h dim) ; hors saison, fermé dim, mar, jeu et j. fériés.* Billetterie pour les spectacles et animations de la station, visites des sites touristiques, activités sportives, etc.

Maison du parc régional : *• parc-du-vercors.fr •* Leur site internet fournit de nombreuses informations utiles sur le parc.

Multisports nature et montagne :* bureau des moniteurs du Vercors,** *06-81-54-65-71, • speleo-canyon.com • ;* ***Accompagnateurs Nature et Patrimoine, *06-35-95-23-08, • accompagnateur-vercors.com • ;* ***Vercors Aventure,*** *06-98-57-54-06, • vercors-aventure.com • ;* ***Escalade sur falaise de glace,*** *06-61-03-58-87, • jehan.roland@yahoo.fr •*

Où dormir ? Où manger dans le coin ?

De bon marché à prix moyens

Hôtel du Col de l'Arc : *14, route de Saint-Donat. ☎ 04-76-95-40-08. • coldelarc@gmail.com • hotelcoldelarc.com • ♿ Au centre du village, face à l'église. Resto tlj. Congés : début avr-début mai et de mi-oct à début déc. Doubles 76-82 € ; familiales. Formule et menu déj sem 18-22 € ; autres menus*

31 € ; carte env 20 €. Café offert sur présentation de ce guide. Dans un gros chalet crépi aux volets verts, la bonne vieille affaire familiale, de père en fils depuis 1892. Chambres impeccables, toutes simples mais confortables. Quelques-unes avec balcon. On s'y sent bien et les prix sont tenus, même en haute saison. C'est également une bonne table qui offre une cuisine régulière en qualité, réalisée avec soin. Et l'accueil fait qu'on s'y sent comme en famille.

Refuge-auberge des Allières : *☎ 04-76-94-32-32. • info@aubergedesallieres.com • aubergedesallieres.com • Suivre l'embranchement « Montagne de Lans » jusqu'au parking des Barnets (3 km), puis, hardi petit !, une telle auberge, ça se mérite : 20-30 mn à pied ou à skis seulement à partir du parking de la Sierre (route des Montagnes-de-Lans). Fermé avr et oct-début déc. Chambre env 60 €/pers en ½ pens et 77 €/pers en pens complète ; draps fournis. Au resto, carte 30-40 € ; spécialités 37-40 €. CB refusées.* Sur les pentes du pic Saint-Michel, à 1 476 m d'altitude, cet ancien chalet d'alpage, aujourd'hui gentille auberge chauffée par le soleil, offre 3 agréables chambres pouvant accueillir 3 à 7 personnes (une quinzaine de lits en tout). Pour les randonneurs, VTTistes, raquetteurs ou skieurs de fond, le midi, de bons petits plats servis en terrasse, de la salade de chèvre chaud en passant par les crozets et la raclette vercouline. Pâtisseries, l'après-midi. Et le soir, raclette traditionnelle au feu de bois ou braserade. Coin cheminée et dîner aux chandelles. On est tombé sous le charme ! Concerts en été.

Gîte de groupe Côté Vercors : *1200, route des Égauds. 📱 06-28-79-23-90. • contact@gitecotevercors.fr • gitecotevercors.fr • ♿ À 4,5 km au nord de Lans-en-Vercors. Ouv tte l'année. Compter 36 €/pers en dortoir ou en chambre (même prix), sans petit déj, draps non compris. CB refusées.* Un gîte d'une grande capacité qui propose plusieurs dortoirs de 4, 6 et 14 personnes (salle de bains extérieure) et des chambres principalement familiales (salle de bains privée). Également un appartement (12-14 personnes), super spacieux (loué pour le week-end ou à la semaine). Très bien en famille ou entre copains (il n'y a qu'une seule chambre double), d'autant que le cadre est plutôt chaleureux et soigné. Mention spéciale pour les lits de qualité, jamais superposés (sauf 2). Cuisine à disposition. Sauna. Accueil sympathique.

Chambres d'hôtes À la Crécia : Les Cléments. *☎ 04-76-95-46-98. 📱 06-52-89-70-91. • alacrecia@gmail.com • gite-en-vercors.com • À env 2 km au sud de Lans-en-Vercors. Tte l'année. Double 89 € ; familiales. Dîner 28 €, boissons comprises.* Sur une exploitation en activité, des chambres d'hôtes avec beaucoup de bois et de pierre, charmantes comme tout, ont été aménagées dans un corps de ferme traditionnelle du XVIe s. Certaines avec lits superposés en mezzanine pour les enfants. Un potager et des élevages de brebis, cochons et volailles alimentent la table, tandis que de discrets panneaux solaires produisent l'énergie. Belle vue sur la vallée, très tranquille.

Auberge de la Croix Perrin : *3700, route de la Croix-Perrin. ☎ 04-76-95-40-02. • info@vercors-hotel.com • vercors-hotel.com • À 3,5 km à l'ouest de Lans-en-Vercors, au passage du col. Doubles 79-108 € ; familiales. Menus 38 € ; carte 20-45 €.* Nuit tranquille en pleine nature, à 1 218 m d'altitude, au bord d'une forêt de conifères, dans des chambres fraîchement rénovées, confortables avec une déco contemporaine mais chaleureuse. Sauna et jacuzzi. Salon avec cheminée. Au resto, salle moderne et épurée, aux larges baies vitrées prolongée d'une belle terrasse. Carte courte pour une belle cuisine de terroir à base de produits locaux, en majorité bio.

À voir

La Magie des Automates : *à env 1 km du village, en direction de Grenoble. ☎ 04-76-95-40-14. • magiedesautomates.fr • ♿ Vac scol, tlj 10h30-18h30 ; le reste de l'année, mer-sam 14h-18h30, dim et j. fériés 10h30-18h30 (fermeture* *du guichet 1h avt). Fermé lun-mar de mi-sept à mi-oct sauf vac de la Toussaint. Entrée : 10,90 € (réduc pour les résas en ligne) ; 7,90 € 2-14 ans ; réduc.* On tique un peu sur le prix d'entrée puis on se laisse séduire par la magie des lieux (surtout avec des enfants): 350 personnages et animaux en mouvement dans différentes scènes : le hameau du Père Noël, les coulisses du cirque, le village dauphinois, l'île aux pirates... En extérieur (parapluie fourni au cas où), dans de petits chalets de bois : les villages des Schtroumpfs, du Vercors autour des traditions locales et la salle des mécaniques pour comprendre comment fonctionnent ces automates.

Ski et neige

Ski alpin : domaine (1 020-1 830 m) réparti en 2 sites. Au village, le *parc de loisirs de l'Aigle*) est un espace d'initiation avec un téléski pour 2 pistes vertes et une piste bleue ; piste de luge. À 4 km (navette gratuite), *Les Montagnes de Lans* (1 400-1 827 m) proposent une vingtaine de pistes et un *snowpark*.

Ski nordique : 2 domaines. Pistes tous niveaux balisées et damées pour le pas alternatif et le *skating*. Au village, *Le Val de Lans* (1 020-1298 m) avec 15 km de pistes faciles (4 boucles de 2 à 13 km). À 4 km, *Les Allières* (1 450 m), avec 35 km de pistes vallonnées en sous-bois (7 boucles de 2 à 10 km).

Balades à ***raquettes,*** pour découvrir la nature de la montagne de Lans : le col de l'Arc (1 736 m), le plateau des Ramées (1 700 m), le sentier du Canyon (1 440 m), la croix de Jaume (1 415 m)... Possibilité de randos raquettes accompagnées ; programme à l'office de tourisme. ***Ski de randonnée*** au pic Saint-Michel (1 966 m) et ***randonnée nordique*** au Moucherotte (1 901 m) : vue panoramique à 360° sur les Alpes.

Sports et loisirs d'été

– ***Tous les sports :*** rando, accrogrotte, escalade, canyoning, spéléo, VTT, vélo et trottinette électrique, tennis, équitation, *via cordata,* randonnée accompagnée d'un âne, marche nordique, équitation, grimpe dans les arbres, parcours de course d'orientation, parcours aventure, etc.

– ***Parapente :*** **Alto,** *60, chemin du Prenay,* **La Chenevarie.** ☎ *04-76-95-46-82 (mat seulement).* 📱 *06-85-55-39-27.* • *parapente-alto.com* • Pour débutants et confirmés. Propose toute l'année des stages d'apprentissage et de perfectionnement. Vols en biplace/baptême et séance découverte.

Le belvédère « Vertige des Cimes » : au sommet du téléski de la combe des Virets, l'hiver ; accessible à pied le reste de l'année (1h30 de montée). C'est la première passerelle panoramique du genre à avoir été aménagée dans les Alpes françaises. Accrochée à la falaise et perchée au-dessus de 300 m de vide, elle offre une magnifique vue panoramique à 360° sur les massifs environnants et permet de découvrir les reliefs du Vercors comme vous ne les avez jamais vus !

Nombreuses randonnées : demandez le guide gratuit des balades à l'office de tourisme (ou téléchargement sur leur site). On en trouve de tous niveaux, de 1h à la journée entière. Quelques classiques comme le ***plateau des Ramées*** (env 2h A/R) ou le ***pic Saint-Michel*** (1 966 m), boucle de 4h30 assez difficile, à travers de jolis paysages avec vue.

Le sentier de découverte des gorges du Bruyant : départ du parking du Bruyant dans les gorges d'Engins, à env 6 km au nord-est de Lans-en-Vercors. Balade familiale et facile de 1h30 le long de la rivière si on se contente d'un aller-retour. Pour la boucle complète des gorges du Bruyant, compter 4h. Le chemin grimpe dans le vallon du Bruyant en passant d'une rive à l'autre du torrent par plusieurs passerelles au-dessus de chutes d'eau et de blocs. Accès à la source, à la cascade et aux ruines de l'ancien moulin. Aire de pique-nique au départ du sentier.

Espace ludique du lac de la combe Oursière : *☎ 04-76-95-42-62. Depuis le parking des Montagnes-de-Lans, sentier à droite en direction du pic Saint-Michel/combe Oursière (compter 15 mn de marche). Juil-août, tlj 10h-18h. GRATUIT.* Un étang artificiel (et peu profond) doté d'une petite île reliée par un radeau. Jeux d'eau. Baignade interdite. Petite restauration.

Manifestations

– ***Semaines thématiques :*** tout au long de l'été, spectacles de rue, concerts en plein air, festival de musique.
– ***Marmotte Highline Project (MHP) :*** *5 j. début juil.* Ce rassemblement d'adeptes des *highline, slackline* et autres sangles tendues dans le vide est l'occasion d'admirer ces voltigeurs jouer les funambules sur les crêtes de Lans-en-Vercors.
– ***Festival Jeunes Bobines :*** *entre Noël et le Jour de l'an. Infos et billetterie à l'office de tourisme. • festival-films-enfants.fr •* Ici tout tourne autour de l'enfant, acteur ou spectateur. Projections de courts et longs-métrages, ateliers, rencontres, etc. Créé en 1987, il s'agit de l'un des plus vieux festivals de ce genre en France.

AUTRANS-MÉAUDRE

3 100 hab. *Carte Isère, B3*

Sous ce nom se cachent 2 villages (Autrans et Méaudre) situés à 6 km l'un de l'autre et un domaine skiable qui, en matière de ski de fond, est le plus beau d'Europe, avec 180 km de pistes. L'endroit se révèle aussi particulièrement adapté aux familles.

AUTRANS *(38880)*

À 1 050 m d'altitude au milieu de magnifiques forêts, ce village n'est pas trop altéré par les constructions récentes. Si la longue culture nordique de la station remonte au début du XXe s, ce sont les J.O. de 1968 qui, en révélant les disciplines nordiques, ont vraiment fait d'elle ***la Mecque du ski de fond.*** Depuis, elle n'a cessé de perpétuer la tradition en accueillant de nombreuses compétitions, notamment la fameuse Foulée blanche.

Adresse et infos utiles

Office de tourisme : *49, rue du Vercors. ☎ 04-76-95-30-70. • autrans-meaudre.com • Juil-août et de mi-déc à fin mars, tlj sauf jeu 9h-12h, 14h-17h45. Le reste de l'année, ferme à 17h, ainsi que lun et mer ap-m.*
– ***Marchés :*** *mer mat, tte l'année.* ***Marché bio,*** *ven 16h-19h, tte l'année.*

Où dormir ? Où manger ?

Campings

Les 4 Montagnes – Yelloh ! Village : *61, rue du Cornet. ☎ 04-76-95-33-44. • campingles4montagnes@gmail.com • yellohvillage.fr/camping/les_4_montagnes/ • Ouv de mi-mai à début sept. Forfaits 20-54 € pour 2. Loc* *de Coco Sweet, mobile homes et chalets. 101 empl.* Aux portes du village, des emplacements herbeux et plats pour ce camping bien équipé et confortable, avec aménagements paysagers. Piscine chauffée et espace bien-être (sauna, hammam et spa).

Camping-caravaneige du Vercors : *115, rue de la Croze, Les Gaillards. ☎ 04-76-95-31-88. • contact@camping-du-vercors.fr • camping-du-vercors.fr • À 300 m du village. Ouv de mi-mai à mi-sept et de mi-déc à mars. Forfaits pour 2, env 17-34 €. Cabanes et mobile homes. 45 empl.* Petit camping familial bien équipé à proximité des commerces et des pistes de ski de fond. On plante sa tente sur des bandes de pelouse plus ou moins larges et peu ombragées. Piscine couverte et chauffée. Location de vélos électriques.

De prix moyens à chic

Hôtel Les Tilleuls : *111, rue de Puiboreau, La Côte. ☎ 04-76-95-32-34. • tilleuls.hotel@wanadoo.fr • hotel-tilleuls.com • Resto tlj (sauf mer soir-jeu hors saison). Fermé de début avr à début mai et en nov. Doubles 76-116 € ; familiales. Menus 31-43 € ; carte env 38 €.* Un établissement tout en longueur, d'agencement classique, aux chambres assez standard, mais avenantes et très bien tenues. Aux beaux jours, belle piscine chauffée dans le jardin, ainsi qu'un espace détente avec bain nordique *(payant)*. Cuisine soignée, comme on dit, qui fait le bonheur des habitués : omble chevalier l'été, truite du Vercors...

Le Banc de l'Ours : *1651, route de Nave. 06-81-07-09-24. • resto.lebancdelours@gmail.com • À env 1,5 km du village ; accessible en voiture l'été, à skis ou à raquettes l'hiver. Tlj sauf dim soir. Fermé en mai-juin et oct-nov. Nombreuses formules déj sauf dim à partir de 22 € ; menu 35 € ; carte env 30-35 €. Un flambeau offert sur présentation de ce guide, pour retour au village.* Beau chalet d'alpage, totalement isolé, avec vue extra sur la vallée. Dans l'assiette, poulet fermier, gratin de ravioles, tartiflette au reblochon... Du solide et du copieux. L'hiver, si vous êtes à skis, à la descente, c'est sûr, ça va glisser tout seul !

L'ISÈRE

MÉAUDRE (38112)

Plaine du milieu pour les Celtes, *melo* et *durum* (forteresse de la montagne) pour les Gaulois, le vieux hameau de Méaudre souffre quelque peu de constructions nouvelles sans caractère. Mais avec ses demeures traditionnelles, la place principale a conservé son caractère et dégage encore ***un certain charme.***

Adresse et info utiles

Office de tourisme : *pl. Locmaria. ☎ 04-76-95-20-68. • autrans-meaudre.com • L'été et de mi-déc à fin mars, tlj 9h-12h, 14h-17h45 (17h dim). Hors saison, tlj sauf mar-mer.*

– **Marché :** *mar mat, tte l'année.*

Où dormir ? Où manger ?

Campings

Les Eymes : *1893, route du Perthuzon, Les Eymes. ☎ 04-76-95-24-85. • contact@camping-les-eymes.com • camping-les-eymes.com • À 2,5 km au nord-ouest de Méaudre. Ouv mai-fin sept. Resto ouv fév et juil-août. Forfaits 17-26 € pour 2. 30 empl.* Un camping intime, dans un joli coin en lisière de forêt, avec des emplacements en terrasses à flanc de colline, face aux hameaux de la vallée et aux montagnes. Chalets, mobile homes et le sympathique lodge des p'tits lutins. Piscine.

⩘ ***Camping-caravaneige Les Buissonnets :*** *111, les Faures. ☎ 04-76-95-21-04. ● camping-les-buissonnets@wanadoo.fr ● camping-les-buissonnets.com ● ♿ À env 1 km au nord-est du centre. Fermé de fin sept à mi-déc et fin mars-début mai. Forfaits pour 2 env 21 €. 117 empl.* Vaste, simple, bien tenu et en partie ombragé. De grandes pelouses avec ici et là les mobile homes, de petits chalets ou les emplacements tente. Tarif préférentiel à la piscine municipale, à 200 m.

Prix moyens

🏠 |●| ***Auberge Le Sabot de Vénus :*** *63, route du Méaudret. ☎ 04-76-95-20-02. ● contact@sabotdevenus.com ● sabotdevenus.com ● ♿ Dans le village. Resto tlj sauf lun-mer hors saison. Fermé de mi-nov à mi-déc. Doubles 69-83 € ; familiales. Menus 16,50 € (déj sauf dim), puis 24-35,50 €. Café offert sur présentation de ce guide.* Un petit hôtel proposant une poignée de chambres bien tenues, qui font plaisir à voir, avec leur déco pimpante et personnalisée. On sent le même souci de bien faire côté resto avec une cuisine du terroir sincère et un cadre fort plaisant. La spécialité : la truite du Vercors à la clairette, la vraie de vrai, s'il vous plaît !

|●| ⛱ ***La Table de la Fontaine :*** *42, pl. Locmaria. ☎ 04-56-17-79-40. ● contact@latabledelafontaine.fr ● Sur la place centrale. Tlj sauf mer ; midi seulement plus soir ven-sam. Formule et menu déj 29 € ; carte env 35 €.* Bistrot de village sérieusement revigoré par un jeune couple formé chez quelques grands. Le chef se fournit en bons produits locaux notamment dans les fermes du plateau. Fraîche et bonne cuisine au gré du marché. Et 2 terrasses au gré du soleil !

Ski et neige

Les 2 stations ont des domaines skiables séparés, mais reliés entre eux par des pistes pour le ski nordique (mais pas pour le ski alpin).

⛷ ⇇ ***Ski nordique :*** *domaine d'Autrans-Méaudre (180 km de pistes).* Formidable itinéraire de liaison à skis Gève – la Molière (25 km aller-retour, forte dénivelée) réservé aux skieurs de niveau moyen à confirmé. Les plus chanceux découvriront au loin la Meije et le mont Blanc par beau temps. Domaine « olympique » au plateau de Gève, avec navettes incluses dans le prix du forfait.

⛷ ***Ski alpin :*** les 2 stations possèdent leur propre domaine, mais le forfait est commun et une navette gratuite les relie. À Autrans, on skie sur le domaine d'Autrans-La-Sure, et à Méaudre, sur le site de Méaudre-village. Chacun possède des pistes de tous niveaux (36 km en tout).

➢ ***Raquettes :*** 90 km de sentiers damés et balisés. Plan en vente à l'office de tourisme.

– ***Traîneaux à chiens :*** ***Alpen Team,*** *📱 06-50-34-36-92 ; ● alpen-team.fr ● Formule découverte 85 € ;* ***Rêve Arctic :*** *● revearctic.com ●* Initiation à la conduite d'un attelage ou balades en traîneau à chiens.

Sports et loisirs d'été

– ***Tous les sports :*** piscine, site VTT-FFC (300 km pour une grosse vingtaine d'itinéraires, télésièges équipés de crochets porte-vélo), bureau des guides (spéléo, escalade, canyoning...), centre de bien-être et de balnéothérapie, aire de loisirs multisports, luge multisaison, luge *tubing.*

➢ ***Randonnées :*** l'office de tourisme distribue un prospectus gratuit *Guide des balades.* Vente d'une carte ainsi qu'un tracé du sentier du patrimoine, soit un itinéraire de 15 km dans le village *(livret payant du patrimoine).*

Le panorama de la Molière : *à 15 km d'Autrans. Accessible en été par la route jusqu'au bout. L'hiver, par les pistes de ski d'Autrans.* Du parking, quelques pas suffisent pour gagner la Molière, à 1 632 m d'altitude. De là-haut, panorama remarquable à 160° et table d'orientation. On embrasse le Vercors, l'Oisans, les Écrins, le Soreiller, Belledonne, le Beaufortain, la Chartreuse et le... mont Blanc par beau temps. Au loin, en contrebas, les *Trois Pucelles,* sans oublier Grenoble et la vallée de l'Isère.

L'ISÈRE

Manifestations

– ***La Foulée blanche :*** *5 j. fin janv à* ***Autrans.*** *• lafouleeblanche.com •* Une des plus grandes courses de ski de fond en France.
– ***L'Aventure polaire :*** *1 w-e début fév à* ***Autrans-Méaudre.*** Championnat national de chiens de traîneau qui réunit plusieurs centaines d'attelages sur des parcours de 25 à 50 km, animations et baptêmes avec un musher professionnel. En principe oui
– ***La Vercors Bike Festival :*** *1 w-e fin juin à* ***Autrans,*** *à* ***Méaudre*** *et* ***Lans-en-Vercors.*** Rassemblement VTT. 5 épreuves à travers les beaux chemins du Vercors.
– ***Vercors Music Festival :*** *4 j. 1re quinzaine de juil, à* ***Autrans.*** *• vercorsmusicfestival.com •* Une vingtaine de concerts avec des artistes nationaux et internationaux dans des répertoires variés (chanson française, pop, jazz, flamenco, rock, etc.).
– ***Foire bio :*** *1er w-e de juil à* ***Méaudre.*** Avec près de 120 exposants dans des domaines aussi variés que l'alimentation, l'habitat, l'habillement, l'hygiène et la santé. Espace artisans du Vercors, restauration bio, conférences, animations enfants.
– ***Festival international du film de la montagne :*** *5 j. début déc à* ***Autrans.*** *• festival-autrans.com •* Belle sélection internationale de films documentaires, de fiction, d'animation...

VILLARD-DE-LANS

(38250) 4 460 hab. *Carte Isère, B3*

La petite « capitale » du Vercors fut d'abord, au début du XXe s, une station climatique où les enfants venaient faire des cures « d'air et de lait » puis, dès les années 1920, l'une des 1res stations de sports d'hiver du Dauphiné. Aujourd'hui, ce n'est plus tout à fait l'aimable gros bourg de montagne tassé sur sa colline, avec ses maisons montagnardes traditionnelles, quelques hôtels, pensions de famille et demeures début XXe s. Mais, même si quelques excroissances de béton et une poignée de chalets résidentiels pas toujours du meilleur goût y ont poussé, le bourg a su conserver un certain charme, et ses alentours méritent d'être explorés.

Adresse utile

Office de tourisme : *31, av. du Général-de-Gaulle. ☎ 04-76-95-10-38. Service résa : ☎ 04-76-95-51-78. • villarddelans.com • Ttes vac scol, tlj 9h-12h30, 14h-18h30 ; hors vac, lun-sam 9h-12h, 14h-18h, dim et j. fériés 9h-12h30. Service de résa (hébergements, activités, remontées* *mécaniques...) ouv tte l'année, tlj sauf w-e et j. fériés.* Guides des balades et cartoguides du parc régional du Vercors en vente.

Où dormir ? Où manger ?

De bon marché à prix moyens

Hôtel du Centre-restaurant La Bougie : *54, rue Gambetta. ☎ 04-76-95-14-12. • contact@hotelducentre-villarddelans.fr • hotelducentre-villarddelans.fr • Resto tlj sauf midi des lun et mar en saison ; tlj sauf lun-mar et dim soir. Fermé vac de printemps et de Toussaint. Double 68-70 € ; familiales. Menus env 18 € (déj), puis 23-38 € ; carte 30-35 €. Apéritif maison offert sur présentation de ce guide.* Dans une rue tranquille du centre (naturellement), une bonne petite adresse, genre pension de famille améliorée. Le bâtiment, un peu tarabiscoté, dispose de chambres sans chichis mais plaisantes, malgré des salles de bains parfois un peu exiguës. Salon commun avec TV, canapé, bouquins et jeux de société, un peu comme à la maison. Au resto, bonne cuisine alliant spécialités régionales (fondues, tartiflette) et plats plus classiques (cuisses de grenouilles mer et sam midi, foie gras maison).

Mille et une saveurs : *69, rue des Pionniers. 06-22-90-88-35. Tlj en saison. Env 6-15 €.* Un peu planqué en bas d'une petite rue, un fast-food (burgers, kebab, tacos...) mais où le souriant et volubile patron n'utilise que des produits bio et locaux. Et ça fait une sacrée différence ! Petite terrasse.

La Marguerite : *44, pl. de la Libération. ☎ 04-76-95-15-24. • brasserielamarguerite@hotmail.fr • En été, tlj midi et soir ; en hiver, tlj 12h-18h. Fermé nov. Plat du j. 16,90 € ; formules déj 21,90-28,90 € ; carte env 20 €.* Ici, on ratisse large, mais on ratisse bien. À midi, la formule du jour varie selon les produits du marché et privilégie des plats de brasserie traditionnelle. À la carte, galettes et crêpes, salades, gratin dauphinois, tartiflettes, etc. Du solide fait maison, à déguster dans la salle toute de bois vêtue ou sur la spacieuse terrasse.

De prix moyens à chic

Hôtel Le Dauphin : *220, av. du Général-de-Gaulle. ☎ 04-76-95-95-25. • contact@hotel-le-dauphin-vercors.com • hotel-le-dauphin-vercors.com • Congés : avr. Doubles 90-110 €.* Un sympathique hôtel à l'ambiance familiale. Tout de bois clair, il cultive une chaleureuse ambiance de chalet nordique douillet. Certaines chambres, spacieuses et confortables, ont vue sur les montagnes, les autres sur le jardin. Petite crêperie avec terrasse. Excellent accueil.

Chez Mamie : *46, av. du Général-de-Gaulle. ☎ 04-76-27-75-42. • restaurantchezmamie@outlook.fr • Tlj sauf dim soir et lun hors saison. Fermé oct-nov et avr-mai. Carte env 25 €.* Joli décor qui mixe meubles, bibelots et photos d'autrefois et design contemporain. Grande terrasse colorée. Des petits plats comme chez mamie (vous vous en seriez douté, non ?) du genre, puisqu'on est en Isère, gratin dauphinois ou ravioles. Et des burgers puisque cette adresse récente du bourg a été lancée par une équipe de sympathiques jeunes gens. C'est pas mal fait et servi avec le sourire.

Les Trente Pas : *16, av. des Francs-Tireurs. ☎ 04-76-27-75-42. • lestrentepas@orange.fr • Tlj sauf lun et soir mar-mer. Menus déj sem 22-26 €, 32-36 € et (soir seulement) 49-55 €.* Petite salle contemporaine où s'accrochent des toiles... contemporaines (et petite terrasse sur rue) pour une jolie cuisine, avec de l'idée. Produits d'ici et saveurs d'ailleurs. Service à la fois pro et chaleureux.

La Bergerie : *14, rue Jean-Moulin. ☎ 04-76-95-10-34. Dans le centre. Pdt vac scol, tlj ; le reste de l'année, tlj sauf lun-mar (plus parfois mer). Fermé 3 sem en juin et 15 j. début déc. Raclettes-fondues 24,90-27,90 € ; menu « duo » 49,90 € pour 2 ; carte 35-40 €.* Sympathique resto qui, évidemment, ressemble à une bergerie d'alpage avec son intérieur en bois agrémenté de vieux objets ruraux et de guirlandes de pommes. Cadre bien chaleureux donc. Carte un peu tous azimuts entre salades, fondues, raclettes, ravioles, pizzas, entrecôtes, crêpes sucrées, etc. En principe, tout le monde y trouve son bonheur. Terrasse (non-fumeur) dans une cour à l'arrière.

La Vieille Forge : *107, rue de la République. ☎ 04-76-94-13-14. • lavieilleforge38@gmail.com • Tlj sauf dim soir et lun. Menus 28-38 € ; carte env 30 €.* Une jolie adresse tant au niveau du cadre (bois et pierre mais dans un esprit franchement contemporain) que de la cuisine. Si les gros appétits risquent de rester un peu sur leur faim, les gourmets apprécieront les associations de saveurs et la façon qu'a le chef de revisiter les classiques.

Où dormir ? Où manger dans les environs ?

De bon marché à prix moyens

Auberge de Malaterre : *forêt de la Loubière, 38250 Villard-de-Lans. 06-07-87-52-80. • a.malaterre@hotmail.com • malaterre.fr • À env 10 km à l'ouest de Villard-de-Lans. En hiver, s'il y a de la neige, accès seulement à skis de fond ou raquettes. De nov à mai, tlj (sauf mer midi en janv) 11h-16h30. Fermé avr et nov. Résa conseillée. Carte env 35 €. CB refusées. Digestif maison offert sur présentation de ce guide.* Perdue en pleine forêt, dans une ancienne maison forestière du début du XXe s. Tout est en bois, pas d'électricité, pas d'eau courante (acheminée par citerne). Vraiment la « mauvaise terre » des bûcherons, dure, âpre... Pourtant, c'est ici que Lydia et Bernard ont choisi de faire revivre les activités liées à la forêt, tout en régalant fondeurs et randonneurs. Aujourd'hui, leur fille Alice a repris le flambeau. Entre vieux outils de bûcherons et étagères de potions de sorcière, se dévoile une atmosphère réellement étonnante et chaleureuse. Aux beaux jours, on profite de la terrasse. Cuisine régionale à partir de bons produits du terroir, bio pour l'essentiel : pain maison, omelettes aux champignons de la forêt, tarte aux myrtilles. Lydia et Bernard animent, certains soir d'été, au coin du feu, « la veillée de Malaterrre » ou s'adonnent, les dimanches de pluie, aux « racontages d'histoires ».

Auberge des Montauds : *564, chemin des Montauds, 38250 Villard-de-Lans. ☎ 04-76-95-17-25. • aubergedesmontauds@wanadoo.fr • auberge-des-montauds.fr • Doubles env 70-96 € ; familiales ; ½ pens 25,50 €. Menu 34 € ; carte env 30 €.* Un peu perché, ce petit hôtel-resto à l'architecture dans l'esprit des fermes traditionnelles du Vercors offre un panorama superbe sur les monts environnants. Calme total pour des chambres simples et impeccables. Cuisine de région au resto avec cheminée pour l'hiver et terrasse fleurie pour l'été.

Où acheter de bons produits ?

Vercors Lait : *route des Jarrands. ☎ 04-76-95-00-11. Tlj 9h-12h, 14h-18h (9h-19h été et vac scol de fév et de Noël).* Cette coopérative ultramoderne, labellisée par le parc naturel, propose tous les classiques de la production locale (bleu de Vercors-Sassenage, saint-marcellin...). Fromage de Savoie également.

À voir

La maison du Patrimoine : *pl. de la Libération. ☎ 04-76-95-17-31. Juil-août et de mi-déc à mars, tlj sauf mar 15h-18h, plus dim 10h-12h, 15h-18h en été. Le reste de l'année, mer-sam 15h-18h30. GRATUIT.*
Abrité dans l'ancienne mairie, ce musée retrace l'histoire ethnographique de la région.

Au ***1er étage,*** une salle est consacrée à l'épopée du ski, sans doute la salle la plus riche en objets. Grandes luges en bois, skis antiques bien exposés sur les murs, matériel de montagne. Prendre le temps de visionner les films en noir et blanc sur les 1res descentes à skis. Tordant de rire ! Dans les autres salles : évocation de la vie sociale, religieuse et paysanne (photos d'époque, ustensiles et objets domestiques). Sans oublier l'hommage rendu à la villard-de-lans, la race de vache locale. Au ***2e étage,*** sous les combles, petite collection de jougs de bœuf, cet instrument qui lie l'homme au travail de la terre et à l'animal depuis 6 000 ans ! Évocation de la vie agricole, l'artisanat, l'habitat par le biais d'outils variés, petites machines agricoles, pièges, atelier du cordonnier, établi du menuisier, sabots, meules, etc. Voir aussi l'ancien mécanisme de l'horloge du beffroi qui fonctionne toujours.

Le calvaire et le village de Valchevrière : *à env 16 km à l'ouest de Villard-de-Lans.* L'un des symboles les plus forts de la Résistance en Vercors. Ce calvaire est la dernière étape d'un chemin de croix débutant à Villard-de-Lans. Belvédère où l'on oublie la vue splendide sur les gorges de la Bourne en se souvenant que de nombreux maquisards s'y sont sacrifiés pour ralentir l'avancée des troupes allemandes. En vain... En témoignent les ruines calcinées de Valchevrière, village incendié le 23 juillet 1944 par les Allemands. Seule la chapelle en a réchappé. On y voit également le mur des fusillés, où les Allemands passèrent les maquisards par les armes. Site donc particulièrement émouvant... On peut ensuite continuer la jolie route vers ***Saint-Martin-en-Vercors*** *(voir le Routard Ardèche-Drôme),* par le col d'Herbouilly (1 370 m).

Ski et neige

Ski alpin : domaine (1 111-2 050 m) avec 125 km de pistes. On aime beaucoup son côté familial, à taille humaine. De nombreuses pistes faciles, mais les plus aguerris ou motivés auront quelques noires à se mettre sous les skis, dont certaines ayant accueilli de nombreuses compétitions internationales. Carole Montillet, la championne olympique de descente à Salt Lake City en 2002, est d'ailleurs originaire de Villard-de-Lans. Et pour la petite histoire, le célèbre basketteur ***Tony Parker*** – qui n'a jamais fait de ski, assurances oblige... – est désormais en grande partie propriétaire des remontées mécaniques.

Ski nordique : 150 km de pistes balisées entre Isère et Drôme, avec 3 entrées, Villard-Bois-Barbu, Corrençon-les-Hauts-Plateaux et Saint-Martin-en-Vercors-Herbouilly. Plus un *nordic park* pour la découverte ludique du ski nordique, un stade de biathlon, des pistes de découverte nature, des circuits raquettes...

– ***Luge park « La Colline des Bains » :*** un espace de 6 pistes de luge unique dans les Alpes, dédié à la glisse ludique. Des luges classiques et originales (luge à volant, attachées les unes aux autres, en duo sur le ventre, etc.). 2 remontées mécaniques permettent de rejoindre le haut des pistes. Également un espace de ski destiné aux tout-petits (gratuit).

Sports et loisirs d'été

– La télécabine de la Côte 2000 fonctionne quotidiennement en juillet et août, le week-end seulement en juin et septembre. Du sommet (1 720 m), *bike park* avec 6 itinéraires de VTT de descente, départ de randonnées, piste d'envol pour parapente.

– ***Espace loisirs :*** ☎ *04-76-95-50-12. Horaires d'ouverture variables selon saison.* Centre aquatique (piscine à vagues, toboggans) et patinoire espace forme.

– ***Descente de canyon et spéléologie :*** stages et courses possibles avec notamment le *bureau des moniteurs du Vercors (📱 06-81-54-65-71 ; ● speleo-canyon.com ●).* Formules à la journée avec équipement et assurance compris.

Fête et manifestations

– ***La Trans'Vercors Nordic :*** *2 j. début mars. ● transvercors-nordic.com ●* La doyenne des courses de longue distance de ski de fond avec toujours les mêmes paysages, le même esprit et le même enthousiasme.
– ***Fête de la Coquille Saint-Jacques :*** *dernier w-e de mars. ● fete-de-la-coquille.fr ●* Inattendu et original dans le Vercors (lié à l'histoire de l'excellente poissonnerie locale) ! Animations et démonstrations culinaires par de grands chefs, dégustations, conférences...
– ***Festival Y'a tout ça :*** *4 j. fin oct. ● festivalvdl.com ●* Théâtre, humour, chanson, expos et films au programme.

CORRENÇON-EN-VERCORS

(38250) 350 hab. *Carte Isère, B3*

À l'extrémité sud du plateau, porte d'entrée de la réserve naturelle des Hauts-Plateaux, Corrençon a su garder pas mal de caractère. Probablement parce que la route s'arrête là, que son économie repose toujours en partie sur l'élevage et l'exploitation forestière. Côté glisse, le village s'est « pacsé » avec Villard-de-Lans, jouant ainsi sur la complémentarité de son domaine de la Grande Moucherolle pour donner naissance à l'espace Villard-Corrençon.

Adresse utile

ℹ ***Office de tourisme :*** *pl. du Village, à gauche de la mairie. ☎ 04-76-95-81-75. ● villarddelans.com ● Fermé lun.*

Où dormir ? Où manger ?

De bon marché à prix moyens

🏠 ***Refuge des Hauts Plateaux :*** *à l'étage du club-house du golf. ☎ 04-76-95-81-75 (office de tourisme). 📱 06-48-05-68-48. ● info@correncon.com ● Ouv tte l'année. Résa obligatoire par tél. Nuitée 20 €, 18 €/enfant. Privatisation possible, 225 €.* Gîte d'étape en gestion libre, au départ des pistes de ski nordique. Il s'agit d'un dortoir unique, tout simple, avec, sous les toits, une quinzaine de lits, qui se partagent une seule douche, un w-c et une petite cuisine. Sommaire, mais vraiment pas cher. Un bon plan donc pour les budgets riquiqui.

Beaucoup plus chic

🏠 🍽 ***Hôtel du Golf – Restaurant Asterales :*** *Les Ritons. ☎ 04-76-95-84-84. ● asterales@hotel-du-golf-vercors.fr ● hotel-du-golf-vercors.fr ● Entre le centre du village et le golf. Resto ts les soirs, plus le midi w-e. Fermé de fin mars à mi-mai et de mi-oct à mi-déc. Doubles 146-240 €. Menus 52-108 € ; pas de carte.* Dans une ancienne ferme restaurée, l'établissement ne laisse guère de place à la concurrence dans sa catégorie.

Chambres et suites très classe, personnalisées et cossues (avec balcon). Entrées spacieuses, boiseries, mobilier choisi (entre classique et baroque)... Pour compléter ce beau tableau, un spa avec baie vitrée, un sauna, une piscine extérieure chauffée dans le parc et un restaurant top niveau.

Ski et neige. Sports et loisirs d'été

Au départ du village (par un téléski), depuis le hameau des Rambins ou du Clos-de-la-Balme, par une route à gauche à partir du Centre nordique des Hauts-Plateaux, accès au ***grand domaine de l'espace Villard-Corrençon.*** En plein cœur du village, le hameau des Rambins est un espace aménagé pour les bambins, avec piste de luge. Pour plus d'infos, voir la rubrique « Ski et neige » à Villard-de-Lans.

– ***Golf 18 trous :*** *Les Ritons.* ☎ *04-76-95-80-42.* ● *golfdecorrencon.com* ● *À l'entrée de la réserve naturelle des Hauts-Plateaux.* Que l'on soit ou non adepte, ce parcours de montagne situé de part et d'autre du GR 91 a belle allure (et reste entretenu par les gens du pays). Randonneurs et golfeurs font ici bon ménage (attention tout de même aux balles perdues).

– ***Espace Biathlon ski-roue Vercors :*** *accessible à pied depuis le village.* Ce site nordique regroupe des espaces répondant tant aux exigences des pratiquants et champions de haut niveau qu'aux vacanciers à la recherche de nouvelles expériences. La très grande diversité d'activités proposées permet de découvrir les sports nordiques toute l'année. Boucles de plusieurs niveaux, initiation au biathlon...

LA RÉSERVE NATURELLE DES HAUTS-PLATEAUX

Carte Isère, B3-4

Vaste territoire sans routes, relief tabulaire constitué d'une épaisse couche de calcaire. Miné, altéré par l'eau, ce calcaire prend parfois des allures karstiques (de Karst, région de Slovénie où l'on retrouve les mêmes reliefs tourmentés). Très peu de sources, et elles tarissent en été (emporter impérativement de l'eau !). L'altitude s'étage entre 1 050 et 2 341 m avec le Grand Veymont, point culminant du Vercors. Aujourd'hui marquée par une alternance d'alpages et de forêts, la réserve possède la plus grande forêt de pins à crochets des Alpes calcaires et une flore riche de plus de 700 espèces.

QUELQUES CONSEILS

Avec près de 17 000 ha, c'est ***la plus grande réserve naturelle de France métropolitaine.*** L'endroit est très réglementé. La pratique du VTT y est limitée à un seul itinéraire (la variante de la GTV) et la présence de chiens, la cueillette, les feux et l'abandon des déchets y sont interdits. Les bivouacs sont autorisés de 17h à 9h. Veillez à ne pas effrayer la faune. Observez-la à distance, surtout l'hiver, lorsque les ressources alimentaires sont limitées et les animaux affaiblis. Respectez également le travail des bergers en contournant les troupeaux, ne pénétrez pas dans les bergeries et gardez vos distances avec les chiens patous, qui protègent les troupeaux contre les attaques de chiens errants et de prédateurs sauvages (lynx, loups...).

Par ailleurs, la signalétique et le balisage étant restreints, ***la traversée de la réserve (compter entre 2 et 3 jours) s'adresse aux randonneurs chevronnés,*** capables de se diriger avec une carte IGN. Prévoyez également de quoi bivouaquer, des vêtements chauds et imperméables, une boussole (très utile en cas de brouillard) ainsi qu'une réserve d'eau (au risque de se répéter, elle est rare sur le plateau) garantissant votre complète autonomie. Plus d'infos auprès du parc du Vercors ● *parc-du-vercors.fr* ●

LES GORGES DE LA BOURNE (DE VILLARD-DE-LANS À PONT-EN-ROYANS)

En voiture, suivre la D 531. Taillées par les eaux de la Bourne (qui prend sa source du côté de Lans-en-Vercors), voici les plus longues gorges du massif. Très pittoresques. Ne pas manquer au passage les falaises grises du cirque de Bournillon et ses hautes chutes. Après avoir dégringolé plus de 800 m de dénivelée, la rivière mêle ses eaux à l'Isère, une dizaine de kilomètres en contrebas de Pont-en-Royans (à Saint-Nazaire-en-Royans pour être exact).

Où dormir ? Où manger dans le coin ?

Camping Le Gouffre de la Croix : *1050, route du Pont-de-Vezor, Châtelus, 38680* ***Choranche.*** ☎ *04-76-36-07-13.* ● *contact@camping-vercors.com* ● *camping-vercors.com* ● *Ouv avr-fin sept. Forfaits à partir de 21-28 € pour 2 selon saison. Mobile homes. 57 empl.* Camping familial, à l'écart du village et au fond des gorges. Emplacements en bordure de rivière ou un peu au-dessus, en terrasses ombragées. On s'endort avec les délicates notes de la rivière qui bercent les oreilles. En face, les majestueuses falaises s'élèvent haut dans le ciel. Baignade dans la rivière. Mobile homes et tentes lodge. Simple et sympa.

La Ferme du Clos : *210, prés du Clos, Châtelus, 38680* ***Choranche.*** ☎ *04-76-36-10-94.* *06-01-35-20-49.* ● *contact@lafermeduclos.fr* ● *lafermeduclos.fr* ● *Congés : de fin déc à mi-janv. Au camping (4 empl), forfaits 21-25 € pour 2. Double 74 €, petit déj inclus. Roulotte 65 € pour 2. Dîner 26 €, boissons comprises. Visite de la ferme offerte sur présentation de ce guide.* Belle histoire que celle de cette ferme, qui a d'ailleurs inspiré le film *Une hirondelle a fait le printemps,* sorti en 2001. Et bel endroit, face aux falaises, où l'on peut planter sa tente sous les noyers, dormir dans de jolies chambres d'hôtes avec vue, une roulotte ou de petits chalets de bois *(loués à la semaine),* se régaler à la table d'hôte, faire le plein de bons produits fermiers et découvrir la vie de cet élevage de chèvres.

Hôtel Le Jorjane : *105, Grande-Rue, 38680* ***Choranche.*** *06-76-11-46-72.* ● *lejorjane.zam@gmail.com* ● *Tlj en saison ; w-e seulement en avr et oct. Fermé oct-mars. Doubles 65-70 € (les moins chères avec w-c extérieurs). Carte env 22 €. Garage motos-vélos. Digestif maison offert sur présentation de ce guide.* Bel accueil, jeune et concerné dans ce modeste petit hôtel aux murs brique et aux volets bleus. Chambres très simples mais bien tenues. Terrasse agréable pour une sympathique cuisine de région à base de produits très locaux (truite à l'oseille du jardin, ravioles des Grands Goulets...).

Cabane Café : *620, route des grottes, 38680* ***Choranche.*** ☎ *06-77-35-46-77.* ● *info@cabanecafe.com* ● *Fermé nov-fév. Compter env 18 €.* Le concept est simple et amusant : on vous fournit la planche, le couteau et le pain (excellent), et vous achetez parmi les produits locaux (très souvent bio) de quoi composer votre pique-nique. Noter que le fromage et les terrines (par exemple) ne sont vendus qu'entiers, ce qui peut faire beaucoup si vous n'êtes que 2. Ensuite, choisissez où vous poser : l'une des tables de bois bricolées et éparpillées sur le terrain accidenté, et le plus souvent abritées, de simples bottes de paille ou... un lit à baldaquin, voire des hamacs. Rustique et sympathique. Le proprio étant apiculteur, un petit parcours vous invite à découvrir le monde des abeilles.

À voir

La grotte de Choranche : *entre Villard-de-Lans et Pont-en-Royans, dans les gorges de la Bourne. ☎ 04-76-36-09-88. • visites-nature-vercors.com • Ouv tte l'année ; horaires très variables selon période. Juil-août, départs des visites ttes les 20 mn, 10h-18h (dernier départ). Pour le reste de l'année, consulter le site internet. En général, moins de monde le mat. Durée de la visite guidée : 1h. Entrée : 13 € ; réduc ; expo permanente sur la préhistoire et la géologie en accès gratuit. Pour la visite de la grotte, il est vivement conseillé de porter chaussures fermées et vêtements chauds, la température ne dépassant jamais 10 °C. Audioguide disponible.* Fort bien aménagée, avec de remarquables éclairages mettant en valeur la pureté des concrétions, mais aussi les salles immenses et le lac souterrain (60 m de diamètre et 18 m de haut), la grotte de Choranche est considérée à juste titre comme l'une des plus belles grottes de France. Elle est célèbre dans le monde entier pour son incroyable plafond orné de ***milliers de stalactites*** fistuleuses descendant de la voûte et se reflétant dans l'eau. Très, très fines, elles croissent à peine de 5 cm par siècle. Les plus longues dépassent les 3 m. Assez unique ! Un son et lumière clôture la visite. Découverte en 1871 (date généralement admise) à l'emplacement d'un éboulis rocheux, la grotte abrite l'émergence de 2 rivières souterraines, issues de 30 km de galeries. Enfin, vous découvrirez le protée (à mi-chemin entre l'anguille et la salamandre), ***le plus grand prédateur cavernicole*** originaire de Slovénie et préservé ici en aquarium. Tout au bout de la grotte, ***spectacle son et lumière.*** Snack sur place en été, bar et boutique.

PONT-EN-ROYANS

(38680) 810 hab. *Carte Isère, B3*

Curieux (et très photogénique) village. Situé au débouché des étroites gorges de la Bourne, il fut la seule issue du Vercors jusqu'au XIXe s. Aux XVe et XVIe s, faute de place, les maisons s'accrochèrent à la falaise, soutenues par des étais de bois. Une passerelle aménagée sur la rive droite permet d'admirer de plus près les façades colorées de ces maisons comme suspendues dans le vide. Autres beaux points de vue depuis le pont ou les vasques artificielles (où faire trempette) sur la rive gauche de la Bourne. L'envers du décor, c'est la très étroite « Grande-Rue », abandonnée au flot incessant des voitures. Tout autour de cette « Grande-Rue », de petites rues et autres sentes médiévales du quartier ancien voient peu à peu leurs façades et leurs maisons réhabilitées.

Pont-en-Royans a aussi été la patrie d'adoption d'Oscar Decombaz, un des pères de la spéologie, « inventeur », entre autres, des grottes de Choranche...

Adresse et info utiles

Office de tourisme : *49, Grande-Rue. ☎ 04-76-38-53-85. • tourisme.saintmarcellin-vercors-isere.fr • Juil-août, tlj 9h-13h, 14h30-18h ; avr-juin et sept, tlj sauf jeu ap-m ; oct, tlj sauf dim ap-m, lun ap-m et jeu. Fermé* *le reste de l'année.* Propose des visites guidées nocturnes du village en été, sur réservation *(payant).*

Bus : 2 bus/j. pour Grenoble avec *Transisère (☎ 04-26-16-38-38, appel gratuit ; ● carsisere.auvergnerhonealpes.fr ●).* 2 bus/j. pour Valence *(rens : ☎ 0810-26-26-07, prix d'un appel local depuis un tél fixe ; ● sradda.com ●).*

Où dormir ? Où manger ?

Hôtel du Musée de l'Eau : *pl. du Breuil. ☎ 04-76-36-15-53. ● musee.eau@wanadoo.fr ● musee-eau.com ● Resto tlj sauf dim soir en basse saison. Fermé les 3 1res sem de janv. Doubles 82-93 € (incluant 1 ticket d'entrée au musée de l'Eau). Formules 26-31 €. Parking privé gratuit. Apéritif maison offert sur présentation de ce guide.* L'ancienne usine qui s'accrochait aux flancs de la falaise, au bord de la Bourne, a été entièrement repensée et propose des chambres propres et fonctionnelles, plus ou moins spacieuses, confortables mais d'un design un peu froid. Côté resto, même topo, la salle à manger est un peu clinique, mais par beau temps, la vaste terrasse panoramique compense largement. Au menu, la cuisine met les produits régionaux à l'honneur (truite, pintade de la Drôme, ravioles...). Excellent accueil des deux côtés.

Hôtel Le Beaurivage : *29, rue Gambetta. ☎ 04-80-45-00-27. ● h.beaurivage@orange.fr ● beaurivage-vercors.com ● Fermé déc-avr. Doubles 62-120 €. Formule 15 € (déj en sem) ; puis menus 22-30 €. Parking privé payant.* Haute bâtisse de village qui s'élève sur 3 étages, coincée entre la petite route et la rivière. Choisir évidemment les chambres donnant sur cette dernière, bien plus agréables. Certaines sont prolongées par une terrasse. L'ensemble est assez rustique (salle de bains à l'ancienne, dans un coin de la chambre), un rien daté, mais les prix sont doux et la rivière en contrebas bien belle. Piscine. Au rez-de-chaussée, grande terrasse aux beaux jours, où l'on sert une cuisine de ménage simple et honorable.

Où goûter et acheter du vin dans les environs ?

Domaine Mayoussier – Le Cellier de Félicie : *10, route du Bel, 38680* ***Auberives-en-Royan.*** *07-89-02-39-48. À env 2 km à l'ouest de Pont-en-Royans. En saison, lun-sam 10h-19h, dim 10h30-17h.* Un vignoble récent (l'aventure familiale a démarré en 2013) mais cultivé à l'ancienne (les labours se font avec des chevaux). Intéressants vins bio en IGP Isère, dans les 3 couleurs.

À voir

Le musée de l'Eau : *pl. du Breuil. ☎ 04-76-36-15-53. ● musee-eau.com ● Juil-août, tlj 10h-20h (19h30 avr-juin et sept) ; oct, tlj 10h-19h30 ; nov-mars, tlj 14h (10h week-end)-19h30 ; fermeture du guichet 2h avt. Fermé en janv. Entrée : 7 € ; réduc ; gratuit moins de 5 ans. Visite guidée gratuite tlj en juil-août à 15h.* Un musée pour découvrir l'eau dans tous ses états : cascades, torrents et rivières d'ici et d'ailleurs, formation de la neige, de la grêle, des vagues... Intéressante partie consacrée à la production hydroélectrique du Vercors. Petit quiz assez amusant, où les mauvais élèves prennent littéralement l'eau ! Mise en avant de l'importance de l'eau à travers le monde. Barrages, cataclysmes, pollutions sont également des thèmes abordés. Abrite également un bar à eaux (dégustation gratuite de quelques eaux). Pour info : le musée possède une collection de 1 700 bouteilles d'eau minérale du monde entier.

LE PLATEAU DES COULMES

Carte Isère, B3

Le plateau des Coulmes a longtemps vécu de l'exploitation forestière et de la fabrication du charbon de bois. Environnés de falaises inexpugnables sur presque tout son périmètre, ses 3 villages (*Malleval-en-Vercors, Presles* et *Rencurel*) ont longtemps pu se croire des îles au sein de leur forêt, au milieu d'une autre île sauvage et isolée en Vercors, les Coulmes. Les dernières familles de bûcherons ont quitté le plateau dans les années 1960 et cet inexorable exode rural a bien failli transformer cette microrégion en désert. Aujourd'hui, le plateau attire les amoureux de solitude. Pour les satisfaire, des dizaines de kilomètres de pistes de fond, un superbe sentier de pays balisé, le GR 9 qui passe au sud, une atmosphère un brin empreinte de mystère. Et, pour les accueillir, quelques très jolies adresses à prix fort raisonnables.

Accès au plateau

➢ Quelques-unes des routes les plus spectaculaires d'Isère grimpent vers le plateau des Coulmes (lire plus loin la rubrique « À faire »). Si ce genre de route de montagne vous laisse froid (ou vous donne chaud...), empruntez la D 35, plus tranquille, depuis ***La Balme-de-Rencurel.***

Le tour des Coulmes

Le tour des Coulmes (45 km) peut s'effectuer en 3 étapes énergiques de 5 à 7h ou, plus cool, en 4 ou 5 jours. L'itinéraire oscille entre 840 et 1 350 m, traverse des espaces fermés ou très ouverts, aborde tous les reliefs, falaises, gorges, plateaux, cirques... Se munir du cartoguide du tour des Coulmes, de la carte IGN Top 25 « Autrans-Gorges de la Bourne 3235 OT » et du cartoguide des Coulmes au Chanbarand. Pour préparer la randonnée, prendre contact avec les offices de tourisme et les auberges où vous êtes susceptible de séjourner.

Adresse utile

Point infos de Rencurel : *à la mairie. ☎ 04-76-38-97-48.*

Où dormir ? Où manger ?

Gîtes, chambres d'hôtes et cabanes Entre Ciel et Pierres : *495, chemin des Falaises, 38680* ***Presles.*** *☎ 04-76-36-09-45. 06-06-40-12-69. • info@entrecieletpierres.com • entrecieletpierres.com • À env 3 km au sud-est de Presles. Fermé fêtes de fin d'année. Doubles (petit déj en sus) ou dans la cabane de la prairie : 40-70 €. Nuitée dans la cabane dans la forêt, en gîte d'étape ou de groupe 7-9 pers 20 €, draps non compris. Apéritif maison offert sur présentation de ce guide.* Le couteau suisse de l'hébergement ! Pratique, adaptable, il offre des solutions pour tous les budgets. Perdu à l'extrémité d'une improbable route, dans une maison de pierre aux volets jaunes où la télé n'a pas droit de cité et où le wifi en fait à sa guise. Au choix, chambres d'hôtes, simples (w-c sur le palier) mais plaisantes ou joli gîte d'étape attenant à la maison, avec sa salle de bains commune, une partie des couchages en mezzanine. Également une cabane rustique à partager, avec sanitaires dans la grange, ou la superbe cabane de la prairie (pour 2-3 personnes), isolée et équipée (petit poêle et bout de terrasse). Le tout très sobre, dans un décor de vieilles pierres et de bois. Cerises sur le clafoutis : des produits bio et locaux aux menus, un accueil tout sourire et plein d'idées de balades.

Hôtel Le Marronnier : *715, rue de la Mairie, 38680* ***Rencurel.*** *☎ 04-76-38-97-68. • info@hotellemarronnier.com • hotellemarronnier.com • Resto ouvert tlj sauf mar : au déj pour ts, le soir réservé aux clients de l'hôtel en ½ pension (77 €/pers). Fermé fin sept (fin août pour le resto)-mai. Double 84 €. Formules déj sem 22-28 €.* Dans une belle maison en pierre, au cœur du village, avec un énorme marronnier (évidemment) planté sur l'agréable terrasse. Chambres réparties entre le corps de l'hôtel et un bâtiment attenant. Terrasse pour certaines, surplombant la belle piscine. Petite déco sympathique. Sauna. Au resto, bonne cuisine de région, avec une once d'imagination.

Auberge les Galopins : *rue Georges-Glénat, 38470* ***Malleval-en-Vercors.*** *☎ 04-76-38-54-59. • les.galopins@orange.fr • Tlj midi seulement (salon de thé l'ap-m-18h) ; avr-juin et sept-oct, ouv ven-dim ; fermé nov-mars. Carte env 30 €.* Petite auberge de campagne dans un minuscule village (largement détruit par les troupes allemandes en janvier 1944). Courte carte pour une bonne cuisine d'aujourd'hui. Les produits sont locaux (la chef cultive même son potager) et l'accueil sympathique.

L'ISÈRE

À faire

On ne gagne le plateau des Coulmes pratiquement que par des routes à couper le souffle... et les jambes éventuellement quand on est à vélo (ou même au volant, tellement elles sont, ici ou là, impressionnantes, semblant carrément suspendues dans le vide...). Routes construites au XIXe s afin de désenclaver le plateau, dans des conditions pas facile-facile : tunnels percés dans la roche, voies parfois taillées à flanc de falaise...

La route de Presles : c'est la D 292 qui part de la route des gorges de la Bourne pour rejoindre... Presles. Sur près de 7 km, une petite route qui sinue à flanc de montagne, livrant progressivement un ***paysage de plus en plus grandiose.*** Plusieurs fois, la voiture manque de s'arrêter d'elle-même sous le coup de l'émotion ! À faire, si vous en avez l'occasion, au soleil couchant. Les blanches falaises qui constituent aux beaux jours un haut lieu de l'escalade internationale (pas moins de 220 voies différentes) prennent alors de merveilleuses teintes roses, avec des reflets mordorés. À l'arrivée sur le plateau, en quelques mètres, on passe du paysage de western à la ruralité traditionnelle : champs de maïs, bosquets et prairies, avant d'aborder la forêt.

La route des Écouges : la D 35 qui a été tracée en 1883 pour acheminer bois et charbon de bois à la fonderie à canons de Saint-Gervais. Au Port-Saint-Gervais est d'ailleurs exposé un canon en souvenir de cette célèbre fonderie. Il a été utilisé au XIXe pour la défense de l'île de la Réunion qui en a fait cadeau au village en 1973. Quelques passages et tunnels particulièrement étroits et spectaculaires (surtout en hiver, quand le tunnel à voie unique se retrouve à double sens !). Au détour d'un virage, du haut de la muraille des Écouges, on prend le panorama en pleine figure. Sentier balisé (avec vue également).

Les gorges du Nan : la D 22 au départ de Cognin-les-Gorges (église du XIIIe s) grimpe jusqu'à Malleval-en-Vercors. Route en lacet assez vertigineuse construite en 1880, avec un court passage encorbellement-tunnel très étroit. ***Malleval fut l'un des villages martyrs de la Résistance.*** Situé dans un cirque de falaises et de forêts, il abrita un gros maquis, fondé par l'abbé Pierre et de

Reyniès. Attaqué le 22 janvier 1944, le village fut incendié, 22 maquisards tués, 8 habitants brûlés vifs dans une grange ; 7 autres ne reviendront jamais de déportation.

La vallée fossile des Rimets : *à env 5 km à l'ouest de Rencurel (fléché).* Espace naturel sensible avec des pelouses sèches riches en fleurs rares et donc une ***vallée dite fossile*** parce qu'elle n'a pas changé depuis le Crétacé. Géologiquement : elle a été habitée et on y trouve les ruines d'une ferme brûlée pendant la Seconde Guerre mondiale. Plusieurs sentiers géologiques.

Ski et neige

Ski alpin : petite station au col de Romeyère au-dessus de Rencurel. En forêt, idéal pour familles et débutants. 3 téléskis, 8 pistes, espace enfants, pentes à luge...

Ski nordique : les dameuses des Coulmes entretiennent quotidiennement plus de 45 km de pistes. Boucles d'initiation et longs itinéraires à la carte. 25 km d'itinéraires en raquettes également. Et le coin se prête bien au ski de rando.

Sports et loisirs

– ***Séjour trappeurs :*** ***La Trace,*** *☎ 04-76-64-73-45. • latrace.net •* Pour les 10-14 ans, « aventure nature » en été et « trappeurs » en hiver.

LE DAUPHINÉ DE LA PLAINE ET DES COLLINES

LE SUD-GRÉSIVAUDAN

À l'ouest du Vercors s'étend une région beaucoup moins connue, plus discrète, mais qui possède une personnalité attachante, du naturel, de l'authenticité : le Sud-Grésivaudan. C'est le pays de la noix la plus célèbre du monde, protégée par une AOP (Appellation d'origine protégée), et du fameux saint-marcellin, un p'tit fromage bien rond et bien bon. On y trouve aussi, à Saint-Antoine-l'Abbaye, l'une des plus fascinantes églises de l'Isère.

SAINT-MARCELLIN (38160) 7 970 hab. *Carte Isère, B3*

Petite ville commerçante qui fut, en 1340, capitale du Dauphiné sous l'autorité de Humbert II. Jusqu'au début du XIXe s, Saint-Marcellin était entièrement entourée de remparts. On peut encore apercevoir quelques portions de ces fortifications (courtines, tours carrées et bastion) au hasard d'une promenade. Sympathique place d'Armes, avec son kiosque à musique début XXe s (belle animation avec le grand marché du samedi matin). Juste à côté, le

centre piéton où sont regroupées toutes les boutiques. Place du Champ-de-Mars, les bornes en pierre servaient autrefois à attacher le bétail du marché. Grimpez également jusqu'à la *promenade de Joud* pour la belle vue sur l'Isère et la vallée de Royans (quelques ânes et chèvres également, dans des enclos).

Adresse et infos utiles

*ℹ **Office de tourisme :** 2, av. du Collège. ☎ 04-76-38-53-85. • tourisme.saint-marcellin-vercors-isere.fr • Avr-oct, tlj sauf dim 9h-12h30.*

– ***Marchés :*** *pl. d'Armes, sam mat.* Le plus important. *Également un petit marché primeur mar et ven mat sur cette même place.*

Où camper ? Où manger dans les environs ?

Camping du château : *69, rue Porte-du-Château, 38160* ***Beauvoir-en-Royans.*** *☎ 04-76-64-01-79. 📱 06-23-42-35-32. • chateaudebeauvoir@wanadoo.fr • ♿ À 8 km au sud de Saint-Marcellin. Ouv de mi-avr à oct. Forfait 15-20 € pour 2.* Un petit camping tranquille et agréable, ombragé, dans un cadre qui ne manque pas de charme : les jardins d'un petit château du XVIe. Pas de mobile homes à louer pour une fois !

Chambres d'hôtes Le Val des Sens : *145, allée de Meulot, Les Boudillons, 38160* ***Chatte.*** *📱 06-50-39-69-30. • contact@le-val-des-sens.fr • le-val-des-sens.fr • À 8 km au sud-ouest de Saint-Marcellin. Fermé août. Doubles 110-250 €. Dîner 25 €. Apéritif maison ou café offert sur présentation de ce guide.* Un beau mas dont les origines remontent au XIVe s, posé sur une butte, avec épais murs de pierre et vue dégagée sur la vallée. La demeure est revisitée avec modernité : volets lilas gais comme tout, chambres spacieuses particulièrement soignées et vraiment confortables. Recettes régionales à table. Sauna et jacuzzi.

DANS LES ENVIRONS DE SAINT-MARCELLIN

Le jardin ferroviaire : *26, route de Lyon, 38160* ***Chatte.*** *☎ 04-76-38-54-55. • jardin-ferroviaire.com • ♿ À 5 km de Saint-Marcellin. Juil-août, tlj 10h30-19h ; avr-juin et sept, sem et j. fériés 14h-19h, w-e et vac scol 10h30-19h ; mars et oct, pour les groupes seulement ; vac de la Toussaint, tlj 14h-18h. Derniers billets 1h avt fermeture. Fermé nov-fév. Entrée : 12,40 € ; forfait famille 38 € ; réduc. Billet combiné avec Miripili à Saint-Antoine-l'Abbaye.* Le résultat d'une grande passion, d'un tel amour pour les p'tits trains que vous allez vous retrouver devant l'un des plus grands réseaux ferroviaires miniatures en plein air d'Europe. Son installation a nécessité des centaines de tonnes de matériaux divers et 10 km de fils électriques. Au milieu de 200 belles essences de plantes et d'arbres, sur 1 100 m de voies ferrées, les 30 motrices et 250 wagons se croisent sans cesse, roulent de concert, font le plein d'eau pour la vapeur... Assez fascinant ! Également un jardin dédié à la découverte de la structure musicale (sonore et visuelle), avec objets à manipuler, le *Musikiosk*.

Le site médiéval du couvent des Carmes : *Le Château, 38160* ***Beauvoir-en-Royans.*** *☎ 04-76-38-01-01. • couventdescarmes.com • ♿ À 11 km au sud-est de Saint-Marcellin. Avr-oct, jeu-dim (et mer juil-août) 10h-13h, 14h-18h. GRATUIT.* Beauvoir fut la résidence principale des dauphins de 1258 à 1350, et principalement celle de Humbert II. Il y vivait entouré d'une cour importante et menait une vie fastueuse. Du palais, ne subsistent que quelques vestiges dont

une ouverture en ogive de la grande chapelle du château et une partie d'une tour carrée du XIVe s. À côté de l'ancien palais se dresse le couvent des Carmes, fondé en 1343 par Humbert II.
Son ancienne chapelle (XVe s) accueille des événements toute l'année. Au fond, noter les 2 enfeus gothique flamboyant. Celui de gauche porte une inscription en pâte de verre incrustée dans la pierre taillée. Vitraux contemporains inspirés par Delage. Monter sur la tribune pour une vue plongeante.
Les bâtiments du couvent abritent depuis 2021 un musée autour de l'œuvre de l'artiste d'origine néerlandaise Bob Ten Hoope, qui a longtemps vécu (et peint) dans le coin, ainsi qu'une expo temporaire renouvelée chaque année.
À l'extérieur, voir le jardin médiéval aux nombreuses essences et le verger conservatoire.

LA SÔNE (38840) 590 hab. *Carte Isère, B3*

À 8 km au sud-ouest de Saint-Marcellin. Promenade sympa le long de la rive droite de l'Isère. C'est là que vous découvrirez les tufières, ces mousses calcifiées (le tuf) à la fois poreuses et légères déposées par l'eau saturée en carbonate de calcium (calcaire) au sortir des nombreuses résurgences. Une bonne partie du village est d'ailleurs construite à partir de ce matériau et il s'en dégage une certaine harmonie, notamment autour de l'église (XIIe s), qui fut jadis un prieuré bénédictin. Jusqu'au XIIe s, les blocs extraits ici étaient transportés par radeau le long de l'Isère et du Rhône pour être vendus dans la région de Beaucaire, entre Alpilles et Camargue. Ne manquez pas non plus les splendides bâtiments industriels, à la sortie du village. Ce sont les vestiges de l'ancienne manufacture royale de soierie, la plus importante du Dauphiné à son apogée, au XVIIIe s.

Où dormir dans les environs ?

Camping du lac de Marandan : *657, route des Marandans, 38160* ***Saint-Romans.*** *☎ 04-76-64-41-77. • contact@camping-lac-marandan.com • camping-lac-vercors.com • À env 2,5 km au sud-est de La Sône. Ouv de mi-avr à fin sept. Forfaits env 20-30 € pour 2. Loc de mobile homes, tentes toilées et roulottes. 100 empl.* Un grand camping bien ombragé, de bon confort, près d'un lac de 3 ha (baignade surveillée). Terrain de tennis à proximité.

Chambres d'hôtes Au bonheur du Cèdre : *70, chemin de Bel-Air, 38840* ***Saint-Lattier.*** *☎ 04-38-90-05-75. 06-75-80-32-96. • aubonheurducedre.com • À env 11,5 km à l'ouest de La Sône. Ouv de mi-avr à fin sept. Double 88 € ; familiale. Panier gourmand (pour pique-niquer sur place) : 25 € pour 2.* Le cèdre, vous ne devriez pas le louper en arrivant devant cette jolie maison de pierre, en pleine campagne, aux portes de la Drôme. Le bonheur, vous devriez le trouver dans des chambres simplement charmantes, au bord de la piscine, dans l'espace bien-être... Et si cela ne suffisait pas, l'accueillante proprio propose également des séances *(payantes)* de relaxation.

À voir. À faire

Le jardin des Fontaines pétrifiantes : *184, impasse des Tufières. ☎ 04-76-64-43-42. • visites-nature-vercors.com • Ouv mai-oct : juin-août, tlj*

10h30-19h ; mai et sept, tlj sauf lun en sept 10h30-17h30 (18h30 w-e) ; oct, tlj sauf lun 10h30-17h (18h w-e). Derniers billets 45 mn avt fermeture. Entrée : 11 €. Forfaits combinés avec le bateau à roue « Royans-Vercors » et/ou la grotte de Thaïs. Départs réguliers. Pour les amoureux de jardins remarquables mêlant chemins insolites et objets détournés. Installée dans une ancienne carrière de tuf, une combinaison originale et harmonieuse de centaines d'espèces de fleurs et plantes. Des espaces particulièrement soignés, parmi lesquels s'écoulent des sources pétrifiantes connues depuis plus de 1 000 ans.
Sur place, une petite restauration propose un plat du jour, des salades avec produits du Vercors et ravioles qui sauront vous dépanner en cas de petit creux.

***Le bateau à roue « Royans-Vercors » :** embarquement au village de **Saint-Nazaire-en-Royans** (dans la Drôme). ☎ 04-76-64-43-42. ● visites-nature-vercors.com ● Horaires et achat des billets sur le site internet. Fonctionne avr-sept. Tarif : 16,90 €. Forfaits combinés avec le jardin des Fontaines pétrifiantes ou la grotte de Thaïs.* Sympathique bateau à roues de style Mississipi se baladant sur le cours paisible de l'Isère. Au programme : les falaises du Vercors, les roches rouges et l'aqueduc de Saint-Nazaire-en-Royans, les châteaux, villages traditionnels, etc., entre des rives bucoliques. Au passage, observez quelques hérons cendrés qui se cachent dans les roselières.

L'ISÈRE

SAINT-ANTOINE-L'ABBAYE

(38160) 1 200 hab. *Carte Isère, B3*

Dans un environnement vallonné et bucolique, un charmant village (d'ailleurs classé parmi les « Plus Beaux de France ») dont l'histoire et la personnalité sont entièrement liées à celles de l'abbaye et de sa magnifique église. Dans le bourg-haut, il faut déambuler à la recherche des belles demeures anciennes le long de rues aux noms pittoresques et de goulets (étroits et pentus passages entre les maisons). Dans le bourg-bas, charmante place du Marché, avec sa vieille halle de 1830.

UN PEU D'HISTOIRE

Tout commença en 1070 lorsque, au retour d'un pèlerinage du seigneur local, les ***reliques de saint Antoine furent récupérées à Constantinople.*** Le petit village de « La Motte-aux-Bois » prit alors le nom de son saint tutélaire. Une 1re église fut construite pour l'honorer et un important pèlerinage débuta. Dans le même temps, des sœurs et frères hospitaliers installèrent une maison de l'Aumône pour les pauvres et les malades. Création de l'abbaye et de l'ordre des Antonins, ***construction d'une nouvelle église à la fin du XIIIe s, dont les hospitaliers devinrent chanoines.*** La réputation de ces derniers, en matière de médecine et de lutte contre les épidémies, ne cessa de grandir. En particulier dans le traitement du ***« mal des ardents »,*** appelé aussi « feu de saint Antoine », une terrible maladie provoquée par ***l'ergot de seigle*** que l'on trouvait dans les mauvaises farines, celles que l'on consommait justement en période de famines (récurrentes !). Ou comment d'un fléau en sort un autre... Jusqu'au XVe s, l'abbaye bénéficia des largesses de tous les grands de ce monde, l'église s'enrichissant de luxueux reliquaires, statues, ornements et vêtements liturgiques. Les guerres de Religion, surtout les campagnes du baron des Adrets en 1562 et 1567, portèrent un coup fatal à l'abbaye. L'église fut pillée, la façade mutilée. Au XVIIe s, au moment de la Contre-Réforme, l'abbaye connut un regain d'activité, puis déclina à nouveau pour disparaître en 1768. Les bâtiments furent vendus à la Révolution comme bien national. Saint-Antoine devint église paroissiale en 1802 et, grâce à Prosper Mérimée, elle fut ***classée Monument historique*** en 1840.

Adresse et info utiles

Office de tourisme : *362, Grande-Cour. ☎ 04-76-38-53-85. • tourisme.saintmarcellin-vercors-isere.fr • Juil-août, tlj 9h30-13h, 14h-18h ; avr-juin et sept, tlj sauf jeu ap-m ; oct, tlj sauf jeu et le mat des dim et lun. Fermé le reste de l'année.* Organise plusieurs visites guidées (nocturnes, théâtralisées...) du village et de l'abbaye (seule possibilité d'en découvrir le trésor).

– **Marché :** *ven 16h-19h, tte l'année.*

Où dormir ? Où manger ?

Chez Camille : *411, rue Hector-Garaud. ☎ 04-76-36-86-98. 06-82-43-05-99. • laurence_baret@hotmail.fr • chezcamille-restaurant.fr • Dans le village bas. Accueil pour l'hôtel tlj 19h-20h30, seulement sur résa (min 24h à l'avance). Café-resto ts les midis sauf lun. Double 65 € ; familiales. Menus 12-16 €. Café offert sur présentation de ce guide.* Une adresse comme on espère toujours en trouver et qui va droit au cœur ! Cet hôtel-café-resto est tenu par des agriculteurs (notamment l'adorable Laurence !) et éleveurs de volailles fermières qui proposent des recettes élaborées à base de leurs bons produits (terrine de volaille, poulet rôti...), ou des plats du jour d'un rapport qualité-prix étonnant ! Même histoire pour la poignée de chambres coquettes comme tout, impeccables et vraiment confortables. Le tout dans une très belle ambiance, avec les gens du village qui passent faire coucou.

Auberge du Chapeau Rouge : *115, Grande-Rue. ☎ 04-76-36-45-29. • lechapeaurouge38@gmail.com • Tlj sauf mar-mer. Menu midi sem 18,50 € ; le soir à l'ardoise, compter 24,50-28,50 €.* Enseigne à l'ancienne (ces vieux murs abritent une auberge depuis au moins le XVIe s) pour une bonne petite adresse à la déco d'aujourd'hui et à la cuisine de région et de produits frais, bien tournée et à prix d'amis. Accueil d'ailleurs très amical lui aussi. Terrasse sur rue avec vue sur le portail de l'abbaye.

À voir

L'abbaye : c'était en fait une véritable ***« ville close »***. On admire d'abord la *porterie* (XVIIe s) et ses imposants portails. Corps central flanqué de 2 pavillons aux toits de tuiles vernissées. Disposés autour d'une vaste cour (ancien cimetière jusqu'au XVIe s) qui a malheureusement perdu récemment ses tilleuls centenaires, les anciens bâtiments abbatiaux abritent aujourd'hui musée, restos, boutiques et ateliers d'artistes et artisans. Sur votre droite, en entrant dans la cour, s'allongent l'ancien *bâtiment des étrangers,* puis le *grand réfectoire* et, à côté, les *infirmeries.* En face, les *grandes écuries* et le logement des domestiques. Derrière le chevet de l'église se dressent le *logis de l'abbé* et le *noviciat*.

L'église abbatiale : *Juin-sept, tlj 7h30-20h ; oct-mai, 8h30-18h. GRATUIT.* Commencée au XIIIe s, elle ne fut achevée que 2 siècles plus tard. Outre son admirable façade de style flamboyant, ce qui frappe en 1er lieu, c'est sa largeur qui

est plus importante que sa hauteur, d'où un aspect massif, très éloigné de la légèreté voulue par le gothique ! Magnifique grand portail. Sur la voussure supérieure, 20 couples d'anges. Au-dessus, pinacles, arcs-boutants, rosaces. Tout le langage architectural du gothique est présent.
À l'intérieur, vaisseau de grande ampleur, visiblement conçu pour accueillir les ***foules de pèlerins.*** Beau triforium (galerie de circulation à l'étage) sous les plus hautes fenêtres. Dans le chœur, superbes stalles en noyer de 1630. Au-dessus, une série de toiles monumentales du XVIIIe (qui ont retrouvé leurs couleurs) évoquent la vie de saint Antoine. Comme, derrière le maître-autel, les plaques d'argent repoussé et ciselé de la châsse de saint Antoine. Pas moins de 14 chapelles latérales. Noter l'enfilade inhabituelle des portes à arcades dans les chapelles qui communiquent les unes avec les autres. La restauration de l'église a aussi révélé de belles fresques, notamment dans la 2e chapelle de gauche (chapelle dite « des fresques »), avec une *Crucifixion* et les *Tentations de saint Antoine* (1426). Également dans la 2e chapelle de droite, voir la *Résurrection du Christ* (XVIe s), dans la grande niche au fond.
– ***Le trésor :*** *seulement accessible lors des visites guidées.* Orné de splendides lambris de chêne sculpté. Collection exceptionnelle de reliquaires. L'un des chefs-d'œuvre du trésor est sans doute le petit *Christ en Croix* en ivoire sculpté. Autre pièce unique : le chapier tournant du XVIIIe s (où l'on range les vêtements liturgiques) avec chasubles filées d'or. En fond, le *Martyre de saint Étienne* (d'après Le Brun). Également orfèvrerie religieuse, châsses ouvragées, ostensoirs et de pittoresques instruments de chirurgie.

Le musée de Saint-Antoine-l'Abbaye : *☎ 04-76-36-40-68. • musees-isere.fr • ♿ (expos, jardin). Accueil au noviciat et aux Grandes écuries, mars-déc, tlj sauf mar ; juil-août, 10h30-12h30, 14h30-18h30 ; mai-juin, 14h-18h (10h30-12h30, 14h-18h certains w-e et j. fériés) ; mars-avr et sept-déc, 14h-18h. Fermé le reste de l'année. Pour le logis de l'abbé et le salon aux gypseries, visites guidées certains dim à 15h15. GRATUIT. Propose régulièrement des expos temporaires et des animations culturelles (gratuites). Également possibilité de visite avec visioguide à emprunter à l'accueil.*
Le musée se divise en plusieurs sites, tous autour de la grande cour (accès bien fléché) :
– ***Le noviciat :*** *derrière l'église, en passant sous le porche ; l'accueil général du musée se fait ici.* Ce bâtiment des XVIIe-XVIIIe s abrite une très belle expo permanente « Chroniques d'une abbaye » qui retrace non seulement l'histoire de l'abbaye et de l'ordre des Hospitaliers de Saint-Antoine, mais qui aborde aussi, au 2e étage, des sujets plus généraux, en lien avec l'histoire des lieux, comme l'art de bâtir au Moyen Âge ou la médecine. Expos temporaires également.
– ***Les Grandes écuries :*** *situées dans la grande cour, sur le côté gauche.* Cette superbe salle voûtée présente le nouveau parcours permanent, *Parfums d'histoire, du soin au bien-être*, axé sur ***l'histoire des senteurs thérapeutiques*** de l'Antiquité à nos jours. Une découverte sensorielle interactive, en résonance directe avec le patrimoine laissé en héritage par les Hospitaliers de l'abbaye. Accès au jardin médiéval et à la boutique pleine de produits artisanaux.
– ***Le logis de l'abbé et le salon aux gypseries :*** la visite guidée emmène d'abord à la découverte d'un cabinet de curiosités du XVIIIe s et d'une petite chapelle aux fresques du XIVe. Puis, après un passage par le triforium de l'église abbatiale, dans le superbe salon d'apparat du bâtiment des Étrangers, aménagé au XVIIIe s pour recevoir les hôtes de marque de l'abbaye.

Manifestations

– Tout au long de l'année, nombreux ***concerts*** *(gratuits),* de classique ou de baroque le plus souvent, organisés dans l'église ou au musée, ainsi que diverses

L'ISÈRE

manifestations, rencontres, conférences, visites guidées thématiques et un beau festival : Textes en l'air, qui propose également un ***stage théâtre*** pour les 15-18 ans *(5 j. fin juil ; • textesenlair.fr •).*

DANS LES ENVIRONS DE SAINT-ANTOINE-L'ABBAYE

Miripili, l'île aux pirates : *à 1 km de Saint-Antoine, au bord de l'****étang de Chapaize.*** *☎ 04-76-36-44-77. • miripili.com • Ouv avr-sept : vac scol (zone de Grenoble seulement) et juil-août, tlj 10h30-18h30 ; le reste du temps, seulement w-e, ponts et j. fériés. Fermeture des caisses 1h30 avt. Entrée : 13,60 € ; 11,40 € pour les 3-12 ans ; Pass Famille 45 € ; réduc. Billet combiné avec le Jardin ferroviaire à Chatte, plus cher.* Parc d'attractions qui devrait plaire aux plus petits, dans un agréable environnement champêtre et forestier. Grand jeu à thème à la recherche du trésor du célèbre capitaine Crochet. Une flopée d'énigmes, d'épreuves (adresse, force, patience...) attend les familles (qui croiseront quelques pirates comme Red la Menace ou Jenny les Mains Rouges)... Animaux de la ferme, aires de jeux et de pique-nique, snack.

Le château de l'Arthaudière : *38840* ***Saint-Bonnet-de-Chavagne.*** *☎ 04-76-38-63-88. • chateau-arthaudiere.com • ♿ (sauf jardins). À 9 km au sud de Saint-Antoine. Les extérieurs du château restent toujours accessibles. Expo permanente : juil-août, mer-ven 15h30-19h, w-e mat uniquement ; juin et sept, ven-dim seulement 15h30-19h. Visites guidées le w-e : 7 € ; réduc.* Château médiéval, remanié à la Renaissance, puis à de nombreuses reprises. Aujourd'hui, il n'en reste plus que des pans pour une bonne partie, mais il mérite pourtant un petit détour, notamment pour son portique sculpté (exposé dans une salle en attendant d'être réinstallé) et ses jardins à l'italienne, aménagés en terrasses sans doute au début du XVIIe s. L'exposition « L'Arthaudière, une seigneurie rurale », qui occupe une partie des anciennes écuries, présente l'histoire du château, son environnement, les hommes qui y ont vécu, ainsi que des éléments notables du patrimoine local. Animations *(payantes)* tout au long de l'été (musique, animations pour enfants, journées médiévales, etc.).

VINAY

(38470) 4 370 hab. *Carte Isère, B3*

La petite capitale de la noix de Grenoble. Ses noyeraies couvrent 1 500 ha (soit environ 150 000 noyers), et une Maison de la noix, *Le Grand Séchoir,* est consacrée à ce fruit à coque. D'abord, c'est la meilleure du monde, même la noix californienne (sa plus grosse concurrente) ne lui arrive pas au genou. Originaire d'Orient, de Perse, dit-on, ce sont les Romains qui la diffusèrent dans tout leur empire.

UNE HISTOIRE À LA NOIX

3 variétés de noix ont été retenues pour l'AOC accordée en 1938 et devenue AOP en 1996 : la mayette, la franquette et la parisienne, du nom des producteurs qui les créèrent il y a près d'un siècle, dans le coin. Eh oui, la parisienne n'a donc rien à voir avec Paname, mais doit bel et bien son nom à un dénommé M. Paris (M. Mayet et M. Franquet pour les 2 autres) ! Au moins 10 ans sont nécessaires pour qu'un jeune arbre donne sa 1re vraie récolte. Un noyer sauvage peut vivre 200 à 300 ans (contre 70 ans environ pour un noyer de culture).

La récolte, dont le début est fixé tous les ans par arrêté préfectoral, se déroule entre fin septembre et fin octobre. La région de Vinay produit surtout de la (bonne) franquette (à 80 %) et de la parisienne (15 %). Plusieurs bonnes nouvelles : ***la noix fait diminuer le taux de cholestérol*** de par sa teneur en acides gras polyinsaturés. Elle joue aussi un rôle préventif dans les maladies cardio-vasculaires.

Info utile

Bus : avec *Transisère* (*☎ 04-26-16-38-38, appel gratuit ; • transisere.fr •*), une petite dizaine de bus/j. pour Grenoble et Saint-Marcellin.

Où manger chic dans les environs ?

Bistrot Louise : *80, pl. Jean Vinay, 38470* ***L'Albenc.*** *06-34-20-16-91. À env 6 km au nord-est de Vinay ; au cœur du village. Lun-sam le soir, autres services sur resa en groupe. Menu 39-75 €.* Salle de bistrot d'aujourd'hui et terrasse sur rue (les 2 accueillent les œuvres d'artistes contemporains) pour la nouvelle maison (de pierre) d'un brillant jeune chef passé, entre autres, chez Ducasse. Beaux produits locaux soigneusement choisis, belle cuisine, inventive sans en rajouter.

À voir

Le Grand Séchoir : *705, route de Grenoble. ☎ 04-76-36-36-10. • legrandsechoir.fr • À la sortie de Vinay (bien fléché). Avr-oct, tlj sauf lun 10h-18h ; nov-mars, tlj sauf lun 14h-17h30. Fermé janv, 1er mai et 25 déc. Entrée : 4,50 € ; réduc ; gratuit moins de 10 ans. Nombreuses animations culturelles dans le parc en été.* Escape game *(+ 3 €). Salon de thé sur place.* Cette ancienne ferme réhabilitée de manière contemporaine retrace l'histoire des hommes qui, d'hier à aujourd'hui, ont fait la renommée de la noix de Grenoble. Culture, coutumes, gastronomie, savoir-faire, outils, économie, habitat... Bref, la noix dans tous ses états. En ouvrant les nombreux tiroirs, on découvrira un nombre incroyable de variétés de noix. Belles maquettes : de séchoir, d'une exploitation. Également une cabane à histoires pour les enfants. Vente de produits autour de la noix, évidemment. Et à l'extérieur, vaste jardin planté de noyers, évidemment (bis).

LE PAYS DE BIÈVRE-VALLOIRE

Au-delà de Saint-Antoine-l'Abbaye, vers le nord, on quitte progressivement le paysage vallonné du Sud-Grésivaudan pour l'une des plus vastes forêts françaises, entourant le paisible village de Roybon. Puis, bordée au nord par les étangs du plateau de Bonnevaux, la vallée sèche de la Bièvre, s'étirant d'est en ouest, de Voiron à la vallée du Rhône. C'est d'ailleurs là qu'est situé l'aéroport de Grenoble-Saint-Geoirs, à quelque 40 km de la capitale des Alpes. Sans oublier La Côte-Saint-André, ville natale du compositeur Hector Berlioz, qui, chaque année, sert de cadre à un désormais célèbre festival de musique classique. Ici comme dans la majeure partie du Nord-Isère, architecture traditionnelle en pisé et galets roulés.

LE PLATEAU DE CHAMBARAN

Carte Isère, B2-3

Région de collines, de doux reliefs, de forêts, encore peu fréquentée par les touristes. Au milieu, *Roybon,* village accueillant, totalement ouvert sur la nature, avec son lac et une belle plage. À proximité se trouve l'un des plus vastes parcs naturels français avec ses 300 ha agrémentés d'étangs. L'occasion de partir à la découverte de la vie secrète de nos forêts, le long des 35 km de chemins et sentiers sillonnant l'espace.

ON VOIT DOUBLE

Sur la place principale de Roybon trône une statue qui a comme un petit air de déjà vu... C'est une petite sœur de la new-yorkaise statue de la Liberté. Une toute petite sœur, puisque sa taille correspond, à quelques pouces près, à celle de l'index de l'original ! Elle a été offerte par Bartholdi en l'honneur d'un sénateur local, arrêté lors du coup d'État de Napoléon III.

Adresse utile

ℹ ***Office de tourisme :*** *40, pl. du Maquis-de-Chambaran, 38940* ***Roybon.*** *☎ 04-76-36-25-86. • terresdeberlioz.com • Ouv juin-sept, mar-ven (plus le w-e en été).*

Où camper dans les environs ?

Camping

⛺ ***Camping de Roybon :*** *1300, route de Saint-Antoine, 38940* ***Roybon.*** *☎ 04-76-36-23-67. • campingroybon38@gmail.com • campingroybon.com • ♿ Ouv de mi-avr à fin sept. Forfaits pour 2, env 15-19 €. 93 empl. Réduc de 10 % sur le prix de l'emplacement sur présentation de ce guide.* En pleine nature, dans un coin particulièrement bucolique : emplacements de part et d'autre d'une petite rivière ou tout au bord d'un lac de poche. Baignade et balade en embarcation à pédales possible. Sympathique petit resto. Piscine qui ne l'est pas moins. Quelques mobile homes. Accueil vraiment cool et belle ambiance.

À voir. À faire dans le coin

Le parc naturel de Chambaran : *3200, route de Revel à* ***Saint-Pierre-de-Bressieux*** *(38870). ☎ 04-74-20-14-93. • parcdechambaran.fr • Ouv avr-oct ; juil-août, billetterie 10h30-11h30, 13h30-14h30 (ferme à la nuit tombée) ; horaires variables en intersaison (consulter le site internet). Entrée : 10 € ; 6,50 € pour les 5-13 ans ; gratuit moins de 5 ans.* 300 ha et 40 km d'allées cavalières et de sentiers à sillonner à pied, à vélo ou à cheval. À côté des chênes, châtaigniers et autres pins, le parc abrite une flore caractéristique des sols glaiseux et des zones humides (on croise plusieurs étangs). Et, environ 180 grands animaux y vivent en liberté (mais pas sûr de toujours les croiser) : sangliers, cerfs, daims, chevreuils, mouflons et plein d'autres plus discrets (renard, lièvre, martre...). Quelques animaux de la ferme aussi. ⛺ 🏠 |●| Nombreuses ***tables de pique-nique***. On peut également y camper ou louer sur place un gîte (pour 15 pers), chalet et roulottes (pour 4). Bar-resto *(tlj en juillet-août).*

Le château et le musée de Bressieux *(38870) : ☎ 04-74-20-15-45. • chateau-bressieux.com • À 9 km au sud de La Côte-Saint-André. Château en accès libre, situé sur la colline. Le musée est dans le village (109, rue de la Porte-Saint-Michel, au pied de la tour Rambaud, l'un des derniers vestiges des remparts de Bressieux). Juil-août, tlj sauf mar 15h-19h ; mai-juin et sept, seulement le w-e, mêmes horaires. Entrée : 3,50 € ; gratuit moins de 16 ans.* Bressieux fut jadis le siège d'une grande seigneurie laïque et le centre d'un archipresbytérat qui s'étendait sur une quarantaine de paroisses à la ronde. En haut du promontoire dominant le village, belles ruines du château du XIIIe s. Vestiges significatifs des tours portières et du donjon en brique rose et galets roulés. Splendide panorama à 360°.

Dans le musée, parcours chronologique sur les 10 siècles d'histoire locale : archéologie, histoire du château, maquette de la forteresse, poteries, clés ouvragées, diaporama muet de 10 mn, etc.

L'église Saint-Pierre de Marnans *(38980) : à 6 km au nord de Roybon. Ouv seulement juil-août lors des expos.* Imposante église romane de campagne du XIIe s. Long vaisseau voûté en berceau, d'une ampleur majestueuse. Profondes embrasures (près de 1 m). Pas de clocher, curieusement. Beau chevet. Abside et absidioles en cul-de-four.

L'église de Châtenay *(38980) : à 6 km au sud de Bressieux.* Construite au XIXe s, cette église dédiée à la Vierge (scènes historiées illustrant la présentation de la Vierge et la mort de Joseph) vaut le coup d'œil pour sa riche ornementation intérieure : voûtes d'ogives, colonnes et murs avec décors peints au pochoir associant motifs géométriques, stylisés et floraux. Mobilier liturgique en fonte moulée et peinte. Beau carillon classé, composé de 19 cloches.

Fête et manifestation

– ***Fête de la Jeanne Sappey :*** *5 j. de fête populaire fin août, à* ***Viriville.***
– ***Foire de Beaucroissant :*** *3 j. mi-sept. ☎ 04-76-65-34-97. • foirebeaucroissant.fr •* 1 600 exposants, 1 million de visiteurs en 3 jours, c'est vous dire le succès de cette fête aux bestiaux qui remonte au Moyen Âge !

LA CÔTE-SAINT-ANDRÉ

(38260) 5100 hab. *Carte Isère, B2*

Patrie d'Hector Berlioz, ville commerçante, ville carrefour, ville d'adoption du peintre impressionniste hollandais Jongkind (petit itinéraire en ville sur ce thème), La Côte-Saint-André mérite le détour. Ne serait-ce que pour le musée consacré au génial compositeur et les immenses halles.

Adresse et infos utiles

Office de tourisme : *5, pl. Berlioz. ☎ 04-74-20-61-43. • terresdeberlioz.com • Tlj sauf dim-lun, jeu ap-m et sam ap-m 9h30-12h30, 14h30-17h30.*
Bus : avec *Transisère (☎ 04-26-16-38-38, appel gratuit ; • carsisere.auvergnerhonealpes.fr •).* Arrêt des bus à côté de l'office de tourisme. Env 3 bus/j. pour Grenoble (1 seul le dim) et 4 bus/j. pour Vienne (sauf dim).
– ***Marché :*** *pl. de la Halle, jeu mat.*

L'ISÈRE

Où dormir ? Où manger ?

Hôtel de France : *16, pl. Saint-André. ☎ 04-74-20-25-99. • contact@hoteldefrance-csa.fr • hoteldefrance-csa.fr • Resto ven-dim sur résa. Congés 3 sem en janv. Doubles 85-140 €. Formule et menu déj sem 28 € ; autre menu 48 €. Garage payant.* À l'ombre de l'église, l'un des rares hôtels de la ville. Par chance, il est très bien tenu et les chambres sont plutôt agréables, gentiment rénovées en conservant, pour certaines, leur mobilier ancien. Côté resto, le chef, formé chez quelques grands, propose une cuisine de haut vol, raffinée et goûteuse, où les notables endimanchés se retrouvent volontiers. Agréable terrasse sur la place. Accueil très pro.

Où camper dans les environs ?

Camping de la ferme du Grand Goulet : *513, chemin de Bellevue, hameau Le Bin, 38440* ***Châtonnay.*** *☎ 04-74-58-33-72. • camping.roy@gmail.com • À env 15 km au nord de La Côte-Saint-André. Ouv de mi-avr à mi-oct. 6 empl seulement et un tipi pour 2 pers (résa conseillée en été !). Forfait pour 2, env 13 €. CB refusées.* Perdue en plein milieu des champs, dans un beau cadre bucolique, une aire de camping bien délimitée par des haies où poules et lapins gambadent. Sanitaires sommaires. La visite des activités de la ferme est gentiment proposée. Base de loisirs et quelque 130 étangs en forêt de Bonnevaux (à proximité) où randonner à loisir.

À voir

Le musée Hector-Berlioz : *69, rue de la République. ☎ 04-74-20-24-88. • musees.iseres.fr • (expos temporaires). Tlj sauf mar 10h-12h30, 13h30-18h (tlj en juil-août) ; tlj 10h-20h pdt le Festival Berlioz (2de quinzaine d'août). GRATUIT. Audioguide gratuit. Visites guidées sur rdv (payant).* Abrité dans la maison natale du compositeur, qui date de 1680. Les arrière-grands-parents de Berlioz, artisans tanneurs, s'y installèrent au début du XVIIIe s. Berlioz y naquit en 1803 et y vécut jusqu'en 1821. La famille y demeura jusqu'à la mort du père, en 1848. Adèle, la « sœur chérie » d'Hector (dont on découvre ici la chambre), en hérita, mais ses filles vendirent la demeure en 1874 (on rappelle que Berlioz meurt en 1869).

En 1935, l'association Les Amis de Berlioz inaugure le musée qui devient musée départemental en 1996. Plusieurs campagnes de restauration ont fait réapparaître poutres, peintures, boiseries, dorures d'origine. Le musée parvient à restituer ***l'atmosphère de l'époque*** avec intelligence. ***Sur 3 étages, une bonne douzaine de pièces historiques meublées*** à partir de descriptions laissées par le papa d'Hector, de la cuisine à la chambre d'étude du compositeur. Plusieurs salons et chambres, salle à manger... Petite vitrine d'instruments médicinaux (le papa était toubib) et sur les murs, dessins, gravures, photos, affiches de concerts. De (très) nombreux bustes du compositeur, partitions, objets personnels et piano complètent la mise en ambiance. Dans une des salles, des tiroirs abritent la correspondance de l'artiste. Dans une autre, collection de gramophones (et des premiers disques enregistrés de Berlioz). Expo temporaire au demi-sous-sol, autour de la vie et l'œuvre du musicien. Également un auditorium (avec musique à choisir sur un écran tactile). Nombreuses manifestations (concerts, ateliers, conférences...). Et bien sûr, une boutique où l'on trouve CD, livres, etc.

Les halles : *pl. de la... Halle.* Du XIIIe s et parmi les plus grandes de France. Toits à 4 pans et magnifique charpente de bois. 5 allées jadis réservées chacune à une corporation : tisserands, merciers, marchands de toutes sortes, cuiratiers et escoffiers (cordonniers), et bouchers. Jolie fontaine en pierre fleurie l'été.

La vieille ville : quelques demeures anciennes dignes d'intérêt.
– *Place de la Halle :* au nº 22, maison Renaissance. Au coin, petite rue en pierres roulées reliant les halles au château. Au nº 27, hôtel Bocsozel du XVᵉ s.
– *Rue de l'Hôtel-de-Ville :* au nº 2, la mairie, ancien hôtel particulier du XVIᵉ (belle montée d'escalier et pressoir à huile dans la cour) ; au nº 9, hôtel Monchenu du XVIIᵉ s et sa jolie porte cloutée ; au nº 21, l'hospice, ancien hôtel particulier du comte d'Argout ; au nº 22, ancien hôtel Buffevent.
– *Rue Centrale :* au nº 11, demeure des Colomb de Battines, seigneurs de Bossieu (portail, auvent et vantaux caractéristiques).
– *Rue Saint-André :* au nº 3, porte cloutée ; au nº 18, maison de la mère abbesse des ursulines.
– *Avenue Jongkind :* au nº 26, ancienne maison du peintre hollandais, précurseur de l'impressionnisme, qui passa les 12 dernières années de sa vie à La Côte. Il en aimait la lumière et réalisa ses plus belles aquarelles dans la campagne alentour. Les mômes l'appelaient « le père Jonquille ».

L'église : *pl. Saint-André.* Construite en 1088 (clocher roman) et agrandie à la fin du XVᵉ s (2 nefs en gothique flamboyant). Allure cependant massive, intérieur peu éclairé. Baptistère où fut porté Berlioz en 1803. Excellente acoustique dont on peut profiter pleinement au moment du festival.

Le château Louis XI : *chemin Jacques-de-Saint-Georges. Ne se visite pas ; on pénètre juste dans la cour (quand elle est accessible ; le lieu abrite aujourd'hui l'école de musique).* En fait, de la période Louis XI, il ne subsiste que la tour, le château ayant été détruit au moment des guerres du XVIᵉ s. Reconstruit au XVIIᵉ s. Un 2ᵉ étage a été ajouté au XIXᵉ s. Fenêtres à bossages et savoyardeaux (briques traditionnelles de Savoie). En août, la cour du château accueille une grande partie du Festival Berlioz.

Le musée des Liqueurs Cherry-Rocher : *av. Camille-Rocher. ☎ 04-74-93-38-10. • cherry-rocher.fr • De juil à mi-sept, tlj sauf lun et j. fériés 15h-18h ; le reste de l'année, dim et j. fériés seulement 15h-17h30. Fermé janv-fév. GRATUIT.* Fondé en 1705, **Cherry-Rocher est la plus ancienne distillerie de France** ! Elle est spécialisée dans les liqueurs de fruits et de plantes. Visite des caves du XVᵉ s et du processus de fabrication. Vieux pressoirs, colonnes à « rectifier », alambics, bouteilles anciennes et vieilles affiches publicitaires sur les spiritueux du début du XXᵉ s. Dégustation en fin de visite.

Manifestation

– **Festival Berlioz :** *2de quinzaine d'août. • festivalberlioz.com •* Festival ouvert sur toutes les musiques classiques, mais surtout aux compositeurs romantiques du XIXᵉ s (concerts gratuits ou payants à La Côte-Saint-André mais aussi dans d'autres communes du département). Diverses activités culturelles autour du festival, expositions.

LE PAYS VOIRONNAIS

Immédiatement à l'ouest du massif de la Chartreuse, un pays injustement méconnu présentant de multiples atouts : tout d'abord, le lac de Paladru, enchâssé dans un paysage vert et vallonné, propice à la pratique de la

randonnée, du VTT ou encore des sports nautiques. Le Voironnais, c'est aussi un pays au patrimoine riche de ses châteaux et autres monuments médiévaux (châteaux de Longpra et Virieu, prieuré bénédictin de Chirens), sans oublier ses maisons typiques construites en pisé, c'est-à-dire en terre crue. Enfin, à Voiron même, ne pas manquer la visite des caves de la célèbre liqueur élaborée par les pères chartreux.

VOIRON

(38500) 20 750 hab. *Carte Isère, B2*

Jusqu'au milieu du XIXe s, le chanvre représenta la 1re ressource de la région, relayé ensuite peu à peu par la soie et l'industrie du papier. Ville commerçante et industrielle active, c'est aussi ici qu'on fabriquait les célèbres skis *Rossignol* qui permettaient à Alberto Tomba « la Bomba » de gagner ses slaloms à 11h, après être sorti de boîte à 6h ! Dans le vieux centre, quelques façades colorées et rues piétonnes : baladez-vous du côté de la place Saint-Bruno (derrière l'église du même nom), de la rue Genevoise et de la rue des Terreaux.

Adresse et infos utiles

Office de tourisme : *30, cours Becquart-Castelbon. ☎ 04-76-93-17-60. • paysvoironnais.info • Tte l'année, mar-sam 9h-12h30, 14h-17h30 (fermé jeu mat oct-mars).*

– ***Marchés :*** *pl. du Général-de-Gaulle, mer mat (textile et alimentaire), sam mat (alimentaire).*

Où dormir ? Où manger ? Où boire un verre ?

Les Archers : *9, pl. du Général-Leclerc. ☎ 04-76-05-00-42. ♿ En plein centre-ville. Tte l'année, en principe tlj sauf dim.* Membre des Cafés historiques et patrimoniaux d'Europe, ouvert depuis 1905, *Les Archers* perpétue la tradition et la convivialité des brasseries et cafés d'antan, avec un cadre rétro à souhait. Terrasse sur le grand trottoir.

De chic à plus chic

Hôtel Mille Pas-Brasserie Chavant : *72, av. Tardy. ☎ 04-76-93-19-11. • contact@hotel-millepas.fr • hotel-millepas.fr • ♿ Vers la gare. Doubles 139-169 €. Formule déj sem 21,90 € ; menu 34 € ; carte env 50 €.* Superbe maison bourgeoise de 1869, ancienne propriété d'un célèbre liquoriste du coin. Elle a été rénovée de fond en comble sans perdre son âme. Côté hôtel, c'est un 4-étoiles : confort et prix qui vont avec. Côté brasserie (annexe d'une institution gastronomique des environs de Grenoble, ouverte depuis 1853), jeune chef (passé entre autres belles adresses chez Bras à Laguiole), produits locaux et bonne cuisine d'aujourd'hui (voyageuse, inventive) dont on peut profiter à prix raisonnables au déjeuner. Plus qu'agréable terrasse dans le grand jardin.

Où acheter de bons produits ?

La chocolaterie Bonnat : *8, cours Sénozan. ☎ 04-76-05-28-09. • bonnat-chocolatier.com • Tlj sauf dim-lun 9h-12h, 14h-19h.* Ce pâtissier-chocolatier-confiseur est une institution de Voiron, dans la même famille depuis 1884. Un des rares chocolatiers en France à torréfier et à transformer directement les fèves (grands crus). Magasin de chocolat, confiserie, pâtisserie, salon de thé, cadeaux. Cher mais très bon !

À voir

Les caves de la Chartreuse : *10, bd Edgar-Kofler. ☎ 04-76-05-81-77. • chartreuse.fr • ♿ (partiel). Tlj 10h-18h30. Fermé 1er janv et 25 déc. Visite guidée (résa conseillée). Entrée : 12 € ; réduc ; gratuit moins de 12 ans.* La plus longue cave à liqueur du monde avec 164 m ! La célèbre liqueur (voir « Dans les environs de Saint-Pierre-de-Chartreuse ») répond à une alchimie subtile et compliquée mise au point par les chartreux apothicaires, codifiée depuis 1737 et titrant 69°. La chartreuse verte, la plus vendue aujourd'hui, fait 55° et date de 1764. En 1840, invention de la liqueur jaune à 43°. Si pour des raisons de sécurité, la production ne se fait plus à Voiron, l'ensemble des bâtiments accueille désormais un ***musée.*** Cet ancien lieu de production raconte l'univers de la liqueur ainsi que le savoir-faire des moines chartreux à travers 1 200 pièces réparties dans 7 espaces. L'un d'eux est dédié aux plantes : on peut voir, toucher, sentir et goûter. Avant de pénétrer dans la cave historique de Voiron, vous traverserez l'atrium qui fait la part belle au massif de la Chartreuse, dans lequel les moines sont installés depuis près d'un millénaire. Fin de la visite autour d'une dégustation des liqueurs traditionnelles verte et jaune.

L'église Saint-Bruno : *tlj.* Un autre symbole de la ville. De style néogothique (1864), les Voironnais n'hésitent pas à l'appeler « cathédrale ». Il faut dire qu'elle en a la taille ! Intéressants vitraux. Les nombreux concerts, programmés tout au long de l'année, sont l'occasion de profiter des grandes orgues (plus de 2 500 tuyaux), classées Monument historique, tout comme l'église.

Le musée Lucien-Mainssieux : *7, pl. Léon-Chaloin. ☎ 04-76-65-67-17. Dans le centre. Tlj sauf lun 14h-18h (17h nov-mars). Entrée : 5 € (billet couplé avec le MALP-Musée archéologique du lac de Paladru) ; réduc ; gratuit moins de 10 ans et pour ts le 1er dim du mois.* Présente le fonds d'atelier du peintre Lucien Mainssieux, natif de Voiron, élève de Jules Flandrin, ami d'Albert Marquet, ainsi que d'autres peintres régionaux.

Manifestations

- ***Voiron Jazz Festival :*** *2 sem mi-mars. • voironjazzfestical.com •* Concerts payants et gratuits.
- ***Fêtes de la Chartreuse :*** *mai. • fetesdelachartreuse.fr •* Visites, expositions, animations, ateliers créatifs, randonnées, gastronomie...
- ***Festival international du film court :*** *juin.* Projections, rencontres.
- ***Festival des Cultures du monde :*** *1 sem début juil.* Groupes folkloriques provenant de différents pays.
- ***Émotions de rues :*** *juil.* Théâtre de rue.

LE LAC DE PALADRU

Carte Isère, B2

Vaste cuvette (longue de 6 km et large de 1 km), formée il y a quelque 12 000 ans suite au retrait du glacier du Rhône, le lac de Paladru est un lieu de villégiature populaire des Lyonnais et des Grenoblois. Et si aujourd'hui, hors de la région,

tant de gens ont déjà entendu le nom de Paladru, c'est grâce au film *On connaît la chanson* d'Alain Resnais... Rappelez-vous Agnès Jaoui, l'étudiante déprimée par le manque d'intérêt des profanes pour sa thèse sur « les chevaliers-paysans de l'an mil au lac de Paladru ». La thèse en question existe réellement puisque ce lac s'est révélé d'une si grande richesse archéologique dans le domaine des civilisations néolithique et médiévale qu'un tout nouveau musée les met en valeur. Plages, baignades et sports nautiques sont désormais les rituels estivaux des tribus modernes. Dommage toutefois qu'il n'y ait pas de possibilité de longer le lac au plus près (tous les terrains bordant la rive étant privés).

Adresses utiles

ℹ ***Office de tourisme :*** *230, rue des Bains, 38850* ***Charavines.*** *☎ 04-76-93-17-60. • tourisme.paysvoironnais.com • À 50 m du lac, face à la plage. Ouv tlj 9h-12h30, 14h30-18h ; oct-mars, fermé w-e et jeu ap-m.*

Natura Vélo : *245, route des Plages, 38850* ***Charavines.*** *☎ 04-76-35-64-98. • naturavelo.com • En face de l'office de tourisme.* Location de vélos (VTT, tandem, vélos électriques, vélos pour enfants, etc.). Atelier de réparation. Également des stages. Une équipe professionnelle et expérimentée.

Où dormir ? Où manger autour du lac ?

Camping

Détente et Clapotis : *1678, route des Chevaliers-de-l'An-Mille, La Véronnière, 38620* ***Montferrat.*** *☎ 04-76-55-33-94. • camping-montferrat@gmail.com • detente-et-clapotis.fr • ♿ Entre Montferrat et Charavines. Ouv de mi-avr à mi-sept. Forfaits pour 2, env 16-38 €. CB refusées. 152 empl.* Grand camping, bien équipé, animé et familial, posé juste au bord du lac avec une plage aménagée. Emplacements plus ou moins ombragés. Vaste choix d'hébergements locatifs : des chalets simples (les moins chers) ou, dispersés sur le site, de sympathiques *Tente Lodge* pour les aventuriers en quête d'un peu de confort, les *Chalets des Chevaliers de l'An Mil* (amusant hébergement hybride entre chalet et tente) et de beaux *Écochalets* sur pilotis. Tout cela reste très nature et s'intègre fort bien dans le paysage. Belle piscine avec une partie couverte et une autre découverte.

De prix moyens à chic

Chambres d'hôtes Les Balcons du Lac : *145, chemin de Beluran, 38730* ***Le Pin.*** *☎ 04-76-06-68-82. 📱 06-37-55-92-00. • lesdubalcons38@orange.fr • lesbalconsdulac.com • ♿ À 300 m du lac, un peu en retrait le long de la route. Fermé vac scol de Noël. Double 80 €. Dîner 20 €.* Grande bâtisse surplombant (comme son nom l'indique) le lac. Les chambres, sans charme particulier, sinon la vue (pour certaines d'entre elles), sont équipées de lits jumeaux. On ne vient pas ici chercher l'intimité et le calme, mais plutôt le plaisir de bonnes soirées entre amis, en toute simplicité grâce à l'accueil chaleureux, festif et direct. Spa.

Hôtel Les Bains : *345, rue Principale, 38850* ***Charavines.*** *☎ 04-76-06-60-20. Tlj. Résa vivement conseillée. Menu 27-32 €.* Malgré son nom, il s'agit bien d'un resto, et plus précisément d'un bistrot au décor centenaire (l'établissement a ouvert en 1872). La terrasse, à l'ombre de grands arbres et illuminée de loupiotes multicolores la nuit venue, est franchement top ! Au programme, friture, cuisses de grenouilles, poêlon de grenouilles aux morilles, ambiance guinguette en prime. Pittoresque et très populaire. En saison, la salle est noyée dans un gentil brouhaha. La terrasse est plus tranquille. Récompensé Meilleure carte des vins avec plus de 2 000 références.

À voir autour du lac

La grange dîmière : *38730* ***Le Pin.*** *☎ 04-76-93-17-41. • grangedimiere.com • Juil-août, tlj 14h-18h ; mai-juin et sept-oct, seulement w-e et j. fériés 14h-18h. GRATUIT.* Ancienne dépendance du monastère chartreux de la *Sylve Bénite*. Ce bel et vaste édifice du XVIIe s en galets roulés enduits servait à ***stocker les récoltes et les produits de la dîme.*** 2 des 5 travées du bâtiment subsistent encore à ce jour, ainsi que les tuiles en forme d'écailles. C'est aujourd'hui un lieu dédié à la ***sculpture céramique contemporaine*** et au spectacle vivant. Riche programmation : spectacles, stages, visites guidées.

Le MALP – Musée archéologique du Lac de Paladru : *51, rue du musée, 38850* ***Villages du lac de Paladru.*** *☎ 04-56-26-16-16. • malp.fr • Avr-oct, mar-dim 10h-12h30, 14h-18h (juil-août 10h-18h) ; nov-mars, w-e 10h-12h30, 14h-17h et vac scol (zone A), mar-dim 10h-12h30, 14h-17h. Entrée : 5 € (billet couplé avec le musée Mainssieux de Voiron) ; réduc ; gratuit pour les moins de 10 ans et pour ts le 1er dim du mois.* Avec son architecture en métal brun qui se détache sur le lac, le nouveau musée rappelle une pirogue médiévale. Bienvenue au MALP dont la visite a été conçue comme une ***immersion dans les profondeurs du lac*** à la découverte des vestiges engloutis. Ici, sont présentés aussi bien les objets du Néolithique et de l'an mil issus des fouilles archéologiques (outils, armes, pirogue, vaisselle, statuettes...) que les techniques de fouilles subaquatiques. À travers les vestiges exceptionnels découverts sous les eaux du lac, on découvre les populations qui ont vécu là il y a si longtemps. Depuis le belvédère-terrasse, super vue sur le lac.

Le musée Pégoud : *35, impasse Michel-Fugain, 38620* ***Montferrat.*** *06-44-86-54-23. • pegoud.fr • De mi-juin à mi-sept, dim ap-m seulement, 14h30-18h30. GRATUIT.* Les passionnés d'aviation viendront rendre hommage dans ce petit musée à Célestin-Adolphe Pégoud, grand pilote né ici et pionnier de l'acrobatie aérienne. Souvenirs, costumes, hélices et objets personnels rappellent ses exploits.

FAIR-PLAY AÉRIEN

Célestin-Adolphe Pégoud, as des airs, réalisa le 1er saut en parachute depuis son propre appareil et fit l'un des 1ers loopings de l'histoire de l'aviation, en 1913 ! Engagé lors de la Première Guerre mondiale, il fut abattu en 1915 lors d'une attaque allemande. Les aviateurs ennemis, connaissant les exploits de Pégoud et ayant pour lui le plus grand respect, survolèrent le site du combat aérien 1 semaine après et jetèrent, depuis le ciel, une couronne de lauriers en son honneur, avec l'inscription : « À Pégoud, mort en héros pour sa Patrie. »

Sports et loisirs d'été

Les plages et les sports nautiques : autour du lac, il existe 4 plages surveillées en été (ainsi que certains week-ends en juin et septembre). Seule la plage de Charavines, située face à l'office de tourisme, est gratuite (elle est aussi bondée en saison !). Les autres sont payantes *(2,50-7 €/pers)* : Le Pin, Paladru et Montferrat. Activités proposées : embarcations à pédales, voile, aviron, pêche, *stand up paddle,* nombreux parcours de randonnée à pied, à vélo ou trail. Les amoureux d'endroits sauvages iront pique-niquer sur la rive est du lac : en sous-bois à la sortie de Charavines (*bois d'Amour ;* aire de jeux pour enfants et possibilité de parcourir la voie verte reliant Charavines à Paladru) et à Montferrat *(aire de la Verronière).* La plongée sous-marine individuelle est interdite dans le lac.

VTT : le lac de Paladru (et le val d'Ainan) comptent une vingtaine de circuits balisés du vert au rouge (de très facile à difficile). Plan gratuit disponible à l'office de tourisme, très bien fait. Boucles de 6 à 22 km. Départ des circuits devant le bureau d'accueil à Charavines, à la grange dîmière (Le Pin), à Paladru devant la mairie et dans le secteur de Saint-Geoire-en-Valdaine.

La voie verte : au départ de l'office de tourisme de Charavines, elle suit la partie est du lac (sans toutefois le longer vraiment), jusqu'à la plage de Paladru (7 km en tout). Pour promeneurs pédestres et cyclistes.

Randonnées pédestres : le pays voironnais a aménagé un réseau de promenades sympa à consommer sans modération. En tout, plus de 550 km de sentiers balisés, réunis en 20 boucles de tous niveaux (4 à 23 km) et indiqués sur une carte (véritable topoguide en fait) en vente à l'office de tourisme du pays voironnais.

DANS LES ENVIRONS DU LAC DE PALADRU

Le prieuré de Chirens : *161, route Notre-Dame-du-Gayet, 38850* ***Chirens.*** *☎ 04-76-35-20-02. • prieuredechirens.fr • À une dizaine de km au sud-est du lac de Paladru. Horaires en fonction des expos temporaires, voir le site internet. Entrée : 4 € ; gratuit moins de 12 ans.* Importants vestiges d'un très beau prieuré bénédictin roman du XIe s. Une des rares absides romanes subsistant en Isère. Cul-de-four à 5 baies fortement abrasées. Bien jolies fresques du XVIIe s. Dans la chapelle de gauche, près du chœur, inscription gothique. Mur de gauche, Vierge à l'Enfant et saint Nicolas. Expositions d'art l'été. Festival de musique de chambre en juillet-août. Concerts gratuits lors des Dimanches du prieuré.

Le château de Virieu-sur-Bourbre *(38730) : ☎ 04-74-88-27-32. • chateau-de-virieu.com • À env 7 km au nord-ouest du lac. Juil-août, tlj sauf lun 14h-18h ; mars-juin et sept-oct, w-e et j. fériés seulement (mêmes horaires). Visite guidée pour le château (départs ttes les heures 14h30-17h30 ; durée : 45 mn) : 8 € ; réduc ; gratuit moins de 6 ans.*

Le château a très fière allure quand on l'aperçoit en contrebas. Construit au XIe s, il accueillit Louis XIII en 1622, au retour de la paix de Montpellier. Ce dernier y abandonna d'ailleurs les canons pris aux calvinistes (ils trônent aujourd'hui encore dans la cour intérieure). Le château fut régulièrement modifié jusqu'au XVIIIe s.

Salle à manger joliment meublée et décorée d'une remarquable série de 9 tapisseries d'Aubusson évoquant l'histoire de Judith, inspirée de l'Ancien Testament. Voir aussi la chambre où dormit Louis XIII, demeurée intacte, la cuisine médiévale, la chapelle du XVIIe s, le donjon avec sa voûte en entonnoir... On termine par les jardins à la française avec vue sur les collines alentour.

Le château de Longpra : *401, allée de Longpra, 38620* ***Saint-Geoire-en-Valdaine.*** *☎ 04-76-07-63-48. • longpra.com • À une quinzaine de km au nord-est du lac. Juil-sept, w-e et j. fériés 14h-18h ; tlj durant 2 sem en août. Entrée : 8 € (visite guidée) ; réduc ; gratuit moins de 7 ans. CB refusées.*

Maison forte du XIIe s, isolée du reste de la propriété par douves et pont-levis. Cette demeure fut réaménagée et embellie au XVIIIe s. Depuis, rien n'a changé... boiseries, mobilier, papiers peints. Et pourtant, elle est toujours habitée : depuis près de 500 ans, 18 générations d'une même famille se sont succédé (les pièces que l'on visite sont encore utilisées de nos jours).

Commode-autel dissimulant les secrets de la tourmente révolutionnaire, boiseries et planchers signés Jean-François Hache, célèbre ébéniste grenoblois, nombreuses toiles de maître du XVIIe s. Noter dans la chapelle, où était célébrée la messe, la trappe qui permettait aux gens d'assister aux offices depuis le 1er étage. En prime, vous aurez droit à l'histoire du trousseau de clés remis par le prieur de la Grande Chartreuse au châtelain en 1903, suite à l'expulsion des moines du monastère. À voir aussi, le *musée de l'Outil à bois,* avec une importante collection d'outils des XVIIIe et XIXe s.

LES PORTES DES ALPES

Territoire s'étirant entre Lyon et Grenoble, que d'aucuns ont probablement traversé sur la route pressée des vacances sans jamais prendre le temps d'un arrêt. Les Portes des Alpes, ce sont d'abord 2 villes, Bourgoin-Jallieu et La Tour-du-Pin. Si la région ne mérite pas nécessairement d'y séjourner longuement, elle vaut à coup sûr une halte, ne serait-ce que pour le remarquable musée du Textile de Bourgoin-Jallieu ou encore l'authentique bourg médiéval de Saint-Chef, fief de l'ami Frédéric Dard, alias San-Antonio.

L'ISÈRE

LA TOUR-DU-PIN (38110) 8 130 hab. *Carte Isère, B2*

Ville des derniers dauphins. Il ne reste pas grand-chose de cette époque, à part quelques belles demeures Renaissance. Notamment rue d'Italie (rue centrale), aux nos 17 et 29. Cette dernière, dite « maison des Dauphins », accueillit François Ier, au retour de la bataille de Marignan.
Ne pas manquer, dans l'église (quand elle est ouverte), le magnifique triptyque représentant la Passion du Christ, exécuté en récompense des bons soins qu'il avait reçus dans l'hôpital de la ville. Voir aussi le beau triptyque d'Arcabas réalisé en 2001, *La Visite des Mages d'Orient.*

Adresse et info utiles

Office de tourisme : *pl. Antonin-Dubost. ☎ 04-76-32-11-24. • tourisme-valsdudauphine.fr • Juin-août, tlj sauf dim 9h-12h30, 14h-18h. Le reste de l'année, horaires restreints.*

Gare SNCF : *av. de la Gare. ☎ 36-35 (prix d'un appel local). • sncf-connect.com •* Nombreux trains quotidiens pour Lyon et Grenoble.

Où dormir ? Où manger dans le coin ?

Prix moyens

Chambres d'hôtes Le Traversoud : *484, chemin Sous-l'École, 38110* ***Faverges-de-la-Tour.*** *☎ 04-74-83-90-40. 06-07-11-99-42. • deroi.traversoud@orange.fr • À 8 km au nord-est de La Tour-du-Pin. Double 65-95 €. Dîner 28 €, boissons comprises. Parking gratuit.* Au cœur d'un petit hameau, dans une ancienne ferme dauphinoise, 2 chambres à l'entrée indépendante, situées à l'étage et qu'on gagne par un escalier extérieur. Déco coquette et fleurie sur les thèmes de Monet, Cézanne. La chambre familiale « Cézanne », sous les toits, est bien spacieuse (peut d'ailleurs accueillir 4 personnes). Ensemble simple, accueil adorable.

Le Rochetoirin : *10, route du Village, 38110* ***Rochetoirin.*** *☎ 04-74-97-60-38. • restaurant@lerochetoirin.fr • À env 5 km au nord de La Tour-du-Pin. Fermé sam midi, dim soir, lun et mer soir. Congés : 2de quinzaine d'août et 3 sem à Noël. Assiette-repas déj sem 15 € ; menus 39-59 €.* Cadre de brasserie élégante pour une carte concoctée au fil des saisons à base de bons produits régionaux. Ici, on décline les cuisses de grenouilles dont le chef s'est fait une spécialité en proposant une petite dizaine de recettes différentes ! Pergola qui s'ouvre l'été sur un vaste paysage, et salon douillet où s'intéresser à la carte de vieilles chartreuses de la maison. Enfin, boutique de produits utilisés en cuisine.

DANS LES ENVIRONS DE LA TOUR-DU-PIN

Le musée du Tisserand dauphinois : *76, rue des Tisserands, 38110* ***La Bâtie-Montgascon.*** *☎ 04-74-83-08-99. • museedutisserand.fr • À 7 km à l'est de La Tour-du-Pin. Mars-nov, mer-sam 9h30-12h, 14h-18h, dim 14h-18h. Entrée : 5 € ; réduc ; gratuit moins de 12 ans.*
Un chiffre éloquent : dans les années 1920, il y avait à La Bâtie-Montgascon 960 métiers à tisser pour 1 000 habitants ! Cette ancienne usine réhabilitée abrite de véritables trésors. Dans un immense atelier de tissage, grâce aux efforts des anciens canuts, la plupart des machines fonctionnent encore... Ces métiers à tisser, dont certains approchent les 150 ans, produisent encore quelques pièces de soie à titre démonstratif.
L'expo retrace la production de la soie à partir du cocon jusqu'au tissage sur métiers à tisser à bras et mécaniques. La fabrication du tulle et de la dentelle est aussi évoquée. Également des expos temporaires.

Le musée gallo-romain d'Aoste : *43, pl. du Musée, 38490* ***Aoste.*** *☎ 04-76-32-58-27. • mairie-aoste.org • À env 15 km à l'est de La Tour-du-Pin. Lun-ven 14h-17h (15h-19h, juil-août). Fermé j. fériés et vac scol de Noël. Entrée : 5 € ; réduc ; gratuit moins de 12 ans. Visites guidées vac scol, env 6 €, sur résa. Ateliers jeune public : découverte de l'argile, création de bijoux, fouilles, etc. (payant).*
Le musée est agencé autour d'un patio vitré (à l'instar de l'atrium romain) dans un cadre donc lumineux (et climatisé !). Il expose une collection assez exceptionnelle de quelque 600 objets de la vie courante et religieuse.

Entre Vienne et l'Italie
Tout d'abord, retour sur la tribu gauloise des *Allobroges* et la conquête romaine. Fondée vers 15 av. J.-C., la ville d'*Augusta* (en hommage à l'empereur Auguste) occupait alors une position stratégique de carrefour routier entre la capitale régionale, Vienne, la Suisse et l'Italie. En témoigne l'autel de carrefour, sorte de temple en miniature dont la niche devait abriter Mercure, le dieu des Voyageurs.

Une bourgade active
Collection de poteries complétée par une maquette reconstituant la fabrication des céramiques. Les conditions idéales étaient réunies avec la proximité du Rhône et de vastes zones boisées. Série d'amphores utilisées pour le transport des denrées. Elles contenaient, entre autres, huile d'olive, saumure et *picatum,* vin gaulois aigrelet. Pour les rendre imperméables, on tapissait leur paroi intérieure de poix ou de cire. Quelques objets forgés, verreries et monnaies. Petit espace vidéo.

Vivre à Aoste et culte
Évocation des habitants (des citoyens aux esclaves en passant par les affranchis), de la religion et du culte public. Noter le fac-similé d'une superbe statue de la déesse Abondance, autrement appelée « Fortune », ou encore l'autel à une divinité inconnue. Sarcophage en calcaire de Rhodia, pesant près de 3 t, illustrant les rites autour de la mort.

Au jour le jour
Collection de vaisselle de table et de cuisine, dont une carafe (une « aiguière »), connue en 7 exemplaires seulement dans le monde romain, constitue le joyau. Jeux, parures, toilettes, cultes domestiques, etc.

De la fouille au musée
Pour finir la visite, quelques photos anciennes des fouilles et du musée créé en 1856. On réalise alors que le sous-sol d'Aoste est truffé de merveilles archéologiques...

BOURGOIN-JALLIEU (38300) 29 000 hab. *Carte Isère, B1-2*

« **J'ai une gueule de bois qui intéresserait un sculpteur.** »

Frédéric Dard

Bourgoin-Jallieu souffre à l'évidence d'un déficit d'image. Pourtant la ville représentait encore, en ce début de XXIe s, le fleuron de l'ennoblissement textile en France (traitement du tissu à sa sortie du métier à tisser). Jusqu'à la fermeture des *Ateliers Mermoz* au début des années 2000, 85 % de l'impression pour la haute couture française (Dior, Lacroix, etc.) étaient réalisés ici. Un beau musée du Textile relate cette formidable aventure, des 1ers tampons d'impression aux dernières techniques informatiques. Bourgoin, c'est aussi la ville natale de Frédéric Dard, alias San-Antonio (voir plus loin, à Saint-Chef, où il est enterré), et du grand chef parisien Guy Savoy. Enfin, Jean-Jacques Rousseau séjourna dans la ville de 1768 à 1770, y rédigeant une partie des *Confessions.*

L'ISÈRE

Adresse et info utiles

Office de tourisme : *pl. Carnot. ☎ 04-74-93-47-50. • capi.agglo.fr • Tte l'année, en principe, mar-sam 10h-12h30, 13h30-18h (fermé le jeu ap-m).*

Gare SNCF : *☎ 36-35 (prix d'un appel local). • sncf-connect.com •* Nombreux départs quotidiens pour Grenoble et Lyon.

Où manger à Bourgoin et dans les environs ?

L'Huîtrier du Château : *3, pl. Carnot, à Bourgoin. ☎ 04-74-43-64-25. • lhuitrierduchateau38@gmail.com • Tlj sauf dim soir-lun (ouv mar soir pour la vente à emporter seulement). Fermé 2 sem en août. Plats 15-27 € ; assiettes fruits de mer 24,90-29,90 €.* Dans cette petite salle toute grise (mais pas triste !) ou sur la minuscule terrasse, on déguste tout ce qui vient de la mer. Elle est loin la mer, certes, et pourtant les produits sont ultrafrais : huîtres, soupe de poissons, tartare de saumon, poêlée de seiches, aïoli, moules à toutes les sauces...

Le Demptézieu : *105, rue Hugues-de-Demptézieu, 38300* **Saint-Savin.** *☎ 04-74-28-90-49. • le-demptezieu@orange.fr • Au hameau de Demptézieu, à env 8 km au nord de Bourgoin. Tlj sauf lun-mar et le soir des dim et j. fériés. Fermé 1res quinzaines de janv et de juil. Menus 18 € midi en sem, 28 € (sauf w-e), puis 41-68 €. Café offert sur présentation de ce guide.* Il ne faut pas avoir peur de se perdre sur les petites routes pour arriver au pied du château de famille de Bayard. D'un ancien café de village, les proprios ont fait une étape semi-gastronomique : un accueil simple, un service sans prétention et des plats aux couleurs des saisons, préparés avec des produits essentiellement locaux. Agréable terrasse dans la cour.

À voir. À faire

Le musée de Bourgoin-Jallieu (Textile et Beaux-Arts) : *17, rue Victor-Hugo. ☎ 04-74-28-19-74. • musee.bourgoinjallieu.fr • En centre-ville. Mar-ven 10h-12h, 14h-18h ; w-e 14h-18h. Fermé j. fériés. GRATUIT. Visites commentées (payantes) le 1er dim du mois. Activités tte l'année (démonstrations, ateliers, spectacles).*

Installé dans la chapelle des Antonins (XVIe s) et l'hôtel-Dieu (XVIIIe s) entièrement réhabilités, le musée s'organise autour de ***2 thèmes : l'histoire de l'industrie textile*** des origines à nos jours en Nord-Dauphiné, et ***l'œuvre des peintres bergusiens Victor Charreton, fondateur du musée et Alfred Bellet du Poisat***. Le tout sur 3 niveaux, réalisé de manière à permettre un contact tactile avec une partie des collections.

– Au ***rez-de-chaussée,*** dans l'ancienne chapelle, on peut admirer un exemplaire unique en France d'une réplique d'un métier à tisser à grande tire, chinois, du XIIIe s. 2 personnes tissaient alors quotidiennement 10 cm à partir de 3 600 fils de soie. D'autres métiers sont actionnés certains dimanches, parmi lesquels un métier à tisser « éponge » à navette des années 1910 et un autre de 1953. Bourgoin abrita de 1855 à 1992 l'usine *Diederichs,* la 1re entreprise européenne de construction de métiers à tisser.

– Au ***niveau 2,*** sur la mezzanine, noter l'ouverture voûtée à l'entrée, qui permettait aux malades de l'hôpital d'assister à la messe célébrée dans la chapelle, juste en dessous. La *salle de l'« indiennage »* est consacrée aux *indiennes,* ces tissus imprimés rapportés d'Inde à la fin du XVIIe-début du XVIIIe s par les Anglais et Néerlandais. Les salles suivantes abritent des planches d'impression de la fin du XVIIIe-début XIXe s qui servaient à imprimer les tissus. Dans la *salle des manufacturiers,* présentation des familles de grands manufacturiers de la région et quelques-unes de leurs réalisations.

La ***salle des techniques du XXe s*** est assez impressionnante avec ses exemplaires de cadres rotatifs pour l'impression du tout-venant (3 000 m/h). On peut aussi y admirer des cadres plats ou *cadres à la lyonnaise,* avec lesquels sont toujours imprimés les célèbres foulards Hermès. À côté, une imprimante textile moderne à jet d'encre : 16 millions de couleurs (sic !).

– Le ***niveau 3*** est dédié aux œuvres de Victor Charreton (1864-1936) et d'Alfred Bellet du Poisat (1823-1883). La peinture du premier est un véritable hymne à la nature, elle a l'originalité d'être parfois réalisée sur une étoffe appelée *finette* qui, en absorbant l'huile et en supprimant le rancissement, évite l'altération des couleurs. Compte tenu de sa texture ouatée, seul le travail au couteau est possible, ce qui interdit la moindre retouche. Alfred Bellet du Poisat est né à Bourgoin-Jallieu en 1823. À partir de 1865, il se consacre à la peinture de paysages et de marines, dans laquelle il développe sa sensibilité aux rendus atmosphériques en se rapprochant des impressionnistes. Les toiles présentées donnent un bon aperçu des œuvres des 2 artistes.

➢ ***Sur les traces de Frédéric Dard :*** un petit itinéraire permet, en 10 étapes, de parcourir la ville et les endroits qui étaient chers à San-Antonio – son café, sa maison, sa boulangerie, son école... et *l'Objet-Dard*, œuvre contemporaine de Bertrand Lavier : un mur de plaques de granit (hautes en couleurs, vous allez voir !) sur lesquelles sont gravés les titres des 174 bouquins de San-Antonio. Demander le petit guide *(1,50 €)* à l'office de tourisme ou au syndicat d'initiative de Saint-Chef, autre étape du pèlerinage.

SAINT-CHEF (38890) 3 740 hab. *Carte Isère, B1*

Niché dans un étroit vallon, dans un cadre de collines verdoyantes, ce village offre une riche page d'histoire religieuse. Tout débute au VIe s avec la fondation par saint Theudère d'un petit monastère, rentré 3 siècles plus tard sous les ordres de saint Benoît et qui, peu à peu, prend de l'importance, avec la construction d'une importante abbaye entre les Xe et XIIIe s. L'abbatiale est alors à son apogée, étendant son autorité sur une douzaine

de prieurés, dont celui de Crémieu. De cette époque subsistent une église renommée pour ses riches fresques romanes et la tour du Poulet, sur les hauteurs du village, dernier vestige des fortifications de l'abbatiale. Par ailleurs, Saint-Chef abrite de nombreux petits édifices et maisons de caractère, notamment cette très belle tour avec fenêtre à meneaux et accolade jouxtant l'office de tourisme.
Plus proche de nous, Saint-Chef est la patrie de Frédéric Dard, alias San-Antonio, qui y est enterré (avec, selon ses dernières volontés, vue sur le mont Blanc...), et de Louis Seigner, surnommé le « paysan-gentilhomme », lui qui incarna plus de 1 500 fois *Le Bourgeois gentilhomme* à la Comédie-Française.

Adresse utile

Office de tourisme : *2, rue du Seigneur-de-By. ☎ 04-74-27-73-83. • balconsdudauphine-tourisme.com • Avr-oct, tlj sauf lun.* Pour visiter le village au temps des chanoines, se rendre sur l'application *Saint-Chef* ou emprunter une tablette à l'office de tourisme. Parcours d'orientation pour les familles.

Où dormir ? Où manger dans le coin ?

La Taverne Rustique (chez Monique) : *6, voie du Chapitre, La Chapelle. ☎ 04-74-92-42-97. • latavernerustique@orange.fr • Sur les hauteurs de Saint-Chef, face au repère 23 du circuit de découverte (voir plus loin). Tlj le midi, plus le soir ven-sam (mieux vaut téléphoner avant hors saison). Menus 16 € (déj en sem), puis 23-32 €.* Une véritable institution locale. C'est Marie Tabardel, la mère spirituelle de Frédéric Dard, qui ouvrit ce resto dans les années 1950. Vendu en mai 1968, il a conservé un décor de bric et de broc, un peu vieillot, pour une cuisine de terroir qui satisfait les habitués et les gens de passage. Spécialités de cuisses de grenouilles. Terrasse ombragée.

Hôtel Château de Chapeau Cornu : *312, rue de la Garenne, 38890* ***Vignieu.*** *☎ 04-74-27-79-00. • reception@chapeau-cornu.fr • chateau-chapeau-cornu.fr • À env 5 km à l'est de Saint-Chef. Resto gastro* Le Capella *: sept-début juin, fermé midi en sem, mer tte la journée et dim soir ; juin-août, ouv dim tte la journée, lun-mar, jeu et ven, le soir. Fermé fêtes de fin d'année. Doubles 179-319 €. Au restaurant gastro, menus 59-135 € ; à la rôtisserie (tlj sauf w-e pour le dîner et dim-lun pour le déj), 19-25 €.* Drôle de nom et drôle de château au milieu d'un parc boisé de 6 ha ! Savaient-ils, les Capella et les Cornutti du XIIIe s, qu'il y aurait là un superbe resto et un hôtel de charme, aux chambres gaies, confortables, personnalisées, avec des noms chantants et un mélange de mobilier ancien et d'objets d'art contemporain ? Repas servis dans de belles salles voûtées. Bistrot-grill avec une terrasse en été au bord de la piscine. Uniquement des produits du terroir préparés avec beaucoup d'inspiration. Piscine et superbe spa, très complet. En résumé, une des plus belles adresses qui soient pour une escapade amoureuse.

À voir. À faire

L'église abbatiale et la chapelle : *rez-de-chaussée en accès libre avr-oct. Les fresques romanes de la chapelle des Anges sont accessibles les dim de mi-juin à fin sept à 15h en visite guidée. Tarif : 8 € ; réduc.* Édifiée au XIe s, l'église se tient tel un ***vaste vaisseau à 3 nefs.*** Dans la nef, au-dessus des 1re et 2e voûtes en

partant du chœur, noter les vases acoustiques. Il s'agit de poteries en terre cuite, incrustées dans le mur, qui avaient pour effet de moduler les notes un peu trop aiguës ou trop graves des chants des moines. Dans le transept droit, sur un arc en plein cintre, une fresque représentant la mer de Cristal de l'Apocalypse. Sur le mur, le moine saint Theudère (fondateur de l'abbaye) portant l'église dans la main droite et son bâton de pèlerin de la main gauche.
De l'autre côté, on aperçoit les fenêtres de la ***chapelle haute de l'abbaye,*** dissimulée en surplomb derrière les orgues. À l'intérieur, on peut admirer (lors des visites guidées) un ***ensemble de fresques romanes parmi les plus fascinantes de France.*** Un véritable éblouissement ! Là, les scènes de *L'Apocalypse selon saint Jean* dans un superbe style romano-byzantin.
– Et pour compléter la visite, pourquoi ne pas monter jusqu'au joli château de Saint-Chef Teyssier de Savy qui appartenait autrefois à l'abbatiale (et depuis laquelle il est toujours accessible à pied ; fléché). Seul l'extérieur (le jardin, la cour et la chapelle) se visitent *(payant, horaires selon saison),* mais la propriété de 6,8 ha, bordée de part et d'autre par la forêt, est bien belle.

Le musée de Saint-Chef : *2, rue Seigneur-de-By. 06-78-21-23-72. Avr-oct, mar, mer et dim 14h30-18h30 (18h dim), sam 10h-12h. GRATUIT. Visite guidée sur résa.* Expo permanente sur l'histoire de l'abbaye et les traditions locales à l'aide, entre autres, de maquettes, CD-Rom et films.

Niveau 1
Vitraux originaux du XVe s, chants grégoriens avec *La Prose de saint Theudère,* texte original du XIIIe s retranscrit au XVIIIe s, maquette de Saint-Chef reconstituée à la fin du XVIIIe s également. En rose clair, les bâtiments détruits en 1860 pour permettre la construction d'une route traversant le village.

Niveau 2
Visite interactive des fresques de l'abbaye à l'aide d'un joystick. Le jeu consiste à zoomer certaines parties pour mieux observer le détail des fresques. Puis, changement radical d'univers avec une expo consacrée à la découverte de la vigne, l'architecture en terre (le pisé), la magnanerie (culture du ver à soie), le patois dauphinois, un dialecte d'origine franco-provençale. Enfin, évocation des écrivains Marius Riollet et Frédéric Dard (alias San-Antonio ; on découvrira notamment sa machine à écrire fétiche), et du comédien Louis Seigner.

Niveau 3
Espace d'expositions temporaires.

Pour découvrir les richesses de Saint-Chef, qui ne se limitent pas à son abbatiale, on vous conseille de suivre le ***circuit en 25 étapes*** *(départ du circuit place de la Mairie ; livret disponible à l'office de tourisme).* À chaque étape, un écriteau : autant d'occasions de plonger en arrière pour s'imprégner en profondeur du lieu visité au détour de l'ancien quartier des artisans et des vignerons, d'une ancienne filature de vers à soie, d'un séchoir à tabac, d'une maison en pisé, etc. En fin de parcours, ne manquez pas le repère 24, qui vous livre un joli point de vue sur le village.

Randonnées pédestres dans le coin

4 boucles vous sont proposées au départ de Saint-Chef (du parking du Marchil) : de 10,5 à 14 km. Plan en couleurs et descriptif complet à l'office de tourisme. Notre préférence va au ***circuit jaune*** (le plus court) pour la diversité des paysages qu'il traverse : marais, vignes, coteaux et forêt de feuillus. Il permet en outre la découverte de la tour du Poulet, du château du Marchil ou encore du château de Chapeau Cornu (voir plus haut « Où dormir ? Où manger dans le coin ? »). Du haut de la montée de Gaillot-Candy, on aperçoit au loin le mont Blanc par temps dégagé.

LES BALCONS DU DAUPHINÉ

Plateau calcaire bordé de falaises et au sous-sol creusé de cavités, dont la célèbre grotte de la Balme. À quelque 30 km de Lyon, la cité médiévale de Crémieu a conservé son patrimoine architectural intact. Et cette petite région est également la patrie de Paul Claudel qui vécut une bonne partie de sa vie retiré dans son château de Brangues.

MORESTEL

(38510) 4 570 hab. *Carte Isère, B1*

Un « éperon rocheux au milieu de l'alluvion », selon l'expression de Claudel. Sympathique petite ville fleurie, cité des peintres, repérable de loin avec son clocher rehaussé d'une lanterne gothique, elle-même flanquée d'une tourelle en poivrière (le « petit doigt » en l'air). Tout en haut, sur son rocher, le *donjon carré,* vestige du château détruit pendant les guerres de Religion, qui abrite aujourd'hui des expos temporaires.
Morestel constitue également une étape agréable sur la *ViaRhôna,* le grand itinéraire de cyclotourisme qui traverse la cité.

Adresse et infos utiles

Office de tourisme : *100, pl. des Halles.* ☎ *04-74-80-19-59.* • *balconsdudauphine-tourisme.com* • *Tlj sauf lun (tte l'année), plus jeu hors saison. Certains dim en saison, visites guidées payantes de la ville (sur inscription).*
Bus : avec les cars de la région. ☎ *04-26-16-38-38.* En été, 4 bus/j. pour ***Crémieu*** (4 le w-e). Nombreuses correspondances à Crémieu pour Meyzieu (relié au centre-ville de ***Lyon*** par tram lignes T22 et X04). En été, 2 bus/j. (aucun le w-e) pour ***La Tour-du-Pin*** (de là, nombreux trains pour Lyon et Grenoble).
– ***Marchés :*** *pl. des Halles et pl. du 8-Mai-1945, dim mat.*

Où dormir ?

De prix moyens à chic

Chambres d'hôtes Les Franciscaines : *205, rue Ravier.* ☎ *04-74-80-56-82.* *06-80-43-98-36.* • *franciscainesmorestel@wanadoo.fr* • *Au cœur du village, à 2 pas de l'église. Double 66 €. Parking privé gratuit.* Une petite communauté de sœurs franciscaines propose quelques chambres au sein de leur vénérable demeure dont les traces les plus anciennes remontent au XIVe s. Ici, on aime la sobriété, mais sans rien céder au confort. Chambres spacieuses dotées d'une salle de bains et même d'une TV ! Parquet, meubles anciens, et parfois une cheminée en marbre. L'une d'elles, avec ses 2 chambres communicantes, est parfaite en famille. Petit déjeuner soigné et très complet. Agréable terrasse qui domine la ville pour se poser. Accueil discret, tout en douceur et dévoué. Une adresse empreinte de quiétude.

Où manger dans les environs ?

|●| ***Le Chantegrit :*** *pl. de la Mairie, 38510* ***Creys-Mépieu.*** ☎ *04-74-97-70-46.* • *contact@lechantegrit.com* • *À env 6 km au nord*

de Morestel ; sur la place de l'église, à Creys. Ouv midi mar-dim, plus le soir jeu-sam. Fermé 3 dernières sem d'août. Menus 18 € (déj en sem), 34-44 € le soir. Une bonne cuisine de marché inspirée, qui se fait plus fine encore le soir. Le tout à savourer dans l'une des 2 salles : la 1re plutôt classique, la 2de en mezzanine, plus contemporaine. Aux beaux jours, très agréable terrasse sur la place.

À voir. À faire

Pittoresque balade dans la ***vieille ville*** en empruntant la passerelle suspendue aux remparts. Ou en gravissant les escaliers situés à côté du bureau d'informations touristiques (arrêt conseillé pour récupérer un plan détaillé). On monte ensuite à la *tour médiévale (ouv avr-oct, mer-dim),* reste de l'ancien château fort (table d'orientation). Puis on découvre l'*église Saint-Symphorien,* ancienne chapelle d'un couvent des augustins du XVe s. Passage place Grenette (qui indique qu'il y avait jadis une halle aux grains), vieux puits et vénérables demeures. Quant à la *maison Ravier,* du nom du précurseur de l'impressionnisme, elle se visite en saison (voir ci-dessous). Dans la ***ville basse***, remarquez ***l'hôtel de ville et son toit souabe*** qui ressemble à une coque de bateau renversée (le jardin représente quant à lui une palette de peintre).

La maison Ravier (maison des Illustres) : *302, rue F.-A.-Ravier. ☎ 04-74-80-06-80. • maisonravier.fr • Avr-oct, tlj sauf lun-mar 14h-18h. Tarif : 6 € ; réduc ; gratuit moins de 18 ans.* Exposition permanente d'œuvres du peintre François-Auguste Ravier et 2 expos temporaires par an présentées à l'étage. Programme très hétéroclite : peinture, théâtre, littérature, etc.

« Peintres et paysages sur les routes de l'Isle Crémieu et du pays des Couleurs » : un circuit routier sur les traces des peintres qui ont sillonné la région de Crémieu à Morestel. Livret gratuit disponible à l'office de tourisme.

Manifestations

– ***Journée des peintres en liberté :*** *dernier dim de juil.* Les peintres amateurs peuvent apporter leur chevalet et le poser dans la rue !
– ***Illuminations :*** *le sam le plus proche du 8 déc.* Feu d'artifice avec son et lumière et embrasement des remparts.

BRANGUES (38510) 630 hab. *Carte Isère, B1*

Planté sur un promontoire bénéficiant d'un cadre agréable face à « la montagne bleue », Brangues fut marqué par un fait divers survenu dans l'église du village, qui inspira à Stendhal son célèbre roman *Le Rouge et le Noir.* Paul Claudel, pour sa part, séjourna dans son château voisin les 20 dernières années de sa vie. De juin à septembre, ne manquez pas la visite en compagnie de bénévoles « qui vous feront revivre le drame qui inspira Stendhal et vous parleront de Claudel tel qu'ils l'ont connu » *(sur résa par mail seulement, • villagedelitterature@gmail.com •).*

Où camper ?

Aire naturelle La Tour des Saveurs : *121, impasse de la Garenne, Tours. ☎ 04-74-80-31-54. 06-68-92-07-27. • gsaveurs@wanadoo.fr • Dans*

Brangues, prendre la D 60 vers Lhuis. Ouv de mi-avr à mi-oct. Camping 7,50 €/pers, refuge 12 €/pers (draps en sus). 6 empl. CB refusées. Sympathique étape sur le grand itinéraire à vélo de la ViaRhôna. Situé très au calme, sur une grande exploitation agricole, une aire naturelle dans les champs, derrière les maisons d'habitation. Le bloc sanitaire se trouve dans la petite annexe accolée à la maison des propriétaires, au même endroit que le refuge et ses dortoirs de 6 lits. Tout simple, bien tenu, on ne peut plus nature. On y vend aussi les fruits et légumes de l'exploitation et les produits d'autres « fermes amies ».

À voir

L'espace d'exposition Claudel-Stendhal : *☎ 04-74-80-32-14. • claudel-stendhal.com • Juil-août, tlj sauf lun-mar 14h30-18h30 ; juin et sept, mer, w-e et j. fériés 14h30-18h30. GRATUIT.* À l'étage, expo consacrée aux 2 écrivains, à leurs biographies, leurs œuvres et leurs carrières diplomatiques. On comprend ainsi ce qu'Henri Beyle était venu chercher ici... Au rez-de-chaussée, présentation du village et expos temporaires.

La tombe de Paul Claudel : *dans le parc du château. À réserver aux passionnés et aux fétichistes ! Face au château – qui ne se visite pas mais accueille l'été les rencontres théâtrales du « Solstice de Brangues » –, emprunter le chemin qui longe la propriété sur la gauche. Après 200 m, une simple porte en bois donne accès aux caveaux familiaux.* Tombe dépouillée, ornée seulement de l'alpha et de l'oméga de l'alphabet grec (symbolisant le début et la fin de toute chose), et sur laquelle est inscrite l'épitaphe du poète : « Ici reposent les restes et la semence de Paul Claudel. » Les abords, aménagés en jardin japonais, rappellent que Paul Claudel fut ambassadeur de France au Japon.

MONTALIEU-VERCIEU

(38390) 3 470 hab. *Carte Isère, B1*

À mi-distance entre Morestel et Ambérieu (voir le *Routard Ain*), vous voici au pays de la pierre. L'exploitation de carrières dure depuis 2 siècles – l'industrie du ciment est d'ailleurs bien implantée localement avec le groupe *Vicat*.

UNE BELLE CARRIÈRE

Le choin extrait des carrières de Montalieu est un calcaire dur qui offre des blocs propices à la taille. Cette pierre a connu un franc succès dans le monde entier, notamment fin XIXe-début XXe s. Elle a été utilisée pour la construction de l'Empire State Building, du palais impérial de Tokyo et d'un grand nombre de ponts à Lyon.

À faire

Balade « Au fil du Rhône, sur les traces des pierreux et des mariniers » : sentier pédestre et cyclable de 17 km, ponctué de 13 stations. Pour mieux comprendre l'extraction du fameux choin, la fierté locale. Livret gratuit disponible à la Maison de la pierre au ciment et dans les offices de tourisme du coin.

Vallée Bleue : *pl. de la Capitainerie. Base de loisirs ouv tte l'année. GRATUIT (mais certaines activités payantes).* Bel espace naturel, refuge pour de nombreux oiseaux migrateurs. Plan d'eau (le Rhône), mais la baignade n'est pas autorisée sur cette rive (par contre, elle est possible en face, dans l'Ain). Pour plongeons et jeux nautiques, *aquapark*. Aires de ***pique-nique*** le long du Rhône.

Espace Eau Vive : *Isle de la Serre, 38390* ***Porcieu.*** *☎ 04-74-36-67-61. • espace-eauvive.com • Près du barrage de Sault-Brénaz. Tlj 9h-12h, 13h30-19h.* Rivière artificielle aménagée sur 600 m où pratiquer kayak, *hydrospeed,* rafting, etc. Camping, buvette et aire de pique-nique.

HIÈRES-SUR-AMBY (38118) 1 190 hab. *Carte Isère, B1*

Petit village paisible aux belles maisons de pierre. Ne pas manquer d'y visiter la très intéressante maison du Patrimoine. Point de départ pour la visite du site archéologique de Larina, visite que l'on peut coupler avec un sentier de découverte, le *sentier du Paysage calcaire,* cheminant à travers falaise, plateau et gorges. Compter 3h de balade avec le tour des vestiges archéologiques.

Où dormir ? Où manger ?

Hôtel Le Val d'Amby : *2, pl. de la République. ☎ 04-74-82-42-67. • carlona527@orange.fr • hotel-levaldamby.com • Resto tlj sauf dim soir, mer et jeu midi. Fermé 2 sem en avr, 2 sem en août et 1 sem à Noël. Doubles 81-98 €. Formule bistrot (déj en sem) 16 € ; côté gastro, menus 36-54 € ; carte env 70 €.* Sympathique établissement, face à la fontaine du village. De jolies chambres, contemporaines et parfaitement tenues, où le bois est très présent. Mais la passion du patron, c'est la table et la mise en scène des produits du terroir. De son passage dans de grands restaurants de la Côte d'Azur, il a gardé un vrai savoir-faire en matière de créativité gastronomique.

À voir

Musée archéologique – maison du Patrimoine : *montée de la Cure. ☎ 04-74-95-19-10. • musee-larina-hieres.fr • Dans l'ancien presbytère. Avr-sept, tlj sauf dim 14h-17h ; oct-mars, lun-ven (sauf j. fériés) 14h-17h. Entrée : 3,50 €, audioguide inclus ; réduc ; gratuit moins de 12 ans.* Intro indispensable à la découverte de l'Isle Crémieu, cette région si particulière où domine la pierre. Dans ce beau musée, le visiteur découvre, à travers des objets archéologiques, la vie des peuples qui se sont succédé dans la région entre la préhistoire et le début du Moyen Âge. Outils, bijoux, céramiques, reconstitution de la tombe d'un prince celte ainsi que des vestiges issus des fouilles de la villa gallo-romaine de Saint-Romain-de-Jalionas et du site de Larina. Des objets d'une grande valeur mis en avant par une belle muséographie.

DANS LES ENVIRONS DE HIÈRES-SUR-AMBY

Le site archéologique de Larina : *à env 10 km de Hières-sur-Amby. ☎ 04-74-95-19-10. • musee-larina-hieres.fr • Accès par la D 52 et la pittoresque route des gorges d'Amby. À pied, depuis le parking du musée à Hières, par*

un sentier qui grimpe à travers falaises et sous-bois (env 40 mn, avec 190 m de dénivelée). Livret du sentier dispo au musée. Tlj du lever au coucher du soleil. GRATUIT.
Site dominant spectaculairement les plaines du Rhône et de l'Ain ; il fut occupé de la préhistoire au Moyen Âge. Sur plus de 20 ha protégés par une enceinte d'origine gauloise (pas encore complétement dégagée), on découvre les vestiges d'un domaine rural de la fin de l'Antiquité et de la période mérovingienne (IVe-VIIIe s). Fermes, villas, granges et entrepôts, chapelle, mausolée, nécropoles, etc. Pas très spectaculaire en soi (malgré les panneaux explicatifs, l'ensemble se limite, la plupart du temps à des fondations (n'oublions pas que les maisons étaient construites en torchis...), mais cela donne néanmoins une bonne idée de ce qu'était un village de cette époque, et l'environnement est remarquable.
La ferme du VIe s est probablement le plus ancien bâtiment civil de l'Isère. Table d'orientation sur la colline et nécropole du IVe au Ve s. Sur une autre colline, rares vestiges d'une église des Ve-VIIIe s avec tombes. Murs d'origine préservés par la terre, certains en écailles de poisson.

Le sentier d'interprétation « Sur le chemin de Larina, un espace naturel » : *départ au niveau du parking de la maison du Patrimoine. Livret gratuit disponible dans cette même maison.* Ce parcours en boucle (compter 2h30) permet de découvrir le site de Larina, le patrimoine naturel et les paysages du coin.

Les grottes de la Balme : *38390* ***La Balme-les-Grottes.*** *☎ 04-74-96-95-00. • grotteslabalme.com • À 8 km au nord de Hières-sur-Amby. Avr-début juil, mer-ven 13h30-17h et dès 10h30 le w-e ; en été, tlj. Entrée : 7-11 € selon saison ; réduc ; gratuit moins de 4 ans ; pass famille. Possibilité de visite guidée sur résa.*
Le porche monumental servit tour à tour d'abri aux hommes préhistoriques, de cachette au contrebandier Mandrin et de salle de bal aux villageois. Curieuses de par leur volume et leur réseau labyrinthique, les grottes de la Balme sont célèbres pour leurs sublimes gours de calcaire, extraordinaires cascades de concrétions immaculées.

L'ISÈRE

CRÉMIEU

(38460) 3 310 hab. *Carte Isère, B1*

Adorable petite cité médiévale, insérée entre 2 hautes collines, dotée d'un riche patrimoine urbain, mais qui fut oubliée par le chemin de fer et l'industrialisation. On n'est pourtant qu'à un très court vol de corbeau de Lyon... C'est là l'une des grandes surprises de cette Isère qui ne cesse jamais de nous étonner, à chaque voyage.

UN P'TIT BOUT D'HISTOIRE

La ville est citée pour la 1re fois au XIIe s, avec l'installation d'un prieuré bénédictin et la construction d'un château delphinal. En 1315, le dauphin Jean II accorde une charte de franchises à la ville, ainsi que des ***privilèges commerciaux.*** Crémieu s'enrichit et prospère pendant près de 2 siècles. Une enceinte est élevée et une halle construite en 1434. ***Crémieu devient l'étape incontournable des expéditions et caravanes vers l'Italie*** et c'est sur son marché qu'est décidé du prix du grain pour toute la région. On y bat même monnaie. Pourtant, la cité perd de son importance militaire et le coup fatal est porté par la signature de la paix avec la Savoie en 1601.

Couvents et institutions religieuses prennent alors le relais tout au long du XVIIe s, du fait de la proximité de Lyon et de la noblesse de la ville. Les capucins en 1615, puis les pénitents blancs en 1619, les visitandines en 1627, les ursulines en 1633... Au XVIIIe s, le déclin économique est quelque peu enrayé par le développement des carderies de laine et chanvre, filatures et tanneries. ***Au XIXe, à l'écart des grands flux routiers, oubliée par le train et l'industrialisation, Crémieu s'assoupit*** définitivement et n'attire plus que les peintres.
Pour notre plus grand plaisir, la ville se réveille aujourd'hui, belle et harmonieuse, avec un ***patrimoine architectural remarquablement préservé et mis en valeur.*** Et ce n'est pas encore une ville-musée : au cours de vos pérégrinations, vous découvrirez, de-ci, de-là, des façades fatiguées et patinées par le temps, des fenêtres à meneaux murées, des clins d'œil architecturaux insolites...

Adresse et infos utiles

Bureau d'information touristique : *9, pl. de la Nation. ☎ 04-74-90-45-13. • balconsdudauphine-tourisme.com • À côté de la mairie. Ouv tte l'année : en saison, tlj sauf lun 9h30-12h, 14h-18h.* Organise des visites guidées de la ville. Audioguide en location.

Bus : avec *Transisère (☎ 04-26-16-38-38, appel gratuit ; • carsisere.auvergnerhonealpes.fr •),* bus ttes les heures pour **Meyzieu** (et de là, tram pour le centre de Lyon). Pas de bus pour Grenoble.
– ***Marché :*** *mer mat, tte l'année, sous la halle.*

Où manger ? Où boire un verre ?

Le Castor Gourmand : *14, rue Porcherie. ☎ 04-74-90-02-49. • d.crost@outlook.fr • À 2 pas des halles. Fermé dim-mar. Formule déj sem 21 € ; menu 32-43 € ; carte 35-40 €.* Dans une des jolies maisons anciennes du centre (pierres et poutres de rigueur dans la salle), l'une des meilleures cuisines de la ville, élaborée avec les produits du marché. Le foie gras fait partie des classiques, mais la carte change selon les saisons. Petite terrasse sur la rue.

La Brasserie des Ursulines : *4, côte Chausson. ☎ 04-74-83-60-35. • contact@biere-les-ursulines.com • Tlj sauf lun 16h-20h. Visite guidée gratuite à 17h.* Quel bel endroit que cette microbrasserie installée dans l'ancienne église du couvent des Ursulines, où cuves, bar et tables se partagent l'espace pavé de grandes dalles ! Et comme les bières ont autant de caractère que les lieux, difficile ne pas être séduit. Planches de charcuterie. Aux beaux jours, agréable cour-terrasse. Fréquents concerts en fin de semaine.

Où acheter de bons produits ?

Saveurs Paysannes : *17, rue Roland-Delachenal. ☎ 04-74-90-88-23. Tlj sauf dim-lun 8h30-12h30, 15h-19h.* Centralise les produits fermiers des environs en proposant le meilleur de la production locale, le plus frais et le plus goûteux. Fromages, volailles, charcuteries, fruits, légumes, jus de fruits, confitures... vous trouverez largement de quoi remplir votre panier.

À voir

Se procurer ***le plan de visite de la ville disponible au bureau d'information touristique.*** Il y a plus de 50 maisons et monuments répertoriés en ville. Voici les principaux points d'intérêt...

🏛🏛🏛 ***La halle :*** construite en 1434, c'est l'une des plus vastes de France (61 m de long, 20 m de large). Restaurée au cours des siècles, mais la plupart des éléments sont d'origine. Ainsi la charpente aligne-t-elle quasiment toujours ses belles poutres de chêne ajustées sans ferrures ni boulons, uniquement avec tenons, mortaises et chevilles de bois. Elle supporte un superbe toit de lauzes de... 400 t ! Noter les anciennes mesures à grain dans un grand comptoir de pierre. Ici, la mesure unitaire était le bichet (19,50 l), la bichette (la moitié d'un bichet), la coupe (la moitié de la bichette), l'émine (2 bichets) et le setier (2 émines). Bien sûr, pour faire bonne mesure, la Révolution mit bon ordre à tout cela.

🏛 ***La mairie :*** *pl. de la Nation – Charles-de-Gaulle. Tlj sauf w-e 9h-12h, 13h30-17h (18h lun et jeu, 16h ven).* Installée depuis 1792 dans l'ancien couvent des Augustins. Voir le chauffoir (1re pièce à droite). Voûte d'ogives sur colonne centrale, avec cheminée monumentale et quelques stalles. Conseil municipal dans l'ancienne salle du chapitre avec, au sol, des pierres tombales. Cloître du XVIIe s attenant avec un beau portail en ferronnerie.

🏛 ***L'église Saint-Jean-Baptiste :*** *tlj.* C'est l'ancienne chapelle du couvent, dont le chevet faisait partie intégrante des remparts. Une curiosité : le clocher a été construit en 1508 sur l'une des tours de défense (côté cours Baron-Raverat). À l'intérieur, le plus vieil orgue de l'Isère (1785), chaire et stalles en noyer du XVIIe s. Dégagées lors de travaux de restauration, de magnifiques peintures médiévales viennent enrichir l'ensemble.

🏛🏛 ***La porte de la Loi :*** *cours Baron-Raverat.* De la fin du XIVe s. Impressionnante avec son toit à 4 pans. Accès à la rue des Augustins et perspective sur le château delphinal. Sur la gauche, série de maisons à échoppes des XIVe et XVIIIe s (entablements). *Rue de la Loi,* d'autres maisons à échoppes et de commerçants.

🏛 ***Le couvent des Ursulines :*** *rue du Marché-Vieux.* Du XVIIe s. En 1791, fut transformé en fabrique de chaussures. Son église accueille aujourd'hui une microbrasserie (voir « Où manger ? Où boire un verre ? »).
– En face, pittoresques demeures urbaines, rare exemple d'architecture civile du XIVe s (fenêtres géminées ou à croisées, porte en ogive). Habitées au XVIIe s par des tisserands.

🏛 ***La maison des Trois-Pendus :*** *rue du Marché-Vieux.* Une des plus anciennes de la ville. Ces 3 pendus sont, pense-t-on, les têtes sculptées ornant les fines colonnettes d'une fenêtre tripartite. Mais il existe d'autres légendes à leur sujet...

🏛🏛 ***La maison du Colombier :*** *côte Faulchet (et rue du Four-Banal).* Du XVIe s, une des plus élégantes de la ville. Noter les lucarnes fenières (pour monter le foin sûrement), côté rue montante, et une génoise ornant la façade rue du Four-Banal. Sans oublier une inhabituelle fenêtre à meneaux d'angle.
– En face, l'*hôtel de la Poype* des XVe et XVIe s. Maison noble de ville qui devint refuge de vieillards. Tourelle et jolie fenêtre en accolade avec inscription gothique, rue Saint-Jean. En face, insolite clocher carré de l'église Saint-Jean qui ne fut jamais achevée et se transforma en maison d'habitation à la Révolution. Enfin, côté Faulchet, face à la maison du Colombier, remise présentant une ravissante fenêtre géminée en trèfle. Un charme médiéval brut de forme.

🏛 La ***rue Juiverie*** rappelle la présence d'une importante communauté juive au XIVe s. On y trouve une demeure du XVe s avec de grandes et belles fenêtres à meneaux et, de l'autre côté de la rue, l'*Auberge de l'Écu de France,* ancien relais de diligences. Dans la cour, tour se terminant par un pigeonnier en forme de fer à cheval.

🏛 En vis-à-vis de la colline du château delphinal, la ***colline Saint-Hippolyte*** avec les vestiges du 1er prieuré des Bénédictins : entre autres, une grosse tour carrée où s'ouvrait la porte du prieuré et une tour ronde.

DANS LES ENVIRONS DE CRÉMIEU

Mineralogica : *3, impasse du Château, 38460* ***Villemoirieu.*** *06-81-40-28-01. • mineralogica.com • À env 2 km à l'ouest de Crémieu. Juin-août, mer-ven 14h-18h30, w-e 10h-12h, 14h-18h30. Entrée : 7 € ; réduc ; gratuit moins de 6 ans. CB refusées.* Un musée de minéralogie installé dans le beau château de Montiracle, une ancienne commanderie templière dont les traces remontent au XIIIe s. Près de 1 400 échantillons de minéraux provenant de la région et du monde entier y sont exposés.

La voie verte des balcons du Dauphiné : *départ rue Lieutenant-Théodose-Morel, en face du groupe scolaire Les Dauphins.* Entre Crémieu et Arandon, près de 18 km ont été aménagés pour les randonneurs et cyclistes. Elle rejoint la *Via-Rhôna* à Arandon.

Manifestations

– ***Foire aux antiquités :*** *jeu de l'Ascension.*
– ***Festival de l'Artisanat :*** *dim et lun de Pentecôte.* Grande fête de la création d'art réunissant près de 150 artisans venant de la France entière.
– ***Marché de potiers :*** *1 w-e en juil, les années impaires.* Rassemble une trentaine de céramistes venus de toute la France.
– ***Les Médiévales :*** *2e w-e de sept.* Spectacles et parades animés par comédiens et saltimbanques, musiques et banquet sous la halle.

VIENNE

(38200) 29 500 hab. Carte Isère, A2

• Plan *p. 212-213*

À 30 km au sud de Lyon, Vienne semble quelque peu éclipsée par la notoriété de la capitale des Gaules. Souvent assimilée à l'une de ses grosses banlieues, la ville traîne une image un peu grise, et c'est vraiment dommage. Elle est donc assez peu connue, excepté par les amateurs de jazz, qui savent depuis longtemps qu'elle accueille l'un des plus populaires festivals d'Europe.
Laissez-vous donc surprendre par Vienne et son riche patrimoine, qui lui a permis d'accéder au rang de « Ville d'art et d'histoire ». Cette capitale antique se révélera alors sous son vrai visage : un remarquable conservatoire des civilisations et des cultures qui façonnèrent la région. La cité garde d'incroyables témoignages de la riche période gallo-romaine, tandis que les architectures romane, gothique et Renaissance se disputent âprement chaque coin de rue.
Et Vienne est au cœur du célèbre vignoble de Condrieu et de Côte Rôtie : d'ailleurs, des vignes, qui existaient à l'époque romaine, ont été replantées sur la colline de Pipet, juste au-dessus du théâtre antique.

UN PEU D'HISTOIRE

Lieu de passage sur le Rhône et débouché des routes des Alpes, on trouve d'abord ici un peuple gaulois, les Allobroges, qui cohabitent bien avec les

Romains. Résultat : ***se développent, du Ier au IIIe s, un port commercial*** qui devient rapidement l'un des plus importants de la vallée du Rhône ***et une ville,*** qui, avec ses 30 000 habitants (comme aujourd'hui) est la ***2e de Gaule.*** Place militaire sous César, Vienne y gagne le titre de colonie latine. Plus tard, sous Claude, vers 40 apr. J.-C., celui de colonie romaine. C'est un Viennois qui sera le 1er Gaulois à exercer à Rome, en 35 apr. J.-C., le consulat, pour y devenir par la suite sénateur. Vienne, grâce à l'enrichissement de son aristocratie, se couvre alors de monuments prestigieux : théâtre, odéon, cirque, palais privés... On va même jusqu'à parler des « 7 collines » de la ville, à l'instar de Rome (alors que, on les a encore comptées, il n'y en a bien que 5 !). Au IVe s, sous Dioclétien, la cité devient chef-lieu de la province viennoise puis capitale d'un diocèse de 7 provinces couvrant la moitié sud de la Gaule.

Dans les siècles qui suivent, on assiste à un développement important de la vie religieuse. Au VIIe s, la ville accueille pas moins de 12 monastères. ***À la fin du IXe s,*** elle devient la ***capitale du 1er royaume de Bourgogne*** du roi Boson, qui passe au début du XIe s sous la tutelle du Saint Empire romain germanique. Les archevêques acquièrent de plus en plus de puissance ; l'un d'eux deviendra pape en 1119, sous le nom de Calixte II.

En 1450, sous Louis XI, Vienne est rattachée au royaume de France et c'est le début du déclin. Les archevêques perdent leur pouvoir temporel ; leur place n'est plus la même dans le système politique et communal français. Pendant ce temps, Lyon s'impose de plus en plus tandis que Grenoble reçoit les administrations royales du Dauphiné.

Le XVIIIe s est marqué par le développement de l'industrie du drap, des textiles, notamment dans la vallée de la Gère, et de la métallurgie, tandis que la ville perd un peu plus de son rang, notamment avec la suppression de son archevêché à la Révolution, et voit Grenoble la supplanter en remportant le titre de chef-lieu de département.

Au XIXe s, la révolution industrielle est favorable à Vienne, qui passe de 12 760 habitants en 1819 à 24 980 en 1896. Mais à partir de 1950, fin de partie, la crise du textile entraîne la fermeture de toutes les usines (la dernière en 1987).

Aujourd'hui, la ville mise avant tout sur ses ***industries de pointe*** et son riche patrimoine historique.

Adresses et infos utiles

Office de tourisme *(plan A3)* ***:*** *pavillon du tourisme, cours Brillier.* ☎ *04-74-53-70-10.* • *vienne-condrieu.com* • *Juin-août, tlj 9h30-12h30, 13h30-19h (18h dim-lun) ; en basse saison, lun-sam 9h30-12h30, 13h30-18h.* Outre les infos habituelles, c'est aussi une belle vitrine œno-gastronomique du territoire (d'ailleurs, le mur à vins est assez impressionnant !). Également un point d'info touristique au Musée archéologique de Saint-Romain-en-Gal *(plan A1)*. Vend des guides *Rando-Land* (sur Vienne) : balades en famille avec énigmes et découvertes.

Gare SNCF *(plan B3)* ***:*** *pl. Pierre-Sémard.* ☎ *36-35 (prix d'un appel local).* • *sncf-connect.com* • Plusieurs trains/j. pour Lyon (20 mn de trajet) et Valence.

Gare routière *(hors plan par A3)* ***:*** *montée de la Petite-Vitesse. Bus* ***Transisère,*** ☎ *04-26-16-38-38 (appel gratuit),* • *carsisere.auvergnerhonealpes.fr* • Aucun bus direct pour Grenoble, il faut changer à La Côte-Saint-André (env 5 bus/j.). Pour rejoindre Grenoble, mieux vaut prendre le train en passant par Lyon.

Location de vélos : l'office de tourisme propose des vélos de ville *(gratuit durant 1h30, payant au-delà).* Également des vélos à assistance électrique *(payant).* Très bien pour découvrir le territoire ou se promener le long

Adresse utile

Office de tourisme (A3)

Où dormir ?

10 Grand Hôtel de la Poste (B3)

Où manger ?

20 L'Estancot et Alquimia (B1-2)
21 Muse (B2)
22 Les Saveurs du Marché (hors plan par A3)
23 Mama Trøtteur (C2)
24 Au P'tit Bouchon (B3)
25 Espace PH3 (hors plan par A3)

Où boire un verre ?

30 Bacchus & Pool (B3)
31 Bar de l'Hôtel de Ville (B2)

Où voir un spectacle ?

32 Théâtre François Ponsard (C2)

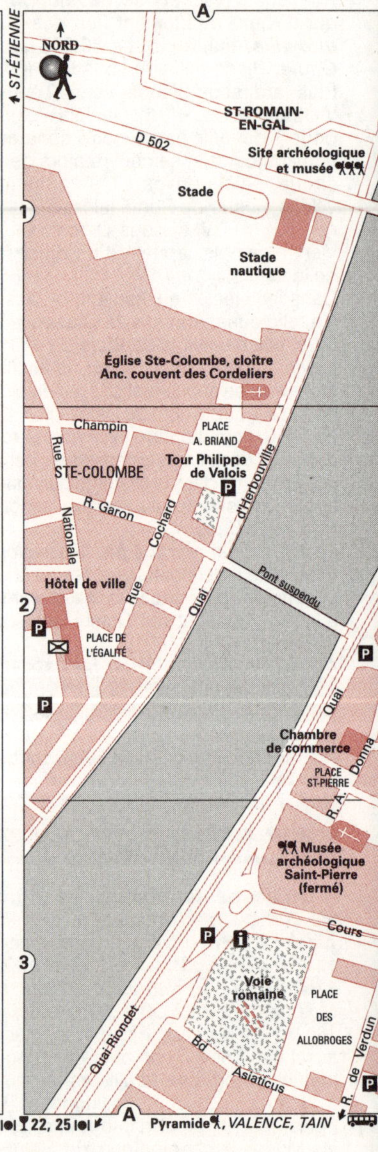

des berges du Rhône en empruntant une partie de la ***ViaRhôna*** (grand itinéraire cyclotouristique reliant le lac Léman à la Méditerranée auquel *Le Routard* a consacré un guide fort complet).

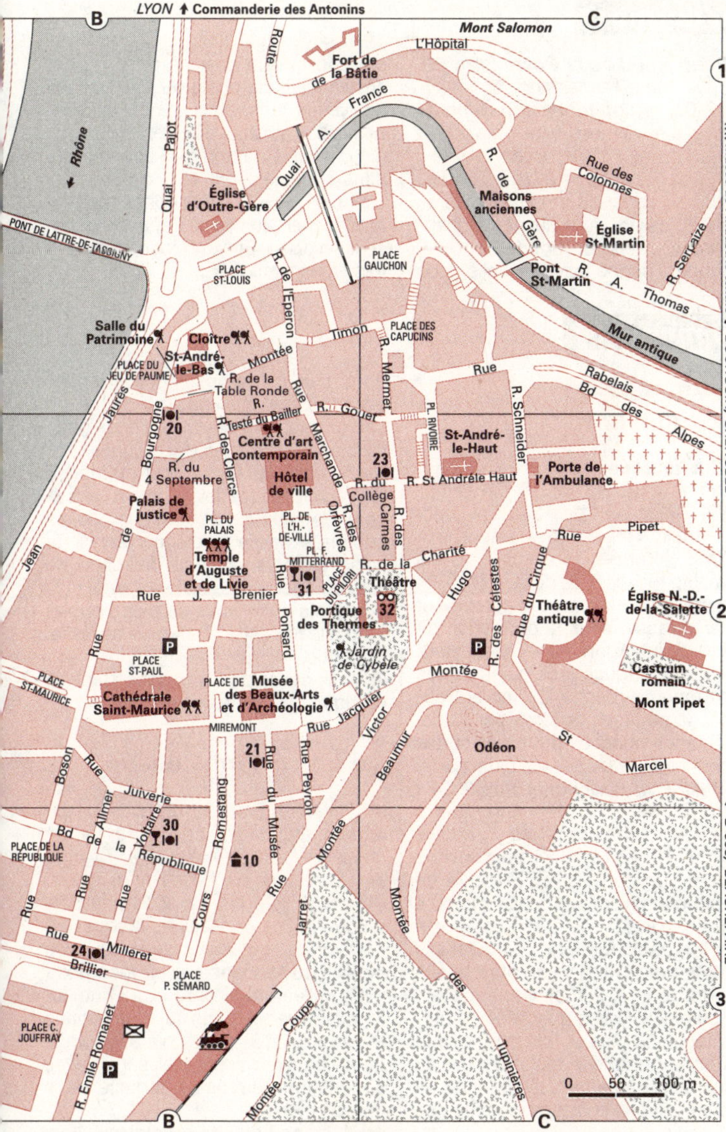

VIENNE

– **Marché :** *dans le centre-ville, sam mat.* Un grand et beau marché (c'est même le 2e plus grand de France avec près de 6 km linéaires d'étals et quelque 400 marchands !).

Où dormir ?

Grand Hôtel de la Poste *(plan B3,* **10***) : 47, cours Romestang. ☎ 04-74-85-02-04. • hoteldelapostevienne@orange.fr • grandhoteldelapostevienne.com • Fermé 1 sem en fév, 1 sem fin août et 1 sem à Noël. Doubles 79-150 € ; familiales.* Un des rares hôtels du centre pour qui veut échapper aux chaînes. Et, bonne nouvelle, c'est une... bonne adresse. Jolie déco qui souligne le charme rétro de cet ancien relais de poste du XVIIIe s dans les parties communes : ample escalier, petit salon qui accueille des expos, jardin d'hiver. Chambres « supérieures » dans le même esprit, les « classiques » sont plus dans le genre contemporain-fonctionnel. Joli petit déj avec pâtisseries maison. Et excellent accueil, à la fois pro et familial.

Où manger ?

De bon marché à prix moyens

L'Estancot *(plan B1-2,* **20***) : 4, rue de la Table-Ronde. ☎ 04-74-85-12-09. ♿ Tlj sauf dim-lun, mar midi et j. fériés. Résa conseillée. Carte 25-35 € ; criques 10-30,50 €.* Dans une petite rue discrète de la vieille ville. Salle sobrement décorée et agréable et petite terrasse, sous la protection de l'église Saint-André. On y vient pour goûter aux criques (ces galettes que se partagent Ardèche, Drôme et Dauphiné, de pommes de terre, persillade, œufs), accompagnés de toutes sortes de bonnes choses. Service ultrarapide.

Au P'tit Bouchon *(plan B3,* **24***) : 26, rue Voltaire. ☎ 04-74-57-19-23. Tlj sauf lun. Résa conseillée. Formules déj sem 10,90-18,90 € ; puis menus 29-46 € ; carte 20-35 €.* Presque un vrai bouchon lyonnais (on est à 2 tours de roues de la ville des Lumières !) avec, à la carte, toutes les savoureuses recettes faites maison qu'offre la cité des gones : tablier de sapeur sans comparaison, belles quenelles de brochet façon Nantua et une andouillette parfumée comme il faut. Service vif et souriant. Petite terrasse nappée de carreaux rouges et blancs, comme il se doit.

Mama Trøtteur *(plan C2,* **23***) : 13, rue du Collège. ☎ 04-74-48-06-43. • ryma@mamatrotter.com • Tlj sauf dim-lun ; fermé mar-mer soir et sam midi hors saison. Formule déj sem 20 € ; menu soir 29 €. Café offert sur présentation de ce guide.* Une adresse dans l'air du temps, écolo-friendly, avec une chef qui a pas mal bougé (on l'aurait presque deviné à l'enseigne). Du bio, du local, pour de malignes petites recettes qui font le tour du monde (on l'aurait encore deviné, bis, à l'enseigne). Gâteaux à s'en lécher les doigts comme le moelleux au chocolat noir du voisin drômois Valrhona. Joli choix de vins du coin. Petite salle à l'ambiance reposante entre murs de pierre et plafond à la française. Tranquille terrasse. Boutique.

Voir aussi nos adresses dans la rubrique « Où boire un verre ? ».

De prix moyens à chic

Muse *(plan B2,* **21***) : 6, rue du Musée. ☎ 04-74-56-82-49. • restaurantmuse@orange.fr • ♿ Tlj sauf dim-lun et j. fériés. Fermé 1re quinzaine de janv, 1 sem en mai et 2e quinzaine d'août. Résa conseillée. Menus déj 17-22 €, le soir 37 € ; carte 30 €.* Ce petit resto tendance, à la déco noire mais nullement sinistre et à l'humeur joyeuse, verse dans la bistronomie et propose des petits plats inspirés, travaillés avec finesse et servis avec générosité. Terrasse tranquille dans une rue piétonne.

Les Saveurs du marché *(hors plan par A3,* **22***) : 34, cours de Verdun. ☎ 04-74-31-65-65. • saveurs.du.marche@icloud.com • Ouv mer-sam. Menus déj 19 €, env 30 € le soir.* Un chouia excentrée, une (bonne) adresse à géométrie variable. À midi, ambiance de bistrot, un peu remuante, autour de plats bien amenés. Le soir, c'est plus tranquille, plus classe, avec une cuisine plus créative aussi. Mais à toute heure, comme son nom l'indique, on se fait plaisir avec une belle cuisine au gré du marché et à base de bons produits sourcés (pour utiliser une formule à la mode d'aujourd'hui). Terrasse ombragée. Bar à vins *(tlj sauf dim-lun, le soir seulement),* juste à côté, avec un joli choix au verre.

Espace PH3 *(hors plan par A3,* ***25****) : 14, bd Fernand-Point. ☎ 04-74-53-01-96. • pyramide@relaischateaux.com • Tlj midi et soir. Fermé entre fév et mars et 1 sem en août. Résa conseillée. Formule déj en sem 28 € ; carte env 55-60 €.* Dans l'enceinte même du désormais mythique resto gastro de la ville, *La Pyramide,* le chef a installé cette annexe dans un cadre contemporain, étudié et classe. Dans l'office, ouvert sur la salle, il élabore une superbe cuisine, un peu plus à la portée de tous que dans le restaurant étoilé de la salle voisine. En semaine, hommes et femmes d'affaires s'y précipitent pour déjeuner. Plus tranquille le soir, notamment sur l'agréable terrasse, installée dans le jardin aux beaux jours.

Alquimia *(plan B1-2,* ***20****) : 6, rue de la Table-Ronde. ☎ 04-74-85-19-77. • losillam@gmail.com • Tlj sauf dim-lun et midi mar. Formule et menu déj sem 31-36 € ; menu soir 76 €.* Cadre d'autrefois pour cuisine d'aujourd'hui. Dans une toute petite salle, une vingtaine de chanceux (qui auront pris la peine de réserver, c'est ici obligatoire) découvriront cette carte qui se fait carnet (d'été, d'automne...), ces plats aux noms pleins de poésie, riches de nouvelles saveurs ; une vraie expérience ! Au déjeuner, le jeune chef, né au Paraguay, signe une cuisine plus simple mais tout aussi emballante.

Où dormir ? Où manger dans les environs ?

Hôtel La Gabetière : *269, le Logis-Neuf, 38780* ***Estrablin.*** *☎ 04-74-58-01-31. • lagabetiere@orange.fr • lagabetiere.com • À env 8 km à à l'est de Vienne. Fermé 20 déc-fin janv. Doubles 90-100 € ; familiales jusqu'à 8 pers.* Un hôtel caché dans un manoir de campagne où il règne une belle ambiance de maison de famille. C'était, en effet, la demeure de la grand-mère de la propriétaire. Les chambres joliment décorées sont confortables, même si les moins chères, sous les toits, sont plus petites. On ne peut rester insensible à la beauté, à l'âme des pierres du XVIe s, à la tiédeur du bord de la piscine, et à l'accueil, vraiment charmant. Possibilité de pique-nique (tables à disposition) dans le beau parc.

Chambres d'hôtes Asphodèle et Agapanthe : *669, route de Marmillon, 38200* ***Saint-Sorlin-de-Vienne.*** *☎ 04-74-57-80-95. 📱 06-10-60-87-93. • contact@asphodele-agapanthe.com • asphodele-agapanthe.com • À 9 km au sud-est de Vienne. Tte l'année. Double 80 € ; familiale.* Chambres avec sanitaires (2 à l'étage) dans cette maison à flanc de colline, dont les terrasses embrassent toute la vallée. Esprit décontracté et simple pour cette adresse agréable et champêtre, à proximité de la ville. Cuisine à disposition. Joli saule pleureur pour le décor extérieur.

Domaine de Clairefontaine : *105, chemin des Fontanettes, 38121* ***Chonas-l'Amballan.*** *☎ 04-74-58-81-52. • contact@clairefontaine38.fr • domaine-de-clairefontaine.fr • À 12 km au sud de Vienne. Resto fermé dim soir au mer (ouv dim soir en été). Fermé de mi-déc à mi-janv. Grand choix de chambres, doubles 61-230 €. Au resto, menus 45 € (déj sauf dim), puis 95-155 € ; au* Bistrot du Cottage *(fermé mer-jeu), formules 20 € (déj en sem), puis 35 € le soir.* Maison de maître du Second Empire, plantée dans un magnifique parc tricentenaire. C'est là que se trouvent les chambres, moins onéreuses, spacieuses, à la déco d'un autre temps, mais en rien poussiéreuse. Pour des chambres plus haut de gamme, il faut grimper en prix et aller dans les *Jardins de Clairefontaine.* Un peu plus loin dans le village, le *Cottage* offre également de belles chambres à la déco résolument contemporaine. On y trouve aussi *Le Bistrot,* à prix plus doux que la maison mère, où la cuisine très chic, sous la direction de Philippe Girardon, se révèle superbe en y mettant le prix. Une institution dans le coin, prisée pour les grandes occasions.

Où boire un verre ?

Bacchus & Pool (plan B3, **30**) : *5, rue Voltaire. ☎ 04-72-00-80-08. • bacchus.pool@gmail.com • Tlj sauf dim-lun 11h-14h30, 17h-2h (mar-mer 18h-23h), sam 15h-2h.* Généralement, les bars à billards (ici pool anglais et billard américain) proposent surtout des pintes de bière. Ici, c'est plutôt de jolis vins, au verre ou à la bouteille. Terrasse dans une tranquille rue piétonne. On peut aussi y manger : plat du jour, brochettes, burgers.

Bar de l'Hôtel de Ville (plan B2, **31**) : *8, pl. François-Mitterrand. ☎ 04-74-85-10-63. Tlj 8h-2h, dim 14h-minuit.* Le BHV est un des meilleurs bars à bières du coin (sinon du pays) avec une carte de bouteilles longue comme le bras et un sacré choix à la pression aussi, dont les bières de la maison, brassées dans la rue d'à côté par la *Vienne Brewing Company*. Grande terrasse sur la place où l'on peut également manger : menu du jour le midi, planches apéro le soir.

Où voir un spectacle ?

Théâtre François Ponsard (plan C2, **32**) : *4, rue Chantelouve. ☎ 04-74-85-00-05. • theatredevienne.com •* Programme très intéressant, avec pas mal de créations.

À voir. À faire

– Toutes les infos concernant les musées de Vienne sur *• vienne.fr •*
– Il existe un ***billet intermusées*** (le *BIM*) valable 48h et qui donne accès à tous les musées de Vienne, y compris celui de Saint-Romain-en-Gal. *Prix : 8 €. Il s'achète dans tous les musées (mais pas à l'office de tourisme). On rappelle que l'entrée des musées est gratuite pour les moins de 18 ans et pour ts les 1er dim du mois.*
– On ne peut que vous encourager à vous inscrire aux ***visites guidées*** proposées par l'office de tourisme dans le cadre du label « Ville d'art et d'histoire » *(tlj en été ; durée 1h30-2h).* Compter 5-15 € (réduc) selon le thème décliné lors de la visite (certaines s'effectuent en nocturne, à pied et parfois à vélo). Vous découvrirez, en suivant un guide conférencier, la ville ancienne au gré de ses ruelles ou de ses cours cachées au travers d'anecdotes qui savent rendre la visite passionnante. Pour suivre à son rythme le « chemin du Patrimoine », plan disponible à l'office de tourisme, application gratuite *(• izi.travel •).*

Le centre-ville

Le musée archéologique Saint-Pierre (plan A3) : *pl. Saint-Pierre. ☎ 04-74-78-71-16.* ♿ Installé dans un des sanctuaires chrétiens les plus anciens de France, l'église de l'ancienne abbaye Saint-Pierre (Ve s), le musée est ***fermé pour travaux jusqu'en 2027.***

La Pyramide (hors plan par A3) : *pl. Fernand-Point.* En

LE TOMBEAU DE PONCE PILATE ?

Inutile de faire les présentations. Ponce Pilate, tout le monde connaît. Mais qu'est-il devenu après être tombé en disgrâce après le procès de Jésus-Christ ? Dès le Moyen Âge, de nombreuses légendes le font mourir à Vienne : pendu dans le temple d'Auguste, noyé dans le Rhône... Et enterré sous la Pyramide...

réalité un obélisque, seul vestige d'un cirque romain de la fin du IIe siècle. Seul monument antique de ce type, (inspiré par le style égyptien) encore debout en France.

La cathédrale Saint-Maurice (plan B2) : *pl. Saint-Maurice (ou parvis Jean-Paul-II). Tlj 9h-18h (17h nov-mars).*
Depuis le IVe s, elle occupe le même site, mais il ne reste aucun vestige de la période précédant le XIe s. La cathédrale romane (1130-1150), inachevée, fut reprise en gothique au début du XIIIe s, consacrée par le pape Innocent IV en 1251. Elle tient une place prépondérante dans l'histoire de la chrétienté : inhumation en 887 du roi de Bourgogne Boson ; couronnement du pape Calixte II en février 1119 ; ; concile œcuménique en 1312, en présence du roi Philippe le Bel et du pape Clément V, qui décide la dissolution de l'ordre des Templiers. Saccagée par les protestants pendant les guerres de Religion, cette cathédrale a échappé à la vente au moment de la Révolution, transformée en grenier à foin et en caserne.

> **MAUDITS !**
>
> *C'est dans la cathédrale de Vienne qu'est décidée, en 1312, la dissolution de l'ordre des Templiers dont le grand maître, Jacques de Molay, meurt sur le bûcher deux ans plus tard. Un vendredi 13, et en promettant les pires malheurs à ceux qui l'ont « condamné à tort ». Le roi et le pape mourront très vite... L'épisode a inspiré la saga des « Rois Maudits » qui a fait les beaux jours de l'édition et de la télévision.*

Admirable ***façade*** dressée sur un parvis, ce qui ajoute à sa majesté. Sur le portail de gauche, beaux anges musiciens et Couronnement de la Vierge. Tympan du portail central (mi-XVe s) : à gauche, la Synagogue, yeux bandés et lance brisée ; à droite, l'Église. Voussures abondamment ornées de riches scènes : celles de l'intérieur représentent la vie du Christ, tandis que celles de l'extérieur illustrent l'Ancien Testament. Envers de la façade : intéressants vestiges des socles et baldaquins. Griffons et anges portant des blasons.
À l'intérieur, vaisseau à 3 nefs sans transept. Une soixantaine de chapiteaux (ensemble d'une qualité exceptionnelle), appartenant à la période romane. 8e chapelle à gauche (au niveau de la porte), noter les remplois de colonnes romaines torsadées. Au-dessus, belle petite frise du zodiaque au dessin élaboré (XIIe s). Juste en face, côté droit, au niveau des 2 chapiteaux des colonnes, voir un *Repas à Emmaüs* bas-relief roman de jolie facture. Au niveau du linteau, groupe sculpté (mutilé...) de *L'Adoration des Mages.*
Dans le chœur, frises romanes de marbre sculpté et superbe suite de tapisseries flamandes (XVIe s) consacrées à la vie et au martyre de saint Maurice (dans la dernière à droite, décapitation de Maurice et de ses compagnons). Dans la chapelle Saint-Jacques, un remarquable vitrail (XVIe s), représentant l'Adoration des Mages (vives couleurs). Dans le chœur, mosaïque du cœur du Dauphin, maître-autel du XVIIIe et siège épiscopal en marbre, bien modeste. À droite du maître-autel, mausolée des 2 archevêques de Vienne (XVIIe). Juste au-dessus, des vitraux de 1898 réalisés dans le style XIIIe s qui racontent l'histoire du christianisme à Vienne (dont le procès des Templiers). Voir également les vitraux des baies hautes de l'abside du XVIe s (saint Maurice et saint Pierre).

Le musée des Beaux-Arts et d'Archéologie (plan B2) : *pl. de Miremont. ☎ 04-74-78-71-04. Au 1er étage de l'ancienne halle aux grains. Avr-oct, tlj sauf lun 9h30-12h45, 13h30-18h ; nov-mars, tlj sauf lun 13h-17h30. Fermé certains j. fériés. Entrée : 3 € ; réduc ; gratuit moins de 18 ans et pour ts le 1er dim du mois.* Musée réparti sur 3 salles. La section archéologique ***(1re salle)*** est consacrée à ce qui a été retrouvé à Vienne et dans ses environs : bifaces, pierres taillées, belle défense de mammouth, objets de bronze... Voir les restes de gros dauphins de bronze en haut relief. Un peu de verrerie, poterie, petites sculptures, fibules... Levez les yeux pour admirer quelques toiles classiques de belle facture. La ***2e salle*** abrite un ensemble de superbes faïences, notamment une riche collection de pots à pharmacie, quelques armes et éléments d'armure. La ***3e salle*** est une accumulation de toiles sur les murs (qui ne rend pas leur appréciation facile), présentées comme d'usage dans les musées au XIXe s. Parmi ce gentil fouillis, citons *Loth et ses filles* par Vignon, *Portrait du conseiller Tubœuf* par Philippe de Champaigne, *Adoration des bergers* de Bassano, œuvres de l'école flamande, *L'Évanouissement de la Vierge* de Jacques-Denis Pilliard...

🏛 ***La Maison du Pilori*** *(plan B-C2) : pl. du Pilori.* Belle maison du XVe s à pan de bois et tourelle. Unique en son genre à Vienne.

🏛 ***Le jardin archéologique de Cybèle*** *(plan B-C2) : tlj.* Jardin public, prisé des familles, avec des vestiges de monuments et habitations romains : 2 arcades formant un angle qui constituait l'entrée sud-est du forum. Juste derrière, à l'arrière du théâtre municipal, se trouve un mur en trompe-l'œil. On y reconnaît le tableau d'Étienne Rey représentant la Vienne antique (l'original se trouve au musée des Beaux-Arts). Tout autour se sont greffés les personnages célèbres liés à Vienne.

🏛🏛 ***Le théâtre antique*** *(plan C2) : rue du Cirque. ☎ 04-74-78-71-17. ♿ Avr-oct tlj 9h30-18h ; sept-oct, tlj sauf lun 9h30-18h ; nov-mars, tlj sauf lun 13h30-17h30. Entrée : 3 € ; gratuit moins de 18 ans et pour ts le 1er dim du mois.* Construit au Ier s, c'est le 2e de Gaule (après celui d'Autun). D'environ 130 m de diamètre, il pouvait accueillir jusqu'à 13 500 spectateurs (7 500 aujourd'hui). Quand presque 2 décennies de fouilles furent terminées, en 1938, on y donna, pour l'inauguration, *La Damnation de Faust* de Berlioz. S'y déroule, entre autres manifestations culturelles, le festival *Jazz à Vienne*.

🏛🏛🏛 ***Le temple d'Auguste et de Livie*** *(plan B2) : pl. Charles-de-Gaulle.* Il date des environs de 10 av. J.-C. et était consacré au culte de Rome et de l'empereur Auguste, auquel s'ajoute une dédicace à son épouse Livie. Étonnant de retrouver cet incroyable monument intact en pleine ville ! On le doit, d'une part, au fait qu'il a été transformé en église dès le haut Moyen Âge, d'autre part à l'intervention salutaire de Prosper Mérimée. Remarquer les superbes chapiteaux corinthiens : 2 seulement ont été restaurés au XIXe s, les autres témoignent de l'incroyable préservation des chapiteaux antiques. Tout autour, les terrasses des cafés permettent d'admirer tranquillement ce miracle qui a traversé le temps.

🏛🏛 ***Le Centre d'art contemporain*** *(CAC ; plan B2) : 7, rue Teste-du-Bailler. ☎ 04-74-84-72-76. • cac-lahalledesbouchers.fr • Tlj sauf lun-mar 13h-18h (en période d'expos). Fermé certains j. fériés. Entrée : 3,50 € ; réduc ; gratuit moins de 18 ans et pour ts le 1er dim du mois.* L'ancienne halle des Bouchers, joliment restaurée, accueille un Centre d'art contemporain proposant environ 5 expos temporaires par an d'artistes de renommée régionale, nationale et internationale.

🏛🏛 ***Le cloître Saint-André-le-Bas*** *(plan B1) : pl. du Jeu-de-Paume. ☎ 04-74-78-71-06. Avr-oct, tlj sauf lun 9h30-12h45, 13h30-18h. Nov-mars, tlj sauf lun 13h-17h30. Fermé certains j. fériés. Entrée : 3 € (3,50 € en cas d'expo) ; gratuit moins de 18 ans et pour ts le 1er dim du mois.* À l'origine, une puissante abbaye fondée au VIe s, dont il subsiste l'église et le cloître, bâtis ultérieurement, et formant aujourd'hui 2 entités bien distinctes (pour l'église, lire ci-après). Certaines doubles colonnettes de ce beau cloître roman (récemment rénové) sont particulièrement travaillées (torsadées, à figures géométriques, à feuillages, etc.). Autour du cloître, voir les autres colonnes, de toute beauté (certaines présentant des chapiteaux à visages grimaçants). Expos temporaires également.

★ ***L'église Saint-André-le-Bas et la salle du Patrimoine*** *(plan B1) : 1, pl. du Jeu-de-Paume. ☎ 04-74-78-31-54. • vienne-patrimoine.fr • Avr-oct, tlj 11h-16h30 (14h30 le reste de l'année). Fermé j. fériés. GRATUIT.* Église du XIIe s, restaurée (pour l'extérieur) dans une unité de style roman primitif : clocher roman, arcatures lombardes, gros contreforts et arcs-boutants ajoutés le long de la nef aux XI-XIIe s. À l'intérieur, jolie tribune néogothique flamboyant et quelques chapiteaux historiés. Sous l'église (accès par un petit escalier extérieur sur le flanc gauche de l'église), on pourra jeter un œil à la ***salle du Patrimoine,*** modeste expo sur les faits marquants de l'histoire de Vienne.

À Saint-Romain-en-Gal (69560)

★★★ ***Le musée gallo-romain*** *(plan A1) : D 502 (sur la rive droite du Rhône). ☎ 04-74-53-74-01. • musee-site.rhone.fr • Tlj sauf lun 10h-18h. Fermé certains j. fériés. Entrée (musée, site) : 6 €, audioguide inclus ; expos temporaires : 5 € ; réduc ; gratuit moins de 18 ans, et pour ts le 1er dim du mois. Ajouter env 3-4 € pour une visite guidée. Espace pique-nique.*

Vous êtes ici sur un vaste site résidentiel et commerçant de la Vienne gallo-romaine monumentale. 2 parties distinctes : le ***musée*** lui-même et le ***site extérieur.***

Sur le plan historique, c'est au milieu du Ier s apr. J.-C. qu'une vaste opération d'urbanisme vit le jour sur la rive droite du Rhône. Sur une centaine d'hectares, elle se couvrit d'ateliers d'artisans, de boutiques, de vastes entrepôts et, bien sûr, de prestigieuses résidences et villas s'organisant autour de grandes voies dallées. On imagine assez bien des scènes comme dans *Astérix et le domaine des dieux.* Pubs et grands panneaux sur les voies romaines... « Ici, bientôt votre villa dans la prestigieuse résidence des Jardins fleuris de la rive droite. »

Au IIIe s, une très sévère crise économique frappant le monde romain provoqua cependant le déclin du quartier et sa disparition. Transformée d'abord en carrière de pierre, la ville romaine disparut rapidement, laissant l'avantage aux cultures. Depuis la fin du XVIIIe s, et surtout au XXe s, plus d'une centaine de mosaïques ont été exhumées. Certaines villas faisaient 3 000 m^2, comme celle du *Dieu Océan.* Le tracé des rues fut aussi révélé. Certaines portions reconstituées permettent de se faire une bonne idée de l'ampleur de l'urbanisme romain.

– ***Le musée :*** ce superbe espace, conçu par Chaix et Morel, a été édifié sur le site même pour présenter la vie quotidienne aux 1ers siècles de notre ère. Les vastes baies vitrées rendent l'espace lumineux et la muséographie est à la hauteur des richesses du site. ***Les sublimes mosaïques retrouvées sur place constituent les pièces majeures du musée.*** Remarquablement conservées, elles témoignent d'un art très abouti. Dans le hall d'entrée (au niveau des guichets), noter la *mosaïque d'Hylas et les nymphes* découverte en 1902. Dans le musée proprement dit, on est accueilli par le *Dieu Océan,* mosaïque en noir et blanc où l'image de cette tête ornée de pinces de crabe est effrayante. Maquette de la Vienne de l'époque.

Un peu plus loin, au sol, encore un bijou : la mosaïque des *Athlètes vainqueurs,* sur laquelle plusieurs sports sont représentés. Puis celle des *Dieux Fleuves.* Se succèdent ensuite différents espaces consacrés à l'intérieur des villas (péristyle, triclinium, chambre à coucher), la vie quotidienne, le commerce et l'artisanat. Maquettes et différentes vitrines (travail de l'os, artisanat du textile, fabrication des tuyaux de plomb, etc.). Et encore d'autres magnifiques mosaïques, comme la célèbre *Orphée charmant les animaux* ou encore la belle *fresque aux Échassiers et Génie ailé* (dans la section du péristyle).

Grimper au ***1er étage*** pour admirer la magnifique mosaïque du IIe s, découverte en 1900, *Le Châtiment de Lycurgue* aux entrelacs végétaux de toute beauté. De la coursive, remarquable vue d'ensemble sur certaines mosaïques situées au rez-de-chaussée.

– ***Les vestiges :*** après la visite du musée, agréable balade parmi les vestiges du site archéologique. Même s'il ne reste que les fondations des maisons et entrepôts, on distingue bien leur emplacement. On verra encore quelques restes de colonnes et le tracé des voies gallo-romaines couvertes d'énormes pierres polies... Un vignoble et un jardin botanique antiques ont été également reconstitués au domaine des Allobroges.
– Programmation culturelle toute l'année : visites thématiques, spectacles vivants au cœur des collections, ateliers enfants, conférences, reconstitutions historiques (les Journées gallo-romaines en juin, Vinalia et festival des cultures gastronomiques en septembre), etc.

Le quartier Saint-Martin (plan B1-C1)

Au creux de la profonde vallée de la Gère, un ancien quartier industriel donc ouvrier, aujourd'hui en voie de reconversion : au XVIIIe, près de 80 % de la population active y travaillait dans le textile, une histoire que rappelle le ***musée de l'industrie textile*** et que font perdurer certaines usines comme Béal (leader mondial de la corde d'escalade). Du pont Saint-Martin comme de la rue de Gère, belle vue sur les maisons médiévales à pans de bois, en encorbellement au-dessus de la rivière. Et pour la petite histoire, c'est à Saint-Martin que ***Jules Bonnot (celui de la Bande à...)*** a fait ses débuts dans la grande criminalité en volant sa première voiture au patron d'une filature locale.

Le musée de l'Industrie textile *(hors plan par C1)* **:** *4, rue Victor-Faugier. ☎ 04-74-78-71-04. Tte l'année, tlj sauf lun : avr-oct, 9h30-18h ; nov-mars, 13h-17h30. Fermé certains j. fériés. Propose régulièrement des ateliers (sur résa). Entrée : 3 € ; réduc ; gratuit moins de 18 ans, demandeurs d'emploi et pour ts le 1er dim du mois.* L'ancien musée de la Draperie a fait peau neuve pour retrouver la vallée de la Gère, berceau de l'industrie textile viennoise, qui fit la renommée de la ville du XVIIIe au XXe s. Dans des espaces modernes, au sein de l'ancienne usine Proplan, on découvre une impressionnante collection de machines industrielles (dont certaines en fonctionnement pendant les visites guidées), mais aussi de nombreux objets et documents d'archives. Le parcours muséographique retrace l'histoire de cette activité, les différents aspects de la vie des ouvriers et le processus de fabrication des tissus, tel que le mettaient en œuvre les fabriques viennoises. Un outil multimédia permet d'entrer dans le quotidien de l'entreprise Pascal-Valluit, véritable ville dans la ville.

Fête et manifestations

– ***Festival de l'humour :*** *2 sem en mars-avr.* • *mjc-vienne.org* • Ambiance café-théâtre.
– ***Journées gallo-romaines :*** *1er w-e de juin.*
– ***Jazz à Vienne :*** *le grand raout annuel, de fin juin à mi-juil.* • *jazzavienne.com* • Au théâtre antique de Vienne, mais aussi dans différents endroits de la ville notamment le jardin de Cybèle avec de nombreux concerts gratuits. Superbe programmation.
– ***Fête historique de Vienne :*** *1 w-e en sept. Infos à l'office de tourisme.* Une grande fête qui change chaque année de thème. Animations de rue, défilé, retraite aux flambeaux, fermes animalières, marché médiéval et nombreux stands d'exposants et d'artisans.
– ***Foire de Vienne :*** *2e w-e en oct.* Grand rendez-vous populaire et gratuit.
– ***Festival Sang d'encre :*** *1 w-e mi-nov.* • *sangdencre.org* • Festival du polar.

DANS LES ENVIRONS DE VIENNE

La villa de Licinius : *1, rue de Bourbourey, 38550* ***Clonas-sur-Varèze.*** *☎ 04-74-87-72-05 ou 04-74-84-91-44 (mairie). À 16 km au sud de Vienne. Ouv l'été mer-dim 14h30-18h30, et uniquement le w-e en mai-juin et sept ; visites de groupes possibles à l'année. Entrée : 2,50 € ; réduc ; gratuit moins de 12 ans.* D'une surface de près de 70 m^2, cette belle mosaïque du *Dieu Océan* découverte dans les années 1990 ornait la salle à manger de Licinius, propriétaire d'une grande villa romaine. Il s'agit de la plus grande surface de mosaïque restaurée en France. On y découvre aussi des vestiges de peinture murale, de vaisselle... retrouvés sur place. À l'époque gallo-romaine, le Rhône était un axe commercial majeur entre le Bassin rhénan et la Méditerranée. Vu le décor de la mosaïque, il est probable que la famille des Licinii, propriétaire de la villa de Clonas, pratiquât une activité marchande liée au fleuve : océan, poissons, dauphins, monstres marins...

LES HAUTES-ALPES

• Carte *p. 224-225* • Carte Le Parc national des Écrins *p. 227*

ABC des Hautes-Alpes

- ***Superficie :*** 5 549 km² ; et un tiers du département au-dessus de 2 000 m !
- ***Population :*** 140 605 hab. (2020).
- ***Villes principales :*** Gap (40 110 hab.), préfecture ; Briançon (10 780 hab.), sous-préfecture ; Embrun (6 435 hab.).
- ***Activités principales :*** tourisme et agriculture.
- ***Altitude :*** de 430 m, dans le Buëch, à 4 102 m, barre des Écrins.
- ***Nombre de cadrans solaires :*** plus de 400.
- ***Signes particuliers :*** plus de 300 jours d'ensoleillement par an sur tout le département ; un des plus hauts chefs-lieux d'Europe (Saint-Véran, 2 040 m) et la ville la plus haute de France (Briançon, 1 326 m) ; le département compte la plus grande longueur totale de rivières navigables en France ; c'est à Briançon, au début du XIXe s, que fut fondée la 1re école de ski française.

À Gap, façades pastel tout ensoleillées, comme en pays du Buëch, champs de lavande et vergers, nul doute, c'est bien le Sud, un arrière-pays de Méditerranée... Le vent lui-même est doux, l'accent chante. Puis on glisse à l'est vers l'Italie : Embrun la médiévale domine le grand lac de Serre-Ponçon, et le vaste Queyras lève ses monts intacts, ses pics, et garde ses villages pleins d'authenticité. Au nord, la montagne se fait plus minérale encore, plus impérieuse et forte : voici la barre des Écrins et la Meije, voici les massifs géants, colossaux, voici les glaciers fantastiques et voici Briançon, ville la plus haute de France, vieille cité Vauban cernée de crêtes et de forts épiques.
Une région aussi avec ses vallées uniques, étonnantes : celle large et fertile de la Durance, les vallées ouvertes du Champsaur couvertes de fermes et de pâturages, les vallées étroites et profondes du Valgaudemar, de la Vallouise aux clairs torrents, la vallée de Freissinières et ses cascades, ou de la Clarée immaculée, splendide... Et toujours, partout, un air sain, une nature forte et somptueuse, mille panoramas, autant d'activités (tous sports d'hiver et d'été), une étonnante douceur de vivre et la plaisante bonhomie de ses habitants.

Adresses et infos utiles

Agence de développement économique et touristique : ☎ 04-92-53-62-00. • hautes-alpes.net • Idées séjour, résas en ligne, actualités et agenda des manifestations : vous y retrouverez toutes les infos sur les différents territoires qui composent le département afin de préparer votre séjour.

Relais des Gîtes de France des Hautes-Alpes : *infos et résas :* ☎ 04-92-52-52-92. • gites-de-france-hautes-alpes.com •

Comité départemental de randonnée pédestre : • ffrandonnee05.net •

BIEN-ÊTRE, SPORT ET NATURE

Département parmi les moins peuplés de France, les Hautes-Alpes profitent d'une quiétude exceptionnelle. Calme assuré, même en ville. « No stress » dans ce cadre de montagne, de flore et de vallées heureuses. La nature, belle et riche, prime sur tout. Le Parc national des Écrins (à cheval sur l'Isère) et les différents ***parcs naturels régionaux*** en témoignent. Mais aussi l'agriculture, 2e ressource du département après le tourisme.
La terre et le climat, avec ses 300 jours de soleil par an revendiqués, nourrissent les troupeaux, le blé, les vignes et les arbres fruitiers de la vallée de la Durance, des pays du Buëch et du Champsaur... Le bonheur des routards !

À vélo

Ici, comme le vélo est roi (les cols du Galibier, de l'Izoard ou de Vars sont entrés dans la légende du Tour de France), une opération événementielle annuelle a été créée : de mi-juin à début septembre, les cols du département sont réservés aux cyclistes le temps d'une matinée, de 9h à 12h (une trentaine de dates en tout ; • *hautes-alpes.net* •). Pour les VTTistes, nombreux circuits balisés dans tout le département. Pas mal de compétitions et de randonnées aussi.
Pour des idées d'itinéraires à VTT, à vélo de route ou gravel : • *alpesrando.net* •

À pied

La randonnée pédestre se pratique au gré des GR : GR 5, grande traversée des Alpes, GR 58 et variantes autour et dans le Queyras, GR 93 pour la traversée du Dévoluy, GR 54 pour le tour de l'Oisans et GR 57 autour de Névache et du mont Thabor, GR 94 et 946 dans le pays du Buëch. Sans oublier le tout dernier, le GR 653D, sentier vers Saint-Jacques-de-Compostelle entre Montgenèvre et Arles. Ajoutons les GR de pays de Serre-Ponçon et du tour du Chaillol, et de nombreux sentiers locaux. 4 « routes » à thème traversent les Hautes-Alpes : la route des Grandes-Alpes en été, la route Napoléon, celle de la Lavande et celle des fruits et des vins. Des ***brochures gratuites*** détaillent chacune d'entre elles (disponibles dans les offices de tourisme). Plein d'infos utiles (hébergements, suggestions de randos, etc.) sur le site • *alpesrando.net* •

Et les autres sports

Dans un style différent, ce département initiateur en France des ***via ferrata*** (la 1re est née à Freissinières) possède une trentaine de ces voies sportives de montagne, de différents niveaux (facile à très difficile), où l'on progresse encordé et équipé d'un matériel d'escalade. Sensations garanties. Guide gratuit disponible auprès de l'Agence de développement économique et touristique des Hautes-Alpes ou des offices de tourisme.
Plus « extrêmes », ***l'alpinisme*** (2e centre national d'alpinisme à Ailefroide, dans la continuité de Pelvoux-Vallouise), l'escalade ou les ***glisses aériennes*** (parapente, deltaplane, parachutisme) : nombreux sites dans le département avec, entre autres, l'aérodrome de Gap-Tallard, de notoriété internationale (plus de 50 000 sauts par an, ce qui en fait le 1er site de parachutisme d'Europe).
Les Hautes-Alpes feront aussi le bonheur des amateurs de sports aquatiques, et notamment ***d'eaux vives*** (on y trouve la plus grande longueur totale de rivières navigables en France). Durance, Drac, Guil, Romanche... autant de torrents, de rivières impeccables pour pratiquer rafting, canoë, kayak, *hydrospeed* et canyoning. Sans oublier le spot de la vague du Rabioux à Châteauroux-les-Alpes, dans l'Embrunais, et le lac de Serre-Ponçon, une « mer à la montagne » où l'on navigue toutes voiles dehors.

NORD
Grenoble
Vizille
N 85
D 526
D 1091
Le Châzelet
A 51
E 712
D 1075
ISÈRE (38)
La Mure
PARC NATIONAL
L'Olan 3 564
Cirque du Gioberney
Villar-Loubière
Saint-Maurice-en-Valgaudemar
La Chapelle-en-Valgaudemar
Saint-Firmin
LE VALGAUDEMAR
Chauffayer-Aubessagne
Pisançon
Molines-en-Champsaur
Le Glaizil
St-Bonnet-en-Champsaur
Chap. des Pétètes
Champoléon
Saint-Disdier
Le Noyer
Col du Noyer
Poligny
Pont-du-Fossé (St-Jean-St-Nicolas)
DRÔME (26)
La Joue du Loup
Chaillol
Superdévoluy
Buissard
St-Julien-en-C.
Chabottes
D 539
LE DÉVOLUY
LE CHAMPSAUR
D 93
Saint-Julien-en-Beauchêne
La Cluse
St-Étienne-en-Dévoluy
Laye
St-Léger-les-Mélèzes
Col Bayard 1 248
Ancelle
2 709 Pic de Bure
D 937
D 13
D 944
N 94
La Bâtie-Neuve
Montbrand
Baumugnes
Montmaur
Château
D 61
La Haute-Beaume
D 994
La Roche-des-Arnauds
GAP
La Beaume
D 1075
Veynes
LE GAPENÇAIS
Montgardin
Manteyer
N.-D. du Laus
Col de Cabre
D 933
Aspres-sur-Büech
Massif de Céüse
Neffes
Jarjayes
St-Étienne-le-Laus
St-Pierre d'Argençon
D 48
Oze
Châteauvieux
Théus
Chabestan
Sigoyer
D 900b
Remollon
Le Saix
Tallard
Sigottier
D 26
Montmorin
D 20
Pommerol
Serres
L'Épine
D 21
Col de la Fromagère
D 994
Moydans
LE PAYS DU BÜECH
Ventavon
Rosans
Saint-André-de-Rosans
D 94
Garde Colombe
D 942
D 1085
PARC NATUREL DES BARONNIES PROVENÇALES
D 949
Lagrand
Upaix
Orpierre
Laragne-Montéglin
D 30
Les Bégües
D 4075
D 65
Ste-Colombe
Montagne de Chabre
Col St-Jean 1 158
Barret-sur-Méouge
Antonaves
D 546
Gorges de la Méouge
Éourres
Ribiers
Sisteron
D 542
D 946
A
B
1
2
3
4

LES HAUTES-ALPES

Plus tranquille enfin, les amateurs de pêche à la mouche ou à la ligne pourront tremper le bouchon dans les rivières et lacs d'altitude de fin juin à mi-octobre, moyennant l'achat d'une carte. Renseignements sur • *peche-hautes-alpes.com* • *cartedepeche.fr* •

POISSONS VOLANTS

Rien de tel qu'une partie de pêche dans un lac d'altitude pour se remettre d'une grimpette un peu trop sévère. Paresseuses, les truites, elles, ne remontent pas les torrents. Donc les lacs d'origine glaciaire ne contiennent pas de poissons. Pour satisfaire le pêcheur-grimpeur, on y sème alors chaque printemps des alevins par hélicoptère.

PATRIE DU SKI, PATRIE DE CHAMPIONS

Tout commence en 1895, quand le lieutenant Monnier s'exerce sur les pentes du Lautaret. 2 ans plus tard, un autre lieutenant, Widman, gravit à skis le mont Guillaume à Embrun. Enfin, en 1902, le capitaine Clerc informe le ministère de la Guerre, dans un rapport, des services inestimables que pourraient rendre les skis (ces spatules en bois venues de Scandinavie) à l'armée. Ce militaire fonde alors à Briançon la 1re école française de ski, qui organisera la 1re course dès 1904.
Une décennie aura suffi pour déclencher une véritable révolution, née dans les Hautes-Alpes et annonciatrice d'une activité considérable : le ski et le tourisme d'hiver. La 1re fabrique française de skis voit le jour à Briançon en 1906. Puis le Club alpin des Hautes-Alpes organise la 1re rencontre internationale de ski alpin, réunissant plus de 3 000 personnes à Montgenèvre... Les équipements se multiplient : 1931, 1er remonte-pente du département à Abriès dans le Queyras ; 1935, ouverture du téléski de Montgenèvre ; 1941, création de la station de Chantemerle, future Serre-Chevalier. La machine est lancée, et il y a aujourd'hui près d'une trentaine de domaines skiables dans le département, pour 1 400 km de pistes de ski alpin et 1 000 km de pistes de ski nordique...

LE PARC NATIONAL DES ÉCRINS

Une zone protégée de 93 000 ha, 150 sommets dépassant les 3 000 m, plus de 7 ha de glaciers... Le Parc national des Écrins, c'est ***le parc naturel de haute montagne*** par excellence ! Sa zone cœur n'est pas habitée – hormis le hameau de Dormillouse (Hautes-Alpes). Son territoire est nettement délimité par la Romanche au nord, la Durance à l'est et le Drac au sud et à l'ouest. Les hauts sommets du Nord – dont la « Reine Meije », l'Ailefroide, le Pelvoux et, point culminant, la barre des Écrins (4 102 m) – dominent la partie sud. Plus accessibles, le Vieux Chaillol ou la tête de Vautisse sont des 3 000 m à la portée de tout bon randonneur.
Créé en 1973, assis aux 2 tiers sur les Hautes-Alpes et le reste sur l'Isère, ***ce vaste parc a pour mission de préserver le patrimoine naturel et d'accompagner le développement de l'économie locale.*** C'est traditionnellement l'activité pastorale et l'agriculture qui sont pratiquées dans les vallées, mais le tourisme est devenu l'activité économique majeure. Depuis la fin du XIXe s, le massif est un haut lieu de l'alpinisme. L'avènement des sports d'hiver, après-guerre, a amené la création de stations de proximité : Orcières Merlette, Serre-Chevalier, Puy-Saint-Vincent, Les Deux-Alpes. Le ski de fond et la randonnée pédestre (quelque 750 km de sentiers balisés et entretenus par le parc) complètent l'offre touristique. 3 GR traversent le parc : tour de l'Oisans et des Écrins, tour du Haut-Dauphiné et tour du Vieux-Chaillol, qui permettent aux hameaux et villages de tirer leur épingle du jeu.

LE PARC NATIONAL DES ÉCRINS

En complément, ***8 circuits en itinérance douce,*** créés par le parc, permettent de découvrir les vallées à pied, à cheval, en trail ou à VTT.
La ***sauvegarde du patrimoine naturel,*** avec l'appui d'un comité d'experts scientifiques, est l'une des missions fondatrices du Parc national. La flore, exceptionnellement riche (3 000 espèces recensées, soit 90 % des espèces alpines et 40 % de la flore française), est protégée. À ce propos, chers lecteurs, sachez que la ***cueillette de fleurs sauvages est interdite*** dans le cœur du Parc national. Les animaux sont également protégés. Les plus notables sont le bouquetin, l'hermine et le lièvre variable, et parmi les 235 espèces d'oiseaux nichent l'aigle royal, le tétras lyre, le lagopède et, depuis quelques années, le gypaète barbu. Mais plus difficile encore à observer est l'isabelle, un papillon crépusculaire et vert, magnifique et majestueux à l'image des Écrins. Au fait, en parlant animaux, ***les chiens sont interdits*** (même tenus en laisse ou portés) dans le cœur du Parc national des Écrins.

■ ***Siège du Parc national des Écrins :*** *domaine de Charance, 05000* ***Gap.*** *☎ 04-92-40-20-10. • ecrins-parcnational.fr • Accueil et centre de*

documentation ouv lun-ven 8h-12h, 14h-17h (☎ 04-92-40-20-32). GRATUIT. Accueil, rens sur le Parc national et ses missions ; consultation et prêt d'ouvrages sur l'environnement montagnard et les patrimoines naturels et culturels des Écrins.
Dans l'ensemble des maisons du Parc national (5 dans les Hautes-Alpes et 2 en Isère, situées dans les 7 grandes vallées du parc), vous trouverez des expos (temporaires ou permanentes), de la documentation, des idées de balades, des infos sur les refuges, des propositions de projections de films, ainsi qu'un programme été-hiver d'animations et de sorties de découverte pour petits et grands encadrées par les garde-moniteurs et des accompagnateurs en montagne.
Également des centres d'information saisonniers au Casset et au col du Lautaret (Briançonnais), au pré de Madame Carle (Vallouise), aux Gourniers (Embrunais) et à Prapic (Champsaur).
– 3 sites pour préparer son séjour et ses randos avec l'adresse des hébergeurs, restaurateurs, producteurs et prestataires locaux labellisés « Esprit Parc national » : • *rando.ecrins-parcnational.fr* • *grand-tour-ecrins.fr* • *espritparcnational.com/destination-parc-national/ecrins* •

LE GAPENÇAIS

GAP

(05000) 40 110 hab. *Carte Hautes-Alpes, B3*

• Plan *p. 231*

La plus haute préfecture de France (735 m) annonce tout de suite la couleur : un vaste cirque, un horizon de cimes blanches et roses, de crêtes minérales, de collines boisées et de pics majestueux. Une belle vallée. Au milieu, Gap, tranquille et, très souvent, ensoleillée.
Le cadre est donc splendide ; l'atmosphère, toute méridionale, ne gâche rien, et si Gap ne possède pas de monuments ni d'ensemble architectural remarquables, elle est tout de même harmonieuse et agréable. Tout le centre, piéton, fait de petits passages et de terrasses, est charmant, et la place Jean-Marcellin, point de rendez-vous des Gapençais, rassemble à toute heure pas mal de monde dans une joyeuse animation. Enfin, la Cinémathèque de montagne et, sur les hauteurs de la ville, le domaine de Charance, se visitent avec plaisir.
N'oublions pas de mentionner les 2 figures de la ville : le *baron Ladoucette,* préfet des Hautes-Alpes sous Napoléon Ier, qui dynamisa la région en créant des routes, des écoles, des canaux, et donna un vif essor à l'agriculture, avant d'aller mourir en Allemagne en 1850 ; et *Achille Mauzan,* dessinateur, surtout célèbre au début du XXe s pour ses affiches de cinéma pour la *Gaumont.*

UN PEU D'HISTOIRE

Heurts et malheurs

Jouissant d'une position stratégique et de richesses naturelles enviables, ***à mi-chemin entre Provence et Dauphiné*** et contrôlant la vallée fertile de la moyenne Durance, Gap a de tout temps suscité les convoitises, et donc subi assauts et

dévastations. Fondée au début de notre ère par les Caturiges, les Gaulois du cru, *Vappinco* deviendra *Vapincum* avec les Romains, occupants pacifiques. Les Barbares seront plus méchants, et Wisigoths, Burgondes et Ostrogoths s'entretuent ici avant que les Lombards ne détruisent totalement la ville en 558. Elle se relève pourtant, et s'est à peine rétablie quand le bon Charles Martel passe à son tour à Gap, chassant devant lui le Sarrasin à grands coups de masse sur le crâne. Une nouvelle fois, la ville est saccagée (VIIIe s).
Une accalmie de 8 siècles s'installe ensuite, jusqu'aux ***guerres de Religion,*** où toute la région (comme le pays) est perturbée : ici, les protestants sont emmenés par le connétable de Lesdiguières, natif de Saint-Bonnet-en-Champsaur. Celui-ci saura limiter la casse, pour Gap comme pour le Dauphiné en général... Mais un gros siècle plus tard (1692) survient une catastrophe : en guerre contre Louis XIV, le duc de Savoie fait une descente dévastatrice dans le secteur. Gap est incendiée, et 798 de ses 953 maisons partent en fumée !

Enfin, la paix !

Ces 3 derniers siècles auront été ceux du renouveau et de la paix. Des cendres de 1692, Gap renaît, et grossit régulièrement au fil des époques. C'est alors un chef-lieu vivant principalement de l'agriculture, et dont les ***foires***, nombreuses, sont les plus importantes de la région. La Révolution survient, faisant de Gap la préfecture du département nouvellement créé. Une véritable aubaine, car cette ***fonction administrative*** sera par la suite – et jusqu'à nos jours – l'activité principale de ce gros bourg où aucune industrie ne s'est implantée. Napoléon, de retour de l'île d'Elbe, fait étape à Gap dans la nuit du 5 au 6 mars 1815. Rien de très important pour l'histoire gapençaise ne s'est produit depuis, sinon l'avènement du tourisme qui en a fait une petite capitale locale, simple étape ou plateforme pour visiter la région. Notons toutefois l'implantation récente de quelques industries technologiques, et celle plus ancienne du 4e régiment de chasseurs... Rompez !

Arriver – Quitter

En train

Gare SNCF *(plan B1)* **:** au départ de Paris, plusieurs trains depuis la gare de Lyon avec correspondance à Grenoble ou Valence (min 5h30 de trajet). 1 train de nuit/j. direct entre Paris-Austerlitz et Gap.

En bus

Gare routière de la SCAL *(plan B1)* **:** *1, cours Ladoucette. • autocars-scal.fr • zou.maregionsud.fr •* Liaisons avec les principales villes du département et de la région : Veynes, Serres, Rosans, Laragne-Montéglin, Embrun, L'Argentière-la-Bessée, Briançon, Barcelonnette, Sisteron, etc. Pour Grenoble, départ depuis la gare SNCF avec la compagnie *Transisère (• transisere.fr •).*

Adresses et infos utiles

Office de tourisme Gap Tallard Vallées *(plan B1-2)* **:** *1, pl. Jean-Marcellin. ☎ 04-92-52-56-56. • gap-tallard-vallees.fr • Juil-août, lun-sam 9h-19h, dim 9h-13h (10h-17h j. fériés) ; le reste de l'année, tlj sauf dim et j. fériés.* Propose des visites guidées *(payantes)* de la ville en juillet-août *(gratuit moins de 12 ans ; compter 1h30-2h),* notamment la « Famill'ludique » avec ses micro-ateliers ludiques. Également un espace boutique (vente d'activités des prestataires du secteur, de topo-guides, ainsi que de produits locaux et artisanaux) et un service de billetterie

LES HAUTES-ALPES

pour les spectacles. Précisons aussi qu'étant labellisé Accueil vélo, vous y trouverez, en autres, le petit matériel de réparation en cas de pépin. Et aussi le *Guide du Toutourisme* (ah ah !), si vous voyagez avec votre compagnon à 4 pattes.

Taxis : *à la gare SNCF (plan B1), ☎ 04-92-51-34-69. Pl. Ladoucette (plan B1 ; face à la gare routière), ☎ 04-92-51-35-90.*

– Belle initiative pour les touristes comme pour les Gapençais, tous les ***bus de la ville*** sont gratuits, et 2 ***navettes,*** *Linéa Centro A et B,* gratuites elles aussi, font le tour du centre historique avec arrêts à la demande *(mar-sam – sauf j. fériés – 9h30-12h30, 14h30-17h30).* Couvrent aussi plusieurs communes de l'agglomération (horaires disponibles à l'office de tourisme).

E-Pedal : *pl. Marcel-Legros, 05000* ***Chateauvieux.*** *07-87-24-46-60 ou 06-86-76-24-48. • e-pedal.fr •* De la simple location de vélos à assistance électrique aux sorties accompagnées et propositions de parcours embarqués sur Smartphone ou Géocaching à vélo pour des sorties ludiques en famille à la découverte de Gap et du Buëch. Livraison des vélos sur votre lieu de vacances.

– ***Marchés :*** *mer mat, pl. de la République et pl. aux Herbes (plan A2). Ven ap-m, marché bio av. Jean-Jaurès (plan A2). Le plus grand marché a lieu sam mat, rue Carnot (plan A-B2), pl. Alsace-Lorraine (plan B1) et pl. aux Herbes (plan A2).*

Où dormir ?

L'offre d'hébergements est limitée en centre-ville. Pas pléthore d'adresses de charme non plus. Pour cela, il faudra s'éloigner un peu.

Camping Le Napoléon *(hors plan par B1,* ***10****) : 76, route de Grenoble (RN85). ☎ 04-88-03-67-68. • contact@campinglenapoleon.fr • campinglenapoleon.fr • Ouv tte l'année. Empl 2 pers 11,50-20,50 €.* On parlera plus ici d'hôtellerie de plein air que d'un camping à proprement parler, car le nombre d'emplacements réservés aux campeurs est relativement restreint. La nette prédominance des locatifs n'empêche pas le site d'être agréable, confortable et très bien tenu. Malgré sa situation (aux portes de Gap, dans un virage, dans la montée au col Bayard), le bruit de la RN 85 voisine reste discret et l'environnement soigné, avec une vue plongeante sur Gap. Sur place, piscine et agréable bar-restaurant avec terrasse.

Auberge de jeunesse FJT *(plan B2,* ***11****) : 79, bd Georges-Pompidou. ☎ 04-92-40-24-00. • fjtgap@wanadoo.fr • associationbatir.fr • Ouv tte l'année. Resto ouv lun-sam 11h30-13h15, plus lun-jeu 19h-21h. Nuitée à partir de 27,05 €, petit déj et draps inclus. Adhésion au réseau FUAJ ou LFAJ obligatoire. Repas env 12 €. Parking gratuit.* En plein cœur de la ville, une AJ vraiment chouette, calme et agréable dans une grande bâtisse où les étudiants peuvent louer des studios tout au long de l'année. Chambres de 3 lits simples, avec salle de bains, non mixtes (sauf pour les couples), propres et fonctionnelles. Resto à l'excellent rapport qualité-prix. Nombreuses animations et bons conseils sur les activités du coin. Accueil souriant et chaleureux.

Mon Hôtel à Gap *(plan A2,* ***12****) : 4, pl. Frédéric-Euzières. ☎ 04-92-51-04-13. • contact@monhotelagap.com • monhotelagap.com • Doubles 85-115 €. Accord avec parking payant à proximité.* Ne vous fiez pas à l'imposante façade de béton de cet immeuble, très *seventies* et peu inspirante. L'intérieur se révèle beaucoup plus avenant, avec une ambiance feutrée et élégante. Dans les chambres douillettes, les murs aux couleurs relativement sombres mais chaudes sont illuminés par les papillons virevoltant, le mobilier de bois clair et les couettes blanches. Accueil pro et charmant.

Voir aussi plus loin dans « Où manger ? » les chambres des ***Olivades*** *(hors plan par A2,* ***29****).*

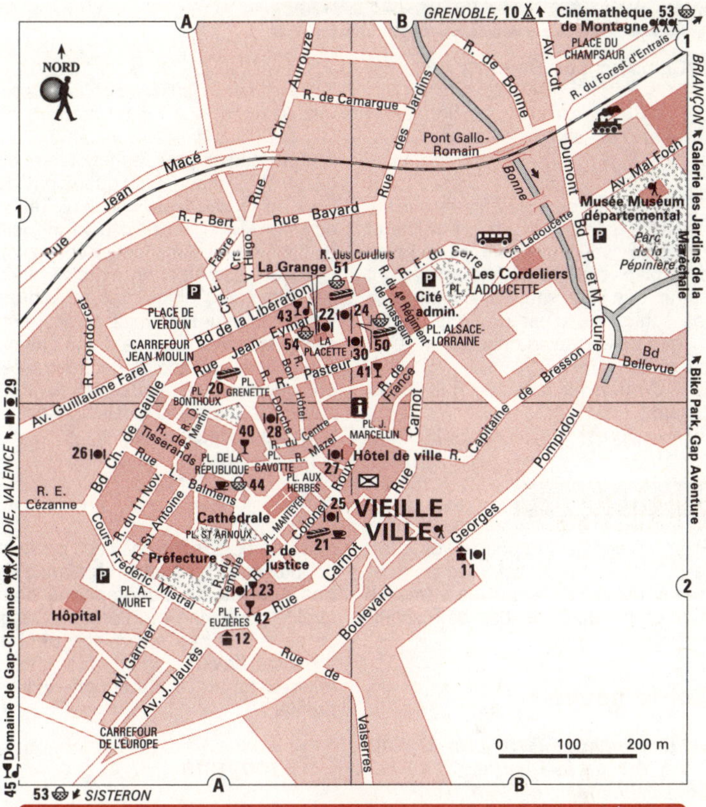

GAP

Où dormir ?

- **10** Camping Le Napoléon (hors plan par B1)
- **11** Auberge de jeunesse FJT (B2)
- **12** Mon Hôtel à Gap (A2)
- **29** Les Olivades (hors plan par A2)

Où manger ?

- **20** Le Lopain de Terre (A1)
- **21** Thé pas chez Mémé (A2)
- **22** Le Bouchon (A1)
- **23** Le Bistrot Gapençais (A2)
- **24** Fane de Carottes (A-B1)
- **25** L'Ardoise (A2)
- **26** Les Gazelles (A2)
- **27** Le Perroquet (A2)
- **28** La Menthe Poivrée (A2)
- **29** Les Olivades (hors plan par A2)
- **30** Le Pasturier (A-B1)

Où boire un verre ? Où sortir ?

- **23** Le Bistrot Gapençais (A2)
- **40** Beausoleil (A2)
- **41** Le Ch'ti Bar (B1)
- **42** Cave 42 (A2)
- **43** Le Gorille (A1)
- **44** L'Antre des Jeux (A2)
- **45** Le Camp de Base (hors plan par A2)

Où acheter de bons et beaux produits ?

- **50** Papi Ours (A-B1)
- **51** Le Tourton des Alpes (A-B1)
- **53** Le Panier Gapençais (hors plan par B1 et par A2)
- **54** Les Jolies Choses (A1)

Où dormir dans les environs ?

Camping Les Bonnets : *quartier Les Bonnets, 05000* ***Neffes.*** *☎ 04-92-57-93-89. • camping.les.bonnets@orange.fr • camping-les-bonnets.com • À 6,5 km au sud de Gap. Ouv début avr-fin sept. Empl 2 pers 15,60-20 € ; loc chalets et mobile homes 2-8 pers. 120 empl.* Paisible et ombragé par une chênaie, ce camping entre Gap et Tallard s'étend amplement sur un très beau site. Par contre, pour les sanitaires, c'est rustique. Dommage ! Belle piscine chauffée et resto sur place.

Chambres d'hôtes À la Belle Étoile : *La Montagne de Romette, lieu-dit Forest-du-Serre, 05000* ***Gap.*** *☎ 04-92-52-37-71. 06-23-87-49-73. • alabelletoile05@yahoo.fr • alabelleetoile.net • À 7,5 km au nord de Gap. Ouv tte l'année. Double 63 €.* Un lieu chaleureux pour les amoureux de calme et d'espace. Bien qu'à 2 pas de Gap, on se trouve sur une exploitation agricole où sont élevés des bovins, loin de l'activité urbaine. Tout ici est vaste : l'intérieur du chalet en pin clair, avec ses chambres pimpantes et confortables pourvues de mezzanines, son séjour spacieux flanqué d'une cheminée et la vue splendide de la terrasse, qui embrasse les montagnes environnantes. Cuisine à disposition. Accueil vraiment sympathique.

Où manger ?

Pour un repas sur le pouce, voir aussi la rubrique « Où acheter de bons et beaux produits ? », car les adresses indiquées proposent aussi de réchauffer les plats achetés.

Sur le pouce

Le Lopain de Terre (plan A1, **20**) : *2 bis, rue de la Charité. ☎ 04-92-56-13-09. Mar et ven 15h-19h, mer 7h-19h, sam 7h-13h.* Oui, les horaires d'ouverture sont relativement restreints, mais quand on aime, on s'adapte ! Et à en juger par la file de clients qui déborde régulièrement dans la rue, cette boulangerie a conquis de nombreux Gapençais ! Levain naturel, choix des agriculteurs (du département) pour les céréales, du meunier (du département voisin) pour les moudre... En outre, belle variété de pains et de délicieuses gourmandises pour un en-cas sucré ou salé... Savoureux Apéro'live pour accompagner vos apéros !

Thé pas chez Mémé *(plan A2,* ***21****) : 21, rue du Colonel-Roux. 06-20-96-01-71. Tlj sauf dim-lun 8h-18h.* 2 ou 3 tables dans la rue et un petit intérieur avec salles en enfilade. Thé pas chez Mémé (« mais un peu quand même », comme ils disent), c'est le salon de thé cosy où l'on vient papoter entre amis en se régalant d'un bon café ou thé accompagné d'un cookie gourmand ou d'un savoureux gâteau. Propose aussi des petites formules déjeuner, mais mieux vaut réserver ou arriver tôt si l'on veut en profiter !

Prix moyens

Le Bouchon (plan A1, **22**) : *4, La Placette. ☎ 04-92-46-02-43. • lebouchon.gap@gmail.com • Tlj sauf dim-lun. Formule déj 21 €, soir 29 € ; carte env 35 €. Résa conseillée.* Ici, la carte ne s'embarrasse pas de noms ronflants (assiette végétarienne, tartare de bœuf, poulet au curry, etc.), mais les plats se révèlent goûteux, bien cuisinés et pas si bateaux que ça ! Même constat pour les desserts : rien de révolutionnaire, mais on s'emploie avec bonheur à sortir des sempiternels classiques. Grande terrasse sur la placette quand le temps le permet et une salle chaleureuse et plutôt élégante où parquet et poutres sombres côtoient des murs rougeoyants décorés de beaux fûts (ou, en tout cas, ce qu'il en reste).

Le Bistrot Gapençais *(plan A2,* ***23****) : 37, square Voltaire.*

☎ 04-92-52-78-09. • hsamson@hotmail.fr • Tlj sauf dim et sam mat 9h30-14h30, 17h30-minuit. Carte 25-30 €. Résa conseillée. On vient là pour boire un verre (bières locales, belle sélection de vins bios ou en biodynamie, de rhums et autres spiritueux) ou se faire plaisir autour de belles assiettes aux saveurs gourmandes et réjouissantes, à prix très raisonnables au vu de la qualité. Certains plats détonnent dans le paysage haut-alpin (*bo bun, ceviche,* tacos), mais ils sont revus avec brio à la sauce locale. Aux beaux jours, il faut être rapide (ou réserver !) pour avoir une table sous les arbres de la belle terrasse.

Fane de Carottes (plan A-B1, **24**) : *1, La Placette. ☎ 04-92-51-15-46. Le midi mer-sam, le soir mar et jeu. Carte 25-30 € ; brunch (sam) 23 €. Résa fortement conseillée.* Chez les fans de carottes et autres fleurs ou céréales, la viande n'a pas sa place (les produits laitiers, si, mais des options vegan sont possibles), ce qui n'empêche pas l'adresse d'être très courue ! Chaque semaine, les quelques propositions à l'ardoise changent, mais les assiettes restent coquettes, pleines de saveurs et de fraîcheur. Le samedi midi, c'est brunch et le soir, tapas. En hiver, on s'attable au coude à coude dans la petite salle généreusement vitrée. En été, en terrasse, on déborde largement sur la placette.

L'Ardoise (plan A2, **25**) : *19, rue du Colonel-Roux. ☎ 04-92-21-92-56. • lardoisegap@gmail.com • Mar-sam 12h-14h. Formules 17,50-20 € ; carte 20-25 €.* L'adresse du midi avec sa petite ardoise qui se renouvelle presque en permanence. Outre le plat de poisson et de viande, régulièrement, on y retrouve une galette, croque-monsieur ou crumble, toujours accommodés différemment. Que du frais fait maison.

Les Gazelles (plan A2, **26**) : *12, bd Charles-de-Gaulle. ☎ 04-92-44-38-64. Fermé dim-lun. Repas à la carte 25-35 €.* Un charmant resto plutôt dépaysant, à l'atmosphère et aux saveurs marocaines : tajines, couscous, pastillas. L'accueil est à la hauteur de la cuisine : excellent ! Une poignée de tables en terrasse au bord de la rue.

Chic

Le Perroquet (plan A2, **27**) : *9, rue Content. ☎ 09-81-99-92-34. Tlj sauf dim. Repas carte 35-40 €. Résa conseillée.* En hiver, on s'attable dans la mini salle voûtée et en été, on s'étale joyeusement sur la grande et belle terrasse ombragée dans un recoin de la rue. Pour ce qui est du menu aussi on s'adapte aux saisons et aux ingrédients disponibles. Des plats toujours pleins de saveur exécutés avec doigté, et d'excellents desserts qui sortent de l'ordinaire.

La Menthe Poivrée (plan A2, **28**) : *20 bis, rue du Centre. ☎ 09-52-77-55-73. • lamenthepoivrée@hotmail.com • Fermé lun midi, mer midi et dim. Formule déj en sem 27 € ; menus 36-52 €.* Une table sérieuse et pro où, en plus des bons produits, on aime les assiettes bien dressées. Avec, pour parfaire le tout, une petite touche de créativité bienvenue et des plats qui se renouvellent.

Les Olivades (hors plan par A2, **29**) : *8, route de Malcombe. ☎ 04-92-52-66-80. • hotelolivades@gmail.com • ♿ À env 4 km du centre-ville, direction Veynes-Valence. Resto fermé dim soir et le soir de j. fériés oct-avr. Congés : début janv. Menus 36 € (déj), puis 39-41 € ; carte env 45 €.* Dominant Gap et les montagnes avoisinantes, ce petit « domaine » verdoyant et paradisiaque, avec sa grande terrasse ombragée par de vieux et hauts arbres, est un régal de repos. En cas de mauvais temps, c'est dans l'ancienne bergerie aux salles voûtées que l'on vous servira une délicieuse cuisine régionale teintée de saveurs provençales. Le service est souriant et, vu la qualité du menu et le cadre, on ne regrette pas d'avoir grimpé jusque-là. Également des chambres pour prolonger le séjour *(doubles 85-130 €).*

Le Pasturier (plan A-B1, **30**) : *18, rue Pérolière. ☎ 04-92-53-69-29. • pasturier.resto@wanadoo.fr • ♿ En été, fermé dim-lun ; hors saison, fermé* *dim soir, lun tte la journée et mar midi. Résa conseillée (10 couverts). Carte env 55 €. Café ou digestif maison offert sur présentation de ce guide.* Une des « grandes » adresses en ville. Les menus sont variés, les plats aux saveurs régionales délicieux, la carte des vins riche. Prix parfois un peu forts (surtout le soir). Le décor est très conventionnel, mais l'ambiance, feutrée et intime, se révèle propice aux dîners à 2. L'été, petite terrasse à l'arrière.

Où boire un verre ? Où sortir ?

Dans la journée, on pourra s'installer à l'une des terrasses de la ***place Jean-Marcellin*** ou de la ***place de la République*** dans le centre ancien, ou à l'un des cafés-restos de la ***place Alsace-Lorraine*** *(plan B1)*. À l'heure de l'apéro, le Tout-Gap se rassemble autour des tonneaux du ***Beausoleil*** *(plan A2, **40**)* posés au bord de la jolie place de la République. Les boit-sans-soif mais pas sans goût pourront s'attabler au comptoir du ***Ch'ti Bar*** *(plan B1, **41** ; rue Pérolière ; • auchtibar@gmail.com • ; tlj sauf dim et j. fériés, jusqu'à 22h voire plus tard selon affluence),* pour se rincer d'un large choix de bières, belges pour la plupart, ou d'un cocktail. Pour une atmosphère plus posée, un brin plus chic, il y a aussi le ***Bistrot Gapençais*** *(voir « Où manger » ; plan A2, **23**)* ou, dans le même esprit, son voisin, la ***Cave 42*** *(plan A2, **42**)* où l'on peut accompagner son verre de bonnes tapas.

Le Gorille *(plan A1, **43**) : 38, rue Jean-Eymar. • facebook.com/baraugorille/ • Ouv jeu-sam 18h-1h (parfois aussi mar-mer).* On aime beaucoup l'ambiance décontractée et bon enfant de ce bar associatif... et sa petite sélection de bières et de vins ! Le tout à consommer soit dans la jolie salle à l'étage à l'ambiance rétro (genre le salon de mamie), ou dans l'espace bar tout mini au rez-de-chaussée (si bien qu'été comme hiver, il y a souvent autant de monde dans la rue qu'à l'intérieur). Et puis, tout au fond, petit espace voûté pour les concerts *(participation libre)* proposés plusieurs soirs par semaine.

L'Antre des Jeux *(plan A2, **44**) : pl. de la République. ☎ 04-86-99-58-56. • contact@antredesjeux.com • Mar-sam 10h-23h.* D'un côté, la boutique de jeux de société bien achalandée, de l'autre le café très aéré, où les joueurs de tout âge se retrouvent autour des grandes tables ou dans le coin canapés pour les tester *(5 € la journée).* Et si, pris par le jeu, vous ne réussissez plus à décoller, petites douceurs ou assiettes de fromages et/ou charcuteries vous aideront à ne pas dépérir. Vraiment un bel espace et une belle ambiance.

Le Camp de Base *(hors plan par A2, **45**) : lac de Charance, à Gap. 06-80-24-68-94. • eric.chevalier0354@orange.fr • À env 4 km du centre de Gap, à proximité du Domaine de Charance. De mi-juin à mi-sept, tlj 10h-19h30 ; 1re quinzaine de juin et 2e quinzaine de sept, mer-dim 13h30-18h30.* Au retour d'une randonnée ou pour boire un verre au frais sur les hauteurs de Gap, cette jolie buvette en plein air, sise dans un cadre naturel de toute beauté, est idéale entre amis ou en famille (ce n'est pas l'espace qui manquera aux petites jambes pour gambader tout autour). Sélections de bières, vins et autres breuvages locaux que l'on siffle dans une ambiance informelle. Ambiance particulièrement sympathique les soirs de concert.

Où acheter de bons et beaux produits ?

Les tourtons, comme les ravioles, sont une spécialité de la vallée du Champsaur. Les premiers, entre le ravioli et le beignet, sont fourrés à la pomme de terre et au fromage (chèvre, bleu ou reblochon) ; il en existe aussi aux épinards et en version sucrée. ***Les ravioles,*** en forme de quenelle, sont des beignets à base de pomme de terre et de fromage. Chacune des échoppes ci-dessous propose aussi des « ***oreilles d'ânes*** », une spécialité de la vallée du Valgaudemar, qui est une sorte de gratin ou lasagne d'épinards.

Papi Ours *(plan A-B1,* ***50****)* **:** *16, rue Pétrolière. ☎ 04-92-20-31-74. Mar 14h-18h30, mer-sam 9h-18h30.* Échoppe ouverte sur la rue, avec l'atelier juste derrière. *Papi Ours* ou l'amour du tourton gourmand et bien fait, dans le respect des recettes traditionnelles, qu'il soit salé ou sucré, ce qui n'empêche pas la maison de s'autoriser des petits pas de côté avec quelques versions revisitées.

Le Tourton des Alpes *(plan A-B1,* ***51****)* **:** *6, rue Jean-Eymar. ☎ 04-92-53-90-91. Tlj sauf dim-lun 12h-14h30, 19h-22h.* Du classique, du bon, à emporter ou à savourer dans une longue salle voûtée, mais un poil tristoune, située dans la ruelle juste à côté *(au 1, rue des Cordiers ; menu à volonté 26,90 € ; carte 20-25 €).*

Le Panier Gapençais : *78, av. de Provence ou 2, rue des Silos. ☎ 04-92-51-92-17. Mar-sam 9h-12h30, 15h30-19h.* 2 adresses pour ce magasin de producteurs. La mieux achalandée se trouve en périphérie, au sud de Gap *(78, av. de Provence ; hors plan par A2,* ***53****)* et la plus centrale *(2, rue des Silos ; hors plan par B1,* ***53****)* à côté de la Cinémathèque de montagne. Quoi qu'il en soit, on y trouve tout ce qu'il faut pour se rassasier (légumes, viandes, produits laitiers, etc.).

Les Jolies choses *(plan A1,* ***54****)* **:** *31, rue Jean-Eymar. ☎ 04-88-03-67-31. Mar-sam 10h-13h, 14h-18h30.* Le nom est un beau résumé de ce que l'on trouve dans cette boutique de créatrices et créateurs du département (textile, céramique, bijoux et tout et tout) !

LES HAUTES-ALPES

À voir

Cimalp – Cinémathèque de montagne *(hors plan par B1)* **:** *7 bis, rue du Forest-d'Entrais. ☎ 04-92-52-13-87. • cimalpes.fr • Vac scol : mar-sam 14h-20h ; le reste de l'année, mer et ven-sam 14h-20h. Expo : 8 € ; réalité virtuelle : 4 € ; billet combiné : 10 € ; réduc.* Un vrai coup de cœur que cet endroit qui colle si bien à l'identité haut-alpine et qui, d'ailleurs, a très vite été adopté par les Gapençais. Cette cinémathèque, ***unique en son genre*** en France, s'est donné 3 missions : celles de ***collecter et sauvegarder*** (en les numérisant) tous les films (amateurs et professionnels) tournés en zone de montagne depuis l'invention du cinéma. Après plus de 25 ans de ce travail mené par les 2 acharnés qui sont à la tête du lieu, Gilles Charensol et Valérie Bonfé, la cinémathèque possède un ***patrimoine exceptionnel*** (plus de 10 000 films), d'autant qu'au fil du temps, les grands noms de l'alpinisme ou leurs descendants leur ont confié leurs archives ou le matériel de certaines de leurs expéditions (Lionel Terray, Catherine Destivelle, etc.). La 3e mission : mettre à la disposition du public ce formidable patrimoine. Ce qui est fait dans la ***belle salle de cinéma,*** qui a sa programmation à l'année, et dans les ***2 espaces d'exposition*** où l'on peut passer des heures à visionner les différents films ou extraits en « libre-service » et classés selon plusieurs thématiques (« La fin d'un monde », « Les promesses de l'or blanc », « Les coulisses du vide », etc.). Que l'on soit petit ou grand, fana de montagne ou pas, on trouvera des petits bijoux, car les films ne racontent pas seulement les grands exploits de l'alpinisme, ils sont aussi à caractère ethnographique et traitent de la montagne dans son ensemble. Et la scénographie très pédagogique nous parle aussi du travail de l'image, de l'histoire du cinéma et de ce qu'implique un tournage en montagne. Le jukebox vidéo dans l'espace accueil donne un bon avant-goût de ce que l'on peut voir dans les expos (car oui, avec son ***sympathique bar,*** cette cinémathèque est aussi un lieu de vie et de rencontre).

Et enfin, ***l'espace de réalité virtuelle*** vous embarque à bord d'une montgolfière pour un survol parfois vertigineux de ces magnifiques Hautes-Alpes. Pour finir, on ne peut parler de la cinémathèque sans mentionner le site qu'elle occupe : celui de l'ancienne usine Badin où, de 1895 à 1970, on procédait au battage de la fenasse (ou si vous préférez, on triait des graines) qui était mise en sac puis exportée en Europe du Nord et aux États-Unis pour replanter des prairies. Magnifiquement restaurée, on peut encore y voir, ça et là, les vestiges de l'activité passée. Tout au long de l'année, des animations ou soirées ponctuelles sont organisées et, en été, des films projetés en plein air dans la cour.

Le Musée muséum départemental des Hautes-Alpes *(plan B1)* ***:*** *6, av. du Maréchal-Foch. ☎ 04-92-51-01-58. ● museum.hautes-alpes.fr ● Juil-août, tlj sauf sam mat et dim mat 9h-11h45, 14h-17h45 ; le reste de l'année, tlj sauf lun et j. fériés 14h-16h45 (17h45 w-e). GRATUIT. Animations et ateliers également gratuits. Visites à thème sur les collections et les expos temporaires.*

Un musée qui conserve et expose des collections encyclopédiques dévoilant toutes les facettes du territoire. Le parcours permanent révèle un important fonds d'archéologie alpine remontant à l'âge du bronze, du fer et à l'époque romaine. Il présente également toutes sortes d'animaux naturalisés dont des espèces aujourd'hui disparues. Au ***rez-de-chaussée,*** exposition de peinture, mausolée de Lesdiguières et les expos temporaires.

– En ***sous-sol,*** dans de remarquables salles voûtées, on notera notamment la superbe pierre dressée ou dolmen de Tallard.

– Au ***2e étage,*** dans la salle de gauche, bienvenue au « Queyras des collectionneurs » : intéressante *section d'histoire et d'ethnographie locales,* avec notamment la collection du préfet Vasserot de mobilier du Queyras (superbes ensembles de coffres en bois sculpté avec rosace et ouvrages de dentelles). La salle de droite est consacrée aux *expos temporaires* et à la salle de la *Micro-Folie,* soit un ***espace de documentation numérique et interactif*** alimenté par les fonds et collections numérisées de plusieurs grandes institutions nationales (La Villette, le Centre Pompidou, le château de Versailles, Le Louvre, la Philharmonie de Paris, etc.). On retrouve cette initiative du ministère de la Culture dans plusieurs villes de France, mais les sélections varient selon les lieux et dans le temps. Assis sur son tabouret, face à l'écran où défilent les œuvres (très variées), on choisit, sur sa tablette, de s'intéresser plus particulièrement à l'une ou l'autre d'entre elles.

À la fin de la visite, allez faire une petite promenade dans le ***parc de la Pépinière*** situé derrière le musée, avec son joli kiosque à musique et ses arbres centenaires.

Le domaine de Gap-Charance *(hors plan par A2)* ***:*** *☎ 04-92-53-26-79 ou 01-09. ● gap-tallard-vallees.fr/ ● À 4 km du centre de Gap, route de Veynes/Valence. Juil-août, bus gratuit (7/j.) au départ de Gap (ligne n° 73, arrêt Faure-du-Serre). Domaine en majeure partie ouv au public tte l'année. GRATUIT.*

Le domaine de Charance est un site naturel exceptionnel, un espace arboré de 220 ha, avec vue imprenable sur la ville et ses environs depuis les jardins en terrasses. Il est agrémenté d'un petit lac, d'une collection de roses anciennes (de mi-juin à mi-juillet), de nombreux sentiers : balade « Sur la piste de l'écureuil » et jeu de piste « Le mystère des Ténèbres » *(15 €/pers).*

Face au château, côté vallée, ***les jardins en terrasses*** *(tlj avr-oct)* s'organisent en 4 grandes terrasses avec plantes de la région, arbres fruitiers, rosiers, etc. Le ***jardin alpin*** *(ouv avr-oct)* permet de découvrir la vingtaine de milieux naturels et semi-naturels des Alpes françaises. Un lieu de promenade dominicale, mais aussi tout un programme de visites et animations gratuites pour petits et grands. À proximité du jardin, également, ***3 itinéraires*** de découverte du patrimoine naturel à parcourir à pied ou à vélo, à l'aide des fiches explicatives : *Canal du Drac*, *Pic de Gleize* et *Montagne d'Aujour et Crêt des Selles*.

La vieille ville : Gap brûla en 1692, et près des ¾ de la ville furent alors ravagés. C'est pourquoi vous ne trouverez pas de constructions très anciennes, le bâtiment notable le plus âgé étant l'***hôtel de ville*** *(plan A-B2),* édifié en 1743, à la jolie façade d'inspiration Renaissance. Pour autant, le centre-ville n'est pas dénué de charme. C'est aujourd'hui un dégradé de couleurs pastel, un jeu de contrastes toujours en douceur, un réseau de ruelles piétonnes, de jolies places et de voies commerçantes que l'on arpente avec plaisir, le nez en l'air, et dont la ***place Jean-Marcellin*** *(plan A-B2)* est le cœur animé. Jeter un coup d'œil à la ***cathédrale Notre-Dame*** *(plan A2),* réalisée entre 1867 et 1904. Assez monumentale, c'est historiquement la dernière des grandes cathédrales « traditionnelles », construite en pierre de taille, à l'ancienne. Belle utilisation du marbre rose local, et un style général imité du roman-provençal (alternance des tons) et du gothique le plus académique. Le clocher-porche culmine à 70 m, on le voit de loin. Et les amateurs de culture guetteront les expos temporaires présentées à ***La Grange*** *(16, La Placette ; plan A1)* ou pousseront jusqu'à la galerie ***Les Jardins de la Maréchale*** *(21, av. Foch ; hors plan par B1),* légèrement plus excentrée.

LES HAUTES-ALPES

Sports et loisirs

Le Gapençais est un ***pays de sportifs*** qui aiment les activités de plein air. Il faut dire qu'il y a de quoi faire. Que ce soit à pied, à vélo (route, VTT, gravel), à raquettes, à ski, les sports d'eaux vives, le parapente, l'escalade, il y en a pour tous les goûts, pour tous les âges. Et ce ne sont pas les prestataires de qualité qui manquent, avec chacun sa spécialité. Les offices de tourisme de Gap Tallard Vallées vous indiqueront ceux qui conviennent le mieux à vos envies et vendent même les activités d'un certain nombre d'entre eux. Vous y trouverez aussi des petits « ***Carnet de randos*** » bien faits et inspirant à seulement 2 € avec des propositions d'itinéraires à effectuer à pied, à VTT, à gravel, à raquettes ainsi que des parcours d'escalade en famille *(possibilité aussi de télécharger gratuitement ces carnets sur le site internet de l'office).*

Manifestations

– ***Gap-Bayard au féminin :*** *1 w-e mi-fév. ● gapbayardaufeminin.fr ●* Sports nordiques réservés aux femmes (ateliers, initiations, conférences, bien-être détente). Le dimanche, course la *Gapençaise.*
– ***Le carnaval des Alpes :*** *1 j. en fév ou mars.*
– ***Tous dehors ! :*** *3 j. fin mai-début juin.* Festival des arts de la rue.
– ***La Montagne en fête :*** *3ᵉ w-e de juin, sur une des communes du territoire de Gap Tallard Vallées.* Une journée gratuite pour découvrir les activités en lien avec la montagne.
– ***Éclats d'été :*** *pdt tt l'été.* Programmation éclectique de qualité dans différents parcs ou places de la ville et des communes de l'agglomération : concerts de musique classique, musiques actuelles, du monde et traditionnelles, cirque contemporain... Là encore, il y en a pour tous les goûts !
– ***Festival des musiques du monde :*** *3 j. en juil. Rens auprès de l'office de tourisme.* Concerts de groupes du monde entier (Argentine, Grèce, Israël...) pour animer la ville et ses environs avec des concerts et des danses.
– ***Trail Gapen'Cimes :*** *1 w-e début oct. ● gapencimes.fr ●* Course nature : plusieurs parcours de trail (tous niveaux) autour de la montagne de Charance.
– ***Rencontres de la Cinémathèque de montagne :*** *4 j. fin nov. ● cimalpes.fr ●* Festival de films de montagne et rencontres avec les réalisateurs.

DANS LES ENVIRONS DE GAP

La ferme du Col : *05130* ***Jarjayes.*** *☎ 04-92-54-30-70. 06-85-54-18-14. • fermeducol.fr • À 10 km au sud de Gap. Pour les horaires, consulter le site. Entrée : 10 € ; 8 € enfant ; gratuit moins de 2 ans. Visites commentées avec animations pédagogiques (env 1h30), goûter à la ferme, aire de pique-nique, vente de produits de la ferme, assiette de produits de la ferme (17 €/adulte, 10 €/ enfant)...* Pédagogique, cette ferme de 35 ha a pour objectif d'expliquer tout ce qu'on peut faire avec ***de la laine et des céréales*** (et notamment le petit épeautre ; produit sur l'exploitation et transformé en flocons, farine, pâtes, bières de la ferme). La visite, menée par Cindy ou Raphaël, est bien sympa dans cet élevage de chèvres angoras et d'autruches où l'on découvrira aussi une « salle aux trésors de la nature ». Les enfants adorent et, en plus des chèvres, on croise des paons en liberté, des moutons, des lapins, des oies, des ânes, les alpagas Caramel et Chocolat, Germaine la truie, Yacka le yack et Serge le lama (plus de 200 animaux au total !)... Il est même possible de donner le biberon aux chevreaux et aux veaux le matin et le soir. Sentier ludique et pédagogique avec panneaux d'interprétation. Vente de pulls et de chaussettes en mohair.

– ***Le centre d'oxygénation de Gap-Bayard :*** *col Bayard, N 85. ☎ 04-92-50-16-83. • gap-bayard.com • À 7 km du centre-ville, en direction de Grenoble. Juil-août, bus gratuit (7/j.) au départ de Gap (ligne n° 73, arrêt Faure-du-Serre).* En hiver, ce centre d'oxygénation engagé dans une démarche de développement durable est un beau domaine de ***ski nordique*** sur les hauteurs de Gap (1 250-1 700 m), vers le col Bayard, avec une cinquantaine de kilomètres de pistes de fond et des itinéraires pour balades à raquettes. Nocturne en hiver (une fois par semaine).
En été, il se transforme en ***golf 18 trous.*** On peut aussi y pratiquer le cani-rando (en été) et le chien de traîneaux (hiver) avec ***Travel Dog*** *(• traveldog.fr •).* Sur place, également, le ***Sentier de l'Azuré,*** un parcours de 3 km ponctué de panneaux d'interprétation sur les richesses naturelles et patrimoniales du plateau.

Hortense Nature : *06-45-92-78-74. • hortensenature.com •* Pendant les vacances scolaires, Hortense propose des ateliers nature, des journées explorateurs ou des camps d'été pour les enfants et adolescents (3-16 ans selon le programme). Dans la bonne humeur et le partage, on y apprend à faire un feu, à grimper aux arbres, à repérer et reconnaître les traces d'animaux, à observer les oiseaux.

– ***Randos photos avec Julien Royer :*** *06-73-78-34-29. • julien.royer05@orange.fr •* Sorties en montagne encadrées par le photographe Julien Royer et un guide accompagnateur en montagne. À la découverte du milieu alpin, repérage et approche des animaux, initiation à la technique de l'appareil photo, shooting animalier et relevé de piège photos...

LE MASSIF DE CÉÜSE

On le voit de loin, ce massif culminant à 2 016 m (1 000 m de dénivelée) à la forme si aisément reconnaissable avec son mont tronqué, coiffé d'un large plateau circulaire. Sur les pentes, une forêt de 1 900 ha plantée, à la fin du XIXe s, de résineux (pins, sapins, mélèzes) et de feuillus (hêtres, érables). Sur le plateau, herbages et troupeaux. En plus d'être un haut lieu de l'escalade connu des grimpeurs du monde entier, une vingtaine d'itinéraires VTT, pédestres ou équestres y ont été aménagés, de tous niveaux de difficulté.

Pour y accéder, 2 possibilités : soit par le nord, via Manteyer et l'ancienne station de ski Céüze 2 000 (aujourd'hui fermée) ; soit par le sud et le joli village de Sigoyer et le col des Guérins, où se trouve le site d'escalade. D'un côté comme de l'autre, l'environnement et la vue sont somptueux, mais différents. Depuis Manteyer, le regard embrasse le massif du Dévoluy, dont le majestueux pic de Bure, et celui des Écrins. Depuis le col des Guérins, c'est plutôt le Gapençais et les montagnes des Alpes-de-Haute-Provence qui s'étendent devant vous.
Et l'été, à la tombée de la nuit, on assiste à un spectacle étrange depuis le village de Sigoyer, quand la montagne s'illumine à l'heure où les grimpeurs redescendent à la frontale : on croirait assister à un ballet de lucioles !

Adresses et infos utiles

Maison de Céüze : *3960, route des Guérins, 05130* ***Sigoyer.*** *☎ 04-92-46-88-60. Ouv de mi-mai à mi-sept, tlj 9h-12h, 15h-19h.* Maison située au départ de nombreux sentiers de randos (à pied, VTT, cheval) où vous trouverez les informations et les topoguides pour découvrir le massif, mais aussi une aire de camping-cars *(payante)* et des douches pour les campeurs. Propose aussi des activités ou animations *(payantes)* : balades en calèches, gym, marche afghane ou yoga, ateliers d'initiation à l'aromathérapie, location de VTT électriques en été.

Où manger ? Où boire un verre ?

Le Crux-Céüse : *Les Bonnets (col des Guérins), 05130* ***Sigoyer.*** *06-64-57-22-70. Ouv en principe tlj en juil-août ; le reste de l'année, j. d'ouverture variables (horaires à jour sur Facebook). Carte 15-25 €.* « Pizza, bière, grimpe et musique », c'est ainsi que se présente la maison, ce qui est un bon résumé ! Précisons que les pizzas, c'est le soir et, le midi, quand c'est ouvert, l'ardoise propose plutôt salade et plat du jour. On peut ajouter que l'on y apprécie les prix mini pour des portions maxi ! Il faut dire qu'il faut les nourrir tous ces grimpeurs qui fréquentent le site et déferlent ici à la tombée de la nuit pour se restaurer ou boire un verre sur la grande terrasse, dans une ambiance conviviale et informelle. Concerts réguliers en saison.

À voir. À faire

Même si le site d'escalade de Céüze attire des grimpeurs de haut-niveau, il ne leur est pas réservé, comme le prouve le ***Carnet d'escalade en famille,*** en vente dans les offices de tourisme de Gap et Tallard ou téléchargeable sur leur site internet. Pour les plus jeunes toujours, sur demande, possibilité de s'initier sur le ***mur d'escalade en intérieur*** à la Maison de Céüse. Et à côté de celle-ci, pour eux encore, une ***pump track*** (piste VTT), une ***tyrolienne,*** des ***slacklines*** et une ***via ferrata*** avec prêt de matériel possible.

Céüs'Escalade : *06-68-78-59-56. • ceusescalade-62.webself.net • De mi-juin à mi-sept.* L'escalade vous tente, mais vous ne l'avez jamais pratiquée ? Vous souhaitez vous perfectionner ou initier vos p'tits à cette pratique ? Dès 3 ans pour les bambins.

Circuits permanents d'orientation : *itinéraires en vente dans les offices de tourisme de Gap et Tallard.* 6 itinéraires pour s'adonner, en toute saison, à la course d'orientation en famille autour du col des Guérins et de la station

Céüze 2 000. Précisons qu'un de ces circuits est accessible aux personnes à mobilité réduite, équipées d'une Joëlette (que l'on peut emprunter à la Maison de Céüse).

La Chèvrerie de Céüse : *Les Guérins, 05130* ***Sigoyer.*** *☎ 04-92-56-15-53. 06-18-33-92-35. • lachevreriedeceuse.fr • Magasin (vente directe) tlj avr-oct 10h-13h, 15h-20h ; nov-mars 10h-12h, 16h-19h. Visite guidée en juil-août sur résa (4 € adulte ; 3 € moins de 12 ans).* Ferme bio et pédagogique avec dégustation de fromages. On peut même les aider à nourrir, sortir ou traire les chèvres ! Vend également des charcuteries, confitures bio et produits locaux au magasin. Hébergement possible en gîte d'étape pouvant accueillir jusqu'à 15 personnes *(résa obligatoire).*

Le sentier d'interprétation « La Pépinière de Sigot » : *route sur la droite en montant au col des Guérins depuis Sigoyer.* Boucle facile de 3,5 km qui suit la piste forestière et vous amène à la Pépinière de Sigot qui servit, au début du XXe siècle, à la reforestation de Céüse. Et pour mieux comprendre tout cela, quelques panneaux explicatifs.

TALLARD

(05130) 2 300 hab. *Carte Hautes-Alpes, B3*

À 15 km au sud de Gap, sur la mythique route Napoléon, le vieux village médiéval de Tallard présente un certain charme pittoresque. Son château, ses ruelles tortueuses, son église et ses animations médiévales en été valent le détour. Avant tout célèbre pour son aérodrome, sa campagne dépayse avec des routes bucoliques et ses nombreux vergers.

Adresses utiles

Office de tourisme Gap Tallard Vallées : *2, pl. Richard-Duchamblo. ☎ 04-92-54-04-29. • gap-tallard-vallees.fr • Sept-juin, tlj sauf l'ap-m des dim et j. fériés 9h-13h, 14h-18h ; le reste de l'année, 9h-12h30, 14h-17h, fermé mar ap-m et w-e.*

– *Lulu Vélo :* *7, av. Jacques-Bonfort. 06-68-00-41-42. Mar-sam (et dim en été) 9h30-18h30.* En plus d'être un magasin de vélos et un atelier de réparations, on peut aussi y louer des VTT à assistance électrique. Propose aussi des sorties accompagnées.

À voir. À faire

Pour la découverte du centre historique de Tallard, retirer à l'office de tourisme la ***carte*** indiquant les principaux points d'intérêt.

Le château de Tallard : *☎ 04-92-54-04-29 (office de tourisme). Juil-août, visite libre mar-ven 10h30-12h30, 14h-17h30, w-e 10h30-13h ; fermé lun. Entrée : 5 € ; visite guidée sur résa 6,50 € ; quelques nocturnes également (7 €) ; certains jours, les « ateliers Blason » (5 €) sont proposés aux enfants pendant la visite des parents.* ***Attention, pas de billetterie sur place, il faut se rendre à l'office de tourisme (ou réserver auprès de celui-ci pour les visites guidées ou ateliers).*** Surplombant le village et la vallée de la Durance, le château est bordé d'un bois, le parc de la Garenne (sans doute la réserve de gibier du seigneur). Difficile d'imaginer que ce château possédait, selon la légende, « autant de marches que d'heures dans l'année, autant de fenêtres que de jours et de tours que de mois ». Cet édifice des XIVe et XVIe s, en grande partie détruit en 1692 par le duc

de Savoie, fut ensuite laissé à l'abandon pendant 2 siècles. Classé Monument historique, il a conservé son enceinte, sa courtine, sa vaste salle de garde, 2 salles de corps de garde et sa *chapelle Saint-Jean,* de style gothique flamboyant. Et depuis 2017, une vaste entreprise de travaux lui a redonné une bonne assise et belle allure.
Le décor intérieur de la chapelle Saint-Jean (vitraux, motifs peints, lancettes et colonnettes sculptées avec les blasons des seigneurs successifs) est assez remarquable. Elle est bâtie sur une autre petite chapelle voûtée, dont il ne reste de l'aménagement intérieur qu'un fragment de l'autel et un escalier s'enfonçant vers la crypte, interdite d'accès, où furent inhumés les seigneurs du château. Visites guidées passionnantes réalisées par des guides passionnés.

L'église Saint-Grégoire : classée Monument historique, cette église du XVIIe s, édifiée à partir de 2 anciennes chapelles, est dédiée à saint Grégoire, qui fut évêque d'Arménie. Au retour de sa visite auprès du pape à Rome, il s'arrêta et évangélisa la ville avant d'y mourir en 404. Depuis, l'anniversaire de sa mort donne lieu, le 3e dimanche de septembre, au traditionnel pèlerinage de l'Église arménienne. Vieux portail Renaissance avec plusieurs portraits sculptés d'hommes et de femmes, belles orgues, jolie chaire, coupole peinte, et une série de tableaux de 1743 retraçant la vie de l'évêque.

– ***Aérodrome de Gap-Tallard :*** *fonctionne tte l'année.* C'est ici que s'entraînent les équipes de France (et d'autres pays) de saut en parachute. Nombreuses activités : ULM, chute libre, baptême en hélico, montgolfière, planeur, parapente... *(infos et accueil à la Maison de l'air, à l'aérodrome, ☎ 04-92-54-32-10 ; • gap-tallard.com •).* Également un simulateur de chute libre *Soufflerie On Air,* le seul en extérieur en Europe ; à partir de 5 ans *(📱 06-89-95-33-23 ; • onairsoufflerie.com • à partir de 60 € pour 2 vols pour 1 pers).* En été aussi, possibilité aussi de visite guidée de l'aérodrome sur résa auprès de l'office de tourisme.

LE PAYS DU BUËCH ET LE DÉVOLUY

Comme on dit ici, le pays du Buëch, c'est « la Provence à la montagne » ! Et on confirme : ça sent l'ail, le pastis, les champs de lavande... L'été, les villages sont écrasés de soleil et vivent au rythme des parties de pétanque. Situé au sud-ouest du département, c'est la partie la moins élevée : de 500 à 1 500 m d'altitude. L'endroit tient son nom de la rivière qui le traverse, formée du Petit Buëch et du Grand Buëch. Rappelons l'anecdote rabelaisienne selon laquelle Gargantua, après avoir mis à sec le Grand Buëch pour se désaltérer, aurait eu naturellement une envie pressante... qui aurait donné le Petit Buëch !
Pays aux nombreuses rivières, le Buëch est une région de baignade et de pêche, des gorges de la Méouge à ses bases de loisirs. Charmants villages perchés (Upaix, Ventavon), ou ne manquant pas de caractère (Orpierre, Rosans, Serres). C'est pour préserver et valoriser ce territoire doté d'un riche patrimoine naturel qu'a été créé, en janvier 2015, le parc naturel régional des Baronnies provençales. Il s'étend sur 105 communes, à cheval sur les Hautes-Alpes et la Drôme. C'est aussi un territoire agricole et les bons produits y abondent.
Au nord-est, le pays est fermé par le Dévoluy, imposant massif dont l'altitude moyenne est la plus haute des Préalpes françaises. Cerné de falaises, il culmine au pic de Bure (2 709 m) et s'incline vers l'Isère. Un paysage grandiose et dépouillé, austère et peu habité, comptant de modestes villages et 2 stations de ski.
– Infos sur le parc naturel régional des Baronnies provençales : ☎ 04-75-26-79-05. • baronnies-provencales.fr •

LARAGNE-MONTÉGLIN

(05300) 3 455 hab. *Carte Hautes-Alpes, B4*

Gros bourg à l'aspect provençal, Laragne-Montéglin regroupe 2 cités autrefois distinctes : Montéglin, l'aînée, dont il ne reste rien du passé féodal, et Laragne, ancienne dépendance d'Arzeliers, fief local (le village d'Arzeliers se situe une lieue au nord de Laragne). Son nom viendrait de l'*aranha* (araignée) en occitan, du nom d'une ancienne auberge dont l'enseigne représentait cette bestiole.
Depuis l'office de tourisme, un sentier patrimoine fléché (1h) vous emmène à la découverte de la ville, en compagnie de Gaspard de Perrinet (auquel on doit la construction du château de Laragne au XVIIe s).
Aujourd'hui, Laragne-Montéglin est un chef-lieu de canton assez animé, avec ses nombreux « événements » (rallye automobile début juin, compétitions internationales de vol libre), sa semaine bouliste de grande renommée (en septembre), son fromage le Laragne, son chèvre AOC le banon et sa pomme golden qui bénéficie du Label Rouge et d'une IGP (Indication géographique protégée), désignée sous le nom de « pomme des Alpes de Haute-Durance ». Mais ce sont surtout ses environs, avec la vallée des gorges de la Méouge, répertoriées en zone Natura 2000, et la montagne de Chabre (site international de vol libre) qui attirent et réjouissent les visiteurs.

LES HAUTES-ALPES

Adresse et infos utiles

Office de tourisme : *pl. des Aires. ☎ 04-92-65-09-38. • sisteron-buech.fr • Lun-ven 9h-12h30, 13h30-17h30 (18h30 en été), sam 10h-12h30 (plus 15h30-18h30 en été). Fermé dim.* Outre les infos habituelles, on peut y réserver hébergements ou activités, s'y procurer le kit *(5 €)* d'une chasse au trésor à faire en famille pour découvrir la ville, ainsi que le circuit des cadrans solaires du coin. C'est aussi une belle boutique de produits locaux et artisanaux.

Bus : *• zou.maregionsud.fr •* Bus pour Gap, Tallard, Veynes, La Saulce et nombreuses autres villes des Hautes-Alpes et de la région. *Autocars SCAL (• scal-amv-voyages.com •)* et *Phocéens Cars (• phoceens-cars.com •).* Bus pour Sisteron, Manosque, Aix-en-Provence, Marseille, Grenoble et Nice.

– **Marché :** *jeu mat tte l'année.* Grand marché provençal. Vous y trouverez notamment les produits de la ***Ferme Jubi*** (lavande fine, thym sauvage et safran ; *• lavandebiojubi.com •*), ou les vins naturels du ***Champs du Possible*** *(• vins-champdupossible.fr •)*, ou encore le petit épeautre de Gisèle et Noëlle Taxil.

Où dormir ?

Camping de Montéglin : *26, av. de Montéglin. ☎ 04-92-48-56-91. 📱 06-40-21-01-88. • nicolas@camping-monteglin.com • camping-monteglin.com • ♿ Ouv avr-oct. Empl 2 pers 17-25 €. Loc mobile homes 4-7 pers.* Idéalement placé, à 500 m du centre-ville, mais avec, quand même, des espaces verts en veux-tu en voilà. D'un côté les locatifs. Puis, passés la haie et le petit pont, le site tout plat et plutôt joliment aménagé réservé aux emplacements de camping. Les haies et arbres de différentes essences sont plantés, il ne reste plus qu'à attendre qu'ils s'étoffent encore un peu pour offrir une ombre généreuse. Sanitaires de bonne tenue, piscine, bar et, en juillet-août, le soir, le resto et sa terrasse conviviale.

Où manger ?

L'Araignée Gourmande : *8, rue de la Paix. ☎ 04-92-65-13-39. • thierry.chouin@sfr.fr • Fermé dim soir, mar soir et mer. Résa conseillée. Menus déj (sauf dim) 24 €, puis 36-52 € ; carte 45-50 €.* Cette table propose une cuisine traditionnelle gastronomique, avec de belles touches d'originalité et parfaitement exécutée par le chef Thierry Chouin. La carte change régulièrement et les herbes aromatiques proviennent du jardin, comme de nombreux légumes. Pain fait maison.

Le P'tit Gourmet : *23, pl. de la Fontaine. ☎ 04-88-03-52-19. • leptitgourmet@outlook.com • Fermé lun soir, mar soir et mer. Repas 25-30 €.* C'est tout simple : 1 ou 2 propositions du jour et de copieuses salades ou assiettes composées en été, et des plats plus consistants et reconstituants en hiver (tartines, tartiflettes, lasagnes...). Pour les consommer, on s'installe soit dans la salle sur le devant, soit dans la cour et le jardin à l'arrière. Service vif et souriant.

Où dormir ? Où manger dans les environs ?

Camping des Gorges de la Méouge : *Le Serre, 05300* ***Barret-sur-Méouge.*** *06-62-46-81-27. • campingmeouge@orange.fr • camping-meouge.com • À 14 km au sud-ouest de Laragne. Ouv mai-sept. Empl 2 pers 23 € ; loc bungalows (4-6 pers). 95 empl.* Camping plutôt bien ombragé, de bon confort, situé à 2 pas des gorges de la Méouge et à proximité de nombreuses activités sportives : parapente, deltaplane, escalade, VTT *(location)* ou canoë. Pour les moins sportifs, l'eau cristalline de la Méouge est un régal en plein été. Piscine, ping-pong et terrain de volley.

Manifestation

– ***Festival Laragne Quartiers d'été :*** *juil-août.* Différentes animations gratuites, tout public (conférences, cinéma en plein air, concerts, bals, expos, pièces de théâtre, etc.).

DANS LES ENVIRONS DE LARAGNE-MONTÉGLIN

– Nombreuses ***randos*** dans le secteur, à pied ou à vélo, et pour les retrouver, une appli bien pratique à télécharger : *Rando Sisteron Buëch.*

– ***Bamboul'âne :*** *La cabane du Gourjas, 05300* ***Éourres.*** *06-61-00-49-71. • bamboulane.com • À 25 km au sud-ouest de Laragne. Ouv avr-oct. Compter 40 € la loc d'un âne pour la ½ journée et 50 €/j.* Aux confins de 3 départements provençaux, de bien sympathiques randos libres avec un âne de bât, d'une demi-journée à 7 jours en gîte ou bivouac, à travers la région, pour toute la famille.
Petit camping à la ferme et location de bunga-yourte (mi-bungalow, mi-yourte) et de carabane (mi-caravane, mi-cabane en bois).

– Les cavaliers, en herbe comme confirmés, pourront grimper à cheval ou à poney pour 1h ou 1 journée ou encore partir en randos itinérantes avec le ***centre équestre Equiterra*** *(Le Relais du Terrail, 471, route de Laragne, 05300* ***Ventavon.*** *06-32-64-92-43. • equiterra05.com •).*

Les villages provençaux : autour de Laragne, une série de villages au charme fou tout en hauteur, en surplomb de la vallée. Tel ***Upaix,*** discret, avec sa vieille église, sa place de village restaurée et ses façades de maisons aux couleurs ocre et rosé. ***Ventavon*** et son café-restaurant *(l'Auberge du Prieuré)* avec vue sur la vallée. Plus au sud, ***Ribiers,*** d'où l'on apercevra, en remontant sur Laragne le long du Buëch, les restes du château de Mison, ancienne place féodale... À Ribiers, en été, plan d'eau avec baignade surveillée et aire de jeux pour les enfants. Perché sur un plateau qui domine la vallée du Buëch, ***Lagrand*** offre un superbe panorama. Belles ruelles en calades et église du XIIe s.

Circuit à faire en voiture ou à vélo autour de Laragne *(environ 60 km)* **:** quelques côtes assez sérieuses, avec notamment le passage du *col Saint-Jean,* mais agréables comme tout, avec de jolis paysages, des sites à ne pas manquer tout du long.
De Laragne, prendre la direction Montbrun (D 942) jusqu'à ***Antonaves,*** village perché à l'allure toute provençale. À l'entrée du bourg, un curieux christ bleu, squelettique.
On redescend sur la D 942, direction Barret, pour longer la ***montagne de Chabre*** à votre droite et les ***gorges de la Méouge*** à votre gauche. Il est possible de monter par de petites routes jusqu'au site d'envol de Chabre au panorama époustouflant (et on pèse nos mots !)... Mais dans ce cas, compter 12 km en plus – ça grimpe dur. D'en haut, on observe, autour d'une table d'orientation, à la fois la barre des Écrins, la Meije, le Dévoluy au nord, les Alpes-de-Haute-Provence au sud, le mont Ventoux et, par la même occasion, les fondus du vol libre, en parapente ou deltaplane, virevoltant dans le ciel ! De retour près des gorges, savourer, le temps d'une baignade, la fraîcheur ambiante et la beauté cristalline de l'eau de ces piscines naturelles *(attention, de mi-juil à mi-août, stationnement interdit dans les gorges ; pour s'y baigner, il faut soit randonner, soit s'y rendre en navette au départ de Barret-sur-Méouge ou Châteauneuf-de-Chabre ; 5 €/adulte, 12 € le billet familial).* En provençal, *meougio* signifie d'ailleurs « eau couleur de miel ». Beaucoup de monde en été.
Reprendre la route vers Montbrun : on rencontre des champs de lavande, puis on entre dans la Drôme avant de trouver, sur la droite, la route du ***col Saint-Jean :*** parcours verdoyant, belles échappées sur le pays du Buëch.

Le plan d'eau du Riou : *à* ***Garde-Colombe*** *(anciennement Eyguians-Saint-Genis), à 9 km au nord-ouest de Laragne.* Un bel endroit où se rafraîchir et buller en famille. Baignade surveillée en juillet-août *(tlj 13h-19h).*

ORPIERRE

(05700) 340 hab. *Carte Hautes-Alpes, A4*

C'est l'un des spots d'escalade les plus importants d'Europe (centre UCPA réputé). C'est aussi un charmant village, avec ses ruelles (communément appelées ici les *drailles*) et escaliers très étroits qui ne se parcourent qu'à pied. Le bourg est surplombé par le *Quiquillon,* nom marrant d'un rocher dont Rabelais avait fait un gravier. Gargantua l'aurait extrait de sa chaussure et jeté là. Du haut de ce rocher, au bon vieux temps, les condamnés à mort étaient précipités. Sympa !

Adresse utile

Maison de la Grimpe – Office de tourisme : *7, pl. des Aires. ☎ 04-92-66-30-45. • sisteron-buech.fr • Juil-aout, tlj sauf dim ap-m ; mars-juin et sept-oct, fermé dim-lun ; nov-fév, fermé w-e.* Vente de topoguides d'escalade et d'une chasse au trésor en famille à faire au cœur du village. C'est aussi une belle boutique de produits locaux et artisanaux, où l'on trouve notamment les savons des ***Paysans Savonniers*** *(• paysanssavonniers.fr •)* élaborés à base d'huile d'olives locales et de plantes cueillies ou récoltées dans le secteur d'Orpierre.

Où dormir ? Où manger dans les environs ?

Campings

Camping Les Catoyes : Les Catoyes, 05700 ***Orpierre-Sainte-Colombe.*** *☎ 04-92-46-64-90. 06-15-40-59-56. • contact@camping-lescatoyes.com • camping-lescatoyes.com • Ouv de mi-mars à mi-nov. Empl 2 pers 16,20 € ; loc caravanes (2-4 pers) et mobile homes (4-6 pers). 30 empl.* À l'entrée du hameau des Bégües, encadré de montagnes, dans un vaste pré planté d'arbres, un beau camping à la cool, à l'atmosphère paisible et conviviale. Dans une grange en vieilles pierres, sympathique bar avec concerts le lundi soir en saison (tout le monde est le bienvenu), vente de produits régionaux, de fruits et légumes. Mur d'escalade intérieur. Petit snack et cuisine à disposition. Vraiment un bel endroit.

Camping des Princes d'Orange : 05700 ***Orpierre.*** *☎ 04-66-60-07-00. • princes-orange@koawa.com • camping-orpierre.fr • Ouv avr-oct. Empl 2 pers 16-30 € ; locatifs (4-6 pers). 100 empl.* Lové dans un superbe environnement forestier, au calme, un camping de très bon confort, étagé sur les hauteurs et avec vue sur le vieux village. Une centaine d'emplacements ; ceux situés sur les terrasses supérieures sont plus calmes et bénéficient d'une plus belle vue. Propose plusieurs hébergements originaux : lodge sur pilotis avec jacuzzi, mobile home pop art, chalet grand luxe avec spa. Site d'escalade pour les amateurs. Aire de jeux pour enfants. Nombreuses animations. Snack-bar, piscine.

Prix moyens

Le Céans : 1721, route des Princes-d'Orange, Les Bégües, 05700 ***Sainte-Colombe.*** *☎ 04-92-66-24-22. • le.ceans@gmail.com • hotel-ceans.fr • À 5 km d'Orpierre. Ouv de mi-mars à oct. Resto tlj sauf mer hors saison. Doubles 68-86 € ; minisuites et maisonnettes également. Menus 14-32 €. Parking (gratuit). Café offert sur présentation de ce guide.* Familial et convivial, *Le Céans* porte le nom de la petite rivière qui coule en contrebas de ce grand établissement à l'agencement un rien biscornu. Si, côté chambres, la déco peut sembler un peu datée, l'ensemble demeure bien tenu et de bon confort. Quant au beau jardin à l'arrière et la grande piscine, en été, on les bénit ! Côté resto, une terrasse, une belle carte des vins et une cuisine régionale (plats au miel et à la lavande) de bon aloi.

Gîtes et chambre d'hôtes Le Moulin d'Orpierre : 1360, route des Princes-d'Orange, 05700 ***Orpierre.*** *☎ 04-92-66-23-39. • lemoulinorpierre@orange.fr • gites-lemoulin.com • À 1,5 km d'Orpierre, direction Garde-Colombe, en contrebas de la route. Ouv de mi-mars à mi-nov. Double 66 € ; tarif fortement dégressif à partir de 3 nuits ; également 3 gîtes. Table d'hôtes 20 €.* Un bel ensemble de maisonnettes qui dévalent la légère pente avec, autour, le jardin, puis les champs. En contrebas de la maison des accueillants propriétaires producteurs de lavande, une chambre d'hôte avec entrée indépendante ; sobre, fraîche, confortable. Les autres maisonnettes abritent 3 beaux gîtes, dont 2 modulables pouvant être transformés en gîtes de groupe louables à la semaine mais aussi pour des séjours de plus courte durée. Idéal pour les familles ou les groupes de grimpeurs. Et pour chacun, de jolis terrasses ou espaces tranquilles pour profiter pleinement d'un environnement de choix.

Achats

Into The Cliff : quartier des Écoles, à ***Orpierre.*** *06-89-90-83-94. • intothecliff.com • À l'entrée du village, au bord de la route principale.*

Une boutique de souvenirs on ne peut plus locaux puisque l'atelier se trouve sur place : tee-shirts malins « à composer » (on choisit le modèle, la couleur et le motif imaginé par madame qui est graphiste), sacs, bijoux, tasses et on en passe.

À faire

Via ferrata de Paturle : *à 15 mn à pied du village.* 2 parcours GRATUITS (et à l'ombre !) avec vue sur les fameuses falaises et le village. L'un plus familial (taille minimum 1,40 m), l'autre plus sportif. Quoi qu'il en soit, il faut être équipé. Et si vous n'avez aucune expérience en la matière et souhaitez partir accompagné ou louer du matériel, direction la Maison de la Grimpe (voir plus haut « Adresse utile ») : vous y trouverez toutes les infos pour vous adonner à cette pratique dans de bonnes conditions.

ROSANS

(05150) 470 hab. *Carte Hautes-Alpes, A4*

Aux confins du département des Hautes-Alpes, à la limite de la Drôme, Rosans veille sur sa vallée depuis plus de 1 000 ans. Son nom viendrait tout simplement de la rose, fleur chérie d'un des chefs des Sarrasins qui occupèrent la région pendant 500 ans et qui, en son honneur, aurait ainsi nommé la petite cité. Le vieux bourg se concentre autour de la *tour Carrée* romane (donjon du XIIIe s) ; beau point de vue depuis la terrasse sur le Rosanais. Dans ce petit périmètre du vieux bourg, on s'arrêtera aussi devant la *résidence seigneuriale,* édifiée au XVe s et dotée d'un superbe portail Renaissance, et le *château de Lesdiguières* (XVe s remanié), aux fenêtres à meneaux et à croisillons, ouvrant sur la place Haute. Belles maisons grises aux pierres apparentes. On relèvera aussi que Rosans fut l'une des rares communes volontaires, en 1962, pour accueillir une communauté harkie au lendemain de la guerre d'Algérie.

Adresses utiles

Office de tourisme : *2, rue Aristide-Briand. ☎ 04-92-66-66-66. • sisteron-buech.fr • Tte l'année : juil-août, tlj sauf dim ; hors saison, mar-sam.* Boutique de produits et d'artisanat locaux et vente d'une chasse au trésor pour découvrir le village en famille.

Maison de producteurs Les Paysans du Coing : *34, chemin de Pigerolles. Avr-oct, mar-ven 15h30-19h30, sam 9h-13h, 15h30-19h30 ; nov-mars, mar-sam 15h-19h.* Petite boutique discrète en léger retrait de la route commercialisant les produits d'une dizaine d'exploitations des alentours.

Où dormir dans le secteur ?

Gîte de Praboyer : *Pra-Boyer, 05150* ***Montmorin.*** *☎ 04-92-66-03-37. • claire.girard@gitedepraboyer.com • gitedepraboyer.com • À env 22 km au nord-est de Rosans. Ouv tte l'année. Nuitée 28 €, petit déj inclus. ½ pens 51 €/pers. Repas possible sur résa pour les non-résidents ; menu unique 26 €. CB refusées.* Gîte aménagé dans une vénérable demeure du XVIIe s, au milieu d'un cadre superbe, isolé, en pleine nature. Déconnexion garantie ! Chambres pour 3 à 7 personnes. Claire propose régulièrement des initiations à la cuisine sauvage, des balades en pleine nature pour reconnaître et cueillir des plantes qui agrémenteront les plats partagés le soir autour de la table d'hôtes. Elle a même écrit un bouquin sur le sujet ! Pour les adeptes de rando, les GR 91 et GR 94 passent à côté. Une adresse authentique, écoresponsable et revigorante !

DANS LES ENVIRONS DE ROSANS

L'observatoire astronomique des Baronnies provençales : *Le Mas des Grès, 05150* ***Moydans.*** *06-86-00-21-41. • obs-bp.net • À 5 km à l'est de Rosans. Ouv tte l'année. Tarifs : à partir de 20 €/pers.* Nombreuses animations, conférences, stages, observation des étoiles pour amateurs et confirmés. Possibilité de dormir sur place en gîte ou chambres d'hôtes (réservation obligatoire, à l'avance !). Programme complet sur leur site web.

Les ruines du prieuré de Saint-André-de-Rosans : *dans le village du même nom. ☎ 04-92-66-66-66 (office de tourisme de Rosans). À 6 km au sud-est de Rosans. Juil-août, visites guidées mar-sam à 16h30 et 17h30 ; hors saison, visite sur rdv au ☎ 04-92-66-63-69. Départ devant la mairie. Tarif : 5 € ; gratuit moins de 18 ans.*
Il ne reste plus grand-chose du prieuré clunisien, bel édifice roman construit en 988. Mais le village est mignon, et les ruines ont le charme indéniable des ruines, c'est déjà ça. Une association organise des visites guidées du village, de l'église, du réfectoire, des communs et, surtout, du joyau du site : les superbes mosaïques tricolores du XIIe s, aujourd'hui restaurées.
Dans les environs, belle balade jusqu'au mont Risou (compter 1h de montée), qui offre un joli panorama. Sur le plateau de Serre d'Autruy, curieuses boules de grès appelées « œufs de dinosaure ».

Le col de Pommerol-La Fromagère : *à 8 km au nord de Rosans.* La route étroite du col traverse des monts verdoyants. À mi-parcours, après le col, on est dans la Drôme.

Le val d'Oule : *à env 20 km à l'est de Rosans par la D 26.* Méconnu, ce val d'Oule ravira les amateurs de paysages encore naturels, authentiques, peu construits, où quelques villages modestes et calmes apparaissent entre vergers, bois et pâturages. Parmi ceux-ci, ***Montmorin,*** berceau de la famille de Jean Moulin. Église et château des XVe et XVIe s.

ValdiNoix : *Bruis, 05150* ***Valdoule.*** *07-70-10-60-03. • valdinoix.fr •* Un producteur de noix et ses dérivés (huile, farine...) dont les produits peuvent être achetés à l'exploitation (appeler avant) ou dans les offices de tourisme du secteur.

SERRES

(05700) 1 270 hab. *Carte Hautes-Alpes, A3*

La silhouette pointue de la *Pignolette* (un rocher haut d'une centaine de mètres) domine le village médiéval de Serres, en bordure du Buëch. Serres est un carrefour routier que l'on a trop souvent tendance à traverser, sans s'arrêter. Dommage ! Car la promenade est agréable dans cette « Petite cité de caractère », à 660 m d'altitude, avec ses ruelles pentues, ses passages couverts (les *voûtes*) ou

creusés sous les maisons (les *soustets*), ses bâtisses plusieurs fois centenaires (certaines curieusement ventrues) et sa belle église du XIIe s.

UN PEU D'HISTOIRE

Une ancienne place forte

Vrai verrou géologique sur le reste de la vallée, puis ***castrum dès le Xe s,*** Serres est ensuite un poste de garnison fortifié. La forteresse, aux remparts et donjon édifiés aux XIIIe-XVe s, se dressait juste en dessous de la Pignolette ; Il en reste un vestige, un angle de muraille... Ce sont les guerres de Religion qui eurent raison de cette vieille place forte. Après le saccage du village par un chef protestant, le duc de Lesdiguières achète la seigneurie en 1576. Serres devient alors un véritable ***quartier général des forces calvinistes,*** et le port d'attache de Lesdiguières entre 2 expéditions dans le Dauphiné. Lesdiguières servira ensuite la Couronne, évitant bien des ravages à la région. Mais les guerres de Religion reprennent sous Louis XIII, et Richelieu, par une ordonnance de 1633, fait raser la citadelle : de ce jour, Serres a perdu ses remparts et de nombreux soldats.

Les juifs de serres

Si les militaires ont longtemps occupé Serres, la communauté juive s'y est également installée de bonne heure. Venue tout au long du XIVe s, elle joua un rôle important dans l'économie locale ; les livres de comptes de la châtellenie en témoignent, où ont été consignées les quantités de cire et de poivre versées au titre de l'impôt que les juifs devaient acquitter. Quand, en ***1345,*** fut ordonnée l'***expulsion des juifs,*** la communauté serroise put éviter ces 1res persécutions, mais un malheur plus grand l'attendait : en 1348, une épidémie de peste noire ravagea la région. Accusés d'avoir empoisonné les puits et les fontaines, tous les juifs furent mis à mort.
En souvenir de cette tragédie, aujourd'hui encore on se recueille sur le ***tombeau du Juif,*** situé au-dessus du village, sous le rocher Pointu. Sur la dalle, cette inscription en hébreu : « Rabbi Joseph, fils de Nathan, d'heureuse mémoire. » Et dessous, 22 dents saines ont été trouvées, attribuées à un homme d'une quarantaine d'années : Rabbi Joseph sans doute... Quant au cimetière juif, qui dut exister, il n'a jamais été localisé.

L'aventure d'Alexandre Corréard

Alexandre Corréard (1788-1857), natif de Serres, est entré dans l'histoire (de l'art en tout cas) par une effroyable aventure. Jeune géographe envoyé en mission au Cap-Vert, il embarque le 18 juin 1816 sur un certain bateau nommé... *La Méduse.* La suite, vous la connaissez certainement. Il raconte son aventure, la publie, et son ami Géricault, le peintre, l'immortalise avec le fameux ***Radeau de la Méduse.*** Surpris ? Eh bien, tâchez la prochaine fois que vous vous pâmerez devant ce chef-d'œuvre de la peinture française – et mondiale – d'avoir une pensée pour Alexandre Corréard, l'illustre Serrois.

LES COPAINS D'ABORD

La Méduse, *navire au bord duquel se trouvait Alexandre Corréard, échoue au large de la Mauritanie le 2 juillet 1816. Les 151 naufragés s'entassent alors sur un radeau de 20 m de long et 7 m de large, et dérivent pendant 15 jours... Un vrai cauchemar : faim, soif, mutinerie, folie collective, anthropophagie, c'est l'enfer ! Quand le radeau est enfin secouru, on ne compte que 15 rescapés, dont 6 mourront quand même. Alexandre (c'est celui qui est représenté le bras tendu sur le tableau) fait partie des 9 survivants.*

Adresse et infos utiles

Office de tourisme : *pl. du Lac. ☎ 04-92-67-00-67. • sisteron-buech.fr • En été, tlj sauf dim ap-m 9h-12h30, 13h30-18h30 ; hors saison, fermé sam ap-m, dim et lun mat.* Belle boutique de produits et artisanat locaux et vente d'une chasse au trésor à faire en famille dans le village.

Bus : *• zou.mareglonsud.fr •* Bus pour Veynes, Gap, Rosans, Laragne-Montéglin, Sisteron (correspondance pour Aix-Marseille), Grenoble et Digne.

– **Marchés :** *sam mat tte l'année. Juil-août, pot d'accueil lun 17h-19h30 dans une ambiance conviviale et musicale avec petit marché de producteurs locaux.*

– **Foires :** dans le Buëch, il existe une grande tradition de foires dont certaines perdurent depuis des siècles. La foire aux dindes a lieu tous les ans depuis 1228 (le 9 septembre) ! La foire aux béliers de Savournon remonterait à 1762. Célèbre foire aux courges de L'Épine en septembre. Renseignements auprès des offices de tourisme du Buëch.

Où dormir dans le secteur ?

Hôtel Fifi Moulin : *15, rue Varenfrain, à* ***Serres.*** *☎ 04-92-67-00-01. • hotel.fifi.moulin@orange.fr • hotelfifimoulin.fr • Congés : vac scol d'hiver. Double 83 € ; familiale et studio meublé également.* Derrière ses 3 étoiles se love un petit hôtel de village (construit en 1820) tel qu'on les aime avec sa façade rose et fleurie. Il propose des chambres de bon confort, à l'esprit contemporain. L'ensemble est tenu de façon méticuleuse. Très bon accueil.

Chambres d'hôtes Le Moulin du Paroy : *704, route de Sigottier, 05700* ***Serres.*** *• anja@lemoulinduparoy.fr • lemoulinduparoy.fr • À 1,5 km au nord de Serres. Double 90 €. Loc aussi d'un gîte.* En léger contrebas de la route. Malgré la relative proximité de la D 1075, le bel écrin de verdure qui entoure cet ancien moulin vous en cache la vue. Et le seul bruit audible est celui de l'Aiguebelle qui coule à ses pieds. 2 chambres seulement, mais de belle taille et confortables. L'une d'elles, en mezzanine, peut accueillir jusqu'à 5 personnes. Déco sobre, soignée, matériaux de qualité. Cuisine commune à disposition. Et de beaux espaces extérieurs où se prélasser, que ce soit sur la terrasse ou au bord de la piscine. Quant à l'ancien moulin à foulon, les propriétaires l'ont aussi restauré et le font visiter. Enfin, avis aux amateurs de miel : le maître des lieux est aussi apiculteur !

Maison d'hôtes Les Planious : *chez Géraldine et Emmanuel Arnoldi, 05700* ***L'Épine.*** *☎ 09-88-18-04-54. 06-49-72-43-00. • lesplanious05@gmail.com • les-planious.com • À 14 km à l'ouest de Serres. Ouv avr-oct. Double 70 € ; familiale à prix intéressant. Table d'hôtes 22 €.* Géraldine et Emmanuel vous accueillent dans leur « écogîte » en pleine nature, au creux d'un vallon, cerné par de douces montagnes. Chambres confortables, spacieuses, colorées et agréables, avec terrasse ombragée donnant sur le verger. Salon de repos avec cheminée et salle à manger (avec cuisine à dispo) bien chaleureux. À l'extérieur, piscine pour les lézards, ping-pong, randos ou VTT pour les plus actifs... Excellent accueil.

La Ferme de la Montagne – De la toison à la pelote : *La Montagne, 05700* ***Sigottier.*** *☎ 04-92-67-12-06. • lafermedelamontagne.com •* Se reporter plus bas dans la rubrique « À voir. À faire ».

Où manger dans le coin ?
Où acheter de quoi se restaurer ?

Le Cabanon : *aérodrome La Garenne, 05700* ***La Bâtie-Montsaléon.*** *06-68-12-28-83. • lecabanon.lison@gmail.com • Ouv de mi-mars à nov : tlj* *sauf dim-lun et ven midi. Formules déj 9,50-18 € ; soir 20-24 €. Résa conseillée.* Un lieu étonnant que ce cabanon au milieu des planeurs ! Dans son p'tit resto, chaque jour, Lison concocte des plats de saison différents selon les produits disponibles chez les producteurs des alentours. C'est tout frais, c'est tout bon et l'ambiance très bon enfant. Et le vendredi soir, à la belle saison, c'est dîner-concert !

Le Casot Paysan : *52, D 21, 05700* ***Le Bersac.*** *Ouv 24h/24, tte l'année.* Cette longue bâtisse de pierre, avec tout un lot de compartiments réfrigérés, abrite un distributeur de fruits et légumes, viande, charcuterie, produits laitiers et petits plats préparés. Le tout produit localement ou à proximité et réapprovisionné plusieurs fois par jour. Autant vous dire qu'à l'heure de la sieste le dimanche après-midi ou le lundi, ce type d'endroit se révèle précieux !

Achats

Le Hang'Art : *route de Grenoble. ☎ 04-92-21-43-30. • lehangartdeserres.fr • Juin-sept, lun-sam 10h-19h ; le reste de l'année, mar-sam 10h-18h.* Dans un virage, à la sortie de Serres en direction de Grenoble, un lieu associatif qui fait à la fois café (avec parfois des concerts) et espace expo-vente dédié aux artisans d'art des environs. Et il s'en crée de belles choses dans le secteur, qu'il s'agisse du travail de la laine feutrée, du mobilier en bois, des vêtements ou des bijoux (on avoue un véritable coup de cœur pour ceux de *Nénette origami*, tout en délicatesse et couleurs chatoyantes).

Le Taillandier : *24, rue Varanfrain. 06-63-27-86-30. Lun-sam 9h-12h ou sur rdv.* La porte poussée, on pénètre directement dans un salon-atelier-boutique pas banal puisque l'on y fabrique des guitares électriques en bois. Plus communs, mais de belle facture eux aussi : les couteaux.

À voir. À faire

Le village : *demander à l'office de tourisme la carte qui retrace l'histoire du village du Moyen Âge à nos jours.* Les courageux monteront jusqu'au *tombeau du Juif* (voir, plus haut, « Les juifs de Serres ») en empruntant le *sentier des Moines* (balade en boucle de 2h15-2h30 environ) autour du village (400 m de dénivelée positive). Le long du sentier, on passe devant le cimetière d'une famille noble du XIXe s, envahi par les herbes folles. Juste au-dessus se dresse la chapelle de Bon Secours (1730). Table d'orientation pour se repérer. D'en haut, où l'on croise parfois quelques chamois sur la Pignolette, beau point de vue sur tout le Buëch.

L'Estanco, musée de la Moto et de l'Auto : *34, rue du Chemin-Vert. 06-81-46-10-41. • auto-moto-museelestanco.jimdo.com • Ouv sur rdv. Participation libre.* Très intéressant petit musée privé où Michel Mouttet a rassemblé toutes ses acquisitions coups de cœur. Il suffit de téléphoner pour aller découvrir une rare Terrot à arbres à « cames en tête », une exceptionnelle MGC de 1934, une précieuse Styl'Son de 1929, ainsi que d'autres motos populaires et les *Vélosolex.* À voir aussi, une voiture de course Amilcar (1926), une Citroën AC4 (1930), une camionnette de pompiers Citroën (1941) et une insolite Charles Mochet (1949), ainsi que de nombreuses plaques publicitaires émaillées et nombre d'objets liés à l'histoire de l'automobile.

La Ferme de la Montagne – De la toison à la pelote : *La Montagne, 05700* ***Sigottier.*** *☎ 04-92-67-12-06. • lafermedelamontagne.com • À 8 km au nord-ouest de Serres. Visite guidée pdt vac scol mar et ven à 10h ; le reste de l'année, sur rdv. Adulte : 6 € ; enfant : gratuit. Boutique : le mieux est d'appeler avt ou de tenter sa chance (l'atelier étant juste au-dessus, normalement on vous entend arriver).* Dans un cadre somptueux, on élève ici chèvre angora et cachemire, puis on fait tout « de la toison à la pelote ». Lors des visites de la ferme pédagogique, on découvre la partie élevage (avec aussi des lapins angora et un alpaga), puis le travail de la laine. Pour les produits finis (pelotes mais aussi pulls, bonnets, gants, etc.), il suffit de se rendre à la petite boutique située sous l'atelier ! Difficile de faire circuit plus court. *Loue également une jolie chambre d'hôtes (double 85 €), 2 gîtes (pour 7 pers chacun) et fait table d'hôtes.*

Manifestation

– ***Serres Lez'arts :*** *3e w-e de sept.* ● *serreslezarts.wixsite.com/accueil* ● Une bonne vingtaine d'artistes exposent en divers lieux du vieux village, notamment chez des particuliers. Sympathique parcours libre pour découvrir l'art contemporain.

DANS LES ENVIRONS DE SERRES

Randonnées pédestres, équestres et circuits cyclistes : nombreuses possibilités dans le coin (tous niveaux). Les adeptes de VTT seront comblés : les environs de Serres comptent plus de 1 000 km de sentiers balisés ! *Appli* Rando Sisteron Buëch *à télécharger ou dépliants et carte IGN détaillée (réf. : 3338 OT) disponibles auprès des offices de tourisme.*

Balade rapide depuis Serres : prendre la direction La Piarre par la D 27 à la sortie de Serres pour découvrir une route au calme, par Sigottier, loin des voitures, ni trop facile ni trop difficile à vélo, et au panorama superbe.

– ***Le domaine de Germanette*** *(base de loisirs)* ***:*** *route de Sisteron. ☎ 04-92-67-03-77. À env 3 km de Serres ; prendre la route de Laragne, puis fléché. Juil-août, tlj 10h30-18h. Entrée : 3,50 € (juil-août) ; gratuit moins de 6 ans.* Face à la montagne, ce plan d'eau a le mérite d'être bien conçu, aussi bien pour les baigneurs que pour les pêcheurs. Animations sportives *(mar-ven ; gratuit),* locations de bateaux à pédales, canoës, paddles et jeux d'eau pour les enfants. Possibilité de restauration *(juin-oct).*

ASPRES-SUR-BUËCH

(05140) 830 hab. *Carte Hautes-Alpes, A3*

Entre Grenoble et Sisteron, à 4 km de la D 994 qui file bien (route de Gap), Aspres est aussi au départ de la route du col de Cabre. Derrière commence la Drôme. Un carrefour très emprunté, donc. Le village, construit en forme d'escargot, présente un certain charme (ruelles, cadrans solaires, vieilles bâtisses). Dans le parc municipal, juste derrière l'office de tourisme, 2 magnifiques séquoias centenaires méritent le coup d'œil.

Adresses utiles

Office de tourisme : *☎ 04-92-58-68-88.* ● *sources-du-buech.com* ● *En été, tlj sauf dim ap-m ; le reste de l'année, lun-ven, le mat seulement, plus sam mat en juin et sept.*

Gare : *pl. de la Gare.* Trains quotidiens directs pour Grenoble et Gap.

Où dormir ? Où manger dans le coin ?

Camping et chambres d'hôtes La Source : *2, chemin de la Source, 05140* ***Saint-Pierre-d'Argençon.*** *☎ 04-92-58-67-81. • info@lasource-hautesalpes.com • lasource-hautesalpes.com • À env 6,5 km à l'ouest du village, direction Valence. Ouv avr-oct pour le camping ; tte l'année pour les chambres d'hôtes. Table d'hôtes ts les soirs (résa obligatoire) env 26 € ; table ouverte à tous sur résa en juil-août (menu unique). En camping, empl 2 pers 9-18 € ; loc tente aménagée 2 pers ; doubles 58-93 €.* À la lisière d'un petit bois où l'on peut parfois entendre la hulotte, cette maison ne fait pas de bruit. Quelques chambres simples, bien décorées et agréables ; 2 d'entre elles (les moins chères), dotées d'un simple lavabo, se partagent une salle de bains au rez-de-chaussée. À l'écart, sous les frondaisons, de magnifiques emplacements pour planter sa tente sur un terrain méticuleusement entretenu et quelques tentes aménagées. Excellent accueil.

Auberge de la Tour : *05140* ***Saint-Pierre-d'Argençon.*** *☎ 04-92-58-71-08. • scopaubergedelatour@gmail.com • scopaubergedelatour.fr • À env 5 km à l'ouest d'Aspres-sur-Buëch. Juil-août, ouv le soir lun, mar et jeu-sam, plus sam midi ; hors vac scol, ouv le soir mar et ven-sam. Fermé nov-janv. Résa conseillée. Repas ou menus 17-35 €.* Un lieu à la fois culturel et culinaire avec à sa tête Élise et Carine, un duo féminin souriant et dynamique. Dans cette séculaire auberge communale, elles proposent une cuisine de saison joliment exécutée à base de produits locaux et de saison. Attention, selon le jour, ce n'est pas le même menu ou type de cuisine : le mardi, soirées culturelles avec concerts, spectacles, expos, théâtre jeux, etc. Le vendredi, c'est pizza et le samedi burgers et gastro (nomique, bien sûr, pas entérite !).

DANS LES ENVIRONS D'ASPRES-SUR-BUËCH

Le col de Cabre et les villages perdus du Bochaine : *par la route de Valence (D 993).* Cette route aux boucles superbes sur une trentaine de kilomètres, en pleine nature, borde une alternance de champs de blé, de lavande, de fleurs sauvages ou de forêts de pins. Idéal pour une promenade à vélo, mais attention à certaines belles côtes. 2 km après La Beaume et juste à la sortie d'un tunnel, un panneau indique : « Cadran solaire dans le rocher à gauche au-dessus de vous. » On découvre ainsi un cadran inauguré en 1807 par le préfet Ladoucette. Il est un peu trop haut perché pour qu'on puisse lire ce qui est écrit dessus, alors on vous le dit : « Ô toi qui passes dans ces lieux / Vois l'ouvrage de Ladoucette / Il me fait parler à tes yeux / Tu suis la route qu'il a faite. » Bon, c'est un quatrain, quoi.

Au niveau du col, la D 28 part sur la droite vers quelques villages typiques : ***La Haute-Beaume*** et ***Montbrand.*** À Montbrand, *Le Pain du Forest* propose du pain bio, entièrement réalisé sur place, de la culture à la transformation *(☎ 04-92-58-09-07 ; ouv tte l'année, lun et jeu seulement, 12h-18h).* Au retour, visite possible d'une *distillerie artisanale de lavande,* au hameau Les Pusteaux, juste avant d'arriver à La Faurie *(distillerie* ***Corréard*** *; ☎ 04-92-58-14-19 ou 📱 06-88-56-54-73 ; juil-août, tlj sauf sam et j. fériés, et sur résa tte l'année ; visite 3 €, réduc).* On pourra rejoindre ensuite le village de ***Saint-Julien-en-Beauchêne.*** Là, ne manquez pas de faire une halte au magasin *Les Créations du Bochaine (route de Grenoble ; ☎ 04-92-58-10-65 ; • creationsdubochaine.com • ; tlj 10h-18h),* un groupement d'agriculteurs producteurs de laine. Saint-Julien-en-Beauchêne se trouve au pied de la montagne où séjourna Jean Giono et qui déclara à son sujet : « La montagne où je suis me fait du bien : nerfs plus solides, et ressort retrouvé... » S'il le dit... Et à 2 ou 3 km de là, à la *Ferme de Baumugnes,* bons produits fermiers bio au lait cru de vache *(07-67-72-91-15 ou 06-19-99-06-27 ; sam 15h-19h tte l'année, plus ven 16h-19h juil-août).* Plus au sud, en direction d'Aspres-sur-Buëch, nombreuses activités nature aux ***gorges d'Agnielles*** : escalade, spéléologie, randonnées pédestres et VTT ainsi que 2 parcours de *via ferrata* (un facile, l'autre sportif).

VEYNES

(05400) 3 160 hab. *Carte Hautes-Alpes, B3*

À la fin des années 1950, Veynes était encore une ville de cheminots, un important dépôt de locomotives et le site d'une école professionnelle de la SNCF. Ces activités ont cessé, mais Veynes reste un carrefour ferroviaire important, garde l'amour du rail... et a donné naissance à un écomusée très pédagogique sur le sujet. D'autres activités (recherche, ateliers divers) ont pris la relève et donnent, avec les réseaux de voies ferrées, un aspect ouvrier et industrieux à la ville, physionomie bien singulière pour les Hautes-Alpes. N'hésitez pas à quitter la grande route (qui borde la ville), à laisser votre voiture et à vous aventurer dans les ruelles du petit centre qui offre divers visages. Sinon, en été, sur les hauteurs du bourg, une petite piscine municipale au cadre naturel pas banal !
La ville est par ailleurs une porte d'entrée du Dévoluy, d'où l'on descend pour s'approvisionner et pour les services.

Adresses et infos utiles

Office de tourisme : *av. du Commandant-Dumont.* ☎ *04-92-57-27-43.* • *sources-du-buech.com* • *Juil-août, lun-sam 9h-12h30, 14h-18h, dim et j. fériés 9h-12h ; hors saison, fermé jeu, sam ap-m et dim.* Propose un itinéraire de découverte de Veynes, une chasse au trésor « À la découverte de l'Astrouille rouge » dans le cœur du village, à faire toute l'année, en famille *(kit jeu 10 €),* ainsi que les « Parcours jeux » au départ de Veynes et Montmaur (des randos faciles jalonnées d'énigmes).

Gare de Veynes-Dévoluy : *pl. de la Gare.* Liaisons directes avec Marseille, Briançon, Grenoble, Valence, Paris (train de nuit) et Gap.

Bus : ☎ *04-92-50-25-05.* • *zou.maregionsud.fr* • Bus pour Gap, Serres, Laragne-Montéglin, Sisteron, Grenoble et Digne.

Location de vélos : 2 Roues et Demi, *6, bd Gambetta,* ☎ *04-92-46-73-25.* • *2rouesetdemi.com* • *Fermé dim-lun.* Immanquable sur son rond-point ! Ce loueur de vélos électriques et de VTT (électriques ou non) a la particularité d'être non seulement un atelier de réparation, mais aussi un sympathique bar. Le *2 Roues et Demi* ne fait donc pas dans la demi-mesure, mais aussi dans les rafraîchissements, volontiers issus de brasseries artisanales.

– ***Marché :*** *jeu mat.*

Où dormir à Veynes et dans les environs ?

Campings

Camping Mon Repos : *Le Candillon, 05400* ***Montmaur.*** ☎ *04-92-58-03-14.* • *info@campingmonrepos.fr* • *campingmonrepos.fr* • *À 9 km à l'est de Veynes. Ouv de mi-mai à mi-sept. Empl 2 pers 12 € ; locatifs.* Bordés par la rivière et généreusement ombragés par un beau mélange de pins, peupliers et fruitiers, 55 emplacements sur un site de 10 ha. Même au pic de la saison, on n'est pas les uns sur les autres ! Et tout est pensé pour votre confort, en toute simplicité et convivialité : blocs sanitaires en nombre suffisant et bien tenus, une cuisine et une salle collectives où se réfugier – car oui, même dans ce pays ensoleillé, il arrive au ciel de dégouliner – un endroit où ranger les vélos, une petite épicerie bien achalandée en produits locaux, le bar, des locatifs bien pensés, notamment les *Gaston,* de mini-cabanes à prix doux pouvant se louer à la nuitée. Pour ne rien gâcher, le camping se situe à l'orée d'un charmant village ! Et pour compléter ce beau tableau : l'accueil dynamique, vif et plein d'humour.

⛺ ***Le Parc des Sérigons :*** *300, chemin des Sérigons, 05400* ***La Roche-des-Arnauds.*** ☎ *04-92-57-81-77.* • *contact@camping-serigons.com* • *camping-serigons.com* • ♿ *À 13 km à l'est de Veynes. Ouv d'avr à mi-oct. Empl 2 pers 12,50-26 € ; loc chalets et tentes lodges. 130 empl.* Au pied des montagnes, en pleine nature, ce vaste camping familial sème ses grands emplacements sous un bois de sapins. Nombreux équipements et activités : piscine, boulodrome, tennis, ping-pong, volley, initiation escalade, aire de jeux, agréable bar-resto et ses animations, supérette, et même des départs de sentiers pour partir en balade. Organise en saison des activités nature (randos à cheval ou à vélo, découverte de la faune locale avec un guide...).

⛺ ***Camping Les Rives du Lac :*** *plan d'eau des Iscles, Veynes.* ☎ *04-92-57-20-90.* • *contact@camping-lac.com* • *camping-lac.com* • ♿ *À 2 km au sud de Veynes. Ouv de mai à mi-sept. Empl 2 pers 18,50-34 € ; locatifs. 133 empl.* Au bord du plan d'eau des Iscles *(baignade mai-sept),* un camping de 5 ha avec tout le nécessaire pour les vacances (y compris de beaux locatifs), idéal avec des enfants. Par contre, on y est un peu tassé en plein été et un certain nombre d'emplacements manquent encore d'ombre. Balades et randonnées accompagnées en été (à partir de 5-6 ans), observation d'animaux sauvages, aire de jeux. Location de VTT (« normaux » ou à assistance électrique). 3 piscines dont 2 couvertes, jacuzzi, aquaparc gratuit pour les enfants en été. Resto et concerts plusieurs fois par semaine aussi à la belle saison.

De prix moyens à chic

🏠 ***Gîte d'étape Le Buffet de la Gare :*** voir « Où acheter de bons produits ».

🏠 🍽 ***Chambres d'hôtes du château de Laric :*** *05400* ***Chabestan.*** ☎ *04-92-43-81-19.* 📱 *06-23-24-13-45.* • *contact@chateau-laric.com* • *chateau-laric.com* • *À 10 km au sud-ouest de Veynes. Double 100 €. Table d'hôtes 28 €.* Un autre de ces robustes châteaux aux dimensions modestes, sans rien d'ostentatoire, mais quel cachet ! 2 chambres, ou plutôt 2 suites, puisque chacune se compose de plusieurs pièces de belle taille. Des parquets qui craquent, une maison chaleureuse et avenante restée dans son jus. Sur le devant, joli jardin en terrasse. Accueil charmant et décontracté.

🏠 🍽 ***Le Château du Terrail :*** *Le Terrail, 386, route de Gap, 05400* ***Montmaur.*** ☎ *04-92-58-18-78.* 📱 *06-79-63-48-69.* • *jeanclaude.salles@yahoo.fr* • *chambres-gites-chateau-terrail.com* • *À 6 km au nord-est de Veynes, et à 800 m du village, en direction de Gap (fléché sur la droite). Doubles 85-115 € ; également 2 gîtes.* Cette ancienne maison forte transformée en petit château au XVIIe s a fière allure avec sa tour ronde et sa tour carrée crénelée. C'est aujourd'hui la demeure de Sylvie et Jean-Claude, un couple d'agriculteurs et apiculteurs. Ils proposent 4 chambres aux meubles anciens, à l'atmosphère d'autrefois, toutes avec salle de bains privative (mais certaines partagent un sanitaire). Également une chambre dans un chalet en bois, non loin du château, qui peut aussi se louer comme gîte. Petit salon commun aménagé dans la tour ronde. Tout autour, un vaste jardin aux arbres centenaires. Pour la petite histoire, Ponson du Terrail (1829-1871), le créateur de *Rocambole,* y est né : rocambolesque, non ? Propose des séances bien-être et massages. Accueil franc et sincère.

🏠 « ***La Dormance :*** *537, chemin de Haute-Corréo, 05400* ***La Roche-des-Arnauds.*** 📱 *06-81-15-05-55.* • *girard.lucile@orange.fr* • *ladormance.fr* •

Cabane 150-170 €/nuit (draps, bois, ménage compris) ; tarifs dégressifs dès la 2e nuit ; la grande maison (jusqu'à 10 pers) à partir de 200 €/nuit, 2 nuits min ; écogîtes (5-7 pers) à partir de 115 €/nuit ; 2 nuits min. Tapie en contrebas d'un hameau sur les hauteurs de La Roche-des-Arnauds, au milieu d'un magnifique plateau cerné par les montagnes de Bure, Charance et Céüze, une ancienne ferme superbement restaurée. Au centre, la grande maison, entourée de part et d'autre de ravissants écogîtes, tous très bien équipés. La pierre, le bois, les objets chinés, des couleurs à la fois chaudes et gaies : Lucile et Olivier, les hôtes qui vous accueillent si gentiment, sont de ces gens qui ont l'œil (et le coup de patte) pour transformer un logement en un nid douillet et coquet que l'on ne veut plus quitter. Et puis, perchée légèrement au-dessus, la « cabane », soit une ravissante *tiny house* et son bain nordique. Le tout ingénieusement conçu pour que chaque hébergement garde son intimité et profite au maximum de la vue (grandes fenêtres, terrasses). Une adresse que l'on quitte à regret... et où l'on revient volontiers !

Où manger à Veynes et dans les environs ?

Du pain et des envies : *85, route de Gap, 05400* ***La roche-des-Arnauds.*** *06-25-53-20-24. Tlj sauf ven et dim ap-m 7h-13h, 15h30-18h30.* Petite mise en garde : quand il n'y a plus de pain ici, on ferme ! Et ce n'est pas rare que l'après-midi, du pain il n'y en ait plus. Il faut dire que la mie d'ici, on l'apprécie ! Et pour cause, elle est de qualité et les variétés assez nombreuses. On peut aussi s'arrêter pour un bon petit café à boire sur la mini-terasse, accompagné ou non d'une bonne viennoiserie ou autre gourmandise (également quelques propositions salées).

Le P'tit Resto : *1, rue Berthelot, à* ***Veynes.*** *☎ 04-92-43-54-02. • leptitresto05@gmail.com • Ouv le midi lun-ven et ts les soirs mais sur résa. Formule déj 16-18,50 € ; carte 25-30 €.* Au cœur de Veynes. Des propositions simples, qui se tiennent, un accueil souriant, une ambiance conviviale et une terrasse plaisante, légèrement en retrait de la rue.

La Sérafine : *Les Paroirs, à* ***Veynes.*** *☎ 04-92-58-06-00. • info@restaurantserafine.com • Dans le hameau des Paroirs, à env 2,5 km de Veynes. En juil-août, ouv ts les soirs et dim midi ; hors saison, ouv le soir jeu-sam et le midi w-e. Menus 50-70 €.* Nga, jeune femme au sourire généreux, à la discrétion redoutable, maîtrise son sujet. Loin de son Vietnam natal mais fidèle à ses origines, elle invente une cuisine fusion entre influences asiatiques et françaises, un métissage bien senti des couleurs et des textures, des plats créatifs et récréatifs. Dans la chaleureuse salle aux murs de pierre de cette vieille bâtisse du XVIIe s ou au bord du jardin en été, Cédric assure le reste. Une adresse qui se démarque nettement de tout ce que l'on peut trouver dans le secteur.

Où acheter de bons produits ?

Mon Paysan Alpin : *517, av. du Commandant-Dumont. 07-78-84-46-74. Mar-sam 9h-12h30, 15h45-19h.* Le couple adorable qui tient ce magasin a lui-même une ferme. En plus de leurs propres produits, ils vendent ceux d'une sélection de maraîchers, fromagers, éleveurs, paysans-boulangers, apiculteurs des environs et du département voisin. Une boutique pas très grande, mais qui en a dans le cageot et les frigos ! Mention spéciale, mais très arbitraire, pour les yaourts de brebis de la ferme des Chanterelles dans le Dévoluy, les fromages de chèvre de la ferme de Montjay et les miels du rucher du Loup. Idéal pour le panier pique-nique... ou les menus de la semaine !

Le Buffet de la Gare : *La Gare, av. Pierre Semard. 06-56-69-63-30.*

• courtcircuitbuech@gmail.com • court-circuit-05.com • Mer-ven 9h-12h45, 14h-18h30, sam 9h-18h. Fermé dim-mar. Lit 21-26 €. L'ancien hôtel de la gare de Veynes transformé en un sympathique tiers-lieu faisant à la fois recyclerie, café, épicerie où l'on trouve une belle sélection de produits en circuits courts. Et puis, comme si cela ne suffisait pas, on y loue aussi 4 chambres (2 dortoirs de 4-5 lits, une simple et une double), avec salle de bains et cuisine à partager. C'est tout simple, mais propre.

Vino Melody : *12, pl. de la République. 06-71-20-97-76. Fermé dim-lun, jeu ap-m et sam mat.* L'échoppe est minuscule, mais les échanges sont riches et les produits choisis avec soin. Point de grands domaines ici, mais des petits producteurs, en circuit court et bios ou naturels de préférence.

À voir

L'écomusée du Cheminot veynois : *3, rue du Jeu-de-Paume (dans la Maison des communes, bâtiment du XVIIIe s). ☎ 04-92-58-98-32. • ecomusee-cheminot.com • (topo pour les non-voyants et malvoyants). Pdt vac scol et juin-sept, mer-sam 14h-18h. Entrée : 4 € ; réduc.*
Dans ce musée didactique, on découvre les « 100 métiers des cheminots », l'univers du train à Veynes et son importance dans l'économie de la ville. Maquettes, films d'archives, reconstitutions, belle collection de lampes (à huile, au carbure), etc. Reconstitution d'un guichet de 1900 et d'un quai de la gare de Chabestan. Intéressant et émouvant
Pour la petite histoire, l'enfant du pays s'appelle Adrien Ruelle (1815-1881) et a participé à l'expansion de Veynes. Cadre de la Compagnie du PLM (un des ancêtres de la SNCF), cet ingénieur des Ponts et Chaussées, décoré de la Légion d'honneur à 28 ans, est en fait celui qui a favorisé le développement de la ligne ferroviaire entre Paris et les Hautes-Alpes, et choisi de faire de Veynes un nœud ferroviaire.

DANS LES ENVIRONS DE VEYNES

– ***Pour les randos dans le secteur :*** le topoguide *Les Sources du Buëch* (27 itinéraires tous niveaux) vous donnera de bonnes pistes. Parmi elles, une des plus connues du secteur (et sans réelle difficulté) : celle du ***sentier des Bans,*** au départ du joli village de Rabou, avec son impressionnant sentier creusé dans la roche.

Les villages du val d'Oze : tout de suite au sud de Veynes se trouve un petit périmètre bucolique et vallonné, appelé val d'Oze – ce nom rappelle évidemment le pays d'Oz du conte fantastique. Il faut faire la balade à vélo, c'est mieux, avec ses boucles de 20 à 40 km à tout casser. Ce val d'Oze est dominé par le *pic d'Oule* (1 607 m) et la route, buissonnière, va de village en village. Ils sont charmants, notamment ***Le Saix*** (prononcer « le sexe »), un village loin de tout, où il faut savoir prendre son temps, profiter, et qui a le mérite d'être bien fleuri. Au centre, fontaine et lavoir, et curieuse tour tronquée au cul de la petite église. Du village, possibilité de faire une balade qui vous en mettra plein la vue jusqu'au *lac Peyssier* en passant par *l'abbaye de Clausonne* (compter 3h aller-retour ; 500 m de dénivelée). En voiture, retour par ***Chabestan*** et ***Oze,*** par exemple.

Le château de Montmaur *(05400) : ☎ 04-92-53-88-41. • hautes-alpes.fr/chateau-montmaur • À 5 km au nord-est de Veynes par la route de Gap. Propriété du conseil départemental, des événements culturels y sont organisés. Juil-août, tlj sauf dim-lun 14h-18h. GRATUIT. Visites guidées en juil-août à 14h30 : 5 € ; réduc ; gratuit moins de 12 ans. Également un jeu aventure pour* *découvrir le château en famille (15 € ; durée env 1h). En été, expos, animations culturelles et concerts gratuits de qualité (résas à l'office de tourisme de Veynes).*

Bien conservé, le château de Montmaur, flanqué de 2 tours rondes, l'une raccourcie et l'autre à chapeau pointu, est une belle maison forte du XIVe s, modifiée surtout à la Renaissance (tours rondes en place d'échauguettes, fenêtres à meneaux, toit en pente).

Jean Giono y passa des vacances. Après avoir été une pension végétarienne au début du XXe s, le dernier grand rôle du château fut d'accueillir la Résistance lors de la Seconde Guerre mondiale. Antoine Mauduit y organisa le réseau « La Chaîne » à partir de 1942 en créant un centre de repos pour les prisonniers libérés ou évadés. Arrêté en 1944, il mourut d'épuisement à son retour des camps. Il est d'ailleurs enterré dans la jolie petite chapelle Sainte-Philomène que l'on peut apercevoir dans un champ voisin. François Mitterrand, membre de ce réseau, dira plus tard de lui : « Je n'ai pas rencontré, dans ma vie, 5 personnes d'un tel rayonnement ! »

SCEAU DANS LE TEMPS

Le château de Montmaur a d'abord appartenu à une lignée de chevaliers, dont Raymond de Montauban, proche de Saint Louis et qui trouva la mort en Tunisie pendant la 8e croisade. Or, 600 ans plus tard, un officier français récupéra une amulette suspendue au poitrail du cheval d'un chef arabe qu'il venait de tuer. Il s'agissait du sceau des Montauban, que le chevalier Raymond avait emporté avec lui aux croisades !

Le Patio Gourmand : *dans la cour. 06-67-01-91-91. Ouv juil-sept seulement, mar-sam 12h-22h, dim 12h-15h. Repas env 25 €.* Un bien joli endroit où se poser, à l'ombre des arbres, soit pour une pause gourmande en journée, soit pour de bons plats maison et de saison à l'heure du déjeuner et du dîner.

– ***Le plan d'eau des Iscles :*** *à 3 km de Veynes, en direction de Serres. Baignade surveillée en juil-août. GRATUIT.* Bien aménagé. Embarcations à pédales, pêche, accrobranche, parcours thématique, *laser game* en forêt. Aires de pique-nique avec barbecues et des restos. Concerts certains soirs en été.

➢ ***Balades à cheval et en calèche :*** ***Les Sabots de Vénus,*** *2833, route des Baux, Les Roux, 05400* ***La Roche-des-Arnauds.*** *06-43-80-40-31 ou 06-32-83-11-64. • les-sabots-de-venus.com • À 15 km à l'est de Veynes. Ouv tte l'année.* Randos à la carte ou de 1 à plusieurs jours avec logement en gîte et repas.

LE DÉVOLUY

Carte Hautes-Alpes, A-B2-3

Porte sud-ouest des Hautes-Alpes, entre Vercors et Écrins, Le Dévoluy a des allures de forteresse, crénelée de pics élevés : le pic de Bure (2 709 m) au sud, le Grand Ferrand (2 759 m) et l'Obiou (2 790 m) à l'ouest. On y accède par le col du Festre à l'ouest, le col du Noyer à l'est et la percée de la Souloise au nord. Les paysages calcaires, grandioses par endroits, hérissés de montagnes majestueuses, la nature intacte et atypique (la flore notamment se distingue, avec quelques espèces propres au Dévoluy), ravissent les randonneurs. Quant au sous-sol, truffé de galeries calcaires (les *chourums*), il attire les spéléologues (560 cavités sur l'ensemble du massif).

Outre la multitude de randos possibles en toutes saisons, en été, nombreux sports de pleine nature, dont les 110 voies d'escalade des Gicons. C'est également un terrain de jeux idéal pour les amateurs de VTT. En hiver, Le Dévoluy offre un domaine skiable de 100 km de ski alpin, 18 km de ski de fond et 20 km de sentiers multiactivités. Il est né de la fusion de la station de *Superdévoluy,* dite « SuperD », caractérisée par une architecture années 1960, et celle de *La Joue du Loup,* station plus récente, à l'esprit plus « village ». Au sommet des pistes, on profite des paysages enneigés et de superbes panoramas sur la vallée.

Arriver – Quitter

Gare de Veynes-Le Dévoluy : ***à Veynes.*** Liaisons directes avec Grenoble, Briançon, Paris (train de nuit), Marseille et Gap.

Bus : *☎ 04-92-50-25-05. ● zou.maregionsud.fr ● Attention, sur résa seulement.* En saison, desservent les villages et stations depuis Veynes. En principe, correspondances avec les trains.

Taxis : ***Dévoluy Taxi,*** *☎ 04-92-58-80-46 ;* ***Taxi de l'Obiou,*** *📱 06-07-56-46-55 ou 06-87-10-91-69.*

Adresse et infos utiles

Office de tourisme du Dévoluy : ***Saint-Étienne-en-Dévoluy,*** *05250 Le Dévoluy. ☎ 04-92-58-91-91. ● ledevoluy.com ● En hiver et en été, tlj 9h-12h, 14h-18h ; le reste de l'année, fermé le w-e. Également une maison d'accueil à* ***Superdévoluy*** *et à* ***La Joue du Loup*** *; tlj, en saison seulement.*

– ***Marchés :*** *juil-août, ven mat à* ***Saint-Étienne-en-Dévoluy*** *; lun mat à* ***Superdévoluy*** *; mar mat à* ***La Joue du Loup.***

– ***Couleurs Dévoluy :*** il s'agit d'une association regroupant des producteurs et artisans du Dévoluy qui travaillent ensemble pour mettre en valeur leur bons et beaux produits. Vous trouverez leur dépliant dans les offices de tourisme (et leurs animations sur le Facebook de l'asso). Parmi elles, citons ***La Ferme des Garcins*** près du col du Festre *(● lafermedesgarcins.fr ●)* qui produit des farines et du pain cuit au feu de bois ; ***La Ferme des Chanterelles*** *(Le Courtil, 05250 Le Dévoluy ; ☎ 04-92-58-93-13),* elle, élève des brebis et vend en direct d'excellents yaourts, fromages et viande d'agneau ; à ***La Ferme des Couttières*** *(Agnières-en-Dévoluy, 05250 Le Dévoluy ; 📱 06-63-43-36-20),* mêmes types de produits mais à base de lait de vache. Et comme toutes les autres vallées, Le Dévoluy a vu éclore des microbrasseries (***La Bure*** et ***L'Interstellaire***).

Où dormir ? Où manger dans le coin ?

De bon marché à prix moyens

Gîte d'étape Saint-Disdier en Dévoluy : *3, rue de la Ribière,* ***Saint-Disdier,*** *05250 Le Dévoluy. 📱 06-60-69-80-85. ● gites-st-disdier@wanadoo.fr ● gite-devoluy.com ● Fermé en nov. Lit en dortoir 28 €. Menu unique (ouvert à tous, sur résa) 20 € le midi et 22 € le soir.* Installé dans le grenier de l'ancien presbytère du village, ce gîte d'étape est plutôt atypique (et bien caché !). Un seul dortoir (15 places), mais ingénieusement conçu, avec des lits superposés équipés de rideaux pour plus d'intimité. Et sinon, l'environnement verdoyant et le petit jardin se révèlent propices au farniente après les activités de la journée !

Hôtel-épicerie La Souloise : *2, impasse du Saut du Loup,* ***Saint-Étienne-en-Dévoluy,*** *05250*

Le Dévoluy. ☎ 04-92-58-82-05. • contact@lasouloise.com • lasouloise.com • Ouv tte l'année. Supérette : lun-sam 8h-12h30, 16h-19h et dim 8h-12h30. Doubles 62-72 €. Au cœur du village, une supérette et, accolé à celle-ci, un tout petit hôtel (une grosse poignée de chambres seulement). C'est sobre (murs blancs et mobilier de bois clair), mais propre et avenant. Accueil tranquille et souriant. On peut aussi y boire un café et louer des raquettes en hiver et du matériel pour les *via ferrata* en été.

Chambres d'hôtes La Tourtette : *route du Pin,* ***Saint-Étienne-en-Dévoluy,*** *05250 Le Dévoluy. ☎ 04-92-58-82-01. 07-80-08-94-14. • maryanna.tremaine@gmail.com • latourtette.chez.com • Ouv tte l'année. Double 68-80 €. Table d'hôtes 26 €.* Dominant le village face au majestueux pic de Bure, cette ancienne ferme en pierre rénovée abrite des chambres claires et confortables pour 2 à 4 personnes, avec salle de bains privée. Crépies de blanc, chaussées de parquet et tapissées de lambris au plafond, elles s'apparentent, pour les plus grandes, à de vrais petits studios avec kitchenette. Petit salon à l'étage et salle à manger au rez-de-chaussée où dîner en grandes tablées, à la chaleur du poêle. Attenant à la maison, terrain aménagé avec salon de jardin et jeux pour enfants. Bon accueil.

Restaurant L'Étincelle : *Le Village,* ***Agnières-en-Dévoluy,*** *05250 Le Dévoluy. ☎ 04-92-58-90-70. • contact@restaurant-etincelle-devoluy.fr • Ouv le midi mar-dim, le soir mar et jeu-sam. Formule déj en sem 16-19 € ; menu 30 € ; carte 25-35 €.* Du local, du fait maison, une carte relativement réduite et simple qui varie quelque peu au gré des saisons. Le tout à dévorer dans la salle aux murs champêtres ou, aux beaux jours, sur la terrasse en léger retrait de la route.

De prix moyens à plus chic

Hôtel Restaurant Spa La Neyrette : ***Saint-Disdier,*** *05250 Le Dévoluy. ☎ 04-92-58-81-17. • info@la-neyrette.com • la-neyrette.com • Au croisement des routes de Saint-Étienne-en-Dévoluy et de Veynes. Resto ouv tlj sauf lun midi en juil-août ; seulement le soir le reste de l'année, plus le midi sam et dim en intersaison. Congés : 2 sem en avr et de mi-oct à fin déc. Résa conseillée. Doubles 146-168 €, petit déj inclus. Menus déj en sem 21 €, puis 28-43 €.* Posée au creux d'un vallon perdu, entre le pic de Bure et l'Obiou... L'adresse est connue : on y vient de loin pour ses chambres impeccables (certaines ont vue sur le plan d'eau) et son resto à l'atmosphère coquette, campagnarde. Côté assiette, cuisine de région dont on se régale à coup sûr et ils ont leur propre vivier pour les truites ! Sauna, jacuzzi, bassin de nage et possibilité de soins bien-être.

Restaurant Patras : *Les Cypières,* ***Saint-Étienne-en-Dévoluy,*** *05250 Le Dévoluy. ☎ 04-92-58-82-22. • valerie.patras@wanadoo.fr • À 1,5 km de Saint-Étienne, sur la route de Superdévoluy. Tlj sauf lun (plus mar hors vac scol). Congés : de mi-avr à mi-juin et de sept à mi-déc. Carte 30-35 €.* La valeur sûre du coin, où l'on se passe le flambeau au sein de la même famille, de génération en génération, depuis 1966 ! Agréable salle aux murs bardés pour se caler avec une bonne cuisine familiale et montagnarde (fondues, raclettes, ravioles de brebis aux morilles, etc.) à base de produits frais. Sans oublier la spécialité de la maison, le *Délice du Pastre,* un cœur de gigot d'agneau au thym accompagné de gratin de pommes de terre et de fromage de brebis du Dévoluy. Accueil des plus sympathique.

À **Superdévoluy,** plusieurs ***résidences de tourisme*** dans des immeubles sombres et longs qui constituent d'ailleurs l'essentiel de la station, ou presque. Quelques résidences de petits chalets en bois également. ***La Joue du Loup*** a une architecture plus « élégante », et on y trouve surtout des ***ensembles résidentiels privés,*** loués aussi à la semaine *(service de résa à l'office de tourisme : ☎ 04-92-58-91-91).*

À voir. À faire

La Mère-Église : *env 1 km avt Saint-Disdier en venant de Saint-Étienne-en-Dévoluy (fléchée sur la droite ; on la voit qui domine le village de son perchoir). Juil-août, possibilité de visite guidée gratuite (mar, mer et ven à 15h) ou visite libre (mer 14h-17h30) ; rens à l'office de tourisme.* Curieuse et vénérable église romane du XIe s pour la nef (clocher tout en pierre, XVe s), perchée à flanc de montagne. C'est l'une des plus anciennes des Hautes-Alpes (après l'abbaye de Boscodon, à l'autre bout du département), d'où son nom. Complètement isolée, on ne peut que la trouver belle. Concerts en été (tous les jeudis), donnés dans ce décor grandiose !

Le défilé de la Souloise : *à la sortie nord de Saint-Disdier (en allant vers l'Isère).* La D 537 longe la Souloise, qui a formé ici un canyon profond d'une quarantaine de mètres. Parking et point de vue.

Un peu plus loin, juste après être entré dans l'Isère, les ***sources des Gillardes*** sont indiquées sur la droite *(voir « Dans les environs de Corps » sur la partie consacrée à l'Isère).*

L'herbier du Dévoluy : *3, imp. du Lys-Martagon, route du téléphérique, 05250 Le Dévoluy. 06-82-33-47-65. • herbierdudevoluy.fr •* Luc et Tatiana sont paysans-herboristes et accompagnateurs en montagne. Outre les produits qu'ils fabriquent *(vente directe à la ferme ven 9h-19h ou sur rdv),* ils organisent des ateliers et animations, parmi lesquels, d'avril à octobre, des sorties-stages à la découverte des plantes sauvages (identification, cueillette et transformation). En hiver, ces sorties se font en raquettes !

Ferme Flouka : *Maubourg, 05250 Le Dévoluy. 06-78-86-73-75. • flouka.fr • Sur résas : visite de la ferme (8 €/adulte), immersion à la ferme avec participation à son activité (39 €/pers) ou encore rencontre des moutons en alpages (39 €/pers).* Depuis 6 générations, la famille Arnaud élève des moutons. Aujourd'hui, Sébastien et Séverine ont pris la relève. La laine des moutons mérinos est tondue sur place et filée en France.

L'observatoire NOEMA du pic de Bure : *sur le plateau de Bure (2 552 m), un peu en contrebas du pic du même nom (2 709 m). On peut y grimper à pied depuis le village de L'Enclus (compter 8h A/R ; assez difficile) ; rens à l'office de tourisme, qui vend une carte IGN (1/25 000).* L'IRAM a installé ses paraboles radioastronomiques – 12 antennes de 15 m de diamètre – pour ausculter les astres et sonder le mystère céleste. Le site a été choisi en 1979 en raison de son air sec et pur. Il ne se visite pas ; y grimper juste pour la vue époustouflante.

Le col du Noyer : *en principe, ouv de mai à mi-nov (selon l'enneigement).* L'étroite D 17 serpente et franchit l'impressionnant col du Noyer (1 664 m), très connu des cyclistes, avant de plonger en lacet sur le Champsaur. En été, il est fermé à la circulation une matinée et réservé aux cyclistes. Magnifiques points de vue ; le contraste entre les paysages dénudés du Dévoluy et la vallée bocagère du Champsaur est saisissant ! Table d'orientation et, en été, resto au sommet *(Refuge Napoléon du Col du Noyer).*

Stations de ski

Superdévoluy et La Joue du Loup : *rens au ☎ 04-92-58-82-82.* Domaine commun, 1 500-2 500 m. Une bonne vingtaine de remontées pour une centaine de kilomètres de pistes. Pour le fond, 18 km de pistes de ski de fond et 20 km de sentiers multiactivités. Garderie d'enfants dans les 2 stations. La Joue du Loup offre une architecture de petite taille et une atmosphère familiale. À Superdévoluy, au contraire, vogue le « paquebot des neiges », très long bâtiment des années 1960.

Signalons tout de même que plusieurs chalets ont poussé ces dernières années. L'ambiance y est plus jeune, plus festive. *Snowpark.*

Sports et loisirs

– Des ***randos*** bien sûr. Toutes les infos à l'office de tourisme qui vend notamment le *Topo-guide du Dévoluy*. Bien fichu, il propose 19 itinéraires de tous niveaux pour explorer la vallée.

– ***Via ferrata*** *(du défilé des Étroits)* **:** *juste avt d'arriver à* ***Saint-Étienne-en-Dévoluy,*** *en venant de Saint-Disdier. Accès indiqué depuis le bord de la route. Possibilité de loc de matériel dans les magasins de sport en station ou auprès de l'hôtel-épicerie La Souloise, à Saint-Étienne-en-Dévoluy (voir plus haut « Où dormir ? Où manger dans le coin ? »). Ouv fin avr-fin nov. En été, sorties accompagnées : rens à l'office de tourisme.* En aplomb sur le défilé de la Souloise. Environ 2h30 de grimpette, en 2 parties : une première assez facile avec échappatoire au bout (traversée des Beaumes), une seconde plus difficile (voie Vertigo). Faites la première ; si ça coince, vous sortez au milieu, et si vous vous êtes amusé, vous pouvez recommencer. Pas de marche d'approche.

– ***Via souterrata de la Tune :*** *rens auprès de l'office de tourisme (il se peut qu'il ne soit qu'en partie ouvert). Accès libre et GRATUIT. Déconseillé aux claustrophobes. Ceux qui n'ont aucune expérience des milieux souterrains partiront accompagnés d'un guide.* À mi-chemin entre via ferrata et spéléologie, unique en Europe, un itinéraire souterrain aménagé sur 300 m de long dans les trous de la Tune (pont de singe, passerelle, etc.). Compter environ 1h. Pour un remake d'Indiana Jones à la lueur des frontales et à une température moyenne de 10 °C.

– Plusieurs équipements sportifs à Superdévoluy et à La Joue du Loup (***espace VTT*** de descente avec 55 km de pistes, tous niveaux, etc.). Également un ***centre de bien-être*** *O'dycéa, Les bains du Dévoluy* à la Joue du Loup, équipé d'espace balnéo et spa *(● odycea-devoluy.com ●).* ***Centre sportif*** à Superdévoluy *(● sport.ledevoluy.com ●)* : mur d'escalade (18 m de haut), salle multisport, squash, sauna, jeux pour enfants, etc.

Festivals

– ***Festival Musique en Dévoluy :*** *de mi-juil à mi-août, jeu à 21h ; entrée : 15 €. Billetterie à l'office de tourisme ou sur le site ● musiqueendevoluy.com ●* Concerts dans l'église de Mère-Église. Programmation éclectique mais où le classique et les musiques du monde sont à l'honneur.
– ***Festival de l'image :*** *3e w-e de juil. ● festival-image-devoluy.com ●* Pendant 4 jours, la photographie de la nature est mise à l'honneur. *Masterclass,* concours photo, expo, sorties nature accompagnées, test et prêt de matériel, conférences et projections.

LE CHAMPSAUR

Au nord de Gap, la *route Napoléon* grimpe et franchit le col Bayard, et voici le Champsaur. Encadrée par le Dévoluy à l'ouest et le majestueux massif des Écrins à l'est (avec en 1re ligne le Vieux Chaillol, 3 163 m), c'est une vallée bocagère, vivante, large et fertile, un pays d'élevage et d'agriculture, profitant encore d'une douceur de climat méditerranéenne.

LES HAUTES-ALPES

Bien particulier dans le paysage haut-alpin, le Champsaur s'étend entre villages et hameaux, sur les pentes assez douces de la plaine du Drac, la rivière qui le traverse. 2 bourgs principaux : *Saint-Bonnet-en-Champsaur* et *Pont-du-Fossé.*

Affluent de l'Isère, le Drac se divise en amont, à l'entrée du Parc national des Écrins, en *Drac noir,* que la route longe jusqu'à Prapic, hameau de bout du monde, et *Drac blanc,* creusant quant à lui la vallée de Champoléon, sauvage et érodée. Paysages grandioses, majesté des pics et du monde minéral, et villages perdus caractérisent ce haut Champsaur, où les randonneurs prendront leur pied.

L'hiver, 5 stations-villages (Ancelle, Chaillol, Laye, Saint-Léger-les-Mélèzes et Serre-Eyraud) s'adressent surtout aux familles qui recherchent des vacances et du ski tranquilles. Une autre, Orcières Merlette 1850, moins intime (certes !) mais mieux équipée et plus élevée aussi, rivalise avec les grandes stations du département.

CHAMPSAUR FERTILE ET CHAMPSAURINS D'AMÉRIQUE

Ce qui caractérise avant tout le Champsaur, c'est une richesse agricole peu commune dans les Alpes, où un tel paysage bocager ne se voit pas souvent. Cette richesse explique une démographie longtemps excédentaire et, avec plus de 15 000 habitants au milieu du XIXe s, cette région comptait parmi les pays de montagne les plus peuplés. Au tournant du XXe s, les Champsaurins, trop nombreux, durent émigrer, vers Marseille et Grenoble d'abord, puis vers les États-Unis, où l'on estime que 2 000 d'entre eux sont partis entre 1885 et 1910.

Aujourd'hui, le Champsaur fait preuve de dynamisme, tout au long de l'année, partagé entre activités agricoles (céréaliculture, élevages bovin et ovin) et tourisme.

DE LA VOIE ROMAINE À LA ROUTE NAPOLÉON

Les villages du Champsaur ont souvent été victimes d'incendies ou de crues dévastatrices. On y trouve donc peu d'éléments anciens. Mais on sait que ces vallées étaient occupées dès l'âge du bronze : des traces archéologiques l'attestent. On sait aussi que la voie romaine Turin-Valence, qui traversait le Champsaur, était un axe majeur vers l'Italie et l'Est. Les voyageurs préféraient cette route, un peu longue mais plus sûre, à celle hasardeuse du col de l'Oisans. D'où le passage de quelques grands personnages, papes et rois, qui firent halte notamment à Saint-Bonnet-en-Champsaur dès le Moyen Âge, mais dont le plus illustre reste Bonaparte, qui entamera par ici, en mars 1815, la glorieuse épopée des Cent-Jours. Depuis, on parle de la *route Napoléon.* Le col du Noyer (1 664 m) constitue un passage obligé entre le Champsaur et le Dévoluy et l'une des étapes incontournables de la route, puisqu'on y retrouve l'un des 7 refuges Napoléon du département.

Arriver – Quitter

En bus

Le plus simple à partir de Gap ou Grenoble (assez long mais panoramas superbes !) est d'utiliser les lignes de bus. Liaisons vers les stations du Champsaur, mais peu fréquentes. *Rens :* • *zou.maregionsud.fr* •

Principales liaisons

- ***Saint-Léger/Ancelle/Gap.***
- ***Orcières/Pont-du-Fossé/Gap.***
- ***Saint-Firmin/La Chapelle-en-Valgaudemar.***
- ***Gap/Saint-Bonnet.***
- ***Gap-Grenoble :*** avec *SCAL* (• *transisere.fr* •).

Adresse et info utiles

Office de tourisme du Champsaur-Valgaudemar : ☎ *04-92-49-09-35.* • *champsaur-valgaudemar.com* • *Tte l'année, rens par tél.*

– **Service réservation Champsaur-Valgaudemar :** ☎ *04-92-49-08-80.* • *resa@champsaur-valgaudemar.com* • Pour trouver un hébergement. Propose également une série de séjours randonnées (pédestres ou VTT) de 3 jours à 1 semaine avec hébergement, repas, port des bagages, etc.

SAINT-BONNET-EN-CHAMPSAUR

(05500) 2 080 hab. *Carte Hautes-Alpes, B2*

La capitale historique du Champsaur demeure aujourd'hui le bourg le plus important de la vallée. Animée toute l'année, elle abrite un nombre de commerces et services étonnant pour sa taille.

Patrie de François de Bonne (duc de Lesdiguières, chef protestant puis, sous Henri IV, dernier connétable de France), Saint-Bonnet est aussi l'un des rares bourgs médiévaux des Alpes françaises. Surtout, prenez le temps d'explorer son petit centre historique qui conserve de beaux vestiges de son passé, notamment de très belles *halles* au sol pavé et à la remarquable charpente. Un jeu de piste permet de le découvrir, ainsi qu'un *parcours de découverte Vivian Maier.*

Adresses et info utiles

Bureau d'accueil touristique : *pl. Grenette.* ☎ *04-92-49-09-35.* • *champsaur-valgaudemar.com* • *Vac scol d'été, tlj sauf dim ap-m. Hors saison, tlj sauf w-e.*

– **S'Pass Sport :** *impasse du Moulin.* ☎ *04-92-54-75-76.* Location, vente et réparation de skis, raquettes et vélos en tous genres.

– **Marché :** *lun mat.* Un beau marché, surtout l'été (à cette saison, les producteurs locaux sont rassemblés autour de la place Grenette).

Où dormir ? Où manger ?

Camping Les Rives du Drac : *1186, Chemin du Gâ.* *06-78-29-63-87.* • *camping.lesrivesdudrac@gmail.com* • *les-rives-du-drac.business.site* • *À 2 km de Saint-Bonnet, direction Saint-Julien-en-Champsaur. Ouv de mai à mi-sept. Empl 2 pers 14 €. CB refusées. 47 empl.* On aime beaucoup ce petit camping tout simple, niché en pleine nature, ombragé, et ses emplacements spacieux éparpillés sur le site et délimités par les tontes. Et quel calme ! Seul les éventuels roucoulements ou rugissements du Drac, qui coule non loin, viennent le perturber.

Chambres d'hôtes et restaurant La Combe Fleurie : *43, rue de Chaillol.* ☎ *04-92-50-53-97.* • *info@lacombefleurie.com* • *lacombefleurie.com* • *Hébergements ouv tte l'année ; resto ouv d'avr à mi-nov, le soir mar-sam et le midi w-e. Doubles 85-105 €, petit déj inclus ; loc aussi de studios et apparts (dont 3 avec jacuzzi privatif) pour 2-4 pers. Au resto, formule 35 €.* À la sortie du village, dans un pavillon moderne et ses annexes, une belle adresse qui évolue avec son temps. Simple chambre d'hôtes à l'origine, elle en a conservé l'esprit et la convivialité, bien que ses prestations soient désormais proches de celles d'un hôtel. Belles chambres donnant sur la terrasse, lumineuses, toutes différentes, très aérées et bien équipées. Parmi elles, quelques familiales en mezzanine. Au restaurant, les 2 chefs travaillent avec finesse les produits issus des fermes environnantes et renouvellent leur carte tous les mois. Le tout à déguster dans une salle avenante et une ambiance comme à la « maison » (ce sont les proprios de la chambre d'hôtes qui assurent le service !).

Le Temps Des Mets : *2, rue de Chaillol. ☎ 04-92-50-04-30. • letempsdesmets05@gmail.com • Fermé dim soir et lun. Le midi (sauf dim) carte 25-30 €, le soir 40-45 €.* Au cœur de Saint-Bonnet, une adresse qui s'applique, choisit ses produits et s'emploie à sortir des grands classiques locaux. Le midi, c'est plutôt viandes et poissons grillés ou salades d'une belle fraîcheur un peu plus élaborées que la moyenne. Le soir, les quelques plats à la carte s'affinent (mais pas les prix !). Agréable terrasse ombragée sur la rue aux beaux jours.

Où dormir ? Où manger dans les environs ?

Chambres d'hôtes La Ferme d'Émile : *Les Forestons, 05500* ***Poligny.*** *☎ 04-92-50-18-18. • jm.blanchard3@orange.fr • À 6 km à l'ouest de Saint-Bonnet. Double 70 €. Table d'hôtes (sauf mar-mer) 25 €.* Dans un joli hameau, une ferme champsaurine de 1828 totalement réaménagée, proposant des chambres simples et plaisantes avec parquet, toutes à l'étage et dotées d'une salle de bains. Les petits déj et les repas se prennent dans une belle salle voûtée, là même où se trouvait l'ancienne étable. Cuisine à dispo. Agréable jardin et vue dégagée sur les montagnes. Accueil en toute simplicité.

Au-delà des Nuages : *La Pierre, 05800* ***Aubessagne*** *(ex Chauffayer). ☎ 04-92-21-40-98. • bienvenue@audeladesnuages.fr • audeladesnuages.fr • À env 13 km au nord de Saint-Bonnet. Doubles 85-125 €. Table d'hôte 25 €.* Pas banale, cette maison bioclimatique, ronde et en bois, qui tourne ! Blottie derrière son joli mur de végétation, on ne voit d'abord que le dôme de son toit. À l'intérieur, 4 chambres. Bien que les plafonds soient assez bas, l'arrondi des murs procure une belle impression de volume et d'espace. Et du bois clair, beaucoup de bois. Une maison chaleureuse où l'on se sent délicieusement bien, été comme hiver, qui peut aussi être louée entièrement. Et pour se requinquer ou se détendre, un espace bien-être *(en supplément)* avec bain nordique et sauna.

Chambres d'hôtes Maison L'Aiguille : *3, rue Plein Vert, 05500* ***Laye station.*** *07-63-99-87-83 ou 06-56-68-34-84. • contact@maisonlaiguille.com • maisonlaiguille.com • À env 8 km au sud de Saint-Bonnet. Doubles 70-90 €. Table d'hôtes 28 €.* Au pied des pistes, un ancien hôtel-restaurant transformé en chambres d'hôtes, d'où la belle et vaste salle commune au rez-de-chaussée. À l'étage, 5 petites chambres fonctionnelles et avenantes. Propose aussi des paniers pique-nique et un service traiteur en plus de la table d'hôtes (monsieur est cuisinier de formation). Également 2 gîtes (4-6 personnes) avec terrasse ou coin jardin privés. Accueil charmant.

Prix moyens

Le Restaurant de la Plage : *plan d'eau du Champsaur, 05500* ***Saint-Julien-en-Champsaur.*** *06-28-59-51-30. Ouv tlj juin-sept. Résa conseillée. Repas 25-35 €.* Aux beaux jours, c'est le rendez-vous des Champsaurins. On vient courir, se promener autour du plan d'eau, boire un verre, manger une bonne glace maison ou se restaurer : planches généreuses (type grandes salades), burgers, viandes du Champsaur, frites maison à dévorer sur la grande terrasse semi-couverte pendant que les enfants partent jouer sur ce vaste terrain de jeux. Accueil et ambiance conviviaux.

Auberge Gaillard : *6, chemin de Peyron-Roux, Molines-en-Champsaur, 05500* ***La Motte-en-Champsaur.*** *☎ 04-92-43-40-99. • auberge-gaillard@orange.fr • auberge-gaillard.fr • Ouv tte l'année. Resto mer-dim 8h30-22h (plus mar juil-août). Doubles 70-75 €. Menu unique (midi et soir) 25-32 € ; résa impérative (15 j. en avance en été).* Dans un joli hameau tout verdoyant, une charmante auberge où il fait aussi bon séjourner que se restaurer. Des petites chambres pimpantes, avec régulièrement la petite touche d'humour (ne serait-ce que dans leur nom) qui est un peu la marque de fabrique de cette maison où règne une ambiance détendue. Au resto, on choisit les produits avec soin et on revisite les recettes traditionnelles de grand-mère, quitte à repousser un peu les frontières ! Et tout autour, joli jardinet avec transats (aux beaux jours !).

Hôtel-Restaurant Les Chenêts : *rue du Four, 05500* ***Saint-Julien-en-Champsaur.*** *☎ 04-92-50-03-15. • les-chenets@wanadoo.fr • les-chenets.com • À env 6 km au sud-est de Saint-Bonnet. Resto tlj sauf dim soir et jeu en basse saison. Congés : de mi-avr à mi-mai et nov-déc. Doubles 73-79 €. Formule déj mer-sam 19 € ; menus 29-39 € ; carte env 45 €.* Grande maison de montagne à l'ambiance chaleureuse et familiale, aux chambres simples et traditionnelles, la plupart avec balcon. On vous signale surtout l'adresse pour sa table. Au programme, ravioles au fromage de chèvre, tatin de foie gras, magret de canard aux myrtilles, fondant au chocolat noir... et une belle carte des vins. Du solide, avec un 1er menu intéressant. Accueil pro et souriant.

Restaurant La Laiterie du Col Bayard : *N 85, 05500* ***Laye.*** *☎ 04-92-50-50-06. • laiterieducolbayard@orange.fr • À 6 km au sud de Saint-Bonnet, par la N 85, direction Gap. Fermé lun et le soir mar-jeu. Congés : 3 sem en juin et nov. Carte 25-40 €.* Depuis 1935, de père en fils, on aime le fromage, et M. Bertrand s'est donné les moyens de faire partager sa passion : avec une salle immense et une boutique de vente au détail de produits du terroir. À côté des rayons pour faire ses emplettes, un resto où l'on vous proposera charcuterie, assiette du Champsaur, mille-feuilles de brebis, fondues, raclettes, brochettes de fromage ou le menu dégustation de fromages avec 2 à 4 passages de chariot *(40-60 €, vins et desserts compris).* La terrasse se révèle plus paisible.

Où acheter de bons et beaux produits à Saint-Bonnet et dans les environs ?

Le Champsaur étant une vallée très agricole, les bons produits sont nombreux. Quelques pistes pour commencer vos explorations gourmandes :

Au ***marché*** du lundi, pardi ! On y trouve notamment, d'avril à novembre, les ***Tourtons de Pierre,*** une véritable institution locale. Seulement 2 saveurs (pomme de terre et tomme du Champsaur ou pruneaux), mais pour avoir une chance d'y planter les dents, mieux vaut arriver de bonne heure !

La Fromagerie du Champsaur : *Les Barraques, 05500* ***La Fare-en-Champsaur.*** *☎ 04-92-57-86-91. Tlj sauf dim.* 4 éleveurs et 1 fromagère produisent des fromages au lait cru vendus dans cette fromagerie aux portes de Saint-Bonnet. Sélection aussi de brebis, chèvres et charcuteries venant d'exploitations des environs.

GAEC de La Tuilerie : *11, av. des Esclots, à Saint-Bonnet. ☎ 04-92-50-50-70. Tlj sauf dim 9h-12h, 16h-19h.* Une ferme à 2 pas du centre qui, depuis 1906, fabrique au lait cru tomme, bleu et autres fromages de saison.

Ferme de Costejoffre : *1046, route de Coste-Joffre,* ***L'Aullagnier,*** *05500 Saint-Bonnet-en-Champsaur. Lun-sam 10h-12h, 18h-19h30 ou sur le marché de Saint-Bonnet.* Des fromages au lait cru de chèvre et de vache qui ont du caractère. Le Coste-Joffre aime à couler et les tommes ont un bon goût fleuri. Le vendredi *(17h30-19h ; sur résa)*, pour les accompagner, on peut aussi acheter le pain pétri à la main et cuit au feu de bois que confectionne Claire.

GAEC de Baffol : *Chantaussel, 05500* ***Saint-Julien-en-champsaur.*** *06-81-19-28-83. Mar, jeu et dim 11h-12h, 14h-16h (plus sam pdt vac scol) ainsi que sur les marchés de Saint-Bonnet et Pont-du-Fossé.* Jérôme et Julien sont ce qu'on appelle des paysans-boulangers. Ils produisent les céréales qui servent à fabriquer leurs bons pains cuits au feu de bois, mais aussi des espèces moins banales, comme le quinoa.

Brasserie des Gaillard : *503, av. Principale, 05800* ***Aubessagne*** *(ex-Chauffayer). 06-48-94-79-26. • brasseriedesgaillards.fr • À 13 km au nord de Saint-Bonnet, au bord de la N 85. Mar-ven 17h-19h, sam 9h-12h.* Le Champsaur est un nid à brasseries artisanales. Et des brasseries qui fabriquent des bières de qualité ! À croire que l'eau des Écrins favorise les bonnes mousses. En plus, 90 % des céréales utilisées dans la confection de celles-ci sont cultivées sur place (ou pratiquement). Aux beaux jours, on peut aussi consommer les bières de la maison dans le petit jardin sur le côté.

LES HAUTES-ALPES

À voir. À faire

La Maison de la photographie Vivian-Maier : *à* ***Pisançon,*** *05500 Saint-Bonnet. ☎ 04-92-44-09-61. À env 5 km au nord de Saint-Bonnet, direction La Motte. Juil-août, tlj sauf lun 14h-18h ; 1re quinzaine de sept, mer 14h-17h30. Entrée : 3 € ; réduc ; gratuit moins 18 ans.* Aménagé dans une ancienne ferme traditionnelle, cet espace est consacré à la photographie et à l'émigration des habitants du Champsaur dans les années 1950. Clichés de Vivian Maier, photographe née à New York mais d'origine champsaurine, qui a passé une partie de son enfance dans la vallée et qui, dans les années 1950, devenue adulte, a photographié ses paysages, mais aussi ses habitants.

La chapelle des Pétètes : *à env 5 km au nord de Saint-Bonnet, direction La Motte puis Bénévent. Pour visiter, appeler le ☎ 04-92-55-95-72.* Un bel exemple d'art populaire rural. Un berger (un maçon selon d'autres versions) l'édifia vers 1740 et l'orna de ces curieuses figurines, les *pétètes* (poupées, en patois local), aux traits et aux volumes naïfs, entre bouddhas et ministatues de l'île de Pâques. Cette chapelle, consacrée à saint Grégoire, est vraiment mignonne. L'intérieur est riquiqui, mais, rien que pour la façade, elle vaut le déplacement.

La vallée de la Séveraissette et Molines-en-Champsaur : *à env 12 km de Saint-Bonnet.* Un détour indispensable pour ceux qui aiment les bouts du monde ! Une petite route qui s'aventure, avec des airs d'école buissonnière, le long de la vallée de la Séveraissette, ceinturée de montagnes. À son extrémité, le hameau de Molines qui abrita, pendant longtemps, une seule habitante ! Tout autour, un cadre enchanteur pour des balades à pied et pour observer chamois et chevreuils (belle rando alpine pour découvrir le glacier rocheux de Font Froide).

La voie douce de Saint-Bonnet : jolie petite boucle qui permet, notamment, de rejoindre à vélo ou à pied le plan d'eau du Champsaur *(env 8 km, tour du plan d'eau compris).*

– ***Le plan d'eau du Champsaur :*** *sur la route entre Saint-Bonnet et Saint-Julien. ☎ 04-88-03-82-28. Juil-août, baignade surveillée 10h-18h. Entrée (juil-août) : 5 €/véhicule ; gratuit pour les piétons et vélos.* Pour des baignades estivales avec toboggans, téléski nautique, wakeboard, bouée tractée, kayak, paddle, pêche ou bronzette. Parcours aventure... Parfait pour passer un bon moment avec les enfants. Bon resto-bar-glacier sur place (voir « Où manger ? »).

– *Le centre aquatique du Champsaur à Saint-Bonnet :* *av. de Merly. ☎ 04-84-03-00-44. Ouv tte l'année. Entrée : env 5 € ; réduc ; spa : env 13 €/h.* Piscine avec belle vue sur les montagnes environnantes, bassin ludique avec jets d'eau, pataugeoire et espace détente avec jacuzzi, sauna et hammam.

PONT-DU-FOSSÉ

(05260) 1 070 hab. *Carte Hautes-Alpes, B2*

Pont-du-Fossé est le principal hameau de la commune de Saint-Jean-Saint-Nicolas. Situé à la confluence du Drac noir et du Drac blanc, il doit son nom au pont qui enjambe la rivière. Avec ses commerces s'égrenant le long de la grande route qui le traverse, on pourrait penser qu'il s'agit d'un simple village-rue. Mais c'est un bourg animé et un véritable carrefour, puisque situé à la croisée de toutes les routes et stations de ski du Champsaur.

Adresses et info utiles

Bureau d'accueil touristique et Maison du Parc national des Écrins : *Maison de la vallée. ☎ 04-92-55-95-44. Ouv tte l'année, mar-sam 10h-12h, 15h-18h (plus lun et dim mat en juil-août). GRATUIT.* Outre les infos et la doc sur la vallée et le parc national, une expo sur la biodiversité cachée des haies. Vente des produits et ouvrages du parc.

– *Location de vélos (et autres matériels de sport et loisirs) :* *Rony Sport, 5, pl. de la patinoire. ☎ 04-92-55-93-46. • ronysport.com •*

– *Marché :* *ven mat.*

Où dormir ? Où manger ? Où boire un café dans le coin ?

Campings

Camping Les 6 Stations : *700, route d'Orcières, Pont-du-Fossé, 05260 Saint-Jean-Saint-Nicolas. ☎ 04-92-55-91-95. • info@camping-ecrins.com • camping-ecrins.com • À la sortie du village, direction Orcières. Ouv tte l'année. Empl 2 pers 19 € ; loc chalets (4-8 pers). 70 empl.* À l'entrée, pas très loin de la route, la piscine chauffée, puis les sympathiques chalets en bois tout équipés. Quant aux emplacements de bonne taille et délimités par une belle variété d'arbres, ils se réservent la plus jolie partie du site, tout au fond, au calme, dans un environnement soigné. Ensemble très bien tenu. Terrain de volley, aire de jeux, ping-pong, snack-bar avec animations. Bon accueil.

Camping Le Diamant : *29, route du Diamant, à Pont-du-Fossé, 05260 Saint-Jean-Saint-Nicolas. ☎ 04-92-55-91-25. • info@campingdiamant.com • campingdiamant.com • Ouv mai-sept. Empl 2 pers 17,20-24,50 € ; loc mobile homes (2-6 pers). 100 empl.* Une grande pelouse peu ombragée au centre, mais de part et d'autre de celle-ci, des emplacements et mobile homes dispersés sous les arbres. Blocs sanitaires simples mais propres. Ambiance familiale plaisante. À noter toutefois que le camping est en bord de route et qu'en plein été, ça circule un peu. En juillet-août, animations pour les enfants, mais aussi randonnées accompagnées *(comprises dans le prix)*. Bon accueil.

Prix moyens

Chambres d'hôtes L'abondance : *ruisseau Lacour, Pont-du-Fossé, 05260* **Saint-Jean-Saint-Nicolas.** *06-60-74-23-12. • info@labondance.com • labondance.com • À 1 km à l'est du centre de Pont-du-Fossé. Double 75 €. Table d'hôtes 26 €.* D'un côté, à l'étage de la maison des propriétaires, les belles chambres d'hôtes, impeccablement tenues, confortables, de style traditionnel, où se mêlent bois et beaux murs de pierre ; mention spéciale pour la très spacieuse familiale avec mezzanine. De l'autre, les 2 gîtes joliment aménagés, dans le même esprit. Accueil charmant et plein d'énergie.

Auberge des Écrins : *Les Borels, 05260* **Champoléon.** *04-94-51-76-89. • info@aubergedesecrins.com • aubergedesecrins.com • Ouv tte l'année. Mar-dim 9h-16h (17h w-e), ven-sam dîner sur résa. Doubles 62-92 € ; petit déj 12 €. Au resto, carte 25-35 €.* Un ancien foyer de ski de fond transformé en un lieu de convivialité et de vie au cœur de la vallée de Champoléon. Dans les étages, les chambres (dont des familiales). Certaines avec leur petit balcon, d'autres sous les toits. Aménagement sobre et ensemble bien tenu. Au rez-de-chaussée, le café-restaurant où les bons produits de la vallée sont joliment mis en valeur. Endroit bien agréable, aussi, pour boire un verre au retour d'une rando.

Plus chic

Chambres d'hôtes La Grange des Écrins : *chemin du Fangeasson, 05260* **Chabottes.** *06-76-46-88-15. • contact@lagrangedesecrins.fr • lagrangedesecrins.fr • Doubles 125-160 €. Table d'hôtes 35 €.* Au bout d'un chemin, cette longue bâtisse de pierre joliment retapée embrasse le superbe panorama sur la vallée. Belles chambres à l'atmosphère cosy et chaleureuse (parquet, pierres apparentes). Bar, grande salle à manger et piscine (chauffée de mai à septembre). Conseils sur les balades, location de raquettes, jacuzzi et massages *(payants)* l'hiver pour remettre d'aplomb les skieurs fourbus. Un beau nid douillet, où l'on est accueilli avec simplicité.

Où boire un café ?

Où boire ou acheter une bonne bière ?

Brasserie Walpine : *4, rue de l'Estripa, Pont-du-Fossé, 05260* **Saint-Jean-Saint-Nicolas.** *06-37-80-29-82 ou 06-76-41-93-88. • contact@walpine.fr • walpine.fr • Mer-jeu 15h-19h, ven-sam 9h-12h, 15-19h.* Carton plein pour ces bières artisanales qui ont de la personnalité ! Quel travail de qualité, qu'il s'agisse de leur élaboration, du breuvage obtenu ou de leur commercialisation. Cela va jusqu'aux noms et aux étiquettes, fines et pleines d'humour (ah, la Drac Vador !). Sur place, on peut acheter les bières, mais aussi les déguster, puisque c'est également un bar (au milieu des cartons de bouteilles), avec une petite terrasse aux beaux jours. Concerts ou soirées organisés en été.

Pause-Détente : *Le Village, Pont-du-Fossé, 05260* **Saint-Jean-Saint-Nicolas.** *04-92-46-78-90. Tlj sauf dim-lun 7h30-12h, 15h-18h.* Le délicieux arôme du café en train d'être torréfié chatouille les narines en entrant dans ce salon de thé qui est aussi l'endroit où les Fossipontais se retrouvent pour discuter autour du breuvage noir. Petite salle conviviale, très « comme à la maison » avec coin canapé, méli-mélo de tables, chaises de récup' et étagères de livres.

Où acheter de bons produits ?

Fromagerie du Pré la Combe : *181, route des Écrins, Haute-Plaine, 05260* **Chabottes.** *06-79-70-44-71. Lun-jeu 9h-12h (et sam pdt vac scol)* *et sur le marché de Pont-du-Fossé.* Ici, on confie l'élevage des bêtes au GAEC Le Gâ, à Saint-Bonnet, et on transforme le lait en de très bonnes tommes du Champsaur et autres fromages de montagne.

Tourtons du Champsaur : *Le Tomas, 05260* ***Chabottes.*** *☎ 04-92-50-46-07. • tourtons.com • Lun-ven (tlj pdt vac scol) 9h30-12h30, 15h-19h.* Le « coussin du petit Jésus », comme on l'appelait autrefois quand c'était encore un mets de Noël. Aujourd'hui ce carré de pâte entre ravioli et beignet fourré au chèvre, au reblochon, aux épinards, lardons, purée de pomme de terre ou encore au bleu se consomme au quotidien. Il existe aussi en version sucrée. Autre spécialité : les ravioles du Champsaur (ou « prêires »), des petits beignets de pomme de terre et fromage en forme de quenelle.

Maison Gayral-Reynier : *Pont-du-Fossé, 05260* ***Saint-Jean-Saint-Nicolas.*** *☎ 04-92-55-93-56. • gayral reynier.fr • Juil-août, lun-sam 9h-12h, 15h-19h ; sept-juin, lun-sam 9h-12h, 14h-18h ; en été, lun-ven, 2 visites guidées/j. de l'atelier.* Une bien belle entreprise familiale où l'on est à la fois producteur (bio), récoltant, distillateur et liquoriste. Parmi les spécialités de la maison : les produits à base d'argousier, une petite baie 30 fois plus riche en vitamine C que l'orange et qui est ici proposée sous forme de jus pur ou mélangé, mais aussi de vinaigre. Autre spécialité, la sève de bouleau (en jus ou dans les cosmétiques). Mais ce n'est pas tout, il y a l'excellent pastis, le gin, les liqueurs, tous élaborés à base de plantes cueillies ou cultivées dans le Champsaur. Également une petite mais très jolie sélection de produits de la vallée.

Génépi Guillaumette : *Le Diamant, Pont-du-Fossé, 05260* ***Saint-Jean-Saint-Nicolas.*** *☎ 04-92-21-11-19. • guillaumette.com • Tlj sauf sam ap-m 9h-12h, 14h-19h.* C'est à la fois le lieu de fabrication et la boutique d'un délicieux génépi plein d'arômes, à base de fleurs cueillies principalement sur la commune d'Orcières, à Prapic notamment, où furent produits les premiers nectars. Avis aux amateurs (à ce stade c'est de l'amour fou !) : la maison vend sa liqueur en cubi de 3 et 5 l !

DANS LES ENVIRONS DE PONT-DU-FOSSÉ

La vallée de Champoléon : une vallée étroite préservée de l'urbanisation, où les hameaux ont conservé leur caractère et leur authenticité. Cernée par le Vieux Chaillol (3 163 m) et le Sirac, elle s'étire jusqu'au parking des Auberts, départ de nombreuses randos. 2 d'entre elles, faisables en famille, vous mèneront vers les *refuges du Tourond (☎ 09-82-21-60-76)* ou du *Pré de la Chaumette*.

La Maison du berger : ***Les Borels,*** *05260 Champoléon. ☎ 04-92-49-61-85. • maisonduberger.com • Juil-août, tlj sauf lun 15h-19h ; vac scol de Noël et d'hiver, mar-ven 14h-17h ; hors saison, mer seulement 14h-17h. Fermé de mi-nov à mi-déc. Entrée : 4,50 € ; gratuit moins de 18 ans ; réduc.* Espace contemporain très bien fait présentant le métier de berger d'alpage d'aujourd'hui à travers une expo mêlant photos, vidéos, documents sonores, témoignages d'éleveurs, objets insolites... L'approche est très humaine et sans passéisme. Pendant les vacances scolaires, propose un programme de sorties, d'animations et d'ateliers pour petits et grands.

PRAPIC

(05170) 20 hab. *Carte Hautes-Alpes, C2*

Ce hameau du bout du monde (et de la vallée du Drac Noir) situé à 1 556 m d'altitude, au pied des Écrins, dépend de la commune d'Orcières. On l'atteint par une route boisée, étroite, magique. Bien que très fréquenté en été, le village

a gardé son caractère rude et montagnard, avec ses ruelles à gros pavés et ses robustes maisons peu à peu restaurées.
C'est une des portes d'entrée du Parc national des Écrins et les randos sont nombreuses au départ de celui-ci, certaines accessibles au plus grand nombre (le tombeau du Poète, le plateau de Charnière, la cascade du Saut du Laire), d'autres plus ardues (lacs des Pisses et des Estaris, superbes).

LES DRÔLES DE GRANGES !

Le pignon de certaines bâtisses du hameau de Prapic ressemble à de véritables œuvres d'art : faites de branches de saules entrelacées, parfois surmontées d'un fagot, ce pignon correspond aux granges. Cette conception permet de laisser circuler l'air, de sécher le foin souvent stocké encore humide et, surtout, d'éviter qu'il ne prenne feu (la fermentation du foin pouvant provoquer des incendies spontanés).

Adresse utile

Bureau d'information de Prapic et du Parc national des Écrins : *1, chemin du Saut-du-Laire, pl. du village. ☎ 04-92-55-61-92. • orcieres.com • Juil-août, tlj 9h-12h, 14h-17h ; juin et sept, ven-lun mêmes horaires.*

Où dormir ? Où manger ?

Aire naturelle de camping de la Casse : *dans le hameau. ☎ 04-92-55-62-58. 📱 06-61-72-23-48. • aprapic@gmail.com • prapic.com • Ouv de mi-juin à mi-sept. Résa conseillée. Empl 2 pers 14,50 €. 20 empl.* Un site très nature (et quelle nature !), idéal pour ceux qui aiment le camping un peu *roots*. Les grands emplacements sont dispersés de part et d'autre de la petite route, mais dans le vert, et bien en retrait de celle-ci. Par contre, côté sanitaires, c'est rustique.

Auberge de la Jabiore : *12, chemin du Saut-du-Laire. ☎ 04-92-55-7510. • lajabiore@gmail.com • Au cœur du hameau. Ouv tlj midi et soir en juil-août, le w-e en mai et juin. Assiettes chaudes ou planches 15-22 €.* C'est l'histoire de 2 couples : Elsa et Jonas, qui tiennent l'auberge, et Alban et Audrey, qui élèvent et cultivent ce qui se trouve dans vos assiettes : agneaux, légumes du potager et charcuteries transformées sur place. Difficile de faire plus local pour l'approvisionnement ! Belle et grande terrasse ombragée sur la placette. Loue aussi des gîtes.

ANCELLE

(05260) 920 hab. *Carte Hautes-Alpes, B2*

Aux portes du Gapençais, lové au pied des montagnes sur un magnifique plateau, Ancelle est à la fois une station de ski familiale et un village où l'activité agricole demeure importante. En toute saison, son environnement remarquable en fait, évidemment, un formidable terrain de jeux et de randos (à pied, à raquettes, à ski ou à vélo).

Adresses et info utiles

Bureau d'accueil touristique : *pl. du village. ☎ 04-92-49-09-35. • champsaur-valgaudemar.com • Vac scol d'été, tlj sauf dim ap-m. Hors saison, horaires restreints.*

– **La Maison du vélo :** *résidence Les*

Écrins. 📱 *07-68-65-01-62 ou 06-58-95-34-65.* • *lamaisonduveloancelle.fr* • *Ouv avr-oct.* Location de VTT (à assistance électrique ou non), VTC électriques et gravel. Propose des sorties guidées. C'est aussi un endroit où l'on « soigne votre monture » (un atelier de réparation, quoi !).

– ***Marché :*** *dim mat.*

Où dormir ?

Où manger à Ancelle et dans les environs ?

⛺ ***Camping Les Auches :*** *90, allée du Camping, quartier des Auches, 05260 Ancelle.* ☎ *04-92-50-80-28.* • *info@lesauches.com* • *lesauches.com* • ♿ *Ouv de mi-avr à fin sept (tte l'année pour les loc). Empl 2 pers 16-25,50 €. Loc chalets, studios et mobile homes (2-6 pers). 90 empl.* Situé à 1 340 m d'altitude et légèrement à l'écart du village, ce camping tranquille et familial est cerné par les pâturages et la montagne. Petite aire de jeux, piscine et jacuzzi *(juil-août seulement),* terrain de pétanque, ping-pong, snack-bar. En saison, propose des randos pédestres *(gratuites),* sorties VTT et canyoning *(payantes).*

🏠 ***Hôtel Le Chamois :*** *rue de la Condamine, 05260 Ancelle.* ☎ *04-92-50-80-77.* • *lechamois05@gmail.com* • *chamois-ancelle.com* • *Au cœur du village. Double 60 € ; familiales.* C'est tout simple, tout propre, convivial et à des prix doux qui font chaud au cœur (et au porte-monnaie !). En plus, en été, piscine couverte dans le jardin ! Fait aussi bar et resto.

🏠 🍽 🍸 ***Hôtel Les Fauvettes :*** *6, route de Pont-du-Fossé, 05260* ***Saint-Léger-les-Mélèzes.*** ☎ *04-92-50-44-50.* • *info@hotel-lesfauvettes.com* • *À 5 km au nord d'Ancelle. Ouv de mi-mai à sept, vac Toussaint et déc-avr. Double 71 €.* Au cœur du village de Saint-Léger, un établissement familial proposant des petites chambres pimpantes et avenantes. Au rez-de-chaussée, resto et bar, avec une belle gamme de bières, résultat de la passion que leur voue le patron, originaire du Nord. Fait aussi restaurant.

Où déguster une bonne mousse ?

🍸 🧺 ***Brasserie d'Ancelle :*** *chemin Bellevue, Le Village.* ☎ *04-92-52-31-62.* • *brasserie.ancelle@orange.fr* • *brasserieancelle.fr* • *Lun-sam 16h-18h30, dim 10h-12h. Visites commentées (gratuite) dim à 10h30.* Loin de leur Belgique natale, Valérie et Olivier ont transformé leur ancienne grange en un très bel espace pour produire leur bière de qualité, la *VO*, mais aussi la vendre ou la déguster directement sur place.

Stations de ski du Champsaur

6 stations de ski avec comme chef de file ***Orcières Merlette 1850,*** plus moderne et au domaine plus important, mais qui n'a pas le charme familial des 5 autres. Bon à savoir, de Noël à Pâques, tous les samedis, des ***navettes*** aller-retour (sur réservation) relient Grenoble et Aix-en-Provence à Orcières, Saint-Léger-les-Mélèzes, Ancelle et Chaillol. *Rens à l'office de tourisme d'Orcières ou à l'office de tourisme du Champsaur-Valgaudemar (voir introduction du Champsaur).* À noter que les stations de Laye, Saint-Léger-les-Mélèzes et Chaillol fonctionnent avec le même forfait.

Une vingtaine de ***circuits à raquettes,*** balisés, représentant au total plus de 120 km d'itinéraires, sont proposés au départ des stations et villages de Chaillol, Laye, Saint-Léger-les-Mélèzes, Orcières, Champoléon, Molines, Pont-du-Fossé,

Saint-Firmin, La Chapelle, Saint-Jacques, Chauffayer ou du col Bayard. Accessibles à tous, ils vous permettront de découvrir les paysages contrastés de la vallée.

Ancelle *(1 340-1 800 m)* **:** 20 km de pistes de ski alpin et 18 km de ski de fond. Notre station préférée dans le Champsaur, familiale et fêtarde.

Saint-Léger-les-Mélèzes *(1 260-2 001 m)* **:** 16 km de pistes de ski alpin. Joli domaine offrant un panorama exceptionnel sur la vallée du Champsaur. Station familiale avec garderie pour les enfants.

Laye *(1 300-1 950 m)* **:** 8 km de pistes de ski alpin. Petite station moderne et tranquille, au pied du pic de Gleize et du pic de l'Aiguille, la plus proche de Gap, avec de jolis petits chalets et son mémorial à la Résistance locale. Espace ludique pour enfants au pied des pistes (*snowpark,* piste de luge, piste de KL, *big air bag, boardercross,* etc.).

– En été, un petit sentier de découverte bien balisé sur la faune et la flore, le « sentier de la Cuque », à faire en famille (2h, ou une demi-journée). Départ sur la gauche de l'école de ski.

– ***Parc Jungle Laye*** **:** *dans la station.* 06-87-80-29-66. • *jungle-aventure.com* • *Juil-août, tlj 10h-1h (dernier départ à 17h) ; mai-juin et sept-oct, w-e et j. fériés, en principe tlj 14h-18h (dernier départ à 15h). Tarifs : 10-26 € selon âge (dès 3 ans), taille et formule.* Plus de 240 ateliers et 11 parcours pour petits et grands, dont certains réservés aux très sportifs, plus de 1 000 m de tyrolienne, saut de Tarzan. Un *Tactical zone* avec 6 000 m² (paintball, *laser'tag* et *airsoft* dès 12 ans).

Chaillol *(on dit aussi Chaillol 1600 ; 1 450-2 000 m)* **:** 8 remontées et 12 pistes au total. D'intérêt limité pour les adeptes du ski. En revanche, son exposition permet de s'adonner aux joies de la glisse en plein soleil, tout en bénéficiant d'un superbe panorama.

Serre-Eyraud *(1 450-2 060 m)* **:** à 10 km d'Orcières Merlette 1850, la station réserve aux puristes 8 pistes exposées nord au milieu des mélèzes, alliant belles difficultés, pistes débutants et neige d'excellente qualité. C'est la plus petite station du Champsaur !

Orcières Merlette 1850 **:** la station de ski familiale par excellence, idéale pour les allergiques au « 100 % ski », avec un superbe panorama sur le massif voisin. Au total, une trentaine de remontées mécaniques (dont 3 télémix, 1er télésiège-télécabine en France) et 100 km de pistes. Très marqué années 1960-1970 par son architecture, ce grand domaine propose des prix plutôt attractifs, une belle patinoire, une grande piscine couverte, une maison de l'enfant pour occuper les plus petits et un complexe de loisirs et de détente (voir ci-après « Sports et loisirs »). En été, remontées mécaniques ouvertes pour grimper au sommet du Drouvet. On y trouve aussi l'une des plus grandes tyroliennes d'Europe qui permet de s'élancer, tête la première, sur près de 2 km au départ du sommet du Drouvet. *Compter 35-40 €/pers.* 06-84-44-88-10. • *latyrolienne.fr* •

Sports et loisirs dans le Champsaur

Randonnées pédestres **:** avec 3 entrées sur le Parc national des Écrins (Molines, vallée de Champoléon, Prapic), le Champsaur est évidemment un pays de rando superbe et assez peu fréquenté. Pour toutes ces excursions dans le parc des Écrins, consulter la Maison du parc (voir « Adresses utiles », plus haut), les bureaux d'accueil touristique ou les guides spécialisés.

VTT et cyclotourisme **:** près de 40 circuits tous niveaux et 8 itinéraires de descente, soit plus de 750 km de chemins balisés à travers le Champsaur, mais aussi le Valgaudemar voisin. Pour les passionnés, le tour du Champsaur (130 km) est un magnifique parcours organisé sur 4 jours (3 nuits avec logement en gîte). Pour plus d'infos : • *champsaur-valgaudemar.com* •

Bike park : *à* ***Orcières*** *et* ***Ancelle.*** *☎ 04-92-55-89-89. Tlj fin juin-fin août.* Grands *bike parks* avec différents itinéraires balisés en vert, bleu, rouge et noir (comme des pistes de ski, en fonction du niveau de difficulté). Accessible par les remontées mécaniques. Prévoir les équipements indispensables (casque, etc.).

– On peut aussi pratiquer de nombreuses activités en eaux vives ***(kayak, hydrospeed, rafting)*** sur le Drac, entre le plan d'eau du Champsaur et le pont de la Guinguette. Mais aussi le ***parapente,*** car les versants pentus de la région sont idéaux pour s'initier à cette pratique. Ou encore faire de la ***montgolfière.*** Vous retrouverez tous les prestataires sur le site : • *champsaur-valgaudemar.com* •

– ***Le complexe de loisirs et de détente d'Orcières Merlette 1850 :*** infrastructure au cœur de la station proposant piscine ludique (avec mouvements d'eau : cascadette, toboggan), patinoire, bowling et cinéma. Et un espace détente avec hammam, bains à remous, massages, etc. *(☎ 04-92-55-89-96 ; ouv seulement en saison).*

– ***Ferme pédagogique du Caïre :*** *à Chaillolet, à 2 mn de la station de Chaillol. 06-88-75-92-68. Ouv pdt les vac scol, lun, mer et jeu à 17h. Le reste de l'année, sur résa. Tarifs : 4 €, ½ tarif 3-11 ans.* Intéressante visite d'une ferme qui élève des brebis.

LES HAUTES-ALPES

Manifestations

– ***Festival de Chaillol :*** *de mi-juil à mi-août.* • *festivaldechaillol.com* • Festival de musique itinérant créé en 1998, proposant de nombreux concerts de musique de chambre, mais aussi de la musique contemporaine, de la danse, de la chanson française ou du jazz... Programmation de qualité qui réunit de grandes pointures. De plus, on peut rencontrer les artistes au cours de balades en pleine nature !
– ***Lho des mots :*** *4 j. mi-août à Pont-du-Fossé.* • *festivalechodesmots.fr* • Festival autour du conte : spectacles, balades contées. Ateliers, animations et jeux pour les enfants, etc.
– ***Festival de l'Alpage*** : *mi-juil.* Une semaine pour fêter l'alpage, à la rencontre de tous ceux qui le font vivre dans les vallées du Champsaur et Valgaudemar.

LE VALGAUDEMAR

Ou le « Valgo », comme on dit par ici ! Au nord du Champsaur, cette vallée perpendiculaire à la plaine du Drac, est une des plus spectaculaires des Hautes-Alpes, à la fois vertigineuse et champêtre... du moins en été, car la vie y est rude en hiver, quand le soleil n'y pénètre plus.
Long d'une trentaine de kilomètres, le Valgaudemar, situé au sein de la réserve naturelle de la haute vallée de la Séveraisse, présente d'innombrables atouts : torrents, cascades dévalant des flancs abrupts, riche flore colorée (gentianes, rhododendrons, lys orangés) et faune de montagne généreuse (chamois, bouquetins, marmottes). Vers le haut de la vallée, le paysage devient proprement himalayen, et ce Valgaudemar encaissé, encadré de sommets toujours supérieurs à 2 500 m, est un haut lieu de l'alpinisme. Tout au bout, le cirque glaciaire du Gioberney, accès au Parc national des Écrins : absolument splendide !

SAINT-FIRMIN

(05800) 450 hab. *Carte Hautes-Alpes, B2*

Saint-Firmin marque l'entrée de la vallée. C'est aussi la « capitale » du Valgaudemar et là que l'on trouve tous les services (distributeur de billets, la maison de santé, la pharmacie, la gendarmerie, etc.).
Sur les hauteurs, à l'ouest du village, on aperçoit les ruines de ce qu'on appelle ici le « château fort », avec les vestiges d'une tour carrée du XIVe s. Un sentier découverte (boucle facile de 3,4 km) permet d'y accéder depuis Saint-Firmin (infos à la Maison de pays du Valgaudemar).

Où dormir ? Où manger dans le coin ?

Camping Le Bocage : *Le Roux, 05800* ***Saint-Maurice-en-Valgaudemar.*** *☎ 04-92-21-86-48. 06-71-77-91-02. • campinglebocage@orange.fr • campinglebocage.com • camping-train.com • À env 9 km à l'est de Saint-Firmin. Ouv de mi-mai à sept. Empl 2 pers 13-28 € ; loc mobile homes, 1 beau chalet et 2 tentes lodges. 50 empl.* Un bien bel endroit où planter sa tente, sur les bords de la Séveraisse. Site délicieusement ombragé, à la fois très nature, bien équipé et soigneusement aménagé et entretenu. Piscine *(juin-août)*, terrain de volley, pétanque et ping-pong. Accueil charmant.

Hôtel-restaurant Le Val des Sources : *135, route des Adoux, Les Barrangears, 05800* ***Saint-Maurice-en-Valgaudemar.*** *☎ 04-92-55-23-75. • levaldessources@wanadoo.fr • levaldessources.com • À env 7 km à l'est de Saint-Firmin. Ouv avr-oct. Résa conseillée. Doubles 88-119 € ; petit déj 14 €. ½ pens (demandée en juil-août) 86 €/pers. Pas de carte ; menus 28-40 € (48 € dim). Apéritif maison offert sur présentation de ce guide.* Dans un environnement boisé et au bord d'un petit cours d'eau, cet établissement propose des chambres plaisantes et de bonne tenue. Au resto, des mets du pays savoureux, copieux et concoctés dans les règles de l'art : oreilles d'âne, ravioles au miel, *flouzou* (tourte de pommes de terre aux lardons et aux échalotes). Il y a même un vivier peuplé de truites sauvages qui bullent dans une eau de qualité. Aussitôt pêchées, aussitôt préparées. Un parc, un hammam, un espace de remise en forme et une piscine chauffée couverte. Une référence dans la vallée, depuis 1965 !

Café du midi : *2, pl. René-Mourenas, 05800 Saint-Firmin. ☎ 04-92-45-42-74. Ouv tte l'année, mer-dim. Carte 25-30 €. Résa conseillée.* Le comptoir du bar et quelques tables à l'entrée. Cachée derrière, la petite salle de resto voûtée aux murs décorés de vinyles, avec le piano blanc, le billard, le mobilier de récup'. À l'ardoise, des petits plats simples, mais bons et faits maison.

Où acheter de bons produits dans le coin ?

Maison de pays du Valgaudemar : *N 85, 05800 Saint-Firmin. ☎ 04-92-23-60-39. De Grenoble par la N 85, juste avt le pont de la Séveraisse. Fermé en nov.* Cette vieille ferme restaurée en une Maison de pays accueillante abrite un point infos et une association de producteurs qui propose de nombreuses spécialités du terroir : oreilles d'âne, miel, terrines... Également des artisans.

Thierry Siat : *La Trinité, 05800 Saint-Firmin. ☎ 04-92-55-44-29. • thierry.siat@orange.fr • Sur la N 85, direction Grenoble, accès par une petite route sur la droite. Mar-sam 9h-12h,*

15h15-18h30 ; dim 9h-12h. Perchée au bout d'une allée pentue, encore une de ces adresses improbables. La maison ne paie pas de mine, mais que de petits délices elle abrite ! En plus d'être un excellent chocolatier, Thierry Siat confectionne de délicieuses pâtisseries, glaces, ainsi que des tartes (praline, chocolat, mendiant) qui peuvent se conserver longtemps car emballées, mais qui font rarement de vieux os tellement elles sont bonnes ! Ici tout est fait maison, y compris les confitures garnissant les tartes de pays.

Boulangerie Dumas : *hameau du Roux, 05800* ***Saint-Maurice-en-Valgaudemar.*** *☎ 04-9255-23-69. • boulangerieduvalgo@gmail.com • À env 9 km à l'est de Saint-Firmin. Tlj sauf lun et dim ap-m 6h-12h30, 16h-18h30. Également un point de vente à Saint-Firmin, mais ouv seulement mat.* Outre ses bons pains, cette miniboulangerie est connue pour ses viennoiseries et ses excellentes tartes du Valgaudemar (garnies à la confiture ou à la crème pâtissière).

DANS LES ENVIRONS DE SAINT-FIRMIN

Laines du Valgaudemar : *La Sagnette, D 216, 05800 Saint-Firmin. 06-09-58-50-35. À env 1 km en contrebas de Saint-Firmin. Lun-ven 9h-12h, 13h-17h ; sam 10h-12h.* À vos tricots, les amis ! En fait, il s'agit de la boutique de la filature qui se trouve sur place (et dont on peut apercevoir les machines à l'œuvre en semaine). Si pelotes de laine et aiguilles ne sont pas votre truc, l'endroit mérite quand même le coup d'œil, ne serait-ce que pour les bâtisses de l'ancienne filature et de la maison de maître juste à côté. Des bâtiments que l'on ne s'attend guère à trouver dans un tel endroit !

Les ruines du château de Lesdiguières : *à env 10 km à l'ouest de Saint-Firmin, sur la rive gauche du Drac, à 2 km au nord du village du Glaizil. Ne s'observent que de l'extérieur.* Ruines fort belles du château du connétable de Lesdiguières, chef des armées du roi Henri IV. Une grosse tour ronde, des vestiges de la chapelle... Construit vers 1570 selon la technique des pierres sèches (soit des murs construits sans aucun mortier), le château fut pillé par le duc de Savoie au siècle suivant, et tombe en ruine depuis... Il servit de cadre au roman de Stendhal *Ernestine ou la Naissance de l'amour...*
– Exposition « Historique du château et vie du connétable Lesdiguières » : *à l'entrée du village, dans le four banal. 06-08-55-61-31. En principe mai-oct, tlj 10h-19h30. GRATUIT.*

Saint-Maurice-en-Valgaudemar : belle église en partie des XIe ou XIIe s. En 2010, des chantiers de restauration ont permis de mettre au jour des peintures du XVIe s uniques dans la région.

LA CHAPELLE-EN-VALGAUDEMAR

(05800) *Carte Hautes-Alpes, B2*

Dernier bourg du Valgaudemar (au-delà, nature complètement préservée), c'est un haut lieu de l'alpinisme et le point de départ d'excursions ahurissantes vers l'Olan (3 564 m). Après La Chapelle, vers Gioberney, la route fait découvrir en alternance hautes cascades, petites vallées, superbe nature sauvage. Le bonheur !

Adresse utile

Maison du Parc national des Écrins et bureau d'accueil touristique du Valgaudemar : *05800 La Chapelle-en-Valgaudemar. ☎ 04-92-57-11-11. • ecrins-parcnational.fr • champsaur-valgaudemar.com • De mi-juin à mi-sept, tlj 9h30-12h30, 15h-19h ; avr à mi-juin et de mi-sept à oct, mar-sam 10h-12h30, 13h30-16h. Fermé nov-mars. GRATUIT.* Infos et doc sur la vallée et le Parc national, ainsi que des expos permanentes et temporaires. Projections sur grand écran à la demande.

Où dormir ? Où manger ?

Camping Les Mélèzes : *Pont-la-Place. ☎ 04-92-55-23-01. • celcouly@ecrin-des-alpes-en-valgaudemar.com • ecrin-des-alpes-en-valgaudemar.com • Ouv avr-oct. Empl 2 pers 12-15 € ; nuit en gîte d'étape 19-21 €, draps en sus. CB refusées. 56 empl.* Au centre du village, un camping convivial, bien ombragé, à proximité de toutes les commodités. Sanitaires impeccables. Terrain de tennis, boulodrome, aire de jeux pour enfants. Possède aussi un gîte d'étape.

Rêvembulle : *Valgo Aventure, La Forêt, 06-74-59-93-79. • valgo-aventure@hotmail.fr • revembulle.com • Ouv de mi-mai à début oct. Pour 2 pers 79 €, literie et petit déj inclus.* De jolies bulles dispersées sur le site, chacune avec son espace privé et sa terrasse. Petit bloc sanitaire commun, tout en mélèze, avec toilettes sèches, douche et lavabo. Également une grande terrasse abritée commune pour les barbecues ou pour se poser dans cet environnement très nature, avec un petit côté décalé rigolo qui vous emporte à mille lieux du Valgo !

Le Mont Olan : *Pont-la-Place. ☎ 04-92-55-23-03. • hotel@montolan.fr • mont-olan.fr • Ouv tlj mai-oct. Doubles 74-80 €. Au resto, carte 25-30 €. Loue aussi des apparts.* Au cœur du village, ce gros chalet fait à la fois hôtel, restaurant et café. Une quinzaine de chambres simples, bien tenues. Côté bar et resto, terrasse sur la rue, mais on préfère celle côté jardin ou la grande salle vitrée avec sol en damier d'une autre époque. Au menu, du traditionnel qui se tient. Le tout dans une ambiance jeune et conviviale.

DANS LES ENVIRONS DE LA CHAPELLE-EN-VALGAUDEMAR

Le moulin de Villar-Loubière : *à Villar-Loubière. ☎ 04-92-55-95-72. 06-16-22-52-08. À 5 km à l'ouest de La Chapelle. Juil-août, mar-ven à 17h30. GRATUIT.* Vieux moulin à roues hydrauliques horizontales (qui fonctionnent !) construit en 1838. Topo sur les coutumes locales, évocation des métiers d'antan. Intéressant.

Le hameau des Portes et la cascade des Oules : à La Chapelle-en-Valgaudemar, une petite route (vers l'église) monte en quelques minutes au hameau des Portes, havre de paix avec une vue sublime sur la montagne. Là, se garer et continuer jusqu'à cet adorable hameau aux maisons de bois couvertes de chaume, et le traverser. Plus loin, après le hameau, fléchage sur la gauche. On descend jusqu'aux Oules (« marmites ») du Diable : des cavités ont été creusées dans la roche, et le torrent fait de grosses bulles dans ces baignoires naturelles (attention : baignade interdite).

Le cirque glaciaire du Gioberney : site naturel grandiose, tout au fond de la vallée. Avec le cirque du Gioberney, surnommé « l'Himalaya français », le Valgaudemar termine en beauté, l'apothéose d'une nature géante et indomptée.

Cadre minéral impressionnant, monts vertigineux, pics et arêtes à plus de 3 500 m partout (Les Bans, pic d'Olan, pic de Bonvoisin). Juste avant d'arriver au bout, sur la gauche, belle *cascade du Voile de la mariée.* Cette chute d'eau majestueuse, tendue comme un voile descendant d'une paroi ondulée, est l'un des sites naturels les plus spectaculaires du massif des Écrins.

Sports et loisirs dans le Valgaudemar

Les ***randonnées*** sont nombreuses en Valgaudemar, de la promenade familiale facile aux circuits plus sportifs (bonne signalétique). De nombreux sites naturels (des lacs surtout) se trouvent aux abords de la vallée, faisant l'objet d'autant d'excursions pour petits et gros mollets : *lac de Pétarel, lac du Lauzon, lac Lautier,* et, pour ceux que ça tente, *tour du Valgaudemar* *(infos : • champsaur-valgaudemar.com •), escalade de l'Olan...* ou possibilité de passer une nuit en refuge (6 refuges).

Ski de fond : plusieurs circuits en boucle autour de Villar-Loubière et de La Chapelle. Ambiance haute montagne avec 28 km de pistes longeant la rivière et reliant les hameaux du haut de la vallée.

➢ ***Raquettes :*** plusieurs circuits au départ de Saint-Firmin, d'Aspres-les-Corps, La Chapelle, Saint-Jacques et Chauffayer. Bien balisés.

VTT et cyclotourisme : comme le Champsaur, le Valgo est un beau terrain de jeu en la matière. Pour plus d'infos : *• champsaur-valgaudemar.com •*

Manifestations

- ***La Valgaude traîneau :*** *1 w-e fin janv.* Parcours de 6 à 15 km en traîneau à chiens. Près de 2 500 chiens et 200 attelages ! Impressionnant.
- ***La Valgaude VTT :*** *1 w-e en oct.* Rando VTT au cœur du Valgaudemar.
- ***Foire aux bestiaux et repas de la chèvre :*** *4 oct, à* ***La Chapelle-en-Valgaudemar.*** Très convivial, on fête le « désamontagnage » et on se tape de la chèvre salée en pot-au-feu. À vivre !

SERRE-PONÇON ET L'EMBRUNAIS

Voilà le majestueux lac de Serre-Ponçon ! Pour ne rien vous cacher, des lacs artificiels, on en a vu d'autres et en général on ne court pas après. Eh bien, celui-ci fait exception ! Il est superbe, environné de monts et caressé (ou fouetté) de thermiques (un vent qui souffle quotidiennement, et grâce auquel les voileux s'éclatent, à planche, en bateau ou à kitesurf). En été, avec ses eaux turquoise, « c'est la mer à la montagne », comme on dit par ici ! Quel plaisir de s'y baigner avec les magnifiques montagnes en toile de fond. En hiver, le cadre se fait plus austère, plus sec, quand le niveau de l'eau baisse et dénude les rives. Apparaissent alors les vestiges engloutis par les eaux lors de la construction du barrage, tel le *viaduc de Chanteloube,* avec ses 14 arches. Construit en 1903, il faisait partie d'un projet de voie ferrée. Le projet fut abandonné, mais le viaduc demeure.

Ce lac d'irrigation et de production d'électricité a été aménagé de 1955 à 1961. La digue, constituée de 30 millions de tonnes d'alluvions, de blocs divers et d'argile, constitue le plus grand barrage en terre d'Europe. Il retient

quelque chose comme 1 milliard de mètres cubes d'eau, qui s'étendent sur 2 800 ha environ (20 km de long sur 1 à 3 km de large, soit à peu près la superficie du lac d'Annecy).

Ce chantier colossal a redonné vie à toute la vallée, mais 1 500 habitants furent déplacés et 2 villages sacrifiés, Savines et Ubaye, démolis puis engloutis par les eaux. Cette grande aventure humaine a inspiré le film *L'Eau vive,* tourné en 1957 sur un scénario de Jean Giono.

Plus à l'est, l'Embrunais se révèle lui aussi séduisant. On y trouve une cité ancienne, dont le cœur historique a bien résisté aux siècles, avec quelques-uns des plus beaux ensembles architecturaux du département, grâce à ses monuments, placettes et fontaines...

Les 587 km de pistes VTT, la proximité du Parc national des Écrins, inépuisable domaine d'excursions, le cours tumultueux de la Durance, idéal pour la pratique du canoë-kayak, du rafting, de la nage en eaux vives, complètent les « atouts charme » de Serre-Ponçon et de l'Embrunais. Sans oublier les stations de ski, alpin ou nordique. Bref, été comme hiver, tout le coin est super !

– ● *rando-serreponcon.com* ● Un site bien fait sur lequel vous trouverez des fiches randos (pédestre, vélo, raquettes) pour explorer cette magnifique région, mais aussi des itinéraires d'escalade, de trail et paddle !

CHORGES

(05230) 3 080 hab. *Carte Hautes-Alpes, C3*

Situé à mi-distance entre Gap et Embrun, Chorges occupe une position stratégique et jouit d'un somptueux cadre naturel avec, en toile de fond, les montagnes, dont le massif des Écrins. Puis, si l'on poursuit encore quelques kilomètres sur la N 94 : le lac de Serre-Ponçon.

C'est avec plaisir que l'on parcourt le joli petit centre animé, qui recèle encore quelques vestiges de son prestigieux passé, tels l'église Saint-Victor ou encore la porte des Souchons, seule partie restante de l'enceinte qui, au Moyen Âge, protégeait le bourg et son château (aujourd'hui disparu, mais dont les pierres ont servi à construire d'autres éléments architecturaux dans le village – un portique, des chapiteaux...).

Adresse et info utiles

Office de tourisme de Serre-Ponçon : *Grande-Rue. ☎ 04-92-50-64-25. ● serreponcon.com ● Juil-août, tlj sauf dim ap-m.*

– **Marché :** *dim mat. Juil-août, nocturne mer.*

Où dormir ?

Camping de la Baie Saint-Michel : *baie Saint-Michel. ☎ 04-92-50-67-12. ● camping@mairie-chorges.fr ● baiestmichel.com ● Ouv de mi-avr à mi-nov. Empl 2 pers 14,90-18,90 €. Loc chalets 2-7 pers et pod 2-4 pers, ainsi qu'une tente suspendue.* Un sympathique camping municipal, en léger surplomb du lac et de la baie, avec des emplacements en terrasse, pas spécialement délimités et plus ou moins ombragés. En hauteur, sur le pourtour du site, quelques *pods* et autres chalets. Snack sur place et animations en été. Excellent accueil.

Gîte et chambres d'hôtes La Bonne Étoile : *chemin de l'Iscle. 06-67-00-18-37. ● labonneetoile marcdaniele@gmail.com ● labon neetoile-chorges.com ● Double 80 €.* Dans un quartier pavillonnaire paisible, une adresse modulable. D'un côté, la maison et ses 3 chambres à l'étage, chacune avec salle de bains et toutes accueillant jusqu'à 4 personnes. Parmi elles, une grande avec balcon. Et au rez-de-chaussée, la salle ouvrant sur la belle terrasse en bois et le jardin. Cette 1re maison peut vous accueillir soit en chambre d'hôtes, soit être louée comme gîte (12 personnes). Et derrière le jardin, chalet de 2 à 6 personnes. Quant à la « bonne étoile » de la maison, c'est le feu cocker de la maison dont le portrait orne les murs en plusieurs endroits.

Ax'Hôtel : *ZA La Grande Île Nord. ☎ 04-92-21-45-17. • reception@ax-hotel.com • ax-hotel.com • Doubles 95-125 €. Au resto (ouv le soir lun-sam), menu 35 €. Apéritif maison offert sur présentation de ce guide.* On vous l'accorde : de prime abord, le cadre (une petite zone d'activités) surprend plus qu'il ne séduit. Mais cette bâtisse en bois se révèle être un bel écrin contemporain et feutré non seulement pour vos nuits, mais aussi pour vous restaurer et vous ressourcer, puisque l'on y trouve un restaurant et un spa de qualité. Sur l'arrière, très belle terrasse avec vue sur la campagne et le massif des Écrins. Envie de boire un verre ? Vous n'avez qu'à traverser la rue, la brasserie artisanale de Serre-Ponçon se trouve en face ! Accueil pro et charmant.

Où dormir ? manger ?
Où acheter de bons produits dans le coin ?

L'Auberge du Moulin : *La Plaine, 05230* ***Montgardin.*** *☎ 04-92-50-32-98. • auberge.dumoulin@orange.fr • auberge-montgardin.fr • À 6 km à l'ouest de Gap. Fermé dim soir et lun. Sur résa seulement. Menu unique 32 €. CB refusées.* L'Auberge du Moulin, bien connue dans le pays sous le nom des « Deux Sœurs », est une adresse familiale tenue par Corinne et Martine, de vraies cuisinières du terroir, spécialisée dans le canard et l'oie. Profitez sans retenue du menu unique, rassasiant et fin. Tout se déguste avec joie. Belle salle à manger rustique installée dans un ancien moulin, mais peu de tables (environ 15 couverts). Également une chambre d'hôtes *(double 70 €)* et des gîtes.

Maison d'hôtes La Pastorale : *64, chemin Forest-d'Astier, 05230* ***La Bâtie-Neuve.*** *☎ 04-92-50-28-40. • la-pastorale@wanadoo.fr • lapastorale.net • À env 6 km au nord-ouest de Chorges. Ouv juin-août. Résa conseillée. Doubles 89-109 € ; petit déj 11,90 €.* Dans cette bâtisse du XVIe s rénovée, entre champs et forêts – et à 10 mn de Serre-Ponçon ou Gap –, on se détend au calme, face à un incroyable panorama. Bien équipées, raffinées et à la déco personnalisée, les chambres de caractère sentent le frais. Certaines disposent d'un coin cuisine et l'une d'entre elles s'apparente même à un petit appart, puisqu'elle peut accueillir jusqu'à 4 personnes. En bas, une salle voûtée où trône le petit déjeuner-buffet. Nombreux « petits plus », dont la piscine chauffée dans le mignon jardin à l'arrière.

GAEC Les jardins de Chabrières : *Les Bernards, 1404, route des Hameaux du lac, 05230 Chorges. 06-38-25-98-07. À env 5 km à l'est du centre de Chorges. En été, boutique au chalet (bord de N 94, juste avant de tourner pour la Baie-Saint-Michel), tlj 9h-13h, 16h-19h30 ou à L'Épicerie, sur la ferme, les mar et sam. Pour la table paysanne : ven soir (soirée à thème) et sam soir (pizza). Repas env 25 €. Résa conseillée (et impérative en hiver). Café offert sur présentation de ce guide.* Une belle histoire de famille, entre élevage et maraîchage. Résultat, on trouve là les légumes de l'exploitation, mais on peut aussi jeter son dévolu sur les charcuteries de la maison, ou encore les bières produites en collaboration avec la Brasserie de Serre-Ponçon. Pour la table paysanne, cela se passe en toute simplicité et convivialité, autour de tables dressées dans la cour (voire dans les champs) aux beaux jours, ou dans la salle intérieure l'hiver. Pour les soirées du samedi, ce sont de délicieuses pizzas (confectionnées à partir des produits de la ferme ou des exploitations voisines, comme tout ce qui est proposé lors des repas) à partager et à manger avec les doigts.

Où boire un verre ? Où acheter une bonne bière ? Où écouter de la musique ?

Brasserie Artisanale de Serre-Ponçon et L'Apex : *ZA La Grande Île Nord.* ☎ *04-88-26-00-46.* • *basp05.com* • *Tlj en saison, 9h-1h (20h lun et dim).* Ici on ne transforme pas l'eau des Écrins en vin mais en bière ! Belle gamme de goûteux breuvages ni filtrés, ni pasteurisés, certains saisonniers, d'autres à base d'ingrédients venant de producteurs locaux. Le tout produit, vendu et à déguster dans un seul et même beau bâtiment, au bar ou sur la belle terrasse. Propose également, tout au long de l'année, plusieurs concerts par semaine. Un *foodtruck* est alors là pour nourrir les foules.

DANS LES ENVIRONS DE CHORGES

En rejoignant ***Prunières*** depuis Chorges par les petites départementales offrant une surprenante vue sur Serre-Ponçon, on découvre, à l'entrée du village, sur la droite, un curieux mémorial, représenté par des restes d'une hélice d'avion américain (de retour d'une mission sur Munich), tombé là en 1944, et dont les habitants (et la Résistance) ont sauvé l'équipage.

La chapelle Saint-Michel : *sur un charmant îlot, au beau milieu du lac. Ne se visite pas.* Située sur une petite butte juste au-dessus de la cote maximale du lac (que l'on aperçoit bien depuis la N 94), cette chapelle qui faisait partie de la commune de Prunières n'a pas été engloutie. En été, on peut l'approcher en bateau et en hiver, à pied, mais pas la visiter, car c'est un lieu de nidification pour les oiseaux du lac.

SAUVÉE DES EAUX !

Lors de la construction du barrage de Serre-Ponçon, dans les années 1960, la destruction de la chapelle Saint-Michel était programmée. Mais grâce à sa position sur un promontoire, elle fut sauvegardée ! Trônant sur un îlot de quelques dizaines de mètres carrés, la chapelle Saint-Michel est aujourd'hui l'un des sites emblématiques et les plus photographiés des Hautes-Alpes.

Saint-Apollinaire : *à 9 km à l'est de Chorges.* Saint-Apollinaire possède une petite église perchée sur un promontoire d'où l'on jouit d'une vue formidable. Juste au-dessus, les aiguilles de Chabrières (2 403 m) ; du village, aller jusqu'au *lac de Saint-Apollinaire* par la D 509 (2 km). Très joli site.

ROUSSET (05190) 180 hab. *Carte Hautes-Alpes, C3*

On est en bout de lac, à la hauteur du barrage qui en est à l'origine. Un belvédère permet d'ailleurs d'y admirer le lac et l'impressionnant ouvrage d'art. On entre là dans la vallée de la Durance. Dominée par le mont

Colombis (1734 m), c'est une région importante de production de pommes, de poires, mais aussi de pêches en été (d'où les nombreux magasins de producteurs qui bordent la départementale entre Espinasses et Tallard). Des viticulteurs s'emploient à faire revivre les vignes et à redonner leurs lettres de noblesse aux vins locaux et au cépage endémique des Hautes-Alpes : le mal nommé mollard ! D'où la présence, à Remollon, de la *Maison du Vigneron*, l'endroit parfait pour découvrir l'ensemble de la production viticole des Hautes-Alpes.

Adresse utile

Pavillon du tourisme : *Les Celliers. ☎ 04-92-54-41-18. • serreponconvallees.com • Ouv de fin juin à début sept, tlj 9h30-13h, 14h-18h.*

Où dormir ? Où manger dans le secteur ?

Camping La Viste : *belvédère de Serre-Ponçon, 05190 Rousset. ☎ 04-92-54-43-39. • camping@laviste.fr • laviste.fr • À 13 km au sud de Chorges. Ouv de mi-mai à mi-sept. Empl 2 pers 24-29 € ; loc chalets et mobile homes 2-6 pers. 170 empl.* Magnifiquement situé, dans un cadre dominant l'ensemble du lac (celui-ci se trouvant à 500 m), un beau camping très bien tenu, aux emplacements bien délimités pour plus d'intimité ; parfaitement équipé, très familial, avec une aire multisport, 2 piscines et leur toboggan, ainsi que nombreuses activités proposées (initiation à l'escalade, randos dans les environs, football, volley, etc.).

Le Balcon de Théus : *175, route du Mont-Colombis, Le Village, 05190 Théus. 06-02-14-45-01. • salwa.balcon05@gmail.com • Tlj 9h-17h (22h ven-sam). Repas env 25 €.* Niché dans un petit village perché, rien que pour la terrasse et la vue plongeante sur la vallée de la Durance et ses exploitations arboricoles, l'endroit mérite un arrêt ! Ambiance très informelle, avec une seule personne à bord assurant la cuisine, le service et la conversation. Alors oui, des fois, on attend un peu, d'autant qu'ici, on n'est pas du genre à vous accueillir sans un mot ! Pas vraiment de menu non plus, mais des plats aux saveurs méditerranéennes (voire libanaises, comme Salwa, à la tête de ce navire).

À voir. À faire

Le muséoscope du Lac : *belvédère de Serre-Ponçon, au niveau du barrage. ☎ 04-92-54-50-00. 06-07-56-69-87. • museoscope-du-lac.com • Ouv de janv à sept. Plusieurs visites guidées/j. (env 1h) : de mi-juil à août, 10h30-11h50, 13h30-17h, départ ttes les 40 mn ; le reste de l'année, horaires plus restreints. Entrée : 15 € ; 10 € pour les 5-15 ans.* Incontournable pour comprendre le pourquoi et le comment de la construction du barrage et du lac de Serre-Ponçon. Un musée privé particulièrement bien fait où l'on a mis les gros moyens ! Son ambition ? Faire revivre la grande épopée du barrage et transmettre la mémoire des villages engloutis et des habitants déplacés, à travers un parcours visuel et sonore. C'est un mélange de nostalgie, de fierté et un regard positif sur le présent. Et surtout, un espace muséographique très pédagogique et touchant, avec de grandes maquettes des anciens villages, des films (avant, pendant et après le barrage ou un court-métrage en 5D pour découvrir la région... comme si on était un aigle !), et même une simulation avec effets spéciaux de la mise en eau de la vallée !

Espace EDF Odyssélec – Maison de l'Eau et des Energies : *au bord de la D 3 (au niveau du barrage). ☎ 04-92-54-58-11. Ouv juil-août, lun-ven 9h-12h, 13h30-16h30. GRATUIT.* Espace ludique, interactif et pédagogique avec un sentier découverte et une exposition extérieure sur « le chantier du siècle ».
– ***Visite du barrage :*** *en juil-août, en sem, sur résa seulement (☎ 04-92-54-58-11 ; pièce d'identité obligatoire). Être bien chaussé (tongs interdites). GRATUIT.*

Apiland : *1, rue des Tennis, Les Celliers. ☎ 04-92-54-40-60. • apiland.com • Juil-août, visites guidées de 1h15 env, tlj à 10h30 et 14h30 ; le reste de l'année, se renseigner. Pas de visite de nov à mi-fév. Boutique tte l'année, tlj sauf certains j. fériés, 9h30-12h, 14h-18h30 (en continu en juil-août jusqu'à 19h). Entrée : 12,90 € ; 9,90 € pour les 4-16 ans. Atelier de cire d'abeille pour les enfants (7,50 €).* Dans la *miellerie du Vieux-Moulin de Célestin,* un espace muséographique apicole de 800 m², très bien fait, pour tout savoir sur la vie des abeilles (explication de la formation des essaims, de l'évolution des ruches de 1800 à nos jours, collection de ruches du monde, etc.). Vivarium où l'on peut observer l'intérieur de ruches en pleine activité. Visite guidée interactive et vraiment passionnante. Resto *(tlj en été).*

Plage de Bois-Vieux et sa piscine flottante : le rivage de la plage de Bois-Vieux étant peu large et la pente un peu abrupte, on y a construit une ***grande piscine*** immergée dans le lac, où les enfants peuvent se baigner en toute sécurité (un grand bassin de 1,50 m de profondeur et un autre de 70 cm). Sur place, des tables de pique-nique, des barbecues et, de juin à septembre, un snack et des activités nautiques.

DANS LE ENVIRONS DE ROUSSET

Maison du vigneron : *5, pl. Claude Giraud, 05190* ***Remollon.*** *06-51-56-39-30. • remollon.fr • À 13 km à l'ouest de Rousset. Juin-sept, mar-sam 10h-13h, 16h-19h. Visite libre : GRATUIT. Visite guidée + dégustation : 5 €/pers ; gratuit moins de 12 ans.* C'est dans la vallée de la Durance et la vallée de l'Avance que se concentre le gros de la production viticole des Hautes-Alpes. Pas étonnant donc que l'on y ait ouvert cette *Maison du vigneron* qui est, d'une part un musée, d'autre part la boutique où sont réunis pratiquement tous les vins produits dans les Hautes-Alpes. De juin à septembre, on y organise aussi la visite de domaines *(25 € la ½ journée, 45 € la journée).*
On travaille la vigne autour de Remollon depuis le Moyen Âge, mais à la fin du XIXᵉ s, l'amélioration des voies de communication, la concurrence des vins de Provence et la catastrophe du phylloxera mettent à genoux la production. Au XXᵉ s, la surproduction, les guerres mondiales, les crises économiques, l'exode rural et le mildiou entraînent sa quasi-disparition. C'est, entre autres, grâce à Louis Allemand, viticulteur à Théus, que l'on doit son renouveau, celui-ci s'étant lancé dès 1951 dans la production de vins blancs et mousseux de qualité. Les générations suivantes ont poursuivi son œuvre, en sauvant de la disparition le mollard, le cépage emblématique des Hautes-Alpes. Depuis, une douzaine de viticulteurs leur ont emboîté le pas, à Théus *(Domaine du Petit Août),* Remollon, mais aussi à Tallard, Embrun ou Châteauroux-les-Alpes.
Le ***musée*** lui-même se compose au sous-sol de ce qui était une vraie cave de vigneron (bel alambic à l'entrée dans la cour). Y est exposé le matériel ancien pour le travail de la vigne, son entretien, sa taille, les vendanges, l'embouteillage et sa conservation, telles les magnifiques pompes à levier qui servaient à soutirer le vin pour le transférer dans les cuves. Dans les étages, une petite salle où passent 2 vidéos. Et dans la salle d'exposition à l'étage, une jolie mezzanine avec vue sur les vignes et les demoiselles coiffées.

La Salle de bal des Demoiselles coiffées : *à Théus, à 12 km à l'ouest de Rousset.* Curiosité naturelle due à l'érosion pluviale, qui a creusé autour d'un roc de granit la pierre plus tendre. Et le roc de granit est resté perché en haut d'une colonne que l'érosion n'a pas touchée : ces ***pitons rocheux*** sont donc appelés « demoiselles » (car souvent fines, sveltes) coiffées (d'un énorme chapeau de granit). Celles de Théus sont exemplaires et spectaculaires.
De Théus, possibilité de monter (hardi petit !) par une pente raide et une route étroite jusqu'aux belvédères aménagés pour admirer les demoiselles sur les flancs du ***mont Colombis*** et leur salle de bal. Il y a même des tables de pique-nique et quelques espaces où s'allonger et se relaxer dans un cadre de toute beauté.

Le sanctuaire Notre-Dame du Laus : *05130 **Saint-Étienne-le-Laus.** ☎ 04-92-50-30-73. • sanctuaire-notredamedulaus.com •* Par de jolies petites départementales apparaît le village de Saint-Étienne-le-Laus, perdu au fond d'une vallée. Rien de bien particulier a priori, sauf une église qui se distingue dans le paysage et s'avère être un lieu de pèlerinage vieux de 300 ans. Effectivement, c'est suite à des apparitions de la Vierge au XVIIe s auprès d'une bergère illettrée (ça rappelle une autre histoire) que sera demandée la construction du sanctuaire. Depuis, les fidèles s'y succèdent, et l'affluence ne cesse de croître depuis que le Vatican a reconnu les apparitions de la Vierge (en mai 2008). Le site accueille aussi bien les congressistes que des personnes seules pour une retraite au calme *(ouv tte l'année ; chambres et possibilité de camping).*
Un antique chemin de pèlerinage, la *via Domitia* (GR 653D), passe à Notre-Dame du Laus, faisant du sanctuaire une étape sur la route vers Saint-Jacques-de-Compostelle ou Rome... Également situé sur la *via Alta* qui relie les chemins vers Compostelle et la *via Francigena* italienne qui rejoint Rome.

SAVINES-LE-LAC

(05160) 1 080 hab. *Carte Hautes-Alpes, C3*

Au pied du long pont qui enjambe le lac, Savines est aujourd'hui la station balnéaire par excellence. Reconstruite pour « oublier » celle qui fut ensevelie en 1961 lors de la mise en eau du barrage de Serre-Ponçon, elle manque singulièrement de charme, mais pas d'intérêt. De par sa situation, d'abord, mais aussi d'un point de vue architectural et pour son église Saint-Florent qui abrite de magnifiques vitraux (l'ensemble du village a obtenu le label Patrimoine du XXe s).
Elle a par ailleurs le mérite de posséder de nombreux commerces, et tous les centres et agences qui organisent les activités autour et sur le lac. Petite plage engazonnée des Combettes aménagée et bien agréable avec des tables de pique-nique à l'ombre. Ou encore la jolie et bien cachée plage de la Voilerie (ou *Savin'Plage*), au départ de la route qui monte au Sauze-du-Lac. Dans le haut du village, quelques départs de sentiers pour se balader dans les bois, dont le sentier de la Mère des Fontaines, éclairé en été de 21h à minuit.

Adresse et info utiles

Office de tourisme de Serre-Ponçon : *9, av. de la Combe-d'Or. ☎ 04-92-44-31-00. • serreponcon.com • Juil-août, tlj. Le reste de l'année, tlj sauf dim (plus jeu oct-mai hors vac scol).*

– **Marché :** *juil-août, mar mat et ven mat.*

Où dormir ? Où manger dans le coin ?

Camping La Palatrière : *Orbanne, 05160* ***Le Sauze-du-Lac.*** *☎ 04-92-44-20-98. • contact@lapalatriere.com • lapalatriere.com • À 6,5 km au sud-ouest de Savines. Ouv juil-août pour les tentes et mai-sept pour les locatifs. Empl 2 pers 25 € ; loc chalets et mobile homes. 50 empl.* Dominant le lac de sa terrasse panoramique, ce petit camping, convivial et propre, propose des emplacements à l'ombre près du bois et à flanc de montagne. Ceux situés en bord de route sont moins intimes. Un peu en retrait (commerces à 5 km, plage à 2 km), le site dispose d'une piscine et d'un spa, d'un bar et d'un resto simple mais bon *(ouv juil-août).* Lave-linge et barbecue. Bel accueil.

Hôtel Éden Lac : *1, rue des Maisonnettes, 05160* ***Savines-le-Lac.*** *☎ 04-92-44-20-53. • contact@edenlac.com • edenlac.com • Congés : de mi-déc à début fév. Doubles 70-110 €.* Certes, les chambres sont très classiques et parfois petites pour les standards, mais l'ensemble reste bien tenu. Et puis on apprécie vraiment la situation de cet établissement (en surplomb du lac), sa grande terrasse, sa véranda et leur vue remarquable. Autres points positifs : la qualité du petit déj et l'accueil, attentif et disponible. Sur place également, une piscine. Fait aussi resto.

Le Château de Picomtal : *05200* ***Crots.*** *☎ 04-92-43-07-77. • info@picomtal.fr • picomtal.fr • À 6 km à l'est de Savines-le-Lac ; dans le village de Crots, suivre la direction Saint-Jean/La Montagne, puis fléché. Ouv mai-oct. Chambres et suites 150-170 € (visite guidée incluse) ; petit déj 14 €.* Un château des XIVe-XVIe s, une déco intérieure XIXe s, un parc et des jardins à la française, une vue sur le lac de Serre-Ponçon, des chambres cossues qui font rêver... un lieu certes cher, mais assez exceptionnel. Concerts et événements culturels organisés régulièrement dans l'ancienne salle des gardes. En été, chasses au trésor pour les enfants.

Le Bus : *RN94, plage des Eaux-Douces, 05200* ***Crots.*** *☎ 06-62-77-27-33. Entre Crots et Savines. Ouv juin-sept. Resto ouv mar-dim 12h-14h30, plus ven-dim 19h-20h30 ; bar ouv mar-jeu 10h-19h et ven-dim 10h-21h. Repas 25-30 €. CB refusées.* Face au lac, un bus à impériale rouge, sa terrasse et, tout autour, dispersés dans la nature et la végétation, des tables, des petites terrasses, des coins canapés. Rien que ça, on adore, que ce soit pour boire un verre ou manger. Au menu, rien de bien compliqué, mais c'est bon, frais et copieux : salades composées, burgers et, pour la note sucrée, desserts maison. En soirée, on ajoute les patates farcies au menu. Et toujours une proposition végétarienne. Si vous le souhaitez, vous pouvez même vous initier à la planche à voile ou au *wingfoil* puisque c'est aussi une école de voile.

La Chaise Longue : *plage de la Voilerie (Savin'Plage), 05160* ***Savines-le-Lac.*** *06-65-75-22-83. Ouv juin-sept, tlj sauf lun. Repas 30-35 €. Résa indispensable (surtout le soir, car c'est encore mieux au coucher du soleil !).* Une adresse sur laquelle souffle un vent d'ailleurs. Difficile, en effet, de se croire dans les Alpes quand on est attablé sur la jolie terrasse de ce resto, niché dans un coin de la jolie plage de la Voilerie. L'invitation au voyage se poursuit sur l'ardoise avec des plats d'inspiration plus asiatique qu'alpine : wok, *bobun,* tartare à la thaïe, mais aussi un burger maison... Un régal !

Le Resto' Rond : *pl. de l'Église, 05160* ***Savines-le-Lac.*** *☎ 04-86-73-92-29. • lerestorond@gmail.com • Congés : de mi-avr à début mai. Fermé mar en juil-août, lun soir et mar-mer le reste de l'année. Formules 27-31 €. Résa conseillée.* Dans la Rotonde, une bâtisse emblématique de la reconstruction de Savines, une toute petite ardoise, qui change quotidiennement, en fonction des arrivages et de l'inspiration du chef, qui régale ses convives de plats inspirés et d'une grande fraîcheur.

Chez Pierrot Fils : *05200* ***Crots.*** *☎ 04-92-43-13-43. • petityann68@gmail.com • À 5,5 km à l'est de Savines-le-Lac. Au centre du village, juste derrière l'église. Juin-oct, ouv le soir seulement, plus le midi dim et j. fériés ; fermé lun-mer hors saison. Congés : de fin sept à mi-déc. Résa conseillée. Carte 25-35 €.* Voilà une adresse qui grouille de monde et ce, depuis 1971 ! C'est que moult vedettes sont passées *Chez Pierrot* : les regrettés Thierry Le Luron ou Claude François, par exemple. Même si Pierrot n'est plus, son fils, avec sa femme, a repris l'affaire. On y vient pour l'accueil des plus affable, le service gentil et rapide, le cadre agréable (salles voûtées d'anciennes écuries), la terrasse, et pour manger, car ici, on mange bien, en toute simplicité. Les spécialités : frites à la crème et pieds-paquets, anchois maison à la menthe ou moules à la fondue de poireaux... Si l'on veut faire plus simple, il y a les pizzas.

LES HAUTES-ALPES

À voir

Le CIAP (Centre d'interprétation de l'Architecture et du Patrimoine) : *dans le Pôle culturel XXe, au 3e étage ; entrée par la poste. ☎ 04-92-44-15-12. Juil-août, lun 15h-18h, mar-sam 10h-12h et 15h-18h, fermé dim ; sept-juin, mar 15h-17h, mer et sam 10h-12h et 15h-18h, jeu 10h-12h. GRATUIT.* Un petit espace muséographique bien intéressant qui explique, succinctement mais clairement, à travers des photos, des vidéos et des témoignages les transformations traversées par les vallées de la Durance et de l'Ubaye, autour du lac de Serre-Ponçon, notamment d'un point de vue architectural. En vous promenant dans Savines, vous découvrirez aussi des panneaux explicatifs complétant cette visite.

DANS LES ENVIRONS DE SAVINES-LE-LAC

Les Demoiselles coiffées : *à env 8 km au sud-ouest de Savines-le-Lac, en direction du Sauze-du-Lac, sur le côté gauche de la route (D 954). Accès par un petit sentier.* Site géologique de colonnes de calcaire coiffées d'un roc en guise de chapeau. Un jour, ça se cassera la figure, pour sûr ! D'ailleurs, c'est en train...

Le parc animalier de Serre-Ponçon : ***Le Sauze-du-Lac.*** *07-61-26-32-00. • parcanimalierdeserreponcon.com • À 12 km au sud-ouest de Savines-le-Lac. Avr-sept, 10h30-18h ; de mi-juin à mi-sept, tlj ; aux intersaisons, voir le site internet. Fermé le reste de l'année. Entrée : 15,50 € ; 11 € pour les 4-12 ans.* On a vraiment bien aimé ce parc animalier, familial et pédagogique. Idéal pour passer 1h ou plus parmi les renards, les marmottes, mais aussi plus de 80 rapaces et les loups... Nourrissages, spectacles de rapaces en vol et rencontres avec les soigneurs animaliers du parc à heures fixes (programme sur le site internet), avec le lac et les montagnes en toile de fond. Quelques animaux de la ferme également et une nursery pour rapaces. Resto, boissons et espace pique-nique.

Port-Saint-Pierre et sa plage : *base nautique,* ***Le Sauze-du-Lac.*** *☎ 04-92-44-33-17. • portsaintpierre.com • À 12 km au sud-ouest de Savines-le-Lac. Ouv de mi-juin à mi-sept. Animations en juil-août.* Quelle vue sur le lac ! Voilà un site parfait pour passer une journée estivale les pieds dans l'eau, gratuitement, avec plage et baignade surveillée. Location de bateaux avec ou sans permis, canoë-kayak, paddle, etc. Pas grand-chose à y faire en revanche hors saison (si ce n'est profiter, encore et toujours, de la vue sur le lac !).

L'abbaye de Boscodon : *à **Crots,** à 7,5 km au sud-est de Savines-le-Lac. ☎ 04-92-43-14-45. • abbayedeboscodon.eu • Abbatiale et chapelle tlj 8h30-18h30 (19h30 en été) ; entrée libre. Cloître, jardins, librairie, expos et musée : juil-août, tlj 9h30-12h30, 13h30-18h30 ; mai-juin et sept, tlj sauf lun (ouv lun mat en sept) 10h-12h30, 14h30-17h30. Entrée : 7 € ; réduc ; gratuit moins de 10 ans. Propose aussi des visites guidées (10 € ; réduc). Organise des concerts, conférences, différents ateliers (calligraphie, taille de pierre, poterie, etc.).*

QUI A VU L'OURS ?

À 4,5 km de l'abbaye de Boscodon, près du parking de la fontaine de l'Ours, se trouve une curieuse fontaine dont l'eau jaillit d'un morceau de bois évoquant... une tête de plantigrade. Son histoire remonte au VIIe s et rappelle une amitié surprenante entre l'évêque de Gap et un ours. À la mort de l'évêque, l'animal disparut de chagrin, et ce n'est que bien plus tard que des moines trouvèrent près d'une source le squelette d'un animal imposant. Ils identifièrent rapidement l'ours grâce au collier d'or et d'argent que l'évêque lui avait offert.

C'est ***la seule abbaye du département,*** située au cœur d'une des plus belles pépinières de France. Construite au XIIe s, elle fut maintes fois pillée, incendiée et saccagée. Mais toujours relevée grâce à l'opiniâtreté des moines, chalaisiens d'abord (un petit ordre monastique grenoblois), puis bénédictins ; mais l'archevêque d'Embrun finit par faire main basse sur l'abbaye et sa forêt en 1769. À la Révolution, l'abbaye fut vendue comme bien national. Elle a depuis fait l'objet d'une longue restauration, en utilisant, notamment, de la pierre de Boscodon (appelée « la cargneule »), extraite dans la région. Une communauté religieuse y réside toute l'année.

L'abbatiale présente des lignes et des volumes très épurés et sobres, à la manière cistercienne. Superbe chevet. Autour du cloître, des salles évoquent l'art des bâtisseurs au Moyen Âge, l'histoire de l'abbaye depuis le XIIe s et la vie monastique. Potager et petit jardin botanique. Plusieurs animations sont organisées toute l'année (jeux de piste, sorties nature, etc.).

À l'entrée du bois (et du parking), une stèle en souvenir des maquisards de la région, très actifs dans le coin pendant la dernière guerre, et d'où part le « sentier des Moines » pour une balade à travers la forêt. Le coin est propice au pique-nique.

Dans la ***forêt domaniale de Boscodon,*** de nombreux départs de sentiers aménagés. Les bons marcheurs ne manqueront pas le sentier du pic de Morgon, une balade de 4h, au départ du parking du grand clos, situé à 4,5 km de l'abbaye (fléché). Magnifique vue sur les vallées de la Durance, de l'Ubaye et sur le lac de Serre-Ponçon. Considérée par l'Office National des Forêts comme l'un des lieux les plus purs de France, la forêt de Boscodon a reçu en 2019 le label « Forêt d'exception » et rejoint un réseau d'une quinzaine de forêts à travers la France retenues pour leur caractère exemplaire en matière de développement durable et de partage des espaces et des usages.

Réallon : *à env 14 km au nord de Savines.* L'endroit est célèbre surtout pour son dépôt archéologique, véritable trésor de l'âge du bronze (VIIIe s av. J.-C.). Petite station familiale de ski alpin et de ski nordique ; nombreuses activités l'hiver (balades avec chiens de traîneau, VTT des neiges, randonnées à raquettes, etc.). La station est également ouverte l'été et les télésièges permettent de rejoindre la crête du Serre du Mouton avec une vue plongeante sur le lac. Du village, assez typique, la route, magnifique, continue et grimpe jusqu'aux Gourniers, point de départ de nombreuses randonnées dans le Parc national des Écrins. Redescendre par la sinueuse D 9 vers Puy-Saint-Eusèbe et la route des Puys, itinéraire offrant des points de vue époustouflants sur le lac (voir plus loin).

Office de tourisme : *à la station de ski. ☎ 04-92-44-25-67. • reallon-ski.com • serreponcon.com • Juil-août et de mi-déc à fin mars, tlj.*
– **Point d'accueil des Gourniers :** *hameau des Gourniers. ☎ 04-92-44-30-36. Juil-août seulement, tlj sauf lun et sam 10h-12h30, 14h30-18h.* Infos sur le Parc national des Écrins.

Gîte des Trois Cols : *hameau des Gourniers, 05160 Réallon. ☎ 04-92-44-23-51. • giteles3cols@gmail.com • gitedes3cols.fr • Ouv tte l'année. En ½ pens seulement : 62 €/pers (draps fournis).* Pour les amateurs de bout du monde (la route s'arrête là), dans un environnement de montagnes aux cimes acérées et de versants recouverts de mélèzes. Un gîte d'une dizaine de chambres toutes simples, de 2 à 7 personnes (certaines disposées en duplex). Bâtiment entièrement construit en bois, aux murs enduits à la chaux. Grande salle commune avec poêle, coin salon, billard et jeux de société.

La Spatule en bois : *résidence Le Chabrière, 05160 Réallon station. ☎ 04-92-51-90-12. Ouv tlj 9h-23h de mi-juin à mi-sept, pdt les vac de la Toussaint et de mi-déc à mi-avr. Carte 25-30 €.* Ici, il n'y a pas que la spatule qui est en bois, l'intérieur du resto aussi. Ainsi que la grande terrasse à laquelle est accolée une jolie piscine *(entrée 5 €).* Une adresse définitivement carnivore, avec des burgers à toutes les viandes (mais aussi une version végétarienne), tartare de bœuf, souris d'agneau du pays et autres petits plats maison. Quelques généreuses salades aussi en été et fondues en hiver. Animations certains soirs (karaoké, concours de pétanque).

La route des Puys : pour regagner Embrun, emprunter la route des Puys (la D 9), un itinéraire à l'écart des grands axes qui passe par quelques villages commençant par « Puy », comme ***Puy-Saint-Eusèbe, Puy-Sanières...*** Elle longe le lac en corniche sur sa rive nord, en contrebas du mont Guillaume (2 552 m) et, plus loin, du Mourre Froid (2 994 m). Panoramas fantastiques ; très bien à vélo aussi, sportif et spectaculaire.

➢ **Balades en bateau sur le lac :** *avec* **Serre-Ponçon Tour,** *06-65-11-13-68. • serre-poncon-tour.com • Balade de 2h ; en été, sur un magnifique bateau en bois, plusieurs départs/j. de la plage de la capitainerie à Savines. Compter 34 € ; 29 € 3-18 ans (25 € l'ap-m).* **La Carline,** *☎ 04-92-44-26-88. • la-carline.com • Départ tlj de mi-juin à mi-sept à l'embarcadère de Savines-le-Lac ; env 15 €/adulte et 10 € pour les 4-12 ans. Sinon, plusieurs structures au bord du lac de Serre-Ponçon louent des bateaux avec ou sans permis, des kayaks, des paddles, des surfs et bateaux électriques.*

Manifestation

– **Les Mercredis de feu :** *mer en juil-août, à* ***Savines-le-Lac.*** Apéro gratuit, feu d'artifice tiré depuis le lac, bal et animations musicales.

EMBRUN

(05200) 6 435 hab. *Carte Hautes-Alpes, C3*

La vieille cité contrôle la vallée de la Durance du haut de son roc indéboulonnable, promontoire escarpé de 80 m de haut. Tout le centre ancien est agréable avec de belles façades restaurées et badigeonnées de jolies couleurs pastel, de superbes édifices (cathédrale, tour Brune, ancien couvent des Cordeliers), témoins du grand passé religieux de la ville. Pour ne rien

gâcher, des parkings sont aménagés en périphérie immédiate du centre, et l'essentiel du cœur historique est piéton.
Embrun joue la carte touristique et dispose de sérieux atouts, avec un plan d'eau de 30 ha jouxtant le lac de Serre-Ponçon, et un climat si ensoleillé qu'on parle de « Nice des Alpes ». On peut même, quand le temps le permet, en avril, commencer sa journée sur les pistes de ski pour la finir à planche à voile sur le lac. Quasiment unique en Europe !

UN PEU D'HISTOIRE

Ebrodunum est une ville d'origine celto-ligure, métropole des Alpes cottiennes dans l'Empire romain. Une sacrée distinction ! Mais ce n'est pas tout : vers 360, saint Marcellin y fonde un évêché, qui sera érigé en archevêché en 876 et durera jusqu'à la Révolution. Alors qu'en 1349 Embrun et sa région sont rattachées au royaume de France, cette fonction ecclésiastique fait d'Embrun un haut lieu de la chrétienté – on parle aujourd'hui du « Lourdes du Moyen Âge ». On y venait prier la fresque miraculeuse qui ornait le tympan de la cathédrale, une *Adoration des Mages* que les protestants détruiront en 1585. Le puissant archevêque porte aussi le titre de prince. Et, à partir de Louis XI, le roi est élevé à la dignité de proto-chanoine de la cathédrale. Le titre s'est transmis à tous ses successeurs et, plus étonnant, aux présidents de la République française.
Vauban fortifiera la ville à la demande de Louis XIV, lui donnant un nouveau visage. Après la Révolution, Embrun déclinera régulièrement jusqu'à l'après-guerre, et ce n'est qu'avec la création du barrage de Serre-Ponçon, en 1961, qu'elle trouvera un nouveau souffle touristique.

Arriver – Quitter

En train : sur la ligne Paris-Briançon (train de nuit). On peut aussi faire Paris-Grenoble, Paris-Valence ou Paris/Aix-en-Provence en TGV, puis prendre un TER.

En car : la SNCF assure des liaisons tlj vers Gap et Briançon. Également des navettes gratuites en juil-août entre le centre-ville et le plan d'eau *(rens à la mairie d'Embrun, ☎ 04-92-44-66-00).*

Adresses et infos utiles dans le coin

Office de tourisme de Serre-Ponçon : *pl. du Général-Dosse. ☎ 04-92-43-72-72. • serreponcon.com • Juil-août, lun-sam 9h-12h30, 14h30-18h30, dim 9h30-12h30, 15h-18h30. Le reste l'année, tlj sauf dim (plus jeu oct-mai hors vac scol).* Levez les yeux, ce n'est pas tous les jours qu'on se retrouve dans un office de tourisme avec des fresques des XVe et XVIe s au plafond : vous êtes ici dans les chapelles de l'ancienne église du couvent des Cordeliers ! Kit pour malvoyants et non-voyants, pour découvrir les fresques de l'ancien couvent des Cordeliers et la cathédrale sous format audio, braille ou grands caractères *(gratuit).*

Bureau des guides et accompagnateurs en montagne de l'Embrunais : *47, rue Clovis-Hugues. ☎ 04-92-43-02-75. • guides-embrun.com • En été, tlj 10h-12h, 17h-19h30.* L'été, canyoning, alpinisme, *via ferrata,* randos dans les Écrins, sorties VTT... L'hiver, hors-piste, cascade de glace, raids à skis, raquettes... Du sérieux, rien que du sérieux !
– ***Location de VTT et vélos de route :*** ***Intersport,*** *zone commerciale de* ***Baratier,*** *☎ 04-92-43-29-00. Voir aussi* ***Alpes2roues,*** *à côté de* Rêves de Rivières, *☎ 04-92-43-11-10. Ou encore* ***École de VTT – Horizons tout terrain,*** *La Clapière, à Embrun, ou* ***La***

***Bulle,** aux **Orres,** 06-81-09-55-92 ou 06-83-25-50-26, • horizons-tout-terrain.com •*

Taxis : ***Taxi Allroad,*** *07-81-53-31-06 ;* ***Taxi Manu,*** *☎ 04-92-43-13-14, 06-08-64-26-41 ;* ***Taxi Mesrobian,*** *☎ 04-92-43-29-26, 06-22-06-62-13.*

– **Marchés :** *très vivants, mer et sam mat, surtout l'été, sur les places de la vieille ville. À* ***Baratier,*** *à 4 km d'Embrun, en juil-août, marché de producteurs lun soir et marché nocturne jeu soir, très prisé.*

Où dormir ? Où manger ? Où boire un verre ?

Campings

Camping municipal de la Clapière : *av. du Lac. ☎ 04-92-43-01-83. • info@camping-embrun-clapiere.com • camping-embrun-clapiere.com • Au bord du lac, à 2,5 km du centre ; en saison, navette gratuite entre le camping (arrêt à 150 m), le centre-ville et les gares ferroviaire et routière. Ouv tte l'année. Empl 2 pers 16,20-22,30 € ; loc chalets et mobile homes 4-7 pers. 291 empl.* Camping tout équipé, bien ombragé par des pins. Pratique surtout pour sa situation à proximité du lac (plagette de cailloux et engazonnée, baignade surveillée) et de la base de loisirs très animée avec minigolf, tennis et restos.

De prix moyens à chic

Hôtel-restaurant de la Mairie : *pl. Barthelon (place de la mairie, dans la vieille ville). ☎ 04-92-43-20-65. • courrier@hoteldelamairie.com • hoteldelamairie.com • Congés : de fin nov à mi-déc. Doubles 70-150 € ; petit déj 12 €. Formules déj 15,50 € ; dîner 24,50-29,50 €. Garage payant.* Des chambres plutôt lumineuses aux lits douillets, où tête de lit et table de chevet à l'ancienne apportent un petit supplément d'âme à la déco relativement standard. Celles donnant sur la place ont une plus belle vue que celles qui s'ouvrent sur les ruelles étroites, mais les soirs d'été, la place peut être animée. Dilemme. Fait aussi resto avec une grande terrasse sur la place piétonne. Une petite carte et une cuisine simple, généreuse, bonne, à même de satisfaire les appétits de toute la famille.

La Farandole du goût : *5, rue Saint-Donnât. ☎ 09-86-45-89-89. Tlj sauf dim-lun. Formules déj 18-22 € ; le soir 28-32 €. Résa conseillée.* Une ardoise qui se renouvelle au jour le jour, une cuisine maison à base de produits frais, locaux. Des assiettes qui flattent l'œil et séduisent le palais. Une belle salle voûtée où les déguster ou en terrasse, sur le large trottoir (rue paisible). Un accueil à vous redonner le sourire (si vous l'aviez perdu). Indéniablement, cette adresse discrète du centre-ville mérite le détour... et un retour !

Le Salon Thé & Bien-Être : *33, rue Clovis-Hugues. 06-82-08-46-15. • lesalontbe@gmail.com • Tlj sauf dim-lun (fermé seulement lun en juil-août) 9h-13h30, 15h30-19h. Plat du jour 12 €. Résa recommandée.* C'est tout p'tit et tout mimi. Un coin canapé, quelques tables, complétées par quelques autres sur la terrasse dans la rue à la belle saison. Cuisine végétarienne uniquement, à base de produits du marché. Rien de très compliqué, mais goûteux ! Tartines, salade, *bowl* en été et plats plus consistants ou soupe en hiver. Attention, l'adresse a ses habitués et il est sage de réserver le plat du jour la veille. Très bien aussi pour une pause thé, *smoothie* ou autre douceur.

L'Épicerie : *14, pl. Barthelon. ☎ 04-92-43-37-14. Tlj midi et soir pdt vac scol ; le reste de l'année, fermé lun et le soir mar-jeu. Carte 25-30 €.* Une grande ardoise en façade décline les propositions très simples de la maison, des assiettes composées pour la plupart, où sont mises en avant les spécialités des Hautes-Alpes et de ses départements voisins : gratins de ravioles du Vercors à différentes sauces, boîte chaudes des Alpes, oreilles d'ânes. Du classique donc, mais à base de bons produits. Et aux beaux jours, la grande terrasse sur la jolie place de la mairie est bien agréable.

De chic à très chic

Le Roof Top : *route de Chadenas, av. du Lac. ☎ 04-92-54-24-71. • contact@lerooftop-embrun.com • Bar ouv mai-sept. Resto ouv tte l'année : en saison, tlj 10h-14h, 18h-21h. Formules déj 19-24 € ; soir 40-45 € ; carte env 45 €.* Au bord du plan d'eau, mais légèrement en retrait de l'agitation, comme si cette adresse un peu chic faisait bande à part. La bâtisse en bois abrite 2 espaces : le bar à tapas et cocktails situé sur le toit (mais abrité), qui organise régulièrement concerts et soirées DJ. Et au rez-de-chaussée, le resto, lui aussi doté d'une très belle terrasse. Magnifique salle verdoyante éclairée par de grandes baies, où bois clair et mobilier contemporain forment un ensemble du plus bel effet. Cuisine à l'image du lieu : bien dans son époque et sous influences diverses et volontiers plus exotiques.

La Robéyère Best Western Signature : *11-15, av. Justin-Gras. ☎ 04-92-51-90-78. • contact@larobeyere.com • larobeyere.com • Un peu avt le centre-ville, en venant de Gap. Resto ouv le soir seulement. Doubles 120-300 €. Menus-carte 39-49 € ; brunch dim (12h-15h).* Ce château qui veille sur la vallée de la Durance depuis le XVIIIe s a été restauré dans un esprit romanesque et gustavien, avec des teintes de gris, de blanc et de beige, bois lasuré et vieilli, sans oublier quelques discrètes touches néobaroques. Privilégier les chambres avec vue sur la vallée. Salle de bains assez étroite dans certaines standard, dommage ! Resto aux majestueuses voûtes en brique, installé dans les anciennes écuries du XVIIIe s. Piscine, spa *(payant)* proposant hammam, sauna, bain nordique, massages, etc.

Où dormir ? Où manger dans les environs ?

Camping

Camping Les Deux Bois : *254, route de Pra-Fouran, 05200 **Baratier**. ☎ 04-92-43-54-14. 06-83-05-52-61. • info@camping-les2bois.com • camping-les2bois.com • À 4 km au sud d'Embrun ; dans le village. Ouv de mi-mai à mi-sept (loc tte l'année). Empl 2 pers 18-23 € ; loc de mobile homes. 100 empl.* Un beau petit camping sympathique, ombragé comme son nom le laisse penser. Emplacements et sanitaires nickel. Belle piscine chauffée avec transats, aire de jeux pour enfants. Épicerie à 300 m. Accueil très agréable.

Bon marché

Restaurant Chez Pascal : *hameau de **Caleyère,** à 4 km au nord-ouest d'Embrun. ☎ 04-92-43-00-69. Garer sa voiture sur le parking à l'entrée du village ; resto à 100 m. Tlj sauf sam midi et dim soir. Congés : sept. Résa conseillée. Menu unique 18 €. CB refusées.* Bien sûr, on ne vient pas ici pour dîner en amoureux, mais pour s'immerger dans une ambiance familiale et conviviale. Dans ce hameau où l'on manque d'écraser les poules, l'adresse, qui accueille les hôtes depuis 1940, n'a pas son pareil. Cuisine à base de produits de la ferme : légumes, œufs, viandes, coq au vin... L'ambiance est garantie et l'on sort repu. Une adresse de village comme on n'en fait plus !

De prix moyens à plus chic

Hôtel-restaurant Les Peupliers : *chemin de Lesdier, 05200 **Baratier.** ☎ 04-92-43-03-47. • info@hotel-les-peupliers.com • hotel-les-peupliers.com • À 4,5 km au sud d'Embrun. Le midi jeu-dim et ts les soirs. Congés : de mi-avr à mi-mai et* *de mi-oct à mi-nov. Résa conseillée. Doubles 84-115 € ; petit déj 12 €. Formule végétarienne 19 € ; formule déj 29 €, puis 37 €.* À l'écart du village, cette grande bâtisse, style chalet, cache une très belle et bonne adresse, au cadre rustique, élégant et décontracté à la fois. Grande terrasse à l'air pur et, à l'arrière, une belle piscine chauffée. Hammam, sauna, jacuzzi et possibilité de massages. Côté assiette, une cuisine de terroir mi-alpine, mi-provençale, plutôt raffinée. Petit déj copieux et varié ! Bar lounge. Excellent accueil. Location de VAE (vélo à assistance électrique) et randonnées accompagnées sur ces mêmes vélos *(payant).*

Chambres d'hôtes Les Chambres d'Orel : *41, impasse des Croix, Les Rencureaux, 05200* ***Saint-André-d'Embrun****. ☎ 04-92-53-44-49. 06-72-28-66-41. • contact@leschambresdorel.fr • leschambresdorel.fr • À 7 km env à l'est d'Embrun, direction Crevoux. Fermé en avr et nov. Double 130 €.* Sandrine et Thierry ont fait construire ce grand chalet traditionnel, doté d'une vue à couper le souffle, sur les hauteurs du lac de Serre-Ponçon. Un petit nid douillet aux chambres cosy, lumineuses et spacieuses. Toutes portent le nom d'une course ou d'un trail mondialement connu (la grande passion des proprios !) : la « Diagonale des Fous », le « GR 5 », le « Marathon des Sables »... Hammam, salle de sport, salon vidéo, flipper et baby-foot. Cuisine commune équipée et immense jardin pour lézarder au soleil. Petit déj copieux et varié 100 % fait maison. Accueil au top, avec le sourire.

Chambres d'hôtes La Fernande : *Champ-Rambaud, 05200* ***Baratier****. ☎ 04-92-43-81-13. 06-70-68-45-04. • lafernande05@gmail.com • lafernande.com • À env 5 km au sud d'Embrun. Doubles 120-130 €.* Déconnexion assurée dans cette ancienne bergerie en pierre, accrochée au flanc d'une montagne, au milieu d'immenses pâturages. À sa tête, un couple d'éleveurs de moutons et moniteurs de ski proposant des chambres spacieuses et de très bon confort. Chacune dispose d'une terrasse ou d'un balcon. Meubles anciens et belle déco sobre. Les petits déj sont servis dans une remarquable salle voûtée. À table, produits de la ferme et du terroir. Superbe piscine et un sauna installé dans le pigeonnier qui offre un beau point de vue sur les montagnes environnantes.

Où acheter de bons produits ?

Maison de pays de l'Embrunais : *dans l'église Saint-Donnat, 2, pl. du Théâtre. ☎ 04-92-43-04-56. Tte l'année : juil-août, tlj ; hors saison, fermé dim-lun.* Au rez-de-chaussée, un espace vente de produits et créations d'artisans, agriculteurs et artistes de la région. Top pour rapporter un souvenir du coin (on y a même trouvé des edelweiss à cultiver !). À l'étage, expositions temporaires.

Maison Eyriey : *pl. Barthelon. ☎ 04-92-43-01-37. Tlj sauf dim ap-m (tte l'année), plus lun hors saison.* Sur la place de la mairie, le grand chocolatier du coin. Une institution depuis 1902 !

Pâtisserie-chocolaterie Maitrepierre : *65, rue Clovis-Hugues. ☎ 04-92-43-86-85. Tlj sauf dim ap-m et lun.* Une maison bien connue à Embrun, où l'on fabrique d'excellents biscuits secs à base de produits des Hautes-Alpes. Quelques tables en intérieur pour savourer un gâteau maison accompagné d'un milk-shake ou d'un smoothie.

Maison La Morlette : *ZA d'Entraigues. ☎ 04-92-43-70-80. Lun-ven 8h30-12h30, 15h-18h ; sam 8h30-12h30.* Une boucherie-charcuterie travaillant dans les règles de l'art et en étroite collaboration avec les éleveurs des Hautes-Alpes (notamment du Queyras) pour des viandes de qualité, mais aussi des charcuteries délectables, notamment un excellent saucisson sec (Le Barcelo).

Zigua Frères : *pl. de la Mazelière. ☎ 04-92-43-00-70. Tlj sauf dim.* Difficile de rater la belle devanture en bois de cette institution d'Embrun : boucherie vendant de bonnes viandes locales, des plats préparés, mais aussi une partie fromagerie. Bref, tout ce qu'il faut pour le panier pique-nique ou le barbecue !

– ***Randonnée gourmande dans l'Embrunais :*** *dépliant à se procurer auprès des offices de tourisme.* Voilà une route culinaire pour mieux découvrir les producteurs de la région (une dizaine en tout) et leurs produits : ferme aquacole, miellerie, fromagers, charcutier artisanal, viticulteur... Visite des exploitations et dégustation.

À voir

La cathédrale Notre-Dame-du-Réal : remarquable, la cathédrale d'Embrun fut édifiée de 1170 à 1220 environ, époque de transition entre les architectures romane et gothique. Elle s'inspire de la tradition lombarde, dans sa polychromie : calcaire blanc, schiste noir et marbre rose de Guillestre composent la façade, et se retrouvent aussi dans l'encadrement et les moulures des fenêtres. Belle tour-clocher à 4 étages, dont les 2 derniers ont été reconstruits en 1852, mais franchement, on ne le dirait pas ; le tout en bichromie.

Lombard aussi, au nord, le *porche du Réal,* imposant baldaquin dont les colonnettes reposent sur des lions de marbre (symboles du bien et du mal qu'on retrouve aux Orres et à Saint-Véran, dans d'autres églises du sud de la France, et en Italie). Sous ce porche était exposée la fresque miraculeuse *L'Adoration des Mages,* dont il ne reste malheureusement rien. Chevet bien élégant aussi, et dont les arcatures sont décorées de créatures hideuses, hommes et bêtes.

À l'intérieur, le large et haut vaisseau (voûté sur croisées d'ogives) et les 2 collatéraux romans (voûtés en berceau en plein cintre) doivent leur unité de style à la bichromie de l'ensemble (pierres noires et blanches partout). Beau mobilier (chaires, retable, tableaux) du XVIIIe s principalement. Orgue sur nid d'hirondelle (XVe-XVIIIe s) et grande rose (XVe s) ; jumelles conseillées...

Pour la visite guidée du *trésor,* s'adresser à l'office de tourisme : chasubles brodées, tableaux et pièces d'orfèvrerie (calices, ciboires, reliquaires), quoique formidables, ne donnent qu'une petite idée de l'extraordinaire richesse du trésor avant son pillage par les troupes de Lesdiguières. Vaut le coup d'œil.

Jardin de l'Archevêché : *1, promontoire de l'Archevêché.* En promontoire sur la vallée de la Durance, un parc ombragé où il fait bon se poser, avec un point de vue extra. On y trouve aussi une statue de Clovis Hugues (sculptée par son épouse), romancier et homme politique français du XIXe s.

La tour Brune *(« tour du Paysage »)* **:** *☎ 04-92-43-49-48. • ecrins-parcnational.fr •* ***Fermée pour travaux.*** À côté de la cathédrale, la tour Brune est l'élément le plus important et le mieux conservé de l'ancien palais des archevêques, dont c'était le donjon (XIIe s). Massive, de plan carré et crénelé, avec 27 m de haut. De la terrasse, panorama sur la ville et ses environs.

La maison des Chanonges : *rue de l'Archevêché. ☎ 04-92-51-37-32. • ville-embrun.fr • Face à la cathédrale. Juil-août, tlj sauf lun 16h-19h ; printemps et automne, mer-sam seulement 15h-18h. Fermé le reste de l'année. GRATUIT.* Vestige de l'époque médiévale, elle est probablement contemporaine de la cathédrale voisine. Remaniée au cours des siècles, elle a toutefois conservé sa façade romane du XIIIe s, élément phare du patrimoine embrunais. Il s'agit d'un des rares spécimens d'architecture civile médiévale encore conservés, classée Monument historique. Noter la sculpture en haut relief représentant un lion ne faisant qu'une bouchée d'une malheureuse chèvre. Bien restauré, l'édifice a retrouvé tout son éclat pour devenir « Maison du patrimoine de l'Embrunais ». Elle accueille aujourd'hui des conférences, causeries, projections, expos temporaires consacrées principalement à l'histoire, l'architecture et les traditions de la montagne et de la région.

Les chapelles de l'ancienne église du couvent des Cordeliers : *pl. du Général-Dosse.* À la même adresse, vous trouverez à la fois un des plus jolis offices de tourisme du pays et les chapelles latérales de l'ancienne église du couvent des Cordeliers, où l'on peut admirer de remarquables fresques des XVe et XVIe s. L'office de tourisme met à disposition un livret explicatif à consulter sur place. Belles scènes religieuses notamment, où l'on reconnaît l'influence des ateliers du Piémont et de Lombardie.

Fêtes et manifestations dans le coin

- ***Fête de l'Amontagnage, dite « du Grand Vallon » :*** *dernier w-e de juin ou 1er w-e de juil, aux* ***Orres.*** Une fête conviviale qui réunit les éleveurs et les bergers autour d'un pique-nique. Le matin, messe en plein air pour la bénédiction des troupeaux. Dans l'après-midi, concours de boules carrées, pêche à la truite (que l'on déguste le soir) et musique traditionnelle.
- ***Saison culturelle estivale :*** *tt l'été. Infos au service culturel (☎ 04-92-51-37-32) ou à l'office de tourisme.* Ateliers d'art lyrique et concerts de musique classique à la cathédrale, expos dans les lieux touristiques, salon des arts...
- ***Embrunman :*** *15 août.* • *embrunman.com* • Créé en 1984, c'est le 2e triathlon le plus difficile au monde (après celui d'Hawaii). Avec quand même 5 500 m de dénivelée et 25 000 € de gain pour le vainqueur homme (19 000 € chez les femmes).
- ***Grande fête médiévale :*** *2 j. fin août.* Animations équestres, combats, démonstration d'escrime, marché médiéval, concerts et spectacles...
- ***Foire bio Génépi :*** *2e w-e de sept, au plan d'eau d'Embrun.* Exposants, conférences, animations dans les domaines de l'agriculture, le bâtiment, la santé, l'environnement, etc.

DANS LES ENVIRONS D'EMBRUN

Baratier : *à 4 km au sud d'Embrun ; sur la route des Orres.* Ce village possède un cachet provençal plaisant et une église décorée d'un cadran solaire, où figurent un lévrier, emblème de Baratier, et la belle devise des villageois : « Pauvres mais fiers et bon cœur. » Quelques vestiges également d'une villa gallo-romaine du IVe s.

Les Orres : *à 12 km au sud-est d'Embrun.* Le village des Orres regroupe 9 hameaux et une station de montagne où l'on pratique le ski l'hiver, la randonnée et le VTT l'été ; le chef-lieu est assez pittoresque et reflète une réelle unité architecturale. L'église du XVe s gardée par un lion stylophore (du genre de ceux de la cathédrale d'Embrun), les vestiges du château seigneurial, les cadrans solaires, les maisons traditionnelles à balcons de séchage, les toits d'ardoises, tout est à voir dans ce village. Il y a même un petit ***musée*** *(☎ 04-92-44-00-40 (mairie) ; en été, tlj sauf sam 14h30-18h ; en hiver, tlj sauf sam 14h30-17h ; GRATUIT)* où sont exposés jouets, photos, outils anciens et tout ce qui est en relation avec les us et coutumes orrians. Les Orres 1650 est une station imaginée dans les années 1960 comme « une station de ski sans voiture ». Depuis, elle se démarque par une recherche permanente de solutions pour concilier développement de l'industrie touristique et respect de l'environnement. Avec près de 100 km de pistes, le domaine skiable se modernise avec de nouvelles remontées mécaniques. Et si l'architecture n'est pas au goût de tous, il n'empêche que la station a été reconnue comme faisant partie du patrimoine architectural du XXe s. Un chemin mène aux Orres 1800, quelques mètres plus haut.

Office de tourisme : *à la station Les Orres 1650. ☎ 04-92-44-01-61. • lesorres.com • Ouv tte l'année : en hiver et en été, tlj ; hors saison, tlj sauf w-e. Point accueil aux Orres 1800 : ouv tlj en hiver et en été.*

Le Lieu : *5, rue des Villandrins, le Chef-Lieu, 05200 Les Orres. ☎ 09-63-68-07-81. • lelieulesorres@gmail.com • À côté de la mairie. Ouv tte l'année. Double 65 € ; petit déj 12 € (2 nuits min). Menu déj en sem 19,50 €, le w-e 28 € ; le soir, formules 35-40 €.* Étonnante, cette maison Fichet magnifiquement restaurée, qui abrite les services communaux, la médiathèque et, à l'étage, sous les toits, un très beau resto tout vitré, prolongé d'une délicieuse terrasse, pour mieux embrasser la vue. Plus étonnant encore, la qualité de la cuisine, créative et aux multiples influences, y compris le midi où « le menu éphémère » se renouvelle quotidiennement. La carte du soir évolue, elle, au gré des saisons. Chapeau à la jeune équipe aux commandes qui aime tenter, explorer et qui sait recevoir. Sous le resto, 2 petites chambres d'hôtes. Pas très grandes, très sobres, sans vue réelle, mais les beaux matériaux les rendent avenantes et confortables.

Crévoux : *à 14 km à l'est d'Embrun.* C'est surtout pour son vaste et somptueux décor naturel que Crévoux vaut le détour. Situé au pied du pic Saint-André (2 857 m), ce village traditionnel est dominé par des falaises de schiste. C'est ici que fut inaugurée l'une des 1res stations de ski familiales, en 1937. C'est aussi le point de départ de randonnées, notamment vers le ***col du Parpaillon,*** où un tunnel de 486 m de long a été creusé à la fin du XIXe s par l'armée française pour rejoindre Barcelonnette (ouvert l'été en principe, mais fermetures très fréquentes). Possède une jolie petite église coiffée d'un clocher à bulbe (le seul dans le coin !), ainsi qu'un musée rural curieux et un atelier de bois tourné. Dans le ***hameau de La Chalp,*** pour continuer à faire vivre le four banal, tous les dimanches pendant les vacances d'été, l'association Les Amis du pain de Crévoux *(📱 06-29-83-35-73)* confectionne brioches, pains, tartes, gâteaux à la châtaigne et propose la visite du village. Et le mercredi, en été toujours, c'est atelier pâtisserie pour les enfants *(sur résa).*
À ne pas manquer, le « ***Parcours des Fées*** » *(• parcours-des-fees.fr • ; juil-août ; tarif : 2 €, réduc),* une rando originale, artistique et poétique de 2h, en pleine nature, pour toute la famille. Chaque année, une quinzaine d'artistes et plasticiens ont carte blanche pour construire un parcours d'art (sculptures, photos, installations...) à découvrir entre forêts, cascades, rivières et montagne. Possibilité de passer une nuit dans l'une de ces œuvres, réaménagées pour l'occasion en chambre éphémère. Étonnant !

CHÂTEAUROUX-LES-ALPES

(05380) 1 200 hab. *Carte Hautes-Alpes, C3*

À 7 km au nord d'Embrun, on a peine à imaginer qu'il fut un temps où ce village de montagne sur l'adret de la vallée de la Durance était traversé par la route nationale ! Aujourd'hui, des commerces rouvrent et cette petite porte d'entrée du Parc national des Écrins semble revivre.
Châteauroux-les-Alpes est aussi célèbre pour SA vague naturelle ! Le seul endroit dans la région où l'on puisse surfer en eau douce avec une planche ou faire du kayak. Plusieurs animations et festivals tout au long de l'année autour des sports d'eau vive (*OutdoorMix Festival, White Water Festivam,* etc. ; *infos : • serreponcon.com •***). Autre curiosité, la région développe des vignes expérimentales et compte les coteaux à vin les plus au nord du département.**

Adresse utile

Maison du Parc de l'Embrunais et bureau d'accueil touristique : *102, rue Saint-Irénée. ☎ 04-92-43-23-31. • ecrins-parcnational.fr • De mi-juin à mi-sept, tlj 9h-12h30, 14h30-18h ; le reste de l'année, mar-ven 10h-12h, 14h-17h.* Expo temporaire, boutique et toutes les infos nécessaires sur les randos dans le secteur. L'été, projections de films sur la nature ou la montagne, conférences et sorties nature.

Où dormir ? Où manger ? Où s'approvisionner ?

Chambre d'hôtes La Ferme de Beauté : *hameau de Saint-Étienne. ☎ 04-92-43-83-45. • lafermedebeaute05@gmail.com • nouveau site.lafermedebeaute.com • À env 4 km au nord de Châteauroux par de toutes petites routes. Doubles 98-150 € (210 € pour la Suite Céleste). Table d'hôtes 28-32 €.* Sur les hauteurs de Châteauroux, une adresse qui se mérite mais que l'on a peine à quitter. La pierre, la chaux, le bois et le verre se mêlent avec bonheur dans les grandes chambres douillettes ou les parties communes de cette ferme du XVIIIe s magnifiquement restaurée. Quant au nom, il vient de la formation de Nathalie, la propriétaire, qui propose aussi sur place des soins esthétiques et énergétiques. Un endroit parfait où se ressourcer.

La Forge : *34, Les Aubergeries. ☎ 04-92-50-36-21. • restaurant.laforge@laposte.net • Fermé lun et mar midi, ainsi que mar soir et dim soir hors saison. Congés : nov et 1re sem de sept. Résa vivement conseillée. Formule déj en sem 17,50 € ; menu 34 €.* Plats 100 % faits maison, joliment présentés et généreusement servis, mettant à l'honneur les saveurs de la région et cuisinés avec des produits locaux. Coup de chapeau à la carte des desserts, vraiment originale. Service souriant et convivial. Terrasse aux beaux jours. Bref, on y va les yeux fermés !

L'Epicerie des Lys : *24, Les Aubergeries. ☎ 04-92-43-37-05. Tlj sauf lun et dim ap-m 8h30-12h30, 16h30-19h.* Au cœur du village, le type d'endroit qui fait toujours plaisir pour quelques emplettes. Fromages, fruits et légumes des environs, produits locaux, et un rayon particulièrement bien pourvu de bières, vins et autres bonnes petites choses à grignoter pour l'apéro !

Pisciculture des Écrins : *quartier Saint-James, Le Vivier. ☎ 04-92-43-44-52. Tlj sauf dim 9h-12h, 15h-18h.* Une ferme aquacole qui élève, le plus proprement possible, des truites. Que l'on peut acheter sur place, en filets, mais aussi fumées ou en produits transformés (terrine, rillettes, confit). Que du bon !

LE QUEYRAS ET LE GUILLESTROIS

• Carte *p. 297*

Coup de foudre pour le Queyras, évidemment ! Comment résister au charme de cette mosaïque de petits villages typiques (Saint-Véran, Molines, Abriès, Ristolas, Arvieux, Ceillac...), de cette montagne intacte, de cette flore et de cette faune vives et uniques, et de cette population – les Queyrassins – qui a su rester simple et forte ?

Le Queyras est constitué de 4 vallées : la principale, celle du Guil (Château-Ville-Vieille, Aiguilles et Abriès-Ristolas), est longue d'une trentaine de kilomètres. C'est d'elle que partent les 3 autres, plus courtes : celle du Cristillan (menant à Ceillac), celle des Aigues (Molines et Saint-Véran), et celle de

l'Izoard (Arvieux). Autour de ces vallées, des pics, des sommets de 3 000 m d'altitude, avec en point d'orgue l'Italie et le mont Viso (3 841 m, bonjour là-haut !), classé « Réserve de biosphère » par l'Unesco depuis 2013. C'est l'une des régions habitées les plus élevées des Alpes – dont Saint-Véran, avec ses 2 040 m, la plus haute commune d'Europe –, et son ciel, particulièrement pur, est idéal pour l'observation des étoiles.
Ce relief difficile a toujours isolé le Queyras : la route principale longeant le Guil (depuis Guillestre) n'a été ouverte qu'en 1856, celles du col de l'Izoard et du col Agnel sont fermées l'hiver (car transformées en pistes de ski de fond). C'est pourquoi ce pays garde tant de caractère.
Nous y rattachons Guillestre, qui en est l'avant-poste. Bourgade chargée d'histoire et de vieilles pierres, avec le magnifique et impressionnant village fortifié de Mont-Dauphin dans ses environs, œuvre de Vauban classée au Patrimoine mondial de l'Unesco.

UN PEU D'HISTOIRE

7 communes composaient le Queyras historique (rejointes par la suite par Ceillac), qui existaient déjà sous la domination romaine et que les Quariates avant eux (les plus anciens occupants identifiés, et qui auraient donné leur nom au Queyras) ont sans doute fondées, au Ier millénaire avant notre ère. Évangélisé assez tardivement (du IVe au VIe s), le Queyras forma ensuite, de 1343 à 1789, l'un des 5 Escartons de la « ***république des Escartons*** » (voir à Briançon « Un peu d'histoire »).
Le Queyras est assez construit et développé pour un pays à une telle altitude, exclusivement grâce aux ressources agricoles et à l'opiniâtreté des habitants qui ont su s'adapter à la haute montagne. Encore que le Queyras jouisse d'un climat particulièrement chaud et sec pour les Alpes, ce qui a d'ailleurs permis à l'homme de s'implanter si haut. Mais ce sont les guerres de Religion qui vinrent troubler cette prospérité relative... Les protestants persécutés durent émigrer vers l'Allemagne et l'Italie, et l'on estime que le Queyras a ainsi perdu un tiers de ses 11 000 âmes suite à la révocation de l'édit de Nantes (1685). Les troubles consécutifs à ces guerres de Religion ne cessèrent vraiment dans le Queyras qu'à la Révolution. Pourtant, malgré l'ouverture de la route de la combe en 1856 et un tourisme précoce (Abriès a vu construire son 1er grand hôtel en 1895), la population ne cesse de baisser.

LE PARC NATUREL RÉGIONAL DU QUEYRAS

Créé en 1977, de superficie relativement modeste (environ 600 km²), le territoire du parc naturel régional du Queyras couvre une dizaine de communes : Abriès-Ristolas, Aiguilles, Arvieux, Ceillac, Château-Ville-Vieille, Molines-en-Queyras, Saint-Véran ainsi que les parties quasiment non habitées de Guillestre, de Vars et d'Eygliers. C'est ***le plus haut parc naturel régional de France*** (altitude moyenne de ses villages : 1 650 m) ! On ne se lasse pas de ses paysages superbes, entre influences méditerranéennes et alpines. Ses milieux naturels sont d'une grande diversité et d'une grande richesse patrimoniale. Par son climat, l'un des plus ensoleillés des Alpes, le Queyras a vu se développer ***une flore et une faune très particulières et parfois uniques,*** tels l'astragale queue-de-renard, la salamandre de Lanza, ou encore le jonc arctique des abords du Viso... Le chamois, le mouflon, le bouquetin (réintroduit), le loup (de retour) et la marmotte y batifolent. Et l'aigle royal fend son air pur...
L'été, c'est ***le paradis des randonneurs et des amoureux d'une nature préservée.*** L'hiver, celui des amateurs ***de ski de fond et nordique.*** Les remonte-pentes restent discrets, et les stations sont d'abord des villages tout ce qu'il y a de plus authentique, à l'architecture souvent remarquable. C'est là tout l'attrait et l'originalité de ce parc, et c'est pour cela que le Queyras nous plaît tant !

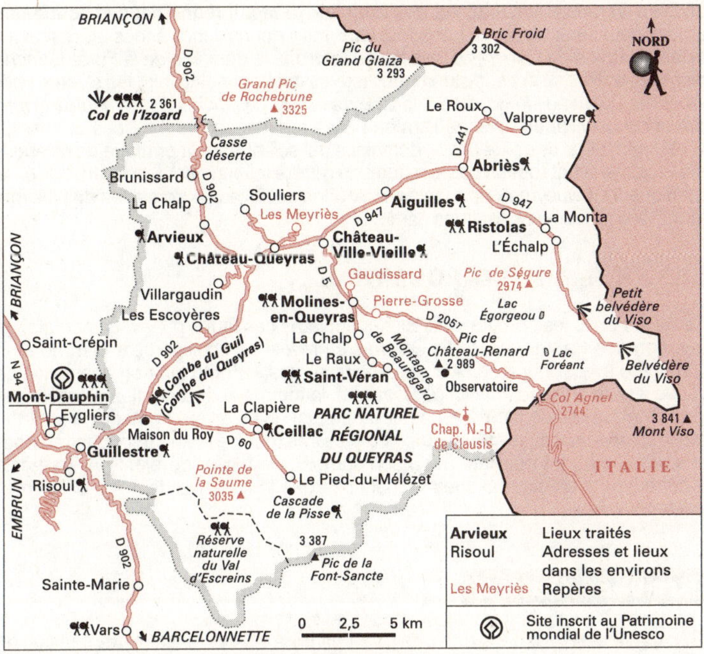

LES HAUTES-ALPES

LE QUEYRAS

RANDO ET SKI

Le ***Queyras*** est un formidable domaine de ***randonnée.*** On indique quelques excursions parmi les plus classiques (les lacs d'altitude, surtout, ont beaucoup de succès), mais ces indications ne remplacent évidemment pas les topoguides. Et surtout, il en existe un tas d'autres, et d'abord celles des 2 GR queyrassins : GR 5 (traversée des Alpes) et GR 58 (tour du Queyras). Pour information, si le tour du Queyras commence traditionnellement à Ceillac, rien ne vous empêche de partir d'une autre étape puisque c'est une boucle. En saison, quand les hébergements se remplissent vite, cela vous permettra souvent de vous loger plus facilement. Sinon, les fondus de randonnée de haute montagne pourront se faire des « 3 000 » : Grand Glaiza, Bric Froid, tête de Longet et pic de la Font Sancte qui culminent à 3 385 m et plus. Attention, réservé aux costauds. Tout comme le tour du mont Viso, à cheval sur la France et l'Italie (compter 4 jours, nuits en refuge ou bivouac). Enfin, sachez que le bivouac est toléré dans le parc, ainsi que les chiens tenus en laisse (à l'exception de la réserve naturelle de Ristolas-Mont Viso où ils sont interdits), mais que les feux y sont interdits.
Le Queyras est idéal aussi pour les adeptes du VTT : près de 160 km d'itinéraires balisés et labellisés FFC, répartis en 12 circuits, pour tous niveaux (carte espace VTT-FFC en vente dans les offices de tourisme du Guillestrois et du Queyras). En hiver, pour le ***ski alpin,*** le ***Queyras*** compte ***4 jolies stations*** dans de grands et beaux espaces naturels préservés à même de satisfaire tous types de skieurs, du débutant au chevronné : le *domaine d'Abriès, Aiguilles et Ristolas*, celui de *Molines*

et Saint-Véran, et les stations *d'Arvieux* et *Ceillac*. Il règne dans chacune une ambiance différente. Le « *skipass* tout Queyras » donne accès à tous les domaines skiables alpins du Queyras. Dans le ***Guillestrois,*** le *domaine de la Forêt Blanche* (sur Vars et Risoul) est suffisamment vaste et varié pour satisfaire les skieurs chevronnés. Quant au ***ski nordique,*** le ***Queyras*** n'est pas moins que le ***3e plus grand domaine de France*** avec 200 km de pistes répartis sur les 4 vallées du massif. C'est même l'un des plus beaux domaines qui soient pour la pratique de ce sport, qui réclame avant tout un cadre naturel de qualité (bien présent ici !). Un « *ski pass* nordique tout Queyras » hebdomadaire donne accès aux 4 domaines du Queyras (dont Vars et Risoul ne font pas partie.

LES FROMAGES DU QUEYRAS

Ce ne sont pas les fromages qui manquent dans ces terres d'élevage et d'alpage que sont les Hautes-Alpes. Le Queyras se révèle particulièrement bien doté en la matière avec, pour n'en citer que quelques-uns, le fontu (un fromage au lait de vache à pâte pressée, cousin du Beaufort), la tomme de l'Izoard (lait de vache), le viso (une tomme de lait de vache et de brebis) et les divers fromages à raclette. Mention spéciale aussi pour le bleu du Queyras, délicieusement fondant en bouche, mais au goût puissant (d'où son surnom « le baiser du diable »). Tout cela à découvrir, bien sûr, dans les fromageries que l'on trouve dans les différentes vallées.

Arriver – Quitter

En voiture

Par Briançon ou Gap, puis Guillestre. ***Attention, en hiver (et au plus tôt jusqu'à début mai), le col de l'Izoard, qui permet le passage direct du Briançonnais au Queyras (Arvieux), est fermé*** (et le GPS l'ignore parfois !) : dans ce cas, passage par Guillestre obligatoire. Se renseigner auprès des offices de tourisme ou consulter le site : • *inforoute.hautes-alpes.fr* •

En train

Gare de Mont-Dauphin-Guillestre : sur la ligne Paris-Briançon (train de nuit), Grenoble-Briançon, Valence-Briançon, Marseille-Briançon ou Paris-Milan (arrêt à Oulx – gare TGV, en Italie, puis navette).

– Depuis la gare de Mont-Dauphin-Guillestre, correspondance par car pour les villages du Queyras.

En car

En plus des correspondances train-car, des liaisons par bus se font entre la gare SNCF de Mont-Dauphin-Guillestre et les 4 vallées du Queyras, à raison de 2-3 A/R par j. en été et en hiver.

Pour les horaires, se renseigner auprès des offices de tourisme du Guillestrois et du Queyras *(• lequeyras.com •)* ; également sur *• zou.maregionsud.fr •* Pour les navettes entres les villages du Queyras *(tarif : 1 € ; gratuit en été)* : *☎ 04-92-46-76-18.*

Enfin, en hiver, les cars ***Imbert*** relient Paris (Porte Maillot), Marseille (gare Saint-Charles et aéroport) et Aix TGV à plusieurs stations de la région *(• neigeexpress.com •).*

En taxi

La plupart des sociétés de transport par car proposent aussi un service taxi. ***Transports Petit Mathieu*** *(☎ 04-92-46-71-56 ; • autocars-petit-mathieu.fr •)* offre un service *sherpa* pour le transport des sacs pour les randonneurs. Autres taxis : ***Taxi Durosne*** *(☎ 04-92-43-83-05 ou 📱 06-60-76-51-29)* ; ***Alpes Durance Taxi*** *(📱 06-82-38-80-93)* ; ***Alt'taxi*** *(📱 06-80-01-33-25)* ; ***Taxi Le Guilazur*** *(📱 06-80-21-77-22).*

Adresses et infos utiles

■ ***Maison du Parc naturel régional du Queyras :*** *siège du parc à* ***Arvieux*** *(05350). ☎ 04-92-46-88-20. ● pnr-queyras.fr ●*

ℹ ***Maison du tourisme du Guillestrois et du Queyras :*** *maison du tourisme à* ***Château-Ville-Vieille*** *(05350). ☎ 04-92-46-76-18. Service de résa : ☎ 04-92-46-89-31 ; ● lequeyras.com ● Tlj sauf dim 9h30-12h, 13h30-17h30.*

– ***État des pistes :*** *● lequeyras.com ●*

✚ ***Maison médicale :*** *rue Saint-Jacques, à* ***Aiguilles*** *(05470). ☎ 04-92-46-70-18.*

Fêtes et manifestations

Il y en a tellement qu'on ne peut pas toutes les citer, et notamment les fêtes des alpages. Pour celles-ci, consulter l'agenda sur le site de l'office de tourisme : *● lequeyras.com ●* Voici notre sélection.

– ***Traversée du Queyras :*** *fin janv. ☎ 04-92-46-72-26. ● traversee-du-queyras.fr ●* Compétition de ski de fond ralliant plusieurs communes du Queyras.

– ***Grand Béal :*** *1er dim d'avr. ☎ 04-92-46-75-76.* Dans la vallée d'Arvieux, une course de ski-alpinisme de renommée internationale autour du massif du Béal. Gros succès.

– ***Les Artgricoles :*** *2 j. fin mai, à* ***Guillestre.*** Animations, marché de producteurs, ateliers participatifs, conférences-débats, spectacles et concerts en soirée.

– ***Musicales Guil et Durance :*** *fin juil-début août. Rens auprès d'Art et Musique en montagne : ☎ 04-92-45-03-71. ● musicales-guil.com ●* Concerts de musique classique dans les églises des différentes localités du Guillestrois.

– ***Festival Musi'Queyras :*** *1 sem fin juil, à* ***Abriès.*** *☎ 04-92-46-72-26. ● musiqueyras.org ●* Beau programme de musiques du monde.

– ***Vars Mountain Trail :*** *fin juil, à* ***Vars.*** *☎ 04-92-46-51-31.* L'événement trail des Hautes-Alpes avec 5 courses de 1 km (vertical) à 42 km, entre forêts, vallons et crêtes.

– ***Potes de Marmot's :*** *3 j. durant la 4e sem d'août, à* ***Guillestre.*** Le plus grand festival pour le jeune public des Hautes-Alpes. Spectacles, déambulations dans les rues, concerts, ateliers, etc.

– ***Foire de la Saint-Luc :*** *3e lun d'oct, à* ***Guillestre.*** Existe depuis le Moyen Âge, c'est la plus grande foire agricole du département,

– ***Rencontres en Ciel Pur :*** *2 j. début juil, à* ***Saint-Véran.*** Festival dédié à l'astronomie : tables rondes avec de grands scientifiques, nombreuses animations et observations nocturnes.

GUILLESTRE ET LE PAYS DU GUILLESTROIS

(05600) 5 800 hab. *Carte Hautes-Alpes, C-D2-3*

Le pays du Guillestrois est un petit territoire situé au confluent du Guil et de la Durance. Sa position centrale aux portes du Queyras, des Écrins, du Briançonnais et de l'Embrunais en fait un point de départ pour de nombreuses destinations. Petite ville de passage animée toute l'année, Guillestre est le bourg le plus important du secteur et la dernière étape avant le Queyras. Ancienne cité fortifiée, elle a gardé quelques portes, tours et remparts médiévaux. Le village fortifié de Mont-Dauphin avec sa citadelle, imaginée par Vauban pour défendre la Provence et le Dauphiné, est classée

au Patrimoine mondial de l'Unesco. Elle fait partie des joyaux du département et mérite absolument une visite.
L'hiver, le *domaine de la Forêt Blanche,* commun aux stations de Risoul et Vars, attire les amoureux de la glisse avec ses 185 km de pistes dans un cadre enchanteur. Vars, par ailleurs, s'est fait un nom dans le ski de vitesse, avec une piste d'enfer spéciale « KL » (kilomètre lancé), où les records du monde sont régulièrement battus.
Enfin, sachez que Guillestre est très fière de sa tulipe, très rare, qui ne pousse que dans la haute vallée de la Durance ! Une tulipe endémique à ne cueillir que des yeux, bien entendu, si vous en trouvez une.

Adresses et infos utiles

Bureau d'information de Guillestre : *pl. Salva, 05600* ***Guillestre.*** *☎ 04-92-24-77-61. • lequeyras.com • En saison, tlj ; hors saison, fermé jeu et dim.* Infos et réservations. Borne tactile extérieure (liste des hébergements, billetterie, etc.). Topo-guides gratuits détaillant 4 circuits vélos à faire en famille.
– ***Service réservation :*** *☎ 04-92-46-89-31. • reservation@lequeyras.com •*
Office de tourisme de Risoul : *station de Risoul 1850, 05600* ***Risoul.*** *☎ 04-92-46-02-60. • risoul.com • En hiver et en été, tlj ; le reste de l'année, lun-ven. Service résas : ☎ 04-92-46-10-00.*
Office de tourisme de Vars : *à* ***Vars-Les Claux.*** *☎ 04-92-46-51-31. • vars.com • En hiver et en été, tlj ; le reste de l'année, lun-ven seulement.*
Transports : *• zou.maregionsud.fr •* Les *Autocars Imbert* (*• autocars-imbert.com •*) assurent les liaisons régulières : gare de Mont-Dauphin/Vars et gare de Mont-Dauphin/le Queyras (différents villages). Horaires différents selon la saison. Avec les *Autocars Bonnaffoux-Bremond* (*☎ 04-92-45-22-02*), liaisons toute l'année entre la gare de Mont-Dauphin et la station de Risoul.
Location de vélos à assistance électrique : ***Guil e Bike,*** *quartier Saint-Guillaume, 05600* ***Eygliers.*** *06-95-07-29-61. • guil-ebike.com • Lun-sam 9h-12h30, 14h-18h.* Pour ceux qui n'ont pas de super mollets, voilà un moyen idéal pour découvrir la région. Les vélos disposent d'une autonomie de 30 à 40 km. Ensuite, il faut recharger la batterie. Prêt de carriole et siège bébé. ***Cycles Alpes 05,*** *27, rue Maurice-Petsche. 06-76-27-00-67. • cyclalpes05.fr • Tlj sauf dim 9h-12h, 15h-18h.* Là encore, magasin-atelier et location de VTT électriques pour des sorties libres, avec GPS ou accompagnées.
– ***Marché :*** *lun mat, tte l'année, à* ***Guillestre.***

Où dormir ? Où manger ? Où boire un verre à Guillestre et dans les environs ?

À Guillestre

Camping Saint-James Les Pins : *☎ 04-92-45-08-24. • camping@lesaintjames.com • lesaintjames.com • ♿ À env 2,5 km du centre-ville. Fermé en nov. Empl 2 pers env 18 € ; loc mobile homes et chalets 2-6 pers. 100 empl.* Petit camping ombragé par des pins sylvestres, au calme et au bord d'un cours d'eau fougueux. Espace de baignade naturel avec plages aménagées. Terrain de basket. Épicerie et bar-resto (le soir) en été. Piscine et terrain de tennis municipaux à 300 m.
Auberge de jeunesse Entre Guil et Mets : *route des Campings, La Rochette. ☎ 04-92-50-54-11. • entreguiletmets@hotmail.com • entreguiletmets.com • ♿ À env 2 km du centre-ville ; suivre la direction Risoul, et, juste après avoir franchi le pont qui enjambe la rivière, tourner à droite (fléché). Ouv tte l'année. Nuitée 25 €, draps en sus. ½ pens 45,50 €/pers. Carte FUAJ ou*

adhésion à l'association Entre Guil et Mets *obligatoire. Parking. CB refusées. Sur présentation de ce guide, réduc de 10 % tte l'année sur le prix de la chambre.* Bel environnement arboré et calme, en fond de vallée, sur les bords de la Chagne. Un peu plus de 80 places dans des chambres de 4 personnes, toutes équipées d'une salle de bains, dans un établissement parfaitement tenu. Billard, tennis et piscine municipale à proximité. Cuisine traditionnelle et familiale à base de produits locaux et de saison.

Le Catinat Fleuri : *100, chemin d'Eygliers. ☎ 04-92-45-07-62. • catinat-fleuri@wanadoo.fr • catinat-fleuri.com • Doubles 71-86 €.* La déco sobre et intemporelle des chambres de ce petit hôtel familial ne brille peut-être pas par son originalité, mais l'établissement se révèle bien tenu et le confort honorable. Autre atout non négligeable : l'agréable jardin à l'arrière et les piscines intérieure et extérieure *(juin-sept).*.

Boulangerie-pâtisserie La Guillestrine : *16, rue Maurice-Petsche. ☎ 04-92-45-18-74. Tlj sauf mer.* Discrètement tapie dans un coin de la grande rue, cette petite boulangerie n'en est pas moins une institution locale. Il suffit pour en juger de voir la queue qui s'étend devant sa porte le dimanche ! Bons pains et sandwichs, mais ce sont surtout ses pâtisseries qui attirent les foules, telles les tartes de pays ou autres forêts-noires qui, derrière leur vitrine, aguichent les gourmands.

La Bolée : *rue des Champs-Élysées. ☎ 04-92-51-24-86. Congés : 1 sem fin juin et 1 sem fin août. Fermé mar-mer. Formules déj en sem 20-23 € ; menu carte 35 €.* De bons produits, le souci de bien faire (même les végétariens ne sont pas oubliés), de sortir un peu de l'ordinaire et un service extra. Bref, une adresse qui tient la route !

Dedans Dehors : *rue Sani. ☎ 04-92-44-29-07. • albandedansdehors@yahoo.fr • Ouv juin-sept, ts les soirs sauf dim. Résa vivement conseillée. Carte 30-40 €. Digestif maison offert sur présentation de ce guide.* Dedans, au rez-de-chaussée, ou dehors, à l'étage ? Tirez donc à pile ou face... Nous, on aime les 2 ! Quelques tables posées à l'étage d'une ancienne grange dont les fenêtres sont ouvertes aux 4 vents, et une jolie déco pleine d'humour qui mérite d'être admirée : sculptures en matériaux de récup, vélos customisés... Au rez-de-chaussée, le cadre est plus contemporain et l'atmosphère plus cosy. Petite terrasse, également, aux beaux jours. Salades, grandes assiettes, spécialités régionales et cuisine *a la plancha.* Les parts sont généreuses et on ressort repu ! Une adresse originale, pleine de vie, et tenue d'une main de maître par Alban.

Brasserie Butcher's : *70 A, route du Queyras. ☎ 04-92-46-13-73. • contact@brasserie-butchers.com • En haute saison, lun 10h-15h, jeu-sam 16h-22h ; le reste de l'année, jeu-ven 16h-21h, sam 15h-19h.* Pourquoi *Butcher* (« boucher » en anglais) ? Parce qu'à l'origine, Grégory, un des 2 associés de cette brasserie artisanale, est boucher-charcutier-traiteur. Située sur une placette tout en haut de la rue principale, on vient là acheter une des bonnes bières de la maison ou la déguster sur la terrasse informelle, faite de palettes. On peut éventuellement accompagner les consommations d'une planche de charcuterie ou apéro.

À Vars

Refuge de Basse Rua : *val d'Escreins. 06-22-66-58-21. • refugebasserua@gmail.com • refuge-basserua.fr • À 5 km de la route principale, tourner à gauche (fléché) avt d'arriver à Vars-Saint-Marcellin. Ouv juin-sept. Résa conseillée (par tél). Nuitée 25 € en refuge ou en tipi ; douche chaude 3 €. ½ pens 49-55 €/pers. Repas env 23 € ; carte déj 20-25 €. CB refusées.* Un hébergement de pleine nature égaré dans un site exceptionnel, au creux d'une vallée encaissée aux rocs saillants semés de sapins, au bord de la rivière. Nuit en dortoir (4 à 10 personnes), ou dans l'un des tipis (avec matelas et couettes) dispersés dans les prés, à 500 m du chalet. Et comme l'altitude ça creuse, solide cuisine montagnarde, omelettes, tartes végétariennes et alléchants desserts maison à dévorer sur une jolie terrasse ensoleillée. À 2 pas, une chapelle, où confesser son péché de gourmandise. Un retour aux sources et une étape revigorante pour randonneurs ou simples promeneurs.

Refuge Napoléon : *col de Vars. ☎ 04-92-46-50-00. • info@refuge-napoleon.com • refuge-napoleon-vars.fr • ♿ À 1,5 km de Vars-Les Claux, en bord de route. Resto ouv tlj. Congés : mai et oct-nov. Nuitée en dortoir 40-45 €, petit déj inclus ; doubles 75-120 €, petit déj inclus. Possibilité de ½ pens. Carte 25-30 €.* À 1 987 m d'altitude, cet ancien refuge Napoléon veille sur le col de Vars et son lac. Il propose aussi le couvert ou le gîte à ceux qui veulent se poser, pour une halte plus ou moins prolongée, au milieu de nulle part... Chambres pour 2 ou familiales (jusqu'à 6 personnes), toutes restaurées, avec salle de bains. Sympathique cuisine à base de bons produits. Nombreuses bières artisanales. Terrasse paisible face au lac. Bon accueil familial.

Hôtel-Restaurant Les Escondus : *cours Rohmer, Vars-Les Claux. ☎ 04-92-46-67-00. • info@escondus.com • escondus.com • Resto fermé le midi en été. Congés : mai-juin et sept-nov. Doubles 130-220 € ; petit déj 15 €. Repas env 30 €. Café offert sur présentation de ce guide.* Au centre de la station, les pistes au pied de votre lit. Hôtellerie chic et pourtant très conviviale et familiale, d'un excellent confort, avec balcon ou terrasse. Ambiance feutrée, chaleureuse et élégante. Squash, sauna, hammam, massages *(payants)*, yoga, bar en bois (typique du coin !) et piano-bar (concerts en hiver). Belle terrasse et beau jardin où se prélasser. Excellent accueil.

Hôtel Alpage : *Vars-Sainte-Marie. ☎ 04-92-46-50-52. • info@hotel-alpage.com • hotel-alpage.com • Dans le vieux village de Vars (en bas). Ouv de mi-juin à août et de mi-déc à mi-avr. Doubles 102-134 €, petit déj inclus. Formule et menus 28-33 € ; carte 30-35 €.* Dans ce hameau un peu plus calme que le cœur de la station, une salle de resto voûtée aménagée dans une ancienne étable où l'on déguste une bonne cuisine traditionnelle. Au niveau des chambres, c'est nickel, quelle que soit la catégorie ! Sauna, hammam, jacuzzi, salle de musculation, bar. Petit déj copieux. Pistes à 3 mn à pied.

Le Chalet du Torrent : *cours Yves-Brayer, Vars-Les Claux. ☎ 04-92-46-60-38. • roscobello@hotmail.fr • Ouv tlj juil-août et de mi-déc à mi-avr ; fermé le reste de l'année. Repas 30-35 €. Résa conseillée.* Les marmot(te)s qui se plaignaient du manque de fast-food à Vars trouveront ici de vrais et généreux burgers. Les autres se réjouiront d'une salle chaleureuse, comme l'accueil, et fileront tout schuss vers les spécialités montagnardes (tartiflette aux cèpes, ravioles, raclettes, fondues, etc.). En dessert, d'originales glaces qui fleurent bon la violette ou le génépi. Terrasse sympa.

À Risoul

Hôtel Au Bon Logis : *hameau de Gaudissard-Haut. ☎ 04-92-45-14-47. 📱 06-73-10-53-10. • aubonlogis@wanadoo.fr • aubonlogis.com • À 3 km du village (hameau La Rua), sur la route de la station. Fermé avr-mai et sept-nov. Doubles 75-85 €. Repas env 25 €. L'hiver, navette gratuite depuis l'hôtel jusqu'à la station.* Des chambres qui ne sont pas très spacieuses, mais qui sentent le propre avec leur mobilier et murs de bois clair. Celles qui regardent la vallée disposent d'un balcon. Petite piscine avec superbe panorama sur les environs. Un établissement à l'atmosphère familiale.

La Bonne Auberge : *La Chapelle, à l'écart du village. ☎ 04-92-45-02-40. 📱 06-52-38-75-79. • labonneauberge-risoul@orange.fr • labonneauberge-risoul.com • Congés : de mi-oct à mi-déc. Resto le soir seulement. Doubles 85 €. Possibilité de ½ pens. Carte 20-30 €.* Grosse bâtisse des années 1970, fleurie l'été, enneigée l'hiver, aux chambres classiques et assez petites pour certaines, mais très correctes. Certaines bénéficient d'une vue magnifique sur le Pelvoux. Piscine ouverte l'été, avec vue sur la citadelle de Mont-Dauphin. Au resto, le menu se partage entre plats thaïs et cuisine plus traditionnelle. Agréable terrasse avec vue XXL, une fois encore !

Dans les environs de Mont-Dauphin

⛺ ***Camping La Cabane :*** *La Cabane, 05600* ***Saint-Crépin.*** *☎ 04-92-45-07-33. 📱 06-79-98-32-41. • campingcabane@free.fr • campingcabane.fr • À 9 km au nord de Guillestre. Ouv de fin avr à mi-oct. Empl 2 pers 18,70 € ; loc chalet et logements atypiques.* Un beau site nature joliment aménagé et ombragé où règne une plaisante et tranquille ambiance familiale. Non loin de là passe la nationale, mais on l'oublie totalement. On admire plutôt les montagnes qui se dressent tout autour. Outre les chalets, on peut aussi louer une tente de trappeur tout équipée, 2 yourtes et 2 pendolas (des tentes suspendues dans les arbres avec terrasse), l'une vraiment en hauteur et l'autre plus près du sol, pour ceux qui craignent l'altitude. Et pour les rencontres, une grande tente-cuisine collective. Accueil charmant.

🏠 ***Le Pavillon des Officiers :*** *pl. Vauban, 05600* ***Mont-Dauphin.*** *☎ 04-92-48-48-00. • pavillondesofficiers@odcvl.org • odcvl.org/le-pavillon-des-officiers • Ouv tte l'année. Studio 2 pers, 63-92 €. Attention, draps et ménage final non inclus (en conclusion : nettement plus intéressant pour les séjour prolongés).* Juste à l'entrée du village fortifié, cette belle bâtisse abritait autrefois les officiers de la garnison. Aujourd'hui, on y a aménagé une quinzaine de studios et appartements (2 à 6 personnes), tous équipés d'une cuisine. Les logements demeurent relativement sobres mais quel cadre, d'autant que l'on a respecté la structure originelle.

🏠 ***Chambres d'hôtes La Maison du Guil :*** *La Font, 05600* ***Eygliers.*** *☎ 04-92-50-16-20. • info@lamaisonduguil.com • lamaisonduguil.com • À 2,5 km de Mont-Dauphin et 1,5 km d'Eygliers. Doubles 120-130 € ; loc également de 2 gîtes.* Une adresse de charme retirée au cœur d'un hameau, aussi discrète que secrète, tenue d'une main de maître par Tom et Wim qui ont tout quitté en Belgique pour aménager ce petit nid douillet, dominant les gorges du Guil et la vallée de la Durance. Pour le plus grand bonheur des hôtes, cet ancien prieuré du XVIe s offre des chambres à la déco étudiée et épurée, très actuelle et digne de magazines de déco. Sauna et massages *(payants).* Terrasses et jardin intimes pour se poser. Un coup de cœur, un vrai.

🏠 ***Hôtel de la Gare et Hôtel Lacour :*** *765, route de la Gare, 05600* ***Eygliers.*** *☎ 04-92-45-03-08. • renseignement@hotel-lacour.com • hotel-lacour.com •* Hôtel de la Gare : *doubles 66-81 €.* Hôtel Lacour : *doubles 90-110 €.* Idéalement situés pour ceux qui arrivent en train, il s'agit en réalité de 2 hôtels côte à côte *: l'Hôtel de la Gare* est un 2-étoiles, au bord de la route (chambres bien insonorisées), qui fait aussi resto, bar-tabac et presse. *L'Hôtel Lacour,* plus en retrait de la nationale, est un 3-étoiles, un peu plus élégant. Quoi qu'il en soit, chambres sobres, mais nickel et confortables.

🏠 🍽 ***Les Tables de Gaspard :*** *rue Principale, 05600* ***Saint-Crépin.*** *☎ 04-92-24-85-28. • lestablesdegaspard@gmail.com • lestablesdegaspard.com • À env 7 km au nord de Mont-Dauphin, direction Briançon. Resto tlj sauf mar-mer. Congés : 1re quinzaine de juin et de mi-nov à mi-déc. Résa conseillée. Doubles 60-65 € ; également des studios loués à la sem. Menus 42-80 €.* L'une des très, très bonnes tables de la région ! Sous une bâtisse du XVIe s, une élégante salle aux voûtes brutes, soutenues par des colonnes à chapiteaux. Quelques tables en fer forgé, un éclairage tamisé, une musique douce et un service soigné. Puis vient la cuisine, fraîche, fine, plus tournée vers la Provence, la Méditerranée que vers la montagne, n'hésitant pas, parfois, à aller piocher des saveurs du côté de l'Asie ou d'ailleurs. Enfin, quelle carte des vins ! Une belle étape gastronomique. Pour prolonger le séjour, les patrons ont aménagé 3 chambres d'hôtes cosy et colorées et 2 studios équipés.

Où acheter de bons produits ?

Fromagerie La Durance : *ZA le Villard, à* ***Guillestre.*** *☎ 04-92-45-06-93. Tlj sauf dim 9h-12h, 15h-18h30.* Une grande boutique où vous trouverez tout ce qu'il faut pour vous constituer un pique-nique plein de saveurs (et d'odeurs !) à base de bons fromages du Queyras au lait cru : de la chèvre, du brebis, de la vache, du bleu, il y en a pour tous les goûts ! Et si une subite envie de raclette vous saisissait à pas d'heure, il y a le distributeur automatique à l'extérieur, ouvert 24h/24 !

La boutique de la cave d'affinage de la fromagerie de Montbardon et de la Coopérative laitière des Alpes du Sud : *voir Le village fortifié de Mont-Dauphin dans « À voir. À faire dans le Guillestrois. »*

À voir. À faire dans le Guillestrois

La vieille ville de Guillestre : ce sont les éléments des remparts du XIVe s qui retiennent l'attention, notamment la jolie *tour d'Eygliers* face à la mairie et, vers la place des Dames et le pont Saint-Esprit, la *porte du Saint-Esprit,* restée intacte. Au gré des ruelles étroites et autour de l'accueillante place du marché, on remarque de belles maisons dont les plus anciennes datent du XVIe s. L'*église Notre-Dame-d'Aquilon,* construite entre 1507 et 1532 en marbre rose d'ici, s'ouvre par un porche, dont 2 colonnes s'appuient sur des lions couchés. À l'intérieur, de part et d'autre de la nef, statues de saintes et de saints, étincelantes. Pour admirer du beau marbre rose constellé de magnifiques ammonites, il faut aller fouler le sol de l'office de tourisme, dans le centre-ville.

La source d'eaux chaudes de Plan-de-Phazy : *à 3,5 km du centre-ville en direction d'Embrun, en retrait de la RN 94 (visible avec sa rotonde).*
La découverte et l'utilisation de cette source naturelle remontent à la présence des Romains, qui en avaient reconnu les valeurs curatives. Les eaux de Plan-de-Phazy seraient indiquées pour lutter contre les rhumatismes, les affections hépatiques et rénales, et posséderaient des vertus cicatrisantes et antiseptiques ! Le 1er document médical date du XIXe s.
En 1935, un séisme provoqua l'arrêt de l'établissement thermal construit un siècle plus tôt. Depuis, la source jaillit un peu plus loin, mais il ne s'agit plus que d'un mince filet d'eau. Quelques aménagements permettent de s'y baigner toutefois, ou de tremper le bout des orteils (la température de l'eau avoisine les 23-24 °C). Précisons, cependant, qu'un ***arrêté municipal y interdit la baignade depuis quelques années...*** ce qui n'empêche pas l'endroit d'être bondé en saison !

La fontaine pétrifiante : *à* ***Réotier,*** *à 4 km du centre-ville de Guillestre.* Issue également de la faille de la Durance, l'eau de la fontaine provient d'une source riche en gypse et en calcaire, se réchauffant de 3 °C tous les 100 m. Au contact de l'air, l'eau chargée en carbonates forme des concrétions aux contours étranges, aux formes surprenantes, évoluant sans cesse au fil du temps, été comme hiver. En face du parking, la *Cabane du Pêcheur* vous accueillera pour une partie de pêche ou une bonne truite à déguster.

Risoul et sa forêt de mélèzes : *à 3 km de Guillestre.* Le village s'étire jusqu'à la station, à 1 850 m, en traversant Chauvet, Barbeing, Gaudissart bas et haut, au milieu d'une forêt de mélèzes flamboyante en automne.

Le village fortifié de Mont-Dauphin : *à 6 km au nord-ouest de Guillestre. ☎ 04-92-45-42-40. • place-forte-montdauphin.fr • GRATUIT. Sinon, tte l'année, visites commentées passionnantes (rens à l'accueil du Centre des* *monuments nationaux de Mont-Dauphin) qui ouvrent les portes inattendues de bien des installations comme l'incroyable toiture des casernements : juin-sept, tlj sauf lun à 10h et 14h30 (plus 15h30 juil-août) ; janv-mai, tlj sauf lun et 1er mai à 14h30 ; oct-déc, mer et w-e à 14h30. Durée : 2h. Tarif : 6 € ; gratuit moins de 26 ans et pour ts le 1er dim du mois janv-mai et nov-déc. Visite commentée de l'exposition Little Bighorn : en juil-août, tlj sauf lun à 10h30, 11h30, 15h30 et 16h30 ; le reste de l'année, se renseigner. Tarif : 6 € ; gratuit moins de 26 ans. Expos et librairie.*

UNE AFFAIRE DE CHŒUR

Dessinée par Vauban, l'église de Mont-Dauphin débutée en 1700 ne sera jamais achevée... En 1713, à la suite du traité d'Utrecht, la frontière entre la France et l'Italie s'éloigne. La place forte perd alors de sa valeur stratégique. Quelques années plus tard, la nef et le transept partiellement édifiés sont démontés, histoire de récupérer les pierres. On conserva juste le chœur, jugé suffisant pour les quelques fidèles du coin... et vu l'ampleur de la bête, on comprend que l'église imaginée par Vauban était immense !

Une véritable pépite architecturale, sise dans un superbe cadre naturel. Intacte depuis Louis XIV et l'une des plus petites communes de France (58 ha), le village fortifié de Mont-Dauphin est créé par Vauban à partir de 1693. Il est nommé ainsi en l'honneur du fils du roi, le Grand Dauphin. Sa construction s'est poursuivie au cours des 2 siècles suivants, mais toujours selon l'esprit du maître. Ce village fortifié, encore habité et inscrit au Patrimoine mondial de l'Unesco depuis juillet 2008, faisait partie d'un programme de dissuasion car construit sur le plateau dit « des mille vents » qui surplombe le confluent du Guil et de la Durance en verrouillant l'accès à la vallée. Bastions, fossés, courtines et demi-lunes ceignent une vraie petite ville homogène et quadrillée de 2 fois 2 rues perpendiculaires. L'arsenal a conservé son aile nord, construite dans les années 1750 ; l'aile ouest, plus ancienne, a été détruite par un bombardement italien lors de la Seconde Guerre mondiale.

En 1975, Mont-Dauphin, devient monument national et passe sous l'égide du ministère de la Culture. Le ministère de la Défense ne conserve que 2 casernes transformées en centre de vacances des armées. Avec le départ des militaires, la population du village tombe à 30 habitants dans les années 1980. La municipalité décide alors d'inciter les artisans d'art à venir s'installer dans la caserne Campana pour repeupler et dynamiser le village en leur proposant de louer des ateliers avec logement gratuit à l'étage. Mission réussie : aujourd'hui, Mont-Dauphin compte quelque 170 habitants et nombre d'ateliers et petites boutiques d'artisanat.

– ***La caserne Rochambeau :*** dans un cadre naturel déjà grandiose, face à cette immense bâtisse, l'homme se sent bien petit ! Et son incroyable charpente du XIXe s « à la Philibert de L'Orme » mérite absolument le coup d'œil, d'autant que de juillet 2021 à juin 2031, elle abrite l'**exposition *Little Big Horn*** de l'artiste sénégalais ***Ousmane Sow,*** soit 35 pièces sculptées qui prennent aux tripes en mettant en scène les combats de la célèbre bataille entre Indiens des plaines et l'armée fédérale des États-Unis. L'œuvre, monumentale, et la charpente se magnifient l'une l'autre.

Pour les gourmands, rendez-vous dans les caves où la ***Fromagerie de Montbardon*** et la ***Coopérative laitière des Alpes du Sud*** ont installé leurs caves d'affinage (la fabrication des fromages se situant à Eygliers), soit 6 superbes salles vitrées où l'on peut admirer *(gratuitement)* les fromages en cours d'affinage *(ouv en juil-août, tlj sauf lun 11h-12h30 et 15h-17h30)*. Après avoir bien salivé, vous pourrez même les déguster à la boutique. Les spécialités de la maison : le cembro, un fromage à base de lait de chèvre entouré d'écorce de pin, et un bleu du Queyras au lait cru particulièrement crémeux. Sur place également (mais ne se visite pas), une champignonnière de pleurotes.

– ***Le jardin historique :*** un bel endroit, encore, où l'on découvre les plantes alimentaires et médicinales utilisées depuis Vauban *(visite guidée possible juin-sept mer à 10h et ven à 15h ; résa obligatoire ; 4 €/pers).*

Vars et ses hameaux : *à env 15 km au sud.* Vars est constitué de la station moderne (Les Claux) et de 3 hameaux (Sainte-Catherine, Saint-Marcellin et Sainte-Marie) qui s'étagent sur les flancs de montagne et le long de la vallée de la Chagne. C'est un cadre naturel d'une beauté remarquable, environné de pics et de monts spectaculaires. C'est évidemment un terrain à randonnées avec plus de 200 km d'itinéraires (infos et topoguide à l'office de tourisme de Vars ; voir « Adresses et infos utiles » plus haut).

La réserve de nature du Val d'Escreins : cette réserve s'étend au nord-ouest du majestueux *pic de la Font Sancte* (3 385 m ; le plus haut sommet du Queyras), dans la vallée perdue et encaissée du Rif-Bel. Une très jolie petite route y mène depuis la route de Vars (3 km avant d'arriver au village de Saint-Marcellin, sur la gauche). Parfait pour la rando, la vallée propose aussi des sentiers de trail toute l'année et des parcours d'orientation pour toute la famille. Sentiers de découverte du Tétras au départ du parking, ludiques et faciles (durée : 1h30). Aire de pique-nique et barbecue. On vous conseille une halte gourmande au resto du *refuge de Basse Rua* (lire plus haut « Où dormir ? Où manger à Guillestre et dans les environs ? À Vars »).

La combe du Guil (combe du Queyras) : étroit et profond défilé où coule le Guil et que suit la D 902, seul accès au Queyras depuis le Guillestrois, en hiver. La combe se termine par un magnifique canyon que surplombe la place forte de Mont-Dauphin. Un panorama exceptionnel et mémorable ! On peut l'admirer en suivant un circuit de randonnée facile appelé « La rue des Masques ». Ce relief de falaises serrées et abruptes est dû à la géologie particulière du Queyras occidental, où le calcaire rose et violet prédomine. Le Guil y a creusé cet impressionnant canyon, plus spectaculaire encore pour les randonneurs qui empruntent (uniquement à pied ou à 2-roues) l'ancienne route de la Viste, passant au-dessus de l'actuelle départementale. En venant de Guillestre, départ de cette ancienne route à l'entrée des gorges, sur la droite au niveau du panneau « Info route », hameau de Porteau ; en venant du Queyras, la route débute sur la gauche au niveau de la *maison du Roy.*

ÇA VALSE AUX GORGES DU GUIL !

Les gorges du Guil, stars du grand écran ? Elles apparaissent dans le film de Bertrand Blier, Les Valseuses *(1974), lorsque Gérard Depardieu, Patrick Dewaere et Miou-Miou roulent en voiture. Bon, on vous l'avoue, la scène n'a pas été tournée là : c'est en réalité un fond d'écran projetant des images des gorges... Plus prudent, sans doute !*

– ***Les ateliers Consom'acteurs :*** *tte l'année. Rens et inscriptions auprès de l'office de tourisme du Guillestrois et du Queyras ou sur* • *lequeyras.com* • *Compter 3-40 €/pers selon atelier.* Différents ateliers animés par des producteurs du coin pour apprendre à fabriquer soi-même du fromage, du miel, des cosmétiques 100 % bio, des jouets ou sculptures en bois, des vitraux, la cueillette et cuisine des plantes de montagne, et la liste est longue. Bien entendu, on repart avec sa propre production.

– ***Les activités :*** *tte l'année. Rens et inscriptions auprès de l'office de tourisme du Guillestrois et du Queyras ou sur* • *lequeyras.com* • *Compter 11-70 €/pers selon activité.* Des virées en pleine nature, sportives ou plus tranquilles encadrées par des professionnels pour découvrir le territoire de manière originale : canyoning, rando sous les étoiles, rencontre avec les bergers, chasse au trésor en VTT, etc.

Stations de ski

FLASHÉ À PLUS DE 255 KM/H !

Vars s'est fait connaître dans le ski de vitesse grâce à sa piste de Chabrières, damée comme un billard. Les champions passent en 5 s de 0 à 200 km/h, plus rapidement qu'une Ferrari ! Et c'est ici qu'a été battu le record du monde en 2023. Simon Billy a été flashé à 255,55 km/h sur ses skis !

Risoul et ***Vars*** sont 2 stations du ***domaine de la Forêt-Blanche*** (1 850-2 750 m) vers le pic de Chabrières et propose, en principe, un forfait commun. En hiver, navette gratuite entre Guillestre, Ceillac et les stations de Vars et de Risoul. Risoul est plus résidentielle et familiale ; Vars plus animée et sportive, surtout aux Claux (cœur de station), mais les hameaux de Sainte-Marie, Saint-Marcellin ou Sainte-Catherine ont un vrai cachet montagnard. Il se dit aussi que la station serait une des mieux enneigées de France par son altitude et sa situation climatique privilégiée. Le domaine de la Forêt-Blanche comprend 185 km de pistes (111 pistes tous niveaux), ce qui en fait un des plus beaux domaines de ski alpin des Alpes du Sud. Spot de *freeride,* espace nouvelles glisses, 4 *snowparks* équipés de nombreux modules, dont certains pour débutants. Trop cool !

Ski de fond et raquettes : petit domaine gratuit de 17 km de pistes (à Risoul). Très beau panorama.

– Nombreuses ***animations pour les enfants*** en toute saison. Renseignements aux offices de tourisme de Vars et de Risoul. Garderie, balades à raquettes, journée « Davy Crockett », traîneaux à chiens, et 3 remontées mécaniques fonctionnant tous les jours, tout l'été à Vars.

Sports et loisirs

Le Guillestrois à VTT : *carte en vente dans les offices de tourisme du Guillestrois. Sinon, consulter le site • lequeyras.com •* Près de 100 km de sentiers aménagés avec un balisage spécifique (de vert, très facile, à noir, très difficile).

VTT de descente et bike parks : différents niveaux de difficulté. On recommande surtout la « Vars-Embrun », une des plus longues descentes d'Europe, sur 32 km et 1 800 m de dénivelée, depuis le sommet de la Mayt (accessible, l'été, en télésièges) jusqu'au lac de Serre-Ponçon (avec navette retour sur demande auprès des remontées mécaniques). Possibilité de prendre les télésièges aussi avec un VTT à Vars-Les Claux et Risoul. Pratique également, la navette quotidienne qui relie en été Guillestre à Ceillac *(résa obligatoire auprès de • zou.maregionsud.fr • ; ☎ 04-92-50-25-05). Bike park* à Vars-Les Claux.

Randonnées : *topoguides en vente dans les offices de tourisme du Guillestrois et du Queyras.* Une quarantaine de randos pour satisfaire le plus grand nombre. Différents niveaux de difficulté.

– ***Bureau Montagne Mélézin :*** *06-77-15-77-85. • montagne-melezin.com •* Été comme hiver, une équipe d'accompagnateurs en montagne pour rando pédestre, marche nordique, VTT... Accueil enfants.

– ***Sports d'eaux vives :*** rafting, *hydrospeed, air boat, hot dog,* canoë-kayak, etc. se pratiquent sur le Guil et la Durance. 2 bases de départ pour la Durance : l'une au stade d'eaux vives de Saint-Clément-sur-Durance et l'autre à Saint-Crépin. Et ***canoë*** sur la base de loisirs d'Eygliers.

CEILLAC

(05600) 295 hab. *Carte Hautes-Alpes, D2*

Village « à plat » de la vallée du Cristillan, Ceillac a une physionomie particulière pour un pays de montagne (pas de montée, pas de descente ! C'est le plat pays !). Cependant, la montagne est bien là : à 2h à pied du village, le lac d'altitude de Sainte-Anne, aux eaux turquoise, reflète le majestueux pic de la Font Sancte, plus haut sommet du Queyras, qui culmine à 3 385 m. C'est tout simplement splendide... Le village lui-même est agréable, avec son petit centre chaleureux, sa jolie fontaine, sa vieille mairie et sa curieuse église à 6 cloches apparentes. L'hiver, le domaine de ski de fond est le plus réputé du Queyras. Ceillac est aussi un spot connu pour la pratique du parapente.

Adresse et infos utiles

i ***Office de tourisme de Ceillac :*** *☎ 04-92-45-05-74. • lequeyras.com • Ouv tte l'année.* Près de 300 meublés de vacances à louer sur la station *(Service résa : ☎ 04-92-46-89-31 ou • reservation@lequeyras.com •).* À noter, la formule « Cartable à la neige », Du CP au CM2, hors vacances scolaires en janvier et mars, où un enseignant diplômé prend le relais de l'instituteur les après-midi *(tarif : 60 €/sem et par enfant).* Il existe aussi un pack « Cartable à la neige » avec 2h de cours de ski le matin et 3h de suivi scolaire l'après-midi.

■ ***École de parapente : Tête en l'air,*** *📱 07-72-26-33-22. • parapente05.com •*

Où dormir ? Où manger à Ceillac et dans les environs ?

Campings

⛺ ***Camping Les Mélèzes :*** *1668, route du Mélézet. 📱 06-58-30-74-21. • camping-les-melezes@wanadoo.fr • campingdeceillac.com • ♿ À env 2 km du village. Ouv juin-août. Empl 2 pers 21,70-25,60 €.* Une centaine d'emplacements sur 3 ha dans un superbe environnement ombragé de mélèzes. D'un côté, une paroi rocheuse, de l'autre, un petit cours d'eau. Lave-linge, aire de jeux... mais pas de mobile homes ni d'animations. Rien que la nature ! Et, juste à côté, les chemins de randonnées GR 5 et GR 58 !

⛺ ***Camping municipal Les Moutets :*** *à 1 km du village, face à la piste d'atterrissage des parapentes. ☎ 04-92-45-17-89. • camping@ceillac.fr • ceillac.com • ♿ Ouv juil-sept. Résa conseillée. Empl 2 pers 12 €. Douches payantes. 60 empl.* Au bord de la route principale (qui finit en cul-de-sac !), à 10 mn à pied des commerces. On s'installe où l'on veut, dans un vaste champ, tout plat, avec quelques arbres qui offrent un peu d'ombre. Équipement des plus simple (3 petits blocs sanitaires propres), mais avec, quand même, des abris en bois pour randonneurs. Les prix très doux, l'atmosphère tranquille et bon enfant, le spectacle des parapentes qui flottent dans le ciel matin et soir, et l'accueil font qu'on s'y sent vraiment bien.

De bon marché à chic

🏠 🍽 ***Gîte d'étape Les Baladins :*** *dans le village. ☎ 04-92-45-00-23. • info@lesbaladins.com • lesbaladins.com • Fermé avr-mai et de mi-sept au début des vac de Noël. Nuitée en* *dortoir 22,50-27 € (draps en sus). ½ pens 50-57 €/pers en chambre double. Parking privé.* Dans une grande maison traditionnelle de pays (beaucoup de cachet), restaurée et réaménagée. Grosse capacité d'accueil avec 80 lits en chambres (2-4 lits) dotées de salle de bains ou dortoirs (jusqu'à 12 places), avec douche. Espace détente avec salon, salle de jeux, ainsi qu'un local à VTT et un séchoir. Pour une étape ou un séjour, une bonne adresse.

Hôtel-restaurant La Cascade : *Le Pied-du-Mélézet. ☎ 04-92-45-05-92. • info@hotel-la-cascade.com • hotel-la-cascade.com • (resto). À 2 km du village. Fermé de mi-sept à mi-déc. Doubles avec douche ou bains 80-98 €. Possibilité de ½ pens. Menus 25-40 € ; carte 30-35 €.* Grande et longue bâtisse typique de la région, avec des chambres de toutes tailles (certaines assez riquiqui !), propres mais sans originalité particulière. Les ¾ d'entre elles possèdent un balcon et ont vue sur la cascade, dont le bruit apaisant vous bercera. Tire-fesses à 50 m. Spa en été (hammam, sauna, salle de massages). Au resto, planches généreuses et variées, de copieux plats de montagne ou un menu dégustation plus raffiné. Terrasse avec vue d'anthologie sur la vallée.

Le Petit Chalet : *L'Aval. ☎ 04-92-45-32-44. 06-65-60-79-16. • le-petit-chalet@hotmail.fr • lepetitchalet.fr • À 3 km de Ceillac, dans un lacet en allant vers Guillestre. Fermé d'avr à mi-mai et de mi-oct au début des vac scol de Noël. Logements 2-4 pers 480-780 €/sem ; chalet 10-15 pers 3 000 €/sem.* En retrait de la route, dissimulés dans la forêt, au calme, au bord d'un torrent fougueux, plusieurs logements chaleureux, indépendants et tout équipés : le chalet *(10-15 pers),* L'Écrin et le Duplex *(apparts 2-4 pers),* le P'tit chalet et la yourte *(2-4 pers eux aussi).* Chambres à l'esprit montagnard, aux murs bardés ou en pierre. Sur place également, la piscine chauffée de mai à septembre. Hammam, jacuzzi. Bref, de quoi passer un séjour zen dans un bel environnement.

Le Pied Jaune : *379, Grand-Rue. ☎ 04-92-51-70-47. • hutceillac@yahoo.fr • Ouv de mi-mai à sept et fin déc-mars, tlj 12h-16h, 19h-21h. Menus 25-35 € ; carte 25-30 €.* Aux beaux jours, difficile de rater cette sympathique maison dont la terrasse s'étale dans la grande rue piétonne. Le type d'endroit où l'on vient et l'on revient, pour boire un verre, caler un petit creux en journée ou satisfaire une belle faim le midi ou en soirée. Le 1er menu est simple, bon, généreux et plein de fraîcheur ; l'autre se révèle plus inventif. Quant à la carte, elle contente tous les appétits. Réjouissante sélection de vins et de bières. Tout ça dans la bonne humeur et un intérieur chaleureux, notamment la jolie salle à l'étage. Propose également des concerts de temps en temps.

À voir. À faire

Le village : il est constitué de bâtisses traditionnelles assez austères, avec des rez-de-chaussée en maçonnerie à demi enterrés, réservés à l'habitation, et des étages-granges ouvrant sur de vastes balcons en bois. Les balcons de bois sculpté de la mairie datent de 1558. À voir, l'*église Saint-Sébastien* (XVIe s) à l'étonnant « clocher-mur » aux 6 cloches apparentes et au clocheton en bois. Également la *maison Chabrand,* en bas du village, classée Monument historique (ne se visite pas). À 1 km du village, sur la route du hameau de ***La Clapière*** (qui tient son nom des « clapiers », entassements de pierres retirées aux champs), l'*église Sainte-Cécile* (XVe s) est remarquable, avec son gros clocher à pyramidions déporté sur le côté de la nef.

Randonnée au lac de Sainte-Anne : un grand classique du coin. Le début est un peu raide mais aucune difficulté majeure. 700 m de dénivelée au total. Monter par le lac Miroir, pour rejoindre le GR 5 et redescendre sur Ceillac. Départ du hameau *Le Pied-du-Mélézet,* à 2 km de Ceillac. Compter 5h aller-retour. Autre possibilité : se rendre en voiture au parking de Chaurionde, qui compte de nombreux départs de randos ; de là, compter 1h30 pour atteindre le lac (500 m de dénivelée). En famille, avec des enfants, mieux vaut suivre cette 2e option. Au lac, panorama grandiose ! On y trouve la chapelle Sainte-Anne qui fait l'objet d'un pèlerinage assez populaire tous les 26 juillet.

La cascade de la Pisse : *à 2,5 km du village, 500 m après le camping Les Mélèzes. Accès à pied.* Chute de 250 m surgissant dans une forêt de mélèzes. L'hiver, les grimpeurs peuvent escalader la cascade de glace.

– ***Via ferrata Les rochers de la Clapière :*** *accessible avr-oct. GRATUIT. Compter 2h.* Comprend 2 parties : la première est facile, la seconde s'adresse aux initiés et sportifs.

Ski et neige

Ski alpin : massif exposé au nord, 1 680-2 500 m, 22 km de pistes.
■ ***École de ski français :*** *☎ 04-92-45-10-58.*

Ski nordique : le point fort de Ceillac, dont le domaine (48 km) est archiréputé. On y trouve aussi un stade de biathlon (pas de tir de 15 couloirs pour une cible à 50 m) et le 1er stade nordique 4 saisons des Alpes du Sud.

➢ ***Raquettes :*** plusieurs dizaines de kilomètres de sentiers balisés pour les raquettes et les piétons. Hors sentier, un bon plan pour découvrir une nature sauvage avec un accompagnateur. Renseignements à l'office de tourisme.

➢ ***Escalade sur glace :*** réputé dans le milieu des glaciairistes pour ses cascades de glace, le site de Ceillac possède des cascades de tous niveaux (soit 15 voies ; difficultés 3 à 5+).

ARVIEUX

(05350) 370 hab. *Carte Hautes-Alpes, D2*

Orientée nord-sud, la vallée d'Arvieux est aussi appelée « val d'Azur », en raison de l'ensoleillement des 2 pentes. La commune se répartit en 13 hameaux et vit du tourisme, mais aussi de l'agriculture (élevage de bovins principalement) et de l'artisanat, avec plusieurs ébénistes qui travaillent encore le pin cembro.

Adresses et infos utiles

Office de tourisme : *à Arvieux-ville. ☎ 04-92-46-75-76. • lequeyras.com • Tte l'année : en saison, tlj 9h-12h, 14h30-18h ; le reste de l'année, ouv seulement le mat en sem.*
– ***Service de réservation :*** *☎ 04-92-46-89-31.* Nombreux meublés de tourisme à louer.
– ***Izoard Cycling :*** *5152, route de l'Izoard, 05350 Arvieux. 06-81-83-04-17. • izoardcycling.com •* Un passionné de vélo qui fait à la fois de la location (route, gravel, VTT électriques ou non, vélos enfant), atelier de réparation, mais qui propose aussi des itinéraires ou des sorties accompagnées.
– Attention, le ***col de l'Izoard*** entre Briançon et Arvieux est fermé de début novembre à mi-mai. Passer alors par Guillestre.

Où dormir ? Où manger à Arvieux et dans les environs ?

Camping

Camping de l'Izoard : Brunissard. *06-33-33-98-12. • campingdelizoard@gmail.com • campingdelizoard.com • À 4,5 km au nord d'Arvieux et à 1,5 km du hameau de Brunissard (commerces), au pied du col de l'Izoard. Ouv de début juin à mi-sept. Empl 2 pers 15 € ; loc tentes aménagées 2-4 pers. 60 empl. CB refusées.* Camping quasi sauvage avec de grandes tentes aménagées, des emplacements disséminés sur 5 ha de forêt, au fond d'une vallée, de part et d'autre d'une petite route. Bloc sanitaire plus de toute 1re jeunesse mais propre. Dépôt de pain, mini-épicerie, café-bar, jeux pour enfants. Bain nordique *(payant)*. Concerts en été. Nombreuses possibilités de randos dans le coin. Bon accueil.

De bon marché à prix moyens

Gîte La Fruitière : *dans le hameau de* **Villargaudin.** *☎ 04-92-46-84-86. 06-68-49-16-83. • lafruitiereduqueyras@gmail.com • lafruitiereduqueyras.com • À 5 km au sud d'Arvieux, direction Guillestre. Ouv juin-sept et de mi-déc à mars. Nuitée 45-63 €/pers en ½ pens. CB refusées.* Paumées dans un hameau perché dans les alpages en surplomb de 2 vallées, une ancienne fabrique de fromages et une ancienne école transformées en 2 maisons mitoyennes accueillantes ! Elles ont été restaurées avec des matériaux naturels (chaux, chanvre, bois...). C'est le 1er gîte en France à avoir obtenu le label Écogîte. Chambres de 2 à 5 places et un dortoir pour 13, au confort moderne, auquel s'ajoute le charme du vieux parquet et des poutres en mélèze. Grande véranda offrant une vue magnifique en direction du col de l'Izoard. Cuisine essentiellement bio à base de produits locaux. Local à vélos. Excellent accueil.

Chambres d'hôtes Chalet Viso : La Chalp, *à 2 km d'Arvieux en direction de l'Izoard. ☎ 04-92-46-85-77. 06-95-52-35-67. • info@chaletviso.com • chaletviso.com • Ouv de mi-mai à fin sept et Noël-début avr. Double à partir de 76 €. ½ pens 62-66 €/pers en chambre, 55 €/nuit en dôme (1-3 pers).* Sympathique bâtiment proposant des chambres simples et décorées de bois, avec salle d'eau privée et balcons pour la plupart. Ambiance coin du feu, retour de grandes randos, ou terrasse au calme. Également des dômes avec douche commune et toilettes sèches extérieures. Très grande table autour de laquelle on se réunit pour dévorer une cuisine de terroir. Un bon camp de base.

Boulangerie-pâtisserie-salon de thé La Roche : *17, chemin de la Roche, 05350* **Arvieux.** *☎ 04-92-46-85-85. • boulangerie.laroche@orange.fr • Ouv tte l'année : de mi-juin à mi-août, tlj 7h-19h ; reste de l'année, lun-sam 7h30-13h, 16h-18h30.* Du bon pain, d'excellentes pâtisseries et tartes, des sandwichs copieux et de qualité, des glaces artisanales, une petite terrasse abritée sur la place. Bref, l'endroit parfait pour une petite pause reconstituante !

Bar-restaurant La Belle Échappée : *3706, route de l'Izoard, 05350* **Arvieux.** *06-44-31-12-47. Tlj sauf mar. Repas 25-30 €.* Évidemment, sur la route de l'Izoard, on reste dans le thème ! Comme ils disent : « Ici on épluche, on émince, on émulsionne, on taille. » Bref, on concocte des petits plats maison inspirés, et avec le maximum de produits locaux pour ne rien gâcher. Viandes, poissons, gratins, salades, et même un plat vegan pour contenter tous les appétits. Belle ambiance et jolie terrasse aux beaux jours.

Le Jamberoute : *573, route de Clapeyto, Brunissard, 05350* **Arvieux.** *☎ 04-92-46-81-00. Ouv de mi-juin à mi-sept et de mi-déc à mars, tlj sauf lun. Menu 28 € ; carte 25-30 €.* Une

LES HAUTES-ALPES

institution locale au pied des pistes du domaine nordique. Salades, assiettes composées, pâtes fraîches, viandes, mais aussi des pizzas. Une cuisine simple mais de qualité qui privilégie les circuits courts. Le tout à consommer en savourant la vue, depuis la terrasse ou la grande salle, dans une ambiance conviviale.

De chic à plus chic

Hôtel La Ferme de l'Izoard : ***La Chalp,*** *en bordure de la route qui mène au col de l'Izoard ; à 2 km d'Arvieux. 06-63-44-57-02. • info@laferme.fr • laferme.fr • Congés : d'avr à mi-mai et de la fin des vac scol de la Toussaint au début des vac scol de Noël. Doubles 85-150 € ; ½ pens possible ; petit déj 15 €.* Dans un look boisé « Queyras », cet hôtel-restaurant familial de très bon standing (piscine couverte et chauffée hiver comme été, solarium, hammam, jacuzzi, massages), à proximité des pistes de ski de fond ou alpin et de 2 GR, dispose de chambres doubles (et de beaux studios équipés) à prix intéressants pour de telles prestations. Déco élégante et chaleureuse, balcons en catégorie supérieure. Fait également resto.

Chambres et tables d'hôtes La Girandole : *34, rue du Campanile, Brunissard, 05350* ***Arvieux.*** *06-07-46-93-43. • info@maisonlagirandole.fr • maisonlagirandole.fr • Congés : avr et nov. Doubles 69-89 € ; petit déj non inclus (10 €) ; dîner 28 €.* Cette imposante maison bleu ciel au cœur de ce hameau abritait autrefois un centre UCPA ! Aujourd'hui, on y cultive un certain art de vivre : des chambres coquettes et confortables, une table d'hôtes particulièrement remarquable et tout ce qu'il faut pour que vous vous sentiez bien : un bel espace commun avec billard et grandes baies, une piscine chauffée dans le jardin en été, un espace détente (sauna, bain balnéo ; payant) en hiver. Sur place également, pour ceux qui souhaiteraient plus d'espace ou d'indépendance : 4 appartements *(2-6 pers).*

Chambres d'hôte Les Escoyères 1967 : ***Les Escoyères,*** *05350 Arvieux. 06-08-30-06-23. • lesescoyres1967@yahoo.fr • lesescoyeres-queyras.com • Double 100 € ; ½ pension 75 €/pers ; en hiver, séjour 3 nuits min ; résa indispensable.* Une adresse qui se mérite dans un hameau haut perché et accessible par une route trèèès étroite et aux lacets trèèès serrés. D'ailleurs, en hiver, elle est fermée et on n'accède à la maison qu'à pied ou à raquettes en 1h de marche ; pour les bagages, c'est éventuellement Pascale, votre hôte, qui vient les chercher. Elle est la seule habitante à l'année de cet endroit du bout du monde en surplomb de la vallée du Guil et c'est dans l'ancienne école habilement restaurée qu'elle vous reçoit. Ambiance vieille pierre-parquet-cheminée pour un séjour cocooning.

À voir. À faire

Le village : l'architecture du village est étonnante. Les bâtiments (maisons à arcades), beaucoup plus longs que larges, sont en pierre maçonnée et n'utilisent le bois que pour la charpente et le second œuvre. Le rez-de-chaussée, voûté, est réservé aux bêtes et aux personnes, l'étage s'ouvre au sud par des arcades, souvent ouvrages de talentueux maçons italiens ; il est réservé au fourrage et aux céréales. Parfois, un cadran solaire orne la façade. L'*église Saint-Laurent,* du XVIe s et restaurée, est assez jolie avec son clocher à colonnettes surmonté d'une flèche polygonale.

Le vieux moulin d'Arvieux : *en venant de la vallée, en contrebas de la route, sur la gauche (fléché), 2,5 km avt Arvieux. Rens : ☎ 04-92-45-88-20. • pnr-queyras.fr • Ouv juil-août (téléphoner pour connaître les j. et horaires précis). Entrée : 2 €.* Vieux moulin à farine, en activité jusqu'en 1973 (il y en avait 3 à l'origine dans le village). Visite rapide, bonnes explications. Des sentiers de rando partent à côté.

LES HAUTES-ALPES

La Casse déserte et le col de l'Izoard : *à env 10 km au nord d'Arvieux.* Ce col traverse un impressionnant décor minéral fait de pentes abruptes et pelées, et d'éboulis calcaires appelés « cargneules »... Un arrêt s'impose pour contempler le site. Au col de l'Izoard (2 361 m), temps fort du Tour de France, un monument rappelle les exploits de Louison Bobet et de Fausto Coppi. Des fans de la petite reine (et du grand braquet) souffrent comme eux sur cette route, et c'est bon.

– ***Via ferrata :*** *rens au point d'accueil d'Arvieux (☎ 04-92-46-75-76). Accessible avr-oct. GRATUIT.* Il y en a 2 : *Pra premier* (1 à 2h ; difficulté moyenne) et les *Crêtes de Combe-la-Roche* (2 à 4h ; difficile).

Ski et neige

Ski alpin : *domaine ouv vac de Noël-fin mars.* 15 km de pistes tous niveaux de 1 690 à 2 105 m, desservies par 4 téléskis et un télésiège. C'est la station relax, familiale, pas vraiment pour les fans et les champions de grandes dénivelées, mais impeccable pour M. Tout-le-Monde.

■ ***École de ski français :*** *☎ 04-92-46-72-73.*

Ski nordique : sur le secteur Arvieux-Souliers, environ 32 km de pistes et 57 km d'itinéraires, damés et tracés. Boucles tous niveaux au secteur du Planet, avec le départ au parking du Jamberoute. Possibilité de passer le col de l'Izoard à skis nordiques.

– ***Pôle glisse de Pra Bernard :*** *rens au ☎ 04-92-46-72-81 (mairie).* Une piste de luge avec tapis roulant.

CHÂTEAU-VILLE-VIEILLE

(05350) 340 hab. *Carte Hautes-Alpes, D2*

Château-Ville-Vieille se compose de 2 villages (Château-Queyras et Ville-Vieille) et de 6 hameaux agréables à visiter. La commune a perdu sa fonction historique de capitale économique et administrative du Queyras au profit d'Aiguilles, mais conserve de beaux restes de son grand passé – d'abord le château, fière et vieille sentinelle dressée sur un piton rocheux. Cette fondation médiévale avec ses 4 ponts-levis à l'origine incertaine (le 1er fort aurait été construit au XIIIe s) a été très remaniée. Vauban est aussi passé par là, et en a fait l'un des points forts de son système de défense du Dauphiné, avec Mont-Dauphin et Briançon.

Adresse et info utiles

Maison du tourisme : *Le Charpenel, 05350 Château-Ville-Vieille. ☎ 04-92-46-76-18. • lequeyras.com • Bel édifice en bois au niveau du rond-point avec la route de Saint-Véran et Aiguilles, à Ville-Vieille. Tlj 10h-12h, 14h-18h30.*

– ***Service de réservation :*** *☎ 04-92-46-89-31.*

Où dormir ? Où manger dans le coin ?

Chambres d'hôtes Les Oules : *chez Chantal et François Humbert, à **Souliers** (superbe hameau à 3 km au nord de Château-Queyras par une*

LES HAUTES-ALPES

route en lacet). ☎ 04-92-46-76-39. 📱 06-43-74-87-43. • contact@lesoules.com • lesoules.com • Congés : de mi-nov à Noël. Sur résa seulement. Double 76 € ; 64 €/pers en ½ pension. Chambres dans une grosse maison en pierre et bois perchée à 1 820 m d'altitude. Déco soignée en matériaux naturels (bois, murs enduits à la chaux). Les Humbert, agriculteurs, vous réservent un accueil chaleureux. Cuisine du même genre, sincère et aimable, à base de produits du terroir, servie à la table familiale.

La Pause du Viandante : *D 947, Le Collet, 05350* ***Château-Vieille-Ville.*** *📱 06-35-63-21-88. Ouv tte l'année, tlj en saison 9h-22h30. Menu déj en sem 23 € ; carte 20-25 €.* Un endroit un peu improbable, caché dans un virage de Château-Queyras. L'intérieur tout en bois brut se révèle chaleureux, malgré une déco réduite à l'essentiel. C'est un peu pareil côté menu. Il n'y a pas pléthore de choix mais la surprise c'est que les propositions, bien que classiques, sortent de l'ordinaire haut-alpin : pâtes, risotto, quelques viandes. Du local aussi, nous direz-vous, puisqu'à vol d'oiseau, l'Italie n'est pas loin. Le tout servi généreusement, avec entrain et gentillesse. Fait aussi café en journée.

Où trouver de bons et beaux produits dans le coin ?

Fromagerie de Château-Queyras : ***Les Eaux-Douces,*** *entre Château-Queyras et Ville-Vieille. ☎ 04-92-46-73-16. • fromageriechateauqueyras.fr • Tlj sauf dim 9h-12h15, 15h-19h.* Ici, tout est fait sur place : bleu du Queyras, tomme du haut Queyras au lait de vache... Aussi quelques produits artisanaux de qualité (vin, miel, jus de fruits, croquettes du Queyras, charcuterie). Organise des ateliers culinaires autour du fromage tout au long de l'année *(résas auprès de l'office de tourisme ; voir plus haut).*

Maison de l'Artisanat – Coopérative des artisans du Queyras : *à* ***Ville-Vieille,*** *au niveau du rond-point avec la route de Saint-Véran et Aiguilles. ☎ 04-92-46-80-29. • artisanat-queyras.fr • Ouv tte l'année, tlj.* Cette coopérative réunit une trentaine d'artisans et constitue une belle vitrine de ce qui est produit ou fabriqué dans le Queyras et le Guillestrois. Cela va des liqueurs au génépi jusqu'aux fameux meubles et objets en bois aux rosaces du Queyras difficilement trouvables ailleurs. Mention particulière pour les artisans-cueilleurs, dont on trouve ici les produits : *Nature ma compagne* et ses baumes, cosmétiques ou gourmandises à base des feuilles, fleurs, fruits ou racines cueillis dans les montagnes ; La *Cueillette en Queyras* et son ketchup piquant *Sauce Hot Altitude* ou encore son jus de pomme et de cynorrhodon ; *Le Plantivore* (qui a aussi sa boutique sur le même parking), pour ses tisanes, ses apéritifs à base de fruits, ses confitures d'épine-vinette et de marmottier sauvage (plante endémique du Queyras), ses sirops de plantes de montagne ou encore de foin !

À voir

L'espace géologique Les Frissons de la Terre : *à* ***Château-Queyras,*** *dans la crypte de l'église. ☎ 04-92-46-88-20 (Maison du parc à Arvieux). • pnr-queyras.fr • Ouv juil-août (téléphoner pour les j. et horaires précis). Entrée : 2 €. Compter 40 mn de visite.* Dans une ancienne crypte, une expo permanente interactive, « Les frissons de la Terre », créée par le parc du Queyras, pour découvrir la formation géologique des Alpes. Parfait pour comprendre les paysages et les reliefs de la région.

– Tout près, sur la façade de l'église, un vieux cadran solaire et, sur une maison mitoyenne, la marque de hauteur de la crue centennale de 1957.

L'armoire aux 8 serrures : *au 1er étage, dans le local de l'ancienne mairie, à* ***Ville-Vieille.*** *Tlj 9h-18h env ; on l'observe à travers une grille. GRATUIT.* Cette armoire du XVIIIe s archivait les documents de la république des Escartons du Queyras. Elle contenait les archives de la vallée et ne pouvait être ouverte qu'en présence des 7 représentants des communes et du secrétaire général.

À faire

– ***Rafting :*** ***Quey'Raft,*** *à* ***Château-Queyras,*** *au bord de l'eau. 06-10-15-13-28. • queyraft.com • Tlj avr-oct.* Les gorges du Guil vues d'en haut, c'est déjà quelque chose. Mais alors les descendre, accroché comme un *rodeoman* dans un radeau gonflable pris dans les rapides, c'est l'éclate assurée ! Raft pour permettre aux débutants de partager les frissons des confirmés. Propose aussi de l'encadrement pour le canyoning, le kayak, le miniraft et la location de matériel pour la *via ferrata.*

MOLINES-EN-QUEYRAS

(05350) 305 hab. *Carte Hautes-Alpes, D2*

Moins célèbre que son voisin Saint-Véran auquel il ressemble assez, Molines est tout aussi charmant avec ses chalets à « fustes », les formes douces de la vallée en toile de fond, et son beau domaine skiable. La commune se compose d'un chef-lieu *(Le Serre)* et de 5 hameaux. Nombreux départs d'excursions vers le *col Agnel* et l'Italie (route ouverte en été uniquement : vue splendide sur le val Varaita et le mont Viso).

Adresses et infos utiles

Office de tourisme : *Le Bourg, sur la route menant au col d'Agnel. ☎ 04-92-45-83-22. • lequeyras.com • Juil-août, tlj ; le reste de l'année, se renseigner.*

– ***Service de réservation :*** *☎ 04-92-46-89-31.*

Bureau de montagne Gaudissard : *☎ 04-92-45-83-29. • gaudissard.com • Dans* La Maison de Gaudissard *(voir « Où dormir ? Où manger ? » ci-après).* Des guides de haute montagne qui proposent de nombreuses activités (ski, escalade, rando, VTT, etc.).

Où dormir ? Où manger ?

Camping de Chanterane : *à Pierre-Grosse, 410, route des Amoureux. 06-65-39-52-11. • contact@chanterane.net • chanterane.net • À env 3 km du village par la route du col d'Agnel. Ouv de mi-juin à mi-sept. Empl 2 pers 14,70 €. CB refusées. 25 empl.* À 1 900 m et au bord d'un petit ru, un tout petit camping au cadre très champêtre. D'un côté de la rivière, les camping-cars, et de l'autre, les emplacements réservés aux tentes. Un site propre et bien entretenu, à la fois ensoleillé et semi-ombragé.

La Maison de Gaudissard : *Gaudissard. ☎ 04-92-45-83-29. • maison@gaudissard.com • gaudissard.com • Resto ouv le soir seulement. Fermé avr-mai et de mi-sept à mi-déc. Nuitée 20 € en dortoir (draps non fournis) ; doubles 100-130 €. Possibilité de ½ pens. Menu unique 27 € (ouv aux non-résidents, mais seulement sur résa). Digestif maison offert sur présentation* *de ce guide.* Ce lieu fut, en 1969, le 1er centre de ski de fond de France. Depuis, *La Maison de Gaudissard* multiplie les prestations : en hiver, stages de ski ou de télémark, randonnée à raquettes, raid du tour du Queyras ; l'été, VTT, rando, qi gong et parapente. Dortoirs mansardés ou chambres à l'atmosphère très sobre et nickel. Des murs blancs, des tomettes cirées, beaucoup de bois. Une salle rustique avec de grandes tablées où l'on sert une cuisine généreuse et savoureuse, un bar chaleureux pour prolonger les soirées, une terrasse aux 1res loges pour profiter d'une vue remarquable sur la vallée, avec un cadran solaire dont la sentence est révélatrice de l'esprit de la maison : « Il est toujours l'heure de bien vivre. » Sauna pour reprendre des forces. Accueil souriant et bienveillant ! Location de vélos.

Chambres d'hôtes Le Val d'Azur : *Le Bourg. 06-22-39-17-95. • contact@backcountrymtb.com • backcountrymtb.com • Ouv tte l'année, sur résa. 68-72 €/pers en ½ pension.* Un ancien hôtel, type gros chalet, transformé en une petite structure très conviviale. Chambres avec sanitaires privés pouvant accueillir de 2 à 6 personnes. Déco sobre, chaleureuse et une table d'hôte où l'on prend soin de vous mitonner des petits plats maison à base des produits du jardin à la belle saison. Propose aussi des séjours VTT, ski ou snowboard tout compris.

À voir. À faire à Molines-en-Queyras et dans les environs

Le village et les « fustes » : on se régale ici du spectacle des chalets, qui peuvent mesurer jusqu'à 11 m de haut et sont en général séparés pour éviter la propagation du feu, regroupés seulement par unités de 3 ou 4 habitations. Les « fustes » en bois de mélèze forment l'étage (ou les étages) supérieur(s), et se composent au nord d'une aire à battre, au sud d'un ou 2 grands balcons de dessiccation et d'assez de plancher pour engranger le fourrage et les céréales. Le rez-de-chaussée de maçonnerie est, quant à lui, à demi enterré en amont et comprend une écurie, un *establot* (pour les brebis et les chèvres), un *cazet* (chambre pour la famille) et un *fougagno* (cuisine). Le mélèze est omniprésent dans ces intérieurs : poutres et solives, rondins au sol, huisseries...
Les fontaines et le four à pain sont également intéressants, ainsi que l'*église Saint-Romain* (sur la route du hameau de La Rua) avec sa singulière tour carrée et son toit de lauzes. Beau décor architectural réalisé à la mine de plomb sur les murs extérieurs. Si elle est ouverte (se renseigner à l'office de tourisme), on peut y voir un beau décor baroque ajoutant encore au charme du village. Quelques cadrans solaires aussi, à chercher... Remarquez d'ailleurs les chiffres sur la façade : ils indiquent l'heure grâce à l'ombre portée de la dépassée de toiture. Ingénieux !

Le musée de l'Abeille : *Le pont des Marrous, 05350* ***Molines-en-Queyras.*** *06-03-11-21-80. À 800 m à la sortie du village, direction Saint-Véran. Juil-août, tlj 9h30-12h (dernière visite), 14h-18h30 (fin des ateliers) ; le reste de l'année, sur résa. Entrée : 7 € ; réduc. Ateliers payants.* Un musée bien fait et consacré, comme son nom l'indique, à l'apiculture et au travail des abeilles : expos de ruches, nombreux panneaux, vidéo de 20 mn sur l'activité de la miellerie. Sans oublier un clin d'œil aux multiples savoir-faire des ancêtres de cette famille d'apiculteurs depuis 4 générations (forgerons, menuisiers, cordonniers...). 2 ateliers pour les 5-12 ans : création de bougies en cire d'abeille et découverte ludique du monde des abeilles. À 100 m du musée, boutique avec produits issus de la miellerie et de l'artisanat local *(☎ 04-92-45-81-73 ; ouv tte l'année ; se renseigner en intersaison).*

La Demoiselle coiffée : belle et solitaire, cette demoiselle coiffée se dresse sur la droite de la route quand on arrive à Molines depuis Ville-Vieille. Colonne fièrement érigée et se terminant par une rondeur plus épaisse, elle rappelle autre chose qu'une demoiselle...

– *Le parc des Amoureux : entre Molines et Saint-Véran. 06-17-72-70-30. ● parc-acrobranche-queyras.com ● Juil-août, tlj 11h-16h. Parcours 15 € jusqu'à 12 ans, 20 € jusqu'à 14 ans et 25 € pour les adultes* Un parc d'activités sportives et ludiques. Balade de branche en branche à travers une forêt de mélèzes. Au sommet, restauration possible avec vue imprenable sur la vallée.

– *Descente en luge 4 saisons : à Molines Station. En hiver, bien sûr, mais aussi en juil-août, tlj 10h30-12h30, 13h30-18h30 (le reste de l'année, se renseigner). ☎ 04-92-45-83-37. Tarif : 7,50 €/passage (1 ou 2 pers par luge).*

Ski et neige

Ski alpin : domaine Molines-Saint-Véran, 1 740-2 830 m et 36 km de pistes. ■ ***École de ski : ESF, ☎ 04-92-45-81-51.***

Ski nordique : près de 29 km de pistes et 53 km en itinéraire. Accès possible jusqu'aux refuges Agnel et de la Blanche.

– ***Balades en traîneau à chiens (hiver) ou cani-rando (été) : Leila'venture,*** *06-82-46-23-86. ● leilaventure.fr ●*

SAINT-VÉRAN

(05350) 235 hab. *Carte Hautes-Alpes, D2*

Saint-Véran est l'un des « Plus Beaux Villages de France », incontestablement, mais aussi la plus haute commune d'Europe, perchée à 2 040 m. L'architecture traditionnelle des « fustes », ici encore plus nombreuses, plus denses qu'à Molines, les cadrans solaires, le musée du Soum installé dans une maison du XVIIe s ; l'église, le cadre superbe de la vallée entre alpages sur l'adret et forêt sur l'ubac... tout contribue à l'harmonie générale. Revers de ces records (le plus haut, le plus beau...), une foule importante en été. Toutefois Saint-Véran reste authentique, n'a pas pris la grosse tête ni trop une allure de village-musée. On la protège et, d'ailleurs, en saison estivale, la circulation est réglementée.

Adresse et infos utiles

Office de tourisme : *La Ville. ☎ 04-92-45-82-21. ● lequeyras.com ● Juil-août, tlj ; variable le reste de l'année.* – ***Service de réservation :*** *☎ 04-92-46-89-31.*

Stationnement : en juillet-août, si vous ne logez pas sur place, parking obligatoire au pied du village *(forfait journalier : 3 €).* Si vous avez une réservation dans un hébergement, vous devrez acquérir un macaron « résident » afin de pouvoir stationner librement dans le village *(8 € ; valable tte la durée de votre séjour).*

Où dormir ? Où manger dans le coin ?

De bon marché à prix moyens

Gîte d'étape et de séjour Les Gabelous : *quartier Pierre-Belle, en haut du village, le long de la voie principale. ☎ 04-92-45-81-39. ● gabelous@free.fr ● gabelous.com ● Fermé de mi-sept à mi-déc. Nuitée 23 € en dortoir 3-6 places, 30 €/pers en chambre double ; draps en sus. ½ pens 44-52 €/pers. Repas (le soir seulement) env 19 €.* Dans l'ancien bâtiment des douanes au beau cadran solaire en façade et aux beaux parquets cirés à l'intérieur. Impeccablement tenus, chambres et dortoirs ont tous conservé un beau caractère rustique. Sanitaires communs, mais les doubles ont un lavabo. Et pour se relaxer après une journée de ski (ou de rando en été, s'il n'y a pas de restriction d'eau), bain « norvégien » extérieur chauffé et terrasse paisible et bucolique.

Chalet-auberge L'Estoilies : *Le Raux, hameau à 800 m avt d'arriver à Saint-Véran. ☎ 04-92-45-82-65. • contact@estoilies.com • estoilies.com • Ouv juin-sept (le reste de l'année, en gestion libre pour les groupes, sur résa). Nuitée en dortoir 30 €/pers, doubles 66-80 €, petit déj inclus ; ½ pension 49-59 €/pers ; draps et serviettes 7-10 €.* Dans une vieille ferme restaurée entourée d'un jardinet fleuri, une adresse à l'ambiance simple et chaleureuse. Au rez-de-chaussée, la belle salle à manger voûtée, dans l'ancienne écurie, chaleureuse avec son foyer ouvert. Dans les étages, 12 chambres, dont 4 avec douches communes : 1 dortoir de 7 personnes et des chambres de 2 à 5 lits. Simples et accueillantes, elles sont peu à peu restaurées en respectant le caractère des lieux (parquet, enduits à la chaux, etc.). Et comme le propriétaire des lieux a la chance d'avoir des amis qui ont un sacré coup de crayon ou de pinceau, celles-ci ont chacune leur petite personnalité. En cuisine, du local au maximum, herbes et légumes du potager.

La Baïta du Loup : *La Chalp, hameau à env 3 km avt d'arriver à Saint-Véran. ☎ 04-92-54-00-12. 06-14-66-48-45. • contact@labaitaduloup.com • labaitaduloup.com • Resto ouv le soir seulement (résa conseillée). Fermé de mi-avr à mi-juin et de nov à mi-déc. Nuitée en dortoir 30 € (loc de draps en sus). Double 90 €. Carte 20-25 €.* Dans une ancienne bergerie, 2 types d'hébergements bien distincts : les chambres type hôtel avec sanitaires privés, une déco plus léchée et les draps inclus ou le gîte d'étape, ses dortoirs *(4-8 pers)* et ses chambres avec sanitaires communs et un aménagement plus basique. Ces dernières n'en restent pas moins agréables et de très bonne tenue. Et sinon, de très belles parties communes, avec un salon chaleureux avec beaucoup de bois. Sauna. Bonne cuisine de région qui met en valeur les produits locaux. Très bel accueil.

La Marmotte : *15, rue des Forannes. ☎ 04-92-45-84-77. Fermé lun soir et mar. Congés : de mi-sept à mi-déc et fin mars-mai. Menu 24 € ; carte 22-30 €. Café offert sur présentation de ce guide.* Superbe terrasse panoramique en bois brut jetée au-dessus de la vallée, le promontoire idéal pour siroter une bière locale ou un chocolat chaud. Et comme, à de telles altitudes, le temps change sans se gêner, la petite salle décorée façon bric-à-brac de brocanteur offre une solution de repli qui ne manque pas de cachet. Glaces, crêpes, pizzas et petite restauration pas chère également, de montagne évidemment. Ambiance jeune et chaleureuse.

De chic à plus chic

Les Chalets du Villard : *quartier Le Villard. ☎ 04-92-45-82-08. • info@leschaletsduvillard.fr • leschaletsduvillard.fr • Resto fermé le midi mar et mer. Congés : avr-début juin et fin sept-début des vac scol de Noël. Doubles 105-160 €.* Un hôtel proposant de vastes chambres-appartements, avec balcon, toutes orientées plein sud vers la vallée... Quelle vue ! Mobilier de qualité et cuisine équipée. Spa, sauna, hammam dans l'hôtel et beau salon rustico-montagnard avec bar où règne une ambiance chaleureuse. Pas de resto sur place mais possibilité de commander des plats traiteurs ou des bocaux. Très bon accueil.

À voir. À faire

La maison du Soum : *quartier des Forannes ; dans le haut du village, tt au bout. ☎ 04-92-45-86-42. • pnr-queyras.fr • Ouv juin-oct et vac scol de Noël à fin mars : juil-août, tlj 9h30-12h30, 14h-18h ; le reste du temps, téléphoner pour connaître* *les j. et horaires précis. Entrée : 5 €.* Dans la plus ancienne maison de Saint-Véran (un linteau de 1611), l'une des plus belles aussi, ce musée expose sur 3 niveaux les outils, meubles et vêtements traditionnels de Saint-Véran. Vraiment joli avec sa remarquable architecture intérieure réalisée à base de mélèze imputrescible, ces balcons de séchage, ces petites pièces à vivre, cet *establot* en cave voûtée... Et pour ceux qui veulent savoir, le *soum* signifie « l'extrémité » (ici, du village) en patois.

La maison du Soleil : *dans le haut du village, au pied des pistes de ski. ☎ 04-92-23-58-21. • saintveran-maisondusoleil.com • De juil à mi-sept, tlj 10h-12h, 13h30-18h ; le reste de l'année, horaires variables. Entrée : 4 € (visite libre) ; 7 € (visite guidée, lun-ven à 15h et 16h30) ; réduc ; gratuit moins de 6 ans. Ateliers sur résa : 12 €.* Un centre consacré à la découverte du Soleil avec observation de l'astre céleste dans cette région réputée pour la pureté exceptionnelle de son ciel. Organise de nombreux ateliers thématiques pour toute la famille, vraiment passionnants !

CHERCHEZ L'ERREUR

On dénombre une vingtaine de cadrans solaires à Saint-Véran. Vous remarquerez qu'ils sont illustrés d'une devise. L'un d'entre eux, situé en haut du village et daté de 1840, comporte une faute d'orthographe digne des cancres les plus endurcis. Autre détail amusant, la plupart des cadrans ont été réalisés au XIXe s par Giovanni Francesco Zarbula, un artiste piémontais qui aimait parsemer ses peintures d'oiseaux exotiques peu représentatifs de la faune queyrassienne !

Au village, superbes « fustes » partout (lire plus haut, à Molines-en-Queyras). Pas mal de belles choses à voir : l'*église baroque* au porche gardé par des lions stylophores, dans la tradition lombarde, la vieille pompe à incendie de 1928 (juste à côté de la mairie) qui commémore l'histoire des feux sur la commune... mais aussi l'expo présentant la mine de cuivre, le vieux four à pain, les croix de mission, les fontaines, les impressionnants cadrans solaires, ou encore l'artisanat local (meubles et objets sculptés, dentelle, tricot, tissage, coutelier-forgeron...).

La crèche de Saint-Véran : *dans l'église, 20 déc-fin janv.* La crèche sculptée par les Saint-Véranais dans les années 1950 vaut le coup d'œil. En plus des personnages bibliques, une lavandière, un facteur, une bavarde...

L'observatoire astronomique : *accès à pied seulement en hte saison (plusieurs chemins depuis le village ; compter env 3h30) ou en voiture sept-début juin ; infos à l'office de tourisme ou auprès de l'observatoire. ☎ 04-92-46-76-18. • astroqueyras.com • lequeyras.com • Possibilité de passer une nuit sur place à partir de 92-95 €/pers, mais en pleine saison, résa bien en amont indispensable.* À 2 936 m, on trouve la station du pic de Château-Renard, le plus haut télescope d'Europe. Organise des séjours pour des groupes d'astronomes amateurs.

➢ ***Randonnée avec un âne :*** *avec* **Queyr'âne** *; sur le parking au-dessus du chalet-auberge* L'Estoilies *(voir plus haut). 06-72-02-84-90. • estoilies.com/queyrane/ • Juin-sept.* Sympa pour partir à la découverte du Queyras durant 1 à 7 jours, en compagnie d'un âne pour porter vos bagages.

Ski et neige

Ski alpin et ski nordique : domaine commun à Molines-en-Queyras (domaine de Beauregard) ; voir plus haut.

■ ***École du ski français :*** *☎ 04-92-45-80-40.*

LES HAUTES-ALPES

AIGUILLES (05470) 425 hab. *Carte Hautes-Alpes, D2*

***Ad Guillum,* « près du Guil » : c'est tout simple et ça dit tout. Aiguilles voit en effet passer le Guil, et celui-ci l'a inondé plusieurs fois, la dernière crue terrible ayant eu lieu en 2000 (mais celle qui reste dans les mémoires est celle de 1957). Les incendies ont eux aussi souvent ravagé le village. Celui de 1829 a même entraîné l'émigration de nombreux habitants à travers l'Europe et vers l'Amérique du Sud... Revenus au pays, ils firent construire de belles villas, des maisons bourgeoises type « barcelonnette », visibles encore aujourd'hui. Excepté ces demeures, le bourg, plutôt mignon, est assez ramassé, tout en maisons mitoyennes trapues et austères ; c'est aussi le village le plus important du Queyras. Il y a notamment une maison médicale et une pharmacie, les seules dans le Queyras.**

Adresse et infos utiles

Office de tourisme : *pl. Jean-Léa. ☎ 04-92-46-70-34. • lequeyras.com • Juil-août, tlj, le mat en sem et ap-m le w-e ; le reste de l'année, se renseigner.*

– ***Service de réservation :*** *☎ 04-92-46-89-31.*

Bureau des guides : *06-63-11-60-36.*

Où dormir ? Où manger ?

Camping Le Gouret : *forêt de Marassan. 06-46-42-50-64. • accueil@camping-gouret.fr • camping-gouret.fr • À 2 km du centre, direction Abriès-Ristolas. Ouv juin-sept. Empl 2 pers env 17 € ; loc yourte et mobile homes. Resto 20-25 €.* Un beau site très nature et très vaste (6,5 ha, quand même), au bord du Guil, sous une forêt de mélèzes, avec un plan d'eau. Pour les locatifs, une poignée de mobile homes et autant de yourtes, où l'on peut séjourner en ½ pension. Équipement simple, mais nickel et, sur place, un sympathique bar et bon petit resto. Excellent accueil.

Yak Avenir : *20, rue du Ponton, dans le village. ☎ 09-50-08-66-04. 06-29-11-62-19. • contact@yakavenir.com • yakavenirenqueyras.com • Congés : avr-mai et nov-déc. Doubles 78-82 € ; ½ pens possible. Repas env 28 €.* Une ancienne maison de village proposant une vingtaine de lits. Chambres plaisantes, parquetées, avec w-c et salle d'eau séparés. Espace détente (spa, sauna). Grande salle voûtée pour prendre les repas et un bel espace commun aux couleurs chaudes. Cuisine typique et originale.

La P'tite Auberge : *juste après la mairie, sur la droite près de la poste. ☎ 04-92-46-81-60. 06-26-16-10-39. • contact@auberge-queyras.com • auberge-queyras.com • Ouv juin-sept et déc-mars. Résa conseillée. Nuitée randonneur en gîte d'étape 27 €/pers ; double 62 € ; 48-57 €/pers en ½ pens.* Une maison de village abritant 4 chambres privées sobres et avenantes (2-4 personnes) avec salle de bains, et balcon pour la plupart ; et un gîte d'étape doté de 2 dortoirs (4-6 personnes) très prisés des randonneurs. Et pour tout le monde, des terrasses extérieures.

À voir. À faire

Au cœur du village, une curiosité (malheureusement peu visible) : la *maison Eiffel* (propriété privée), tout en fer et flanquée d'une tour carrée, conçue par les établissements Courbevoie et imaginée par Gustave Eiffel, pour les besoins de l'Exposition universelle de Bordeaux (1895).

– L'été, au bord de la route principale, *piscine municipale* en plein air et chauffée *(tlj 12h30-18h et mat mar, ven-sam).* Également un espace ludique avec un *bike park* comprenant 4 pistes de VTT de dénivelée et de difficultés différentes. Piste de *tubing* (glisse sur bouée) et *freestyle air bag* de 130 m².

Ski et neige

Espace ludique : différentes activités de glisse (une partie avec piste d'initiation est réservée aux bambins à partir de 3 ans, *family park,* slalom parallèle, *boardercross,* pistes de luge, patinoire naturelle, *big air bag,* etc.).
■ ***École du ski français :*** *☎ 04-92-43-56-31.*
■ ***École de glisse Queyrassine :*** *06-33-70-97-07. queyras-glisse.com*

Ski nordique : 30 km. On peut gagner les autres villages de la vallée du Guil ou le domaine de Molines-Saint-Véran.

➢ ***Raquettes :*** *carte disponible au bureau du tourisme.* Plusieurs itinéraires balisés pour les randonnées à raquettes.

– ***Cascade de glace :*** *dans le centre du village, en hiver. 06-20-10-57-85. Résa à l'office de tourisme obligatoire. Tarif : 8 €.* Idéal pour s'initier à l'escalade sur glace avec des parcours de 15 à 30 m de haut. Des nocturnes y sont organisées.

ABRIÈS-RISTOLAS

(05460) 390 hab. *Carte Hautes-Alpes, D2*

Au bout de la vallée du Guil, 2 villages, Abriès et Ristolas, pour une même commune. Avec ses façades aux multiples couleurs pastel, Abriès n'est pas dénué de charme. Au bout de la vallée, la réserve naturelle nationale Ristolas-Mont Viso (chiens interdits), l'Italie et le mont Viso. Une nature splendide et sauvage comme le bout du monde !

Adresse et info utiles

Office de tourisme : *à* ***Abriès.*** *☎ 04-92-46-72-26. • lequeyras.com • Juil-août, tlj ; le reste de l'année, se renseigner.*
– ***Service de réservation :*** *☎ 04-92-46-89-31.*

Où dormir ? Où manger ? Où boire un verre ?

Camping municipal du Chardonnet – Camp de base de La Monta : ***La Monta, 05460 Ristolas.*** *☎ 04-92-46-87-79. 06-76-84-95-16. • campinglamonta@aol.com • camping-queyras.com • À env 3 km après Ristolas. Ouv de juin à mi-sept. Empl 2 pers env 11,10 €.* Ce camping, c'est un esprit, on adhère ou pas. Ici point d'emplacement, mais un vaste terrain longé par la rivière où chacun s'installe où bon lui semble, mais dans le respect des voisins. Sanitaires et équipements rustiques mais nettement suffisants pour qui aime les campings simples et nature. Pour la convivialité : le petit resto à l'entrée. Et pour l'approvisionnement : la petite épicerie et ses quelques produits locaux.

🏠 🍽 🍷 ***Refuge de La Monta :*** *hameau de La Monta, 05460* ***Ristolas.*** *☎ 04-92-20-16-37. 📱 06-09-04-44-14. • gite-de-la-monta@orange.fr • refuge-queyras-la-monta.com • À 2 km après Ristolas. Nuitée 25 €/pers (dortoirs 3-12 lits), 48 €/pers en ½ pension. Formule déj 25 €. CB refusées.* Il ne reste pratiquement plus que 2 bâtisses dans le centre de ce hameau : une église et cette grosse maison du pays plantée juste à côté, entourée d'un joli jardin et ses multiples espaces où se poser et reposer. Intérieur croquignolet, sans chichi, chaleureux, avec ses petites salles boisées où règne une vraie ambiance de refuge de montagne, avec un brin de confort en plus (et c'est accessible en voiture). De surcroît, on y mange bien ! Et le midi et en journée, c'est ouvert aux non-résidents.

🏠 🍽 ***Gîte d'étape L'Ancolie Bleue :*** *chemin de la Selette, dans le haut du village d'****Abriès.*** *☎ 04-92-20-54-42. 📱 06-77-06-16-67. • giteancoliebleue@gmail.com • ancolie-bleue-queyras.com • ♿ Congés : début nov-début déc. En ½ pens seulement, 50-58 €/pers en dortoir ou en chambre double ; drap non inclus. CB refusées.* Un pavillon moderne à la lisière du village qui propose 3 chambres doubles, une familiale pour 4, une triple et un dortoir de 8 lits. C'est simple, fonctionnel et plutôt mignon. Vue plongeante sur les environs et sur le village. Le GR 58 passe à proximité. Accueil charmant.

🏠 🍽 🍷 ⛱ ***Gîte 7 Degrés Est :*** *dans le hameau de* ***L'Échalp,*** *3,5 km après Ristolas. ☎ 04-92-46-82-07. • contact@gite-7degresest.com • gite-7degresest.com • ♿ Sur résa hors saison. Congés : de mi-avr à début juin et de fin sept à mi-déc. Nuitée 31-34 €, petit déj et draps inclus. ½ pens 49-52 €/pers (70 €/pers en chambre double). CB refusées.* Le bout de la route, le bout de la vallée. Au bord d'un hameau, une ancienne ferme du XVIIe s en pierre grise et grosses poutres, qui fleure bon la montagne et le feu de cheminée. L'âtre, massif, s'impose d'ailleurs dès l'entrée, dans un beau salon commun avec mezzanine. Chambres pour 4 à 6 personnes et dortoirs de 8-10 lits, tous équipés d'une salle de bains privée. La cuisine, familiale et locale, est servie sur de grandes tablées. Pour les randonneurs de passage, le bar ouvre à 14h30. Agréable terrasse avec vue splendide sur les montagnes.

🏠 🍽 ***Hôtel-Restaurant Chalet de Lanza :*** *5, rue Centrale, à 05460* ***Abriès.*** *☎ 04-92-46-71-21. • chalet.lanza@gmail.com • chaletdelanza.fr • Fermé de nov à mi-déc et avr-mai. Resto fermé dim midi en été et ts les midi pendant la saison hivernale. Doubles 79-86 €. Au resto, formule du j. 23 € ; carte 25-30 €. Apéritif maison offert sur présentation de ce guide.* Un joli petit établissement à l'ambiance chaleureuse et familiale. Une dizaine de chambres seulement, pas très grandes, mais coquettes et confortables. Quant au resto, l'ardoise est concise, la cuisine relativement simple, mais de qualité, à base de produits locaux et, ici, tout sort des fourneaux de la maison ! Sous les toits, un salon commun et un sauna à infrarouge.

À voir. À faire dans le coin

🚶 ⋞ Pour prendre un peu de hauteur, un court ***chemin de croix*** (départ du GR 58) mène à une chapelle en surplomb du village d'Abriès. Joli panorama.

🚶 ***Valpreveyre :*** *situé à 6 km au-dessus d'Abriès.* Ce hameau d'alpage habité en été constitue un bon but de promenade. Le Bric Bouchet et le Pelvas se dressent en face. Juste avant Valpreveyre, le hameau ***Le Roux*** qui abrite un sculpteur sur bois est le point de départ du sentier vers le col des Thures, chemin qu'emprunterent les protestants s'exilant en 1685.

🚶 👨‍👧 ***L'Arche des Cimes :*** *à* ***Ristolas*** *; en arrivant d'Abriès, au 2e pont sur la gauche. ☎ 04-92-46-86-29. • pnr-queyras.fr • Ouv juin-sept et vac scol de Noël-mars (téléphoner pour connaître les j. et horaires précis). Entrée : 5 €.* Un centre d'interprétation de la nature, interactif et ludique, joliment aménagé au sein d'une coque de bateau, pour découvrir les richesses de la biodiversité du Queyras, sa faune et sa flore.

Balade au petit belvédère du mont Viso : *départ depuis le parking de la Roche-Écroulée situé au bout de la D 947, à 3,5 km de Ristolas.* Balade facile (1h-1h30 aller-retour). Le petit belvédère (par opposition au grand, bien plus loin et plus haut, 4h aller-retour) regarde la face nord du mont Viso. Vraiment, sa beauté est remarquable. Une balade d'un très bon rapport effort-agrément.

ÉCHANGES SALÉS

C'est au pied du mont Viso, sous le col de la Traversette, à 2 900 m d'altitude, qu'a été creusé le 1er tunnel des Alpes, en 1479. D'une longueur de 60 m environ et transfrontalier, il permettait juste le passage d'un âne accompagné d'un homme courbé. Il fut utilisé pour l'échange de marchandises (le sel notamment) entre le Piémont italien et le Dauphiné, avant de devenir un haut lieu de la contrebande. On peut toujours l'emprunter, mais gare à votre tête !

Randonnée au lac de Ségure : *accès depuis Ristolas.* Compter 4h aller-retour. Balade facile le long de la route forestière et par un sentier. Au bout, le magnifique lac de Ségure, idéal pour une pause pique-nique. Renseignements auprès de l'office de tourisme *(☎ 04-92-46-72-26).*

➢ ***Randonnée avec un âne :*** *avec* ***Au pas de l'âne Rousin,*** *rue Pierre Vermeille, Le Roux, à Abriès. 06-82-48-09-99. • ane-rando-queyras.fr • Compter env 60 €/j. (un âne et son équipement).* Balades de 1 à plusieurs jours. Nuit en bivouac, camping ou en gîte.

Ski et neige

Ski alpin : 1 550-2 450 m, 30 km de pistes desservies par 5 remontées. Enneigement artificiel sur 12 ha.
■ ***École du ski français d'Abriès :*** *☎ 04-92-43-56-31. • esf-abries.fr •*
■ ***École de glisse queyrassine :*** *06-33-70-97-07. • queyras-glisse.com •*

Ski nordique : là encore, un paradis du ski de fond avec une bonne cinquantaine de kilomètres sur l'ensemble de la vallée. Balades possibles en traîneau à chiens, en fond de vallée avec ***Azak Mushing*** *(06-89-66-38-30 ; • azakmushing.com •).*

– ***Randonnées à raquettes :*** plusieurs itinéraires balisés (carte disponible à l'office de tourisme d'Abriès-Ristolas).

– ***Le télésiège de Gilly :*** en hiver, possibilité de balades à raquettes et de rando nordique. Fonctionne aussi l'été. Très beau point de vue sur le mont Viso, départ de randos pédestres et VTT. Enduro *Bike park* en été. Accessible aux VTT de descente et trottinettes. Possibilité de location sur place.

LE PAYS DES ÉCRINS

Arriver – Quitter

En train ou en bus

➢ L'Argentière-la-Bessée est desservi par le ***train*** de nuit Paris-Briançon et plusieurs fois par jour par les trains entre Valence, Grenoble ou Marseille et Briançon, via Gap et Veynes. De Gap et Veynes, également des ***bus.***

L'ARGENTIERE-LA-BESSÉE

(05120) 2240 hab. *Carte Hautes-Alpes, C2*

Au confluent des vallées de la Durance et de la Vallouise, L'Argentière tient son nom du gisement de plomb argentifère qui y fut exploité du Moyen Âge jusqu'en 1908. À la fermeture des mines succéda la construction d'une centrale hydrolélectrique et l'ouverture d'une usine d'aluminium qui, elle, ferma ses portes en 1985. Si la petite cité garde l'empreinte de son passé industriel, elle a néanmoins réussi à retrouver un nouveau souffle grâce aux activités sportives (kayak, escalade, cascades de glace) et un stade d'eaux vives dynamique. Son centre-ville n'a rien de mémorable, mais il y règne une plaisante bonhomie, et cette porte d'entrée du Parc national des Écrins a le mérite de vivre toute l'année. En poussant un peu vos explorations, vous découvrirez la jolie *chapelle Saint-Jean-Baptiste* du XIIe s, ancienne commanderie de l'Ordre des chevaliers de Saint-Jean de Jérusalem et, non loin de là, l'*ancienne mine d'argent* et son musée, qui mérite la visite *(sur résa seulement ; ☎ 04-92-23-02-94 ; • mines-argent-fournel.com • ; ouv tte l'année, horaires variables ; tarif : 15 € ; réduc moins de 16 ans ; durée : 2h30 (dont 1h sous terre). Propose aussi des escape games dans la mine (19-30 €/pers).*

Adresse utile

i ***Bureau d'information touristique :*** *23, rue de la République. ☎ 04-92-23-03-11. • paysdesecrins.com • Tte l'année, tlj sauf dim.*

Où dormir ? Où manger ? Où boire un verre ?

Hôtel-bar de la Mairie : *20, av. Charles-de-Gaulle. ☎ 04-92-23-12-70. • hotelbardelamairie@gmail.com • hotelbardelamairie.fr • Tlj sauf mer-jeu midi. Congés : vac scol de Pâques et Toussaint. Doubles 45-55 €.* Une rareté que ce petit hôtel aux prix tout doux au cœur du village. Au rez-de-chaussée le sympathique café, point de rendez-vous des locaux et gens de passage. Dans les étages, des chambres simples (sanitaires sur le palier pour les moins chères), impeccablement tenues et à la literie confortable. De temps en temps, animations musicales, soirées lecture ou philo. Excellent accueil.

Chambre d'hôtes La Maison Abeil : *14, rue de Serre. 06-75-23-98-66. • contact@maisonabeil.fr • maisonabeil.fr • Congés : nov-déc. Doubles 110-130 €.* Dans les quartiers résidentiels, sur les hauteurs de L'Argentière, une superbe bâtisse de taille (et hauteur !) impressionnante. C'est une ancienne ferme, celle de la grand-mère de l'accueillante maîtresse des lieux, magnifiquement restaurée. On a conservé les matériaux d'origine (notamment les planchers et les poutres) mais l'aménagement épuré tend davantage vers le contemporain : larges volumes, mobilier choisi, couleurs douces et claires. Chaque chambre bénéficie de son balcon et sa vue. Également une terrasse commune et un délicieux bout de jardin où se prélasser.

Autour du Four : *8, rue du Portin. ☎ 04-92-23-00-69. • esther.poncet@orange.fr • À 2 km du centre-ville, dans le quartier de Blachière. En principe, tlj sur résa (il n'y a que 12 couverts !). Grande assiette le midi env 12 € ; menu env 20 € (25 € le w-e).* Un resto atypique, tout mini, tout mimi, que l'on doit à Esther, une retraitée de l'Éducation nationale. Pour nourrir son désir de partage avec les autres, elle a monté cette petite affaire au bord de son jardin, juste à côté de son pavillon. Le choix se limite à quelques grandes assiettes et à un menu du jour. Mais Esther prépare tout elle-même, avec un maximum de produits provenant de son jardin. Elle fait même son pain ! Une cuisine authentique pour un vrai moment de convivialité. Un coup de cœur !

Le Radeau : *stade d'eau vive. 06-38-04-69-33. Ouv de mai à mi-sept, dim-ven 9h30-minuit (cuisine en continu 12h-22h30) et sam 17h-minuit ; concert le ven soir. Carte 22-25 €. CB refusées.* Au bord du plan d'eau, un endroit sympathique avec sa terrasse abritée ou pas, selon l'endroit choisi. Carte simple mais qui remplit parfaitement sa mission, car elle ne propose que du frais et du bon : plat du moment, burgers, salades, croque-monsieur, assiettes de fromages ou charcuteries, desserts maison. Et si vous n'êtes pas vraiment dans les clous côté horaires pour les repas, *Le Radeau* ne vous laisse pas en rade avec sa cuisine ouverte en continu ! Bien aussi pour boire un verre, faire une pause. Un vrai lieu de vie, où se retrouvent tous les locaux.

Le Monde d'Après Brewpub : *5, av. Charles-de-Gaulle. Tlj sauf lun 17h-21h (23h ven-sam).* L'entrée est bien cachée, coincée entre la Caisse d'Épargne et la Maison des Services, mais aux beaux jours, les tables de cette microbrasserie envahissent la placette. Quand le temps est vilain, on se replie sous la terrasse couverte ou à l'intérieur, qui est aussi le lieu de production.

LA VALLÉE DE LA VALLOUISE

Carte Hautes-Alpes, C2

Bordant le Parc national des Écrins et s'y enfonçant, la Vallouise s'approche au plus près des grands monts cristallins. Bienvenue en haute montagne ! Le hameau d'Ailefroide, en fond de vallée, est ainsi le 2e centre d'alpinisme en France après Chamonix. Mais on n'est pas obligé de partir à l'assaut du *mont Pelvoux* (3 946 m), de la *barre des Écrins* (4 102 m) ou de l'*Ailefroide* (3 952 m) pour profiter de cette nature impressionnante et grandiose : les excursions au *glacier Blanc* et au *glacier Noir,* qui se font depuis le *pré de Madame Carle,* sont accessibles au plus grand nombre. Notons enfin que la commune de Vallouise-Pelvoux est le regroupement des villages de Vallouise, Pelvoux et d'une succession de jolis hameaux. On trouve aussi sur ce territoire le domaine skiable de Pelvoux-Vallouise et la station-village de Puy-Saint-Vincent.

UN PEU D'HISTOIRE

La Vallouise s'est appelée longtemps le « Vallis Puta » (« vallée mauvaise ») en raison de nombreux massacres infligés aux vaudois. C'est en hommage à Louis XI, qui avait arrêté l'Inquisition contre les vaudois, qu'elle a pris le nom plus avenant de « val Louyse ». On ne s'y aventurait pas à la légère, et d'ailleurs on n'y entrait qu'après avoir montré patte blanche aux gardiens du « mur des Vaudois », muraille qui fermait la vallée et dont il reste quelques vestiges. Mais les vaudois n'ont rien à voir avec cette muraille, qui avait été édifiée pour le contrôle des marchandises. La Vallouise dépendait en effet du Briançonnais et, de ce fait, avait les privilèges des douaniers des Escartons.
Il est vrai, en revanche, que les vaudois ont occupé cette vallée où ils se sont réfugiés à 2 reprises (1340 et 1480), et qu'ils y ont été pourchassés et exterminés, comme en témoigne la toponymie, dans le vallon de Celse Nière par exemple (« baume des Vaudois », « cimetière des Vaudois »).

Aujourd'hui, la Vallouise est avant tout une des entrées les plus prestigieuses du Parc national des Écrins, vouée à l'alpinisme donc et plus généralement au tourisme d'hiver comme d'été, de haute et moyenne montagne.

Adresses utiles

Bureau d'information touristique de Vallouise : *pl. de l'Église, à* ***Vallouise.*** *☎ 04-92-23-36-12. • paysdesecrins.com • En saison d'été et d'hiver, tlj ; le reste de l'année, tlj sauf dim (et certains sam).*

– ***Bureau d'information touristique de Pelvoux :*** *à Pelvoux. ☎ 09-63-53-61-67. Ouv en hiver seulement.*

Maison du parc de la Vallouise : *à* ***Vallouise.*** *☎ 04-92-23-58-08. • ecrins-parcnational.fr • Ouv tte l'année. De mi-juin à mi-sept, tlj 10h-12h30, 13h-18h30 ; le reste de l'année, mar-ven 10h-12h, 13h-17h.* Expos et infos sur le Parc national des Écrins, et boutique. Beaucoup d'animations pour les enfants pendant l'été. Un sentier d'interprétation du paysage et de l'environnement *(accès libre)* débute juste à côté de la maison.

Un ***autre point d'accueil*** : *à 13 km env de Vallouise, sur le site remarquable du pré de Mme Carle (de mi-juin à mi-sept, tlj 10h30-12h30, 13h-17h30). Expo permanente sur les glaciers.*

Bureaux des guides : *à* ***Ailefroide*** *(ouv en été seulement) et à* ***Vallouise*** *(ouv tte l'année). ☎ 04-92-23-32-29. 06-37-49-67-59. • guides-ecrins.com •*

– ***Marchés :*** *à* ***Vallouise,*** *jeu tte l'année.* Un des plus gros marchés des Hautes-Alpes en juillet-août.

Où dormir ? Où manger dans le coin ?

Campings

Camping d'Ailefroide : *à* ***Ailefroide,*** *05340 Vallouise-Pelvoux. ☎ 04-92-23-32-00. 06-08-22-82-09. • campingailefroide@gmail.com • ailefroide.fr • Ouv de mi-mai à sept. Empl 2 pers env 16 €. 566 empl.* Simple et sympathique, spacieux (17 ha !), dans un joli cadre très arboré et un peu loin de tout. Les emplacements s'éparpillent dans la forêt et dans les champs. Confort minimal mais jacuzzi et petit espace bien-être. Prévoir un bon duvet.

De bon marché à prix moyens

Gîte-auberge La Blanche : ***Le Sarret,*** *05340 Vallouise-Pelvoux. ☎ 04-92-23-44-62. 06-79-74-19-02. • info@gite-lablanche.fr • gite-lablanche.fr • Congés : vac scol de Pâques et Toussaint. Nuitée en chambre 2-4 pers 23,50-34,20 €/pers (sans ou avec sdb) ; draps fournis. Petit déj 6,50 € ; ½ pens 48-60 €/pers. Repas 19 €. Parking privé.* Une chaleureuse maison du XVIIIe s avec salle à manger voûtée, cheminée... et luges anciennes, skis en bois et paniers pour décorer la façade. Plusieurs types de chambres, mais la plupart offrent le confort d'un hôtel. Seules 2 d'entre elles ont les toilettes sur le palier. Espace détente sauna, bain polaire et spa *(payants).* Ambiance familiale et décontractée. Le gîte est au bord de la route, mais l'été, on se pose avec plaisir dans le grand jardin à l'arrière avec vue splendide sur les sommets environnants. Bel accueil.

Chambres d'hôtes Le Brin de Paille : *26, impasse des Écoles, Prelles, 05120* ***Saint-Martin-de-Queyrières.*** *06-67-81-46-84. • brindepailleprelles@gmail.com • brindepaille.com • À 13 km à l'est de Vallouise. Ouv toute l'année. Double 61 € ; également des familiales. Table d'hôtes 22 €. Loc possible à la sem (15 pers max).* Une drôle de maison des 3 petits cochons aux murs de paille bardés de bois. Pas de panique, les concepteurs ont tiré les leçons des erreurs passées ; vous pouvez toujours souffler, ce brin de paille ne s'envolera pas ! À l'intérieur, chambres lumineuses pour 2 à 4 personnes, certaines avec mezzanine, toutes dotées de belles et grandes cabines de douche. Beaucoup de charme. Four à pain dans la salle à manger, où les maîtres des lieux enfournent pizzas et gratins. À l'extérieur, belle terrasse ensoleillée et bain norvégien.

Chalet Au fil de l'Onde : *528, route du Pra des Naïs, Vallouise, 05340* ***Vallouise-Pelvoux.*** *☎ 04-92-20-03-65. • gite.aufildelonde@gmail.com • • aufildelonde.fr • Double 66 € ; petit déj 10 €.* Dans la plaine de Vallouise, nichée parmi les arbres et cernée par les champs (et les montagnes !), une éco-construction en bois. 3 chambres seulement, pouvant chacune accueillir 3 ou 4 personnes et avec salle de bains privative. On peut aussi louer la maison entière. C'est simple, mais chaleureux. Et puis on aime bien la terrasse, le jardin et le potager. En hiver, bain norvégien *(en supplément et sur résa).*

Gîte de l'Aiglière : *72, route de l'Auchette, 05340* ***Vallouise-Pelvoux.*** *☎ 04-92-23-72-64. 06-83-14-12-35. • gite.aigliere.vallouise@gmail.com • gite-aigliere.com • Congés : en nov. Nuitée en chambre 2-4 pers 30 €/pers ; sanitaires communs à l'étage ; draps et serviettes non fournis. ½ pens 57 €/pers. Repas le soir seulement. CB refusées.* Un gîte d'étape simple, accueillant et bien tenu, au centre du village et à proximité du GR 54 ; vraiment au calme, tout en étant à 5 mn des commerces, bars et restos. Grand espace détente sous les combles. Vue splendide depuis la terrasse.

De prix moyens à chic

Auberge Saint-Antoine : *quartier Saint-Antoine, 05340* ***Vallouise-Pelvoux.*** *☎ 04-92-58-59-38. • contact@aubergesaintantoine.fr • • aubergesaintantoine.fr • Ouv tte l'année. Doubles 79-85 €. Repas 35-40 €.* Une bien jolie auberge que cette maison à la façade fleurie par les jardinières à la belle saison. Dans les étages, une dizaine de chambres, simples mais douillettes et avenantes, les plus chères avec petit balcon. Au rez-de-chaussée, atmosphère paisible et feutrée au restaurant avec sa terrasse au calme, donnant sur l'arrière et les jardins. Carte restreinte, mais que du frais, local au maximum, pour des plats savoureux, délicats et parfumés. L'accueil tout en douceur doublé d'un vrai sens de l'hospitalité ne donnent qu'une envie : revenir.

Chambre d'hôtes Le Jardin des Écrins : *Dessus-le-Coin, Villard Meyer, 05120* ***Saint-Martin-de-Queyrières.*** *☎ 07-86-71-09-65. • lejde05@gmail.com • lejardindesecrins.com • À 10 km à l'est de Vallouise. En venant de Vallouise par les Vigneaux, passer le hameau Villard Meyer et prendre la piste forestière sur la gauche. Fermé nov-janv. Double 96 €.* Une maison diablement bien cachée, construite dans la pente, à flanc de montagne. Et un endroit où l'on respire : aménagement d'une grande sobriété mais de toute beauté avec de grands espaces communs, des baies vitrées en pagaille et le balcon qui court sur presque toute la façade. Dans les 6 chambres, bois clair, sols en coco ou parquet, et couettes blanches. 3 d'entre elles sont en mezzanine et 2 forment une suite familiale avec salle de bains commune. Cerise sur le gâteau : la vue et la piscine couverte dans une bâtisse à part. Le lieu est agencé de telle sorte qu'il est aussi parfait pour accueillir une grande famille ou un groupe d'amis (jusqu'à 18 personnes) et peut se louer dans son intégralité.

Où manger ? Où boire une bière ?

Traiteur de la Vallouise : *287, route de la Gyronde, La Casse, 05340* ***Vallouise-Pelvoux.*** *07-66-13-50-62. • contact@traiteurdelavallouise.fr • En saison, tlj sauf lun et dim ap-m 9h-14h, 17h-19h30 ; hors saison, mer-jeu et dim 9h-13h30, ven-sam 9h-13h30, 17h-19h.* On trouve là de bons petits plats traiteur à emporter, mais aussi de quoi se concocter de bons pique-niques et des sandwichs pas donnés *(7,50 €)* mais de qualité.

Brasserie L & L Alphand : *pl. du Village, à* ***Vallouise.*** *☎ 04-92-23-20-00. • brasserie.alphand@orange.fr • Ouv de mi-mai à mi-sept seulement : juil-août, tlj midi et soir ; mai-juin et sept, le soir mer-dim. Carte 30-35 €. Café offert sur présentation de ce guide.* Lionel et Luc Alphand ont monté une brasserie où la bière est produite à l'eau des Alpes (source locale), brassée sur place et travaillée à l'irlandaise. Blonde, blanche ou *red ale* se boivent sans soif, au bar ou en terrasse en surplomb de la rivière. Ils fabriquent aussi des sodas. Également brasserie avec des plats... à la bière évidemment (notamment la fondue à la bière maison aux 3 fromages !). Belles assiettes gourmandes, très copieuses, tartiflette, raclette... Ambiance de fête bien souvent (concerts l'été).

Où acheter de bons et beaux produits dans le secteur ?

– Pour découvrir les différents producteurs et artisans du secteur, se procurer ***la carte des producteurs locaux*** distribuée par l'office de tourisme. Quelques pistes :

Le Fournil du lapin blanc : *La Casse, Vallouise, 05340* ***Vallouise-Pelvoux.*** *06-29-61-63-56. À côté du Traiteur de la Vallouise. Ouv tte l'anné, lun, jeu et ven 16h-17h30.* Alors oui, les horaires d'ouverture sont courts et il est préférable de commander, mais la boulangère est seule au fournil et ses pains bio au levain cuits au feu de bois ont nombre d'adeptes dans la vallée. Résultat : il se vendent... comme des petits pains et disparaissent très vite. Confectionne également de délicieuses brioches à l'huile d'olive.

GAEC La Ferme des Écrins : *101, route de la plaine, La Bâtie, 05120* ***Les Vigneaux.*** *06-86-77-31-93. Vente à la ferme : pdt les vac scol, tlj sauf dim 16h30-19h ; reste de l'année, mar, ven et sam 16h30-19h.* Dans leur exploitation à 1 000 m d'altitude, Muriel et Richard élèvent des chèvres et transforment leur lait en délicieux fromages (tomme, bleu, Camen'chèvre) ou fromage blanc battu et faisselle. Vous les trouverez aussi aux marchés de Vallouise et Briançon.

Coutelier Antoine Olivi : *ZA Les Clots Vallouise, 05340* ***Vallouise-Pelvoux.*** *06-65-56-71-48.* L'atelier ne se situe pas dans l'environnement le plus glamour de la vallée, mais l'endroit mérite le détour : Antoine Olivi fabrique des couteaux à partir de matériaux de récup, provenant notamment des skis ou des remontées mécaniques. Pas banal et de beaux objets à caractère unique !

À voir

L'Atelier d'histoire : *06-61-76-58-45. • recherches-historiques.com •* Elsa Giraud est historienne et guide conférencière. Tout au long de l'été, elle propose un programme de visites guidées du patrimoine du Pays des Écrins (et il y a de quoi faire, car ces vallées sont assez préservées et comptent nombre de belles bâtisses), mais aussi du Briançonnais et du Queyras. Une fois par semaine également, une visite ludique à destination des enfants.

Les Vigneaux : on y cultivait la vigne avant-guerre. Aujourd'hui, le village est réputé pour son site d'escalade, la *falaise de Montbrison,* véritable mur de 800 m de haut qui surplombe la vallée, avec aussi sa *via ferrata* (2 niveaux). Au village, très belle *église Saint-Laurent.* Très élégante avec son clocher polygonal, son cadran solaire, son porche à colonnes et voussures de marbre, et

LES HAUTES-ALPES

ses remarquables peintures murales extérieures. Voir notamment celles du portail sud, images des *Vices et leurs Châtiments* (XVe s, comme l'église). Bel endroit pour se reposer un peu et grignoter un morceau (pelouse et banc à côté de l'église).

Vallouise : *au confluent du Gyr et de l'Onde.* Vallouise compte un peu moins de 800 habitants permanents. C'est un village agréable avec ses maisons typiques, à arcades, balcons et faîtages ouverts pour le séchage et l'aération du fourrage. Superbe *église Saint-Étienne,* des XVe et XVIe s (à voir absolument !). Comme aux Vigneaux, remarquable peinture murale extérieure de 1841. Si elle est ouverte, profitez-en pour admirer, sur la droite en entrant, la *chapelle des Âmes du purgatoire,* dont la voûte ornée d'anges est soutenue par des arcs reposant sur des têtes de mort, et abritant une belle pietà en bois polychrome du XVe s. Enfin, à l'extérieur de l'église, remarquez, dans l'angle avec la sacristie, les anciennes mesures de longueur et de capacité, utilisées autrefois pour le commerce.

– De Vallouise, poursuivre vers le fond de la vallée, et vers Ailefroide. Même si c'est assez touristique en été, par jour de beau temps vous découvrirez la barre des Écrins (4 102 m), majestueuse, et qui n'a rien à envier aux paysages des grands parcs nationaux américains. On se sent tout petit.

L'Âne qui bulle : *341, chemin des Escharras, 05340* ***Vallouise-Pelvoux.*** *06-79-66-26-25. • lanequibulle.com • Juil-août, tlj sauf sam 14h-18h, visite libre de la ferme et de l'atelier-boutique ; juin et sept, lun et mer 15h-18h. En juil et août, visite commentée et atelier de fabrication sur résa lun et mer (25 €/pers).* Sabine élève des ânesses et dans son laboratoire, elle transforme une grande partie de leur lait en cosmétiques de qualité élaborés, pour beaucoup, avec les plantes de son jardin. Pour la visite libre, un sentier pédagogique jalonné de panneaux vous emmène jusqu'à la ferme. On trouve aussi ses produits sur le marché de Vallouise.

Le pré de Madame Carle : *tt au bout de la D 204.* Un site naturel splendide, aujourd'hui point de départ d'excursions et de courses formidables, au pied du *glacier Blanc* et du *glacier Noir.* Il y a encore 150 ans, les 2 se rejoignaient... Et la fonte s'accélère. Depuis 1986, le glacier Blanc a reculé de 600 m. Il perd près de 1 cm d'épaisseur par année. Pourtant, tant qu'il est encore là, ce glacier Blanc est vraiment fantastique – on l'atteint en 2h d'ascension. Il descend de la barre des Écrins, comme son petit frère le glacier Noir, qui fait l'objet d'une autre excursion, un peu moins longue (3h aller-retour) mais moins impressionnante aussi, car ce glacier Noir n'est que sombres caillasses. Paysage superbe tout de même, au pied de la face sud des Écrins. Ces 2 sites valent largement le détour et l'effort, mais sont ultra-fréquentés l'été. Au départ des sentiers, ***chalet-refuge*** et sa grande terrasse pour boire un coup ou manger un morceau de retour d'excursion ; on peut aussi y dormir *(☎ 09-74-76-15-38 ; 07-60-44-74-08 ; • pre-madame-carle.fr • ; ouv mai-oct ; compter 30-40 €/pers en dortoir ou en chambre, petit déj 10 €, dîner 25 €).*

COCU RANCUNIER

Le pré de Madame Carle est appelé ainsi à la suite d'une tragédie. La légende voudrait en effet qu'au XVIe s un certain sieur Carle, ayant appris les aventures extraconjugales de sa femme, assoiffa son cheval qui, voyant la rivière, s'y précipita et noya sa cavalière. Plutôt rancunier, ce sieur Carle !

■ ***Le centre d'information du Parc national au pré de Madame Carle :*** *05340* ***Vallouise-Pelvoux.*** *• ecrins-parcnational.fr • Ouv de mi-juin à mi-sept, tlj 10h30-12h30, 13h-17h30.* Information et documentation sur le Parc national des Écrins et exposition sur les glaciers.

LES HAUTES-ALPES

Sports et loisirs

La ***rando*** se pratique ici à tous les niveaux, mais nous sommes tout de même dans le domaine chéri des alpinistes et autres fondus de randonnées glaciaires. L'escalade aussi a son haut lieu : la ***falaise calcaire de Montbrison,*** au-dessus des Vigneaux, et le site d'Ailefroide. L'été, le Gyr et l'Onde (qui se rejoignent pour former la Gyronde) sont parfaits pour les sports en eaux vives. Sinon, VTT, *via ferrata,* parcours aventure, parapente... *Ready ?* Infos sur les différents clubs auprès des bureaux d'information touristique.

PUY-SAINT-VINCENT

(05290) 280 hab. *Carte Hautes-Alpes, C2*

Adresses utiles

– Bureau d'information touristique de Puy-Saint-Vincent 1400 : *☎ 04-92-23-35-80. • paysdesecrins.com • Ouv tte l'année, tlj sauf dim.*

– Bureau d'information touristique de Puy-Saint-Vincent 1600 : *☎ 04-92-46-68-58. • paysdesecrins.com • Tlj, en été et en hiver.*

Où dormir ?

Camping Croque-Loisirs : *Les Landes, 05290* ***Puy-Saint-Vincent.*** *☎ 04-92-22-29-03. • info@campingpuysaintvincent.com • campingpuysaintvincent.com • Ouv de juin à mi-sept. Empl 2 pers 11,50-25,50 € ; loc d'une yourte et d'une belle tente « toutes saisons » équipée avec terrasse.* Une route d'accès bien étroite mais, à l'arrivée, une superbe surprise avec ce charmant camping, soigneusement aménagé mais très nature, en terrasse, ombragé et à la végétation variée. Et quelle situation ! En balcon, avec une vue somptueuse.

Où goûter ? Où acheter du bon miel ?

GAEC La Maison du Miel : *route du camping, 05290* ***Puy-Saint-Vincent.*** *06-95-97-50-86. • lamaisondumiel-psv.fr • Juil-août, tlj 10h-12h30 et 14h-19h ; en hiver, pdt vac scol, tlj 10h-12h, 14h-18h.* Dans un joli chalet, Juliana et Jérémy, apiculteurs récoltants, vendent le fruit de leur travail (ou, en tout cas, celui de leurs abeilles) et les produits qui en découlent : du miel donc, mais aussi des pastilles et des bonbons, du nougat, des cosmétiques, des baumes, des bougies, etc. Et comme ils confectionnent aussi de bonnes pâtisseries, on peut également y prendre le goûter *(résa conseillée),* sur la belle terrasse en été, au coin de la cheminée en hiver. Proposent également de découvrir le monde des abeilles dans leur petit musée ou des ateliers de fabrication de bougies destinés aux enfants *(programme sur le site).*

Ski et neige dans la Vallouise

Ski alpin : à ***Pelvoux-Vallouise*** (1 250-2 300 m), 25 km de pistes tous niveaux. *Snowpark.* À ***Puy-Saint-Vincent*** (1 400-2 700 m), 3 niveaux : « 1400 » (le village),

« 1600 » (la station en elle-même, bâtie dans les années 1970) et « 1800 » (l'extension de la station) ; en tout, 75 km de pistes tous niveaux.

Ski nordique et raquettes : 35 km de pistes en belvédère à Puy-Saint-Vincent (panoramas magnifiques) ; 30 km en vallée entre Les Vigneaux, Vallouise et Pelvoux. 25 km d'itinéraires balisés réservés aux piétons, à découvrir à pied ou à raquettes.

– Possibilité de faire de l'***escalade sur cascades de glace,*** du ***snake gliss*** (luge), etc. Se renseigner dans les bureaux d'information touristique.

LA VALLÉE DE FREISSINIÈRES

(05130) 205 hab. *Carte Hautes-Alpes, C2*

Entre la Vallouise et le Guillestrois s'ouvre ce vallon perdu, modeste et paisible échancrure taillée à l'entrée du parc des Écrins. D'abord agricole, la vallée cède ensuite la place à une douce forêt de feuillus qui vient mourir sur les alpages. Pas de bourg ici, seulement un chapelet de hameaux, égrenés le long de la rivière Biaysse, de Pallon dans la plaine jusqu'à Dormillouse, perché à 1 770 m d'altitude et qui ne s'atteint qu'à pied. C'est tout naturellement donc que ce val isolé servit de refuge aux vaudois, avant d'accueillir aujourd'hui les amoureux de calme et de nature, de balades en forêt, de randos vers les lacs. Pas de station de ski, peu de restos ou d'hôtels, Freissinières n'est pas encore pointée sur le GPS du tourisme de masse.

Info utile

– Attention, ***pas de distributeur*** de billets dans la vallée.

Où dormir ? Où manger ?

Camping des Allouviers : *avt le pont (fléché sur la gauche), à l'entrée de la vallée. ☎ 04-92-20-93-24. 06-50-41-73-34. • contact@camping-freissinieres.fr • camping-freissinieres.fr • À 3 km de Freissinières. Ouv mai-sept. Empl 2 pers 17,50-19 €. Loc bungalis, chalets et yourtes. 148 empl.* Bien isolé, un grand camping paisible et bucolique, réparti sur 4 ha entre pinède et prairie, en bordure d'une rivière et d'un petit lac : environnement top ! Sanitaires propres. Aire de jeux, ping-pong, pétanque, terrains de tennis et volley, départ de sentiers à 2 pas... Que demander de plus ?

Hôtel-Gîtes Les 5 Saisons : *208, route de la Grioure, Les Meyries, 05310* ***Freissinières.*** *☎ 04-92-23-64-78. 07-62-70-89-14. • contact@les5saisons.com • les5saisons.com • Ouv fin déc-mars et de mai à mi-oct (mai, si résa seulement). Doubles 80-90 € ; petit déj 14 €. Possibilité de ½ pens. Également des studios et apparts. Repas le soir uniquement 25 € (menu unique ; ouvert aux non-résidents, mais sur résa).* Un hôtel proposant des chambres avec balcon, donnant sur la vallée. Celles avec mezzanine sont parfaites en famille. Salon à l'esprit montagnard et petit jardin paisible avec chaises longues. Côté cuisine, c'est du 100 % fait maison avec des plats élaborés à partir de produits de préférence bio et locaux.

Le Relais des Vaudois : *hameau des Ribes, 05310* ***Freissinières.*** *☎ 04-92-20-93-01. 06-51-12-46-39. • chantal@relais-vaudois.com • relais-vaudois.com • Ouv tte l'année (téléphoner avt hors saison). Resto ouv aux* *non-résidents sur résa. Doubles 75-90 € (2 nuits min). Possibilité de ½ pens. Menus 24-26 € ; pas de carte. CB refusées.* La voilà donc, l'auberge de campagne telle qu'on se l'imaginait. Chaleureuse, familiale, qui a su se rénover sans perdre ses valeurs, ni son cachet douce France un poil suranné. Certes, l'insonorisation n'est pas parfaite, certaines chambres sont petites, mais quelle vue depuis les balcons ! Et que dire de ces confiotes maison au petit déj, et de cette cuisine mitonnée façon grand-mère, servie dans une ancienne bergerie voûtée ? Potage, viande en sauce, plateau de fromages et dessert maison : un menu unique à faire sauter de plaisir le bouton du pantalon.

À voir. À faire

Les Élixirs d'Isabelle : *Pallon, 05130* ***Freissinières.*** *06-81-50-22-19. • leselixirsdisabelle.fr • Caveau : juil-août, tlj sauf mar 16h30-18h30 ; le reste de l'année, sur rdv lun-mer et jeu-sam 16h30-18h30, fermé dim. Visite jardin (1h30) : sur rdv en juin et sept ; juil-août, lun-mer et sam à 13h30 (résa indispensable) ; 10 €/pers.* La fameuse Isabelle concocte ses élixirs (liqueurs, apéritifs, ou tisanes) à partir de plantes qu'elle cultive ou cueille en montagne. On peut découvrir ses produits au caveau. En été, elle propose aussi des visites thématiques (et adaptées aux enfants) de son jardin : il peut s'agir des plantes elles-mêmes (avec possibilité de constituer son propre herbier) ou encore des insectes qui le fréquentent. Un bel endroit.

Le hameau de Dormillouse : *départ du parking tt au bout de la vallée.* Une belle idée d'escapade à la journée ! Perché à 1 770 m d'altitude, ce hameau (le seul encore habité du parc des Écrins) ne s'atteint qu'à pied. On amorça bien la construction d'une route en 1939, mais sans jamais la terminer. Du parking, compter 45 mn de grimpette par un gentil sentier en lacet, ou par le « sentier d'hiver », plus escarpé mais plus spectaculaire. En chemin, de rugissantes cascades dévalent des rochers. Pour prolonger le plaisir, se garer 2 km avant le parking (panneau) pour emprunter le « sentier des cascades », un parcours dans les sous-bois avec crochet par de modestes chutes, jusqu'à rejoindre le chemin principal. Compter alors 1h30 le trajet aller. Pas mal de marcheurs en saison.

– De Dormillouse, plusieurs itinéraires s'envolent vers différents lacs et cols. On peut alors faire étape au hameau, dormir ou seulement manger *(résa fortement conseillée)* au ***gîte L'École,*** installé, comme son nom l'indique, dans l'ancienne école communale coiffée de sa cloche et que l'on atteint après 40 mn de marche *(☎ 09-87-88-59-88 ; 06-37-21-79-33 ; • refugelecole@orange.fr • dormillouse.fr/le-gite-de-lecole-un-petit-refuge • ; ouv juin-sept et de Noël à mi-mai ; compter 56-60 €/pers en ½ pens et en dortoir 6-8 couchages ; repas env 25 € ; CB refusées ; résa demandée pour les repas).* Ravitaillé par hélico, le gardien monte le reste de l'année les marchandises sur son dos. Douches chaudes. Petite restauration l'été et même parfois des concerts !

– Nombreuses autres possibilités de ***balades*** dans la vallée, sur les hauteurs comme en forêt, ainsi qu'une ***via ferrata.*** Également 4 parcours acrobatiques dans une forêt magique, avec ***Freissinières Aventure Nature,*** entre le camping et le village des Ribes *(07-69-89-70-99).*

LE BRIANÇONNAIS

Le Briançonnais couvre ce qu'on peut appeler « la bosse » septentrionale des Hautes-Alpes. Une région coincée entre le massif des Écrins, l'Isère, la Savoie et l'Italie. Avec le Queyras, cette partie est la plus élevée du

département. Le Briançonnais rayonne en vallées autour de la capitale, Briançon, ville la plus haute de France (1 326 m).
C'est un secteur riche et varié, où cette fière cité, fortifiée par Vauban, règne sur le plus grand domaine skiable des Alpes du Sud : Serre Chevalier Vallée. Le Parc national des Écrins, absolument grandiose de ce côté-ci, et ses sublimes vallées annexes (vallée de la Clarée, vallée de la Durance) sont d'autres points forts du Briançonnais.

LES VAUDOIS DANS LE BRIANÇONNAIS

Le Briançonnais a été marqué par la présence des vaudois. On connaît mal l'origine et le sens de ce mouvement né à Lyon au XIIe s (le fondateur s'appelait Valdésius, dit « Pierre Valdo ») qui préconisait, en réaction contre l'Église, la pauvreté, la prédication itinérante, l'abolition du clergé et la traduction de la Bible en langue vulgaire. ***Condamnés pour hérésie*** au concile de Vérone (1184), les vaudois eurent pourtant des adeptes toujours plus nombreux, et gagnèrent la vallée du Rhône, le Dauphiné, passèrent en Italie et en Allemagne... Ils seront massacrés au cours du XVIe s, sanglant prologue aux guerres de Religion.

Arriver – Quitter

En train

➢ ***Paris-Briançon :*** train de nuit direct et 6-7 trains/j. avec correspondance à Valence ou Grenoble ; TGV en 4h30 Paris/Oulx (Italie) à 30 km (3 trains/j.).
➢ ***Marseille-Briançon :*** env 3 trains directs/j. (via Veynes et Gap). Trajet : 4h30-5h.

En bus

➢ ***Marseille, Gap et Grenoble :*** plusieurs liaisons /j.
Rens : • *zou.maregionsud.fr* •
➢ Bus également pour la ***vallée de la Clarée (Névache), Serre-Chevalier Vallée, Montgenèvre, Oulx (Italie).***
Rens : • *zou.maregionsud.fr* •

BRIANÇON

(05100) 10 780 hab. *Carte Hautes-Alpes, C1-2*

• Plan *p. 335*

Briançon, carrefour naturel de plusieurs vallées, fut très tôt habitée, et sa position en fit rapidement une capitale régionale, chef-lieu de l'ensemble des Escartons (voir plus loin « Un peu d'histoire »). Mais c'est surtout à la proximité de l'Italie que Briançon doit son plus grand rôle et sa principale fonction : place forte et ville de garnison, elle fut fortifiée par Vauban et ceinturée de forts à l'est, vers l'Italie, tout au long des XVIIIe, XIXe et XXe s.
Plus que des armes, Briançon vit maintenant du tourisme – l'accès direct aux pistes du domaine de Serre Chevalier Vallée et la proximité du Parc national des Écrins ou de la station de Montgenèvre attirant bien du monde – et des séjours climatiques. On y vient aussi pour la cité Vauban, dont les fortifications sont inscrites au Patrimoine mondial de l'Unesco (avec sa ceinture de forts) depuis juillet 2008. Haut perchée et traversée de gargouilles, elle a bien belle allure ! En revanche, la ville basse porte encore en mémoire le passé industriel que connut la cité de 1842 à 1933.

UN PEU D'HISTOIRE

Du celtique *brig* (« hauteur ») vient le nom des *Brigiani*, les Celto-Ligures qui furent les premiers à coloniser le site qui deviendra *Brigantium* sous l'Empire romain. Mais c'est au Moyen Âge que Briançon connaît un développement économique et démographique : la ville finit alors par acquérir une large autonomie, concrétisée par la Grande Transaction signée avec le dauphin en 1343. Briançon devient alors capitale du Briançonnais et des 5 Escartons, dont 3 sont aujourd'hui italiens. ***Elle jouit d'importants privilèges douaniers et constitutionnels, qui ne seront abolis qu'avec la Révolution.***

Ce sont les guerres de Religion, puis de la Ligue, qui mettent fin à cette ère de prospérité. Incessamment troublée par le passage des troupes, puis incendiée à 2 reprises (1624 et 1692), Briançon, ravagée, reprend vie dans l'enceinte fortifiée de Vauban. Le traité d'Utrecht (1713), établissant la frontière au col de Montgenèvre, assoit cette fonction militaire. Au siècle suivant, la ville s'enorgueillit d'un fait d'armes fameux : en 1815, la cité résiste 3 mois aux forces austro-sardes, impuissantes à briser cette forteresse... Briançon se voit ensuite coiffée d'un nouveau fort (1835) et ceinturée de forts défensifs plantés sur les sommets voisins (fin XIXe s). Elle reste par la suite une ville de garnison, qui s'illustrera encore pendant la Seconde Guerre mondiale : c'est un des seuls points du front où l'ennemi (italien) fut repoussé en 1939-1940.

Adresses et infos utiles

■ ***Office de tourisme*** *(plan A1) : 1, pl. du Temple. ☎ 04-92-24-98-98. • serre-chevalier.com • Ouv tte l'année, mais horaires variables en fonction des saisons. Également un* ***bureau d'info touristique*** *(hors plan par A2) pl. Paul-Blein, rue Centrale, dans la basse ville, ouv en saison seulement.*

■ ***Service du patrimoine « Ville d'art et d'histoire »*** *(plan B1) : porte de Pignerol. ☎ 04-92-20-29-49. • ville-briancon.fr • Les horaires variant tout au long de l'année, le mieux est de consulter le site internet.* Organise des visites guidées thématiques de la cité Vauban, des fortifications ou des alentours (certaines sur résa), des ateliers pour enfants et des balades-spectacles mêlant histoire et création artistique. Également des balades autour des forts, à pied, à vélo électrique, ou à raquettes l'hiver.

■ ***Bureau des guides et accompagnateurs :*** *24, rue Centrale. ☎ 04-92-20-15-73. • guides-briancon.com • Ouv tte l'année.* Toutes prestations mais aussi conseils et réponses aux questions sur la montagne.

■ ***Secours en montagne :*** *☎ 112 ou 04-92-22-22-22.*

– ***Marchés :*** *mer mat et dim mat dans le marché couvert, rue Colaud (hors plan par A2).*

– ***Serre Chevaler Vallée :*** une appli bien pratique à télécharger pour connaître la météo, les horaires des navettes ou le programme des animations, acheter son *pass* en direct et trouver un sentier VTT ou rando à sa convenance.

Où dormir ?

Hôtel Edelweiss *(hors plan par A2,* ***12****) : 32, av. de la République. ☎ 04-92-21-02-94. • contact@hotel-edelweiss-briancon.fr • hotel-edelweiss-briancon.fr • Congés : 15 j. en mai et de mi-oct à déc. Doubles 94-120 €. Petit parking privé gratuit.* Ce petit hôtel parfaitement tenu offre l'avantage d'être tout près de la cité Vauban et au calme, dans une grande cour. Chambres confortables, avenantes, avec une forte présence du bois clair, réparties dans 2 bâtiments, l'un datant des années 1970, l'autre

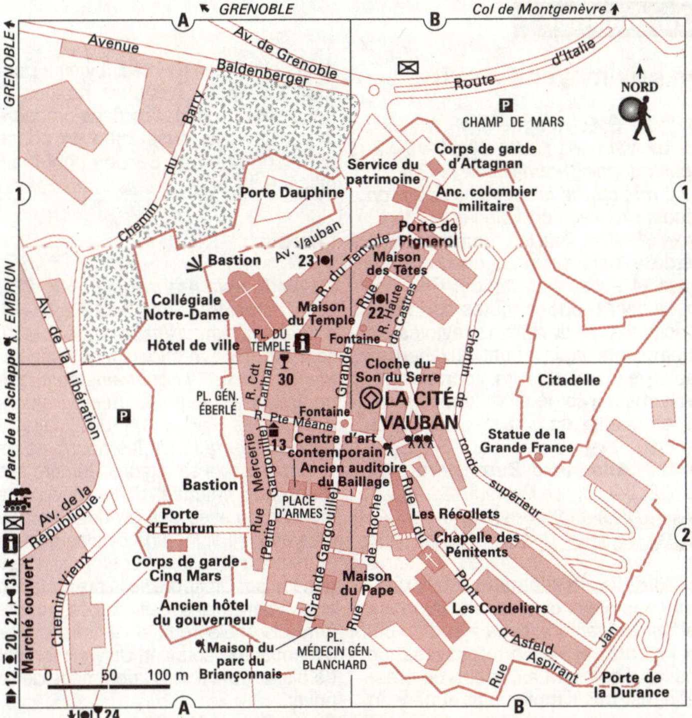

BRIANÇON

Où dormir ?	**22** Au Plaisir Ambré (B1)
12 Hôtel Edelweiss (hors plan par A2)	**23** Le G'Astrologue (A1)
13 Auberge de la Paix (A2)	**24** Kilomètre Zéro (hors plan par A2)
Où manger ?	**Où boire un verre ?**
20 Le Cosy (hors plan par A2)	**30** La Collégiale et Le Spirit (A1-2)
21 Le Quinze Neuf (hors plan par A2)	**31** Le Club Kitchen & Bar (hors plan par A2)

beaucoup plus ancien (avec une magnifique tourelle). Parties communes douillettes à souhait ; il y a même un petit salon pour se poser. Accueil charmant.

Auberge de la Paix *(A2,* ***13****) : 3, rue Porte-Méane. ☎ 04-92-53-84-43. • contact@hotel-aubergedelapaix.com • hotel-aubergedelapaix.com • Doubles 93-102 €.* Dans une bien vieille maison, avec son escalier en bois et ses couloirs étroits. Les chambres, elles, aux couleurs de l'époque, sont coquettes et confortables. Accueil attentionné.

Où manger ?

De prix moyens à chic

Le G'Astrologue *(plan A1, **23**) : 20, av. Vauban. ☎ 04-92-20-49-62. • gastrologue@hotmail.fr • ♿ Ouv de fév à mi-sept, ts les soirs sauf mar en dehors des vac scol. Menus 28-36 € ; carte 35-40 €.* Sur les remparts de la citadelle, petit resto à la déco chaleureuse et au service rapide. Cet établissement propose toutes sortes de spécialités de la région : ravioles du Champsaur, lapin confit aux herbes sauvages... D'ailleurs, concernant les herbes, c'est le chef lui-même qui va les cueillir dans la nature. Petite terrasse.

Kilomètre Zéro *(hors plan par A2, **24**) : 3, rue Pasteur. ☎ 04-92-24-64-12. • kilometrezero05@gmail.com • Tlj sauf dim 7h30-21h (22h ven-sam). Formule déj 21 € ; carte 25-30 €.* Ici, le kilomètre 0 fait référence au vélo et à la situation de l'établissement (on est au pied du col de l'Izoard) et non à la provenance des ingrédients ! La carte, type brasserie, est très simple : plat et dessert du jour, pâtes, salades, burger de la maison, *fish & chips*, poisson du moment. Mais c'est bon, généreux et, avec sa salle véranda prolongée par une grande terrasse, l'endroit est plaisant pour se restaurer ou même, simplement, se désaltérer.

Le Cosy *(hors plan par A2, **20**) : 29, rue Centrale. ☎ 04-92-21-80-19. Tlj sauf dim. Repas 25-35 €.* Restaurant-bistro qui est un peu la brasserie des locaux. À l'ardoise, des plats bien d'aujourd'hui, à base de bons produits de saison : burgers, *fish & chips*, tartare, mais aussi des salades et autres petits plats bien tournés. Il y en a pour tous les goûts. Assiettes bonnes et généreuses à déguster dans un cadre accueillant, lui aussi bien en phase avec son époque. Service cool mais efficace.

Chic

Au Plaisir Ambré *(plan B1, **22**) : 26, Grande-Rue. ☎ 04-92-52-63-46. • namiam.restaurant@orange.fr • Tlj sauf mer-jeu ; le midi, sur résa seulement. Congés : 1re quinzaine de juin et de mi-nov à début déc. Résa vivement conseillée. Menus 37-50 €.* Voilà la bonne table qui ravit les gourmets de Briançon et de sa région ! Derrière ses fourneaux, Michaël Chassigneux ne travaille qu'avec des produits frais et de saison. Il signe une cuisine gastronomique, personnelle et étonnamment généreuse. On apprécie la présentation et la créativité des mets. Superbe cadre à la fois chaleureux et raffiné, service dynamique et souriant. Un vrai moment de plaisir dont il serait dommage de se priver.

Le Quinze Neuf *(hors plan par A2, **21**) : 20, av. du 159e RIA. ☎ 04-92-24-85-72. Tlj sauf dim soir. Repas 30-40 € ; menu 44 €.* Au choix pour vous régaler : les grillades, les burgers, les gnocchis ou de belles propositions de tapas copieuses et présentées avec soin. De jolies saveurs à déguster dans une déco urbaine, loin du resto de montagne traditionnel : bois bien présent, mais cadre lumineux et lignes plus épurées. Belle sélection de vins et de cocktails. Et un accueil qui ne donne qu'une envie : revenir !

Où dormir ? Où manger dans les environs ?

Auberge-refuge Napoléon : col de l'Izoard, 05100 Cervières. *☎ 04-92-21-17-42. • refuge.izoard@nordnet.fr • refuge-napoleon-col-izoard.fr • À env 20 km de Briançon ; l'hiver, le col est fermé : accès au refuge à pied, à raquettes ou ski. Congés : de mi-avr à mai et oct-20 déc. Hébergement en ½ pens seulement ; compter 85 €/pers. Le midi, à la carte seulement, 20-25 € ; le soir, menus 26-31 €. CB refusées.* En léger contrebas du col (côté Briançon), la seule construction à des kilomètres à la ronde, perchée à

2 300 m d'altitude. C'est un des 6 refuges construits dans les Hautes-Alpes par Napoléon III, qui honorait ainsi un vœu testamentaire de son illustre tonton. C'est maintenant une auberge, à l'ambiance décontractée et chaleureuse. Bien entendu, terrasse paisible pour admirer un panorama grandiose. Excellent accueil.

Où boire un verre ?

Le Club Kitchen & Bar *(hors plan par A2,* ***31****) : 3, pl. Centrale. ☎ 04-92-21-99-06. Tlj sauf dim (et lun hors saison) 10h-14h, 18h (19h en été)-22h.* Un endroit cosy où les Briançonnais de tous âges se retrouvent avec plaisir, profitant aux beaux jours de la terrasse sur la place.

La Collégiale et Le Spirit *(plan A1-2,* ***30****) : 5, pl. du Temple. Tlj sauf lun hors saison.* 2 bars avec terrasses qui envahissent une partie de la place de l'église. Au *Spirit,* bonne carte de vins et de whiskies.

À voir. À faire

La cité Vauban : *entièrement piétonne ; on y accède plutôt par le haut (grand parking du Champ-de-Mars ; plan B1) et la porte de Pignerol, avec pont-levis et herse. On peut aussi entrer par la porte d'Embrun en bas (pont-levis également ; plan A2) où l'on trouvera un petit parking pour se garer. Visite guidée organisée tte l'année par le service du patrimoine, ☎ 04-92-20-29-49 (voir « Adresses et infos utiles », plus haut). Tarifs : 7,50 € ; réduc ; gratuit moins de 8 ans. Visites guidées réservables en ligne sur le site de l'office de tourisme.*

La cité Vauban et ses fortifications sont inscrites depuis 2008 au Patrimoine mondial de l'Unesco.

À la ***porte de Pignerol,*** une plaque commémore le blocus de 1815, où Briançon fut héroïque. Tout droit descend la ***Grande-Gargouille,*** rue principale ainsi nommée en raison du « canal central » qui s'y écoule dans un lit de pierres appelé « gargouille ». Réalisé en 1345, il servait surtout à la lutte contre les incendies. Sur la droite, au n° 13, la *maison des Têtes,* à médaillons sculptés de personnages briançonnais. Presque en face, la *fontaine du Haut.*

Par la 1re rue à droite, on accède à la ***place du Temple*** (l'office de tourisme se trouve dans la maison du Temple). Très bel immeuble Renaissance.

La ***collégiale*** *(plan A1),* construite d'après des plans de Vauban (1703-1718), est assez colossale. 2 lions de marbre rose en gardent l'entrée, provenant de l'église précédente, détruite lors de la guerre de la ligue d'Ausbourg. À l'intérieur, beau mobilier (tableaux, stalles, retable et autel du XVIIIe s). À remarquer au plafond, au-dessus de l'orgue : une curieuse horloge du XVIIIe s avec une seule aiguille.

De là par la ***Petite-Gargouille*** (plus courte et plus étroite que la grande), on descend jusqu'à la ***place d'Armes*** *(plan A2),* où se trouve la belle et ancienne ***maison du Roi*** (ancien auditoire), où le bailli rendait justice (l'édifice est actuellement occupé par la direction du Patrimoine). En façade, 2 cadrans solaires. Ne pas manquer la rotonde du puits de Vauban et l'auvent du corps de garde, récemment restaurés.

Reprendre la Grande-Gargouille pour trouver en bas, sur la gauche (n° 64), la ***maison du Pape*** *(plan A2),* où Pie VI fut retenu prisonnier 2 mois en 1799, avant son transfert à Valence où il mourut. On arrive enfin à la place du Médecin-Général-Blanchard, où se trouvent la Maison du Parc national des Écrins. Non loin, l'ancienne ***église des Cordeliers*** (fin du XIVe s), transformée en hôpital militaire, puis longtemps abandonnée et aujourd'hui en cours de restauration.

Remonter la rue de Roche, prendre à droite la rue du Pont-d'Asfeld pour accéder à la ***porte de la Durance*** *(plan B2)* : nombreux points de vue sur la ville, les vallées et le pont d'Asfeld sur la Durance.

La ceinture de forts : *pour les visites guidées des forts, contacter le service du patrimoine (tte l'année) au ☎ 04-92-20-29-49 (voir « Adresses et infos utiles », plus haut). Sinon, il existe un sentier pédestre qui passe par le fort des Têtes (base militaire), le fort Dauphin, la Communication Y et le fort du Randouillet ; départ du pont d'Asfeld, qui enjambe la Durance ; compter 4h A/R. Pour rejoindre le fort des Salettes, prévoir 30 mn depuis la cité à pied.* Les progrès de l'artillerie (sous Vauban, un boulet portait à 600 m ; en 1885, les obus-torpilles vous dessoudent un régiment à 15 km) ont contraint les militaires à renforcer le dispositif défensif du Briançonnais. Vauban, dès 1692, avait déjà pensé à renforcer la ligne de défense le long de la frontière établie au Montgenèvre en 1713 et dans les environs de Briançon : ainsi la ***redoute des Salettes*** a été bâtie d'après ses projets. Pour renforcer le tout, on construisit ultérieurement les ***forts des Têtes, du Randouillet, Dauphin,*** le ***pont d'Asfeld*** et la ***Communication Y.*** Cette dernière est un long couloir de 200 m qui permettait de barrer l'accès à l'ennemi, mais aussi aux troupes sur place de circuler du fort des Têtes à la route qui conduit au fort du Randouillet, à l'abri des tirs. Désaffectés aujourd'hui (sauf la redoute des Salettes et le fort du Château), ces forts sont l'occasion d'excursions, offrant toujours de grands panoramas sur le Briançonnais et vers le Piémont.

LES HAUTES-ALPES

La Maison du parc du Briançonnais *(plan A2) : pl. du Médecin-Général-Blanchard. ☎ 04-92-21-42-15. Au pied de la Gargouille, dans la vieille ville. Ouv tte l'année : juil-août, tlj 10h30-13h, 13h30-18h30 ; le reste de l'année, lun-jeu 10h-13h, 13h30-18h. GRATUIT.* Accueil, informations, boutique, documentation et projections sur le Parc national des Écrins. Également une expo ludique sur la faune d'altitude autour de 3 espèces phares : le bouquetin, le lagopède et le lièvre variable.

Le centre d'art contemporain *(plan A-B2) : 3, pl. d'Armes. ☎ 04-92-20-33-14. Juil-sept et déc-mars, lun-ven 9h-12h, 14h-17h (16h30 ven). GRATUIT.* Installé dans les anciennes prisons du palais de justice, au cœur de la ville haute, un bel espace qui accueille des expos temporaires d'artistes contemporains.

Le parc de la Schappe *(hors plan par A2) : au pied des remparts. Ouv tte l'année, tlj 9h-19h (22h en été).* Un parc paysager avec un petit lac, des jeux pour enfants, 2 parcours acrobatiques dans les arbres : l'un pour adultes *(**Grimp'in Forest,** ☎ 04-92-46-16-91 ; • grimpinforest.fr • ; juil-août, tlj 10h-19h ; mai-juin et sept, w-e et j. fériés 14h-18h ; sinon, ouv sur résa pour groupes ; entrée : 22 €, réduc)* proposant également paintball, biathlon, *laser game,* jeux d'énigme, etc., l'autre pour enfants à partir de 4 ans et de 1,05 m et un parcours *Baby* dès 2 ans *(**Jungle Parc,** 06-87-89-95-19 ; • jungleparcbriancon.jimdo.com • ; entrée : 13 €, réduc).* Également une *via ferrata* facile *(rens à **Grimp'in Forest** ; accès : 3 €, loc de matériel en sus ; compter 1-2h).* Du parc, on peut accéder au pont d'Asfeld par un petit sentier bien ombragé. Calme et reposant, pour une promenade plaisante.

Sports et loisirs

Outre le ***ski*** (Briançon étant la porte d'entrée du domaine skiable de Serre Chevalier Vallée, avec un accès direct aux pistes en téléski depuis le centre-ville), la ***rando***, le ***vélo*** et les ***sports d'eau-vive*** sur la Guisane, le Briançonnais est aussi un territoire de référence pour l'***escalade*** et accueille chaque année une étape de coupe du monde d'escalade IFSC *(International Federation of Sport Climbing)*. D'où la présence dans la ville, au parc des Sports, en extérieur, d'un mur d'escalade au design étonnant, servant non seulement aux compétitions, mais aussi ouvert au grand public *(informations à l'office de tourisme).* On trouve par ailleurs une quinzaine de ***via ferrata*** dans le Briançonnais *(guide très bien fait à disposition dans les offices de tourisme).*

Le domaine de ski nordique de Cervières : ce village au sud de Briançon, sur la route du Queyras par le col de l'Izoard, possède un des plus beaux domaines de fond du département, avec plus de 40 km de pistes aménagées *(● izoard-tourisme.fr ●).*

Fête et manifestations

– ***Altitude Jazz Festival :*** *2 sem fin janv-début fév. ● altitudejazz.com ●* Concerts payants et gratuits un peu partout, ateliers de jazz, etc.
– ***Fête médiévale :*** *1er w-e de juil. ● medievale-briancon.fr ●* Troubadours, chevaliers et spectacles de rue envahissent la cité, sans oublier les échoppes d'artisanat et de produits locaux du temps jadis.
– ***Mondial de l'escalade :*** *6 j. mi-juil. ● mondial-escalade.fr ●*
– ***Briançon Sous les Étoiles :*** *de mi-juil à mi-août.* Comédie musicale au cœur des remparts de la cité Vauban et concerts au parc de la Schappe.
– ***Les Offenbachiades du Briançonnais :*** *sept-juin. ● offenbachiadesdubrianconnais.blogspot.com ●* Concerts de musique classique dans différents lieux du Briançonnais.

SERRE CHEVALIER VALLÉE

(05240) 3 500 hab. *Carte Hautes-Alpes, C1*

Briançon et les stations-villages de la vallée de la Guisane donnent accès au *domaine de Serre Chevalier Vallée,* fonctionnant avec un seul et même forfait : soit 250 km de pistes, de 1 200 à 2 800 m. « Serre-Che » est ainsi le plus vaste domaine skiable des Hautes-Alpes (le 5e domaine skiable français), et chacun y trouvera des pistes à sa mesure. Autre plus, un taux d'ensoleillement record ; on est au pays des 300 jours de soleil par an, ce qui fait de Serre Chevalier Vallée une station assez prisée.
Serre Chevalier comprend 13 villages ou hameaux, répartis sur 3 communes : Chantemerle – Saint-Chaffrey, Villeneuve – La Salle-les-Alpes et ses 5 villages, et Le Monêtier-les-Bains et ses 6 hameaux. Sans oublier Briançon. Les hameaux ont dans l'ensemble conservé un bâti traditionnel, surtout Le Monêtier et le vieux Saint-Chaffrey.

Adresses et infos utiles

Office de tourisme de Serre Chevalier Vallée Briançon : *Pré-Long, à **Villeneuve.** ☎ 04-92-24-98-98. ● serre-chevalier.com ● ♿ Juil-août et déc-avr, tlj 9h-12h30, 14h30-19h ; hors saison, fermé w-e. Autres bureaux à **Chantemerle** et au **Monêtier-les-Bains.*** Organise des visites guidées gratuites des villages, des chapelles et églises, ainsi que des cadrans solaires.

– ***Service de réservation :*** *☎ 04-92-24-98-80. ● reservation.serre-chevalier.com ●*

Centre d'information du Parc national des Écrins : *hameau du Casset, 05220 **Le Monêtier-les-Bains.** ● ecrins-parcnational.fr ● De mi-juin à mi-sept, tlj 13h30-19h ; pdt vac scol en hiver, tlj 11h-17h.* Expo temporaire sur les patrimoines du Parc national.

Projections dont certaines avec les gardes-moniteurs.

■ ***Bureau des guides :*** *Maison de la montagne, Pré-Long, à **Villeneuve** (au même endroit que l'office de tourisme). ☎ 04-92-24-75-90. • guides-serrechevalier.com • Tlj en été et en hiver.*

– ***Serre Chevalier Vallée :*** une appli bien pratique à télécharger pour connaître la météo, les horaires des navettes ou le programme des animations, acheter son *pass* en direct et trouver un sentier VTT ou rando à sa convenance...

Où dormir ? Où manger dans le coin ?

De prix moyens à chic

🏠 ***Auberge de jeunesse de Serre-Chevalier :*** *2, chemin du Cavaillou, quartier du Bez, 05240 **La Salle-les-Alpes.** ☎ 04-92-24-74-54. • serre-chevalier@hifrance.org • Ouv juin-sept et déc-avr. Nuitée 30-34 €/pers, petit déj et draps inclus (mais pas les serviettes) ; ½ pension possible. Parking gratuit.* À l'entrée d'un hameau joliment préservé, cette robuste maison abrite une belle AJ. Chambres de 2 à 8 personnes, avec salle de bains et lits superposés pour tout le monde. Murs blancs, carrelage gris chiné : c'est simple, mais nickel et agréable. Pour la convivialité, un bar chaleureux, un sympathique jardin avec terrasse. Également un potager en permaculture pour alimenter la cuisine aux beaux jours.

🏠 |●| ***Hôtel-Gîte Le Rebanchon :*** *Le Casset, 05220 **Le Monêtier-les-Bains.** ☎ 04-92-55-63-76. • contact@lerebanchon.com • lerebanchon.com • Ouv tte l'année. Nuitée 37-49 €/pers ; petit déj 9 €. Repas du soir (sur résa) 16 €.* Dans un village à l'écart de l'agitation de la vallée, cette maison abrite 7 chambres de 2 à 5 personnes. On se faufile dans les couloirs étroits de la bâtisse à l'intérieur biscornu. Heureusement, l'itinéraire est bien fléché (vous comprendrez sur place) ! Les petites chambres, quant à elles, sont sobrement mais coquettement aménagées, toutes avec salle de bains et literie confortable. Grande salle voûtée et longue table commune pour les petits déj et le dîner, ainsi qu'une salle où se poser pour la convivialité. En été *(tlj 14h-18h30),* dans la bâtisse adjacente, une échoppe où acheter de succulentes glaces artisanales (produites à Forcalquier).

De chic à plus chic

🏠 ***Gîte Le Passe-Montagne :*** *331, rue du Centre, 05330 **Saint-Chaffrey Chantemerle.** ☎ 04-92-24-06-66. • resa@gite-lepassemontagne.com • gite-lepassemontagne.com • Ouv de mi-juin à mi-sept et de mi-déc à mi-avr. En été, à partir de 64 €/pers en ½ pens et 90 €/pers en hiver ; draps inclus, mais pas les serviettes de toilette ; séjour 3 nuits min.* À 2 pas du téléphérique de Chantemerle, mais néanmoins à l'écart de l'agitation et avec le charme du vieux village en plus. La maison a du cachet et les 9 chambres, pas forcément très grandes, sont chaleureuses. Pour préserver les beaux parquets dans les espaces communs, apportez vos chaussons (ou des chaussettes non trouées !), car à l'intérieur, on se déchausse. Et sinon, ambiance conviviale autour de la cheminée et des grandes tables où l'on se retrouve autour d'une bonne cuisine familiale.

🏠 |●| ***Hôtel-Restaurant Le Mônetier :*** *376, route de Grenoble, 05220 **Le Mônetier-les-Bains.** ☎ 04-92-55-40-70. • contact@lemonetier.com • lemonetier.com • Fermé en nov et mai ; resto ouv ts les soirs et le midi w-e. Doubles 85-250 € ; loue aussi des apparts ; petit déj 19 €. Resto, carte 30-35 €.* Oh le bel établissement que voilà ! Rassurez-vous : si la route frôle l'établissement, toutes les chambres donnent sur l'arrière et les montagnes. Il y règne un subtil mélange de tradition et de contemporain : corridors moquettés d'un écossais du plus bel effet, beaux parquets dans les chambres, avec plafond en bois et murs peints en noir ou de béton gris. Et pour illuminer l'ensemble : de belles lampes et des grandes baies. Les chambres les moins onéreuses sont plus petites et sans balcon, mais n'en restent pas moins de jolis nids où il fait bon poser ses bagages. Au rez-de-chaussée, le *Stabatio,* le grand, élégant et chaleureux resto proposant une carte style brasserie, mais revue et corrigée, avec un soin tout particulier apporté au choix des produits.

L'Orée du bois : *13, chemin du Cavaillou, quartier du Bez, 05240* ***La Salles-les-Alpes.*** *☎ 04-92-24-83-78. Fermé lun-mar et mer midi. Congé : nov. Menu déj en sem 28 €, puis 40-58 €. Résa conseillée.* Un menu qui varie au gré des produits et de l'humeur du chef. Techniquement, le chef assure. Mais pas seulement. Ses associations de saveurs, fines et délicates, font mouche et émoustillent les papilles. Ajoutez à cela un service extra, un rapport qualité-prix excellent, un cadre intime et élégant, sous de magnifiques voûtes de pierre... Et vous comprendrez pourquoi la maison compte autant de fidèles !

Le Goût du Temps : *77, rue Saint-Eldrade, 05220* ***Le Mônetier-les-Bains.*** *☎ 04-92-24-55-84. • contact@restaurant-legoutdutemps.com • En juil-août et pdt la saison hivernale, ouv le soir mar-dim et midi w-e ; aux intersaisons, ouv ven soir-dim soir. Menu 37 €. Résa fortement conseillée.* Une carte courte qui change toutes les 3 semaines et un chef qui, manifestement, n'aime pas le ronron en cuisine. Par contre, il aime la perfection et l'échange, il n'hésite donc pas demander à ses clients leur avis pour améliorer encore ses plats fins et parfumés, aux cuissons parfaitement maîtrisées. C'est globalement un régal, d'autant que dans les salles aux belles voûtes de pierre et aux tables colorées, l'accueil adorable et pétillant de Madame distille une atmosphère simple et conviviale.

La Table du Chazal : *Les Guibertes, 05220* ***Le Mônetier-les-Bains.*** *☎ 04-92-24-45-54. • contact@restaurant-chazal.fr • Ouv le soir mar-dim et le dim midi. Menus 56-66 €.* Alors oui, ça bombarde côté prix, mais pas tant que ça au vu de la qualité (et des prix de toute façon élevés de la restauration dans le secteur !). En effet, ce restaurant caché dans un modeste hameau encore très dans son jus joue clairement, et avec brio, la carte de la gastronomie. Le chef s'approvisionne au plus près et parfume sa cuisine créative des herbes ou plantes qu'il va lui-même cueillir dans les montagnes alentour. Son objectif : mettre en valeur ce terroir qu'il aime et sublimer ses produits. Mission réussie !

Le 16 Âme : *32, rue des Glaciers, 05220* ***Le Monêtier-les-Bains.*** *☎ 04-92-46-84-12. • le16ame@gmail.com • Ouv le soir mar-sam et sam midi. Menu déj 37 €, puis 49-64 €.* Une adresse qui se revendique de la bistronomie. Pas forcément l'endroit où vous vous précipiterez avec une faim de loup après une journée au grand air, mais parfait pour un repas à base de bons produits (poissons sauvages, viandes élevées en plein air, etc.), délicatement travaillés, avec une réelle recherche côté association de saveurs. Le tout dans un cadre cosy et apaisant, alternant entre béton ciré, grandes baies et bois clair. Service attentif et soigné.

LES HAUTES-ALPES

Où boire un verre ?

Le Chazelay : *4, route de Bez, 05240* ***La Salle-les-Alpes.*** *☎ 04-92-24-76-30. Tlj en saison jusqu'à 2h.* Belle animation tout au long de l'année dans ce bar musical (soirées DJ et concerts) au pied du télésiège de la Casse du Bœuf ! En hiver, on aime se lover devant la cheminée ou profiter de la grande terrasse ensoleillée. L'été, pourquoi ne pas faire un plouf dans la piscine ou faire bronzette sur l'herbe ? Ambiance jeune et festive.

Le 1420 : *1, route de Pré-Long, Villeneuve, 05240* ***La Salle-les-Alpes.*** *☎ 04-92-55-41-10. • contact@1420serrechevalier.com • À l'étage du petit centre commercial. Tlj 11h-minuit.* Le bar des locaux mais aussi des visiteurs de passage attirés par une ambiance toujours vivante, la belle carte des vins et des cocktails, à accompagner éventuellement de petites choses à grignoter (planches, etc.). Organise aussi des concerts, soirées à thème, etc.

Le Trappeur : *8, rue du Centre, Chantemerle, 05330* ***Saint-Chaffrey.*** *☎ 06-25-42-20-15. • 100lebar@gmail.com • En saison (été et hiver), tlj 7h-2h.* Sur la place du téléphérique, un bar chaleureux, tout en bois, avec sa terrasse et ses soirées DJ en saison.

Le Royal : *pl. du Téléphérique, Chantemerle, 05330* ***Saint-Chaffrey.*** *☎ 04-86-73-03-14. Tlj 7h-1h.* Ce bar n'a de royal que le nom ! Car malgré sa situation, au pied du téléphérique, et sa grande terrasse, on passerait devant sans le remarquer, tellement il est anonyme. Sauf que c'est le bar de tous les locaux et des moniteurs et il y a toujours de l'ambiance. Bref, l'endroit pour boire une bière, un vin chaud ou grignoter une crêpe ou un panini pas cher.

À voir. À faire

Le musée d'Art sacré du Monêtier-les-Bains : *chapelle Saint-Pierre,* ***Le Monêtier-les-Bains.*** *☎ 04-92-24-57-43. ♿ (partiel). Dans le vieux village. De juil à mi-sept et de mi-déc à fin avr, mar et jeu 15h-18h. Fermé le reste de l'année (sur rdv pour les groupes). Visites commentées jeu à 14h en été. GRATUIT.* Dans cette chapelle datant de 1670 (puis reconstruite au XVIIIe s, à la suite de plusieurs incendies) ont été réunies une centaine d'œuvres provenant de la trentaine de chapelles et d'églises de la commune. Les plus anciennes sont du XVe s, la plupart des XVIIe et XVIIIe s. Pièces tout à fait remarquables, et fort bien présentées. L'accueil par le « petit peuple des saints », groupes de statues de bois polychrome ou doré, chacune sur son piédestal, est charmant. Quelques peintures, et la plus ancienne croix processionnelle des Hautes-Alpes (argent, XVe s). 3 tapisseries d'Aubusson également, fort belles (XVIIe s). À l'étage, expositions temporaires ayant trait à l'histoire, la géographie, l'économie ou à l'histoire de l'art des Hautes-Alpes.

– Des visites guidées sont également proposées : du village (2h), des chapelles décorées de peintures murales du XVe s (2h) et des églises baroques.

– ***Les Grands Bains du Mônetier :*** *route des Bains,* ***Le Monêtier-les-Bains.*** *☎ 04-92-40-00-00. • lesgrandsbainsdumonetier.fr • En hte saison, tlj 10h-21h ; en basse saison, tlj sauf lun 13h (10h ven-dim)-20h. Fermé 2 sem en mai et 1re quinzaine d'oct. Tarif : env 23 € pour 2h ; réduc enfants et en basse saison ; forfaits famille.* Un espace thermoludique de 4 500 m² type « grand chalet », consacré au bien-être, à la détente et à la relaxation : hammam, sauna, massages, bains romains, grottes musicales, etc. Bassin extérieur chauffé, avec vue incroyable sur les montagnes.

> **CHAUD DEVANT**
>
> *Doté de 2 sources chaudes, Le Monêtier-les-Bains revendique une longue tradition thermale. Convaincus que ces eaux avaient des vertus purgatives, un médecin et un apothicaire firent construire, au XVIIIe s, un établissement pour soigner les affections rhumatismales et dermatologiques. Plus tard, on installa un « pavillon des buveurs ». On affubla dès lors les habitants du Monêtier de l'élégant surnom de « tripes chaudes ».*

Ski et neige

Ski alpin : on vous le rappelle, le domaine de Serre Chevalier Vallée est le 5e domaine skiable français avec 250 km de pistes !

Ski nordique et raquettes : se pratiquent en vallée, 45 km de pistes sur « Serre Che », 60 km sur Briançon. Beaux parcours piétons également sur Serre Chevalier, avec 20 km aménagés.

Sports et loisirs d'été

Baignade bio : *parc des Colombiers, Chantemerle, 05330* ***Saint-Chaffrey.*** *☎ 04-92-21-19-42. À la sortie de Chantemerle, direction Grenoble. Ouv de mi-juin à août : juil-août, tlj 10h-19h ; juin, mar-ven 12h-18h, w-e 11h-19h. Entrée : env 5 €/adulte.* Dans un bel environnement (un parc avec terrains de tennis, jeux pour enfants, un plan d'eau et même un petit resto), cette étonnante piscine extérieure est équipée d'un biofiltre (soit des plantes qui purifient l'eau naturellement). Bref, enfin une piscine de laquelle vous ne ressortirez pas avec une vilaine odeur de chlore qui colle à la peau ! Mais surtout, quel cadre avec les belles terrasses en bois, les roseaux, les montagnes tout autour... et une eau à 20 °C (c'est ce qu'on appelle la douche froide !).

Le Domaine d'altitude : en juillet-août, les remontées mécaniques sont ouvertes et permettent de rejoindre (y compris depuis Briançon) le domaine d'altitude (à 2 491 m) et de s'y adonner à la rando, au parapente et VTT. Propose aussi des activités spécifiquement destinées aux enfants : le ***camp des marmots*** pour les plus jeunes (4-12 ans), le ***Mountain Park*** et la ***trottinette de descente.*** Enfin, pour ceux qui ont le cœur bien accroché, une ***tyrolienne géante*** pour jouer les acrobates depuis le sommet. *Plus d'infos sur les forfaits et horaires : • serrechevalier-pass.com •*

– Enfin, rappelons que le secteur se prête particulièrement aux ***sports en eau vive*** (rafting, kayak, canoë, canyoning, etc.) et que c'est aussi un régal pour les cyclistes chevronnés (ou non, avec la fée électricité), autant à ***vélo de route,*** avec 4 cols mythiques sur le territoire (le Granon, le Galibier, l'Izoard et le Lautaret) qu'à ***VTT.***

LA GRAVE

(05320) 485 hab. *Carte Hautes-Alpes, C1*

Classé comme l'un des « Plus Beaux Villages de France », en partie pour la qualité de son environnement, La Grave constitue un passage obligé si l'on se rend dans le Briançonnais ou vers l'Italie par Montgenèvre depuis Grenoble. Porte d'entrée septentrionale du département, La Grave se rencontre au sortir de la combe de Malaval, trait d'union entre Isère et Hautes-Alpes. Le village s'accroche à l'adret de la vallée de la Romanche, face à l'un des plus somptueux paysages alpins : la « Reine Meije » et ses glaciers, spectacle vraiment impressionnant. La Grave est aussi un haut lieu de l'alpinisme et une station d'hiver profitant des pentes et du cadre merveilleux de la Meije, avec le GR 54 qui fait le tour de l'Oisans. Un peu plus haut, le charmant village de Villar-d'Arène (plusieurs fois durement touché par des incendies dans le passé), puis le col du Lautaret, classique du Tour de France, derrière lequel on rejoint Briançon par la vallée de la Guisane.

Adresses utiles

Office de tourisme : *au bord de la route principale, en face de la poste et de la mairie. ☎ 04-76-79-90-05. • lagrave-lameije.com • Juil-août, tlj ;*

juin, sept et déc-avr, tlj sauf dim hors vac scol ; mai, tlj sauf dim-lun ; oct-nov, ouv seulement le mat mar, jeu et sam. Sur place également, un centre d'information saisonnier du Parc national des Écrins.

■ ***Bureau des guides et accompagnateurs :*** *route principale, parking haut du téléphérique. ☎ 04-76-79-90-21. • guidelagrave.com • Ouv tlj en été et en hiver.* L'hiver : ski, cascade de glace, alpinisme hivernal, raquettes. L'été : alpinisme, escalade, *via ferrata,* rando, VTT et baptême de parapente biplace. Infos sur les conditions météo en montagne également.

Où dormir ? Où manger dans le coin ?

Campings

⩓ ***Camping de la Meije :*** *à La Grave, en contrebas du village. ☎ 04-76-79-93-34. 📱 06-08-54-30-84. • nathalie-romagne@wanadoo.fr • camping-delameije.com • ♿ Ouv de fin mai à fin sept. Empl 2 pers 23 €. CB refusées.* Au bord d'une rivière tumultueuse, au pied du village et des glaciers, un beau camping familial jouissant d'une vue somptueuse. Emplacements herbeux pas immenses mais partiellement ombragés par une belle variété d'arbres. Entretien minutieux et bons équipements : piscine chauffée et un très beau terrain de jeux pour enfants juste à côté. Sentier (ça grimpe) pour rejoindre le village. Bel accueil.

⩓ ***Camping municipal d'Arsine :*** *05480* ***Villar-d'Arène.*** *☎ 04-76-79-93-07 ou 90-55 (mairie, hors saison). • campingvillardarene@gmail.com • camping.villardarene.fr • À 3 km de Villar-d'Arène en direction de Serre Chevalier, au fond du vallon d'Arsine. Ouv de mi-juin à mi-oct. Empl 2 pers env 16 €.* Petit camping très sommaire, très calme et plus ou moins ombragé selon le côté où vous choisirez de planter votre tente. Et quel cadre ! Face au camping, le gîte-bar-resto du *Pas de l'Âne.*

De bon marché à prix moyens

⌂ I●I ⛱ ***Gîte Les Mélèzes :*** *8, pl. Saint-Martin, 05480* ***Villar-d'Arène,*** *à 3,5 km de La Grave. ☎ 04-76-79-90-59. • gites.les.melezes@gmail.com • gite-les-melezes.fr • Congés : nov-déc. Nuitée en chambre 1-6 lits 26,50 € ; double 62 €. Repas carte env 22-25 €. Café offert sur présentation de ce guide.* Une belle bâtisse de caractère de 1773 transformée en gîte assez rustique, mais chaleureux, propre, bien tenu et pratiquant des prix très raisonnables. Certaines chambres ont leur douche et toilettes, pour d'autres, c'est en commun. Fait aussi resto : du simple qui tient la route (burger, *fish & chips*, bavette, pâtes, etc.). Agréable terrasse sur la place.

⌂ I●I ⛱ ***Au Vieux Guide :*** *Le village, 05320 La Grave, en contrebas de la rue principale. ☎ 04-76-79-90-75. • au-vieux-guide@wanadoo.fr • au-vieux-guide-grave.fr • Resto fermé mer midi en hiver. Congés : mai et de mi-sept à mi-déc. Résa conseillée. Nuitée 23 €/pers. Menus 26-39 € ; carte midi env 25 €.* Cuisine de tradition et de terroir, qui sait aussi être plus gastronomique. Le tout servi dans une jolie salle rustique en pierre grise ou sur la petite terrasse tranquille avec vue sur le glacier en été... superbe ! Fait aussi gîte d'étape (1 dortoir de 7 lits, 2 chambres doubles et une familiale 4-5 pers).

I●I 🍸 ⛱ ≮ ***Café-restaurant de la Ferme :*** *col du Lautaret, 05480* ***Villar-d'Arène,*** *à 11 km de La Grave. ☎ 04-92-24-41-83. • cafe.laferme@gmail.com • ♿ Tlj, le midi seulement. Congés : de mi-nov à mi-déc. Formules 15-22 € ; carte env 28 €. Café offert sur présentation de ce guide.* L'endroit, au sommet du col du Lautaret, est apprécié par les habitués qui viennent trinquer un coup. Il ravit aussi les gens de passage, bienheureux de trouver de quoi combler un appétit grâce à une honnête cuisine familiale 100 % faite maison, à base de produits des fermes du coin.

On peut aussi juste prendre un verre pour contempler la vue d'anthologie sur la montagne depuis la terrasse. Simple et efficace.

Chic

Auberge L'Edelweiss : *3, rue de Babiole, à l'entrée de La Grave, sur la droite en venant de Briançon. ☎ 04-76-79-90-93. • info@hotel-edelweiss.com • hotel-edelweiss.com • Resto ouv le soir seulement. Congés : mai et oct-déc. Doubles 140-180 €, petit déj inclus. Repas à l'ardoise env 35 €. Digestif maison offert sur présentation de ce guide.* Tenue par un joyeux drille écossais, cette auberge du XIXe s reconvertie en hôtel propose 2 types de chambres (et des apparts), les moins chères étant situées dans un bâtiment annexe. Un peu petites, elles restent pour autant très agréables avec leur parquet et une bonne literie. Pour la détente, sauna et jacuzzi. Au resto, cuisine d'ici et d'ailleurs (le menu change tous les jours), superbe ardoise des vins (400 références du monde entier !) et concerts plusieurs fois par mois. Belle terrasse face au massif, gigantesque. Accueil sympa, avec l'accent. Clientèle principalement anglophone.

À voir. À faire dans les environs

Les téléphériques des glaciers de la Meije : *☎ 04-76-79-91-09 (répondeur 24h/24). • la-grave.com • Fonctionnent de mi-juin à mi-sept et Noël-fin avr. En juil-août, tlj, en continu 8h30-15h30 ; dernière descente à 16h30. En hiver, ttes les 5 mn 9h-15h30 (dernière descente à 16h30). « Les » téléphériques, car il y a 2 tronçons : l'un jusqu'à 2 400 m, l'autre jusqu'à 3 200 m (col des Ruillans avec visite de la grotte de glace ; 6 €, réduc). En été, 31 € l'A/R jusqu'à 3 200 m (21 € pour les 4-17 ans) ; tarif famille env 69 €. En hiver, forfait journée ski 55 €/pers (42 € l'A/R piéton) ; réduc. Forfait VTT 28-39 € (jusqu'à 2 400 m et 3 200 m ; valable la journée) : on monte par le téléphérique et on redescend à VTT plusieurs fois dans la journée (hors de la période mi-juil à mi-août). Montée de 40 mn.* Panorama époustouflant, vue grandiose, etc. Un must, vraiment ! La Meije toute proche culmine à près de 4 000 m et le Rateau à 3 800 m ; même le mont Blanc apparaît au loin... splendide et enneigé (y compris en été). Parcours VTT *freeride* avec départ de la gare de 3 200 m, arrivée à La Grave *(King Stone Road).*

Le Chazelet et ses hameaux : *à 3 km de La Grave ; prendre à droite (fléché) après le 1er tunnel en descendant vers Briançon.* Rude, superbe. Une grappe de hameaux aux bâtisses en grosse pierre (et bâtiments plus modernes), éparpillés à flanc d'alpages face à la sublime Meije et aux glaciers majestueux. Certains sont accessibles par la route, d'autres par des sentiers. Nombreux départs de balades.

Le jardin du Lautaret (de l'université de Grenoble) **:** *au col du Lautaret, à 10 km de La Grave, 05480* ***Villar-d'Arène.*** *☎ 04-92-24-41-62. • jardindulautaret.com • ♿ (60 % accessibles en fauteuil). Du 1er w-e de juin au 1er w-e de sept, tlj 10h-18h. Entrée : 8 € ; réduc ; gratuit moins de 12 ans. Visites guidées gratuites juil-août, tlj à 10h30, 14h30 et 16h ; juin et sept, sur résa. Juil-août, organise les conférences du Jardin, sur différents thèmes.* Sur 2 ha, un jardin enchanteur où germent et poussent plus de 2 000 espèces du monde entier. Fort beau, et fleuri, ça oui !

Le centre d'information du parc des Écrins : *au col du Lautaret, à 10 km de La Grave, 05480* ***Villar-d'Arène.*** *☎ 04-92-24-49-74. • ecrins-parcnational.fr • De mi-juin à mi-sept, tlj 10h-13h, 13h30-18h.* Dans l'ancien refuge-hospice Napoléon. Projections, expo temporaire sur les patrimoines du Parc national des Écrins et boutique.

Les stations de ski des environs

La station-village du Chazelet se trouve sur l'adret, face au massif de la Meije (cadre superbe).

Le Chazelet (1 800-2 100 m) est une station familiale aux pistes relax (6 km).

Le domaine skiable de La Grave – la Meije (« vallons de la Meije ») : c'est le seul domaine skiable 100 % hors piste de France. Là, les amoureux du ski sauvage se régalent, accédant par le téléphérique à 3 200 m et dévalant les pentes de la Meije (2 150 m de dénivelée) dans des gerbes de poudreuse.

Ski nordique : 11 km, sur Villar-d'Arène. Ensoleillé le matin et chamois souvent au rendez-vous. Également un petit circuit raquettes de 11 km.

Sports et loisirs

– ***Rando et alpinisme :*** « alpinisme et rando sont les 2 mamelles de La Grave », dirait-on plaisamment. Le GR 50 et le GR 54 passent en vallée (avec des variantes en corniche), et La Grave, comme les hameaux des environs, est le point de départ de ***nombreuses excursions*** : lac de Puy-Vachier, col d'Arsine et lac du glacier d'Arsine, lac du Pontet, lac Noir ou lac Lérié... On peut aussi s'approcher du glacier de la Meije en randonnant par en dessous, lorsque l'on continue après les chalets de Chalvachère. Il y a quelques itinéraires accessibles à tous et pas très longs, qu'on vous indiquera à l'office de tourisme (topoguide en vente) ; d'autres nécessitent une bonne condition physique, et d'autres enfin sont carrément sportifs (col des Ruillans).
Si l'on n'est pas vraiment fan de grimpette, il y a le téléphérique : ***plusieurs balades tous niveaux*** à partir de la gare intermédiaire de 2 400 m (dont la descente sur La Grave en 2h30 par une très belle forêt de mélèzes). Autre proposition de rando facile et familiale : départ de 2 400 m, traversée jusqu'au lac de Puy-Vachier en 1h. 15 mn de marche de plus vous conduisent au *refuge Chancel (☎ 04-76-79-92-32)* par le chemin très bien aménagé des « Chancel'isé » ! De là, magnifique panorama. Enfin, pour l'alpinisme pur et dur, il y a tout ce qu'il faut : ***ascensions vertigineuses, randonnées glaciaires, exploration de crevasses, cordées d'enfer.*** Et pour vous entraîner, la *via ferrata* des Mines du Grand-Clot est une des plus longues de France (compter 5h30).

– ***Rafting :*** **No Limit Rafting,** *☎ 04-76-79-91-93. • rafting-nolimit.com • Juste à côté du* Camping de la Meije *; juin-sept.* Rafting, nage en eaux vives, canyoning, canoë-kayak, etc. Propose notamment la descente sportive de la Romanche. Réservé aux plus de 12 ans ayant le cœur bien accroché et sachant nager.

Fête et manifestations

– ***Derby de la Meije :*** *3 j. fin mars ou début avr. • derbydelameije.com •* À skis comme en bouée, 1 000 concurrents aux costumes farfelus dévalent à toute berzingue 2 000 m de dénivelée le plus vite possible. Une course de casse-cou qui met le village en fête. Concerts, spectacles de rue, repas géants... LE rendez-vous des *riders*.
– ***Festival Messiaen :*** *fin juil-début août. • festival-messiaen.com •* Festival de musique classique et de création contemporaine.
– ***Faites de la Montagne :*** *14 août.* Activités, ateliers et découverte du milieu de la montagne, le tout encadré par des professionnels de la région.
– ***Fête des Guides :*** *15 août. Rens à l'office de tourisme ou au bureau des guides.* Cérémonie traditionnelle permettant aux guides, en tenue d'époque, de

faire bénir leurs cordes et piolets. Repas montagnard, concerts, théâtre de rue, démonstration de grimpe et de ski, etc.
– ***Ultra-Raid de la Meije :*** *1 w-e mi-sept.* • *ultraraidlameije.fr* • « Le plus beau raid VTT d'Europe ». De la douceur vallonnée du plateau d'Emparis – face à la Meije et les glaciers – aux paysages minéraux du massif des Cerces en passant par les cols mythiques du Galibier et du Lautaret : du vrai vélo montagne ! Technique, ludique et panoramique. Épreuve reine de 110 km, diverses options pour VTTistes de tous horizons.

LA VALLÉE DE LA CLARÉE ET LA VALLÉE ÉTROITE

Carte Hautes-Alpes, C1

En quittant Briançon vers le col de Montgenèvre et l'Italie, on rencontre bientôt, sur la gauche, la vallée de la Clarée. Devant nos yeux, un superbe couloir de verdure, de chardons bleus et de digitales. La route serpente et s'élève, traverse les villages de Val-des-Prés et Névache, croise des chapelles, des chalets petits et rustiques, noirauds... Au bout, tout au bout, c'est un monde irréel de rocs arrondis et de pâturages courts et nets comme du gazon anglais, semés de fleurs multicolores... Des ânes y vivent, on peut les caresser. Et l'on resterait bien avec eux, mais non, il faut quitter la vallée et redescendre sur terre –, mais on garde en souvenir la vision de cette vallée, qui existe, oui, qui existe là-bas au fin fond des Hautes-Alpes, on vous jure que c'est vrai ! La preuve : en saison vous serez loin de l'arpenter seul...

Arriver – Quitter

En voiture

➢ ***De Briançon :*** par la N 94 vers Montgenèvre et l'Italie ; à 4 km, au hameau de La Vachette, prendre la D 994 sur la gauche ; débute alors la vallée de la Clarée ; 14 km plus loin, une petite route sur la droite mène au col de l'Échelle et à la vallée Étroite.
– Attention : ***de mi-juil à fin août,*** la circulation en haute vallée de la Clarée est réglementée pour les véhicules à moteur (et vous comprendrez vite pourquoi !) : ***la route est fermée par une barrière automatique dans le sens montant 8h30-18h (7h45-19h pour les camping-cars).*** *Parking payant à Laval (10 €/j.).* Pour se rendre en haute vallée de la Clarée, une navette *(6 €/j. ou 4 € aller/ adulte)* est alors mise en place 8h-19h au départ de Roubion à Névache *(rens aux bureaux d'info touristique de Névache et de Val-des-Prés).*

En bus

➢ ***Ligne Briançon gare SNCF-Montgenèvre :*** arrêts à La Vachette, Le Rosier, Les Alberts (5 bus/j. en été). Sinon, les bus Serre Chevalier/ Briançon/Oulx (en Italie) passent par La Vachette (4-5 bus en périodes estivale et hivernale ; sur résa le reste de l'année). ☎ *04-92-50-25-05.* • *zou.maregionsud.fr* •
➢ ***Ligne Briançon-Névache :*** *de mi-juil à mi-août, navettes* Altigo *uniquement sur résa (24h à l'avance) au* ☎ *04-92-20-47-10.* • *monaltigo.fr* • *Tarif : 12 €/pers A/R (7,30 € aller simple).* 7 bus/j. de/vers la gare de Briançon.
➢ En hiver, w-e seulement, une ligne régulière circule entre l'aéroport de Turin (en Italie) et le Briançonnais ; 7 liaisons/j. La vallée de la Clarée est desservie, avec un arrêt à La Vachette. *Rens :* ☎ *04-92-20-47-50.* • *linkbus-alps.com* •

Adresses et infos utiles

Bureau d'information touristique de la Clarée : *hameau de Ville-Haute, 05100* ***Névache.*** *☎ 04-92-20-02-20. • claree-tourisme.fr • Juil-août, tlj ; le reste de l'année, fermé dim.*
– Attention, **pas de distributeur, ni de station-service, ni de pharmacie** dans la vallée.

Où dormir ? Où manger ?

Camping

Camping municipal de La Lame : *Roubion, 05100* ***Névache.*** *04-92-50-51-91. • nevache.camping@gmail.com • nevache.fr/camping • Ouv juin-oct. Empl 2 pers avec tente et voiture 8,50-12 € selon le secteur ; douche chaude payante.* Le camping municipal dans toute sa splendeur : bordé d'un côté par la rivière, de l'autre par la route. Et traversé par le chemin de part et d'autre duquel on plante sa tente sur une des bandes d'herbe. Site pas très ombragé, des emplacements non délimités, 1 seul bloc sanitaire (bien tenu) pour tout le monde, mais quel cadre ! À noter que si vous vous sentez un peu à l'étroit sur le secteur de La Lame, il y a aussi l'aire naturelle de camping du secteur des Ponceaux, nettement plus sauvage, avec des emplacements beaucoup plus spacieux. Par contre, c'est aussi plus rustique puisqu'il n'y a que des toilettes sèches et un point d'eau.

Camping municipal de Fontcouverte : *au niveau du hameau de Fontcouverte (à 6 km du hameau de Ville-Haute), 05100* ***Névache.*** *☎ 04-92-21-38-21. 06-37-00-75-00. • camping.fontcouverte@gmail.com • camping-fontcouverte-nevache-alpes.com • Aucune résa possible. De mi-juil à fin août, la route est réglementée en journée (lire plus haut) ; navette à partir de Névache (Roubion). Ouv juin à mi-sept. Empl 2 pers 11,50-12,50 €. Douches payantes. CB refusées. 80 empl. Un verre de génépi offert sur présentation de ce guide.* À 1 850 m d'altitude, un camping du bout du monde, mais vous n'y serez pas seul pour autant ! Confort sommaire (ni électricité, ni réseau, mais possibilité de recharger des appareils à l'accueil pendant les horaires d'ouverture) et emplacements non délimités, mais forêt de mélèzes et nature grandiose autour. Idéal si vous souhaitez être au pied des sentiers de rando, mais pas nécessairement pour un séjour prolongé.

De bon marché à prix moyens

Refuge de Buffère : *chalets de Buffère, Le Cros, 05100* ***Névache.*** *☎ 04-92-21-34-03. 06-60-50-58-15. • buffere@wanadoo.fr • refugebuffere.com • On ne peut y accéder qu'à pied, en 45 mn à partir du hameau du Verney (Névache). Ouv Noël à mi-avr et de mi-juin à mi-sept, sur résa. Nuitée en ½ pens seulement, 53€/pers. Carte 20-25 €. CB refusées.* Le vallon de Buffère est un lieu intact, retiré du monde, connu seulement des randonneurs (le GR 57 y passe), des marmottes, des moutons et des bergers. Le gîte est un chalet d'alpage à 2 076 m d'altitude, parfait pour un séjour nature. On peut y passer une nuit ou davantage. Une trentaine de places en chambres de 2, 4 ou 5 lits simples ou doubles plus une dizaine dans un autre chalet, à côté (l'été seulement). Sanitaires à l'étage avec douche chaude. Très bon confort pour un gîte d'étape. Bon accueil aussi de Guillaume et Aude, et savoureuse cuisine. Organise des expos, concerts, stages et week-ends à thème (aquarelle, bien-être, randos, botanique, observation de la flore, etc.) tout au long de la saison.

L'Échaillon : *hameau du Roubion, 05100* ***Névache.*** *☎ 04-92-21-37-30. • infos@echaillon.com • hotel-echaillon.com • Ouv de mi-déc à fin mars et de juin aux vac scol de la*

Toussaint. Nuitée 67-84 €/pers en ½ pens. Un hôtel d'une vingtaine de chambres pouvant accueillir de 2 à 4 personnes, plutôt coquettes, chaleureuses et offrant un rapport qualité-prix très convenable. Salle à manger calme et cosy. Fait aussi agence de voyages avec plein d'activités proposées, hiver comme été (location de skis, de raquettes, traîneaux à chiens, randos pédestres, etc.). Spa et massages *(payants).* Accueil chaleureux. Reçoit pas mal de groupes.

Auberge La Cleida et restaurant La Petite Caserne : *hameau de Plampinet, 05100* ***Névache.*** *☎ 04-92-21-32-48. • martine.cleida@wanadoo.fr • auberge-lacleida-nevache.com • Ouv vac scol de Noël, en fév et de mi-juin à mi-sept. Nuit en dortoir 25 € ; double 90 €. ½ pens possible. Repas (pour les résidents) env 20 € ; au resto, 25-30 €.* Une ancienne caserne de chasseurs alpins restaurée et idéalement située pour rayonner dans la région. Dortoirs de 6 à 8 personnes, assez sommaires mais nickel, avec douche et lavabo. Chambres doubles également *(séjour de 3 nuits minimum),* simplement décorées dans un esprit montagnard. Belle salle voûtée commune avec cheminée. Fait aussi resto. Petite cuisine maison pleine de fraîcheur avec une très agréable terrasse dans le jardin.

Les Copains d'à Bord : *27, route de la Durance, La Vachette, 05100* ***Val-des-Prés.*** *06-67-54-45-14. • lescopainsdabord05100@gmail.com • Ouv tte l'année, tlj sauf mar-mer. Carte env 35 €.* Dans un des 1ers hameaux à l'entrée de la vallée, voilà une adresse qui a le sens de l'accueil et propose de réjouissantes assiettes : aucune entrée à l'ardoise, mais des plats de résistance qui nourrissent même les randonneurs les plus affamés ! Ce qui ne les empêche pas d'être gourmands, travaillés et composés d'ingrédients de qualité. Le soir, on peut aussi opter pour des pizzas bien garnies. Grande terrasse au bord de la route aux beaux jours.

La Table du Petit randonneur : *Plampinet, 05100* ***Névache.*** *06-32-13-04-30. • fatded@orange.fr • Ouv juin-sept, mar-dim 10h-18h (charcuterie 9h-19h). Repas 25-35 €.* Du bord de la route, le chalet qui abrite la boutique où sont vendues les charcuteries artisanales et une belle sélection de fromages vous fait de l'œil : c'est l'endroit parfait pour se concocter un pique-nique gourmand. Et puis, juste à côté, le resto, sa terrasse abritée et son grill. Grillades, généreuses assiettes composées, plat du jour et une jolie sélection de desserts. Du bon, du beau, du frais et fait maison. Le tout servi avec vivacité et le sourire.

À voir. À faire

Plampinet : c'est le 1er hameau qu'on rencontre juste après Val-des-Prés. On a beaucoup aimé l'atmosphère « hors du temps » qui règne ici ! L'*église Saint-Sébastien* (début XVIe s) et la *chapelle Notre-Dame-des-Grâces* (XVe s) abritent de superbes fresques, scènes de la Passion et de la Résurrection, une Annonciation et une Maternité. De facture naïve, ces compositions n'en sont pas moins touchantes et admirables, mais on ne peut les voir que lors des visites commentées les week-ends pendant les vacances scolaires d'été (payantes ; se renseigner auprès du bureau d'information touristique de la Clarée ; voir « Adresses et info utiles », plus haut).

➢ Derrière le cimetière de la ville, il est possible de rejoindre le GR 57. De là, belle randonnée (difficulté moyenne ; dénivelée : 700 m ; compter 1h30-2h pour monter) vers le ***fort de l'Olive,*** un ouvrage fortifié du XIXe s, qui assurait la surveillance du col de l'Échelle, du col des Acles et de celui des Thures, des éventuelles offensives italiennes.

Névache : commune la plus vaste des Hautes-Alpes, Névache est constituée de hameaux semés le long de la Clarée, et principalement de Ville-Basse et de Ville-Haute. Dans celle-ci, très belle *église* Saint-Marcellin (XVe s) de style roman-lombard, au décor et au mobilier remarquables. Au portail, belle Annonciation du XVIe s ; à l'intérieur *(église ouv tlj en été, w-e seulement le reste de l'année)*, retable baroque monumental, couvert de statues et personnages sculptés. À la base du clocher, une porte en fer forgé ferme l'ancien cachot d'une maison forte qui précéda l'église : à l'intérieur, exposition d'art sacré et d'objets liturgiques.

*** ***La haute vallée de la Clarée :*** *débute juste après le parking du hameau de Ville-Haute. Il existe 2 parkings au cœur de la vallée, l'un à Fontcouverte, l'autre à Laval (terminus de la route), mais de mi-juil à fin août env, au-delà de Ville-Haute, l'accès en voiture est interdit 8h30-18h (7h45-19h pour les camping-cars) ; il faut alors laisser son véhicule au parking du Roubion (à 2 km en aval). Sachez toutefois que, les j. d'affluence, les 2 parkings de la haute vallée peuvent être pleins dès 9h ; pour être sûr de trouver une place, arriver vers 7h30-8h. Depuis le parking du Roubion, 2 solutions ensuite pour se rendre dans la vallée : à pied ou prendre la navette (4 € aller ; 6 € pour la journée) qui fait le va-et-vient (tlj, 7h45-19h, départ ttes les 15 mn) vers le parking de Ville-Haute et le hameau de Laval.*

Tout autour de Névache, jolies routes où alternent petites chapelles, vieilles bâtisses en bois et cadrans solaires. Celle de la haute vallée de la Clarée est certainement l'une des plus fréquentées, mais aussi l'une des plus bucoliques et des plus belles. La route se rétrécit et monte sur 10 km, bordée de chalets recouverts de bardeaux en bois de mélèze. La zone est aujourd'hui protégée, et chacun de ces petits bijoux rustiques d'à peine 10 m² vaut une petite fortune : les Parisiens (et pas qu'eux) se les sont arrachés par le passé. Les hameaux qui égrènent la vallée ont de jolis noms : Lacha, Fontcouverte, Jadis ou Roche-Noire...
Des cascades par endroits (à Fontcouverte, la plus emblématique) et des chapelles rurales ponctuent le paysage. La route s'arrête à Laval (2 030 m), l'un des points de départ pour l'ascension du mont Thabor (3 178 m). Levez les yeux, vous êtes devant une belle carte postale ! Une précision : on ne voit pas le mont Thabor de Laval. Le coin recèle de nombreux lacs (lac Blanc, lac Rond, lac Laramon, lac du Serpent, lac des Béraudes, lac de la Clarée) qui font la joie des randonneurs. Ce secteur est vraiment l'un des plus harmonieux des Alpes.

*** ***La vallée Étroite :*** après Plampinet sur la droite par la route du col de l'Échelle, le plus bas col des Alpes françaises (1 766 m) et qui conduit vers l'Italie. On laisse sur la droite une vague guérite douanière et la route redescend vers Bardonecchia – on se dit : « Adieu France ! » – quand on voit sur la gauche partir une petite route, celle des Granges de la vallée Étroite (vallée devenue française après la Seconde Guerre mondiale). À 3 km de là, le hameau complètement isolé des Granges (vallée Étroite). Possibilité de passer la nuit dans 2 refuges : ***refuge I Re Magi*** *(☎ 00-39-349-611-29-20 ; • iremagi.it •)* et ***refuge Terzo Alpini*** *(☎ 00-39-0122-902-071 ; 00-39-335-617-91-82 ; • terzoalpini.com •)*. Tous 2 situés en France, malgré un réseau téléphonique italien !

Très bel endroit, avec rivière et monts énormes, et une atmosphère préservée, comme dans la vallée de la Clarée. Attention aux vaches en totale liberté sur la route.

FRANCE : 1 ; ITALIE : 0

Dans la vallée Étroite, où tout le monde parle l'italien, la monnaie courante fut la lire (avant l'euro) ; les numéros de téléphone ont le code italien, et l'eau, le gaz et l'électricité sont transalpins aussi. Et pourtant... nous sommes en France ! C'est que cette vallée, géographiquement italienne (plus proche de Bardonecchia que de Névache, et surtout située de l'autre côté du col de l'Échelle), a été « rendue » à la France par l'Italie après sa défaite, lors du traité de Paris de 1947.

– Ts les w-e de juil et tlj les 3 premières semaines d'août, navette obligatoire (2 €/pers A/R) depuis le lieu-dit Pian del Colle jusqu'au hameau des Granges. Route fermée 10h30-15h30 et navettes 9h-13h, 14h30-18h. Aux Granges, parking payant (qu'il y ait la navette ou pas) à 3 €.

Ski et neige

Ski alpin : 2 remontées mécaniques pour 2 km de pistes non reliées (1 verte, 1 rouge), histoire de dire qu'on peut faire un peu de ski alpin à Névache.

Ski nordique et raquettes : 2 domaines nordiques non reliés, celui de Val Clarée à Val-des-Prés/Les Abrets et celui de Névache. En tout, près de 80 km pour le fond, 45 km de pistes pour les piétons et 30 km d'itinéraires nordiques.

Fête et manifestation

– ***Festival Terre Sauvage :*** *1 w-e début juil ts les 2 ans.* • *terre-sauvage.com/festival-terre-sauvage* • Un festival qui mêle art, culture et nature au travers de rencontres, randonnées, concerts, expositions, films, ateliers...
– ***Festival de la Haute-Clarée :*** *1re sem d'août.* • *festivalclaree.com* • Concerts de musique classique dans l'église Saint-Marcellin de Névache. Artistes internationaux.
– ***Névache en fête :*** *2e dim d'août.* Concerts, spectacles en plein air, jeux traditionnels, tournoi sportif... La grosse animation de la vallée.

MONTGENÈVRE (05100) 510 hab. *Carte Hautes-Alpes, C-D1*

Aujourd'hui, la doyenne des stations françaises, à la frontière italienne, profite de son accès à la Viallattea, 400 km de pistes reliées aux stations italiennes de Clavière, Cesana Torinese, San Sicario, Oulx et Sestrière... Noter que c'est à Montgenèvre que la Durance prend sa source.

UN PEU D'HISTOIRE

Montgenèvre est d'abord un col, le plus praticable de la chaîne entre la France et l'Italie (1 860 m), et qui a donc été beaucoup emprunté. On suppose que Hannibal et ses éléphants n'ont pas pris d'autre route en 218 av. J.-C. pour parvenir en Italie. Puis les Romains y tracèrent la voie Cottienne, carrossée, empruntée à plusieurs reprises par leurs armées, avec parfois Jules César à leur tête.
Mais peu à peu, la voie Cottienne s'est dégradée. Au Moyen Âge, il fallait démonter les chariots au passage du col tant la chaussée

PREMIER EN PISTE

Montgenèvre doit sa fortune actuelle au capitaine Clerc, qui eut le 1er l'idée d'importer de Scandinavie ces étranges planches à spatules appelées « skis », et de former des soldats à leur usage... les chasseurs alpins. La 1re école française de ski y voit le jour en 1903. En 1907, l'armée organise à Montgenèvre le 1er concours international de sauts à skis. En 1930, un 1er hôtel y est construit et, en 1934, le 1er téléski des Alpes françaises fonctionne... Le Tout-Paris s'y presse.

était défoncée, et les remonter plus loin. Puis les guerres, encore elles, amenèrent le passage de troupes, françaises cette fois, à diverses reprises : Charles VIII, Louis XI, puis François Ier ont entrepris leur campagne d'Italie par ici... Ce n'est qu'avec le préfet Ladoucette que la route fut remise en état, en 1807. Les armées napoléoniennes l'emprunteront encore en 1814. Un obélisque est d'ailleurs élevé à la sortie du village : « À Napoléon qui fit construire la route du Montgenèvre. » Aujourd'hui, ce col est de nouveau un lieu de passage, d'où le nombre important de véhicules de la PAF (Police aux Frontières) et le fait que l'on scrute attentivement votre véhicule lorsque vous passez d'un pays à l'autre.

Adresse et info utiles

Office de tourisme : *767, route d'Italie. ☎ 04-92-21-52-52. • montgenevre.com • Tlj sauf w-e et j. fériés hors saison.*

Bus : *• maregionsud.fr •*

– **Briançon-Montgenèvre :** *7 bus/j lun-sam en été mais aucun dim ; en hiver, 8-10 bus/j (y compris dim).*

– **Bus Briançon-Modane, via Montgenèvre :** *tte l'année, 2-3 bus/j.* En saisons estivale et hivernale, 4-5 bus/j. relient Briançon à Oulx (en Italie) en passant par Montgenèvre ; le reste de l'année, sur résa.

Où dormir ? Où manger ?

Camping municipal du Bois des Alberts : *Le Bois de Boulogne, Les Alberts. ☎ 04-92-21-16-11. • camping@montgenevre.com • camping.montgenevre.com • À 7 km de Montgenèvre (en direction de Briançon). Près du plan d'eau. Ouv tte l'année. Empl 2 pers 18-20 €. 167 empl.* Un vaste et beau camping champêtre en pleine nature sous de superbes et majestueux pins sylvestres qui délimitent plus ou moins naturellement les grands emplacements. Petit plan d'eau (et des canards !) et de nombreuses activités sportives. Tennis, terrain de volley, jeux pour enfants. Accueil charmant.

Hôtel Alpis Cottia : *pl. des Escartons. ☎ 04-92-21-50-00. • hotelalpiscottia@orange.fr • hotelalpiscottia.com • Congés : en mai ainsi que du dernier w-e de sept au dernier w-e de nov. Doubles 94 € en été, 117-134 € en hiver, petit déj inclus. Également des forfaits à la sem en hiver.* Au centre du village, un hôtel de belle tenue et à l'ambiance conviviale. Beaucoup de bois, des couleurs chaudes et des couettes moelleuses. L'ensemble est très bien agencé. Certaines chambres disposent d'une mezzanine et sont idéales en famille. Location de skis. Le bar-restaurant *Le Graal,* juste à côté, appartient aux mêmes propriétaires.

À voir. À faire

Les forts des Gondrans et du Janus : *accès à pied (compter 2h30-3h l'aller) ou en remontées mécaniques en juil-août (prendre le télémix des Chalmettes, ensuite 2 possibilités : poursuivre à pied, 1h30 env, ou bien emprunter le télésiège des Gondrans ; compter 9 € pour le télémix des Chalmettes, 12,50 € pour les 2 remontées mécaniques). En été, visite guidée (10 €/adulte, 5 €/enfant) du fort du Janus ; rens à l'office de tourisme.* Sur les hauteurs de Montgenèvre, 2 forts construits au XIXe s pour renforcer le système défensif du Briançonnais.

Le sentier géologique du Chenaillet : *superbe balade à faire le long d'un sentier balisé avec panneaux d'interprétation. Compter 6h l'A/R au départ de Montgenèvre ; sinon, le télémix des Chalmettes permet de gagner 2h. En été, possibilité de rando accompagnée pdt 1 journée (rens à l'office de tourisme).* Le massif du Chenaillet, qui domine Montgenèvre et s'étend jusqu'en Italie, forme un ensemble géologique unique dans les Alpes. C'est un ancien volcan sous-marin de 150 millions d'années qui s'est retrouvé à l'air libre lors de la formation des Alpes. On y découvre une faune et une flore très spécifiques.

– ***Aller en Italie :*** *mamma mia,* la frontière n'est qu'à 2,5 km ! On peut y accéder par un sentier piéton. Son tracé change en été (6 km la boucle) et en hiver (plus direct car on traverse le golf). Se renseigner auprès de l'office de tourisme.

– ***Nombreuses activités sportives :*** golf 18 trous, rando, VTT (avec notamment un *bike park* et des itinéraires à thème balisés), *Monty express* (luge sur rails), accrobranche dès 2 ans... Sans oublier le plus long pont tibétain du monde (478 m) à Claviere (le 1er village en Italie, situé juste de l'autre côté de la frontière). Renseignements auprès de l'office de tourisme.

Ski et neige

Ski alpin : beau domaine (1 860-2 700 m) de 90 km de pistes tous niveaux. La station de Montgenèvre est connectée au domaine international de la Vialattea (par les monts de la Lune) ; l'ensemble regroupe 8 stations, soit près de 400 km de pistes et plus de 100 remontées mécaniques. L'altitude de certains sommets et l'enneigement artificiel permettent l'ouverture partielle du domaine le week-end en novembre.

Ski nordique : 80 km de pistes dans le secteur.

Fête

– ***Fête du Pain :*** *2 j. début août.* Fête incontournable du village avec spectacles, bal, vide-grenier, concerts et vente de pains, évidemment !

LES VALLÉES ALPINES DES ALPES-DE-HAUTE-PROVENCE

• Carte *p. 355*

ABC des Alpes-de-Haute-Provence

- ***Superficie :*** 6 925 km².
- ***Préfecture :*** Digne-les-Bains.
- ***Sous-préfectures :*** Barcelonnette, Castellane, Forcalquier.
- ***Population :*** 164 300 hab.

Nous voilà dans les Alpes-de-Haute-Provence, dans un paysage de haute montagne à couper le souffle. Un petit coin de paradis perdu tout au bout du département, sillonné par 3 vallées discrètes et authentiques. On y découvre des villages de charme, presque confidentiels, que l'on atteint après avoir gambadé avec les marmottes et goûté au génépi, à l'alcool de myrtille ou à l'un de ces agneaux aux herbes qui vous changent des sempiternelles fondues. Tout autour, des sommets qui frisent les 3 000 m d'altitude. L'été, on apprécie le charme bucolique des verts pâturages, les eaux vives de l'Ubaye, les lacs d'altitude et le taux d'ensoleillement record. L'hiver, en revanche, il neige, ce qui explique l'existence de stations de ski. Mais on est tout de même encore en Provence. Il n'y a qu'à écouter chanter l'accent des gens des vallées pour s'en convaincre.

Adresses et infos utiles

i ***Agence de développement des Alpes-de-Haute-Provence*** *(Maison des Alpes-de-Haute-Provence)* ***:*** *pas de bureau d'accueil, rens : ☎ 04-92-31-57-29. • tourisme-alpes-haute-provence.com • Gîtes de France des Alpes-de-Haute-Provence : rond-point du 11-Novembre, BP 201, 04000* ***Digne-les-Bains.*** *☎ 04-92-31-30-40. • gites-de-france-04.fr • À l'arrière de l'office de tourisme. Lun-ven 9h-17h, sam 9h-12h30, 13h30-17h. Fermé dim.*

■ ***Guides de pays de Haute-Provence :*** *06-82-33-69-31. • guidedepays.com •* Association de guides qui proposent des visites guidées de l'ensemble des sites, villes ou villages des Alpes-de-Haute-Provence (et du Luberon) : circuits oliviers, gypseries, balades gourmandes...

LA VALLÉE DE BLANCHE – SERRE-PONÇON

Non, ce n'est pas la fameuse vallée Blanche au pied du mont Blanc ! Modestement longue d'une vingtaine de kilomètres entre Seyne et la Durance, c'est pourtant une vraie vallée de montagne, cernée de

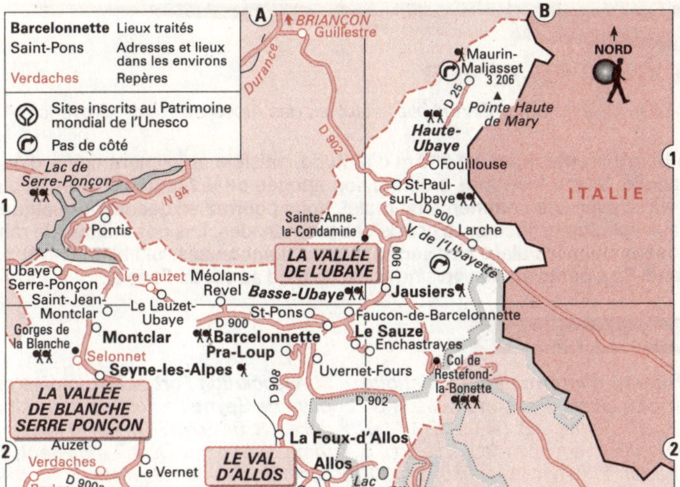

LES VALLÉES ALPINES DES ALPES-DE-HAUTE-PROVENCE

sommets qui frisent les 3 000 m d'altitude. Le glacier de la Blanche, le plus méridional de France, sous la tête de l'Estrop, a tenté désespérément de résister au dérèglement climatique, mais, à terme, la partie semble perdue... La vallée, elle, s'encaisse superbement en formant les magnifiques gorges de la Blanche. Tailladées dans les schistes gris, les strates semblent en dessiner les courbes de niveaux. À l'extrémité, changement de décor : la vallée s'ouvre, devient agricole et verdoyante. Les stations familiales de ski l'hiver se transforment en une jolie campagne de villages bucoliques l'été. Comme sa voisine l'Ubaye mais plus petitement, elle envoya au début du XXe s ses bergers jouer aux cow-boys au Nevada !

SEYNE-LES-ALPES

(04140) 1 380 hab. *Carte Vallées alpines des Alpes-de-Haute-Provence, A2*

Un bourg montagnard à 1 260 m d'altitude, paisible et joliment coiffé d'une citadelle. Seyne-les-Alpes a connu son apogée de la fin du XIXe s au début du XXe s avec... le commerce du mulet. Vous pourrez en découvrir quelques beaux spécimens locaux au gré de vos promenades. Les possibilités de randonnées dans les alentours sont d'ailleurs nombreuses. Ski alpin l'hiver au Grand-Puy, petite station voisine et ski de fond au col du Fanget.

Adresses utiles

Bureau d'information touristique Blanche Serre-Ponçon : *Maison de pays, pl. d'Armes.* ☎ *04-92-35-11-00.* • *blancheserreponcon-tourisme.com* • *Juil-août, lun-sam 9h-12h30, 14h30-18h30, dim et j. fériés 9h30-12h30 ; le reste de l'année, lun-sam 9h-12h, 14h-18h (oct-avr 9h30-12h, 13h30-17h) ; fermé dim et j. fériés.* Cartes de randos sur les environs *(2 €).*

Association Fort et Patrimoine du pays de Seyne : *à l'entrée de la citadelle.* ☎ *04-92-35-31-66.* • *fortetpatrimoine.free.fr* • *De juil à mi-sept, tlj 10h-12h, 14h-18h ; le reste de l'année, tlj (sauf le w-e janv-juin et lun-mar juil-déc) 10h-12h30, 13h30-17h.* Propose des visites guidées sur demande préalable : fort, villages, musées, etc.

Où dormir ?

Où manger à Seyne et dans les environs ?

Campings

Camping Les Prairies : *La Haute-Gréyère, à Seyne.* ☎ *04-92-35-10-21.* • *info@campinglesprairies.com* • *campinglesprairies.com* • *Au pied du village, à 1,5 km par la D 7. Ouv 7 juin-7 sept. Empl 19,50-26,50 € pour 2 avec tente et voiture. 6 empl « premium » avec sanitaires 40-60 €. Mobile homes et chalets 2-6 pers. 100 empl. Branchement électrique offert pour les emplacements sur présentation de ce guide (code « Routard » en cas de résa internet).* Agréable et calme petit camping connecté à la nature et entouré par les montagnes. Emplacements dans un espace semi-ombragé bien entretenu, délimités par des haies, à l'écart des locatifs. Également 6 emplacements « premium » avec sanitaires individuels et frigo ! Plus chers, évidemment... Belle piscine, jeux pour les enfants, snack-bar en été. Tenu par un jeune couple très sympa.

Camping Lou Passavous : *au village, route de Roussinal, 04140* ***Le Vernet.*** ☎ *04-92-35-14-67.* • *loupassavous@orange.fr* • *loupassavous.com* • *À 10,5 km au sud-est de Seyne par la D 900. Ouv de mai à mi-sept. Empl env 16-26 € pour 2 avec tente et voiture. Bungalows 4-6 pers. 57 empl.* Dans la vallée du Bès, un joli petit camping de montagne, bien au calme et à 2 pas du torrent. Plan d'eau pour la pêche et piscine municipale *(payante)* juste à côté, sinon petite piscine hors sol et gratuite dans le camping. Resto simple et pizzas. Ed et Astrid, les aimables gérants hollandais, bichonnent bien l'ensemble. Joli coin pour les randonnées.

Prix moyens

Chambres d'hôtes L'Arnica : *3040, route du Col-des-Fillys, 04340* ***Ubaye-Serre-Ponçon (La Bréole).*** ☎ *04-92-85-54-81.* • *arnicamontagne@gmail.com* • *chambrearnica.com* • *À 10 km* *d'Espinasses par la D 900 puis la D 7 à hauteur de La Bréole, direction col des Fillys. Doubles 79-95 € ; familiale. Gîte 4 pers.* Une ancienne bergerie, sur les hauteurs du lac de Serre-Ponçon (1 200 m d'altitude), fort joliment restaurée. 4 chambres sous les toits, chaleureuses, décorées avec goût. Meubles cérusés pour certains. Un soin du détail, jusque dans les salles de bains avec leurs vasques en pierre. Depuis les baies vitrées du salon, belle vue sur les Écrins et le lac. Également un gîte, arrangé comme un chalet, dans l'ancienne grange à foin. Une belle étape.

Le Moss : *dans le village, 04340* **Ubaye-Serre-Ponçon (La Bréole).** *☎ 04-92-81-11-82. 06-60-97-47-50. • contact@restaurantlemoss.com • En été, fermé jeu ; autres vac scol, fermé dim soir-lun, plus mar hors vac scol. Carte env 37-45 €.* Un petit resto talentueux qui fait revivre le village avec un bar à vins et une belle sélection de produits locaux. Fondues et raclettes avec les fromages de la vallée de l'Ubaye, planches de charcuterie tradi, « oreilles d'âne »... Tout est bon et fort convivial. Sans oublier les petits concerts tout au long de l'année.

À voir

La citadelle : *en haut du village, accès à pied ou en voiture. ☎ 04-92-35-31-66. (avant-fort seulement). De mi-juin à mi-sept et vac scol, tlj (sauf grosses intempéries) 10h-12h, 14h-18h (17h en hiver). Dernière entrée 1h avt fermeture. Entrée : 6 € ; visite guidée : 8 € (ven à 10h en été) ; réduc ; gratuit moins de 8 ans.* Du XVIIe s, elle ceinture une grande tour de guet du XIe s. Elle n'avait évidemment pas échappé à l'œil avisé de Vauban. Mais son projet d'agrandissement, un peu trop ambitieux, n'a jamais été réalisé. D'autant que le rattachement de l'Ubaye à la France avait retiré à Seyne pas mal de son intérêt stratégique... Longtemps laissée à l'abandon, la citadelle renaît doucement depuis les années 1970 grâce au travail d'une association de bénévoles (et malheureusement, il y en a de moins en moins !). Parcours de découverte pour les enfants *(sur résa).* En été, expos temporaires et, dans une salle du fort, l'une des œuvres de la Viapac (route d'Art contemporain dans tout le département) : on vous laisse découvrir... chut, il dort !

VAUBAN L'HUMANISTE

D'abord soldat (contre les armées du roi !), Vauban devint ingénieur. Tirant des leçons des sièges meurtriers auxquels il avait participé, il repensa la stratégie militaire et signa sa 1re victoire en 1667 en prenant Tournai, Douai et Lille aux Pays-Bas espagnols. Il adapta les fortifications du pays et devint le plus talentueux ingénieur militaire d'Europe. En 53 années au service de Louis XIV, il a construit 130 places fortes et villes fortifiées, et participé à plus de 50 sièges ! L'homme de guerre était aussi un humaniste qui voulait réduire les pertes humaines.

Le vieux village : *Visite guidée le mer à 10h (2h ; 8 €), depuis l'avant-fort de la citadelle ou devant l'office de tourisme. Rens auprès de l'association Fort et Patrimoine du pays de Seyne (voir « Adresses utiles »).* Agréable balade dans les ruelles de cette ancienne ville frontière : portes datées de solides maisons montagnardes, placettes, un lavoir, une forge, une petite école... transformés en petits musées du temps jadis. Au passage (intérieurs visibles lors des visites guidées), la ***chapelle des Pénitents*** (dominicains), fondée en 1445 et remaniée dans un style baroque. Pièce maîtresse : une toile du XVIIe s, représentant la procession des Pénitents blancs. De facture un peu naïve mais étonnante. Également l'***église Notre-Dame-de-Nazareth,*** bel exemple d'art roman du XIIIe s, avec les inévitables chapiteaux délicatement sculptés de monstres grimaçants.

La Maison du mulet : *le Haut-Chardavon. Rens au 07-45-12-55-60 ou à l'office de tourisme. • lamaisondumulet.fr • Descendre au pied du village par la*

D 7 ; prendre à droite (direction Chardavon), puis 1 km plus loin à gauche (fléché). Juil-août, tlj sauf mar 14h-18h, plus jeu 10h-18h ; hors été, sur demande : voir le site. Entrée : 6 € (8 € le jeu avec animations) ; réduc ; gratuit moins de 5 ans. Une ferme du XIXe s pour honorer ces mulets, baudets, jetons et jetonnes, bardines et... bardots (sans Brigitte) qui firent la richesse de Seyne. Animations et calèche avec les mules le jeudi *(ou sur résa)* ; exposition « Les animaux, la nuit ». Miniferme et jeux pour enfants.

Sports et loisirs

- ⁂ **Randonnées :** parmi toutes celles que compte la vallée, un grand classique, les ***lacs du Col-Bas*** *(3h A/R ; carte à l'office de tourisme).* Route de Saint-Pons sur les hauteurs de Seyne, en direction de la Maison forestière. Départ à la barrière du Col-Bas. Suivre le balisage jaune pour découvrir de superbes vues sur la vallée et une curiosité : des tourbières, rares en Provence. En chemin, de frais petits lacs de montagne.

– ***Baptême de vol à voile ou de planeur :*** ***Seyne Aples Gliding Association,*** *à la plate-forme des Auches. 06-84-38-92-20. • seyne-gliding.com • Ouv début avr-fin sept. Compter 140 € pour un vol découverte de 30-40 mn.* Vol d'initiation biplace. Découvrez Seyne vu du ciel, flirtez avec les hauts sommets...

Fête

– ***Concours mulassier :*** *2e sem d'août.* Une date essentielle, vous l'avez compris, dans la vie seynoise. C'est le dernier concours en France depuis que le Poitou a cessé cette activité. Les éleveurs présentent leurs bêtes, juments et mulets.

DANS LES ENVIRONS DE SEYNE-LES-ALPES

Les gorges de la Blanche : *par la D 900 puis la D 900C.* Étroit et beau défilé en aval de Selonnet, dans lequel la Blanche se glisse pour rejoindre la Durance. Sauvages et pittoresques, ces gorges méconnues à la roche sombre raviront les randonneurs comme les pêcheurs.

L'élevage de rennes et de bisons d'Amérique : *GAEC ferme Beridon, L'Infernet, 04140* ***Auzet.*** *☎ 04-92-35-05-57. À 10 km de Seyne par la D 7. Pdt les vac scol ttes zones, tlj 10h-18h (17h en hiver) ; le reste de l'année, se renseigner. Entrée : 7 € ; réduc.* Plus exotique que le mulet ! Marie-Josée vous fera visiter son exploitation et vous contera son aventure, au milieu des rennes, des bisons d'Amérique et des lamas. Les enfants en raffolent.

MONTCLAR

(04140) 400 hab. *Carte Vallées alpines des Alpes-de-Haute-Provence, A2*

Montclar, avec ses maisons typiquement montagnardes, était de ces villages en voie d'extinction dans les années 1970 : au compteur, 200 habitants, 9 élèves à l'école et plus d'épicerie. Le maire lance alors l'idée d'une station de ski mais aucun promoteur ne pointe le bout de son chéquier. Les habitants s'embarquent alors seuls dans le projet, et Saint-Jean-Montclar

sort de terre. Une petite station qui maîtrise bien son expansion et ne fait pas trop tache dans le paysage. Mais les difficultés sont toujours là : récemment, les actionnaires ont dû remettre la main à la poche pour que les remontées mécaniques ne ferment pas...

Adresse utile

Point d'information touristique : *pl. Henri-Savornin. ☎ 04-92-30-92-01. • montclar.com • Juil-août, lun-sam 9h-12h30, 14h30-18h30, dim 9h30-12h30. De mi-juin à mi-sept, ven-sam et dim mat 9h-13h, 14h-17h.*

Où dormir ? Où manger ?

De bon marché à prix moyens

Les Alisiers : *11, chemin Les Alisiers, col Saint-Jean. ☎ 04-92-35-34-80. 06-12-56-98-90. • lesalisiers@orange.fr • les-alisiers.fr • (seulement resto). Sur la route de Seyne (D 207), à la sortie de Saint-Jean-Montclar. Resto fermé certains lun, plus mar-mer hors saison. Fermé Pâques et Toussaint. Double 100-140 € ; familiale. Menus 25 € (midi sauf dim), puis 35 €. Digestif offert sur présentation de ce guide.* Dans un beau chalet fleuri, une salle discrètement rustique avec cheminée, un vieux ventoir (pour séparer les grains de blé de la tige), une jolie vue et une grande terrasse pour déguster une cuisine goûteuse, avec quelques touches vraiment bien concoctées, et servie avec le sourire, comme cet agneau de pays aux artichauts à la barigoule. Une poignée d'appartements occupe le reste du chalet, avec petit balcon pour certains et du calme pour tous. Grande pelouse à l'arrière pour compter les sauterelles. Atmosphère familiale.

Hôtel Espace : *col Saint-Jean. ☎ 04-92-35-37-00. • info@hotel-espace.com • hotel-espace.com • Fermé en avr et oct-nov. Doubles 80-106 € ; petit déj 11 €.* Dans un immeuble classique sans charme, pratique car au cœur de la station et au pied des pistes, des chambres fonctionnelles avec grande salle de bains et balcon. Bon accueil.

De prix moyens à plus chic

Hôtel Domaine de l'Adoux : *La Miande. ☎ 04-92-32-51-42. • contact@domainedeladoux.fr • domainedeladoux.fr • Fermé d'avr à mi-mai et d'oct à mi-déc. Doubles 120-170 € ; petit déj 16 €. Carte env 40 €.* Un grand hôtel-chalet de 3 étages, avec des chambres de bonne taille, modernes et chaleureuses. Tenu avec le sourire par Ilse et Peter, un couple de Flamands belges. Réconfortant salon-bar avec une grande cheminée pour déguster au coin du feu une gaufre belge, un génépi ou le Picon du patron. Et pour se distraire, inclus dans le prix : piscine couverte et chauffée en été, tennis, ping-pong, sauna, hammam. Seuls les massages sont en supplément... Également des jeux de société et une bibliothèque. Idéal pour les familles, donc.

Ski et neige

Ski alpin : domaine de ***Saint-Jean-Montclar*** (1 350-2 500 m). *Forfaits env 32 €/j.* 10 remontées mécaniques et 50 km de pistes pépères ou un peu plus nerveuses réparties sur 2 vallées, côté station et côté Dormillouse. Enneigement a priori assuré (canons à neige le cas échéant...). Une station familiale.

À faire

– **Le parc des Écureuils :** *à* ***Saint-Jean-Montclar.*** *06-87-42-92-94.* • *parcdesecureuilsmontclar.e-monsite.com* • *À 200 m de la station. Juil-août, tlj 10h-19h (dernier départ à 17h30) ; également l'ap-m pdt les vac de Pâques et Toussaint. Entrée : enfant moins de 10 ans 15 €, adulte 20 €.* 2 ha sécurisés pour se promener d'arbre en arbre, assuré par un harnais. Sensations garanties à tous les « écureuils » à partir de 4 ans et de 1 m. Également un labyrinthe et une structure gonflable pour les tout petits.

LA VALLÉE DE L'UBAYE

L'Ubaye, ce coin de paradis perdu, est accessible par une route depuis le début du XXe s seulement. Portrait rapide : un ciel tellement pur qu'on s'y noie, avec près de 300 jours de soleil par an ; une ribambelle de sommets dépassant allègrement les 3 000 m, qu'on atteint après avoir gambadé avec les marmottes en été et goûté au génépi ou à l'alcool de framboise et à l'un de ces délicieux agneaux aux herbes. Bien sûr, cette montagne se mérite, ses gîtes et ses refuges aussi. D'où que l'on arrive, il faut franchir des cols, s'aventurer sur d'étourdissantes routes de montagne comme celle du col de Restefond-la-Bonette, la plus haute route inter-vallées d'Europe, ou celle du col d'Allos. La vallée, enclavée et peu ouverte sur l'extérieur, est fraîche toute l'année. Barcelonnette s'y blottit, petite capitale fière à l'histoire peu banale. Plus avant, en s'enfonçant dans la Haute-Ubaye, se dévoile une nature sauvage, bien peu colonisée par le développement touristique. Finalement, malgré la neige d'hiver qui explique l'existence de stations de ski, il suffit d'entendre chanter l'accent des gens de la vallée pour savoir qu'on est toujours en Provence !

➢ Un avantageux **pass *culturel Ubaye Serre-Ponçon,*** valable pour 5 sites à 10 € (tarif 2019), donne accès à la majorité des musées de la vallée (valable d'avril à mi-septembre) : à Barcelonnette, Saint-Paul-sur-Ubaye, Jausiers, Meyronnès-Saint-Ours et au Lauzet-sur-Ubaye.

LA BASSE-UBAYE

Une trentaine de kilomètres séparent le lac de Serre-Ponçon de Barcelonnette. Flore méditerranéenne sur l'adret, forêt sur l'ubac, l'Ubaye, qui traverse ces flancs sauvages et presque vierges, offre des paysages totalement inédits. En amont du village du *Lauzet-Ubaye,* la rivière devient un formidable terrain de jeux pour les amateurs de sports d'eaux vives.

LE LAUZET-UBAYE (04340)

Village-étape de la Basse-Ubaye qui s'est agrandi lorsque, en 1958, on a détruit le village d'Ubaye en raison de la construction du barrage de Serre-Ponçon. En contrebas du bourg (c'est fléché), pittoresque pont roman (XIIe s) jeté en travers d'un petit défilé rocheux. C'est le plus vieux pont de la vallée.

Où dormir ?

Les Cabanes de L'Esperluette : *Le Villard-Sud, à* ***Lauzet-Ubaye.*** *06-21-08-58-78.* • *domaineesperluette@gmail.com* • *lescabanesdudomainedelesperluette.com* • *Accès par l'étroite D 227 sur 4,5 km. Doubles 135-170 € ; petit déj*

10 €. Formules repas sur résa 15-25 €. Fanny et Pascal, originaires de Lille, ont tout envoyé paître pour s'installer à la campagne. Ils ont implanté ces belles cabanes-chalets en mélèze local, construites par un charpentier de la région. Élégantes et isolées, elles sont tout confort, avec mezzanine pour le couchage, salon-cuisine avec canapé-lit d'appoint, douche-w-c, poêle, frigo et micro-ondes. Et puis, bien sûr, la terrasse pour se prélasser en admirant les Séolanes, la drôle de Tête de Louis XVI et la vallée de Barcelonnette...

À voir. À faire au Lauzet et dans les environs

Le musée du Lauzet : *pl. de l'Église. ☎ 04-92-81-00-22. • ccvusp.fr • De mi-juin à mi-sept, tlj sauf mer 10h-13h, 16h-18h (19h juil-août). Entrée : 3 € ; réduc ; gratuit moins de 6 ans.* Un « musée au fil de la Vallée », consacré aux rapports de l'homme avec son territoire, la nature et aux activités qui en découlent (cueillette, chasse, etc.).

Le lac de Serre-Ponçon : voir plus haut « L'Embrunais et Serre-Ponçon », dans le chapitre « Les Hautes-Alpes ».

Le musée de l'École-d'Antan : *05160* ***Pontis,*** *petit village du Val Durance mais posé au-dessus du lac de Serre-Ponçon. ☎ 04-92-44-26-94 (mairie). • pontis.fr • 19 juin-15 sept, tlj 10h30-20h ; hors saison, ouv mar sur rdv. GRATUIT.* Ici, l'ancienne école à classe unique est devenue à la fois le lieu et le thème du petit musée.

Les Demoiselles coiffées : **Sauze-du-Lac.** Une curiosité géologique : des blocs de rochers (en réalité, un mélange de bois, sable, cailloux et rochers laissés par les glaciers) sculptés par l'érosion. On les appelle aussi les « cheminées de fées ». On les aperçoit depuis la route entre Pontis et Sauze-du-Lac, mais, plus sympa, un sentier permet de s'en approcher. Gare que ces fées ne vous transforment pas en grenouille, voire en crapaud !

– **Baignade :** dans le lac du Lauzet. Petit plan d'eau plus que vrai lac, buvette, location d'embarcations à pédales et de paddles. Dans le *lac de Serre-Ponçon,* plage aménagée à Saint-Vincent-des-Forts. Attention, ne pas suivre les indications qui mènent au village (qui est perché !), mais direction Gap-La Bréole ; lac indiqué à droite en face du village du Lautaret.

MÉOLANS-REVEL (04340)

On retiendra le caractère résolument montagnard de ces 2 hameaux accrochés aux escarpements de la montagne, de part et d'autre de l'Ubaye, et que l'histoire a réuni sous un même vocable. Le *clocher-tour de Méolans,* fièrement campé sur son éperon rocheux, toise du haut de ses 400 ans les activités humaines du XXIe s.

Où dormir ? Où manger ?

De bon marché à chic

Gîte-auberge Les Terres Blanches : *dans le village. ☎ 04-92-81-94-37. • contact@les-terres-blanches.com • gite-auberge-ubaye.com • Traverser l'Ubaye au niveau de la Maison du bois. Dortoir 4-6 pers 30 €/pers (draps non fournis). Double 64 €. ½ pens 49 €/pers.* Grosse maison du XVIIe s, adossée à un rocher où trône un petit clocher. Cadre champêtre et fleuri en été et belle vue sur la vallée. Sur la façade, un joli cadran solaire de 1773, surplombé de la phrase : « Donnez-moi le soleil, et je vous donnerai l'heure. » Chambres gentiment arrangées. Accueil sympa de Sandrine et Laurent. Cuisine familiale.

Maison d'hôtes Les Méans : *490, Les Méans, à la sortie de Méolans. 06-19-25-93-45. • lesmeansubaye@gmail.com • les-means.com • Doubles 100-145 € ; suites 140-170 €.* Une belle adresse chic, logée dans un ancien presbytère du XIIe s restauré, entourée par 3 000 m² de terrain avec potager, poulailler et four banal. Un très vieil escalier en bois mène aux 2 chambres et 3 suites avec cuisine. La chambre « Clocher » donne joliment sur les 2 clochers de Méolans, mais on a eu un coup de cœur pour les suites. La « Sommet », avec ses jolies poutres sous les combles, ou encore la « Berger » avec son balcon en bois et sa cuisine ouverte. On a le choix entre la vue sur la Montagnette, la Tête de Louis XVI ou le vallon de Laverq. Enfin, un jacuzzi vous tend les bras *(20 €/h).*

Achats

Confitures Tron : *1020, route des Chanenche. ☎ 04-92-81-26-98. Fléché depuis le hameau de La Fresquière (sur la D 900) sur 1,5 km. En saison, tlj sauf dim 13h30-18h30 ; hors saison, tlj sauf mer et w-e 8h-12h, 13h30-17h30 ; téléphoner avt quand même ; sinon, sur le marché de Barcelonnette mer et sam.* Les gourmands vont adorer ces rayonnages chargés à l'envi de généreuses tartes, de pâtes de fruits et de pots de confitures déclinant une vingtaine de parfums. Les fruits utilisés sont produits dans la région.

Distillerie Lachanenche : *La Fresquière. ☎ 04-92-81-95-56. • lachanenche.com • Juste au-dessus de la D 900. Lun-ven 9h-12h, 14h-18h (visite possible à 9h30, 11h, 14h30 et 16h) ; sam 9h30-12h30, 14h30-18h30 ; fermé dim.* Une distillerie qui fait feu de toutes plantes. Tout a démarré avec une surproduction de framboises... dont la famille a fait une liqueur. Seul maître mot, des végétaux locaux et si possible bio. Certains cueillis en forêt (mélèze, genévrier), d'autres dans les plantations du distillateur (hysope, fruits rouges et agastache). Spécialité du lieu : le génép... hips ! Et, depuis peu, le gin (la distillerie a reçu une médaille anglaise) et le whisky (bio).

L'Atelier du Cade : *pl. du Village. 06-15-26-98-27. • atelierducade.com • Tlj sauf lun 10h-12h30, 15h-18h30.* Fabrice Le Conte fait du tournage sur bois de cade (une variété de genévrier) ou loupe de bois fruitiers. La loupe donne à ses créations (utilitaires ou décoratives) beaucoup d'ajourements et d'irrégularités.

À voir

La Maison du bois : *La Fresquière. ☎ 04-92-37-25-40. 06-73-41-06-49. • maisondubois.fr • Juil-août, tlj 15h-18h30 ; juin et sept, mar-sam 14h30-18h ; le reste de l'année, seulement vac scol mar-ven 14h30-18h. Fermé 1er nov-15 déc. Entrée : 6 € ; 3,50 € moins de 15 ans ; gratuit moins de 5 ans.* Le bâtiment en mélèze est déjà une réussite en lui-même, à l'image de ce qu'on trouve à l'intérieur d'ailleurs. Une expo permanente structurée en plusieurs thèmes : la filière bois et ses différents métiers, reconnaître un arbre à son fruit, à son bois (il existe d'ailleurs une xylothèque, sorte de bibliothèque du bois), le bois utilisé comme énergie, la fabrication du papier... Pédagogique et vraiment intéressant, pour tous. Les petits ont leur espace ludique également. Démonstrations de tournage et de travail sur bois dans l'atelier attenant. En sortant, on pourra faire la différence entre aubier et bois de cœur, entre cernes de printemps et cernes d'hiver...

– Possibilité de visiter la scierie hydraulique toute proche *(juin-sept, jeu à 9h30 ; sur résa ; 5 € ; réduc).*

Sports et loisirs

– ***Rafting, canoë-kayak... :*** l'Ubaye est une rivière de référence pour les amateurs de sports d'eaux vives. De Barcelonnette au Lauzet-Ubaye, ses berges se sont littéralement couvertes de structures qui proposent des descentes de la rivière de toutes les façons – ou presque... – possibles, enfin surtout en rafting. Pas mal d'adresses valables :

■ ***Eau Vive Passion :*** *pont du Martinet, **Le Four-à-Chaux.** ☎ 04-92-85-53-99. • allo-rafting-ubaye.com • De Pâques à mi-sept.* Pour découvrir les joies du *hot dog, hydrospeed, baby raft,* canyoning, parcours d'aventure... dans une ambiance jeune, décontractée et professionnelle.

■ ***Rock N'Raft :*** *4, rue du Moulin, **Les Thuiles.** ☎ 04-92-81-92-81. • rocknraft.fr •*

■ ***Raft'Ubaye :*** *Le Martinet, 04340 **Méolans-Revel.** 📱 06-61-22-42-78. • raft-ubaye.com •*

BARCELONNETTE

(04400) 2 700 hab. *Carte Vallées alpines des Alpes-de-Haute-Provence, A2*

• Plan *p. 365*

Barcelonnette, au cœur de l'Ubaye, possède à elle seule la moitié de la population de toute la vallée. Autant le dire, nous, on aime bien Barcelo (comme on dit dans le coin). Pour son côté alpin qui ne se la joue pas (la ville est à 1 135 m d'altitude), pour la simplicité et la gentillesse des gens du coin qui savent recevoir. Mais aussi pour son ambiance feutrée, sans faux-semblants, ses petits concerts de rue en été, et les villas impressionnantes construites à leur retour par des immigrants du Mexique, entre 1830 et 1930. Oui, du Mexique ! Une histoire qui continue de faire rêver nombre d'habitants et de visiteurs...

UN BOUT DE CATALOGNE EN PROVENCE

Au Moyen Âge, Faucon et Saint-Pons étaient 2 villes puissantes en conflit permanent. En 1231, pour stopper ces querelles de clocher, le comte Raimond-Bérenger IV fit créer une ville entre les 2 qu'il nomma Barcelonnette. En effet, ce comte de Provence était aussi gouverneur de Catalogne et comte de... Barcelone !

LA BELLE HISTOIRE DES BARCELONNETTES

C'est d'une tradition séculaire qu'est née ***l'aventure mexicaine*** de Barcelonnette. Depuis des lustres, chaque famille de la vallée avait un métier à tisser qui permettait, durant les longues périodes hivernales, de confectionner des draps avec la laine de mouton. Cette production était ensuite écoulée par colportage dans toutes les régions de France et à travers l'Europe. Or, au début du XIXᵉ s, le Mexique proclama son indépendance sur l'Espagne et devint une sorte de terre promise. D'autant plus alléchante que la région de Barcelonnette souffrait alors d'isolement et de conditions de travail et de vie très dures.

À L'OUEST, DU NOUVEAU

En 1805, Jacques Arnaud, originaire de Jausiers, s'expatria en Amérique. En Louisiane française d'abord puis, de fil en aiguille, au Mexique vers 1820, où il installa un modeste négoce de tissus. Le succès fut tel qu'il fit fortune et appela auprès de lui sa famille et d'anciens employés d'Ubaye. Des liens se tissèrent ainsi entre l'Ubaye et le Mexique...

Les frères Arnaud ne furent pas seuls à s'enrichir. L'émigration connut son véritable essor lorsque 2 de leurs employés au Mexique regagnèrent la vallée après 15 ans d'absence, bardés de 250 000 francs-or. Ce retour, en 1845, déclencha une hémorragie. Tout le monde se passait le mot et... en avant pour l'aventure ! Si la vallée de l'Ubaye offrit le plus fort contingent à cette émigration, le reste du département des Alpes-de-Haute-Provence fut aussi concerné (Seyne-les-Alpes, Digne...). En un siècle, quelque 2 500 habitants de la vallée émigreront, en quête de richesse et de gloire. Environ 300 réussirent, créant un véritable empire « Barcelonnette » au Mexique. Des fortunes qui se firent essentiellement dans l'***industrie textile*** et ***le commerce de nouveautés*** : fondateurs des 1ers grands magasins dans les métropoles mexicaines, ils créèrent de vastes empires commerciaux cotés en bourse. Mais, l'histoire a gommé les années de privations, de luttes, d'humiliations rencontrées là-bas pour s'imposer et réussir. Quand il y avait réussite. Car nombreux furent ceux qui, après 10, 15 ans de travail et de souffrances, ne trouvèrent que l'échec et parfois la mort au bout d'un chemin, à des milliers de kilomètres de leur famille. Mais sans drame, point de légende.

Et puis si l'on peut arracher un homme à sa terre, jamais on n'arrachera la terre au cœur des hommes. 90 % restèrent au Mexique et devinrent mexicains, mais certains revinrent jusque dans les années 1950 pour construire des somptueuses villas du côté de Barcelonnette. Ils firent bâtir des villas somptueuses (on en dénombre une bonne cinquantaine entre Barcelonnette et Jausiers) et de monumentaux caveaux de famille, témoins de leur puissance et d'une incroyable aventure humaine.

Comment y aller ?

– ***Lignes Express Régionales :*** *rens au ● 0809-400-013 (prix d'un appel local). ● zou.maregionsud.fr ●*

➢ ***De/vers Digne :*** 2 bus directs/j. (1 seul le dim).

➢ ***De/vers Gap :*** 3 bus directs/j. (2 le dim).

➢ ***De/vers la gare d'Aix-en-Provence TGV et l'aéroport de Marseille-Provence via Digne :*** 1trajet/j. avec changement de bus (1 seul le dim).

Comment circuler dans la vallée ?

– En hiver, navettes gratuites depuis Barcelonnette (tlj sauf dim) pour ***Pra-Loup, Sauze 1700*** et ***Jausiers.***

– En été, navettes gratuites depuis Barcelonnette (tlj sauf dim) vers ***Pra-Loup, Le Sauze, Jausiers, La Condamine*** et ***Saint-Paul-sur-Ubaye.*** Également vers la plage de ***Saint-Vincent-les-Forts*** (lun, mer et ven, 3 A/R) et vers ***Larche*** (tlj de mi-juil à mi-août).

Rens auprès des bureaux d'Ubaye Tourisme ou sur ● ubaye.com ●.

Adresse et infos utiles

ℹ ***Ubaye Tourisme*** *(plan B1) : pl. Frédéric-Mistral. ☎ 04-92-81-04-71. ● ubaye.com ● Juil-août, tlj 9h-19h ; juin, tlj 9h-12h, 14h-18h ; le reste de l'année, fermé dim.* Visites guidées thématiques proposées en été (villas mexicaines, centre ancien, cimetière, etc.).

– ***Marché :*** *le mat mer et sam.*

– ***Marché fermier :*** *juil-août, lun mat, pl. Valle-de-Bravo.*

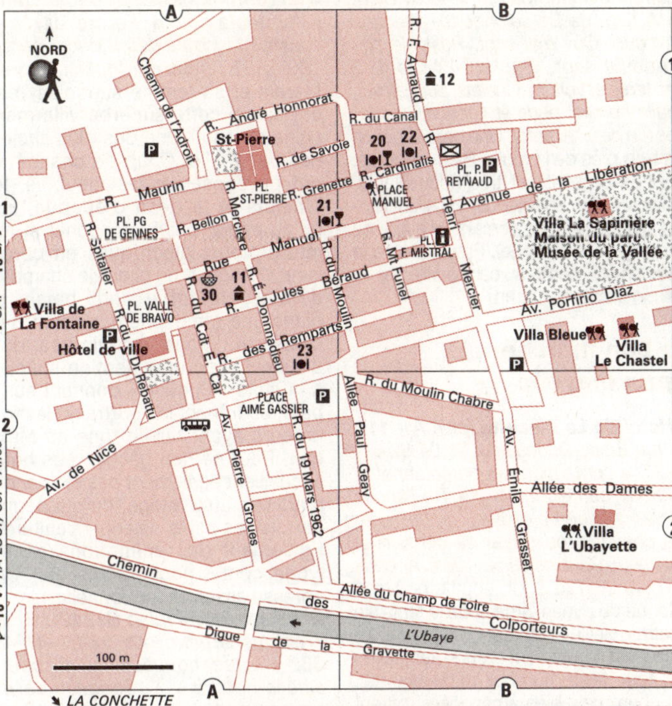

BARCELONNETTE

Adresse utile

- Ubaye Tourisme (B1)

Où dormir ?

- 10 Le Tampico (hors plan par A2)
- 11 Hôtel de La Placette (A1)
- 12 Aztéca Hôtel (B1)
- 13 Villa Puebla (hors plan par A1)

Où manger ? Où boire un verre ?

- 20 Le Chouc'Eat - Le Choucas (B1)
- 21 O Tandem (A-B1)
- 22 Boccacino (B1)
- 23 Le Gaudissart (A1)

Achats

- 30 Pâtisserie Padiou (A1)

Où dormir ?

Campings

La ville compte plusieurs campings avec tous les niveaux d'équipement. Renseignements précis à l'office de tourisme. Attention, taux de remplissage important en été. S'y prendre à l'avance. Voici l'un de nos préférés :

Le Tampico *(hors plan par A2,* ***10****) : 70, av. Émile-Aubert.* ☎ *04-92-81-02-55.*

• camping@letampico.fr • letampico.fr • À 1 km de Barcelonnette, direction Pra-Loup. Ouv mai-sept. Resto le soir juin-début sept. Empl 15-24 € pour 2 avec tente et voiture. Chalets, bungalows, mobile homes, pods et cabanes surélevées (ou pas). 90 empl. Une belle situation pas trop près de la route. Bien ombragé. Proprios présents et très accueillants. Sanitaires bien entretenus, excellent rapport qualité-prix. Également une aire de camping-cars (vidange). Pizzeria ouverte le soir en été. Accès au centre-ville par un chemin piéton en 15 mn.

De bon marché à prix moyens

Hôtel de La Placette (plan A1, **11**) : 14, rue Émile-Donnadieu. ☎ 04-92-81-03-37. • contact@hotel-barcelonnette.fr • hotel-barcelonnette.fr • Tte l'année (24h/24 à la borne extérieure pour louer une chambre ou retirer sa clé si résa effectuée). Doubles 69,50-106 €. Apparts 2-5 pers 90-125 €. Un souffle nouveau redonne du dynamisme et de la fantaisie à cette « vieille » référence de la ville. La déco y est résolument dans le vent, avec des touches d'humour réjouissantes. Les chambres, bien aménagées, offrent le confort nécessaire pour une étape très agréable en plein cœur de Barcelonnette. Bar en terrasse sympa pour l'apéro et le petit déj. Propose aussi des ***appartements*** en formule appart-hôtel pas chère (pl. Paul-Reynaud, à 2 pas ; • barceloapparthotel.fr •).

Chic

Villa Puebla (hors plan par A1, **13**) : 1, lot. du parc Puebla. 06-30-67-13-74. • laurentmarais@villapuebla.com • villapuebla.com • Fermé après la Toussaint jusqu'à début déc. Doubles 120-150 €, petit déj inclus. Laurent Marais et sa femme suédoise Tessi ont sauvé cette superbe villa mexicaine de 1880, une des plus anciennes de la ville. Coup de chance, ils ont pu conserver les meubles, les bibelots et la déco d'époque, jusqu'au papier peint kitchounet et aux interrupteurs électriques en porcelaine ! Résultat, un bijou de chambres d'hôtes, véritable petit palais où plane une atmosphère d'antan délicieuse. À l'étage, 4 chambres, dont 2 suites, avec une mention spéciale à la suite « Eugène » donnant sur le parc, où trônent les portraits des fondateurs ayant fait fortune au Mexique. Pour ne rien gâcher, nos hôtes accueillent également des résidences d'artistes au 2e étage, ce qui permet parfois des petits déjeuners culturels. Également des animations en été (yoga, contes pour enfants, etc). Une adresse assez exceptionnelle.

Aztéca Hôtel (plan B1, **12**) : 3, rue François-Arnaud. ☎ 04-92-81-46-36. • aztecahotelspa@gmail.com • azteca-hotel.fr • ♿ Congés : de mi-nov à mi-déc. Doubles 103-127 € ; duplex et chambres mexicaines 142-158 € ; petit déj 12,50 €. Un bel hôtel, d'aspect récent mais construit autour d'une ancienne « villa mexicaine » de 1888. Chambres rénovées, joliment décorées, dont les moins onéreuses offrent déjà un bon rapport qualité-prix. Les plus chères sont très élégantes et spacieuses. Petit jardin. Spa avec balnéo, sauna et massages. Accueil pro et convivial.

Où manger ? Où boire un verre ?

De bon marché à prix moyens

Le Chouc'Eat – Le Choucas (plan B1, **20**) : 4, pl. Manuel. ☎ 04-92-81-15-20. • contact@lechoucas-barcelonnette.fr • En saison, tlj 7h-2h (1h en intersaison). Carte env 25-35 €. Resto-bar très sympathique avec une petite salle un peu sombre mais surtout une belle terrasse donnant sur une charmante place, où défile toute la ville. Et le soleil y brille quasiment toute la journée ! Bonne restauration à base de produits frais, bio ou issus de l'agriculture raisonnée. La carte change tous les jours mais on y retrouve régulièrement les entrées à partager, les salades, le tartare ou le burger maison. Billard, soirées et concerts fréquents.

O Tandem (plan A-B1, **21**) : *12, rue Manuel. ☎ 04-92-81-54-31. • otandem@orange.fr • En saison, tlj 16h-2h ; le reste de l'année, mar-sam 16h30-1h. Plats 15-22 €.* Dans la rue piétonne principale, un bar à cocktails qui surfe sur le concept latino : *caïpirinha, margarita, mojito, piña colada...* mais aussi *ubayo* (génépi) et *Aïe, Aïe, Aïe* (rhum ambré) ! Également des cocktails détox (sans alcool), des bières artisanales et de bons vins au verre. Pour accompagner tout ça, des tapas locales, de la charcuterie, des ravioles ou de la mozzarella *burrata*. Pas vraiment bon marché, mais très sympa.

Boccacino (plan B1, **22**) : *3, rue Cardinalis. • 04-92-81-34-64. 06-75-31-13-04. • jean.allione04@gmail.com • Tlj sauf dim en intersaison. Congés : de mi-nov à mi-déc. Formule déj 19,50 € ; menu 38,50 € ; carte env 35-40 €. Chèques refusés. Digestif maison offert sur présentation de ce guide.* 3 ambiances pour ce resto à tendance design-montagnard : la terrasse, une salle sous voûte de pierre et un jardin intérieur très coloré. Côté cuisine, bonne souris d'agneau et spécialités de viandes flambées (terrible potence au cognac, une viande à partager, délicieuse et pleine de saveurs) ainsi que des *pappardelle* aux morilles (extra, certes, mais pas données). Service impeccable.

Le Gaudissart (plan A1, **23**) : *16, pl. Aimé-Gassier. ☎ 04-92-81-00-45. • legaudissart@orange.fr • Tlj ; fermé dim soir-lun et mar soir en basse saison. Fermé en nov. Plat du j. env 15,90 € ; formule déj 21,90 € ; carte env 30-40 €. Café ou digestif maison offert sur présentation de ce guide.* Il y a dans cet ancien relais à chevaux la belle ambiance d'un bar d'habitués : l'accueil bonhomme au comptoir, le service sans chichis mais efficace et souriant. La salle, conventionnelle et agréable, est pourtant celle d'un vrai resto. De ceux qui rassurent les familles endimanchées. Cuisine dans le même esprit, traditionnelle et pleine de saveurs (risotto, tartare, pieds paquets, et même du homard). Grande terrasse également. Excellent rapport qualité-prix au bout du compte.

Où dormir ? Où manger dans les environs ?

De bon marché à prix moyens

Auberge du Bachelard : *le village, 04400* ***Uvernet-Fours.*** *À env 4 km de Barcelonnette par la D 902 vers le col de Cayolle. ☎ 04-92-84-13-53. 06-63-75-23-68. • aubergebachelard@orange.fr • aubergedubachelard.com • (resto seulement). Résa indispensable soir et w-e. Resto tlj sauf lun (et mar hors saison). Congés : 2 sem fin avr-début mai et de mi-nov à mi-déc. Doubles 85-140 € ; petit déj 13 €. Formule déj en sem 25,90 € ; menu 39,90 €. Apéritif offert sur présentation de ce guide.* Une belle petite auberge, l'une des plus anciennes de la région (1825), entièrement rénovée par un couple franco-hollandais. Au resto, on choisit entre la salle vitrée surplombant la rivière ou la grande terrasse. Bonne cuisine à base de produits locaux, notamment des écrevisses fraîches, des escargots de Valensole, des truites du vivier (en été), des cuisses de grenouilles, des ravioles de Fours... Pour prolonger l'étape, quelques chambres de bon confort, aménagées dans un style chalet de montagne, tout en bois de mélèze. On y dort comme des marmottes, bercé par le chant de la rivière.

Gîte L'Éterlou : *Villevieille, 04400* ***Faucon-de-Barcelonnette.*** *☎ 04-92-36-15-78. 06-13-44-20-86. • serge.bardini@sfr.fr • ubaye-gite-hote-barcelonnette.fr • Tt de suite à gauche à la sortie de Barcelonnette, en direction de Jausiers. Pas de repas dim soir sauf vac scol. Congés : 1re sem des vac de Noël. Double 74 € ; ½ pens possible. Dîner 19 € (21,50 € pour les non-résidents sur résa) sauf dim soir hors saison. Apéritif ou digestif offert sur présentation de ce guide.* Idéalement placé, au calme, face au Chapeau-de-Gendarme. Dans un ancien corps de ferme avec le petit lavoir dans le jardin et son parquet d'origine à l'intérieur, bien patiné par le temps. Chambres simples, au mobilier en bois brut, confortables. Petit déj avec confitures maison. Excellent accueil des proprios qui sauront vous conseiller sur les balades alentour. Garage à vélos et motos. Possibilité de panier pique-nique pour vos randos. Au fait, un éterlou est un chamois qui n'a pas plus de 1 an ou 2...

Achats

Pâtisserie Padiou *(plan A1, **30**)* **:** *47, rue Manuel. ☎ 04-92-81-01-46. Fermé dim ap-m et lun.* La « feuilletine » (gâteau praliné aux amandes croustillantes...) est excellente, foi(e) d'amateurs. On peut se poser au salon de thé voisin pour avaler un café, un thé ou une glace.

Amusant : quelques boutiques comme ***La Baïta*** *(plan B1 ; 7 pl. Manuel ; tlj sauf dim ap-m et lun 9h30-12h, 14h30-19h)* proposent des ***produits mexicains***... Exotique, non ?

À voir

La place Manuel *(plan B1)* **:** le cœur de la cité, avec la tour Cardinalis du XIVe s, qui donne l'heure à toute la ville. C'est le seul et unique vestige d'un couvent de dominicains qui se trouvait là. Fréquents concerts en saison.

Les villas « mexicaines » : *demander le plan de la ville de l'office de tourisme pour un libre parcours de découverte.* Petite balade architecturale à travers des rues et avenues tracées en damier (à l'américaine !), à la recherche de ces opulentes bâtisses fin XIXe-début XXe s, qui n'ont en fait rien de... mexicain ! Elles témoignent plutôt de cet éclectisme architectural caractéristique des villes d'eaux et autres stations balnéaires, édifiées à la même époque. Quelques jolis spécimens à l'est du centre, avenue des Trois-Frères-Arnaud par exemple, où l'on distinguera, notamment au nº 6, la belle ***villa de La Fontaine*** *(plan A1),* précédée d'une... fontaine, où trône un griffon. À l'ouest, grosse concentration dans l'avenue de la Libération. Immanquable ***villa La Sapinière*** *(plan B1),* actuel musée de la Vallée (lire ci-après), la seule dont on pourra découvrir l'intérieur : superbe parquet en marqueterie, non moins superbes faïences du cabinet de toilette. Un peu plus loin, autre témoin de la 1re génération de ces « villas mexicaines », ***Le Verger*** (anciens bureaux de l'ONF *; hors plan par B1*). Encore un bel alignement, avenue Porfirio-Díaz (au passage, on ne connaît pas beaucoup d'autres villes à avoir baptisé une avenue du nom d'un dictateur mexicain...). Au nº 1, imposante et sobre ***villa Bleue*** *(plan B1),* une des dernières à avoir été construites (en 1931). Le splendide vitrail Art déco de la façade évoque d'ailleurs la saga mexicaine. Au nº 3, ***Le Chastel*** *(plan B1),* très italianisant, au cœur d'un jardin superbement entretenu. Avenue Émile-Grasset, voir aussi *La Roseraie,* puis au nº 16, allée des Dames, ***L'Ubayette*** (actuelle sous-préfecture ; *plan B2*), néogothique avec quelques intentions tyroliennes *(lalalaiou !).*

Le musée de la Vallée *(plan B1)* **:** *villa La Sapinière, 10, av. de la Libération. • 04-92-81-27-15. • museedelavallee.fr • En été, tlj sauf dim 10h-12h, 14h30-18h ; autres vac scol, tlj sauf dim-lun 14h30-18h ; le reste de l'année, mer-sam 14h30-18h. Fermé 15 nov-20 déc. Entrée : 5 € ; réduc ; gratuit moins de 10 ans.* Installé dans l'une de ces fameuses villas dites « mexicaines » datant de 1878, il ne pouvait que raconter l'épopée incroyable des « barcelonnettes ». Pourquoi le comte de Provence, fondateur de la ville, l'a-t-il ainsi baptisée ? Quel fut le déclencheur de cette émigration ? Une épopée qui nécessitait, à la fin du XIXe s, 25 jours de traversée au départ de Nantes !
Nouvelle salle consacrée à l'immigration piémontaise et du Tessin. Une visite fort instructive.

Maison du parc du Mercantour *(plan B1) : même lieu que le musée de la Vallée (voir ci-dessus). ☎ 04-92-61-57-37 ; • mercantour-parcnational.fr • De mi-juin à mi-sept, tlj (sauf lun en juin) 10h-12h, 14h30-18h30.* Toutes les infos sur le parc du Mercantour et belle expo de photos d'art ou de montagne.

Le cimetière *(hors plan par B1)* : un petit cimetière, aux tombes parfois étonnantes de variété et d'opulence (marbre de Carrare, serpentine du vallon de Maurin...). La réussite des émigrés devait se voir au-delà de la mort... D'impressionnants mausolées, comme celui de la famille Signoret ; l'immanquable dôme qui domine celui de la famille Tron ; la porte sculptée de la tombe de la famille Antoine Signoret de Tournoux...

Sports et loisirs

Randonnées : *cartes en vente à l'office de tourisme.* Les environs regorgent de superbes balades. Depuis la vallée, plus de 80 lacs sont accessibles, blottis modestement au creux d'une vallée perdue, majestueusement perchés sur un col ou encore au détour d'un verrou glaciaire. En chemin, selon la saison, incontournable cueillette de champignons, framboises, fraises des bois... Quelques suggestions : les *lacs de la Cayolle* (4h pour faire une boucle depuis le col de la Cayolle) ou les *Eaux tortes,* curieux marais d'altitude, au pied du glacier de l'Estrop (6h). Pour des randonnées accompagnées, s'adresser à ***Rando Passion*** *(plan A1 ; Maison de la Montagne, 31, rue J.-Béraud ; ☎ 04-92-81-43-34 ; • rando-passion.com •).* Sorties « marmottes », faune et flore, VTT, randonnées aquatiques ; en hiver, ski de fond, raquettes... Et ***Montagnes d'Ubaye*** *(plan A1 ; 37, rue Manuel ; • 04-92-81-29-97 ; • ubaye-aventure.com •).* Randos des 2 côtés de la frontière, sorties spécial enfants... Ou encore avec ***Aventure et Altitude*** *(hors plan par A2 ; 21, chemin de Gaudissard ; 📱 06-29-17-75-37 ; • sud-alpes-aventures.fr •).*

VTT et cyclotourisme : à VTT, 21 parcours sur 340 km dans la vallée de l'Ubaye, de la balade en famille au raid sur plusieurs jours. Pour les amateurs de sensations fortes, la Transubayenne (100 km).
Les adeptes de la route s'offriront la « randonnée des 7 cols ». De bons mollets, du souffle, une carte à composter au sommet de chaque col (en vente dans les offices de tourisme), et un diplôme au bout de l'effort ! Location de VTT et vélos de route chez ***Granphi Sports*** *(51, av. des Trois-Frères-Arnaud ; ☎ 04-92-81-23-69 ; tlj sauf dim-lun et jeu ap-m 9h-12h, 14h30-18h30),* ***Cycle Ubaye Sport*** *(ZAC du Pont-Long ; ☎ 04-92-34-36-15 ; mar-sam 9h-12h, 14h30-19h)* ou encore à ***Intersport*** *(76, Les Berges-de-l'Ubaye ; ☎ 04-92-81-07-83 ; lun-sam 9h30-12h30, 14h-19h).*

– ***Parapente :*** ***Ubaye Parapente,*** *Le Pont-Long, route de Jausiers. ☎ 04-92-81-34-93. • ubaye-parapente.com • Tte l'année.* Baptêmes et stages. Encadrement compétent. Également ***Incondition'Aile*** *(base de loisirs Les Terres Neuves, à Saint-Pons, route de Gap ; 📱 06-07-18-80-53 ; • parapente-barcelonnette.fr •).*

– ***Parcours d'aventure :*** ***Jungle Parc,*** *Les Terres-Neuves, à Saint-Pons, route de Gap. 📱 06-86-73-37-57. • jungle-parc.fr •* Parcours dans les arbres. Câbles, tyroliennes, pont de singe, lianes et passerelles vous permettent de jouer les Tarzan. 3 parcours de niveaux différents.

Festivals

– ***Fêtes latino-mexicaines :*** *1 sem à 10 j. la 2de quinzaine d'août. Rens à l'office de tourisme. • ubaye.com •* Barcelonnette ressuscite son prestigieux passé historique. Concerts, expos, grand défilé, cours de danse, ateliers culinaires et animations pour enfants.

– ***Biennale de musique classique de Barcelonnette :*** *5 j. dans la 2de quinzaine d'août (années impaires).* Concerts *(payants)* interprétés par l'orchestre symphonique... de Nancy.
– ***Fêtes des Morts :*** *3 j. à la Toussaint.* Déambulations musicales, défilé déguisé dans les rues, concerts de mariachis, autel des morts au cimetière, fabrication de *piñatas* (objets décoratifs), déguisements... Pas triste pour un sou.

PRA-LOUP – LES MOLANÈS

(04400) 614 hab. *Carte Vallées alpines des Alpes-de-Haute-Provence, A2*

Perchée sur un replat du flanc nord de la vallée de l'Ubaye, Pra-Loup 1600 est née dans les années 1960, ce qui n'est pas un très bon millésime dans le domaine architectural. En été, la station n'est pas des plus esthétique. Sous une bonne couche de neige, ça s'arrange l'hiver. Son cœur est un grand centre commercial en arc de cercle, où se concentrent la plupart des restaurants et des bars. Une patinoire naturelle et une aire de jeux contribuent, avec le « reboisement » des façades dans un style montagnard, à donner à Pra-Loup un aspect assez chaleureux. La station s'est aussi développée aux Molanès, 1,5 km plus bas, où se regroupent plutôt des hébergements.

Adresse utile

i ***Ubaye Tourisme :*** *à* ***Pra-Loup 1600.*** *☎ 04-92-84-10-04. • ubaye.com • praloup.com • Ouv tlj 9h-13h, 14h-17h ; en continu en hiver ; en intersaison, lun-ven.* Cartes de randos gratuites, infos sur les locations de VTT, plan des pistes.

Où dormir ? Où manger ?

De prix moyens à chic

Chalet Hôtel Les Blancs : ***Les Molanès,*** *lieu-dit Les Blancs. ☎ 04-92-84-04-21. • hotellesblancs@gmail.com • chalet-hotel-lesblancs.fr • Resto tlj midi et soir en été, le soir seulement en hiver. Congés : de mi-avr à début juin et d'oct à mi-déc. Doubles 80-139 € ; familiales. Carte env 25-30 € ; plats 18-28 €.* Une trentaine de chambres, dont une partie en duplex, simples et bien tenues ; également des familiales. Le resto et la terrasse, tout en bois, donnent sur une belle piscine couverte et chauffée, un sauna et la télécabine qui mène au sommet. Bien pratique ! Atmosphère sympathique.

Chambres d'hôtes La Ferme du Couvent : ***Les Molanès.*** *☎ 04-92-84-05-05. 📱 06-10-19-01-61. • n.riehl61@gmail.com • Double 100 €. Table d'hôtes 35 € (vin compris). ½ pens 70 €/pers. Apéritif ou café offert sur présentation de ce guide.* Dans une ferme du XIVe s, 2 chambres où il fait bon séjourner, été comme hiver. Admirez l'entrée en rondins de mélèzes de l'époque ! Ambiance chaleureuse, simple et conviviale, au coin du feu. Cuisine traditionnelle concoctée avec les produits du pays. Superbes petits déj proposés par l'énergique maîtresse de maison. Petit jardin de curé, avec sa balançoire et ses jolies roses en été.

Chambres d'hôtes La Charlisa : ***Pra-Loup 1500.*** *📱 06-33-93-88-63. • lacharlisa@orange.fr • lacharlisa.com • Doubles et suites 95-125 €. Table d'hôtes 20-25 €. CB refusées.* En contrebas du village, on débouche par un petit bout de route étroit sur cette grande bâtisse avec une vaste terrasse offrant une belle vue sur la vallée. 5 chambres, dont 4 avec vue et une sur l'arrière. Les 2 suites ont un

LES VALLÉES ALPINES DES ALPES-DE-HAUTE-PROVENCE

petit salon, une grande salle de bains et des balcons. Grand salon rempli de canapés. Bon accueil d'Isabelle.

Résidence prestige Odalys Le Hameau de Praroustan : Pra-Loup 1500. ☎ *04-92-30-00-70 ou 04-84-47-49-21 (centrale de résas).* • *odalys-vacances.com* • *Congés : de mi-avr à mi-juin et de sept à mi-déc. Studios 2-4 pers à partir de 229 €/sem.* Difficile de ne pas tomber sous le charme de cette résidence tout confort ! Les appartements sont lumineux et ouverts sur un balcon offrant une vue panoramique sur les sommets. Une ambiance cosy que l'on retrouve autour de la piscine intérieure chauffée. Également sauna, hammam et salle de fitness. Télésièges et supérette à 800 m.

Ski et neige

Ski alpin/snowboard : domaine Espace Lumière (1 500-2 600 m), relié à celui de Val d'Allos – La Foux. 37 remontées mécaniques et 180 km de pistes « skis au pied ». Bref, le domaine skiable le plus important des Alpes du Sud et la station préférée des Marseillais. Cependant, les champs de neige de La Foux sont assez éloignés et il faut prévoir une bonne matinée pour les rallier. Les pistes, variées et agréables, séduiront surtout les skieurs moyens, sans ennuyer les as de la glisse. Et en fin d'après-midi, quand le soleil cerne les sommets de l'Ubaye encore enneigés, la vue devient grandiose.

– ***Snowpark :*** avec une ligne bleue et une ligne rouge spécialement conçues pour les *riders* !

– ***Boardercross :*** 4 parcours d'obstacles de différents niveaux pour les adeptes du *freestyle*.

– ***Ski de randonnée :*** 3 itinéraires balisés pour les amateurs d'endurance.

– ***Itinéraire des P'tits Loups :*** balade parsemée d'espaces ludiques pour découvrir le domaine skiable.

Sports et loisirs

Randonnées : quelques belles balades au départ de la station en été, dont le grand classique de la *Grande Séolane*. Prévoir la journée, avec accompagnateur de préférence. On y découvre un univers minéral très riche, car on grimpe sur une klippe (gros caillou arraché lors de la naissance des montagnes et qui semble posé là comme par hasard, à l'envers sur la montagne). Du sommet, on embrasse un panorama grandiose sur toutes les Alpes. En famille, on fera la *balade du Lac* ; compter 3h aller-retour au départ du sommet du télécabine *Telemix de la Clappe*. Pêche possible.

VTT : 7 pistes accessibles par télécabine *(juil-août)*. 530 m de dénivelée avec des tracés adaptés à tous les niveaux, ainsi qu'un tapis d'initiation débutant sur le front de piste *(carte à l'office de tourisme)*.

Luge : pour les amateurs de luge en famille, de la luge sur rails sur 1 000 m, allant jusqu'à 40 km/h, avec ***Pra Loops*** *(📱 07-85-71-69-23 ;* • *praloops.fr* •*)* À partir de 3 ans, à condition d'être accompagné(e) d'une personne de plus de 12 ans et d'au moins 1m35.

LE SAUZE

(04400) 504 hab. *Carte Vallées alpines des Alpes-de-Haute-Provence, A2*

Située entre 1 400 et 2 400 m d'altitude, née en 1934, c'est l'une des plus anciennes stations de France, qui a su garder un caractère de village

montagnard et bon enfant, entre alpages et mélèzes. La station de ski familiale par excellence, qui mériterait bien toutefois quelques aménagements. Si l'ex-championne olympique Carole Merle y trouve ses origines, attention, ici on skie pépère sur des pistes modestes. La station est divisée en 2 parties : Le Sauze (qui mêle petite station et village ancien) et Super-Sauze (immeubles taillés avec complaisance dans le béton). Entre les 2, le vrai vieux village d'Enchastrayes. L'été, c'est un paradis pour la randonnée.

Adresse utile

Ubaye Tourisme : *chalet de la Montagne, 04400* ***Le Sauze.*** *☎ 04-92-81-05-61. • ubaye.com • sauze.com • En saison, tlj 9h-12h, 15h-19h ; en intersaison, fermé le w-e.*

Où dormir ? Où manger ?

Chambres d'hôtes La Providence : *route de la Grande-Ourse. ☎ 04-92-61-44-02. 06-81-21-91-59. • chaletlaprovidence@orange.fr • chaletlaprovidence.com • Sur les hauteurs de la station située à 1 400 m, sur la gauche (panneaux). Congés : nov. Doubles 120-160 €. Studio et apparts 2-8 pers. Verre de bienvenue offert sur présentation de ce guide.* Ce gros chalet dominant la station abrite 5 petites chambres tout en mélèze, confortables et bien équipées, avec vue sur les alpages. Déco montagnarde avec peau de vache pour l'une d'elles. Salon avec terrasse exposée sud. Evelyne sert le petit déj en terrasse avec des produits locaux. Possibilité de table d'hôtes le soir sur résa en hiver. Motards bienvenus. Cela dit, un peu cher en haute saison.

Restaurant d'altitude La Cabane à Jo : *Super-Sauze. ☎ 04-92-81-02-86. • marieetlaurent@hotmail.com • Accès en télésiège ou à pied (40 mn) depuis Super-Sauze. En saison, tlj, le midi seulement ; avr-juin et sept-déc, seulement les w-e et j. fériés. Menu env 25 €.* Charmant restaurant d'altitude, très convivial, où il fait bon s'attarder un moment, soit l'hiver après quelques chutes à skis, soit l'été après quelques coups de chaleur en rando. Dans l'assiette, des produits régionaux comme l'agneau, l'entrecôte ou la charcuterie. Bières belges au fût pour faire descendre... et repartir du bon pied, mais gare aux slaloms quand même !

Ski et neige

– ***Snowboard :*** un *snowpark* et de beaux espaces pour le *free ride* ; également un *airbag* géant à Super-Sauze *(le mer, les w-e et les vac scol).*

– ***Raquettes :*** plusieurs sentiers balisés avec des haltes bienvenues dans les restos d'altitude.

– ***Ski de randonnée :*** 3 itinéraires au départ de Sauze 1400, Sauze 1700 et La Rente.

Sports et loisirs

➢ ***Randonnées :*** quelques musts des balades dans ce petit coin de montagne. Le *Chapeau-de-Gendarme* au départ de Super-Sauze (compter 6h30 ou 3h avec le télésiège) ou la *Croix-de-l'Alpe* (compter 5h15 aller-retour à partir de La Rente). Pour découvrir la forêt de mélèzes, les alpages, les troupeaux de bouquetins et le minéral.

➢ En hiver, ***sentier*** sur les traces et animaux de montagne et, toute l'année, des ***jeux de piste*** pour la famille (carnets de route à retirer à l'office de tourisme) et des sentiers ludiques (enfants 6-12 ans). Également une ***piscine*** municipale (et son espace bien-être).

JAUSIERS

(04850) 1 190 hab. *Carte Vallées alpines des Alpes-de-Haute-Provence, B1*

Surplombant le bourg, un mignon clocher posé sur un haut rocher. Tout près, en contrebas, *Lou Filadour,* maison d'enfance des 3 frères Arnaud (voir l'introduction de Barcelonnette, plus haut). À ce propos, le village est jumelé avec... Arnaudville, en Louisiane, en souvenir des frangins. Ce typique bourg de montagne est par ailleurs un bon point de chute pour des randonnées ou d'autres activités de pleine nature, été comme hiver.

Adresse et info utiles

Ubaye Tourisme : *12-14 grande rue. ☎ 04-92-81-21-45. • ubaye.com • jausiers.com • Juil-août, tlj 9h-12h30, 15h30-19h ; sept-juin, mar-sam 9h-12h, 15h-18h. Fermé après la Toussaint jusqu'à mi-déc.*

– **Marché :** *dim mat juil-août.*

Où dormir ? Où manger ?

Chambre d'hôtes La Bousquetière : *1214, route des Sanières, Le Forest-Haut. 06-43-72-09-60. • mariellemagne@gmail.com • labousquetiere.com • À la sortie de Jausiers (direction Barcelonnette), tourner à droite à la station-service (montée de la Grasse) ; c'est fléché sur 1,5 km. Congés : de mi-nov à mi-déc. Doubles 100-130 €. Table d'hôtes 32 €. Remise de 10 % sur le prix de la chambre hors saison sur présentation de ce guide.* Après un jovial accueil des proprios, on fait son choix entre des chambres grandes (même la « petite »), vraiment confortables, équipées, meublées et décorées avec goût. Pour y ajouter un moment de zénitude, espace sauna et jacuzzi très agréablement aménagé dans une pièce voûtée avec son espace de détente et ses bougies... Un lieu qui a une âme !

Chambres d'hôtes La Mexicaine : *122, rue Borgne. ☎ 04-92-84-69-63. 06-71-51-27-34. • villalamexicaine@gmail.com • lamexicaine.com • À 1 km du village, fléché à droite, juste après le pont sur l'Ubaye en direction de Nice. Doubles 70-90 €. Gîtes 4 pers. Table d'hôtes (certains soir sur résa) 27 €.* Dans une de ces fameuses villas mexicaines, 4 chambres dont une suite dans les étages, et 2 gîtes au rez-de-chaussée. Tous spacieux, sobres et confortables, avec mobilier en bois clair. Piscine hors-sol l'été. Idéal pour les familles et les randonneurs. Accueil chaleureux des propriétaires belges tombés sous le charme de l'endroit.

Achats

Maison de Pays de l'Ubaye : *à l'entrée du village quand on arrive de Barcelonnette. ☎ 04-92-84-63-88. • produitsdepays.fr • Tlj 9h30-12h, 14h-18h30 (en continu de mi-juil à août 9h-19h).* Artisanat et produits locaux de la vallée de l'Ubaye (bonbons, miel, charcuterie, fromages, confitures, alcools, bières, savons, tisanes, céramiques, vêtements en mohair...) sur plus de 400 m².

À voir. À faire

L'église : typique de ces vallées, un peu austère à l'extérieur, intérieur d'un baroque presque exagéré. Sur la droite, curieux autel des âmes du purgatoire, garni de crânes et autres os humains dont on dit qu'ils sont véritables...

Le château des Magnans : *situé à flanc de colline, au-dessus du bourg. Visite possible pdt les vac scol sur résa à l'office de tourisme ou à la mairie (6 € ; réduc ; gratuit moins de 6 ans).* La plus extraordinaire des demeures dites « mexicaines » de la vallée. Édifié de 1903 à 1913, ce « château » adopte un style gothique (très) fantaisiste qui fait penser aux folies architecturales de Louis II de Bavière. C'est aujourd'hui une résidence de tourisme.

Le plan d'eau de Siguret : *Le Chalet-du-Lac. ☎ 04-92-61-29-97. Entrée payante en juil-août (env 2 €).* En saison, baignade surveillée de 10h à 18h, tennis, mur d'escalade, terrain de volley, bar-restaurant.

LA HAUTE-UBAYE

En amont de Jausiers, un bassin verdoyant jusqu'à Saint-Paul, des gorges étroites ensuite, puis les paysages presque désolés de la haute montagne autour de hameaux qui figurent parmi les habitats permanents les plus hauts d'Europe. Plusieurs petites vallées adjacentes comme celle de l'Ubayette, qui, via le col de Larche, mène vers l'Italie. Une vallée préservée, en bordure du Parc national du Mercantour, qui recèle bien des trésors ! L'été, de fabuleuses randonnées peuvent y durer plusieurs jours, grâce aux nombreux refuges aussi bien en France qu'en Italie. L'hiver, c'est le royaume du ski de fond (notamment à Larche ou à Saint-Paul), de randonnées à skis et à raquettes. On part découvrir des univers vierges de toute trace. Pour les fous d'escalade, de nombreuses voies de haute montagne vers la vallée de Maurin.

À voir. À faire

Les forteresses de l'Ubaye : *visites guidées des sites de **Roche-la-Croix, batterie des Caurres (Tournoux)** et **Saint-Ours Haut (Meyronnes)** de mi-juin à mi-sept. Inscription obligatoire auprès des offices de tourisme de Barcelonnette ou de Jausiers, sinon en ligne sur • ubaye.com • Visite limitée à 18-25 pers selon le site. Compter 10 € chacun ; réduc ; gratuit moins de 6 ans. Début des visites au pied des forts.* Du milieu à la fin du XIXᵉ s, de grands chantiers ont échelonné sur 35 km des défenses successives (la « ligne Maginot des Alpes » !) avec, comme nœud du dispositif, l'énorme montagne fortifiée de Tournoux, mais aussi tout un système de vigies et sémaphores, routes stratégiques... Si Tournoux a abrité des munitions jusqu'en 1987, Roche-la-Croix dispose toujours de son armement et de sa centrale électrique. Offrez-vous la visite guidée, c'est passionnant !

La Transubayenne : *rens sur • ubaye.com • et dans les offices de tourisme de Larche, Jausiers et Barcelonnette, avec plan des pistes disponible.* La vallée de l'Ubaye est traversée d'est en ouest, du col de Larche ou du col de Vars au lac de Serre-Ponçon par cette piste VTT, longue de 100 km, qui emprunte en partie une ancienne voie ferrée et ses tunnels. Des tronçons de différents niveaux sont accessibles au plus grand nombre et permettent de découvrir les villages de la vallée.

Ski et neige

Ski alpin : *à **Sainte-Anne-la-Condamine.*** Une station de ski familiale et économique, à taille humaine. Aux rares chalets construits en bois dans le respect de la tradition sont venues s'ajouter, dans les années 1960-1970, quelques bâtisses moins élégantes mais tout de même respectueuses de l'environnement. Tout petit domaine skiable (30 km de pistes). En revanche, l'enneigement est en principe très bon et le cadre superbe.

Ski de fond : *plusieurs circuits damés, skating et alternatif (30 km au total) au départ de* ***Larche.*** Pour les enfants, un espace ludique de 4 000 m^2. Belles balades dans le vallon du Lauzanier, au cœur du parc du Mercantour. Petit domaine (17 km) également à Saint-Paul-sur-Ubaye où l'on pratique aussi la marche nordique.

SAINT-PAUL-SUR-UBAYE *(04530)*

Bourg de montagne sur la route du col de Vars qui marque la frontière avec les Hautes-Alpes.

Achats

Brasserie des Hautes-Vallées : *D 902 (à la sortie du village en direction du col de Vars). ☎ 04-92-61-37-93. Pdt les vac scol, lun-sam 10h-12h30, 14h30-18h30 ; hors vac scol, lun-mar et jeu-ven 10h-12h30, 14h-18h.* De belles brunes, de plantureuses blondes et flamboyantes rousses, soit la bière *La Sauvage*... à consommer avec modération puisque la brasserie occupe les locaux d'une ancienne gendarmerie !

À voir

L'église Saint-Pierre-et-Saint-Paul : une belle illustration de cette tradition romane qui a perduré dans les vallées alpines : portail du XIIIe s marqué par sa simplicité, mais rehaussé par une pietà du XVe s. Clocher carré du XVe s de style lombard, flanqué de petites pyramides où trônent des gargouilles. Joli portail latéral avec des restes de bas-reliefs et de sculptures. L'érosion, sans doute appuyée par la massette des révolutionnaires, s'est acharnée sur le visage des personnages sculptés !

Le musée Outils, Gestes et Travaux : *route de Maljasset. ☎ 04-92-81-00-22. ♿ (accès partiel). De mi-juin à mi-sept, tlj sauf mer 14h30-19h. Entrée : 3 € ; réduc ; gratuit moins de 6 ans.* Installé dans la vaste grange d'une vieille maison, ce musée aborde la vie rurale traditionnelle d'autrefois, à travers une collection d'outils et de machines agricoles et d'outils anciens. Des maquettes animées construites par Albert Manuel (au nom prédestiné), le dernier forgeron à avoir exercé dans la vallée, font revivre les activités traditionnelles : le transport du bois, le tissage de la laine... Reconstitution d'un intérieur, petites collections de vêtements anciens et cache en peau de mouton des gardiens qui traquaient les passeurs de sel italiens.

MAURIN-MALJASSET *(04530)*

La vallée s'encaisse de plus en plus et se fait sauvage, sur fond de forêts aux essences multiples : chênes, mélèzes, peupliers, érables. De facétieuses marmottes y traversent la route, et même parfois quelques chamois au printemps, avant que l'été ne les pousse vers les hauts sommets. Dans cette solitude alpine, quelques belles maisons traditionnelles, avec leurs toits de lauzes piqués de hautes cheminées. Un hameau où il ne reste à l'année qu'une poignée d'habitants. À 1 903 m d'altitude, c'est l'un des plus hauts habitats permanents d'Europe. Pourtant, la gaieté règne : c'est vrai qu'avec l'Italie toute proche et la beauté des versants français, il y a des compensations.

Où dormir ? Où manger ?

Gîte-auberge de La Cure : *au cœur du hameau. ☎ 04-92-84-31-15. • maljasset.gite@yahoo.fr • maljasset.fr • Fermé de mi-avr à mi-juin et de mi-sept à début janv. Chambres et dortoirs 2-5 pers. En ½ pens (imposée), compter 50 €/pers en dortoir, env 70 €/en chambre double. Également des tentes coloniales. Apéritif offert sur présentation de ce guide.* Dans l'ancien presbytère de ce superbe hameau de montagne, rénové dans le respect du patrimoine régional, 4 dortoirs tout équipés d'une capacité totale de 26 places. Pour les pensionnaires, petite salle d'auberge voûtée très accueillante. Cuisine familiale. Panorama unique sur les montagnes environnantes. En été, c'est le paradis des randonneurs, l'hiver, c'est ski de randonnée, de fond ou raquettes. Accueil extra de Klytë, qui a quitté les kangourous pour les marmottes, et d'Hubert qui est le fiston de cette lignée familiale qui tient le lieu depuis 1986 !

Chambres d'hôtes Les Zélés : *au cœur du hameau. ☎ 09-88-18-84-16. • leszelesmaljasset@gmail.com • leszeles.com • Mai-déc. Compter 57 €/pers en ½ pens (imposée) ; 55 € à partir de 5 nuits. CB et chèques refusés.* Ici, on n'est pas au bout du monde, mais presque... d'ailleurs il n'y a pas de réseau, quelle chance pour se déconnecter ! Superbe et vieille ferme en pierre avec toit de lauzes, à 1 900 m d'altitude. 5 chambres (pas immenses), champêtres et chaleureuses. La table est imposée le soir, mais vu qu'il n'y a pas de restos dans les parages, on apprécie la cuisine familiale et traditionnelle proposée. Belle pièce à vivre pour se détendre et, question nature, vous serez servi... le GR 5 passe à côté de la maison.

Refuge de Maljasset : *au cœur du hameau. 📱 07-68-86-01-11. • chaletmaljasset@ffcam.fr • chaletmaljasset.ffcam.fr • Janv-avr, de mi-juin à sept et de mi-déc à fin déc. Compter 53 €/pers en ½ pens. CB refusées.* Dans une ancienne ferme au toit de lauzes avec de jolies salles voûtées et une terrasse exposée plein sud. Refuge, agréé par la Fédération française des clubs alpins, avec 5 dortoirs de 6 à 15 places. Cuisine familiale. Pas de cuisine « hors sac » pour chauffer sa tambouille, mais on peut apporter son pique-nique.

À voir

L'église de Maurin : *juste après Maljasset.* Une toiture de lauzes, une petite tour carrée, un bout de cimetière pour cette église du XVIe s (l'édifice du XIIe s ayant été emporté par une avalanche). À 15 mn à pied par le chemin du col Mary, les restes d'anciennes et impressionnantes carrières de serpentine de Maurin. Ce marbre vert veiné de blanc a été exporté dans le monde entier (les escaliers de l'Opéra Garnier à Paris ainsi que le tombeau de Napoléon aux Invalides en sont faits).

La boîte aux lettres la plus haute d'Europe : *au col Mary.* Belle randonnée de 5h jusqu'au col à travers les alpages à moutons, avec retour par les lacs d'altitude du Marinet. Jadis, entre Barcelonnette et l'Italie, une lettre mettait plusieurs jours. Les guides français et italiens firent croire aux autorités qu'il existait, au col Mary, une boîte aux lettres relevée régulièrement

INAUGURATION AU PIED DE LA LETTRE

Pour bluffer les autorités dubitatives, la boîte aux lettres de Mary, tout en haut du col, fut inaugurée officiellement par tout un tralala de personnalités, avec la bénédiction du curé. Discours officiels, timbres commémoratifs et vin à volonté. Seul le facteur boudait.

par le facteur de Maljasset (2h30 à pied pour relever une boîte presque toujours vide !). Gag ou pas, la boîte existe encore, un peu mal en point. Les guides relèvent aujourd'hui une fois par semaine les rares lettres laissées par les randonneurs... pas trop pressés !

FOUILLOUSE (04530)

On quitte la route de Maljasset pour franchir le superbe ***pont du Châtelet.*** Son arche unique de pierre a été audacieusement lancée, en 1880, à une centaine de mètres au-dessus d'une étroite gorge creusée par l'Ubaye. Un site classé, assez surréaliste ! Ensuite, les lacets succèdent aux lacets. Au loin, « un p'tit village, un vieux clocher... » à 1 900 m d'altitude. Cet adorable hameau est bien seul au milieu de sa chorale de sommets qui semblent déjà chanter « Bella ciao »...

Où dormir ? Où manger ?

Gîte-auberge Les Granges : *au cœur du hameau. ☎ 04-92-84-31-16. • gite.fouillouse@gmail.com • gite-les-granges.com • Congés : nov. Dortoirs ou doubles avec sdb partagée 49,50-69 €/pers en ½ pens.* C'est un bon gros chalet de montagne, aux murs épais comme ça, aux planchers qui craquent, à l'aménagement tout simple et vrai. Au rez-de-chaussée, longue salle à manger voûtée gentiment dressée. Et devant, une terrasse qui donne sur le spectacle bucolique de la montagne. Allez, vous aurez le choix entre y boire simplement un coup, y dévorer une excellente part de tarte, ou y établir le camp, dérangé par le seul bruit du vent dans les herbes. Accueil jeune et très sympa.

À voir. À faire

Si elle est de nouveau accessible, ne manquez pas l'***église Saint-Jean-Baptiste,*** au clocher-mur à triple arcade, qui possède des fresques exceptionnelles, uniques dans la région, datant du début du XVIe s, et devant lesquelles l'abbé Pierre venait se ressourcer très fréquemment... Horreur, elles sont en danger de disparition à cause des infiltrations de pluie ! En attendant que la mairie et la DRAC se décident (enfin) à sauver ce chef-d'œuvre, se renseigner auprès de l'association des Amis de Fouillouse *(☎ 04-92-32-00-37 ; • lesamisdefouillouse@gmail.com • ; GRATUIT).* Un must dans la Haute-Ubaye.

– Multiples et superbes ***randonnées*** dans le coin, à commencer par celle qui mène au *lac des Neuf-Couleurs* (6h aller-retour, possibilité de passer la nuit dans un refuge).

L'UBAYETTE

Petite vallée qu'on suit en prenant la route de Larche. Les villages, détruits par l'armée allemande en 1944, sont de cette architecture utilitaire de l'après-guerre, qui n'a pas plus de charme à la montagne qu'ailleurs... Mais la vallée, aux pentes verdoyantes, mérite un petit détour. On rejoint, à 1 991 m d'altitude, le col de Larche, au paysage lunaire. En haut, un ancien poste-frontière devenu un refuge géré par une association italienne *(Rifugio de la Pace).* Si vous faites quelques tours de roues vers l'Italie, amis vélocyclistes, vous découvrirez immédiatement sur votre gauche une discrète stèle en hommage au plus grand des cyclistes italiens, Fausto Coppi. En contrebas, le mignon petit lac italien de la Madeleine et sa buvette, prisée des motards.

Où dormir ? Où manger ?

Gîte-auberge du Lauzanier : *04530 Val d'Oronaye (Larche). ☎ 04-92-84-35-93. • aubergedulauzanier@orange.fr • gite-le-lauzanier-larche.com • (resto seulement). À la sortie de Larche, sur la D 900, direction col de Larche. Congés : de mi-oct à début déc. Chambre 61 €/pers en ½ pens (imposée). Plat du jour env 14 € ; menu env 26 €. CB refusées.* Petit bâtiment récent, au départ des pistes de ski de fond. Chambres de 2 à 5 personnes au look un peu collectivité mais confortables. Au resto, ouvert aux extérieurs et imposé aux résidents le soir, petite terrasse ensoleillée face à la montagne. Cuisine familiale, toute simple et nourrissante. Pizzas à emporter en été.

Gîte d'étape et chambres d'hôtes Le Chalet de Germas : *04530 Val d'Oronaye (Larche). 06-84-18-88-50 ou 06-88-32-11-90. • contact@chaletdugermas.fr • chaletdugermas.fr • Après Larche, sur la D 900, direction col de Larche. Tte l'année sur résa. En ½ pens (imposée), 58 €/pers en dortoir, 70-90 €/pers en chambre. Également 1 appart pour 4 pers. CB refusées.* Situé un peu après Larche, ce chalet propose un dortoir pour 8 personnes et 2 dortoirs familiaux avec 4 lits superposés (sanitaires communs). Également 3 jolies chambres d'hôtes avec sanitaires privés, intérieurs ou extérieurs. Clientèle de randonneurs et de motards essentiellement. Vue sur le Germas, la Crête des Chamois et le Bec de l'Aigle. Pour les grimpeurs en herbe, la cerise sur le gâteau, c'est... le mur d'escalade !

Gîte d'étape GTA Le Refuge : *04530 Val d'Oronaye (Larche). ☎ 04-92-84-30-80. 06-33-93-21-62. • refugedelarche@hotmail.fr • gite-etape-larche.com • Congés : de Pâques à mi-juin. En ½ pens (imposée), 43 €/pers en dortoir, 53 €/pers en chambre. Possibilité de pique-nique à emporter. CB refusées.* Ce sympathique « gîte de grande traversée » se compose de 3 dortoirs de 12 places et de 2 chambres pour 2 ou 4 personnes, pour une capacité totale de 51 places. Sanitaires collectifs. Salle de matériel chauffée pour les skis et les chaussures. Également une cuisine « hors sac » pour se faire la tambouille. Sinon, bonne cuisine de gîte qui tient au corps. Plein d'infos sur les randos. Bon accueil.

LE VAL D'ALLOS

Après avoir usé ses semelles dans l'Ubaye, en route pour le col, puis le val d'Allos. Une route que ceux qui ont le pied alpin trouveront tout simplement sublime, mais que tous les autres jugeront terriblement étroite sinon, ici ou là, un peu vertigineuse.
Mais il faut bien avouer qu'on reste ému face à des paysages majestueux qui suivent le passage du col d'Allos. Un caractère alpin marqué, ponctué de stations de ski en altitude, qui va s'atténuant en descendant la vallée. On passe du monde frais de la montagne à l'univers langoureux et insouciant de la Provence.

LE PARC NATIONAL DU MERCANTOUR

Jumelé avec celui des *Alpi Marittime* en Italie, le parc du Mercantour est une sorte de bastion qui résiste au béton, aux sirènes de l'or blanc, aux appels des résidences secondaires. Forcément, puisque le site est protégé. Mais cette identité farouche ne date pas d'hier. Lors du plébiscite de 1860 consacrant le rattachement du comté de Nice à la France, Napoléon III laissa courtoisement au roi

Victor-Emmanuel la jouissance de son territoire de chasse préféré. Le Mercantour sera officiellement rattaché à la France en... 1947.
Entre les Alpes-de-Haute-Provence et les Alpes-Maritimes, le Mercantour reste un paradis pour la randonnée en été et un monde à part, de 68 500 ha (et bien plus si l'on ajoute la zone périphérique), fait de haute montagne, de cirques, de lacs et de vallées glaciaires. Un monde où les gens de cet arrière-pays dur et âpre se sont habitués à des conditions de vie difficiles. On y trouve une flore extrêmement riche, unique en Europe : 1 500 espèces dont 200 rares. Chamois, bouquetins et mouflons y cohabitent avec bonheur. Et puis maintenant il y a les randonneurs ! Et les loups...

Parc national du Mercantour : *☎ 04-93-16-78-88 (siège administratif, à Nice). • mercantour-parcnational.fr • Maison du parc à la villa La Sapinière à **Barcelonnette** (se reporter à la rubrique « À voir » de cette ville). Permanence à l'office de tourisme de **Val-d'Allos** (secteur haut Verdon).*

VAL-D'ALLOS (LA FOUX, ALLOS, LE SEIGNUS)

(04260) *Carte Vallées alpines des Alpes-de-Haute-Provence, A2*

3 sites pour une même station qui a pris le nom de la vallée. Nichée au fin fond de la vallée du Verdon où la rivière du même nom prend sa source, à 1 800 m d'altitude, il y a d'abord *La Foux,* station récente, aux petits immeubles bardés de bois qui plairont ou pas dans ce somptueux cirque montagneux. 8 km et quelque plus bas, à 1 400 m d'altitude, s'étend *Val-d'Allos – Le village,* qui préserve un centre ancien avec son petit charme. Et 100 m au-dessus se perche enfin *Le Seignus,* véritable station-village composée de petites résidences et de nombreux chalets. Station familiale par excellence (labellisée « Famille Plus Montagne »), elle ajoute des activités nouvelles aux traditions de la montagne.

Adresses utiles

Office de tourisme du Val d'Allos : *39-45, pl. de la Coopérative, 04260 **Allos.** ☎ 04-92-83-02-81. • valdallos.com • En été et au gros de l'hiver, tlj 8h45-12h15 (12h30 en été), 14h-17h30 (18h30 en été) ; le reste de l'année, se renseigner.* Office compétent. Très bonne carte des randos alentour *(5 €).* Livret de bienvenue très détaillé et programme d'animations (nombreuses, été comme hiver).

Office de tourisme antenne de La Foux : *au centre de la station. ☎ 04-92-83-80-70. Ouv seulement fin juin-août et début déc-début avr.*

Où dormir ? Où manger ?

Au Seignus

Hôtel L'Ours Blanc : *☎ 04-92-83-47-91. 📱 06-13-82-58-30. • contact@hotel-loursblanc.com • hotel-loursblanc.com • Tte l'année, resto midi et soir en été. Double 70-81 € ; ½ pens : ajouter 35 €/pers. Plats à l'ardoise 13-26 €.* Un petit hôtel qui contraste agréablement avec les grosses structures alentour, au pied des remontées mécaniques, d'où l'on a une belle vue sur la vallée. On est accueilli par un gros nounours blanc de 2 m ! Chambres simples et lumineuses (une ayant même une double exposition). Terrasse exposée plein sud, le long de la route.

Au col d'Allos

Le Refuge du Col d'Allos : *Le Sorbier, 04260* **La Foux-d'Allos.** *☎ 04-92-83-85-14. 06-71-59-11-81. • refugecoldallos04@gmail.com • refuge-col-dallos.fr • À 2 250 m d'altitude, direction Barcelonnette. De début juin à mi-sept. Dortoir 25 €/pers ; petit déj 8 € ; ½ pens 47 €/pers. Plat du jour 15 €, sur résa le soir, menu spécialités 50 €.* Sophie et Pierre vous accueillent chaleureusement dans leur refuge, après une bonne grimpette en voiture ou à pied. Ils ont de sérieux arguments pour vous motiver. Petits plats maison, soit au coin du poêle, soit sur la terrasse aux beaux jours. Et quelle vue ! Ils proposent même un luxueux dîner aux chandelles sur réservation. Spécialités de macarons d'Allos (crozets locaux), ravioles, bouillabaisse de poulet et pâtisseries. Mais le plat du jour saura toujours vous contenter. À l'étage, 2 dortoirs impeccables pour 7 et 18 personnes. Un coup de cœur.

Ski et neige

Ski alpin :

➢ ***À La Foux :*** relié à Pra-Loup, ce domaine, avec ses 79 pistes (1 800-2 600 m), est le plus vaste des Alpes du Sud. Pour ceux qui voudraient rester côté Verdon, La Foux a l'avantage d'occuper un cirque montagneux. Avec 5 versants, tous exposés différemment, on peut suivre le soleil en passant d'un site à un autre.

➢ ***Au Seignus :*** domaine de taille moyenne avec 24 pistes variées (1 500-2 400 m). Liaison par téléphérique à Val-d'Allos pour ceux qui voudraient séjourner au cœur du village.

Domaine nordique : à Val-d'Allos – Le village, 20 km d'itinéraires dédiés à la promenade sur neige ainsi qu'un itinéraire thématique sur neige à découvrir en famille. Le tout accessible gratuitement.

– Les attractions d'après (ou d'avant !) ski sont nombreuses : randonnées à raquettes avec accompagnateur ou sur des itinéraires balisés, école de conduite sur glace, circuit trappeur et une impressionnante piste de ***luge sur rail*** de 900 m ouverte été comme hiver.

Sports et loisirs

➢ ***Randonnées :*** plus de 30 chemins balisés ! Il n'y a pas foule (sauf pour le lac d'Allos) et on profite largement de paysages grandioses facilement accessibles, de nombreuses forêts dans lesquelles il fait bon se perdre. Enfin, pas trop longtemps quand même ! Quelques suggestions :

Le lac des Grenouilles par le sentier nature : départ à l'entrée de La Foux. Promenade tranquille d'une ½ journée sur un sentier balisé, en boucle. Des panneaux informatifs concernant la faune et la flore donnent plein d'explications.

Balade du col de l'Auriac : *petit sentier de 3h30 en montée A/R.* On suit le même itinéraire que le précédent pendant 45 mn, puis on bifurque à droite en montant (balisage jaune et rouge), direction le ***refuge de l'Estrop*** *(tlj juin-sept, le w-e seulement mai et oct ; résa obligatoire : 06-32-06-05-65).* Seuls les 200 derniers mètres présentent une petite difficulté. On peut pique-niquer en haut du col. Après la sieste, les plus courageux s'attaqueront au sommet (2 961 m) : 1h30 de plus.

Le lac d'Allos : accès facile (compter 45 mn à pied) depuis le parking du Laus, à 13 km par la D 226, ouverte de début juin à mi-octobre *(accès libre sauf début juil-début sept : accès alors réglementé et payant 7h-17h ; compter 10 €/voiture).*

Sinon, par le GR 56B au départ d'Allos pour les bons randonneurs uniquement en 1 journée avec 1 nuit au refuge du lac pour avoir le temps de profiter. ***Attention, chiens interdits, même en laisse*** (sous peine d'amende). Autant dire qu'il y a un peu foule en été à suivre le sentier de découverte (1h de marche jusqu'au lac), jalonné de panneaux qui permettent de « lire » ce paysage de montagne. Le lac d'Allos est à 2 228 m. D'origine glaciaire, long de 1 km et large de 600 m, il atteint 48 m de profondeur. C'est le plus grand lac naturel d'altitude d'Europe. La limpidité des eaux et la lumière ambiante donnent au lieu des couleurs magnifiques, douces et profondes à la fois. Comme les micro-organismes et autres plantes ne peuvent y vivre, à cause du manque d'oxygène, le bleu du ciel s'y reflète sans aucun obstacle. Magique !

DES LARMES DE SÉCHERESSE

Le fond du lac d'Allos abrite un rocher gravé (probablement dans les années 1920) en patois : « Couré mi veras, ploureras » (« Quand tu me verras, tu pleureras »). Le jour où les habitants du coin aperçoivent l'inscription, c'est qu'ils manquent cruellement d'eau.

➢ ***VTT :*** *carte précise payante (4 €) à l'office de tourisme.* Pas mal d'itinéraires balisés. Certains sont accessibles grâce aux remontées mécaniques, il ne reste plus qu'à dévaler les pentes.

– ***Parc de loisirs :*** *juil-août, tlj 10h-18h45. Entrée : 10 € ; 5 € 5-15 ans ; gratuit jusqu'à 5 ans et après 75 ans ! Tarif réduit à partir de 16h ou en cas d'intempéries.* Pour qui aime côtoyer de près ses voisins, pour les jeunes et moins jeunes, un grand plan d'eau artificiel situé dans un cadre magnifique, au pied du village d'Allos. Foultitude d'activités : baignade, toboggan aquatique, embarcations à pédales, paddle, kayak, minigolf, terrains de jeux de ballon, échiquier géant... À proximité immédiate, un centre équestre et un parcours accrobranche.

COLMARS-LES-ALPES

(04370) 500 hab. *Carte Vallées alpines des Alpes-de-Haute-Provence, A2*

Au creux de la vallée, au milieu des forêts et des prairies, surprenante rencontre avec une petite bourgade fortifiée au caractère médiéval. Elle a énormément de charme, toujours sertie de ses remparts du XIVe s réaménagés sous François Ier puis Louis XIV, superbement enjambés par l'église, poinçonnés d'une bordée d'archères, surplombés par un chemin de ronde et percés de portes à l'allure massive. À l'époque, la ville était réputée pour sa production de draps de laine. Dominant ce très beau site, le fort de Savoie vous accueille au nord, et le fort de France au sud. Il faut dire que ça guerroyait ferme à l'époque, les Savoyards débarquant régulièrement dans cette zone frontière. Et ils ne venaient pas y faire du tourisme, eux !

Adresse et info utiles

Office de tourisme Verdon Tourisme : *en bordure de la D 908 (hors des remparts). ☎ 04-92-83-41-92. • verdontourisme.com • Juin-sept, tlj sauf dim ap-m 9h-12h, 14h-18h (tlj 9h-12h30, 14h-18h30 en juil-août) ; hors saison, horaires restreints.* Plan « découverte » de la cité fortifiée. Programme culturel de visites thématiques commentées en période estivale et à la mi-saison. Calendrier des événements tout au long de l'année.

– ***Marché :*** *mar et ven.*

Où dormir ? Où manger ?

Camping

Aire naturelle de camping « Les Pommiers » : chez Mme Palmieri, La Buissière. ☎ 04-92-83-41-56. 07-86-40-21-76. • contact@camping-pommier.com • À 500 m du centre, fléché sur la gauche, direction Saint-André-des-Alpes. Juin-sept. Tente 2 pers et voiture 17 €. CB refusées. 25 empl. Un petit camping familial idéalement placé, avec son herbe bien verte, au calme, au milieu des montagnes. Machine à laver. Commerces à 500 m. Piscine dans le village. Plan d'eau d'Allos à 7 km. Accueil charmant et dévoué.

Prix moyens

Hôtel-restaurant Le Martagon : *quartier le Pradas, à **Villars-Colmars** (04370). ☎ 04-92-83-14-26. • info@le-martagon.com • le-martagon.com • À 2,5 km au sud du village de Colmars en direction de Beauvezer, fléché sur la droite. Ouv de mi-janv à fin oct. Resto le soir seulement ; fermé dim-lun en basse saison. Doubles et cabanes 100-155 €. ½ pens (imposée) 35 €/pers. Menu 35 €.* Olivier et Isabelle, un couple très affable, vous accueillent dans leur charmant petit hôtel familial, au calme dans la verdure et à l'écart du passage. Une dizaine de chambres classiques mais confortables, meublées en pin, dont 5 vastes supérieures rénovées dans un style contemporain, avec ou sans balcon. Également 3 cabanes forestières en forme de tonneau dans le parc arboré. Bonne cuisine familiale à base de produits locaux (agneau de Thorame, truites, risotto d'épeautre...) servie dans un cadre contemporain ou sur la terrasse ombragée. La bonne petite adresse, d'autant qu'elles ne sont pas légion dans ce coin.

À voir

Le village : *panneaux explicatifs en lave émaillée. Plan « découverte » à récupérer à l'office de tourisme.* À l'abri de ses remparts, le village a préservé quelques petites pépites, et un indéniable cachet. En ignorant quelques erreurs de casting urbanistiques, il faut se plonger dans les ruelles au tracé médiéval ; écouter chanter une multitude de fontaines qui devaient être bien pratiques par temps de siège ; jeter un œil (voire 2) dans la très mignonne ***chapelle Saint-Joseph*** avec ses massives colonnes en pierre volcanique, à côté de la porte de Savoie ; lever les yeux vers le toit du ***clocher de l'église Saint-Martin,*** tatoué d'une croix en tuiles vernissées.

La maison-musée : *pl. Neuve. ☎ 04-92-83-41-92. • haut-verdon-maison-musee.com • Juil-août, tlj 14h-19h ; juin et sept, tlj sauf mer-jeu 14h-17h30 ; vac scol (zone B), contacter l'office de tourisme. Dernière entrée 1h avt fermeture. Entrée : 4 € ; gratuit moins de 12 ans.* Musée d'Arts et de Traditions populaires sur 3 étages d'une vieille maison du village ayant appartenu à une famille de notaires. Tous les objets proviennent du haut Verdon et sont antérieurs à 1920. Reconstitution d'un salon bourgeois, d'une cuisine paysanne, d'un atelier de cordonnier, costumes anciens, etc. Étonnant, voyez comment les propriétaires ont tout simplement annexé l'ancien chemin de ronde. Dans les tours, on découvre ce qu'est la bravade (une photo des années 1950 montre le maire et le curé qui jouent à saute-mouton !), la salle consacrée à l'agriculture, et la collection de papillons de Dany Lartigue. Petit jardin ombragé par un érable.

Le fort de Savoie : *☎ 04-92-83-41-92. Juil-août, tlj sauf lun mat 10h-12h, 14h-18h ; juin et sept, tlj sauf lun-mar 14h-17h30. Fermé le reste de l'année. Entrée : 4 € ; gratuit moins de 12 ans.* Il a, comme le village, un charmant air médiéval. Pourtant ce fort fut bâti (comme le fort de France, au sud du bourg) à la fin du

XVIIe s. L'inévitable Vauban n'est jamais passé à Colmars : il a juste signé les plans des fortifications à... Saint-Paul-de-Vence. Dans la grosse tour ronde, impressionnantes charpentes en bois de mélèze. 4 salles voûtées, où logeait autrefois la garnison, abritent désormais des expositions.

Fêtes

– ***Fête patronale de la Saint-Jean-Baptiste :*** *23-25 juin.* Célébrations religieuses, défilés militaires, bals, banquets...
– ***Fête médiévale :*** *2e dim d'août et le sam précédent.* 2 jours durant, la ville ressort ses surcots et autres souquenilles du Moyen Âge. Concerts, marchés, ateliers, repas, animations...
– ***Revendran :*** *1er w-e des vac scol de Toussaint.* C'est le retour des alpages des bergers avec quelque 800 brebis. Traversée du village en fanfare (et cloches !).

BEAUVEZER

(04370) 380 hab. *Carte Alpes-de-Haute-Provence, C2*

Charmant et authentique petit village, juché à 1 170 m d'altitude. De rustiques maisons montagnardes y ont poussé en hauteur pour chercher le soleil, bordant des ruelles très étroites, obscures et pentues. De vieilles boutiques aux enseignes de bois que les années ont écaillées et quelques hôtels à la mode du début du XXe s, abandonnés ou reconvertis en appartements ; souvenirs de l'époque où la bonne société niçoise ou marseillaise venait ici faire des cures « d'air et de lait ». Beauvezer fut aussi le siège de la dernière manufacture de draps de la région, fermée en 1962.

Où dormir ? Où manger ?

Camping

Camping Paradis Les Relarguiers : *1224, route d'Allos. ☎ 04-92-83-47-73. • lesrelarguiers@orange.fr • relarguiers.fr • ♿ À la sortie du village, sur la gauche de la D 908, direction Thorame. Fermé de nov à mi-déc. Empl 20-28 € pour 2 avec tente et voiture. Locatifs 4-8 pers. 155 empl.* Au pied du village et au bord du Verdon, pris dans les pins, bien au frais, un joli terrain tout confort. La végétation qui sépare les emplacements donne à chacun un peu d'intimité. Barbecue, piscine chauffée, aires de jeux, minigolf. Pizzeria en juillet-août et le week-end à la mi-saison. On est ici proche du lac d'Allos et du Parc national du Mercantour. Accueil très aimable. Également un resto.

Bon marché

Hôtel Le Bellevue : *pl. du Village. ☎ 04-92-83-51-60. • info@lebellevue.eu • lebellevue.eu • Fermé fev-avr. Double 75 € ; ½ pens 72,50 €/pers. Menu unique 18,50 €.* Un petit hôtel du début du XXe s, qui a conservé un petit côté rétro sympa. Les chambres à l'étage, rénovées dans un style contemporain, sont plaisantes et spacieuses, la no 3 a même un petit balcon donnant sur la place. Bar-resto avec terrasse verdoyante. Cuisine de produits locaux. Atmosphère conviviale et familiale entretenue par un jeune couple plein de dynamisme.

Achats

Maison de produits de pays du haut Verdon : *à gauche de la D 908 en arrivant de Saint-André-les-Alpes. ☎ 04-92-83-58-57. Juin-sept et vac scol, tlj (ven-dim seulement hors vac scol) 9h30-12h30, 14h30-18h30.* Un lieu qui regroupe des artisans et producteurs locaux que vous auriez parfois du mal à dénicher. Il y en a pour tous les goûts : confitures, poteries, laine mohair, miel de lavande et de montagne, génépi... Idéal pour le pique-nique, avec la charcuterie et les fromages de montagne.

DANS LES ENVIRONS DE BEAUVEZER

LA VALLÉE DE L'ISSOLE

Petite vallée encore sauvage, pas du tout touristique, qui relie Beauvezer à Saint-André-les-Alpes. En aval de ***Thorame-Haute,*** la route poursuit au travers de paysages qu'on pourrait croire canadiens : vastes étangs, prairies festonnées de forêts. On descend ensuite sur Saint-André à travers les bois.

Où dormir ? Où manger ?

Camping du Villard : *04170 Thorame-Basse. 06-87-42-02-48. • contact@campingduvillard.com • campingduvillard.com • À la sortie de Thorame-Basse vers St-André-les-Alpes. Ouv mai-début oct. Empl 2 pers avec voiture 14 € ; chalets 4 pers à louer (à la nuitée sauf en été).* À 1 200 m d'altitude, un paisible village parfait pour la randonnée. Vaste camping nature bordé par la forêt, pas loin d'un étang (ou bien, est-ce déjà un lac ?). On plante sa tente dans le sous-bois ou dans le pré, où l'on veut, certains coins sont bien isolés. Côté pré, des chalets neufs et une vue grandiose sur les alpages. Le bar sert la bière maison (le houblon pousse dans la prairie, la brasserie est à côté des parents du proprio, qui font aussi chambres d'hôtes). Jeux pour enfants, barbecues et super accueil du fiston, qui se démène pour son camping (et sa bière !).

Chambres d'hôtes La Draille : *04170 Thorame-Basse. ☎ 04-92-83-92-53. 06-84-92-14-78. • genevieve@thorame-basse.com • À droite à l'entrée de Thorame-Basse. Double env 55 €. Apparts 4 pers. Table d'hôtes sur résa 19 €.* À l'entrée du village, dans un ancien bâtiment agricole à côté de la ferme et de la brasserie de la famille Pougnet, des chambres classiques et neutres mais très propres et vraiment pas chères, proposées comme chambre d'hôtes ou en appartement (avec la cuisine). Bonne table d'hôtes à la ferme avec des produits du coin, parfois même cuisinés à la bière. Accueil authentique et chaleureux.

LA VALLÉE DE LA VAÏRE

Via le col de ***La Colle-Saint-Michel*** (D 908 depuis Thorame-Haute), on rejoint la petite et verdoyante vallée de la Vaïre jusqu'à Annot. Si vous avez le temps, poussez « la chansonnette » jusqu'à ***Peyresq*** à 4 km, isolé, pris dans les montagnes à 1 528 m et restauré depuis 20 ans par des familles belges qui animent le village l'été. La route dégringole ensuite vers le fond de la vallée, offrant une vue superbe sur ***Méailles*** et ses vieilles maisons de pierre agrippées à leur piton rocheux. On traverse enfin ***Le Fugeret*** avec son vieux pont du XVIIIe s et sa fontaine, puis un chaos de blocs rocheux qui annonce ceux d'Annot.

Où dormir ? Où manger ?

🏠 🍽 ⛱ ***Auberge L'Oustalet :*** ***La Colle-Saint-Michel,*** *04170 Thorame-Haute. ☎ 04-92-83-23-80. • auberge.oustalet@orange.fr • gite-auberge-oustalet.com • Au col de La Colle-Saint-Michel, à 10 km de grimpette au-dessus de Thorame-Haute en direction d'Annot. Resto tlj ; hors saison, sur résa. Doubles 48-55 €/pers en ½ pens. Studios également. Menus 18-22 €.* Ambiance montagnarde, sans chichis, dans cette ancienne ferme réhabilitée. Chambres doubles et familiales de bon confort, certaines toutes neuves, autour d'un bel espace commun mansardé. À table, dans l'ancienne étable, la cuisine du pays est simple mais copieuse, avec agneau, veau, plantes et herbes du coin (velouté aux orties, épinards sauvages). Familiale et naturellement sympathique.

ANNOT

(04240) 1100 hab. *Carte Vallées alpines des Alpes-de-Haute-Provence, A-B3*

Annot (prononcez « Annote ») connut son heure de gloire à la fin du XIVe s, lorsque le comté de Nice ne fit plus partie de la Provence. Comme la ville était proche de la frontière, une garnison s'y établit. Annot devint alors un centre d'échanges entre la Provence, le comté de Nice et le Piémont. Un marché hebdomadaire et une foire franche furent institués.
Au XVIIIe s, l'industrie lainière se développa, aux côtés de fabriques de tuiles, de chapeaux et de distilleries d'essence de lavande. 3 moulins à huile dans la région produisaient quelque 30 000 l d'huile de noix. Mais l'industrie du noyer commença à boire la tasse dans les années 1870, et en 1890 la fabrication d'huile avait cessé.
Aujourd'hui, cette « Cité de caractère » préserve un joli petit centre doté de vieilles ruelles et de plaques qui, au fil des rues, racontent cette belle histoire. Ce village mi-provençal, mi-alpin, empreint de fraîcheur, à 705 m, offre de nombreuses possibilités de randonnées dans un très beau cadre de montagnes, avec notamment le fameux chaos du grès d'Annot en guise de but de promenade. L'été, la vallée fleure bon la lavande et le tilleul.

Adresse utile

ℹ ***Office de tourisme Verdon Tourisme :*** *pl. du Germe. ☎ 04-92-83-23-03. • verdontourisme.com • Mai-sept, lun-sam 9h-12h (12h30 juil-août), 14h-18h, dim et j. fériés 9h30-12h30 ; avr et oct, lun-ven 9h-12h, 14h-18h ; nov-mars, lun et mer-ven 10h-12h, 14h-17h.* Visite guidée de la ville *(juil-août, jeu à 14h).* Accueil compétent et d'une grande gentillesse. Infos sur le train à vapeur et le train des Pignes.

Où dormir ? Où manger ?

🏠 ***Chambres d'hôtes Sandra :*** *pré Martin (de l'autre côté du pont, fléché à gauche). 📱 06-70-79-13-85. • contact-prosecretariat@gmail.com • chambre-dhotes-sandra.business.site • Fermé janv-mars. Doubles 80-90 €. Table d'hôtes sur résa 25 € (boisson comprise).* Une jolie maison d'un ancien notable de la ville, restaurée avec goût par un jeune couple accueillant qui vit à l'étage. Le rez-de-chaussée est réservé aux hôtes avec 2 chambres confortables et très soignées dans un esprit romantique, et de sympathiques attentions (peignoirs, panier d'accueil, machine à café...). Cuisine d'été à disposition, ouverte sur une terrasse couverte donnant sur le jardin. Accueil aux petits soins de Sandra.

Pizzeria Le César : *66, pl. du Revelly. ☎ 04-92-83-31-50. • ericalp@hotmail.fr • Tlj sauf lun, plus dim soir hors été. Fermé début nov-Nouvel An. Plats 11,50-16,50 € ; pizzas 7-10 € ; carte env 20 €. Café offert sur présentation de ce guide.* On a beau être en Provence, on ne dédaigne pas pour autant une grande pizza, à la pâte fine et croustillante. Également quelques plats de viande, des salades, des fruits de mer et des pâtes (maison). Un décor qui fleure le pastis, à l'ombre de la terrasse.

À voir. À faire

Le vieux village : plein de caractère avec ses rues tortueuses, passages voûtés, pierres disjointes, maisons des XVIe et XVIIe s... Montez la Grand-Rue, qui s'ouvre sous une porte fortifiée. Les trottoirs, piliers et dallages sont en... grès d'Annot. De superbes portes sculptées anciennes. Un bel hôtel particulier du XVIIe s, la ***maison des Arcades,*** abrite le ***musée Regain*** : *☎ 04-92-83-23-03 (office de tourisme). Juil-août, tlj sauf mer ; 2de quinzaine de juin et 1re de sept, ouv le w-e. GRATUIT. Expos temporaires sur les traditions du village (objets d'antan).* Rue Notre-Dame, belles portes encore, surmontées de linteaux armoriés dont le plus ancien remonte à 1484. Tout au bout, beau et long lavoir. À une portée de cloches, l'église romane est flanquée de bas-côtés du XVe s qui s'ornent d'un étonnant graffiti révolutionnaire, tracé à la peinture rouge. À l'arrière, notez l'abside surélevée en tour de défense crénelée et un joli clocher Renaissance.

La Chambre du Roi (ou chaos de grès d'Annot) : *livret à l'office du tourisme.* Promenade superbe en boucle (compter 3h). Annot est célèbre pour ses rochers de grès, curieusement façonnés par l'érosion et assez spectaculaire. Dès l'entrée sud du village, remarquez les maisons blotties dans le rocher. Classé Espace naturel sensible, ce chaos rocheux, où se mêlent sites d'escalade, paysages étonnants, mystère des blocs de grès cyclopéens, sources de légendes ancestrales et d'histoires plurimillénaires, est à découvrir au cours d'une randonnée. Prendre le sentier balisé derrière la gare, qui grimpe jusqu'à un défilé à l'entrée duquel se situe à droite la caverne dite « Chambre du Roi ». Plus loin sur ce chemin, une corniche offre une vue splendide à 180° ! Puis on atteint les *Portettes,* arcs naturels de grès, les sous-bois pleins de fraîcheur des *Espaluns* et la chapelle *Notre-Dame-de-Vers-la-Ville.* Tout au long de la rando, des bornes interactives (avec codes QR) présentent la richesse de ce patrimoine.

Les bords de la Vaïre : traverser la rivière à partir de la place des Platanes, et suivre à droite la rivière par un chemin qui mène à la jolie *chapelle de Verimande,* construite par les Templiers.

– ***Le centre équestre de Vérimande :*** *quartier Vérimande. 06-17-75-54-33. • centreequestreannot.fr • Tte l'année.* Balades à poney ou à cheval.

– ***Déval'bike :*** *06-75-93-66-38. • haute-provence-outdoor.com • Mai-sept. Tarifs : 45-50 €.* Une descente accompagnée en VTT sans selle (sic !), réservée aux vrais sportifs. Sinon, descente en trottinette tout-terrain, un moyen original de profiter du panorama sans gros efforts.

Fêtes

– ***Saint-Fortunat :*** *sam-mar de la Pentecôte.* Avec bravade en costumes Empire et fanfare.
– ***Annot à Bloc :*** *1er w-e de juil.* Fête de l'escalade au pays des Grès.

ENTREVAUX

(04320) 820 hab. *Carte Alpes-de-Haute-Provence, B3*

Entre de sévères falaises qui semblent s'être entrebâillées pour lui laisser de l'espace, une place forte militaire, dominée par une citadelle haut perchée, intacte depuis le XVIIIe s. La ville verrouilla longtemps un lieu stratégique, puisqu'elle était située à la frontière des États de la maison de Savoie. Vauban améliora ses fortifications de 1692 à 1706. Loin des grands centres touristiques de la côte, elle n'a pas subi de restauration trop agressive ; au contraire, les façades fissurées et un certain laisser-aller font bien sentir l'effritement du passé... Côté papilles, ne manquez pas de goûter à la spécialité locale : la *secca,* une délicieuse salaison de rond de gîte de bœuf, hélas en voie de disparition.

Adresse utile

ℹ ***Office de tourisme Verdon Tourisme :*** *porte royale du pont-levis. ☎ 04-93-05-46-73. • verdontourisme.com • Juil-août, tlj 9h-12h30, 14h-18h ; mai-juin et sept-oct, fermé l'ap-m des dim et j. fériés ; nov-avr, fermé mar, w-e et j. fériés (17h en sem).* Visite de la ville close. Très bon accueil, dynamique. Infos sur le train à vapeur et sur le train des Pignes (voir également la rubrique « À faire » à Digne-les-Bains).

Où dormir ? Où manger ?

🏠 ***Chambres d'hôtes La Maison de Julie :*** *1634, route du Plan, pl. Sainte-Marguerite. ☎ 04-93-02-46-42. • contact@maison-julie.com • maison-julie.com • Prendre la N 202 vers Annot sur 1,5 km ; puis à gauche la D 560 sur 2 km ; fléché ensuite. De mi-avr à oct. Double 70 € ; familiale. Gîte 4 pers. CB refusées. Remise de 10 % sur la chambre (sauf de mi-juin à mi-sept) sur présentation de ce guide.* Dans *La Maison de Julie*, vous êtes reçu par... Carole et son sourire réservé. Ici, 2 vastes chambres sobres et coquettes. L'une dotée d'une véranda, l'autre d'une mezzanine pour les enfants. Gîte tout aussi bien... Le petit déj se prend sur la terrasse et on peut utiliser une cuisine. Pour compléter, une vue panoramique sur la vallée du Var et les clues alentour.

🏠 🍴 ⛱ ***Hôtel-restaurant Le Vauban :*** *4 pl. Louis-Moreau. ☎ 04-93-02-13-05. • contact@hotel-restaurant-levauban.com • hotel-restaurant-levauban.com • Tlj sauf dim soir (et lun-mar hors saison). Doubles 55-90 €. Carte 25-30 €.* Au beau milieu du village, cette ancienne gare routière inachevée des années 1930, transformée en hôtel dès 1933, abrite un vaste espace dédié au restaurant, avec une terrasse aux beaux jours donnant sur la citadelle. À la carte, des plats simples mais fort honnêtes : pizzas, burgers, entrecôte, moules marinières, etc. De quoi se caler avant de repartir. Cela dit, on peut aussi passer la nuit sur place, dans l'une des chambres bon marché avec w-c sur le palier ou, pour un peu plus cher, dans une chambre avec salle de bains. Le tout a été rénové simplement. Pas de petit déj, en revanche.

Crêperie du Chevalier : *rue Basse-des-Remparts. ☎ 04-93-05-43-68. • claudine.fougeron@orange.fr • Tlj sauf mar soir et mer (plus lun, mar midi et jeu soir hors saison). Fermé de mi-nov à fin mars. Carte 20-25 €. Apéritif ou café offert sur présentation de ce guide.* Là, il faut s'enfoncer dans les petites ruelles presque secrètes pour un petit moment de réjouissance autour de galettes qui font la part belle à des garnitures originales, comme la très locale *secca* de bœuf, celle au fromage de chèvre local ou alors celle à la fondue de poireaux... Quant aux crêpes sucrées, elles glissent toutes seules !

À voir

La vieille ville : vaut vraiment le détour. On y pénètre par un pont-levis et on se laisse dériver dans les rues ombragées aux hautes maisons pittoresques. La tortueuse *rue Serpente,* la *rue Coude* (devinez-en la forme), l'*Androne-la-Voûte* (c'est son nom !) couverte sur une bonne vingtaine de mètres, et la *rue Rompe-Col* qui a dû voir de belles gamelles. Juste derrière la mairie, belle placette bordée d'antiques bâtisses, dont l'ancien ***hospice Saint-Jacques.*** Juste à gauche, jetez un œil à la belle fortification avec pont-levis de la ***porte de France.*** Enfin, on peut faire une balade sur le ***chemin de ronde,*** ponctuée de petites expos qui témoignent du quotidien et des traditions d'antan *(accès par l'office du tourisme ; 2 €).*

L'église : l'ancienne cathédrale date du début du XVIIe s et s'est « naturellement » intégrée dans les fortifications ordonnées par Vauban. D'où son clocher crénelé qui servait de tour de guet et de défense. La porte en bois exprime un style Louis XV bien affirmé, avec force rocailles et moulures. L'intérieur est un chef-d'œuvre de décoration baroque et gothique. Le maître-autel, somptueux, traité à la feuille d'or, est un des plus beaux de la région. Superbes stalles (une bonne cinquantaine), en noyer sculpté.

Le musée de la Moto : *rue Serpente. ☎ 04-93-79-12-70. • franck.luciani@gmail.com • Accès fléché. Juil-aout, tlj 10h30-12h30, 14h30-18h ; avr-juin et sept, w-e et j. fériés seulement. GRATUIT.* Quelque 105 modèles de tout ce qui a 2 roues et un moteur. Le résultat de 55 ans de « collectionnite » aiguë... accroché jusqu'aux plafonds, sur 3 étages d'une ancienne remise. Des pièces rares, étonnantes ou mythiques : pratiquement toutes les années 1970-1980 sont représentées, Motobécane, Kawasaki, la 103 Peugeot SP, un scooter de parachutiste, des motos pliables, une mobylette à 2 moteurs, etc. Et l'accueil d'un passionné qui ne se fera pas prier pour vous raconter sa collection familiale.

La citadelle et le musée de la Poudrière : *accès tte l'année (compter 30 mn à pied). Entrée : 3 € (machine délivrant des jetons ou les acheter à l'office de tourisme) ; réduc ; gratuit moins de 4 ans.* Une dizaine de rampes en zigzag mènent au vieux château. La construction de cet étonnant chemin fortifié, commandé par Vauban, nécessita 50 années de travaux. Il la voulait imprenable, elle le resta. De loin, et d'en bas, elle a des airs de mini-muraille de Chine. Le bâtiment en lui-même comprend 3 casernes, une boulangerie et la maison du commandant. Situé à 150 m au-dessus du fleuve, de là-haut, la vue panoramique est tout bonnement sensationnelle.

DANS LES ENVIRONS D'ENTREVAUX

Les gorges de Daluis et du Cians : parmi les plus grandioses paysages de la région. Dans le département voisin des Alpes-Maritimes, mais l'accès aux gorges de Daluis se fait par la N 202, à mi-chemin entre Entrevaux et Annot. Après Guillaumes, la D 28 mène à Valberg puis Beuil, avant de redescendre à travers les gorges du Cians.

🚶 ***Le pont de la Reine-Jeanne :*** très beau pont classé situé sur la N 202, juste après le tunnel sur la gauche, à 8 km d'Entrevaux. Il est surtout visible en descendant d'Annot vers Entrevaux.

🚶🚶 On peut gagner le Verdon par la N 202 et le ***col de Toutes-Aures.*** Belle route, tranquille pour une nationale, succession de clues vertigineuses comme la région en a le secret et de vallées plus aimables. Vous noterez, au passage, juste avant le village de Vergons, ***Notre-Dame-de-Valvert.*** Une très belle chapelle (XIIe s) qui baigne ses formes romanes et son toit en lauzes dans un magnifique paysage. Passé le croquignolet cimetière, on pénètre dans cet intérieur superbe de simplicité avec sa nef unique et ses 3 chapelles absidiales.

LES STATIONS DES ALPES-MARITIMES

• Carte *p. 391*

Petite embardée dans le département des Alpes-Maritimes, et nous voici dans le « haut pays », rebaptisé Alpes d'Azur, aux allures de petite région. Nous avons sélectionné dans ces pages les stations d'altitude : *Isola 2000, Valberg* et *Auron.* Rien n'empêche les lecteurs qui veulent en savoir plus sur ces secteurs sauvages et protégés situés autour du Parc national du Mercantour de se reporter au *Routard Côte d'Azur.*

VALBERG (06470)

À 1 700 m d'altitude, Valberg est une station estivale résolument tournée vers le développement durable, au milieu des prairies, juste à la porte du parc du Mercantour. Une station authentique et conviviale, depuis sa création en 1936. En hiver, aménagements spéciaux pour les petits qui débutent à ski avec le *club Piou-Piou*. Et les autres saisons ne sont pas en reste pour s'occuper dans les parages.

Adresses et infos utiles

Office de tourisme : *pl. Charles-Ginesy. ☎ 04-93-23-24-25. • valberg.com • Au cœur de la zone piétonne. Tlj (sauf dim oct-nov hors vac scol) 9h-12h30, 14h-18h30 env.* Très pro et accueillant.

➢ ***Mobilité douce :*** navettes électriques GRATUITES dans le village en saisons d'été et d'hiver.

■ ***Maison du Parc national du Mercantour :*** *pl. Charles-Ginesy. 📱 06-22-91-46-53. • mercantour-parcnational.fr • Tlj (sauf mer hors vac scol) 9h-12h, 14h-18h (10h-13h, 15h-19h juil-août).* Informations, brochures, renseignements sur le parc. Des animations également 1 fois par semaine en juillet-août.

■ ***Maison des guides OEROC :*** *12, av. de Valberg. 📱 06-85-21-60-39 ou 06-74-09-35-60. • oeroc.com •*

■ ***École du ski français :*** *bas du Garibeuil. ☎ 04-93-02-51-20. • esf-valberg.com •*

– ***Marché :*** *mar et ven sur la pl. Ginésy.*

Où dormir ? Où manger ?

De bon marché à prix moyens

Chambres d'hôtes Le Chant du Mêlé : *970, chemin des Huerris. ☎ 04-93-02-57-88. 📱 06-81-98-53-90. • contact@chambres-hotes-valberg.com • chambres-hotes-valberg.com • Tte l'année. Doubles 97-110 €. Table d'hôtes 36 €.* En lisière de la station, un bois et des alpages comme décor, ce chalet de Patricia et Patrick vous accueille au chant du bois de mélèze qui

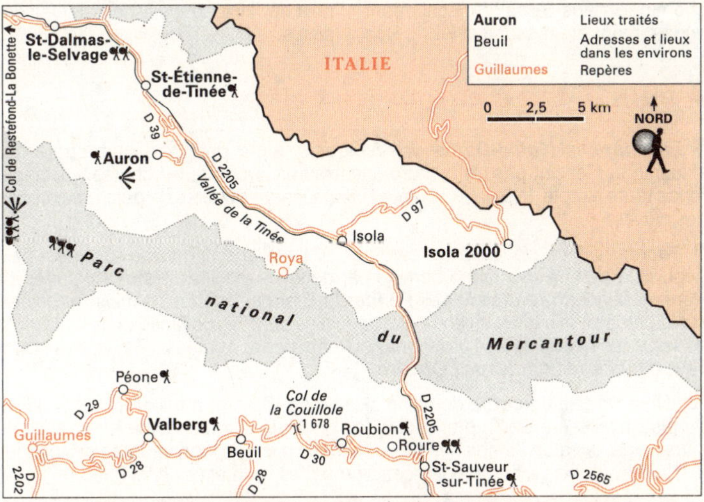

LES STATIONS DES ALPES-MARITIMES

craque. Un bois, véritable roi ici, mis en valeur par le sens de la décoration de la maîtresse des lieux. Salon avec cheminée et salle à manger d'où l'on observe cerfs et blaireaux dans la nature.

Le Sapet : *11, av. de Valberg. ☎ 04-93-03-14-98. • lesapetvalberg@yahoo.com • Tte l'année, tlj 9h-22h. Formule et menu au déj 19-22 € ; plats 25-32 € ; pizzas 10-17 €.* Si la grande terrasse permet de prendre la température du cœur de la station, c'est bien dans la salle qu'on adore se réfugier. Une déco de montagne très intelligemment revisitée et réjouissante, pour se régaler d'une cuisine tout feu tout flamme. Antipasti maison, lasagnes au chèvre, gnocchis aux champignons... Rien à rajouter. Sauf peut-être de laisser un peu de place pour les desserts, loin d'être en reste !

Chalet d'Altitude : *06-98-24-41-39. • genepihotel@gmail.com • Accessible selon saison à pied, à raquettes, à skis ou par le télésiège de la Croix du Sapet. Juil-août et de déc-mars, tlj. Plats 15-24 €.* À 1 820 m d'altitude, vue à 360° garantie autour d'une cuisine traditionnelle (été) ou en version restauration rapide (hiver).

De prix moyens à plus chic

Hôtel Le Chastellan : *6, rue Saint-Jean. ☎ 04-93-02-57-41. • contact@le-chastellan.com • le-chastellan.com • Congés : nov. Doubles 89-135 €, petit déj inclus.* Derrière une haute façade en pierre de taille, un hôtel tout en simplicité où l'on peut venir en famille. Et, de surcroît, le seul de la station ouvert à l'année. La plupart des 32 chambres, dont quelques-unes avec balcon, ont une vue agréable. Propreté irréprochable et accueil délicieux. Coin TV et salle de jeux pour vos bambins. Jardin et terrasse.

Le Chalet Suisse : *4, av. de Valberg. ☎ 04-93-03-62-62. • resa@chaletsuisse.fr • chaletsuisse.fr • Congés : avr-mai et oct-nov. Doubles 149-182 € ; petit déj 15 €.* Une bonne vingtaine de chambres, dont certaines pour 4 personnes. La plupart, de taille plutôt petite, sont joliment arrangées et cosy. Les plus grandes ont un petit balcon côté piste. Les espaces communs sont confortables et personnalisés, presque comme dans une maison de famille ;

cheminée dans le salon. Également un hammam et un sauna *(25 €/h).* Bon petit déj. Une bonne escale au pied des pistes.

À voir. À faire autour de Valberg

La chapelle Notre-Dame-des-Neiges : sainte patronne protectrice des skieurs (ça n'exclut pas de prendre une assurance contre les chutes !). D'apparence toute simple, la façade comme l'intérieur sont décorés de peintures modernes naïves.

Péone : *à 8 km de la station par la D 29.* Le village dégouline comme il peut depuis un pan de montagne dominé par de jolies aiguilles (les ***demoiselles de Péone***). Mignonne ***chapelle des Pénitents-Blancs,*** façades de maisons peintes sur la place de la mairie, un entrelacs de ruelles bordées de façades bien plus rustiques, avec quelques jolis passages couverts, portes voûtées... Tiens, aventurez-vous dans l'étroit ***goulet de l'Orfèvre.***

On a un faible pour le domaine skiable de Valberg, à taille humaine. 90 km de pistes reliées à Beuil, praticables (en principe) jusqu'en avril. Mais, avec ou sans neige, il y a de l'ambiance toute l'année : piste de luge en toute saison, golf (9 trous), motoneige, randos balisées à raquettes, itinéraires en VTT...

➢ ***Excursions :*** le ***sentier planétaire*** *(10 km A/R depuis le centre de la station)* évoque notre galaxie à l'échelle 1/1 000 000, avec des monolithes représentant planètes et étoiles. Autre balade, le ***sentier des Pionniers***, un parcours urbain qui entraîne à la découverte de l'histoire de Valberg.

Manifestation

– ***Festival Astro :*** *mi-août.* 3 jours dédiés à la découverte de l'astronomie sous tous ses angles. En plein air, au lac du Sénateur.

DANS LES ENVIRONS DE VALBERG

BEUIL *(06470)*

À 7 km à l'est de Valberg, à la naissance des superbes ***gorges du Cians,*** petite et quiète station familiale estivale et de sports d'hiver à 1 480 m d'altitude. Domaine skiable couplé avec celui de Valberg, et 3 boucles dédiées au ski de fond. Le cœur du village garde un caractère montagnard autour d'une adorable placette. Elle arbore en son centre une de ces ***Tête carrée*** dont le sculpteur Sacha Sosno avait le secret. Il venait à Beuil se changer les idées. La place accueille aussi une ***église*** du XVIIIe s dont le clocher roman date du XVe s. Intérieur richement décoré : superbe tableau (*L'Adoration des mages,* école de Véronèse), colonnes torses noires, angelots sculptés, etc. Tout plein de belles excursions dans le coin, vers le ***mont Mounier*** (2 800 m), par exemple, ou la ***chapelle Saint-Jean*** : panoramas grandioses garantis !

Adresse et info utiles

Office de tourisme : *quartier du Pissaïre (au carrefour principal).* ☎ *04-93-02-32-58.* ● *beuil.fr* ● *Tlj (sauf lun et jeu basse saison de ski) 9h-12h, 14h-17h.* Accueil gentil et très pro.

– ***Marché de producteurs locaux :*** *en été, mer 17h-19h, dim 9h-12h.*

Où dormir ? Où manger ?

Camping

Le Cians : *D 30, route de la Couillole. ☎ 04-93-02-57-29. • contact@camping-le-cians.fr • camping-le-cians.fr • Tte l'année. Forfait tente 21-23,50 €. Loc chalets (1-4 pers) et d'une bulle. 45 empl.* Terrain propret qui alterne des emplacements sur herbe ou gravillons. Quelques hébergements originaux : chalets, caravane au look vintage, cabane chauffée, mais aussi une bulle... pour buller face aux montagnes et sous un magnifique ciel étoilé. Petit déjeuner possible, avec confitures maison. Resto-épicerie bio sur place.

De bon marché à prix moyens

Hôtel L'Escapade : *15, bd Marcel-Pourchier. ☎ 04-93-02-31-27. • hrlescapade@gmail.com • hrlescapade.fr • Doubles 75-105 €. Menu 30 € ; plats 19-24 €.* Bâtiment typique des années 1960, tentant de se faire passer pour un gros chalet de montagne. Quoi qu'il en soit, jolie vue depuis le balcon de certaines chambres à la déco réjouissante, bien au goût du jour. Les moins chères se partagent les w-c sur le palier. Côté resto, la carte se tient bien, avec quelques belles idées copieuses comme les cannellonis aux sanguins ou la truite du Cians au pistou. Excellent accueil.

Hôtel Génépi : *22, bd Marcel-Pourchier. 06-60-40-75-82. • genepihotel@gmail.com • hotelgenepi.fr • Doubles 75-150 €, petit déj inclus. Plat env 28 € ; burgers 19-28 €.* De petites chambres blanches comme un flocon de neige et de bon confort, servies par un accueil jeune et avenant. Jolie salle de resto bardée de bois, ou terrasse avec les alpages en cinémascope pour savourer de roboratives spécialités de montagne.

Le Relais du Mercantour : *à l'entrée du village. ☎ 04-93-02-35-94. • relaismercantour@sfr.fr • Tte l'année, tlj sauf mar-mer 8h-18h. Plats du j. 15-20 €. Café offert (si consommation au resto) sur présentation de ce guide.* Un lieu qui dépanne touristes et habitants en carburant, chaînes (l'hiver !), tout en proposant, comme « bistrot de pays », une restauration simple à prix doux, tendance locavore. Il y a même des vins et bières bio.

Le Restaurant : *5, bd Marcel-Pourchier. ☎ 04-93-02-32-52. Tlj Congés : avr-mai et oct-nov. Plats 13-20 € ; pizzas 10-13 €. Digestif offert sur présentation de ce guide.* Ici on fait dans le locavore et le sincère tout à la fois. De vraies bonnes pizzas, et des desserts à s'en lécher les doigts, au propre comme au figuré.

Où acheter de bons produits ?

Le Rucher aux Marmottes : *route des serres de Nairaud (direction Valberg), Les Launes. 06-19-49-42-19. Tte l'année. Tlj 10h-12h, 15h-18h.* Excellents miels butinés sur des fleurs de la région, pains d'épice, nougats.

ROUBION *(06420)*

Accessible depuis Beuil (13 km) par le col de la Couillole ou Saint-Sauveur-sur-Tinée (12 km), ce village médiéval s'agrippe au flanc de la montagne, dans son écrin de verdure. Superbe de loin comme depuis l'intérieur du lacis de ses ruelles en pente, émaillées de très jolies ***portes peintes.*** Juste en contrebas du village, la ***chapelle Saint-Sébastien*** renferme d'admirables peintures murales

du XVIe s (clé sur demande au Point info tourisme).
Aux **Buisses,** à 2,5 km du village, Roubion se la joue aussi ***station de ski*** en hiver. L'été, les amateurs peuvent dévaler à vélo les pistes, accessibles par télésiège, sous l'œil amusé de milliers de moutons et d'un troupeau de vaches qui effectuent leur estive dans ce bout de montagne. Une tradition couronnée, le 1er dimanche d'octobre, par des festivités très... « bêle ».

DES IMMAGES PIEUSES « EXCOMMUNIÉES »

Les vallées de la Tinée, de la Vésubie et de la Roya comptent des joyaux de chapelles peintes aux XVe s et XVIe s. La technique à la détrempe employée est très locale, utilisant des mélanges de pigments naturels, œuf délayé et latex de figuier. Au XVIIIe s, le clergé fit recouvrir ces motifs religieux qu'il trouvait (trop) naïfs et populaires : il ne pouvait plus les voir en peinture !

Adresse utile

Point info tourisme : au village. ☎ 04-93-02-10-30. • roubion.com • Ouv de mi-mars à mi-déc, tlj (sauf dim-lun hors mai-sept). Borne d'information à l'extérieur, 24h/24. Autre bureau à la station des Buisses ouv tlj de mi-déc à mi-mars. Loc de vélos à assistance électrique. Infos concernant les nombreuses activités (*via ferrata,* VTT, escalade, canyoning, raquettes, ski de fond...) et gîtes d'étape des alentours.

Où dormir ? Où manger ?

De bon marché à prix moyens

Chambres d'hôtes Le Rupicapra : en haut du village. ☎ 04-93-02-58-72. 06-85-04-13-91. • lerupicapra@gmail.com • rupicapra-tinee.com • Congés : de mi-nov à mi-janv. Doubles 90 € ; familiales. On se sent bien dans cette vieille maison accrochée tout là-haut, avec ses chambres confortables, colorées, décorées chaleureusement. Terrasse bien sympa de l'autre côté du passage. Solides petits déj. Babeth a le sens de l'accueil et du service tout à la fois.

De chic à plus chic

Auberge Quintessence : col de la Couillole. ☎ 04-93-02-02-60. • contact@auberge-quintessence.com • auberge-quintessence.com • Congés : mars-avr. Ouv jeu-lun (plus mer juil-août). Doubles 300-327 € en ½ pens. Resto au dîner seulement. Menu (5 services) 77 €. Un beau chalet de montagne tout en pierre et bois, plein d'histoire(s). Christophe Billau, chef habitué des grandes brigades, a repris, avec son épouse Pauline, ce qui fut un simple gîte d'étape pour en faire une adresse gastronomique. Selon la saison, on se calera au coin du feu ou l'on profitera du splendide panorama depuis la terrasse ensoleillée. À table, on fait bombance d'une cuisine précise, simple et enthousiasmante. Le chef respecte les produits, la cuisson, et les clients aussi. Résultat, tout le monde ne jure plus à 50 lieues à la ronde que par cette *Quintessence*-là. Pour éviter de filer à l'anglaise, 7 chambres (point trop n'en faut) tout confort.

ROURE *(06420)*

Sur la descente vers Saint-Sauveur-sur-Tinée. Loin de tout, perché sur un promontoire dominant la vallée de la Vionène et de la Tinée, Roure est l'exemple même du vieux village « nid d'aigle » montagnard avec ses toits de bardeaux (planchettes

de bois) ou de lauzes. Belles ***maisons et granges*** des XVIIe et XVIIIe s, à auvents. Dans l'église, *retable de l'Assomption* attribué à François Brea.
À 300 m du village, la ***chapelle Saint-Sébastien et Saint-Bernard*** affiche de très belles peintures murales du XVe s, visibles depuis l'extérieur par les fenêtres munies de grilles. Sur la droite, une « Frise des vices » montre des damnés en route vers l'Enfer. Détail croustillant, un diable tire une femme par les cheveux vers les enfers pendant qu'un 2e cornu ôte le nimbe (cercle sacré autour de la tête) d'un religieux : il s'agirait de Delphine Bovis qui entretenait au début du XVe s une relation adultérine avec Pierre Blanqui, curé de Roure.

Où dormir ? Où manger ?

Chic

Auberge Lo Robur : *38, rue Centrale. ☎ 04-93-02-03-57. • reservationrobur@gmail.com • aubergelorobur.com • Congés : d'oct à mi-déc. Doubles 94-124 €, petit déj inclus. Resto : juin-oct, jeu-lun ; de mi-déc à juin mar-ven midi. Formule déj 32 € ; menu (6 services !) 79 € ; plats 27-33 €.* Déborah Georges a posé ses fourneaux dans cette jolie auberge de village qui prend une tournure gastronomique. Plats et menus s'alimentent directement de produits du moment et de la région. On regretterait presque de défaire ces jolies présentations, si la gourmandise ne l'emportait finalement sur le plaisir du regard. Un regard à la fête, dans cette salle panoramique ouverte en belvédère sur la vallée de la Tinée. 7 chambres confortables et bien équipées sont bercées par une vue tout aussi belle depuis les étages !

À voir

L'arboretum Kroenlein : *07-82-93-70-98. À 2,5 km du village par la route ou à 50 mn de marche par le GR 5. • arboretum-roure.org • Tte l'année, tlj 10h-18h (16h ou 17h hors saison). Tarif : 5 € ; gratuit moins de 12 ans ; réduc. Visites guidées gratuites de 1h30-2h.* Un lieu aussi inattendu que bienvenu. Plus de 500 arbres s'étagent sur 15 ha, entre 1 200 et 1 700 m d'altitude. Un véritable ***conservatoire d'arbres d'altitude*** du monde entier qui renferme des variétés étonnantes comme l'abricotier du Tibet. À l'automne, la ***collection d'érables*** explose de merveilleuses couleurs. De passionnantes visites commentées abordent la géologie, la climatologie et la dendrologie (l'étude des arbres). 70 ***sculptures d'art*** contemporain ponctuent le parcours, mariage réussi de la nature et de la culture. Un lieu vraiment destiné aux contemplatifs...

SAINT-SAUVEUR-SUR-TINÉE *(06420)*

Agréable bourg niché dans une vallée encaissée, sur la route des stations de sports d'hiver. Le village abrite de hautes et sévères maisons aux linteaux gravés. Jolie *église* médiévale, flanquée d'un clocher carré de 1333. À l'intérieur, *retable de Notre-Dame,* de Guillaume Planeta (1483). Nombreuses possibilités d'excursions.

SAINT-ÉTIENNE-DE-TINÉE (06660) 1 550 hab.

Ce gros village situé dans un amphithéâtre de montagnes, à 1 140 m d'altitude, est pourtant resté longtemps isolé du reste du monde. La vie y était particulièrement rude. Rattaché à la France par référendum en 1860, ce petit

coin de Savoie resta, jusqu'au début du XXᵉ s, un centre actif de production des draps en toile de chanvre de la haute Tinée. En 1900, l'élargissement des routes, l'avènement de l'automobile et la naissance de la station d'Auron lui permirent de se développer. En 1929, un incendie ravagea malheureusement la moitié du bourg. C'est aujourd'hui un agréable lieu de séjour l'été et un centre d'excursions vers les lacs d'altitude et les sommets culminant jusqu'à 3 031 m.

– Mi-juin, ***fête de la Transhumance*** que l'on retrouve à la redescente des moutons de leurs alpages, en octobre.

Adresses et info utiles

Office de tourisme : *pl. de l'Église.* ☎ *04-93-02-41-96.* • *stationsnicecotedazur.com* • *Tlj (sauf dim-lun hors juil-août) 9h-12h, 14h-18h.*

Maison du Parc national du Mercantour : *quartier de l'Ardon.* ☎ *04-93-02-42-27.* • *mercantour-parcnational.fr* • *Mar-sam (plus dim juil-août) 10h-13h, 15h-19h.* Informations sur le parc, sa faune, les activités nature... Salle d'interprétation très bien faite (empreintes, fiches descriptives de la faune, de la flore...), herbier et projection possible de films (10-60 mn).

– ***Marché :*** *ven mat, tte l'année.*

Où dormir ? Où manger ?

Chambres d'hôtes Les Toits Rouges : *à* ***Douans-le-Haut.*** *06-50-50-82-49.* • *lestoitsrouges.douans@gmail.com* • *lestoitsrouges.fr* • *Depuis la M 2205, monter à Douans-le-Haut (route étroite), puis 1,6 km de piste rocailleuse, puis 300 m à pied (sentier de randonnée pentu, balisage jaune). Double 95-110 € avec petit déj ; en ½ pens 140-155 €.* Le paradis se mérite... Cette chambre d'hôtes atypique est allée percher ses toits rouges tout là-haut, à flanc de montagne. Après 23 ans de navigation sur les océans du monde, Véronique et Yves ont laissé le silence de la mer pour celui des sommets. Et quel silence, quel environnement préservé ! Accueil aux petits oignons, 5 chambres disséminées dans des chalets au confort montagnard, ornés de tableaux et sculptures d'Yves. À table (½ pension quasi incontournable vu l'isolement), que du bio, dont une bonne partie venant du potager. Un sauna pour se chauffer et un bassin pour se rafraîchir compléteront ce tableau digne d'un coup de cœur.

Le Régalivou : *8, bd d'Auron.* ☎ *06-21-61-00-25.* • *gwladys06660@gmail.com* • *lerigalivou.licebiz.fr* • *Double 80 €. Resto tlj. Plats 14-26 € ; pizzas 10-18 €.* Petit hôtel tout simple pour dépanner, dans une grosse maison évoquant les pensions d'antan. Chambres confortables, sans charme particulier mais claires. La terrasse ombragée accueille une cuisine généreuse et roborative.

À voir. À faire

L'église Saint-Étienne : *accès libre.* Fortement endommagée par les guerres de Religion, elle fut restaurée au XVIIIᵉ s. Joli clocher roman lombard, tour à 4 étages, édifié en 1492 (c'est le monument le plus ancien du village). À l'intérieur, maître-autel de 1669 en bois doré d'influence espagnole.

Les sites suivants se visitent ***uniquement sur réservation*** auprès de l'office de tourisme.

La chapelle des Trinitaires : *visite ven à 16h (rens à l'office de tourisme).* Elle abrite des fresques datées de 1685, qui représentent Notre-Dame-du-Bon-Remède ou la Madone des Combats-Navals. Sur la voûte est illustrée la bataille

LES STATIONS DES ALPES-MARITIMES

de Lépante (de nombreux Niçois y participèrent). Les Trinitaires étaient chargés de racheter les chrétiens captifs aux barbaresques.

La chapelle Saint-Sébastien : *visite mer à 10h (rens à l'office de tourisme).* À l'entrée du village (pour protéger celui-ci de la peste !). Fresques remarquables de la fin du XVe s, de Baleisoni et Canavesio.

La chapelle des Pénitents-Noirs, ou chapelle Saint-Michel et celle des Pénitents blancs : *visite mer à 10h (rens à l'office de tourisme).* Aménagée en musée d'art religieux. Retable du XVIe s.

➢ ***Randonnées pédestres et VTT sur le plateau de Lieuson :*** *accès par la télécabine de la Pinatelle (● ete.auron.com/bike-park-vtt-2 ●).* Belle vue panoramique sur la vallée de la Tinée, la chaîne de montagnes frontalières et vue plongeante sur le village. On peut pousser en télésiège jusqu'à la cime de Bercha à 2 274 m.

SAINT-DALMAS-LE-SELVAGE (06660) 125 hab.

Voici notre village préféré dans le coin, à la fois isolé et facile d'accès, qui a su conserver un caractère simple et pittoresque. À près de 1 500 m d'altitude, c'est la commune la plus haute du département. En déambulant dans les ruelles pavées du village, on verra des *cadrans solaires* sur les façades des maisons, dont l'architecture est adaptée aux conditions hivernales difficiles. Quelques toits en bardeaux de mélèze subsistent. L'église à l'entrée du village et la chapelle Sainte-Marguerite, toutes 2 classées, sont ouvertes à la visite. Demander la clé de l'église à l'office de tourisme ; la chapelle se visite sur rendez-vous seulement.

Adresse utile

Office de tourisme : *☎ 04-93-02-46-40. ● stationsnicecotedazur.com ● saintdalmasleselvage.fr ● Ouv 9h-12h, 14h-18h : juil-août, tlj sauf mer et dim ; déc-mars, tlj sauf mer-jeu ; le reste de l'année, téléphoner avt.* Propose notamment des expos temporaires en rapport avec le pays et le terroir.

Manifestations

– ***Faites de la montagne :*** *début fév. Pass 15 €/j.* On peut goûter un échantillon des nombreuses activités de plein air proposées dans les environs. Version été ou version hiver.

À voir. À faire dans le coin

Route ouv de mi-mai à mi-oct. Rens sur ● routedelabonette.com ● Entre Nice et Barcelonnette, entre Tinée et Ubaye, entre Provence et Piémont, le ***col de Restefond la Bonette*** est accessible par l'une des plus hautes routes goudronnées d'Europe. Inaugurée en 1961, elle avait déjà été classée « Route impériale » un siècle plus tôt par Napoléon III, quand elle n'était qu'un simple sentier muletier. Là-haut, un panorama époustouflant à 360° sur les Alpes donne le sentiment d'atteindre le toit du monde. On y accède par d'innombrables lacets, au milieu des marmottes. De la mi-juin à mi-octobre, jusqu'à 2 000 têtes d'ovidés moutonnent

aussi sur ces pentes. La ***cime de la Bonette*** possède une table d'orientation à 2 862 m.
On observe quelques fortins et blockhaus sur les versants de la Bonette, jadis axe stratégique pour surveiller la frontière italienne. Le plus saisissant se situe au niveau du ***camp des Fourches,*** village fantôme au milieu de nulle part, et ancien camp militaire français. Récemment restauré, le site est constellé de panneaux explicatifs très intéressants sur la géographie, l'histoire du camp, la faune et la flore de ces montagnes. Du camp, on accède en 20 mn à pied (faible dénivelé) au ***col des Fourches,*** qui offre un superbe panorama sur le ***Salso Moreno*** et ses impressionnantes dolines (trous calcaires).

PLUS HAUTE ROUTE D'EUROPE ?

Les brochures touristiques du Mercantour l'affirment haut et fort, la route du col de la Bonette serait la plus haute d'Europe. Pourtant, des cols en Espagne sont encore plus élevés, accessibles eux aussi en voiture. La route menant aux stations de ski de Sierra Nevada constitue le record actuel, à plus de 3 000 m d'altitude. Chut !

Le circuit des lacs et le refuge de Vens *(2 380 m)* **:** *compter 5h l'A/R. Départ depuis la route du col de la Bonette, au niveau du parking de Pra ou depuis le parking de Vens (2h30 de marche jusqu'au refuge).* Superbe rando parmi petits mélèzes, rhododendrons et myrtilles, jusqu'au verrou du grand lac de Vens d'où l'on découvre subitement les eaux, vertes ou bleues selon la lumière. Passage par un petit col panoramique (2 422 m).

AURON (06660)

Très bien situé sur un plateau ensoleillé, à 1 600 m d'altitude, au centre d'un cirque de montagnes et aux portes du Parc national du Mercantour, cet ancien hameau était autrefois le grenier à blé du village de Saint-Étienne-de-Tinée. C'est désormais une station de sports d'hiver réputée, qui garde un côté familial très agréable.

Adresse et infos utiles

Office de tourisme **:** *grange Cossa. ☎ 04-93-23-02-66. • auron.com • En saison, tlj 9h-12h, 14h-18h.*

École du ski français : *☎ 04-93-23-02-53. • esfauron.com •*
– ***Marché :*** *mer mat en juil-août.*

Où dormir ? Où manger ?

De prix moyens à plus chic (à beaucoup plus chic en hiver)

Hôtel L'Écureuil : *bd Georges-Pompidou. ☎ 04-93-23-02-72. • contact@lecureuil.com • lecureuil.com • Ouv de mi-juin à mi-sept et de déc à mi-avr. Double env 120 € en été, jusqu'à 270 € en hiver ; petits déj 16-18 €. ½ pens possible. Resto fermé le midi. Menu 35 € ; plats 25-35 €.* Ce beau chalet abrite des chambres douillettes, certaines avec balcon. Bon rapport qualité-prix. En hiver, les prix dégringolent en semaine. Cheminée dans le salon. Pierre et bois au resto, qui associe le moderne au traditionnel. Bonne cuisine bistrotière, alliant saveurs locales et du monde.

Las Donnas : *3, rue Sainte-Marie-Madeleine. ☎ 04-93-23-00-03. • information@lasdonnas.com • lasdonnas.com • Ouv août et de mi-déc à fin mars. Doubles 120-170 € ; familiales ; petit déj 20 €. 1 petit déj/pers et par nuit offert sur présentation de ce guide.* Hôtel agréable et calme, donnant sur la place centrale. Chambres classiques, un peu petites pour certaines. Celles situées côté sud, avec balcon face aux pistes et baignoire, sont les plus agréables. Belle terrasse et solarium.

Le Bistronome : *1, pl. Centrale. ☎ 04-93-03-12-87. De fin nov à mi-mai et de mi-juin à début oct, tlj (fermé certains lun, hors vac scol). Formule et menu 18-22 € ; plats 22-28 €. Digestif maison offert sur présentation de ce guide.* Une adresse cosy, côté salle ; ouverte sur la place centrale de la station, côté terrasse. Les plats bistrotiers copieusement et très gentiment servis vous requinqueront pour la journée à venir, que vous randonniez ou que vous skiiez... Les desserts ne sont pas en reste, desserrez un cran de ceinture !

La Bergerie : *sur les pistes, au pied du téléski Éterlou ; accessible à skis ou à pied. ☎ 04-93-23-06-81. • restaurantlabergerie@orange.fr • Ouv déc-avr et juil-août, ts les midis ainsi que le soir en été. Repas 20-35 €.* On est plutôt rassuré que restaurant d'altitude ne rime pas systématiquement avec tartiflette et patate dans tous ses états. À l'ardoise, une sélection de plats qui changent en fonction du marché, où se côtoient salades légères, côte de bœuf et spécialités niçoises (*barbajuans, capouns,* gnocchis...). Belle terrasse.

Où boire un verre ? Où écouter de la musique ?

Au Refuge : *bd G.-Pompidou. ☎ 04-93-05-76-93. Tlj 8h-1h déc-avr et de mi-juin à mi-sept. Plats 18-30 €. Concerts le w-e.* Voilà l'adresse un peu rebelle d'Auron, « les irréductibles », avec ses envies (très saines) de musique live, sa micro-salle à la déco un poil décalée et de petits plats réputés localement pour leurs intentions bio.

À voir. À faire

La chapelle Saint-Érige : *mer, ven et dim 16h30 (été comme hiver ; rens auprès de l'office de tourisme).* Ce bâtiment de style ***roman alpestre,*** avec son ***clocher lombard,*** date du XIIIe s et abrite, depuis 1451, un ensemble exceptionnel de ***fresques religieuses.*** Elles retracent la vie de saint Érige, évêque de Gap au VIe s qui protégeait les enfants mort-nés et déliait la langue des muets. Émouvante sainte Marie-Madeleine dans la chapelle centrale et, dans l'abside de gauche, saint Denis. Belle charpente apparente. La chapelle était un ***sanctuaire à répit,*** lieu où les bébés morts-nés étaient amenés et brièvement « ressuscités » pour subir un baptême chrétien. À l'intérieur, aménagement sonore et lumineux gratuit.

Le téléphérique de Las Donnas : *ouv l'hiver principalement (en été, se renseigner).* On parvient à une altitude de 2 256 m. Panorama très vaste sur la haute Tinée et les Alpes.

Les pistes : 135 km de pistes balisées sur 2 vallées. La station est bien ensoleillée et le domaine sauvage, avec de belles descentes, parfois techniques, entre les épicéas. La partie du domaine la moins fréquentée se trouve du côté de Saint-Étienne-de-Tinée.

– ***En été,*** nombreuses activités sportives : escalade, randonnée, poney, golf 9 trous, stage de tennis... Pas moins de 50 km de pistes de descente pour les VTT, au gré de 16 circuits balisés (et 4 remontées mécaniques ouvertes).

ISOLA 2000

(06420)

Station de sports d'hiver créée en 1972, à 1h30 de Nice, Isola 2000 jouit d'un climat méditerranéen alliant neige et soleil. Très fréquentée en saison, elle s'organise autour d'une longue galerie marchande couverte. Belles pistes pour un ski familial dans cette station bien enneigée. En prime, de magnifiques vues panoramiques sur le massif du Mercantour. Quand le ciel est bien dégagé, on voit même la mer depuis la cime de Sistron ! Côté hébergement, c'est le grand écart entre les tarifs basse et haute saisons. Le *village d'Isola,* 17 km plus bas, est quant à lui très charmant, et plus serein.

Adresses et info utiles

Office de tourisme : *au cœur de la station.* ☎ *04-93-23-15-15.* • *isola2000.com* • *Tlj 9h-19h (18h en été, et avec coupure 12h-14h, à l'intersaison).* ***Bureau d'accueil*** *à l'année à Isola-village (face à l'église). Télécharger l'appli* Isolife *pour les infos sur les sentiers de randonnées, trail, VTT et autres infos pratiques sur la station.*

Aquavallée : *1, chemin de Longon, à Isola-village.* ☎ *04-93-02-16-49.* • *aquavallee.fr* • *Mar-dim 11h (12h mar-jeu, en période scolaire ; 10h tlj en été)-19h30. Ouv lun aussi pdt vac scol. Tarifs (espace aquatique) : 6 € (adulte), 4,70 € (3-15 ans).* Centre de remise en forme et espace aquatique idéal pour se détendre après l'effort ! Piscine couverte, espace ludique, et en supplément *(compter 13-15 €)* : sauna, hammam, jacuzzi, mais aussi squash, fitness, massages, etc.

École du ski français : ☎ *04-93-23-28-00.* • *esf-isola2000.com* •

Où dormir ? Où manger ?

Le Pas du Loup : ☎ *04-93-23-27-00.* • *pasduloup@soleilvacances.com* • *sowell.fr* • *Ouv fin juin-fin août et de déc à mi-avr. Pour 2, compter 65-130 € en été ; 80-230 € en hiver (5 nuits min autour de Noël).* Un hôtel-club rénové qui propose des chambres modernes et confortables, avec balcon au sud pour les plus chères. Également des chambres familiales. Miniclub gratuit pour les 4-8 ans pendant les vacances scolaires. Piscine intérieure et sauna.

Le Vieux Chalet : *à l'arrivée haute du funiculaire.* ☎ *04-93-02-69-45. Congés : mai. Tlj sauf dim 10h-23h. Plats 16-25 € ; pizzas 10-16 €. Digestif maison offert sur présentation de ce guide.* *Vieux Chalet* devancé d'une terrasse braquée vers les montagnes, en contrehaut du centre de la station. Intérieur de néo-bistrot montagnard : sièges de moleskine rouge, bois du sol au plafond et une ambiance de bons copains. La carte slalome avec bonheur du tataki de thon au burger chèvre et chorizo en passant par une brassée de pizzas. À savourer, zen, les oreilles bercées par le torrent attenant. Service enlevé.

Cow Club : *face au départ du téléski du Belvédère et de Roubines.* ☎ *04-93-23-12-01.* • *contact@cowclub.com* • *Déc-avr et juil-août, tlj 9h-23h. Plats 17-25 € (jusqu'à 32 € le soir).* En haut de la station, dans une ancienne grange en pierre, joliment décorée avec un goût assez moderne. Sur la terrasse ensoleillée au déjeuner ou dans la salle restaurée et chaleureuse, on profite d'une cuisine montagnarde et aux accents italiens. Pour le café, on est si bien, avachi dans un transat !

La Valette : *domaine Saint-Sauveur.* *06-09-87-11-71. Accès par les pistes à skis ou à motoneige le soir. Ouv déc-avr 9h-16h, le soir sur résa (12 pers min). Plats 12-28 € le midi ; le soir,* *compter env 110 €, accès à motoneige inclus (40 mn env l'aller, 15 mn au retour).* C'est à plus de 2 200 m d'altitude que Georges est allé construire son chalet, à l'écart de la station. Déco montagnarde qui ne manque pas de personnalité. Harmonieux mélange de bois et de pierre, cheminée bienfaisante, près de laquelle les habitués viennent chercher une pierre chaude, à caler sous les pieds !

À voir

Vacherie du Chastillon : *06-25-01-12-22. Boutique à la ferme (parking P1) tlj 9h30-12h30, 15h30-19h30 ; dans la station (pl. Centrale en hiver tlj 10h-12h, 15h-19h pdt vac scol – fermé lun-mar hors vac scol ; juil-août, mer-dim 15h30-19h).* Outre la vente d'excellents fromages (prêt d'appareil à raclette gratuit) et de quelques produits du terroir en prime, cette ferme organise toute l'année des démonstrations de ***fabrication de fromage*** *(tlj à 10h),* ***traite des vaches*** dans les pâturages *(tlj à 17h30)* et ***tétée des veaux*** *(en fin d'ap-m).* Également des ***goûters*** en été, avec produits de la ferme *(le mar sur résa à l'office de tourisme).*

Le sanctuaire de Sainte-Anne-de-Vinadio : *à 8 km d'Isola 2000 par le col de la Lombarde.* Perché à 2 035 m d'altitude et datant du XVe s, c'est le plus haut lieu de pèlerinage d'Europe. Il est très fréquenté de juin à septembre par les Italiens. Magnifiques ex-voto dont certains du XIXe s.

Les pistes

Isola est la plus haute station des Alpes du Sud à 50 km seulement de la mer, à vol de gypaète barbu ! Ses quelque 120 km de pistes bénéficient d'un climat avantageux propice à une neige abondante, une bonne qualité de poudreuse et beaucoup de soleil. Le ***forfait Mercantour*** permet de skier indifféremment à Isola 2000 et Auron. Outre les randonnées guidées à raquettes, luge et motoneige, de nombreuses autres activités animent la station, de jour comme de nuit.

Randonnées

Isola 2000, est le point de départ idéal pour de nombreuses excursions. Autrefois, les environs d'Isola étaient territoire italien et chasse privée du roi Victor-Emmanuel II, ce qui explique les nombreux et bons sentiers existants. De plus, une trentaine de lacs ceinturent la station, offrant d'agréables buts de promenade. Se procurer la carte *IGN Haute Tinée 2 Isola 2000.* Une suggestion : *La traversée du pas du Loup – cime de la Lombarde.* N'hésitez pas à demander le guide des randonnées au départ de la station, en vente à l'office de tourisme.

Outre un ***bike park VTT*** d'une douzaine de pistes sur les pentes d'Isola 2000 (classées de « verte » à « noire » et accessibles l'été en remontées mécaniques), une ***piste VTT*** relie en 15,5 km Isola 2000 au village d'Isola (privilégiez de la descendre, c'est raide !). Une ***piste cyclable,*** d'une dizaine de kilomètres en site propre, relie par ailleurs Isola à Saint-Étienne-de-Tinée.

HOMMES, CULTURE, ENVIRONNEMENT

ARCHITECTURE

Campées de part et d'autre du Rhône, Vienne et la bien nommée Saint-Romain-en-Gal se parent de vestiges de l'époque romaine, de la vaste villa dite des Dieux Océans au temple d'Auguste et de Livie. Mais dans le Dauphiné, le visiteur croisera de nombreux – mais plus discrets – témoignages de la romanisation de cette région, autrefois traversée par la voie Cottienne (partie alpine de la via Domitia qui reliait Turin à Valence). Briançon a conservé une partie de son enceinte romaine et le Musée gallo-romain d'Aoste de nombreuses poteries...
Côté art sacré, la grosse affaire reste le 1er âge roman. Un style que les bâtisseurs d'églises mettront 2 bons siècles à oublier, puisque les édifices construits au XIIIe s, comme la collégiale Saint-André à Grenoble, restent franchement sous influence romane, contribuant ainsi à créer un style typiquement dauphinois.
À partir du XIe s, les ***églises romanes du Dauphiné*** s'inscrivent plus classiquement dans la mouvance lombarde : de petits mais massifs édifices au plan d'une évidente simplicité. Le transept se fait rare, la nef est unique, chichement éclairée par de minces fenêtres, et l'abside en cul-de-four. La décoration est des plus sommaire : difficile de sculpter les solides pierres calcaires avec les moyens dont dispose l'époque ! Un 1er âge roman dont l'Isère a conservé quelques superbes spécimens : la chapelle Saint-Firmin de Notre-Dame-de-Mésage ou l'église Saint-Pierre de Marnans. Sur les murs enduits, des décors peints dont très peu ont traversé les siècles (à l'exception de celui de la chapelle des Archanges de l'abbatiale de Saint-Chef). ***Dans les Hautes-Alpes, l'influence de la Lombardie (et du Piémont)*** est peut-être encore plus marquée, notamment avec ces porches à baldaquins appelés « réal » reposant sur des lions accroupis qu'on rencontre à Embrun, à Guillestre, aux Orres ou à Saint-Véran.
Cette prépondérance de l'art roman explique la toute ***petite place qu'a laissée le Dauphiné au gothique*** : l'extraordinaire abbatiale de Saint-Antoine-l'Abbaye ou les cathédrales d'Embrun ou de Vienne. Comme chez le voisin savoyard, l'art baroque, symptomatique de la Contre-Réforme, s'est, au XVIIe s, cantonné à la décoration intérieure. On trouve quelques spectaculaires retables sculptés dans le mélèze et noyés sous les ors et les couleurs comme ceux de Sainte-Marie-d'en-Haut à Grenoble ou de Saint-Marcellin à Névache.
Le Dauphiné a préservé nombre d'édifices religieux anciens. On ne peut pas en dire autant du patrimoine architectural des villes, bourgs et villages. Secouée par de nombreux conflits avec le puissant État de Savoie, ravagée par les guerres de Religion, la vieille province n'a conservé que quelques hôtels particuliers des XVIe et XVIIe s et autres cours intérieures Renaissance à Vienne ou Grenoble, une poignée de maisons médiévales à Embrun...
Inutile donc de se lancer dans de grandes explications pour justifier ***le nombre assez impressionnant de châteaux que compte le Dauphiné.*** Même si, une fois encore, les guerres de Religion n'ont laissé que des vestiges de beaucoup de ces forteresses médiévales, construites en des lieux inévitablement stratégiques : au-dessus des vallées de Chirens et de Charavines pour le château des Clermont-Tonnerre, de la plaine de Bièvre pour le château de Bressieux, du cours de la Durance pour le château de Tallard... Au fil des siècles, ces châteaux, purement défensifs à l'origine, vont se transformer en d'agréables résidences, s'entourant

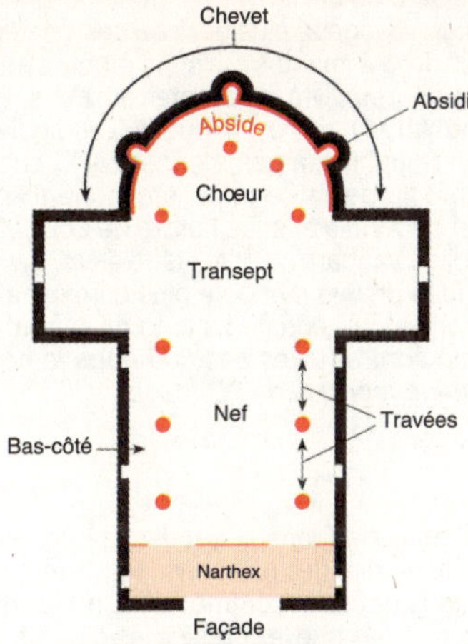

PLAN D'UNE ÉGLISE ROMANE

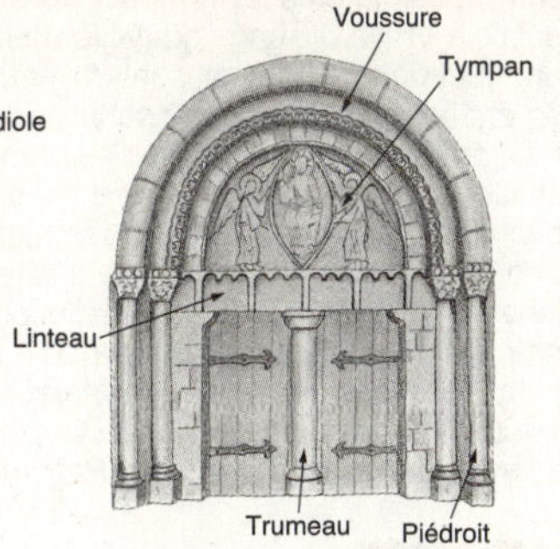

PORTAIL D'ÉGLISE ROMANE

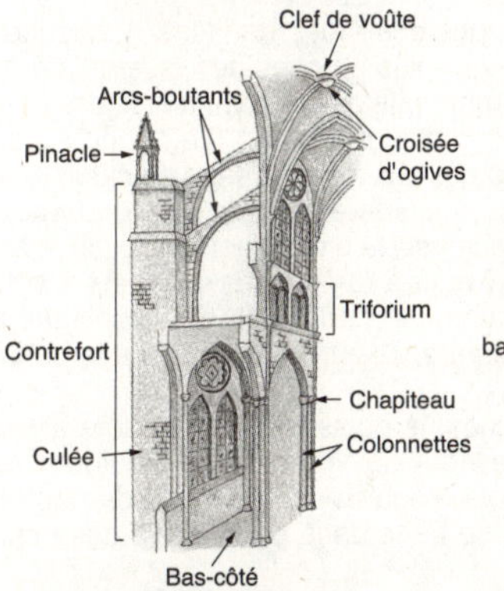

COUPE TRANSVERSALE D'UNE ÉGLISE GOTHIQUE

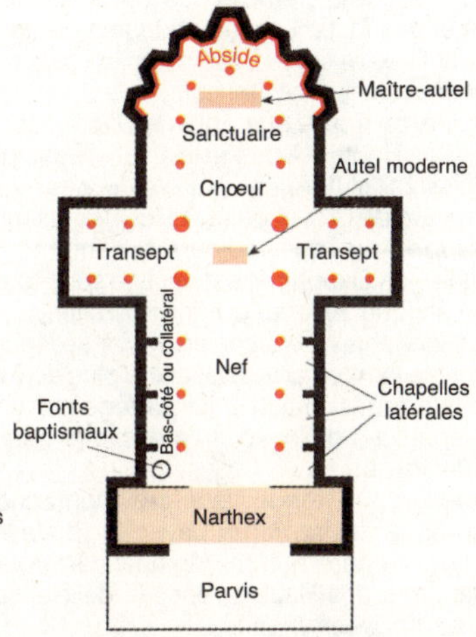

PLAN D'UNE ÉGLISE GOTHIQUE

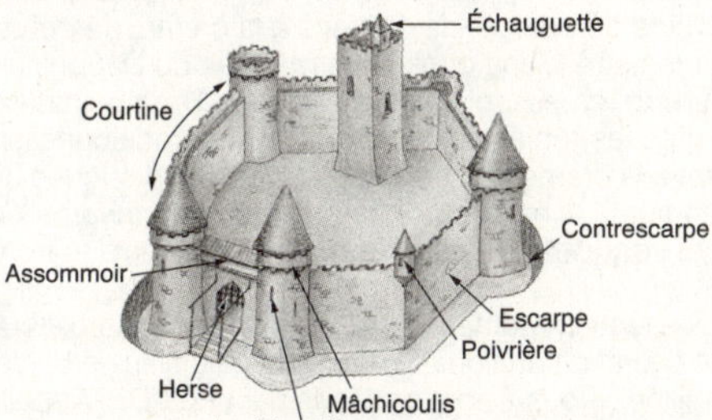

CHÂTEAU FORT

Illustrations : Anne-Sophie de Précourt

de somptueux jardins à Septème, Sassenage ou au Touvet, se métamorphosant en palais à Vizille... Bonne nouvelle pour le voyageur, plusieurs de ces châteaux, notamment dans le Trièves, sont devenus de charmantes maisons d'hôtes.
Si les châteaux du Dauphiné se laissent un peu vivre à compter du XVe s, c'est que désormais la défense des villes prime. Au XVIe s, c'est le duc de Lesdiguières, né en Champsaur, qui fortifie les cités du Dauphiné, à commencer par Grenoble. Puis vint le tour de Vauban, évidemment ! Le génie de la poliorcétique (l'art de défendre un site, quoi !) s'emploie à la fin du XVIIe s et sous l'ordre de Louis XIV à cadenasser le haut Dauphiné. Le relief oblige Vauban (qui n'a, jusqu'alors, travaillé qu'en plaine ou sur les fronts de mer) à faire preuve d'encore plus d'imagination. Résultat : parmi la douzaine de ***places fortes*** qu'il égrène au long de la frontière, ***celles de Briançon et de Mont-Dauphin sont entrées en 2008 dans le cercle très fermé des sites inscrits au Patrimoine mondial de l'Unesco.***

CUISINE

Outre les quelques produits fournis par l'altitude (génépi, gentiane...), les Alpes produisent de la crème et des fromages, du porc et des poissons, des pommes de terre et des fruits. Les montagnards ont toujours su accommoder du mieux qu'ils peuvent ces maigres trésors (mais n'oublions pas que les choses les plus simples sont souvent les meilleures).
En Isère, on trouve aussi bien les influences lyonnaises et méridionales qu'alpines. Dans les Hautes-Alpes et les vallées alpines des Alpes-de-Haute-Provence, les spécialités, plutôt riches et crémeuses, sont plus proches des recettes de montagne que de Provence. Voici les grands moments de ces robustes fêtes.
– ***Viande :*** presque toujours consommée salée ou fumée. Le cochon, appelé « caïon » en Dauphiné, est décliné sous toutes ses formes : sang de caïon (boudin mêlé d'oignons), et une infinité de saucisses, comme les diots, ou les pormoniers et les longeoles, versions enrichies de légumes. Ne pas manquer les caillettes, ou encore le jambon cru local, affiné plus de 7 mois à l'air pur des sommets. L'agneau de Sisteron est quant à lui protégé par une IGP (Indication Géographique Protégée) et issu d'élevages extensifs et pastoraux (autrement dit, tout le contraire d'industriel !).
– ***Poisson :*** inattendu dans ces montagnes, le poisson constitue une agréable alternative au fromage. La truite (d'élevage) du Vercors porte aujourd'hui la marque du parc naturel régional. On trouve également au menu de nombreux restaurants des Hautes-Alpes la délicieuse truite de la pisciculture des Écrins à Châteauroux-les-Alpes.
– ***Gratins :*** on connaît le célèbre gratin dauphinois, composé de couches de pommes de terre émincées, cuites au four avec du lait et de la crème fraîche (jamais, au grand jamais de fromage dans la recette originale !). Dans les Alpes du Sud, on trouve gratins de courge, de cardons à la crème, de pâtes fraîches (toujours à la crème, bien sûr). Sans oublier les ***ravioles*** du Dauphiné ou du Royans (Label Rouge !), produites essentiellement dans la Drôme limitrophe, mais que l'on trouve sur toutes les tables du Vercors. Servies traditionnellement en gratin ou tout simplement à la crème fraîche, saupoudrées de quelques brisures de noix (de Grenoble, bien sûr !). À ne pas confondre avec les ***ravioles du Champsaur*** (Hautes-Alpes), qui sont des beignets de pommes de terre et fromage en forme de quenelle.
– ***Fromages :*** ah, les fameux fromages de l'Isère, le saint-marcellin, dont l'affinage demeure encore le secret de quelques fromagers, et le bleu de Vercors-Sassenage à la belle pâte persillée... Tous 2 sont protégés par une AOP (Appellation d'origine protégée). Dans les Hautes-Alpes, qui demeure un territoire très agricole, les fromages ne manquent pas, qu'ils soient de vache, de brebis ou de chèvre, mais le Queyras se démarque particulièrement, notamment avec un excellent bleu, à la fois onctueux et puissant.

– ***Fondues & Co :*** empruntées à la Suisse, la raclette, la fondue et les croûtes (coulée de fromage et vin blanc sur tranche de pain) sont devenues de grands classiques alpins. Là se pose de façon criante la question de la qualité du fromage. On trouve le pire et le meilleur. Trop de restos ont malheureusement pris l'habitude de se fournir en fromages industriels, quand ils ne servent pas carrément de la fondue lyophilisée ! La raclette n'échappe pas à la règle, puisque le fromage, qui n'est protégé par aucune appellation, est lui aussi en grande partie fabriqué et affiné en Bretagne (y compris les « Label Rouge » !). Et franchement, ça change tout ! Une variante moins traditionnelle mais qui rencontre un franc succès (mérité d'ailleurs) : la vercouline au bleu de Sassenage.

– ***Pâtes et feuilletés :*** pâtes fraîches, dont les ravioles du Dauphiné citées plus haut ou les ***oreilles d'âne*** du Valgaudemar, des sortes de lasagnes aux épinards, ou encore les crozets des Écrins. Quant aux feuilletés, ils réservent bien des surprises. Jadis, ils servaient de fourre-tout aux restants de viande ou de légumes – le feuilleté aux morilles est le plus célèbre. Parmi eux, on peut aussi citer les ***tourtons*** du Champsaur, que l'on trouve à la carte dans la plupart des restos des Hautes-Alpes : des carrés de pâtes frits en forme de raviolis et fourrés à la pomme de terre et au fromage (de vache, de chèvre ou bleu) ou encore aux épinards, pour les versions les plus courantes.

– ***Tartes salées et sucrées :*** tout est prétexte à la tarte. Le jambon, les pommes de terre, les courges, et bien sûr le fromage blanc, les fraises, les framboises, les myrtilles, les noix. Nous, nous adorons la tarte aux noix et au miel, et tant pis pour la ligne ! Dans un registre plus léger, pommes et poires ont trouvé ici un terroir de prédilection. Ainsi, 19 variétés ont été sélectionnées et se sont vu décerner une IGP.

– ***Desserts :*** prospèrent toutes sortes de délices. *Rézules* (rissoles) de poire, *riame* (brioche en anneau), noix de Grenoble en gâteaux ou en tartes, miels...

ÉCONOMIE

Idéalement placées entre Italie, Suisse et France, boostées à l'est par Genève, à l'ouest par Lyon, les Alpes françaises jouissent d'un ***grand dynamisme économique*** avec plusieurs axes routiers, des gares et un aéroport. L'Isère, tirée par l'agglomération grenobloise, fait office de championne régionale en matière d'innovation. Grenoble accueille le ***2e pôle de recherche publique français*** après Paris, attirant près de 59 000 étudiants. Dans la douzaine de centres de recherche nationaux et internationaux implantés dans la métropole, on expérimente physique, chimie, biotechnologies, nanotechnologies dans des secteurs en pleine croissance, comme la santé, l'environnement et les énergies renouvelables comme l'hydroélectricité. Ces filières industrielles participent encore activement à la richesse du département isérois. Dispersés sur toute la région, artisanat, travail du bois, textile occupent encore une part importante de la population.

Car les Alpes, ce sont aussi des ***forêts largement exploitées,*** et de vastes pâturages. En plaine et sur les pentes les mieux exposées, l'élevage cède la place aux vignes, vergers et céréales. Si le nombre d'agriculteurs se réduit comme peau de chagrin, l'***agriculture*** reste toute de même la ***2e ressource des Hautes-Alpes.*** Ce département agricole et rural compte 6,7 % d'agriculteurs parmi sa population ; Leurs exploitations couvrent près de 40 % de la surface du département (et près de 40 % des surfaces agricoles de ce département sont en bio). Et en Isère, pour garder le secteur attractif, des initiatives ont vu le jour pour développer l'économie agricole du département tout en restant soucieux de l'environnement.

Bien entendu, l'Isère, les Hautes-Alpes et les Alpes du Sud se sont forgé une forte identité autour des ***sports d'hiver,*** avec plusieurs stations de ski de grande renommée. Aujourd'hui, le tourisme représente, été comme hiver, une part importante du revenu (la 1re dans les Hautes-Alpes). Avec des hivers de moins en moins enneigés, les plus basses stations de ski peinent à ouvrir leurs pistes sur les « ailes de saison », renforçant ainsi l'attractivité des stations de ski de plus haute altitude. Si l'or blanc continue d'émerveiller, l'heure est à la diversité : cyclotourisme, œnotourisme et bien-être ont le vent en poupe, prouvant qu'effort et réconfort vont de pair.

ENVIRONNEMENT

Été comme hiver, les Alpes offrent le meilleur de la montagne et deviennent cette immense cour de récréation où certains se sont un peu trop amusés ! D'où la création de réserves naturelles, parcs naturels régionaux et nationaux afin d'assurer une protection globale de l'environnement et préserver Dame Nature des dégradations humaines. Évidemment, ces mesures de préservation ne vont pas sans soulever des protestations, et les dissensions restent vives entre ceux qui souhaitent préserver au maximum cet environnement fragile et ceux qui voient en lui une source de richesse et d'emplois pour des massifs menacés de désertification. Le conflit, en 2023, autour de la construction d'un 3e tronçon du téléphérique de La Grave, sur le massif de la Meije, au cœur du Parc national des Écrins, en est un exemple.
Avec des hivers de moins en moins neigeux et des saisons souvent plus courtes, les stations de ski s'équipent de canons à neige artificielle, soulevant des questions relatives à la protection de l'environnement. L'alternative au « tout ski » est bien amorcée et le défi des stations de sports d'hiver est de rester attractives tout en intégrant l'écologie dans leurs priorités, à l'image de Serre Chevalier qui, depuis 2006, s'est engagé dans une démarche plus durable (ce qui n'empêche pas les immeubles de continuer à pousser un peu partout). Le développement de la montagne « 4 saisons » s'inscrit dans ce processus, même si l'équilibre entre écologie et économie reste difficile à trouver.
En été, les alpinistes n'ont qu'à ouvrir les yeux pour observer le recul des glaciers dans les Alpes. Ils ont perdu 25 % de leur superficie depuis les années 1960. Au-delà des pistes qui rétrécissent, la fonte des glaciers engendre des glissements de terrain, des chutes de pierres et une perte d'une importante réserve d'eau. Ces phénomènes liés au réchauffement climatique affectent notamment les glaciers des Écrins.
– ***Mountain Wilderness :*** cette ONG internationale, qui a des antennes dans de nombreux pays, dont une très active en France, œuvre pour la « sauvegarde de la montagne, sous tous ses aspects ». Pour plus d'infos : • *mountainwilderness.fr* •

FAUNE ET FLORE

La faune

Sur les pistes, pas beaucoup de chances de rencontrer un chamois. En revanche, le randonneur et le skieur de fond auront certainement l'occasion, s'ils savent ouvrir les yeux, d'en apercevoir un à la recherche de nourriture ou de voir, en été, une marmotte dressée sur ses pattes. Il y a quelques années, certaines espèces animales alpines semblaient en perdition. Avec la création des réserves et des parcs, les choses se sont améliorées.
– ***Le chamois :*** ses petites cornes recourbées le rendent facilement reconnaissable. Très agile et rapide, il est à l'aise dans les passages difficiles et sur les rochers peu accessibles. Il se déplace souvent en harde, se nourrit d'herbage l'été, d'aiguilles et de bourgeons l'hiver. Demandez aux offices de tourisme, il y a souvent un sentier qui permet de les observer.
– ***Le bouquetin,*** espèce protégée emblématique des Alpes, était menacé de disparition. Le roi Victor-Emmanuel II, en créant, en Italie, la réserve du Grand-Paradis (1922), sauva l'espèce. Les actions de protection et de réintroduction qui suivirent ont éloigné le danger. Animal pacifique et docile qui aime se prélasser sur

les pentes herbeuses, il est sans merci lorsqu'il s'agit de lutter pour conquérir une femelle. L'hiver, il affectionne les zones dépourvues de neige (crêtes ventées) ; l'été, il reste à la limite des névés.

– ***Le lynx*** a fait un retour discret dans les Alpes depuis les années 1980. Ce grand félin se reconnaît à sa robe rousse tachetée de noir, mais il reste très rare.

– ***Le lièvre variable :*** d'autant moins visible qu'il est rare. Sa seule défense est un mimétisme parfait : blanche l'hiver, sa fourrure prend des teintes marron-gris l'été. Il fréquente surtout les alpages de haute altitude.

RENARD RUSÉ

Comment s'y prend le renard pour chasser le hérisson sans se faire piquer le museau ? Il lui urine dessus ! Brûlée, la bestiole s'enfuit épines repliées, et le renard n'a plus qu'à tendre sa patte, ou ses crocs. Malin, l'animal ! Enfin, pas tant que ça. Il n'a toujours pas appris à regarder des 2 côtés de la route avant de traverser. On estime ainsi que nos chères bagnoles en écrasent plus de 6 000 par an. Sans compter les hérissons...

– La ***marmotte*** a depuis longtemps résolu son problème de nutrition hivernale. « Qui dort dîne », dit le dicton. « Qu'à cela ne tienne », répondent les marmottes. L'été, elles se promènent en bande dans tous les massifs et accumulent des réserves de graisse qu'elles laisseront fondre en dormant tout l'hiver. À l'approche du danger, une sentinelle émet un sifflement qui donne l'alerte au groupe : bel esprit d'équipe ! Pour se protéger du froid et des prédateurs, elles creusent des galeries de plusieurs mètres de profondeur où elles prennent place en groupe.

– ***L'aigle royal :*** son vol, presque exempt de battements d'ailes, est spectaculaire. Son envergure, sa façon de repérer sa proie puis d'attaquer en font le roi de tous les rapaces. Il est reconnaissable à sa queue en éventail. L'espèce est protégée, ce qui ne l'empêche pas de prendre régulièrement du plomb dans l'aile, en étant victime de tirs illégaux.

– Parmi les autres espèces alpines, il faut citer le ***lagopède*** (perdrix des neiges), le ***tétras lyre*** (magnifique coq de bruyère), le ***chocard à bec jaune*** (« corbeau de l'altitude ») et le ***gypaète barbu,*** le plus grand rapace d'Europe (2,70 à 3,20 m d'envergure), qui est une espèce menacée. Ce charognard, affublé de longues plumes autour du bec (d'où son nom), est bien utile pour nettoyer les alpages. Pour ingurgiter les os plus facilement, il les laisse tomber en vol. Une fois broyés, il se nourrit de leurs débris. La naissance d'un gypaéton dans le massif du Vercors en 2022 est une première depuis 1 siècle !

– ***Le loup :*** depuis son retour naturel en France (dans le massif du Mercantour en 1992), depuis l'Italie, sa population s'étend d'un bout à l'autre des Alpes et suscite plus que jamais débats et controverses. 28 meutes ont pris leurs quartiers en Isère, d'après la préfecture. C'est l'un des départements où le loup est le plus présent en France.

La flore

Généralement les cultures grimpent jusqu'à 1 000 m. Au-dessus, les conifères sont rois. Les alpages prennent ensuite le relais de 1 800 à 2 500 m. À partir de 2 800 m, les rochers sont dénudés, laissant juste quelques lichens s'accrocher.

Les arbres

– ***Le sapin :*** très connu, il se caractérise par son écorce lisse et sa couleur grisonnante. Il est très présent jusqu'à 1 500 m, puis se fait plus rare. Le sapin ne laisse pas passer la lumière, et ses aiguilles, en rendant le sol acide, interdisent le développement de la végétation sous son couvert.

– ***L'épicéa :*** on le trouve jusqu'à 2 200 m. Il aime être exposé au froid. Son écorce tire sur le rouge. D'aspect très large vers le bas, ses lourdes branches se rétrécissent en allant vers sa cime, très pointue.

– ***Le pin sylvestre :*** on le trouve plutôt dans les Alpes du Sud et pas au-delà de 2 000 m. Son tronc, très mince et totalement dénudé vers le bas, accueille de longs branchages aux belles aiguilles pointues et vertes. Il s'implante surtout sur les « adrets » et affectionne les cônes de déjection.

– ***Le mélèze :*** on reconnaît le mélèze à son tronc élancé, sa cime aiguë et ses branches grêles portant de longs rameaux aux aiguilles isolées. Il est très résistant à l'humidité et très prisé comme bois de charpente. Contrairement au sapin, la chute de ses aiguilles en automne permet à la lumière de passer et favorise ainsi la pousse des pâturages. Les promeneurs apprécient les balades dans une forêt de mélèzes, où le sol frais et moelleux constitue une couche merveilleuse pour faire un petit somme digestif. C'est un bois très utilisé dans la construction des maisons et chalets de la région ou pour la fabrication de meubles.

BALÈZE, LE MÉLÈZE

Le mélèze, ce conifère à aiguilles caduques qui vit entre 1 000 et 2 300 m d'altitude, est le seul à se dénuder, dès l'automne. Il est traditionnellement utilisé par les sculpteurs et ébénistes qui travaillent le bois au couteau. Mais pas seulement... Aujourd'hui, les mélèzes sont exportés vers Venise pour remplacer les piliers dans l'eau qui soutiennent les édifices.

– Dans les Alpes du Nord, c'est le royaume du ***hêtre*** ; dans les Alpes du Sud, celui du ***chêne*** pubescent, des landes de ***genêts*** et de ***buis.***

Les fleurs

La flore de haute montagne constitue un jardin unique en France par sa variété ; on trouve par exemple une cinquantaine d'espèces d'orchidées en Chartreuse, 2 500 espèces végétales dans les Écrins, soit près de 40 % de la flore hexagonale.

– L'***edelweiss*** représente le symbole de la flore alpine. Il ressemble à une étoile blanche au milieu de laquelle de petites fleurs sont blotties. Il apprécie le gazon ensoleillé, les failles des rochers et l'altitude (jusqu'à 3 400 m). Fleur rare, elle est protégée et sa cueillette interdite.

– La ***gentiane printanière*** est reconnaissable par son bleu velouté très intense. Elle aime le gazon et la haute altitude.

– La ***soldanelle des Alpes,*** que l'on rencontre jusqu'en juin, se compose de clochettes penchées, de couleur violette. On la trouve dès la disparition des névés.

– ***La lavande vraie :*** bien connue de tous pour sa douce odeur. Elle ne pousse qu'en altitude (vers 1000 m) et fleurit en juillet.

– ***L'arnica :*** composée d'une haute tige qui accueille une sorte de marguerite jaune jusqu'à 2 800 m. Elle fleurit en juillet-août.

– Le ***lis martagon*** prend des teintes rosées tirant parfois vers le rouge. Lorsqu'il s'épanouit, sa lourde fleur fait plier la tige alors que les pétales s'enroulent en arrière. On le rencontre tout l'été sur les alpages humides et en altitude. L'espèce est protégée.

– ***Le rhododendron ferrugineux :*** il fleurit tout l'été et se présente comme un arbrisseau aux fleurs rouges rassemblées en bouquets. Il pousse surtout dans les pâturages.

GÉOGRAPHIE

Une chaîne récente

La chaîne des Alpes, qui sépare l'Europe du Nord de celle du Sud, est d'histoire récente. Il a fallu 72 millions d'années pour séparer l'Europe de l'Afrique en ouvrant la Méditerranée. Il y a 110 millions d'années, pourtant, l'Afrique est revenue pousser le sud de l'Europe : un arc de montagnes bourrelait bientôt le Vieux Continent.

Axé nord-sud près de son point d'impact (Alpes du Sud), puis est-ouest dans sa longueur (Europe centrale), cet arc, ici saisi dans son coude, adoptait l'orientation sud-ouest/nord-est. Dans ce mur, les glaciers du Quaternaire ont pris plaisir à creuser de larges gouttières (vallées de l'Arve, de l'Isère, de l'Arc...) et des lacs, pour l'épanouissement de l'*Homo sapiens.*

Verticales et horizontales

L'union de 2 provinces trop longtemps rivales, la Savoie de Chambéry et le Dauphiné de Grenoble, a rendu sa cohérence à l'arc alpin, qui se donne à lire verticalement autant qu'horizontalement. De 800 à 1 000 m, ce sont les vallées et les plateaux couverts de prés et de vergers. Jusqu'à 1 800 m, les prés alternent avec les forêts. Les arbres rabougrissent dans les 200 m suivants (rhododendrons, bruyères...), où débutent les pelouses des alpages.

Plus haut commence la haute montagne, avec son cortège d'éboulis, de chaos, de neiges et de glaciers. Aux amples vallées des massifs cristallins (Belledonne, Écrins...) s'opposent les précipices et les falaises inaccessibles des massifs calcaires (Chartreuse, Vercors...), qui culminent à 3 000 m. Au sud, le massif des Écrins offre sans doute l'un des plus beaux spectacles de la chaîne avec son charivari affûté.

Les pays et les hommes

Le nord-ouest de l'Isère, royaume préalpin, est ouvert sur le couloir rhodanien, et principalement consacré à l'agriculture (céréales, mais aussi cultures maraîchères) et à l'élevage (bovin, mais aussi porcin). Les Alpes du Sud, constituées de formations calcaires (plateau du Vercors, massif de la Chartreuse) et de massifs cristallins (Belledonne, Oisans), vivent quant à elles de l'hydroélectricité, de l'agropastoralisme et du tourisme, tandis que dans les vallées, les industries côtoient commerces et artisanat.

La Chartreuse et le Vercors dominent ce qui n'a cessé d'être la capitale industrielle de la région, Grenoble, ville ouvrière (gants, chimie, métallurgie...) qui, via la recherche scientifique et les industries de pointe, peut sans doute affronter l'avenir.

HABITAT

Dans l'Isère et les Alpes du Sud, comme dans bien d'autres régions de France, l'habitat rural est conditionné par la géographie, le climat et les activités agricoles. Dans le bas Grévisaudan, on trouve d'***amples fermes,*** aux murs en pisé et aux ***séchoirs à noix*** aux charpentes d'une incroyable diversité. Rien à voir avec celles du Vercors aux fours en « verrue » et aux toits dont la pente descend presque jusqu'au sol pour laisser glisser la neige d'hivers souvent rudes. Des fermes du Vercors immédiatement reconnaissables grâce à leurs pignons en escalier (appelés « sauts de moineaux ») : de grosses pierres qui marquent chaque arête pour protéger du vent les toits autrefois de chaume.

Mais, ici comme ailleurs, la tôle a remplacé quasi partout les toitures traditionnelles, même si l'on peut encore découvrir quelques rares toits de chaume, dans le Valgaudemar notamment. Cet isolant thermique naturel est, même si cela paraît presque difficile à croire, le seul qui résistait vraiment bien à la neige. Mais pas aux incendies... Les cheminées des maisons du Valgaudemar prennent donc pas mal de hauteur pour éviter que des étincelles n'enflamment le chaume.

La Chartreuse, qui se distingue de ses voisins par des fermes éclatées (grange et étable font bâtiments à part), a également conservé quelques toits recouverts d'« essendoles », des planchettes de sapin ou d'épicéa clouées sur la charpente. Une couverture de toit qui remonte au Néolithique et qu'on rencontre encore largement, sous le nom de « tavaillons », dans les massifs de l'est de la France, du

Jura aux Alpes et donc, logiquement, dans le Dauphiné. Autre couverture traditionnelle encore largement usitée : les ***lauzes,*** plaques de schiste ou de calcaire. Sur le plateau de l'Isle Crémieu, les lauzes servaient non seulement à coiffer les maisons, mais également, sous le nom de « pâlis », à délimiter les chemins, les pâtures...
Sous leurs toits, dès qu'on prend de l'altitude, les maisons rurales traditionnelles présentent toutes ou presque le même plan : hommes et bêtes se partagent le rez-de-chaussée, souvent en pierre, alors que les étages – en bois et à claire-voie pour favoriser le séchage – sont largement destinés aux réserves. Avec une indéniable ingéniosité : l'hiver, vaches, porcs ou moutons assurent le chauffage (naturel !) de l'habitation et le foin fait un parfait isolant (naturel, là encore !). Dans le Queyras (où Saint-Véran en offre quelques parfaits exemples), ces étages de bois (localement appelés « fustes ») peuvent dépasser les 10 m de hauteur. Autre incontournable de ces maisons de montagne : le balcon. Pour profiter au maximum du soleil (on parle d'ailleurs de « soleret » plus que de balcon), non pas pour peaufiner son bronzage mais pour faire sécher linge, bois ou... bouses de vache (le combustible des montagnes sans forêts !).
À Briançon, comme dans le Queyras ou les vallées de la Vallouise et de la Clarée, se dévoile un autre élément presque indispensable de la maison traditionnelle des Hautes-Alpes (avec les élégantes arcades à l'italienne du Briançonnais ou de la vallée d'Arvieux dans le Queyras) : le ***cadran solaire.*** Ce département en compte plus de 400, peints entre le début du XVIIIe et le début du XXe s. Au pays des 300 jours de soleil par an, il n'aurait pu en être autrement ! Sur nombre d'entre eux, on retrouve des dictons ou des adages ruraux, souvent pour vanter la douceur de vivre du coin ou pour rappeler qu'il faut profiter du temps qui passe !
La Provence s'annonce d'ailleurs, dès Mens et le Trièves, dans l'architecture rurale, avec ces frises de tuiles superposées, appelées « génoises » et typiquement méditerranéennes.

HISTOIRE

Le bas Dauphiné, le Champsaur et le Briançonnais deviennent au XIe s la possession du comte d'Albon, Guigues Ier.
Sous les règnes de Guigues VI et VII, le royaume s'agrandit grâce à l'acquisition de l'Embrunais et du Gapençais. Le dernier dauphin Humbert II, sans descendance et ruiné par un train de vie trop fastueux, décide en ***1349 le « transport du Dauphiné à la France ».*** En échange, il demande au roi Philippe VI la garantie que les libertés dauphinoises soient respectées. Pour ménager les susceptibilités des grands voisins de la France, le roi confie le Dauphiné à son petit-fils Charles. Louis II (le futur Louis XI) crée le parlement de Grenoble en 1453.

LE ROYAUME DES DAUPHINS

Au XIIe s, Guigues IV – comte du bas Dauphiné, du Champsaur et du Briançonnais – se fait appeler « dauphin », nom qui provient du surnom que sa mère (anglaise) lui donnait affectueusement étant petit (dolphin). *Dès lors, cette appellation fera office de titre, appliqué aux souverains du... Dauphiné. Au XIVe s, quand cette région passe sous la tutelle du royaume de France, le titre se transmet au fils aîné du roi, donnant lieu à des générations de dauphins royaux !*

Les guerres d'Italie (où s'illustre le célèbre chevalier Bayard, Dauphinois de naissance), puis les ***violents combats entre catholiques et protestants*** qu'entraîne la Réforme, ***mettent la région à feu et à sang pendant une bonne partie du XVIe s.*** François de Bonne, ***duc de Lesdiguières,*** s'empare de Grenoble en 1590, à la tête des armées protestantes. Henri IV le nomme lieutenant du Dauphiné. C'est l'un des personnages les plus importants de l'histoire locale. En effet, excellent administrateur, il applique l'édit de Nantes et rétablit la paix civile et religieuse, développe l'industrie et la ville de Grenoble et fait construire le château de Vizille. On lui doit aussi les 1ers quais de l'Isère, la collecte des égouts et le jardin de ville. Dans le même temps, il contient efficacement les velléités guerrières de Victor-Amédée de Savoie aux frontières.

2 ans après sa mort, en 1628, le Dauphiné passe du statut de « pays d'États » à « pays d'élection ». Cette nouvelle tutelle déplaît singulièrement aux populations de la région.

À la fin du XVIIe s, le Dauphiné est attaqué par le duc de Savoie, Victor-Amédée II, et est fièrement défendu par Philis de La Charce, devenue héroïne locale.

En 1791, le Dauphiné est divisé en 3 départements : les Hautes-Alpes, l'Isère et la Drôme. De retour de l'île d'Elbe, Napoléon préfère éviter la voie du Rhône, trop hostile. Il remonte par la vallée de la Durance. À Gap, il reçoit un accueil enthousiaste. En remerciement, il offre à la Ville une somme d'argent destinée à la construction de refuges près des cols et sur les chemins muletiers.

L'histoire du Dauphiné reprend un sombre relief en 1944 avec l'héroïque résistance clandestine du Vercors, devenu un de ses principaux bastions.

En 1968, ***Grenoble accueille les Jeux olympiques d'hiver.*** C'est la 2e fois que les JO d'hiver se déroulent dans une ville française (après Chamonix en 1924). Un événement sportif qui a participé à l'essor de la ville et à l'ouverture du territoire, notamment grâce à la création de l'autoroute A 48 entre Lyon et Grenoble. En 2024, la flamme olympique ne passera pas en Isère, le département préférant proposer ses propres initiatives.

HISTOIRE DU SKI

Skis aux pieds... : hiver et contre tout

L'homme était à peine sorti des cavernes qu'il skiait déjà (on a retrouvé en Scandinavie des skis datant de 2 000 ans av. J.-C.), imitant le sabot glissant du renne afin de chasser. Développé par les peuples du Grand Nord – Finnois et Sibériens –, il conquiert Moscou au Moyen Âge, avant d'apprivoiser l'immense hiver scandinave. Ce sont les habitants du Telemark, une région du sud de la Norvège, qui transforment le ski en engin sportif. Ils affinent et cintrent la planche de bois, et organisent les 1res compétitions : courses et saut. Le ski nordique est né. Il va devenir très populaire en Norvège après une compétition organisée en 1879 dans les environs d'Oslo, qui s'appelait à l'époque Christiania (un nom qui rappellera quelque chose à tous ceux qui se sont usés à réussir cette fameuse figure de ski dans les *fifties* !).

Devenu alpin (dans les Alpes logiquement...) dans les années 1880, le ski va raccourcir et s'équiper d'attaches en métal qui enthousiasment les chasseurs alpins dès 1901. La Belle Époque s'entiche de ce sport baroque, dont les adeptes doivent encore monter à pied ce qu'ils veulent descendre. ***En 1907, le 1er concours international de ski est organisé à Montgenèvre*** ; en 1924, c'est Chamonix qui accueille la Semaine internationale des

CRÉTIN DES ALPES !

La célèbre injure a une réalité plus triste qu'il n'y paraît. Ceux que l'on a nommés « crétins » sont, à l'origine, des habitants des montagnes qui souffraient d'un manque d'iode. Le mot vient de « chrétien ». Jésus les a toujours protégés : « Heureux les simples d'esprit. » Cette carence en iode provoquait de grosses malformations physiques. Rejetés et moqués, ces hommes, dont l'espérance de vie ne dépassait pas les 30 ou 40 ans, étaient confinés aux tâches les plus ingrates. Et il aura fallu attendre plusieurs décennies avant qu'ils ne soient plus considérés comme des bêtes... !

sports d'hiver, 1ers J.O. d'hiver, en fait. Mais la grande vogue du ski attendra les années 1930, avec les 1res remontées mécaniques installées dans les villages, dont les responsables illuminés de l'époque entrevoient les possibilités exceptionnelles. Au tout début, les remontées étaient constituées de câbles appelés « ficelles » qu'il fallait attraper, puis de luges, avant que l'on mette au point le système de disque encore utilisé aujourd'hui. L'énergie provenait d'un énorme moteur diesel polluant et bruyant qui entraînait une grosse poulie. À Allos, un homme perché sur un pylône en haut de la pente prévenait des chutes à l'aide d'une trompette. Le mécanicien coupait les gaz afin que le skieur dégage la piste. Le 1er télésiège biplace se prenait dos à la pente et après avoir enlevé ses skis. Tôt le matin, les pistes étaient damées à pied par les skieurs. En 1937 pourtant, Megève crée l'événement avec la construction d'un 1er téléphérique. En 1940 débute le chantier de celui de l'aiguille du Midi. La presse de l'époque crie (déjà !) au désastre écologique.

... et stations de ski

Il faut attendre la fin de la Seconde Guerre mondiale (le village de Villard-de-Lans accueille ses premiers touristes d'hiver au début des années 1920) et surtout les ***Jeux olympiques de Grenoble en 1968*** pour que le ski connaisse un véritable essor. Le matériel se perfectionne : 1ers skis métalliques en 1946, fixations de sécurité en 1948, chaussures à crochets en 1957. Dès le début des années 1960, les stations nouvelles comme les Deux-Alpes et l'Alpe-d'Huez, hérissent alpages et hauts plateaux. Une architecture plus consciente des réalités humaines voit ensuite alors le jour, cherchant à associer un urbanisme moderne à une certaine idée de l'art de vivre. Aujourd'hui, la sophistication croissante des remontées, l'exploitation des champs de neige et les raccords intercommunaux du domaine skiable font des sports d'hiver la formule magique des vacances courtes.

LANGUE RÉGIONALE

Le gavot

Ce patois, issu de la langue d'oc, a cessé d'être utilisé fin XIXe-début XXe s pour faire place au français. Pourtant, quelques mots et expressions orales subsistent encore, et ont été remis au goût du jour :
- *lou soureu* pour le soleil ;
- *la neu* pour la neige ;
- *l'aïgue* pour l'eau ;
- *maï* (le seul vrai mot patois couramment utilisé par les Haut-Alpins) signifiant « encore ».

Quelques proverbes gavots pour la route :
- *quant Ceüse pren soun chapeu, pastre pren toun manteu* (« quand la montagne Céüse met son chapeau, berger mets ton manteau ») ;
- *eslong couma l'uvert en Dévolui* (« c'est long comme un hiver en Dévoluy ») ;
- *jamai pieu de chabra, 'a estranglat loup* (« jamais poil de chèvre n'a étranglé loup »).

LES PARCS

Les parcs nationaux des Écrins et du Mercantour

Les parcs nationaux ont été créés pour protéger de vastes espaces naturels particulièrement riches en matière d'écosystèmes, de flore et de faune. À cet impératif s'ajoute un autre objectif : le développement d'un tourisme lié à la connaissance de la nature.

Ils se composent d'un grand territoire inhabité, une zone centrale où il est strictement interdit de perturber faune et flore, et de zones habitées par l'homme, qui font l'objet d'une surveillance très stricte en matière d'environnement et d'une mise en relief culturelle toute particulière.
Sur le territoire traité dans ce guide, on trouve 2 parcs nationaux :
– ***le Parc national des Écrins :*** c'est le plus grand parc français, avec 93 000 ha, dont 1/3 en Isère et le reste dans les Hautes-Alpes ;
– ***le Parc national du Mercantour :*** il s'étend sur près de 70 000 ha, à cheval sur les Alpes-de-Haute-Provence et les Alpes-Maritimes.

Les parcs naturels régionaux

Ce sont de vastes zones habitées par l'homme. Les parcs régionaux visent à protéger le patrimoine naturel, mais aussi à développer les activités locales et, de manière générale, à valoriser un territoire à travers une approche économique respectueuse de l'environnement.
Depuis l'Isère jusqu'aux stations des Alpes-Maritimes, on compte 4 parcs naturels régionaux :
– ***le parc naturel régional du Vercors :*** il regroupe, sur l'Isère et la Drôme, 84 communes sur environ 206 000 ha ;
– ***le parc naturel régional du Queyras :*** près de 60 000 ha sur 10 communes des Hautes-Alpes ; réserve naturelle du Val d'Escreins, et prolongement sur l'Italie ; avec seulement 2 300 habitants, il est le moins peuplé des parcs naturels régionaux français ;
– ***le parc naturel régional de la Chartreuse :*** il regroupe, sur l'Isère et la Savoie, 60 communes sur 76 000 ha ;
– ***le parc naturel régional des Baronnies provençales,*** entre Drôme et Hautes-Alpes, a vu le jour en 2015. Il s'étend sur 97 communes et 181 000 ha.

PERSONNAGES

– ***Antoine Barnave*** *(1761-1793)* **:** au club des Feuillants, ce Grenoblois fut l'une des stars de la Révolution. Sa mansuétude envers Louis XVI le fera décapiter sous la Terreur. Il avait 32 ans.
– ***Hector Berlioz*** *(1803-1869)* **:** prononcez « Berlio », puisque ce génie musical du romantisme français nous vient du Grésivaudan. Éclipsé par son ami Richard (Wagner), Hector l'échevelé revient en grâce avec ses opéras *(Les Troyens, Benvenuto Cellini).* Dans le privé, excellent critique musical et collectionneur d'égéries.
– ***François de Bonne, duc de Lesdiguières*** *(1543-1626)* **:** protestant devenu catholique à l'imitation de son roi, Henri IV, pour le compte duquel il administra le Dauphiné, embellit Grenoble et repoussa, en stratège retors et brutal, les ambitions des ducs de Savoie. Ce maréchal, duc et connétable de France (rien que ça !), a été l'un des plus puissants personnages du royaume sous Henri IV et Louis XIII. Un bâtiment du Louvre porte même son nom.
– ***Calogero*** *(né en 1971)* **:** le chanteur-compositeur natif d'Echirolles en banlieue de Grenoble met l'accent sur l'insécurité qui touche sa ville dans sa chanson « Un jour au mauvais endroit », en hommage à 2 jeunes assassinés dans son quartier. Avant de devenir le chanteur prolifique qu'on connaît (parmi ses tubes : *En apesanteur, je joue de la musique*), il a commencé la musique avec ses frères, en formant le groupe *Les Charts*.
– ***Rébecca Dautremer*** *(née en 1971)* **:** la précision photographique du dessin, le travail sur la lumière, le rendu incroyable des textures et des reliefs caractérisent le travail de cette illustratrice originaire de Gap. On lui doit, entre autres pépites, les illustrations de *Princesses oubliées ou inconnues* (2004) ou encore les albums contant les histoires de Jacominus, un petit lapin beau à croquer dans son petit gilet vert (*Les riches heures de Jacominus Gainsborough, Midi Pile* ou encore

Une toute petite seconde). Son œuvre ne se limite cependant pas à la littérature jeunesse puisqu'elle a aussi réalisé, entre autres projets, l'adaptation en roman graphique de *Des souris et des hommes* de John Steinbeck.

– ***Jean-François Champollion*** *(1790-1832)* **:** le surdoué qui allait révéler au monde les secrets des pharaons était le fils d'un colporteur du Briançonnais. Un musée lui est désormais consacré à Vif, au sud de Grenoble.

– ***Frédéric Dard*** *(1921-2000)* **:** dit San-Antonio, né à Bourgoin-Jallieu. Son décès l'a quasiment bombardé génie de la littérature française. Consécration que n'avait pas attendue le public, avec 200 millions de bouquins vendus, dont les immortels *Les salauds vont en enfer* et *Toi le venin...*, illustrés par Michel Gourdon. Style inimitable entre Peter Cheyney, Raymond Queneau et Céline. Grand moraliste qui nous régala de maximes d'anthologie. L'intégrale des San-Antonio permet de relire ses 1ers romans, souvent riches en clins d'œil à l'Isèreet aux Alpes en général.

– ***Mister V*** *(né en 1993)* **:** Yvick Letexier naît à Grenoble et grandit dans la commune de Vaurey-Vozoire qui lui inspire son nom de scène. Il fait ses armes sur Youtube et s'illustre dans des sketchs au ton décalé sur la vie quotidienne d'un jeune de sa génération. Humour caustique et mimiques reconnaissables, il devient l'un des pionniers de l'univers web humoristique français aux côtés de Norman et Cyprien. Aujourd'hui rappeur, acteur et cinéaste, il évolue entre Paris et Grenoble.

– ***Abel Rossignol*** *(1882-1954)* **:** en 1907, un menuisier isérois de Voiron se passionne pour la fabrication des skis et gagne la caution du champion d'alors, Émile Allais, inventeur de la « méthode française » de ski alpin. Ce coup de génie va le propulser, les années passant, jusqu'aux cimes du succès. Rachetant en 1967 son concurrent principal *(Dynastar)*, la société *Rossignol*, n° 1 des ventes mondiales de skis, dément glorieusement la frivolité de son nom.

– ***Samivel*** *(1907-1992)* **:** à la plume ou au pinceau, cet excellent illustrateur (de son vrai nom Paul Gayet-Tancrède né à Paris mais savoyard d'adoption et mort à Grenoble) était l'acolyte obligé des écrits de Frison-Roche – et d'autres. Et un fervent défenseur de la nature alpine.

– ***Stendhal*** *(1783-1842)* **:** né à Grenoble, Henri Beyle n'aimait pas sa ville, qui le lui rendit bien. Non content d'en tracer un épouvantable portrait dans les 1res pages du *Rouge et le Noir*, Stendhal avoue (dans *La Vie de Henry Brulard*) un dégoût quasiment physique pour cette cité de notables « faux et sournois », si éloignée de ses rêves italiens.

– ***Louis Vicat*** *(1786-1861)* **:** d'origine modeste, il décrocha toutefois Polytechnique. En 1817, il fit une invention qui révolutionna le monde : le ciment (l'or gris), qui fera de Grenoble une ville moderne au XIXe s.

VICAT, BIENFAITEUR MÉCONNU DE L'HUMANITÉ

Pour Louis Vicat, tout pays qui a du calcaire et de l'argile peut fabriquer son propre ciment, en y ajoutant de l'eau (c'est une réaction chimique qui durcit ses composants). Il décida de ne pas breveter son invention (1817) pour en faire don à l'humanité. Eh oui, autrefois, les constructions n'utilisaient pas de ciment, et pourtant, elles tenaient debout. Il refusa un fauteuil à l'Académie française. Il aurait pu s'appeler Modeste.

RÉSISTANCE

Promue « Compagnon de la Libération », la ville de Grenoble dispute les palmes de la Résistance à d'autres foyers régionaux : Lyon, bien sûr, mais aussi les maquis de Chartreuse, de l'Oisans, de Belledonne, du plateau des Glières, sans oublier les innombrables caches d'enfants (au 1er chef Izieu) ou les passages de juifs en Suisse. Dans cette épopée, ***le Vercors*** occupe une place à part avec ses 3 000 hommes en armes, ses 800 victimes et ses espoirs fous : la République française y fut proclamée le 3 juillet 1944, 20 jours avant l'assaut nazi qui, malgré son sinistre succès, laissa assez de rescapés qui prêtèrent main-forte à l'avancée des troupes alliées. Lire également « Une terre de résistance », dans la partie consacrée au Vercors.

VINS ET ALCOOLS

On connaît souvent les vins de Savoie (voir le guide *Savoie Mont Blanc*), mais les vins de l'« Y » grenoblois ont aussi leurs amateurs ! Les vins de pays des ***Balmes dauphinoises*** commencent eux aussi à faire parler d'eux et offrent un remarquable rapport qualité-prix. Sans oublier les vins produits à quelques kilomètres à peine, dans la région de Die (la fameuse ***clairette*** et le châtillon-en-diois), et que l'on trouve dans de nombreux restos du Vercors. Dans les Hautes-Alpes, le ***vignoble de Tallard*** est le plus haut d'Europe et donne un vin de pays des Hautes-Alpes assez méconnu. Après tout ça, vous saisirez l'occasion de commander une eau-de-vie : framboise, mûre, gentiane, ou la célèbre chartreuse. À moins que vous ne préfériez un génépi (liqueur à base d'armoise mutelline)...

PETITS TRUCS ET ASTUCES POUR ÉVITER LES ABUS ET MAUVAISES SURPRISES

Un routard informé en vaut deux ! Pour éviter les désagréments en tous genres, voici un petit pense-bête destiné à parer aux (mauvais) coûts et coups de bambous.

Bien sûr, nos enquêteurs veillent au grain, et les établissements qui ne répondent plus à nos critères ou abusent de la promo qu'on leur fait gratuitement sont vite supprimés de nos guides. Mais la réciproque est aussi valable. N'oublions pas que les hôteliers et restaurateurs font un métier difficile. La pandémie liée au Covid suivie d'une reprise « impactée » par la pénurie de personnel n'a certainement pas amélioré le tableau. Soyons indulgents en cas de service longuet.

À L'HÔTEL

1 – Arrhes ou acompte ? : dans les 2 cas, il s'agit de sommes versées au moment de la réservation, à titre d'avance sur l'occupation d'une chambre ou d'une location saisonnière, et faisant office de garantie réciproque. On préfère parler d'arrhes plutôt que d'acompte considéré comme définitif, c'est-à-dire sans dédit possible. Légalement, aucune règle ne précise le montant des arrhes, mais il est d'usage de verser ***25 à 30 % du prix total au moment de la réservation.*** Cette somme ne pourra pas être remboursée en cas d'annulation de la réservation, sauf cas de force majeure qu'il vous faudra justifier (maladie ou accident) ou en accord avec l'hôtelier si l'annulation est faite dans des délais jugés raisonnables. Si, au contraire, l'annulation est le fait de l'hôtelier, il doit vous rembourser le double des arrhes versées. Enfin, si vous avez réservé une chambre (sans avoir rien versé) et que vous avez un empêchement, ***passez un coup de téléphone pour annuler,*** c'est la moindre des politesses.

2 – Numéro de carte demandé lors de la réservation : que vous réserviez sur Internet ou par téléphone, il est courant de fournir son numéro de carte bancaire pour garantir la réservation de la chambre. Le client peut alors annuler sa réservation jusqu'à 24h avant l'arrivée dans l'hôtel. Au-delà, l'hôtelier est en droit de débiter la totalité du montant de la 1re nuit. Cette pratique commence aussi à apparaître dans certains restaurants chics. Trop de réservations ne sont pas honorées.

3 – Subordination de vente : les hôteliers ont interdiction de pratiquer la subordination de vente. C'est-à-dire qu'***ils ne peuvent pas vous obliger à réserver plusieurs nuits d'hôtel si vous n'en souhaitez qu'une.*** Dans le même ordre d'idées, on ne peut vous obliger à prendre votre petit déjeuner ou vos repas dans l'hôtel. Ce principe, illégal, est cependant toléré en pratique, surtout en haute saison, dans les zones touristiques où la demande est bien plus importante que l'offre.

4 – Les réservations en ligne : elles se sont généralisées. Si les centrales de réservation en ligne sont devenues incontournables, sachez qu'elles garantissent rarement de meilleurs prix qu'en direct, sauf promos exceptionnelles, évidemment. C'est d'ailleurs souvent l'inverse. En effet, la plupart des établissements font payer la commission versée aux sites internet à leurs clients, en augmentant leurs tarifs d'autant. ***N'hésitez donc pas à réserver en direct auprès de l'hôtel, de bonnes surprises vous attendent.*** Autre avantage de la résa en direct, vous pouvez préciser le type de chambre souhaité (sur mer, sur jardin) et obtenir de votre interlocuteur des renseignements fiables sur l'établissement.

5 – Responsabilité en cas de vol : un hôtelier ne peut en aucun cas dégager sa responsabilité pour des objets volés dans la chambre d'un de ses clients. En d'autres termes, les éventuels panonceaux dégageant la responsabilité de l'hôtelier n'ont aucun fondement juridique. Quand il y a des coffres, utilisez-les pour mettre à l'abri vos effets de valeur.

AU RESTO

1 – Les prix : ils sont libres, mais ***l'affichage est obligatoire*** à l'extérieur de l'établissement, de manière visible. Tous les menus doivent être affichés, même le moins cher. Ils doivent être identiques à ceux que l'on vous présente à l'intérieur.

2 – Formule ou menu ? Généralement, la formule est une proposition écourtée comprenant entrée + plat ou plat + dessert. Avec parfois un verre de vin et/ou le café. De fait, elle est moins chère que le menu, en principe complet (entrée + plat + dessert). Très souvent, les formules et les 1ers menus (les moins chers) ne sont ***servis qu'en semaine et/ou seulement au déjeuner,*** et plus rarement avant certaines heures (12h30 et 20h environ). C'est parfaitement légal, à condition toujours que ce soit clairement indiqué sur le panneau extérieur et sur le menu que l'on vous présente à table. Il arrive qu'il disparaisse comme par enchantement (humm, mauvais signe…). Vous êtes en droit de le demander.

3 – Le « fait maison » : pour valoriser le travail de restaurateurs scrupuleux, au détriment du tout surgelé ou sous-vide, le « fait maison » (logo d'une casserole surmontée d'un toit de maison avec cheminée) apparaît comme un faire-valoir évident et rassurant. Même s'il ne garantit pas le 100 % maison (la loi est un peu tordue sur le sujet et il n'y a pas de contrôle), ni la qualité du chef ! Cela dit, c'est un bon début.

4 – La carte en dit long ! Voici, foi d'enquêteur, quelques trucs très simples pour analyser un menu : tout d'abord la ***brièveté de la carte*** est un gage de fraîcheur ; quand les produits sont locaux et de saison, c'est encore mieux ! On peut aussi questionner le serveur. Sa franchise (ou son embarras) vous renseignera (le bar, sauvage ou d'élevage ?). Autre indice : si la carte n'est composée que de plats passe-partout dont certains peuvent nécessiter des cuissons très longues (parmentier de canard, suprêmes de volaille en sauce, souris d'agneau, bourguignon...), ce n'est pas forcément bon signe, surtout s'ils sont servis trop rapidement. Même topo avec les desserts bistrotiers type tarte Tatin, mi-cuit ou mousse au chocolat, crème brûlée, panna cotta, tiramisù qui sortent soit du congélateur, soit d'une brique ! Tout comme les mignardises qui accompagnent le café gourmand souvent surfacturé. Un bon chef n'est pas forcément un bon pâtissier. Et il a rarement le temps de préparer 36 desserts ! Enfin, en dehors des zones côtières, on évite les poissons et fruits de mer le lundi… les livraisons ayant rarement lieu le week-end.

5 – *Doggy bag :* la lutte anti-gaspi a du bon. Depuis le 1er juillet 2021, les restaurateurs ne peuvent vous refuser de partir avec ce que vous avez laissé dans votre assiette. Alors, n'hésitez pas à le demander, c'est une bonne occasion de terminer votre repas… à la maison.

6 – Eau : une carafe d'***eau du robinet*** est ***gratuite*** à condition qu'elle accompagne un repas. On ne peut pas vous la refuser, sauf si elle est jugée impropre à la consommation par décret. Dans certains restos, on vous l'apporte d'office en guise de bienvenue. Un vrai bon point ! La bouteille d'***eau minérale*** doit, quant à elle, comme le vin, être ouverte devant vous. L'arnaque consiste parfois à proposer d'emblée une eau minérale, facturée au prix fort. À la question du serveur : « Et pour l'eau, plate ou gazeuse ? », vous pouvez répondre sans rougir : « Une carafe me conviendra ».

7 – Vins (et autres alcools) : la marge la plus importante des restaurateurs ! Et certains en abusent… Le vin au verre s'est généralisé. Tant mieux. Sinon, au-delà de 2 verres (gare aux prix exorbitants et à l'interdiction de conduire), il peut être plus intéressant de commander une bouteille, quitte à l'emporter en fin de repas si elle n'est pas terminée. Sinon, ne pas hésiter à demander un ***petit vin de pays en pichet,*** l'occasion de découvrir ainsi des petites cuvées locales et bon marché.

les ROUTARDS sur la FRANCE 2024-2025

(dates de parution sur • **routard.com** •)

Découpage de la FRANCE par le ROUTARD

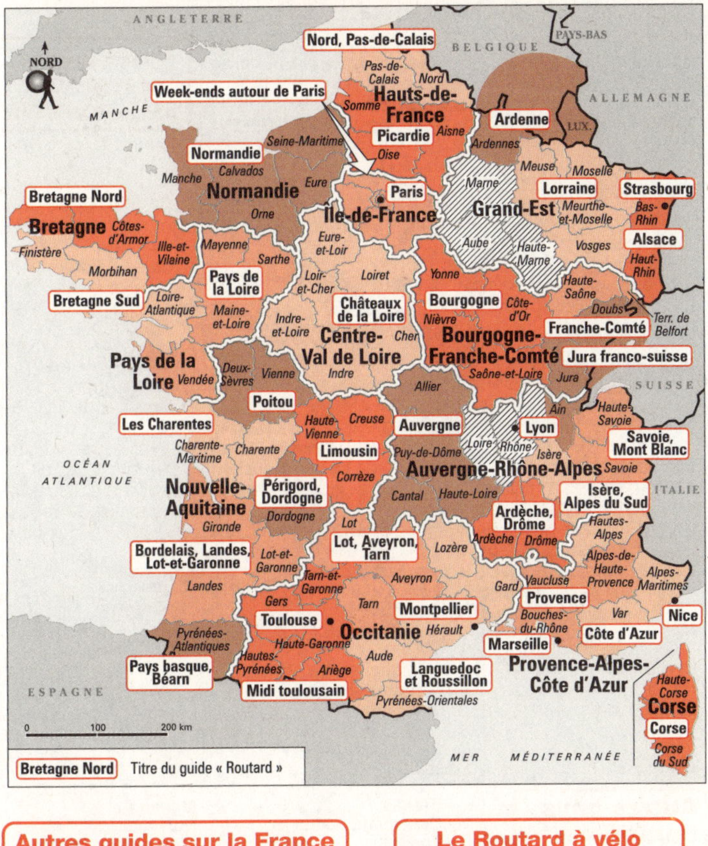

Autres guides sur la France

- Nos meilleurs campings en France
- Nos meilleures chambres d'hôtes en France

Autres guides sur Paris

- Paris
- Paris balades
- Restos et bistrots de Paris
- Le Routard des amoureux à Paris
- Week-ends autour de Paris

Le Routard à vélo

- EuroVelo6
- La Bourgogne du Sud à vélo
- La Flow Vélo
- La Loire à Vélo
- La Vélo Francette
- La Vélodyssée (Roscoff-Hendaye)
- Le Canal des 2 mers à vélo
- Paris Île-de-France à vélo
- ViaRhôna
- Les plus belles escapades à vélo en France

les ROUTARDS sur l'ÉTRANGER 2024-2025

(dates de parution sur • **routard.com** •)

Découpage de l'ESPAGNE par le ROUTARD

Découpage de l'ITALIE par le ROUTARD

Autres pays européens

- Allemagne
- Angleterre, Pays de Galles
- Autriche
- Belgique
- Bulgarie
- Crète
- Croatie
- Danemark, Suède
- Écosse
- Finlande
- Grèce continentale
- Hongrie
- Îles grecques et Athènes
- Irlande
- Islande
- Madère
- Malte
- Norvège
- Pays baltes : Tallinn, Riga, Vilnius
- Pologne
- Portugal
- République tchèque, Slovaquie
- Roumanie
- Suisse

Villes européennes

- Amsterdam
- Berlin
- Bruxelles
- Budapest
- Copenhague
- Dublin
- Lisbonne
- Londres
- Moscou
- Naples
- Porto
- Prague
- Saint-Pétersbourg
- Stockholm
- Vienne

les ROUTARDS sur l'ÉTRANGER 2024-2025

(dates de parution sur • routard.com •)

Découpage des ÉTATS-UNIS par le ROUTARD

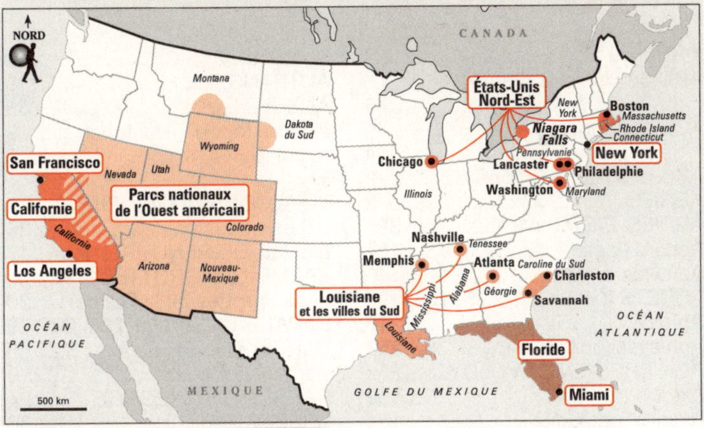

Autres pays d'Amérique

- Argentine
- Brésil
- Canada Ouest
- Chili et île de Pâques
- Colombie
- Costa Rica
- Équateur et les îles Galápagos
- Guatemala, Belize
- Mexique
- Montréal
- Pérou, Bolivie
- Québec et Ontario

Asie et Océanie

- Australie côtes est et nord + Red Centre
- Bali, Lombok
- Bangkok
- Birmanie (Myanmar)
- Cambodge, Laos
- Chine
- Hong Kong, Macao, Canton
- Inde du Nord
- Inde du Sud
- Israël et Palestine
- Istanbul
- Jordanie
- Malaisie, Singapour
- Népal
- Shanghai
- Sri Lanka (Ceylan)
- Thaïlande
- Tokyo, Kyoto et environs
- Turquie
- Vietnam

Afrique

- Afrique du Sud
- Égypte
- Kenya, Tanzanie et Zanzibar
- Maroc
- Marrakech
- Sénégal
- Tunisie

Îles Caraïbes et océan Indien

- Cuba
- Guadeloupe, Saint-Martin, Saint-Barth
- Île Maurice, Rodrigues
- Madagascar
- Martinique
- République dominicaine (Saint-Domingue)
- Réunion

Guides de conversation

- Allemand
- Anglais
- Arabe du Maghreb
- Arabe du Proche-Orient
- Chinois
- Croate
- Espagnol
- Grec
- Italien
- Japonais
- Portugais
- Russe
- G'palémo (conversation par l'image)

Livres-photos/Livres-cadeaux

- 50 voyages à faire dans sa vie (**nouveauté**)
- 52 escapades nature en France
- 52 villes coups de cœur en Europe (city trips)
- 52 week-ends coups de cœur en France
- 120 coins secrets en Europe
- 1 200 coups de cœur en France
- 1 200 coups de cœur dans le monde
- Cahier de vacances du Routard
- Expériences et micro-aventures en France (**nouveauté**)
- La France de Stéphane Bern
- La France à vélo (**nouveauté**)
- Nos plus belles balades et randos en France
- Road Trips Monde
- Road Trips en France
- Sacré : les 100 plus beaux sites de la planète
- Voyages
- Voyages : États-Unis
- Voyages : France
- Voyages : Italie

INDEX GÉNÉRAL

LISTE DES CARTES ET PLAN

Remarque importante aux hôteliers et restaurateurs

Les enquêteurs du *Routard* travaillent dans le plus strict anonymat. Aucune réduction, aucun avantage quelconque, aucune rétribution n'est jamais demandé en contrepartie. Face aux aigrefins, la loi autorise les hôteliers et restaurateurs à porter plainte.

Avis aux lecteurs

Le Routard, ce n'est pas comme le bon vin, il vieillit mal. On ne veut pas pousser à la consommation, mais évitez de partir avec une édition ancienne. Les modifications sont souvent importantes.

Les réductions accordées à nos lecteurs ne sont jamais demandées par nos rédacteurs afin de préserver leur indépendance. Les hôteliers et restaurateurs sont sollicités par une société de mailing, totalement indépendante de la rédaction, qui reste donc libre de ses choix. De même pour les autocollants et plaques émaillées.

Avec routard.com, choisissez, organisez, réservez et partagez vos voyages !

✓ Rejoignez la plus grande communauté francophone de voyageurs : **plusieurs millions d'internautes.**

✓ Échangez avec les routarnautes : forums, photos, avis d'hôtels.

✓ Retrouvez aussi toutes les informations actualisées pour choisir et préparer vos voyages : près de 300 guides destinations, une centaine de dossiers pratiques et un magazine en ligne pour découvrir tous les secrets de votre destination.

✓ Enfin, comparez les offres pour organiser et réserver votre voyage au meilleur prix.

Les **Routards** *parlent aux* **Routards**

Vous rentrez de voyage et souhaitez partager vos expériences, vos découvertes et vos coups de cœur ? Nous sommes curieux de vous lire ! Vos tuyaux et nouvelles adresses seront testés par nos enquêteurs lors des voyages de réactualisation et contribueront à la mise à jour du prochain Routard. Pour vous remercier, on adresse un exemplaire gratuit de la prochaine édition à ceux qui nous envoient les meilleurs courriers pour la qualité et la pertinence des informations.

Quelques conseils cependant :

– Envoyez-nous votre courrier le plus tôt possible à votre retour de voyage afin d'avoir une chance d'insérer vos bons plans sur l'édition suivante.

– Vérifiez que vos remarques concernent l'édition en cours et notez les pages du guide concernées pour vos observations.

– Quand vous recommandez de nouveaux hôtels ou des restaurants, pensez à signaler leur adresse précise, ou l'accès. Si vous le pouvez, joignez la carte de visite de l'hôtel ou du resto décrit.

– Enfin, n'oubliez pas de préciser l'ouvrage que vous désirez recevoir, ainsi que votre adresse postale.

Merci à tous pour vos nombreux mails et lettres.

122, rue du Moulin-des-Prés, 75013 Paris

• *guide@routard.com* • *routard.com* •

Routard Assurance *2024*

Enrichie au fil des années par les retours des lecteurs, *Routard Assurance* reste l'assurance voyage référence des globe-trotters. Tout y est inclus, même la **Covid** : frais médicaux, assistance rapatriement, bagages, responsabilité civile... Avant votre départ, contactez *AVI* pour un conseil personnalisé. À la recherche d'une attestation Covid ? Vous la recevrez automatiquement après chaque souscription. Besoin d'un avis médical, d'une prise en charge dans un hôpital ? Le plateau d'Assistance *AVI* dispose d'un vaste réseau médical à travers le monde disponible 24h/24 pour une réponse en temps réel. De simples frais de santé en voyage ? Téléchargez vos factures depuis l'espace assuré *AVI*, ils vous remboursent sous une semaine. *Le Colisée Gardens, 10, av. de l'Arche, CS 70126, 92419 Courbevoie Cedex.* ☎ *01-44-63-51-00.* • *avi-international.com* • Ⓜ *La Défense.*

Édité par Hachette Livre (58, rue Jean-Bleuzen, CS 70007, 92178 Vanves Cedex, France)
Photocomposé par Luminess SAS (561, rue Saint-Léonard – CS 40003 – 53101 Mayenne Cedex, France)
Imprimé par Lego SPA Plant (via Galileo Galilei, 11 38015 Lavis, Italie)
Achevé d'imprimer : février 2024
Collection n° 15 - Édition n° 01
24/3849/3
I.S.B.N. 978-2-01-788826-0
Dépôt légal : février 2024

PAPIER CERTIFIÉ